國家圖書館出版品預行編目資料

新譯鹽鐵論／盧烈紅注譯;黃志民校閱.——二版三刷.——臺北市：三民，2022
面；　公分.——(古籍今注新譯叢書)

ISBN 978-957-14-4603-5（平裝）
1. 鹽鐵論—注釋

122.31　　95015294

古籍今注新譯叢書

新譯鹽鐵論

注譯者　盧烈紅
校閱者　黃志民

發行人　劉振強
出版者　三民書局股份有限公司
地　址　臺北市復興北路 386 號 (復北門市)
　　　　臺北市重慶南路一段 61 號 (重南門市)
電　話　(02)25006600
網　址　三民網路書店 https://www.sanmin.com.tw

出版日期　初版一刷 1995 年 7 月
　　　　　二版一刷 2006 年 8 月
　　　　　二版三刷 2022 年 9 月
書籍編號　S030880
ISBN　978-957-14-4603-5

刊印古籍今注新譯叢書緣起

劉振強

人類歷史發展，每至偏執一端，往而不返的關頭，總有一股新興的反本運動繼起，要求回顧過往的源頭，從中汲取新生的創造力量。孔子所謂的述而不作，溫故知新，以及西方文藝復興所強調的再生精神，都體現了創造源頭這股日新不竭的力量。古典之所以重要，古籍之所以不可不讀，正在這層尋本與啟示的意義上。處於現代世界而倡言讀古書，並不是迷信傳統，更不是故步自封；而是當我們愈懂得聆聽來自根源的聲音，我們就愈懂得如何向歷史追問，也就愈能夠清醒正對當世的苦厄。要擴大心量，冥契古今心靈，會通宇宙精神，不能不由學會讀古書這一層根本的工夫做起。

基於這樣的想法，本局自草創以來，即懷著注譯傳統重要典籍的理想，由第一部的四書做起，希望藉由文字障礙的掃除，幫助有心的讀者，打開禁錮於古老話語中的豐沛寶藏。我們工作的原則是「兼取諸家，直注明解」。一方面熔鑄眾說，擇善而從；一方面也力求明白可喻，達到學術普及化的要求。叢書自陸續出刊以來，頗受各界的喜愛，使我們得到很大的鼓勵，也有信心繼續推廣這項工作。隨著海峽兩岸的交流，我們注譯的成員，也由臺灣各大學的教授，擴及大陸各有專長的學者。陣容的充實，使我們有更多的資源，整理更多樣化的古籍。兼採經、史、子、集四部的要典，重拾對通才器識的重視，將是我們進一步工作的目標。

古籍的注譯，固然是一件繁難的工作，但其實也只是整個工作的開端而已，最後的完成與意義的賦予，全賴讀者的閱讀與自得自證。我們期望這項工作能有助於為世界文化的未來匯流，注入一股源頭活水；也希望各界博雅君子不吝指正，讓我們的步伐能夠更堅穩地走下去。

新譯鹽鐵論 目次

卷二

卷三

卷四

卷 五

卷 六

卷 七

卷 八

卷 九

卷一〇

導讀

壹・鹽鐵會議的召開及其參加者

《鹽鐵論》一書是西漢中期鹽鐵會議的產物，它是根據會議的記錄材料整理加工而成的。鹽鐵會議召開於漢昭帝始元六年（西元前八一年）。這是一次以財政經濟問題為中心內容的大規模討論會。參加會議的人員，民間方面的是從全國各地薦舉來的賢良、文學，共有六十餘人，政府方面則有丞相田千秋、御史大夫桑弘羊以及丞相的屬員丞相史、御史大夫的屬員御史。會上，以御史大夫桑弘羊、丞相史、御史為一方，以賢良、文學為另一方，形成了兩個對立的營壘，雙方舌劍脣槍，展開了激烈的論戰。並且，在正式的鹽鐵會議結束之後，當賢良、文學去向丞相、御史大夫告辭的時候，在御史大夫處，雙方又進行了一場與正式會議內容前後相承的辯論。這兩次論戰，核心是鹽鐵官營等經濟政策問題，由此出發，廣泛涉及軍事、政治、學術、生活等各個方面。

丞相田千秋是鹽鐵會議的主持人。田千秋又稱車千秋，這是因為他晚年曾受到可乘小車入宮的特殊禮遇。他本是一個沒有甚麼特殊才能的人，又對國家沒有甚麼貢獻，但自征和三年（西元前九〇年）上疏為衛太子辨冤，得到武帝賞識之後，便官運亨通，扶搖直上，先是被越級提拔為中央九卿之一的大鴻臚，主管少數民族來朝事宜，接著，在征和四年的六月，又被任命為丞相，封富民侯。武帝臨終，委託以大司馬大將軍霍光為首的五位大臣輔佐年幼的昭帝，其中就有田千秋。但昭帝繼位後，霍光專權，居於丞相高位的田千秋卻明哲保身，遇事不做主張。在鹽鐵會議上，他身為主持人，卻很少發言，在兩派的論戰中態度不明朗，沒有發揮甚麼作用。

御史大夫桑弘羊是鹽鐵會議的中心人物，是政府方面與會人員的實際領袖。他出身於洛陽一個商人家庭，從小就有傑出的數學才能，十三歲時被選入宮，在皇帝身邊從事侍衛工作。後來漸參與國家經濟事務，成為武帝身邊的重要經濟顧問。元鼎二年（西元前一一五年），他正式充任理財官，擔任中央最高財政長官大農令的副手——大農丞。元封元年（西元前一一〇年），他被任命為治粟都尉，代理大農令，主持全國的財政經濟工作。後來，大農令更名為大司農，他也由代理轉為正式。太始元年（西元前九六年），他受到降職處分，被貶為主管軍糧的搜粟都尉。到後元二年（西元前八七年），他又得到提拔，由搜粟都尉升任御史大夫。那時的御史大夫地位很高，是中央三公之一，掌副相的職權。武帝臨終，他與霍光等同受託輔佐昭帝。昭帝繼位後，他一直擔任御史大夫，與霍光不和。元鳳元年（西元前八〇年），即鹽鐵會議後的次年，他被指控與上官桀謀反，為霍光所殺。桑弘羊在一生的政治活動中，輔佐漢武帝制訂和推行了一系列財政經濟政策，是漢武帝的得力助手。在鹽鐵會議上，他激烈反擊賢良、文學對武帝時期內外政策的指責，歌頌漢武帝的文治武功，主張繼續執行武帝時期的政治、經濟、軍事方針。

以民間代表身分參加鹽鐵會議的賢良、文學是性質相近的兩種人。「賢良」和「文學」都是漢代薦舉人才的科目。漢代選拔人才，有察舉的制度，地方長官在各自的轄區內按照規定的科目考察、選取各種類型的優秀人才，向朝廷推薦，這些被推薦的人經過試用考核，便接受任命取得官職。當時薦舉的科目很多，「賢良」、「文學」是其中的兩種。「賢良」謂品德賢良，是著眼於被推薦人品行的科目；「文學」又稱「文學高第」，是指被推薦人讀書習文成績優異。參加這次鹽鐵會議的賢良、文學是前一年由昭帝發布詔令從全國各地薦舉來的，文學來自地方各郡和各諸侯國，賢良則來自三輔地區和太常所管轄的縣。三輔地區是指京城長安及其附近地區，漢代將這一地區劃分為京兆尹、左馮翊、右扶風三個政區，合稱三輔。太常是中央九卿之一，掌宗廟禮儀，兼管皇帝陵墓所在地的縣。由於賢良、文學都來自民間，都比較瞭解基層情況，又由於他們雖名稱不同，但只是薦舉時著眼點稍異，實際上都是儒家經典哺育出的儒家知識分子，因此在會上，他們立場觀點一致，合為一派，站在民間的立場，與站在政府立場的桑弘羊等人展開了激烈的爭辯。

貳・《鹽鐵論》的編撰及其編撰者

鹽鐵會議召開之際，有人從事記錄工作，會後留下了豐富的記錄材料。至漢宣帝時，桓寬本著「究治亂，成一家之法」的目的，對這些材料進行整理加工，寫成了《鹽鐵論》一書。

適應鹽鐵會議的特點，《鹽鐵論》採用了對話錄的形式。全書共分六十篇。第一篇〈本議〉至第四十一篇〈取下〉，載錄的是雙方在正式的鹽鐵會議上的發言，第四十二篇〈擊之〉至第五十九篇〈大論〉，記錄的是鹽鐵會議後在御史大夫處進行的另一次辯論，最後一篇〈雜論〉是編撰者的後序。

桓寬，字次公，西漢汝南人。漢宣帝時舉為郎，官至廬江太守丞。班固在《漢書・車千秋・贊》中說他學識淵博，有傑出的寫作才能，可見他具備編撰《鹽鐵論》的個人條件。他研習《春秋公羊》學，是一位正統儒生，思想觀念與參加鹽鐵會議的賢良、文學相合，因此，他編撰《鹽鐵論》，在主觀態度上明顯傾向於賢良、文學一方。他依據儒家的思想觀念擬定篇題，在大多數篇目中以賢良或文學的發言為結尾，並在全書的最後一篇中直接站出來歌頌賢良、文學，貶抑御史大夫、御史、丞相史。但是，由於他依據會議的記錄材料，採用對話錄形式，客觀地保存了雙方的發言，因此《鹽鐵論》一書還是能真實反映鹽鐵會議的本來面貌。

參・雙方爭辯的主要內容

鹽鐵會議上的爭辯及其後續辯論涉及範圍很廣，包括經濟、軍事、政治、學術、生活各個方面，雙方爭辯的實質是：是廢止漢武帝以來的一系列內外政策，還是繼續執行這些政策？根據《鹽鐵論》，雙方的爭辯主要是圍繞四大問題進行的。

一、經濟：官營與私營

漢武帝時期，為了抑制兼并，打擊地方勢力，加強中央集權；為了廣闢財源，充裕國庫，獲取征伐四方的經費，在經濟方面實行了一系列不同於漢初的政策。這些政策的特點是，由國家出面干預經濟，對一些重要的工商業項目實行官營，具體內容為籠鹽鐵、榷酒酤、行均輸、設平準、由朝廷壟斷貨幣鑄造權。

籠鹽鐵就是實行鹽鐵官營。鹽和鐵是與國計民生關係密切的兩大商品，漢初實行經濟開放政策，允許鹽鐵自由經營。元狩年間，武帝改私營為官營。鹽的官營，採取的是「民製、官收、官運、官賣」的形式，鹽民利用政府提供的煮鹽鍋分散生產，產出的鹽由政府按官定價格收購，政府遍設銷售點，直接向消費者售鹽，禁止私人自行販運和銷售。鐵的官營是由政府實行全程壟斷，從礦山開採、冶煉、鐵器製作到銷售，概由政府直接經營。鹽鐵官營事務由中央的大司農統領，地方則設鹽官和鐵官，這些鹽官鐵官直接隸屬於大司農，另外，還有一種小鐵官，設在無礦山的縣，僅掌鐵器的鑄造和銷售，歸所在縣領導。實行鹽鐵官營後，這兩種商品的巨額利潤成為國家財政收入的主要來源。

榷酒酤就是實行酒類專賣，由政府壟斷酒的生產和銷售，禁止私人釀酒和賣酒。這項政策始行於武帝天漢三年（西元前九八年），是由桑弘羊主持實施的，主要目的是增加國家的財政收入。

均輸和平準是互相配合的兩種制度，屬官營商業的範疇。均輸於元鼎二年（西元前一一五年）開始試辦，至元封元年（西元前一一〇年）在全國推行。漢代承襲古制，規定地方各郡各諸侯國要在正稅外，將本地的土特產作為貢品上交朝廷。在武帝以前，這些貢品須由各郡國自行運送入京。這樣做，弊病甚多：長途運送，一來一往，耗費大量人力；運輸途中物品容易損壞變質，造成很大浪費；有些物品運至京城後，其運輸費用大大超過本身的價值；各地離京城路途遠近不同，勞逸不均的現象嚴重。為了克服這些弊病，在桑弘羊的倡導主持下，均輸制度便誕生了。均輸制度的內容是：在各郡國設置均輸官，就地收取貢品，均輸官將朝廷需要的貢品運往京城，而將其餘的轉運到價高地區出售，或將貢品折算為現金徵收，另購當地多產而價廉的商品運往價高地區售賣。實行均輸，方便了地方郡國貢品的交納，調劑了地區之間商品的多寡有無，對空間上物價不平的現象起了調節作用，為國家獲取了大量收入。平準是桑弘羊於元封元年創立的，其主要目的是為了平抑物價，故有「平準」之名。朝廷在京城置隸屬於大司農的平準官，平準官的職責，一是收受各地均輸官運往京城的貢品，一是掌握市場的商品供求情況，於供大於求、物價低落時購進商品，於供不應求、物價上漲時拋售庫存貨物，藉調節商品的供求關係來控制物價。實施平準，使國家掌握了大量物資，時間上物價不平的現象得到了調節，富商大賈無從牟取暴利，而國家從購銷價差中獲得了豐厚的收入。

由朝廷壟斷貨幣鑄造權也是武帝時期實施的一項經濟措施。漢初幣制變更頻繁，錢幣混亂。高祖時，聽任私人鑄造「莢錢」，這種莢錢面值與實際重量不符，造成物價飛騰。至高后時，禁止錢幣私鑄，先行「八銖錢」，後行重二銖四的「五分錢」，這兩種錢面值都為「半兩」（二十四銖為一兩），文與重仍然不符。文帝時，又允許私人鑄幣，行四銖錢。景帝中元六年（西元前一四四年），復禁民鑄錢。武帝繼位後，錢幣仍經過幾次變更，至元鼎四年（西元前一一三年），武帝「悉禁郡國無鑄錢，專令上林三官鑄」，從此確立了朝廷對鑄錢權的壟斷，不但取締了民鑄，而且廢除了地方郡國的鑄錢權。

漢武帝時期實施的上述經濟政策，是鹽鐵會議討論的主要對象。在會上，賢良、文學一方對這些政策進行猛烈抨擊，要求予以廢止，向私營經濟開放所有的領域；御史大夫一方則極力為這些政策辯護，主張繼續執行國家干預經濟的方針，繼續辦好鹽鐵官營等各項官營事業。

論辯雙方的攻防要點有三方面：

其一，賢良、文學以傳統的本末觀、義利觀為思想武器，否定官營政策的合理性。傳統的經濟思想，把農業視為本，把工商業視為末，主張「崇本抑末」、「重義輕利」。賢良、文學十分信奉這些傳統觀念，認為它們是「聖人之道」、「先王之法」，是永恆不變的正確原則。他們在辯論中極力宣揚：「王者崇本退末，以禮義防民欲。」（〈本議〉）「古者貴德而賤利，重義而輕財。」（〈錯幣〉）「故理民之道，在於節用尚本，分土井田而已。」（〈力耕〉）在他們看來，農業是「天下之大業」（〈園池〉），做好農業，就「國富而民安」（〈力耕〉），不會有困乏，相反，「非力本農無以富邦」（〈輕重〉），不努力做好農業，國家就無法富裕。他們還認為，農業與良好的社會風氣相連，重農的社會，民風淳樸。在充分肯定農業作用的同時，他們對工商業多所貶抑。雖然他們並不完全否定工商業存在的必要，但他們認為應將工商業限制在最低限度上，因為他們認為，工商業與農業是相互排斥的，「末盛則本虧」（〈本議〉），工商業興旺，農業就會受到損害，而「工商盛」、「本業荒」不但會使「民不足於食」（〈本議〉），使國家貧窮，而且「末修則民淫」、「示民以利，則民俗薄」（〈本議〉），工商業的發展會導致百姓變壞，使欺詐、奢侈、浪費等惡習氾濫成災。正因為賢良、文學把「崇本抑末」、「重義輕利」等傳統觀念奉為真理，因此他們將這些觀念視作評判經濟政策的絕對標準，以之衡量鹽鐵官營等各項官營政策，於是得出否定的結論，認為實行官營是處上位的人帶頭捨本逐末，「與民爭利」，從而提出「願罷鹽鐵、酒榷、均輸，所以進本退末，廣利農業」（〈本議〉）。

御史大夫一方堅決回擊了賢良、文學對官營政策合理性的否定。一方面，他們並不反對「崇本抑末」，也提「建本抑末」（〈復古〉），「使民務本，不營於末」（〈水旱〉），但十分明顯，他們的「抑末」指的是要抑制私營工商業的發展，「抑」的對象並不包括官營工商業。另一方面，他們在辯論中，闡述了對本末關係的新的看法，強調工商業的重要性，從而為鹽鐵官營等各項官營政策作了有力的辯護。御史大夫一方新的本末觀含有以下三方面的基本內容：(1)農業和工商業都是社會必需的，不可或缺。在〈本議〉篇中，大夫反覆說明社會不能沒有工業和商業的道理。他指出，「故工不出，則農用乏；商不出，則寶貨絕。農用乏，則穀不殖；寶貨絕，則財用匱」。他又說，諸多「養生送終之具」，都必須「待商而通，待工而成」。因此他認為治國應「開本末之途，通有無之用」。(2)本末可以互利，工商業對農業有促進作用。大夫指出「農商交易，以利本末」（〈通有〉），認為農民和商人互相交易，可以使農業和工商業都得到好處。他還援引《管子》中的話說「無末利，則本業無所出」（〈通有〉），強調離開了工商業，農業就沒有發展出路，亦即強調工商業對農業發展具有保障和促進作用。(3)「富國非一道」，工商業也有致富功能。大夫一方否定了農業是致富的唯一本源的傳統觀點，指出：「富國何必用本農，足民何必井田也？」（〈力耕〉）在他們看來，工商業能使國家、地區、家庭富裕。工商業對一個國家的富強能起很大作用。當年姜太公被封於營丘，由於「地薄人少」，主要就是靠發展工商業而使齊「財畜（蓄）貨殖，世為彊國」（〈輕重〉）的；本朝武帝以來「上下俱足」的局面也是伴隨官營工商業的發展而出現的，並不僅僅靠「耕桑農業」（〈輕重〉）。一個地區的富庶可以單純依靠工商業而與農業無關。像各地那些「富冠海內」的大都市，它們之所以富庶繁華，「非有助之耕其野而田其地者也」（〈通有〉），地當交通要衝，工商業發達是它們富庶的唯一根源。一個家庭的富裕也可以僅僅依靠工商業。「宅近市者家富」（〈通有〉），一個家庭只要處在有利於經商的好位置，就能致富，絲毫不必依賴「力耕」（〈通有〉）；商賈的家財有的多達幾萬金，皆非務農所得，而是「追利乘羨之所致」（〈力耕〉）。御史大夫一方以這種新本末觀衡量鹽鐵官營等各項官營政策，所以得出官營政策正確的結論。

其二，賢良、文學以宣揚私營的好處來否定實行官營的必要性。在辯論中，賢良、文學十分贊賞漢初的經濟開放政策，大力宣揚當時私營經濟自由發展給百姓帶來的好處。他們在〈非鞅〉篇中指出，漢文帝之時，未實行鹽鐵官營，百姓十分富足。在〈水旱〉篇中他們指出，從前允許百姓私自鑄鐵煮鹽的時候，「鹽與五穀同賈，器和利而中用」。在〈錯幣〉篇中，他們盛贊以往聽任民間自由鑄錢使得「幣眾財通而民樂」。對私營鑄鐵的好處，他們給予了特別的強調。在〈水旱〉篇中他們認為，私營鑄鐵的好處頗多：參與其事的人積極性高，「父子戮力」；講究質量，「務為善器」；產品規格多樣，買主可「各得所欲」；銷售方式靈活，能夠在農忙時拉著車子運農具到各處田間零售，方便農夫購買，允許買主以財物糧食換取，甚至允許以舊農具換新農具，有時還允許賒購；不像官營冶鐵那樣要徵發百姓服役，所以能使得「更繇省約」。正因為賢良、文學認為各個經濟領域的私營都於民有利，因此他們認為改私營為官營毫無必要。

御史大夫一方與賢良、文學針鋒相對，極力強調官營的必要性。他們明確指出：

第一，實行官營，是籌措邊防費用，支持反侵略戰爭的需要。

御史大夫一方指出，漢武帝時期，四方少數民族紛紛內侵，北方的匈奴尤其猖獗，朝廷因此定下征討的策略，大規模地興師用兵，四面出擊，這樣一來，軍費開支浩大，國家財政不勝負擔，於是朝廷才「興鹽鐵，設酒榷，置均輸，蕃貨長財，以佐助邊費」（〈本議〉）。大夫還進一步指出，如果廢除了各項官營事業，那麼就會「擾邊用，損武略」（〈本議〉），使國家的府庫空虛，邊疆的費用缺乏，使戰士「飢寒於邊」（〈本議〉），無法得到供應，因此，從國防的角度看，官營絕不可廢。

第二，實行官營，是抑制私人資本發展和私家勢力膨脹，加強中央集權的需要。

御史大夫一方認為，山海資源十分重要，「人君統而守之則強，不禁則亡」（〈刺權〉）。他們援引古代的例子說：從前，齊國把物產豐富的山海送給臣下，結果，臣下的勢力膨脹，君主無法加以控制，「權移於臣，政墜於家」（〈刺權〉），公室卑弱而田氏家族十分強大。他們還考察了本朝的情況，指出：本朝未實施官營政策之前，吳王劉濞即山鑄錢，煮海為鹽，蜀人鄧通獨占當地的銅山，結果，崤山以東的姦猾之徒「咸聚吳國」（〈錯幣〉），秦、雍、漢、蜀等地的姦惡之人都依附鄧通，「吳、鄧錢布天下」（〈錯幣〉）；劉濞憑藉鑄錢煮鹽獲得的巨額財富，收買民心，培養私威，「私威積而逆節之心作」（〈禁耕〉），終於發動叛亂。在大夫一方看來，前代和本朝的事實都表明，不將鹽鐵等重要商品收歸國家統一經營，朝廷不壟斷鑄錢權，中央集權就不可能鞏固，武帝正是深明此理，於是廢私營而推行官營，藉以對付豪強大家和地方諸侯，加強中央集權。

其三，賢良、文學否定官營政策的實施結果。在辯論中，賢良、文學極力強調官營政策的實施給國家、百姓造成的危害。他們論述了官營政策總的危害：(1)使「國家衰耗，城郭空虛」（〈輕重〉），「百姓困乏」（〈非鞅〉）；(2)「散敦厚之樸，成貪鄙之化」（〈本議〉），嚴重敗壞了社會風氣；(3)使執掌官營實權的官吏成為政治和經濟上的暴發戶。他們專橫跋扈，威權超過了當年晉國的六卿；以權謀私，富裕遠勝於古代的陶朱公和子貢。賢良、文學還分別論述了各項官營事業的弊病。他們認為官營鐵業的弊病甚多：(1)使用罪犯和徵發來的民工勞動，這些人心情煩悶，工作不盡力；(2)生產過程中只強調數量而不強調質量，致使造出的鐵器「多苦惡」（〈水旱〉）；(3)鐵器規格統一，品種單調，不能滿足不同地區農民的需要；(4)銷售點設置少，許多農民得跑很遠的路去買農具，結果往往錯過農時，坐店銷售的官吏經常不在，有時農民跑了很遠的路還是買不到；(5)鐵器價貴，一些貧民買不起，只好用木器耕地，用土塊砸碎土塊，用手除草；(6)鐵器賣不出去時，鐵官還強行攤派賣給百姓。關於鹽官營的弊病，賢良、文學指出，官營後鹽價昂貴，一些貧民只好「淡食」（〈水旱〉）。談到均輸的弊病，賢良、文學說：政府收取貢品，捨棄百姓所產有的東西不要，而強要他們自己不生產的東西，於是百姓只好低價賣出自己的產品，高價購進政府所要之物，這樣，一出一進，賤賣貴買，不免吃兩次虧，「農民重苦，女工再稅，未見輸之均也」（〈本議〉）。至於平準制度，其開辦雖以平抑物價為主旨，但在賢良、文學看來，也是「未見準之平」（〈本議〉）的。因為政府有時「萬物並收」，造成市場商品奇缺，於是物價飛速上漲，商賈趁機牟取暴利，消費者的利益大受損害，而另一方面，姦商囤積居奇的現象依然存在。對朝廷壟斷鑄錢權，賢良、文學也進行了抨擊。他們指出，朝廷統一鑄錢，參與其事的官吏和工匠偷工減料以謀取私利，結果鑄出的錢有的不符合規定標準，於是同樣面值的錢就有厚薄輕重之別，百姓對這種新錢不習慣、不相信，最終造成流通不暢，商品積壓。

御史大夫一方對官營政策的實施結果有完全不同於賢良、文學的評價。他們認為各項官營措施達到了預期的目的，取得了顯著成效。他們大力宣揚官營政策在扭轉國家財政狀況方面所發揮的積極作用，指出實施官營後國家財力大大增強，從而保證了軍費供應，滿足了救災之需。在〈輕重〉篇中，御史說：「是以兵革東西征伐，賦斂不增而用足。」又說：由於桑弘羊致力發展官營經濟，因此「萬物流通」，政府「富實」，當時「四方征暴亂」的軍費開支「以億萬計」，都從大司農那裡得到了供應。在〈力耕〉篇中，桑弘羊自己也說：「賴均輸之畜（蓄），倉廩之積」，戰士得到了供應，飢民得到了救濟，「故均輸之物，府庫之財，非所以賈萬民而專奉兵師之用，亦所以賑困乏而備水旱之災也」。大夫一方還大力宣揚官營事業給百姓生產、生活帶來的益處。他們指出：官營鑄鐵，資金雄厚，工具齊全，造出的器具鐵質軟硬均勻，便於使用，且其價格高低適宜，頗利於百姓；各項官營政策的實施，造成了「上下俱足」（〈輕重〉）的局面，使得「民不困乏」（〈輕重〉），「無飢寒之累」（〈水旱〉）。

二、軍事：征伐與安撫

漢武帝在經濟方面大力推行官營政策，在軍事方面則對四方少數民族敵對勢力實施武力征伐。武帝以前，漢王朝對待四境的敵對勢力主要是採取消極防禦的方針，對北境強敵匈奴用的是和親策略，嫁公主給匈奴單于，每年送給匈奴大量財物，以求相安無事。當時採取這些做法，乃是出於不得已，因為漢建國之初，承秦末大亂之後，經濟凋敝，民生困頓，首要的任務是休養生息，不能再致力於戰爭，同時國力衰弱，也無力征服對手。到了武帝之時，經過漢初諸帝六十餘年的努力，漢王朝社會經濟已十分繁榮，軍事力量亦臻強盛。於是武帝改變策略，反守為攻，對四境之敵大舉征伐。在北方，三次大規模興師進擊匈奴，給匈奴以重大打擊，開拓了北方領土。在南方，元鼎五年（西元前一一二年）發兵十餘萬擊南越（南粵）國，次年滅之；元鼎六年遣橫海將軍韓說、中尉王溫舒、樓船將軍楊僕率師出擊反叛的東越（東粵）王，次年滅東越；又曾遣司馬相如、唐蒙出使西南夷，並組織力量開鑿通往西南夷的道路，元鼎六年，發兵平定西南夷。在西方，元鼎六年，遣將軍李息、郎中令徐自為征西羌，獲勝；又曾派張騫兩次出使西域，派李廣利出伐西域的大宛國。在東方，元封二年（西元前一〇九年），遣樓船將軍楊僕、左將軍荀彘出征朝鮮，次年平定其地，置樂浪、臨屯、玄菟、真番四郡。終武帝一生，東伐西討，南征北戰，在位五十四年就進行了五十年的大小戰爭，征伐也和官營一樣，是武帝時期的支柱政策。

武帝雖然給匈奴以重大打擊，但並未徹底征服匈奴，因此到昭帝時，要不要繼續進擊匈奴就成為朝野不能迴避的一個問題，而對武帝時期的征伐政策如何評價的問題也就被提出來了。在鹽鐵會議上，論戰雙方就這兩個問題展開了激烈的爭辯。賢良、文學一方反對征伐，力主安撫，而御史大夫一方則恰恰相反。

賢良、文學一方的具體看法有如下幾點：

其一，不應征伐。賢良、文學多角度地論述了這一觀點。(1)從理論上論述文德與武力問題，指出對異族應以德安撫，而不應以武力征伐。他們標舉儒家的德力觀作為自己這一觀點的理論依據：「古者貴以德而賤用兵。孔子曰：『遠人不服，則修文德以來之。既來之，則安之。』」（〈本議〉）他們強調「武力不如文德」（〈險固〉），「地廣而不德者國危，兵強而凌敵者身亡」（〈擊之〉），認為：「誠信著乎天下，醇德流乎四海，則近者哥謳而樂之，遠者執禽而朝之。故正近者不以威，來遠者不以武，德義修而任賢良也。」（〈世務〉）⑵援引漢以前歷史上正反兩方面的事例，說明以德安撫會取得滿意的效果，好征伐只會導致滅亡，從而論證征伐之策不可取。先看他們援引的正面例子。〈論功〉篇中，文學談到舜時三苗不服，「禹欲伐之」，但舜並沒有聽從禹的意見，而是回過頭來加強德政教化，於是三苗就歸服了。〈備胡〉篇中，賢良談到孔子，說孔子在魯國做官，「務以德安近而綏遠」，結果「魯無敵國之難，鄰境之患」，大國敬畏魯國的仁義而與魯交接修好，齊國歸還了以前所侵占的土地。〈誅秦〉篇中，文學指出：「周累世積德，天下莫不願以為君，故不勞而王，恩施由近而遠，而蠻、貊自至。」再看他們援引的反面例子。〈誅秦〉篇中，文學說：秦、楚、韓、趙、魏雖然有王的稱號，但「不務積德而務相侵，構兵爭強而卒俱亡」。又說：秦統一天下後，「貪胡、越之地，使蒙恬擊胡，取河南以為新秦，而亡其故秦，築長城以守胡，而亡其所守」。〈非鞅〉篇中，文學指出：「蒙恬以得千里亡秦社稷。」依賢良、文學之見，這些漢以前歷史上正反兩方面的事例對比鮮明，安撫與征伐二策孰是孰非，孰可取孰不可取，自不待言。⑶渲染漢初和親政策的成效，以說明不應廢和親而行征伐。在〈和親〉篇中，文學指出，從前開通邊境貿易，與匈奴互通有無，匈奴「自單于以下，皆親漢內附，往來長城之下」。在〈結和〉篇中，文學對和親的成效有更詳細的陳述，他說，「往者，匈奴結和親，諸夷納貢」，漢朝廷與匈奴及其他少數民族的關係如同「君臣」，彼此「相信」，因此，漢朝「無胡、越之患」，君主欲求少而容易供應，「民安樂而無事。耕田而食，桑麻而衣」，家家有夠吃幾年的儲糧，政府錢物有餘。在賢良、文學看來，既然和親有如此功效，當年武帝廢和親而實施征伐已是錯誤，而當今要繼續對匈奴動武，就更是錯上加錯。

其二，不必征伐。賢良、文學不但認為對異族不應採取征伐的策略，而且認為，對匈奴等異族只要用仁德加以感化，他們必能「從善如影響」（〈和親〉），誠心歸服，根本用不著征伐。在〈和親〉篇中，文學指出，「世無不可化之民」，世上的人都可教育感化而使之變好，世上各種類型的交往，雙方總是投桃報李，「未聞善往而有惡來者」，因此，對匈奴只要以仁德親近，他們必定能改邪歸正，與漢成為「兄弟」。在〈憂邊〉篇中，文學說，如果漢昭帝不嫌棄匈奴，而「加之以德，施之以惠」，那麼匈奴一定會心向漢朝廷，自動敲打關塞之門前來歸順。在〈世務〉篇中，文學更透徹、更全面地闡述了不必征伐的觀點，他說，當今如果「去武行文，廢力尚德，罷關梁，除障塞，以仁義導之，則北垂（陲）無寇虜之憂，中國無干戈之事矣」。

其三，難以征服。賢良、文學認為，漢王朝即使對匈奴採取征伐的策略，也難以徹底征服他們。原因之一是地理狀況對漢朝不利。賢良、文學指出，匈奴游牧於無邊無際的草原，其地東西南北都不見盡頭，要追趕匈奴軍隊，即使憑藉輕便的戰車、迅疾的戰馬也做不到，更何況背馱重物、扛著兵器步行去追趕呢？這勢必像沒有網而在江海裡捕魚一樣。退一步說，即使追趕上了，我方「三軍罷（疲）弊」（〈西域〉），也不過自投虎口罷了。原因之二是他們在軍事上自有優勢。匈奴是個尚武的民族，家家都有戰馬良弓，人人能騎馬射箭，「一旦有急，貫弓上馬而已」（〈論功〉）；他們打起仗來，不需要太多的物質條件，「因山谷為城郭，因水草為倉廩」（〈論功〉）；同時，他們行動迅速，「風合而雲解（散）」（〈備胡〉），你走向他們，他們就遠遠逃開，你進攻他們，他們就四散而去。因此，想以武力征服匈奴，群臣「言其易」，但實際上很「難」（〈論功〉）。原因之三是他們在其他方面也有優勢。匈奴在政治方面的長處表現為：國家的法律簡約而易於掌握，君長的需求不多而易於供應，刑罰用得少，人們也不怎麼犯法，凡是指揮命令，人們都聽從。在習性方面，匈奴人也有優點：雖然蔑視禮儀但卻很守信用，雖然缺少文化但做事卻十分敏捷。在生活方面，他們講究實用，不追求奢華，所造器物易於製成卻不易損壞。這些也是漢朝征服匈奴的障礙。賢良、文學強調匈奴難以征服，目的也是要說明：武力不如文德，要真正解決問題，還是得用安撫之策。

其四，勞民傷財。賢良、文學認為，武帝時期大舉征伐，勞而無功，「不能弱匈奴，而反衰中國」(〈伐功〉)，其後果十分嚴重，總的說是勞民傷財，具體表現有三：(1)耗費巨大，使國家和百姓陷入貧窮。賢良、文學指出，未行征伐以前，國家財用充足，後來實行擴張政策，征討匈奴、百越，造成國家「費用不足」(〈擊之〉)。而百姓在「未伐胡、越之時」，「溫衣飽食」，及至「師旅數發」，則「不足於糟糠」(〈未通〉)。(2)使內地困於繇役，「邊民苦於戍禦」(〈輕重〉)。大規模的興師用兵給內地人民帶來了沉重的繇役負擔。「師旅相望，郡國並發」(〈西域〉)，大量的百姓被徵發當兵，同時，民伕「疲於轉漕」(〈擊之〉)，被徵發來拉車供應軍需的百姓也非常之多。不僅如此，繇役之地還十分遙遠，「近者數千里，遠者過萬里」(〈繇役〉)，「盡寒苦之地，危難之處，涉胡、越之域」(〈執務〉)。還有，由於「暴兵露師，以支久長」(〈本議〉)，繇役的期限也遠長於古代，往往是「歷二期」(〈繇役〉)，即經歷兩個整年。長期的武力對抗也使邊地的百姓苦不堪言：「邊民不解甲弛弩」(〈和親〉)，生活在戰爭狀態中達「數十年」，穿著鎧甲戴著頭盔耕田種地，一邊勞動一邊還得觀察瞭望敵情，敵人一來，壯年人就得拿起武器出去戰鬥，連老年人也得進入堡壘守衛，這種狀況談起來足以使人「流涕寒心」(〈和親〉)。(3)使百姓遭受巨大的精神痛苦。由於繇役之地遼遠，服役時間久長，且「死於軍旅」者眾，因此服役者飽受思家之苦，家人則受盡思念、擔憂之情的煎熬，甚或經受失去親人的巨痛。〈備胡〉篇中賢良說，崤山以東地區的甲士戍於「絕殊遼遠」之邊郡，「身在胡、越，心懷老母。老母垂泣，室婦悲恨，推其飢渴，念其寒苦」。〈繇役〉篇中，文學談到由於服役之人久久不能回家，以至「父母愁憂，妻子詠歎。憤懣之恨發動於心，慕思之積痛於骨髓」。在〈執務〉篇中，賢良指出，繇役使「父母延頸而西望，男女怨曠而相思」，故「一人行而鄉曲恨，一人死而萬人悲」。

賢良、文學一方的上述看法歸結起來，就是認為武帝時期的征伐政策是錯誤的、失敗的，當今應予以糾正，「偃兵休士」，停止對匈奴的征伐，「厚幣結和親，修文德而已」(〈擊之〉)。

御史大夫一方針對賢良、文學一方的觀點，發表了完全相反的看法，具體有以下幾點：

其一，征伐之策不容否定。賢良、文學以儒家傳統觀念和古代事例為據否定征伐策略，認為對異族不應征伐，大夫一方採取以其人之道還治其人之身的做法，也從歷史上尋找根據，以證明對敵寇應該征伐。他們指出古代的明王對敵寇都採取征伐之策。在〈備胡〉篇中，大夫說：「古者明王討暴衛弱，定傾扶危。」「行役戍備，自古有之，非獨今也。」在〈繇役〉篇中，他又談到：「故守禦征伐，所由來久矣。」在〈結和〉篇中，他還標舉黃帝和湯、武：「軒轅戰涿鹿，殺兩師、蚩尤而為帝，湯、武伐夏、商，誅桀、紂而為王。黃帝以戰成功，湯、武以伐成孝。」在〈繇役〉篇中，他總結說：「自古明王不能無征伐而服不義，不能無城壘而禦強暴也。」大夫一方還稱述歷史上憑征伐而強盛、因仁義而衰亡的實例，藉以說明征伐之策為安邦強國所必需，對敵寇一定要行征伐，切不可誤用安撫之策。他們對比戰國七雄和周王室，指出七雄憑藉征伐而「地廣壤進」（〈誅秦〉），以致建立王號，成為諸侯之長，而周王室崇尚文德，結果卻「國蕑弱，不能自存」，東邊害怕六國，西邊畏懼強秦，最後「身以放遷，宗廟絕祀」（〈誅秦〉）。他們把秦視為以武強國的典範而頌揚尤力，說秦統一天下之後，東渡鴨綠江，「并滅朝鮮」，「南取陸梁，北卻胡、狄，西略氐、羌，立帝號，朝四夷」，當時凡是車船能通的地方，人跡能到達的所在，沒有不來朝拜的，而這些朝拜者之所以臣服，並不是因為敬服秦的仁德，而是因為「畏其威」（〈誅秦〉）。故征伐之策不容否定，對敵寇應該征伐。

其二，對匈奴非征伐不可。大夫一方總結漢初以來與匈奴打交道的經驗教訓，指出和親策略根本不管用，對匈奴非征伐不可。在〈結和〉篇中，大夫對這個問題談得很透徹，他說，「漢興以來，修好，結和親」，送給匈奴的財物非常多，但是匈奴並不記取雙方訂立的莊重盟約和我方饋贈給他們的大量財物，反而「暴害滋甚」，漢武帝正是因為看清了匈奴「可以武折而不可以德懷」這一點，所以才「廣將帥，招奮擊，以誅厥罪」。在〈和親〉篇中，大夫也談到，匈奴是一個崇尚詐謀的國家，「數和親，而常先犯約」，「反復無信，百約百叛」，因此，與他們訂立和約、「親之以德」完全是白費氣力，要消除他們的侵害，只有武力征伐一條路可走。

其三，匈奴可以征服。大夫一方駁斥了賢良、文學匈奴難以征服的觀點，認為匈奴完全可以征服。大夫在〈論功〉篇中對比漢匈優劣以說明征服匈奴甚易。他指出：匈奴在軍事方面沒有「城廓之守，溝池之固，脩戟強弩之用」，在經濟方面沒有「倉廩府庫之積」，在政治方面「上無義法，下無文理，君臣嫚易，上下無禮」，總之是「內則備不足畏，外則禮不足稱」；而漢朝地當天下中心，賢士薈萃，禮義繁盛，財貨充裕；因此，憑著漢朝的明顯優勢和強大實力去討伐匈奴，就像「因秋霜而振落葉」一樣容易。大夫在〈論勇〉篇中也明確指出：如果憑著英勇善戰的士卒，讓他們揮舞鋒利的寶劍，腳踏強弩的機關，與匈奴在原野上交戰，他們必定能一以當百，這樣一來，匈奴就沒有可守的山谷，沒有可用來作戰的軍隊，「力不支漢，其勢必降」。

其四，征伐有功。大夫一方認為，漢武帝時期大舉征伐，取得了積極成果，「功勳粲然，著於海內」。大夫在〈擊之〉篇中說，「先帝絕三方之難，撫從方國，以為蕃蔽」，這說的就是武帝鏟除了東、南、西三面邊境的敵患，使這些地方的國家歸服了朝廷，成為中原地區的屏障。在〈誅秦〉篇中，大夫談到北部邊境的狀況，指出由於武帝「興義兵以征厥罪」，匈奴受到沉重打擊，於是「長城之內，河、山之外，罕被寇菑（災）」。除了上述主要功績外，武帝大舉征伐還帶來了經濟方面的益處。御史在〈未通〉篇中談到，「孝武皇帝平百越以為園圃，卻羌、胡以為苑囿」，於是珍貴奇異的物品充滿了後宮，出產於北方的良馬擠滿了宮外的馬棚，普通人也都乘坐著好車，駕馭著良馬，民間百姓吃夠了橘柚等水果。大夫在〈西域〉篇中也指出，由於擊退匈奴，開闢了大片土地，朝廷招募百姓到新闢地區墾種放牧，於是「長城以南，濱塞之郡，馬牛放縱，蓄積布野」。

御史大夫一方的上述看法歸結起來，就是認為武帝時期的征伐政策是正確的，且功效卓著，當今應繼承武帝遺志，繼續進擊匈奴，「遂先帝之業」，徹底征服匈奴，「擒單于」（〈復古〉）。

是以禮治國還是以法治國，賢良、文學和御史大夫雙方對這個問題的看法勢同水火，雙方在會議上就這個問題進行了激烈的爭辯。賢良、文學一方主張以禮治國，反對法治，御史大夫一方則主張以法治國，反對禮治。

三、政治：法治與禮治

賢良、文學一方關於這個問題的發言具體內容如下：

其一，頌揚禮治，認為治國理應憑恃禮義，只有憑恃禮義才能治國安民。賢良、文學稱述古代聖王的做法以證明禮治是治國良策，宜予採用。他們指出：「聖王之治世，不離仁義……上自黃帝，下及三王，莫不明德教，謹庠序，崇仁義，立教化。此百世不易之道也。」（〈遵道〉）「是以古者明王茂其德教，而緩其刑罰也。」（〈論菑〉）他們還以「天道好生惡殺，好賞惡罰」（〈論菑〉）來論證禮治符合天道，甚至認為帝王聽政的座位「背陰向陽」，即座北朝南，這也象徵著「前德而後刑」（〈論菑〉）。賢良、文學大力肯定禮義治國安民的作用。他們說，「故禮義立則耕者讓於野，禮義壞則君子爭於朝」（〈授時〉），「德教廢而詐偽行，禮義壞而姦邪興」（〈刑德〉），「禮義壞，堤防決，所以治者，未之有也」（〈論誹〉），只有加強禮義教化，才能把國家治理好。他們舉古代的例子，指出商湯、周武王在位時天下太平，源於他們以禮治國：「湯、武經禮義，明好惡，以道（導）其民，刑罰未有所加，而民自行義，殷、周所以治也。」（〈詔聖〉）他們還舉了漢代初年的例子，指出漢高祖簡化秦朝繁細的法令，撫慰怨恨深的人民，增長百姓的和睦之心，「唯恐刑之重而德之薄」，因此取得了好的效果：「恩施無窮，澤流後世。」（〈周秦〉）

其二，否定法治，認為以法治國不僅無益於治，反而會「危其主」，甚至亡其國。他們指出，憑法治根本不能把國家治理好。在他們看來，「嚴刑以治國」（〈論菑〉），就像利用秋冬來使穀物成熟一樣，根本達不到目的。原因是，「法能刑人而不能使人廉，能殺人而不能使人仁」（〈申韓〉），刑法不能治本；同時，「罷（疲）馬不畏鞭箠，罷（疲）民不畏刑法」（〈詔聖〉），當百姓被壓迫剝削到不能忍受時，他們的越軌行為必定是「嚴刑不能禁，峻法不能止」（〈詔聖〉）。他們把秦當作刑罰嚴酷而國家並未治理好的典型加以抨擊，說秦濫施刑殺，法律比烈火、刀口還厲害，結果社會狀況卻是「父子相背，兄弟相讕，至於骨肉相殘，上下相殺」（〈周秦〉）。賢良、文學還進一步指出，以法治國只會使君主及其政權陷入危險，甚至使國家很快滅亡。他們談到，「政嚴則民謀其主」（〈周秦〉），政治嚴酷人民就會策劃對付君主，晉厲公由於暴虐而被臣下拘捕、囚禁而死就是明顯的例子。他們又舉例說：「商鞅、吳起以秦、楚之法為輕而累之，上危其主，下沒其身。」（〈周秦〉）而法治亡國的鐵證，在他們看來，自然是秦朝，所以他們在〈詔聖〉篇中說：「上無德教，下無法則，任刑必誅，劓鼻盈蔂，斷足盈車，舉河以西，不足以受天下之徒，終而以亡者，秦王也。」又說由於秦朝刑罰嚴酷，故「天下俱起，四面而攻秦」，不到一年，秦的「社稷」就變成了廢墟。

其三，揭露武帝以來刑罰嚴酷的狀況，予以猛烈抨擊。武帝尚法治，曾命張湯、趙禹修訂律令，武帝、昭帝時期，政治方面突出的現象之一是法令繁細，賢良、文學對此進行了揭露鞭撻。他們指出，「方今律令百有餘篇」（〈刑德〉），條文繁多，連官吏也「不能徧覩」，以至律令堆在樓閣裡積滿灰塵，生了蛀蟲；同時，「微細並行，不可勝載」（〈國疾〉），連極細小的處罰項目也被設立，一同付諸施行，以至法律條文繁多細碎得連律書也無法載錄完。與法令繁細密切相連，武帝、昭帝時期對犯罪的處罰極重，賢良、文學對此也進行了譴責。他們列舉當時「罪名重」的具體表現：偷馬的人要被處以死刑，偷牛的人要被套上枷鎖；百姓如果乘車騎馬在皇帝專用車道上行走，經官吏呵斥後仍未停止，就被視同於盜馬，「而罪亦死」（〈刑德〉）；奪取兇手的武器而將其殺傷，「罪與殺人同」（〈刑德〉）；實行連坐法，「以子誅父，以弟誅兄，親戚相坐，什伍相連」（〈周秦〉）。賢良、文學認為，懲處犯罪如此嚴酷，不符合立法的本意，是「設罪以陷人」（〈刑德〉）。造成當時刑罰嚴酷還有一個很大的因素，那就是酷吏橫行。賢良、文學對酷吏及其惡行深惡痛絕，抨擊尤為激烈。他們指責「殘吏」「擾亂良民」，對夏蘭、王溫舒、杜周等人痛加鞭撻：「夏蘭之屬妄搏（捕人），王溫舒之徒妄殺」（〈國疾〉），「杜周、咸宣之屬以峻文決理貴，而王溫舒之徒以鷹隼擊殺顯」（〈刺復〉）。他們憤怒地指出：當今一些所謂的「良吏」，精通法律條文的就用法律禍害百姓，強橫兇暴的就憑暴力虐待人民，不推究立法的本意，「而專己之殘心」，假借法律，千方百計羅織罪名，「以陷不辜」（〈申韓〉）。

御史大夫一方針鋒相對地反駁了賢良、文學的上述觀點，他們發言的具體內容如下：

其一，否定禮治的安邦作用，肯定法治的治國功能。御史大夫一方認為，老百姓「敖於愛」（〈後刑〉），你對他仁愛他就傲慢不馴，「禮讓不足禁邪」（〈詔聖〉），因此治國絕不能憑恃禮義；「魯好禮而有季、孟之難，燕噲好讓而有子之之亂」（〈詔聖〉），以禮治國只會像魯昭公被季氏、孟氏逐出魯國，燕王噲讓位於宰相子之而導致燕國大亂一樣，絕沒有好結果。御史大夫一方指出，與「禮讓不足禁邪」相反，「刑法可以止暴」（〈詔聖〉），「明君」之所以能「長制群下」、「久守其國」，就是因為他們「據法」（〈詔聖〉），吳起「以法治楚、魏」，申不害、商鞅「以法彊秦、韓」（〈申韓〉），這些都是法治強國的最好例證；而離開了刑法，國家就不可能太平安穩，「無法勢，雖賢人不能以為治」（〈申韓〉），「無法」，「其亂必也」（〈刑德〉）。

其二，強調嚴刑峻法的必要性。御史大夫一方不僅認為治國必須依賴法治，而且還進一步認為，法一定要嚴，嚴刑峻法實屬必要。他們指出：「令嚴而民慎，法設而姦禁。罔（網）疏則獸失，法疏則罪漏。」（〈刑德〉）古代制定五種刑罰，使用各種肉刑，「而民不踰矩」（〈刑德〉），商鞅對把灰倒在路上的行為都加以處罰，「而秦民治」（〈刑德〉）。他們還以登高舉重為喻，說明刑法嚴厲人們就不敢輕易觸犯：

「千仞之高，人不輕凌，千鈞之重，人不輕舉。」(〈刑德〉)在〈周秦〉篇中，他們又說：制定法律，使百姓面對法律就像靠近百仞的深溝，又像是要用手握火、用腳踩刀口一樣，「則民畏忌，而無敢犯禁矣」。對一些輕罪判重刑的具體刑罰項目，他們為之申述理由：對偷馬的人處以死刑，給偷牛的人套上枷鎖，這樣做是為了表示對農業的重視，並且使壞人不能以非法手段輕易獲得財物；規定盜竊時傷人與殺人同罪，這是為了震懾百姓之心，譴責他們的犯罪意圖，而使他們不犯罪；總之，「輕之為重，淺之為深，有緣而然」(〈刑德〉)，即輕罪重罰是合理的。對連坐法，他們也為之辯護，認為一家之中，子弟和父兄之間，就像身體的各部分互相連接，任何一處關節動了，心裡都會知道，平時「父不教子，兄不正弟」(〈周秦〉)，等到子弟犯了法，不責備父兄又責備誰呢？可見，實行連坐是天經地義的。

其三，頌揚武帝以來實行嚴刑峻法的成效。在〈輕重〉篇中，御史指出：張湯「論定律令，明法以繩天下，誅姦猾，絕并兼之徒」，結果使社會出現了「強不凌弱，眾不暴寡」的局面。在〈大論〉篇中，大夫指出：杜周、王溫舒等人「繩之以法，斷之以刑，然後寇止姦禁」。

四、生活：適度消費與盡量儉樸

在生活消費問題上，論戰雙方的觀點也不盡相同。賢良、文學一方痛恨奢侈淫靡之風，十分欣賞古代那種原始狀態的儉樸生活，認為生活越儉樸越好；御史大夫一方則提倡適度消費，既反對過分的奢侈，也反對過分的儉約，而對後者反對尤力。

先看賢良、文學一方的論述。

賢良、文學盛贊古代生活的儉樸。在〈通有〉篇中，文學贊揚說：古時侯用櫟木作屋椽條，且不加砍削，用茅草蓋屋頂，且不加修翦，人們穿粗布衣裳，用土製器皿吃飯，拿金屬澆鑄出鋤頭，用黏土陶製成器具，「工不造奇巧，世不寶不可衣食之物，各安其居，樂其俗，甘其食，便其器」。在〈散不足〉

篇中，賢良從宮室、車馬、衣服、器械、喪祭、食飲、聲色、玩好八大方面，分三十二個細目進行古今對比，集中而全面地展現了古代社會生活面貌，充分表達了對古代儉樸生活的贊美之情。如談到布帛類服裝，他贊美說：古時候平民步入老年之後才穿絲織品，其餘的人都只是穿麻織品罷了。談到日常用具情況，他贊美說：古時候在地上挖坑裝酒，用手捧著喝，那時沒有酒杯酒罈和裝肉類祭品的俎，稍後，平民的用具也還只是竹子柳條製品、陶器和葫蘆，只有宗廟裡盛祭品的器具和祭祀時所用酒杯才雕刻花紋，塗上紅漆。談到棺槨情況，他贊美說：古時候使用以土燒製的棺材盛放屍體，或用木棺而在周圍砌上燒製的土磚，「足以收形骸，藏髮齒而已」，稍後，用桐木做棺，上面不加文飾，用櫟木做槨，粗粗製成不加修削。正因為賢良、文學崇尚儉樸，所以在〈救匱〉篇中，他們希望政府高級官員及其子孫節減車輛，在衣飾方面做到適度，「躬親節儉，率以敦樸」。

賢良、文學猛烈抨擊當時社會的奢侈淫靡之風。他們揭露了侈靡之風的種種具體表現。在〈刺權〉篇中，他們指責執掌官營實權的官吏：「輿服僭於王公，宮室溢於制度。」在〈國疾〉篇中，他們批評說：平民家中的用具也極奢侈，杯子繪有花紋，托盤畫有圖案，席子是縫有漂亮花邊的，矮桌配有美麗的墊腳；婢女小妾穿綢衣，著絲鞋；普通百姓吃精米飯，享用肉類菜肴；辦喪事竭盡家財而為，嫁女力求嫁妝滿車。在〈散不足〉篇中，他們對侈靡之風的揭露更是淋漓盡致，如說到用具，他們指出：富人用的器皿以銀飾口，以黃金或銅做耳，酒罈是黃金製成的，酒杯是玉做的，中等人家用的是野王縣出產的名牌麻製漆器、蜀郡出產的名牌嵌金杯子；談到畜養禽獸，他們指出：「百姓或短褐不完，而犬馬衣文繡；黎民或糟糠不接，而禽獸食粱肉。」他們還痛陳侈靡之風的危害。在〈通有〉篇中，文學說：如果裝飾房屋宮室，加高亭臺樓閣，木工拿來木料把大的砍成小的，把圓的加工成方的，房屋如雲，楹柱如林，「則材木不足用也」，「男子去本為末，雕文刻鏤，以象禽獸，窮物究變，則穀不足食也。婦女飾微治細，以成文章，極伎盡巧，則絲布不足衣也。庖宰烹殺胎卵，煎炙齊和，窮極五味，則魚肉不足食也」。在〈散不足〉篇中，賢良把「宮室奢侈」、「器械雕琢」、「衣服靡麗」、「狗馬食人之食」、「口腹從（縱）恣」、「用費不節」、「漏積不禁」、「喪祭無度」喻為八種蛀蟲，全面揭露了淫侈之風對社會經濟的破壞。

再看御史大夫一方的論述。

大夫一方反對過分儉樸。「節奢刺儉」（〈通有〉）是他們奉行的消費原則。所謂「節奢刺儉」，就是既節制奢侈，也譏刺過分儉約。大夫一方認為，「儉則固」，過分儉約了就不免寒酸，「大儉下偪」，太儉樸了就使得下級難辦。他們還進一步指出，過分儉樸對治國毫無補益。在〈刺復〉篇中，御史說：公孫弘身為丞相，穿的衣服沒有兩種以上的彩色，吃飯時也不享用兩種以上的菜肴，帶頭節儉，為天下人作表率，可是「無益於治」。在〈救匱〉篇中，大夫說：丞相公孫弘蓋麻布被子，御史大夫倪寬穿白絹做的素樸長袍，「衣若僕妾，食若庸（傭）夫」，可是淮南王在國內陰謀叛亂，蠻夷在邊境騷擾侵略，盜賊活動並不因為他們的儉樸而得到禁止，就連社會的奢侈之風也並不因為他們的儉樸而得到節制。

大夫一方肯定適度的生活享受，認為應使消費達到一定的水準。他們引用《管子》上的話，以說明過分限制消費對社會有諸多不利：「不飾宮室，則材木不可勝用，不充庖廚，則禽獸不損其壽……無黼黻，則女工不施。」（〈通有〉）這就是說，不裝飾房屋，木材就用不完，從而造成自然資源的浪費；不填充廚房，飛禽走獸就會長久活著，對生民的人身安全構成威脅；不要衣服上的花紋，女工的技巧就施展不出來，刺繡手工業也就得不到發展。在他們看來，要做到物盡其用，人盡其才，發展生產，就必須有限度地擴大消費。他們還指出，達官貴人適當講究生活享受是天經地義的。在〈刺權〉篇中，當文學猛烈抨擊憑官營而取得富貴的官吏驕奢淫佚的生活時，大夫反駁說：「官尊者祿厚，本美者枝茂。」「故夫貴於朝，妻貴於室，富曰苟美，古之道也。」這就是說，地位尊貴的人理應得到豐厚的俸祿，而既貴且富的人理應追求「美」，即適當講究闊氣，過較高水準的生活。

肆・關於注譯工作的簡單說明

《鹽鐵論》一書在長期的流傳過程中，產生過眾多的版本，許多版本文字的錯訛衍脫現象十分嚴重。王利器先生參酌眾本，旁徵群籍，精加校勘整理，成《鹽鐵論校注》，是為善本。這次注譯原文參考王先生的《鹽鐵論校注》（臺北世界書局，民國六十八年三版；天津古籍出版社，西元一九八三年版增訂本），王先生的校注本亦有少數當校未校或校而失當之處，這些都據別的版本進行了補校或糾正，且在注釋中作了說明。另外，校注本還有一定數量的印刷錯誤，對這類錯誤，有些除改正外還出注作了述說，有些則徑自改了過來而沒有出注。

注釋時，對前後反覆出現的較難懂的詞語，沒有採取互見的手法，而是在必要的地方重複注解，這樣做，雖然不免使行文累贅，但卻可方便閱讀，讓讀者省卻前後翻檢之勞。作為一個雅俗共賞的讀本，這樣做尤其必要。

語譯力求做到「信」、「達」、「雅」結合，但有時候，忠實於原文與保持譯文流暢很難統一，在這種情況下，我們寧願犧牲後者而保證前者。原文的字句之間有時還有言外之意，不交代出來會影響讀者理解原文，為此我們直接在譯文之中加進了一些交代言外之意的文字。

古籍的注譯是一項細緻的工作，特別是語譯，看似容易，實際上難度很大。本人學識淺陋，材當下愚，注譯工作謬誤之處頗多，懇請廣大讀者不吝賜教。

盧烈紅

一九九四年夏

卷一

本議第一

【題　解】此為全書首篇。「本」即根本，「議」即討論。「本議」即關於根本問題的討論。篇中涉及的是這次鹽鐵會議所要解決的根本問題：是繼續執行漢武帝以來的鹽鐵官營、酒類專賣、物資均輸、價格平準等政策，還是將這些政策統統廢除？圍繞這一根本問題，文學和御史大夫桑弘羊各為一方，展開了激烈的論戰。

文學主張將鹽鐵官營等政策一概廢除。他們認為：治理百姓，要用道德引導，不能以財利引誘，鹽鐵官營等政策與民爭利，敗壞風氣；治理國家，應以農業為根本，抑制工商業，鹽鐵官營等措施激起人逐利之心，使百姓「趨末者眾」，破壞了農業生產；對待匈奴，應以仁義感化，以道德安撫，不應訴諸武力，今興兵屯戍，借鹽鐵官營等措施籌措軍費，絕非良策；實行均輸、平準，官吏胡作非為，百姓深受其苦。

御史大夫桑弘羊則針鋒相對，堅決主張繼續執行鹽鐵官營等政策。他指出：匈奴兇暴放肆，必須以武力相待，實行鹽鐵官營等政策，是籌措軍費，抗擊匈奴，鞏固邊防的需要；治理國家，應農業與工商業並重，工商業在社會經濟生活中有不可替代的作用，鹽鐵官營等政策能促進貨物流通，豐富農具供應，增加百姓財富；均輸、平準等政策的實施，是為了利國利民，它們具有平抑物價、方便百姓的功效。

惟❶始元❷六年，有詔書❸使丞相❹、御史❺與所舉賢良、文學❻語。問民間所疾❼苦❽。

【章　旨】點明會議召開的時間、參加的人員以及會議的主題。

【注　釋】❶惟　發語辭。❷始元　漢昭帝年號。西元前八六年至前八一年。❸詔書　古代帝王發布的文書。❹丞相　官名，古代朝廷中職位最高的大臣，協助皇帝綜理國家大事。此指田千秋。❺御史　此處是御史大夫的簡稱。秦漢時的御史大夫是皇帝的秘書長兼管監察，職位僅次於丞相。此指桑弘羊。❻賢良文學　漢代選拔人才，有察舉的制度，地方長官和朝廷有關機構按規定的科目考察、選取各種類型的優秀之士，向朝廷推薦。當時的科目很多，「賢良」和「文學」即其中的兩種。❼疾痛恨。❽苦　以為苦。

【語　譯】始元六年，漢昭帝下達詔書，命令丞相、御史大夫與各地薦舉來的賢良、文學討論問題，詢問民間所痛恨和引以為苦的事情。

文學對曰：「竊❶聞治人之道，防❷淫佚之原❸，廣道德之端，抑末❹利而開❺仁義，毋示❻以利，然後教化可興，而風俗可移❼也。今郡國❽有鹽鐵❾、酒榷❿、均輸⓫，與民爭利。散⓬敦厚之樸⓭，成貪鄙之化⓮。是以百姓就本⓯者寡，趨末者眾。夫文⓰繁則質⓱衰，末盛則本虧。末修⓲則民淫，本修則民愨⓳。民愨則財用足，民侈則飢寒生。願罷鹽鐵、酒榷、均輸，所以⓴進本退末，廣利農業，便也。」

【章　旨】文學從重義輕利、貴本賤末等觀念出發，指出鹽鐵官營、酒類專賣、物資均輸等政策與民爭利，損害農業，敗壞風氣，要求予以廢除。

【注　釋】❶竊　私下。表謙副詞。❷防　堵塞。❸淫佚之原　放縱享樂的根源。❹末　指工商業。❺開　提倡。❻示　給人看。亦即引導。❼移　改變。❽郡國　漢高祖統一天下後，一方面承襲秦朝的郡縣制，一方面又實行分封，封給王的稱王國，封給侯的稱侯國。郡與國往往連稱。❾鹽鐵　指鹽鐵官營。漢武帝元狩年間，改鹽鐵民營為政府統一經營，在全國各地的鹽鐵產區設置鹽官、鐵官，負責管理生產和買賣等事務。❿酒榷　指酒類專賣。漢武帝天漢三年（西元前九八年）將酒類的釀製與經營權收歸國家，民間不得私自製酒和賣酒。⓫均輸　始於漢武帝元鼎二年（西元前一一五年）的一項經濟措施。由國家在各地設置均輸官，負責貢賦的徵收和一般物資的購買，或將其運往京城，或在各地區之間互相輸送，調劑有無，以此為國家增加收入。⓬散　破壞；瓦解。⓭樸　指質樸的習俗。⓮化　風氣。⓯本　指農業。⓰文　表面的花紋。⓱質　內在的本質。⓲修　得到發展。⓳愨　誠實。⓴所以　藉以；用來。

【語　譯】文學回答說：「我們私下聽說治理人民的辦法，在於堵塞放縱享樂的根源，擴展道德的動機，抑制工商之利而提倡仁義，不用財利引導百姓，這樣之後教化就能勃興，風俗就能變好。如今在郡國實行鹽鐵官營、酒類專賣、物資均輸等政策，與百姓爭奪財利，這就瓦解了原來敦厚質樸的習俗，造成了貪婪卑鄙的風氣。因此百姓中從事農業生產的人很少，而追逐工商之利的人眾多。物體外表的紋飾太繁盛，內在的本質就會被削弱；國家工商末業興旺，農業就會受到損害。工商業得到發展百姓就會奢侈，農業得到發展百姓就會誠實。百姓誠實財貨就會充足，百姓奢侈飢寒就會發生。希望廢除鹽鐵官營、酒類專賣和物資均輸等政策，以此來加強農業，抑制工商業，從各方面為農業生產提供有利條件，這樣做才是適宜的。」

大夫❶曰：「匈奴❷背叛不臣，數❸為寇暴❹於邊鄙❺。備之則勞中國❻之士，不備則侵盜不止。先帝❼哀邊人之久患，苦為虜❽所係獲❾也，故修障塞❿，飭⓫烽燧⓬，屯戍⓭以備之。邊用度⓮不足，故興鹽鐵，設酒榷，置均輸，蕃⓯貨長⓰財，以佐助邊費。今議者欲罷之，內空府庫之藏，外乏執⓱備之用，使備塞乘城⓲之士飢寒於邊，將何以贍⓳之？罷之，不便也。」

【章　旨】大夫從抵抗匈奴侵擾的角度闡述了鹽鐵官營等政策產生的背景，指出這些政策的實行能增強國家的經濟實力，補助邊防費用，不能廢除。

【注　釋】❶大夫　即御史大夫桑弘羊。❷匈奴　我國古代北方少數民族之一。❸數　屢次。❹寇暴　侵擾。❺邊鄙　邊疆。❻中國　指中原地區。❼先帝　已經去世的前代皇帝。此指漢武帝。❽虜　敵人。此指匈奴。❾係獲　俘擄。❿障塞　邊塞險要處的城堡。⓫飭　整修。⓬烽燧　古時邊境上築有高臺，名烽火臺，遇有敵情，在臺上或燃煙或舉火以報警。白天燃煙叫「燧」，晚上舉火叫「烽」。此「烽燧」即指烽火臺。⓭屯戍　駐軍守邊。⓮用度　支出的費用。⓯蕃　增加。⓰長　增加。⓱執　守。⓲乘城　登城守衛。乘，登。⓳贍　供給。

【語　譯】御史大夫說：「匈奴背叛我朝，不稱臣服從，屢次侵擾邊境地區。防備他們吧，就會使內地的士卒勞累不堪；不防備他們吧，其侵擾搶掠又不會停止。當年武帝憐憫邊地人民長期遭受禍患，苦於被匈奴俘獲，所以在邊防要塞修築城堡，整治烽火臺，駐軍戍守以防備匈奴。邊防經費不充足，所以興辦鹽鐵官營事業，建立酒類專賣制度，設置均輸機構，以增加財貨儲備和財政收入，補助邊防費用。現在議論的人想廢除這些政策，這樣國內府庫的儲藏就會空虛，邊疆守備的費用就會缺乏，讓守衛要塞城堡的士卒在邊地挨餓受凍，將拿甚麼去供給他們呢？廢除這些，是不適宜的。」

文學曰：「孔子曰：『有國❶有家❷者，不患貧而患不均，不患寡❸而患不安。』故天子不言多少，諸侯不言利害，大夫不言得喪❹。畜❺仁義以風❻之，廣德行以懷❼之。是以近者親附而遠者悅服。故善克❽者不戰，善戰者不師❾，善師者不陣❿。修⓫之於廟堂⓬，而折衝⓭還師⓮。王者行仁政，無敵於天下，惡⓯用費哉？」

【章旨】文學認為，對敵國應以仁義感化，以德行安撫，不應動用武力，因而根本用不著籌措軍費。

【注釋】❶國　諸侯的統治區域。❷家　大夫的封地。❸寡　少。❹喪　失。❺畜　通「蓄」。蓄積。❻風　教化。❼懷　安撫。❽克　戰勝。❾師　軍隊。此作動詞。指依賴軍隊。❿陣　此作動詞。指擺開陣勢。⓫修　講求、加強。⓬廟堂　指朝廷。⓭折衝　使敵人的戰車折回。折，折回。衝，戰車。⓮還師　使敵人的軍隊撤回去。⓯惡　哪裡。

【語譯】文學說：「孔子曾說過：『有國的諸侯和有家的大夫，不擔心貧窮，只擔心分配不平均；不擔心人民少，只擔心上下不相安。』所以天子不談論多和少，諸侯不談論利和害，大夫不談論得和失。蓄積仁義來教化百姓，推廣德行來安撫人民。這樣，近處的人就親近歸附，遠方的人也樂意服從。所以善於克敵制勝的人並不打仗，善於打仗的人並不專依賴軍隊，善於用兵的人並不擺陣勢。在朝廷上講求、加強德政，就能使敵人撤回戰車和軍隊。講王道的君主施行仁政，能無敵於天下，哪裡用得著軍費呢？」

大夫曰：「匈奴桀❶黠❷，擅❸恣❹入塞，犯厲❺中國，殺伐郡、縣、朔方❻都尉❼，甚悖逆❽不軌❾，宜誅❿討之日久矣。陛下⓫垂⓬大惠，哀元元⓭之未贍⓮，不忍暴⓯士大夫⓰於原野；縱難被⓱堅執銳，有北面⓲復⓳匈奴之志，又欲罷鹽鐵、均輸，擾邊用，損武略⑳，無憂邊之心，於其義㉑未便也。」

【章　旨】大夫以匈奴的兇暴行為為據，論證以武力征討的必要性，斥責文學廢除鹽鐵官營等政策的主張。

【注　釋】❶桀　兇暴。❷黠　狡猾。❸擅　專橫。❹恣　放肆。❺厲　虐害。❻朔方　郡名。漢武帝設置。❼都尉　武官名。漢景帝改郡尉為都尉，掌管全郡的軍事。❽悖逆　背叛；叛逆。❾軌　法。❿誅　問罪。⓫陛下　指漢昭帝。⓬垂　降下。⓭元元　指百姓。⓮贍　富足。⓯暴　同「曝」。即曝露。指受日曬雨淋。⓰士大夫　此指將士。⓱被　同「披」。⓲北面　面向北。⓳復　報復。此指反擊。⓴武略　軍事戰略。㉑義　道義。

【語　譯】御史大夫說：「匈奴兇暴狡猾，專橫放肆地侵入邊塞，進犯虐害中原內地，攻打郡縣，屠殺吏民，殺害過朔方郡都尉，叛逆不法，非常嚴重，早就應該向他們問罪討伐了。陛下降下大恩，憐憫百姓還不富足，不忍心讓將士在野外受日曬雨淋，所以未興兵進討，只駐軍防守。你們這些人縱然不能披上鎧甲，拿起武器，懷抱北向反擊匈奴的大志，也就算了，卻又想廢除鹽鐵官營、物資均輸等政策，干擾邊防費用的籌措，破壞軍事戰略的制定，毫無憂慮邊防之心，這在道義上是很不適宜的。」

文學曰：「古者貴❶以❷德而賤❸用兵。孔子曰：『遠人不服，則修文德以來之。既來之，則安之。』今廢道德而任❹兵革❺，興師而伐之，屯戍而備之，暴兵露師，以支❻久長，轉輸❼糧食無已❽，使邊境之士飢寒於外，百姓勞苦於內。立鹽鐵，始張❾利官❿以給之，非長⓫策也。故以罷之為便也。」

【章旨】文學仍援引古代貴德之說，反對興兵屯戍，反對藉鹽鐵官營供給軍費。

【注釋】❶貴 崇尚。❷以 動詞。用；憑藉。❸賤 鄙視。❹任 用。❺兵革 兵器鎧甲。指武力。❻支 支持。❼轉輸 輾轉運輸。❽已 止。❾張 設置。❿利官 主管財利之官。指鹽官、鐵官、均輸官等。⓫長 善。

【語譯】文學說：「古時候崇尚用文德而鄙視使用武力。孔子說：『遠方的人不歸服，就加強文德使他們來歸附；已經使他們來了，就應該使他們安定。』現在廢棄道德而動用武力，起兵討伐匈奴，駐軍守邊以防備他們，讓軍隊在野外受日曬雨淋，長久地支持，糧食的轉運沒有休止，這就使得邊境上的士卒在外挨餓受凍，內地百姓勞苦不堪。建立鹽鐵官營制度，開始設置主管財利的官員來供給邊防費用，這並不是好計策。所以我們認為廢除這些是適宜的。」

大夫曰：「古之立國家者，開❶本末之途，通有無之用❷，市朝❸以一其求，致❹士民，聚萬貨，農商工師❺各得所欲，交易而退。《易》❻曰：『通其變❼，使民不倦❽。』故工不出，則農用乏；商不出，則寶貨❾絕❿。農用乏，則穀不殖⓫；寶貨絕，則財用匱⓬。故鹽鐵、均輸，所以通委財⓭而調緩急。罷之，不便也。」

【章旨】大夫強調工商業以及鹽鐵官營、物資均輸等措施在社會經濟生活中的重要作用。

【注釋】❶開 開闢。❷用 用品；貨物。❸市朝 集市。此作動詞用，指設立集市。❹致 招致。❺工師 工匠。❻易 又名《周易》、《易經》。本是古代的占筮書，後被儒家列為經典之一。此處引文出《易・繫辭下》。❼通其變 原書指的是使器具不斷變化改進，此處則謂使貨物流通。❽倦 倦怠。❾寶貨 珍貴的貨物。❿絕 斷絕。意謂不能流通。⓫殖 增產。⓬匱 缺乏。⓭委財 積壓的貨物。

【語譯】御史大夫說：「古代建立國家的人，開闢發展農業和工商業的途徑，促進貨物交流以互通有無。設立集市來統一解決各方面的需求，招來四方士民，匯聚各種貨物，在這裡，農民、商人和工匠各自得到想要的東西，交易完成後滿意而歸。《周易》說：『流通貨物，使百姓不倦怠。』所以工匠不出來，農具就缺乏；商人不出來，珍貴的貨物就不能流通。農具缺乏，五穀就不能增產；珍貴的貨物不流通，財政經費就會短缺。所以鹽鐵官營、物資均輸等措施，正是用來流通積壓的貨物，調劑需求緩急的。廢除它們，是不適宜的。」

文學曰：「夫導民以德，則民歸厚；示民以利，則民俗薄❶。俗薄則背義而趨❷利，趨利則百姓交於道而接於市。老子❸曰：『貧國若有餘。』非多財也，嗜欲眾而民躁❹也。是以王者崇❺本退末，以禮義防民欲，實❻菽粟❼貨財。市，商不通無用之物，工不作無用之器。故商所以通鬱滯❽，工所以備❾器械，非治國之本務❿也。」

【章旨】文學認為工商業不是治國的根本事務，主張用德義引導百姓，大力發展農業，抑制工商業。

【注釋】❶薄　澆薄；不淳厚。❷趨　奔向；追逐。❸老子　人名，即老聃。姓李名耳，生活於春秋時期，是道家學派的創始人。相傳《老子》一書是他寫作的。此處引文不見於今本《老子》。❹躁　急躁。此指急於逐利。❺崇　推崇。❻實　充實。使動用法。❼菽粟　泛指糧食。菽，豆類。粟，小米。❽鬱滯　滯積的貨物。❾備　備辦。❿本務　根本的事務。

【語譯】文學說：「用德義引導百姓，百姓就會歸向淳厚；用財利引誘百姓，民俗就會變得澆薄。民俗澆薄則百姓就會違背禮義而追逐財利，追逐財利則人們就會爭相往來於道路，一個接一個地活動於市集。老子說過：『貧窮的國家看起來好像有餘裕。』其實這並不是因為財富多，而是因為人民欲望太多，急於逐利，從而形成表面上的虛假繁榮。因此，講王道的君主推崇農業，抑制工商業，用禮義堵塞人民的貪欲，使糧食財貨充足。市集上，商人不販賣無用的貨物，工匠不製作無用的器具。所以商業只是用來流通滯積之物的，工業只是用來備辦器械的，它們都不是治理國家的根本事務。」

大夫曰：「《管子》❶云：『國有沃野之饒而民不足於食者，器械不備❷也；有山海之貨而民不足於財者，商工不備也。』隴❸、蜀❹之丹❺漆旄❻羽❼，荊❽、揚❾之皮❿革⓫骨⓬象⓭，江南⓮之楠梓⓯竹箭⓰，燕⓱、齊⓲之魚鹽旃⓳裘⓴，兗㉑、豫㉒之漆絲絺㉓紵㉔，養生送終㉕之具也，待㉖商而通，待工而成。故聖人作為舟檝㉗之用，以通川谷㉘，服㉙牛駕馬，以達陵㉚陸㉛；致㉜遠窮㉝深㉞，所以交庶㉟物而便百姓。是以先帝建鐵官㊱以贍㊲農用，開㊳均輸以足民財；鹽鐵、均輸，萬民所戴仰㊴而取給㊵者，罷之，不便也。」

【章旨】大夫論述工商業在貨物流通、器械製造、方便百姓等方面所具有的無可替代的作用，指出鹽鐵官營等措施對百姓的生產生活大有好處，不能廢除。

【注釋】❶管子　書名，後人托名於春秋時代的管仲而撰寫的一部著作。❷備　完備。❸隴　漢隴西郡。在今甘肅省境內。❹蜀　漢蜀郡。在今四川省境內。❺丹　丹砂。一種紅色礦物，可作顏料、藥物。❻旄　犛牛尾。❼羽　鳥的羽毛。❽荊　今湖北、湖南一帶。❾揚　今江蘇、安徽的南部和江西、浙江一帶。❿皮　帶毛的獸皮。⓫革　去掉毛並加工過的獸皮。⓬骨　指獸骨。⓭象　象牙。⓮江南　長江中下游以南地區。⓯楠梓　楠木和梓木，都是可供建築和製器具用的良材。⓰箭　竹的一種。心實質韌，通竿無節，可作箭桿。⑰燕　地區名。指古燕國舊地，在北方。⑱齊　今山東省北部一帶。⑲旃　氈子。⑳裘　皮衣。㉑兗　今山東省西南部及河南省東部。㉒豫　今河南省南部及安徽省北部。㉓絺　細葛布。㉔紵　粗麻布。㉕終　指死。㉖待　依賴。㉗檝　船槳。㉘谷　兩山間的水道。㉙服　駕馭。㉚陵　丘陵。㉛陸　平地。㉜致　到達。㉝窮　窮盡。㉞深　指偏僻之地。㉟庶　眾。㊱鐵官　主管鑄造和專賣鐵器的官員。㊲贍　充足。㊳開　創立。㊴戴仰　擁護。㊵取給　得到供應。

【語　譯】 御史大夫說：「《管子》上說：『國家有肥田沃地這樣的富饒而百姓糧食不夠吃，這是因為生產用具不完備；有山林湖海豐富的物產而百姓錢財不夠用，這是因為工商業不發達。』隴蜀地區的丹砂、漆、旄牛尾、鳥羽，荊揚二地的獸皮、獸骨、象牙，江南的楠木、梓木、大竹、箭竹，燕齊境內的魚、鹽、毛氈、皮衣，兗豫一帶的漆、絲、細葛布、粗麻布，這些都是百姓養生送死所必需的物品。它們要依賴商人才能流通，依賴工匠才能製成器物。所以聖人造船製槳來溝通江河水路，駕牛馭馬來通達丘陵平地，到達遙遠之處，深入偏僻地區，這樣來交流各種物品，方便百姓。因此先帝設置鐵官以使農業用具充足，創立均輸法以使百姓錢財豐富。鹽鐵官營、物資均輸，是全國人民所擁護並賴以得到供應的措施，廢除它們，是不適宜的。」

文學曰：「國有沃野之饒而民不足於食者，工商盛而本業荒也；有山海之貨而民不足於財者，不務❶民用而淫巧❷眾也。故川源❸不能實❹漏卮❺，山海不能贍❻溪壑❼。是以盤庚❽萃居❾，舜❿藏黃金，高帝⓫禁商賈⓬不得仕宦，所以遏⓭貪鄙之俗，而醇⓮至誠之風也。排困⓯市井⓰，防塞⓱利門⓲，而民猶為非也，況上⓳之為利乎？《傳》⓴曰：『諸侯好利則大夫鄙㉑，大夫鄙則士貪，士貪則庶人盜㉒。』是㉓開利孔㉔為㉕民罪梯㉖也。」

【章旨】文學認為，工商業太發達，奢侈品眾多，是造成民生困頓的原因；在上者提倡逐利，貪慾無窮，必誘民犯罪。

【注釋】❶務　努力從事。❷淫巧　過分精巧的手工製品。即奢侈品。❸川源　河流。❹實　指灌滿。❺卮　酒杯。❻贍　富足。此指填滿。❼溪壑　有水流的大山谷。❽盤庚　商朝中期的君主，生活很節儉。❾萃居　指居住茅屋。萃，野草叢生。❿舜　傳說中的遠古帝王。相傳他為了防止人們貪財，曾把黃金藏進深山不用。⓫高帝　指漢高祖劉邦。⓬賈　有固定營業場所的商人。⓭遏　制止。⓮醇　濃厚。⓯排困　排斥困辱。⓰市井　做買賣的地方。這裡指商人。⓱防塞　堵塞。⓲利門　謀利的門路。⓳上　居上位的人。⓴傳　指《春秋公羊傳》，書中桓公十五年何休注有類似的話。㉑鄙　鄙吝。指過於愛財。㉒盜　偷竊。㉓是　指示代詞。這。㉔利孔　謀利的孔道。㉕為　動詞。設置。㉖罪梯　犯罪的階梯。

【語譯】文學說：「國家有肥田沃野這樣的富饒而百姓糧食不夠，這是因為工商業興盛而農業荒廢；有山林湖海豐富的物產而百姓錢財不夠，這是因為沒有致力於百姓實用品的生產而奢侈品製造得太多。所以長江大河灌不滿有破洞的酒杯，高山大海填不滿深溪巨壑。因此盤庚居住茅屋，舜帝把黃金藏進深山，高祖禁止商人做官從政，都是想制止貪鄙的習俗，使極誠實的風氣濃厚起來。排斥困辱商人，堵塞謀利的門路，百姓尚且會為非作歹，何況在上位的人帶頭逐利呢？《公羊傳》裡說：『諸侯喜好財利，大夫就會鄙吝；大夫鄙吝，士就會貪婪；士貪婪，百姓就會偷竊。』這樣做就是打開謀利的孔道，給百姓設置犯罪的階梯。」

大夫曰：「往者郡國諸侯各以其方物❶貢輸❷，往來煩雜❸，物多苦惡❹，或❺不償❻其費。故郡國置輸官以相❼給❽運，而便遠方之貢，故曰均輸。開❾委府❿

於京師，以籠⓫貨物。賤即買，貴則賣。是以縣官⓬不失實⓭，商賈無所貿利⓮，故曰平準⓯。平準則民不失職⓰，均輸則民齊勞逸。故平準、均輸，所以平萬物⓱而便百姓，非開利孔而為民罪梯者也。」

【章　旨】大夫論述朝廷創立均輸、平準之法的原因和動機，指出它們的優點，駁文學「開利孔為民罪梯」之說。

【注　釋】❶方物　地方特產。❷貢輸　運送到京城，進貢給朝廷。❸雜　「難」的誤字。❹苦惡　指質量不好，粗劣。❺或　代詞。有的。❻償　抵償。❼相　主管。❽給　供給；供應。❾開　設置。❿委府　儲積貨物的倉庫。委，儲積。⓫籠　收羅。⓬縣官　此指朝廷。⓭實　實物。⓮貿利　牟取利益。⓯平準　平定物價水準。平準政策始於漢武帝元封元年（西元前一一〇年），在京城設置平準官，屬大司農，專管收集各地貨物，市價低時購進，市價高時賣出，平抑物價，防止富商大賈牟取暴利。⓰失職　失業。⓱平萬物　平抑各種貨物的價格。

【語　譯】御史大夫說：「從前各郡太守和各國侯王把本地的特產運往京城，進貢給朝廷，往來麻煩困難，貢物大多質量粗劣，有的還抵償不了運費。因此朝廷在各郡國設置均輸官，負責物資的供應和運輸，以方便遠方的進貢，所以叫做均輸。在京城設置儲積貨物的倉庫，收羅各種貨物。價格低時就買進，價格高時就賣出。因此朝廷掌握了實物，商人無法牟取利益，所以叫做平準。實行平準，人民就不會破產失業；實行均輸，各地人民的勞逸就能平均。所以平準、均輸是用來平抑物價、便利百姓的措施，絕不是甚麼打開謀利孔道，給百姓設置犯罪階梯之舉！」

文學曰：「古者之賦稅於民也，因❶其所工❷，不求所拙❸。農人納其穫，女工❹效❺其功❻。今釋❼其所有，責❽其所無。百姓賤賣貨物，以便❾上求。間者❿，郡國或令民作布絮⓫，吏恣⓬留難⓭，與之為市⓮。吏之所入⓯，非獨齊、阿⓰之縑⓱，蜀、漢⓲之布也，亦民間⓳之所為⓴耳。行㉑姦賣平㉒，農民重苦㉓，女工再稅，未見輸之均也。縣官㉔猥㉕發，闔門㉖擅㉗市，則萬物並收。萬物並收，則物騰躍㉘。騰躍，則商賈侔㉙利。自市㉚，則吏容㉛姦。豪吏㉜富商積貨儲物以待其急㉝，輕㉞賈姦吏收賤以取貴㉟，未見準之平也。蓋㊱古之均輸，所以齊勞逸而便貢輸，非以㊲為利而賈㊳萬物也。」

【章旨】文學就均輸、平準政策執行過程中官吏的胡作非為、加害百姓提出指責，指出均輸之「均」和平準之「平」實際上都未實現。

【注釋】❶因　根據。❷工　擅長。❸拙　不擅長。❹女工　從事手工生產的婦女。❺效　獻出。❻功　指手工製品。❼釋　捨棄。❽責　強求。❾便　便利。這裡指滿足。❿間者　近來。⓫布絮　麻布和絲絮。⓬恣　任意。⓭留難　刁難。⓮為市　做買賣。指討價還價，壓價收進。⓯入　徵收。⓰齊阿　皆地名。均在今山東省境內。兩地在漢代盛產絲綢。⓱縑　細絹。⓲漢　指漢中郡。相當今陝西省南部、湖北省西北部。蜀、漢在漢代是麻布的著名產地。⓳民間　泛指齊、阿、蜀、漢以外的其他地方。⓴所為　所製作的同類物品。㉑行　施行；採用。㉒賣平　任意抬高或壓低物價，從中牟利。㉓重苦　受雙重之苦。指低價賣出農產品，高價購進自己所沒有的物品上交官府，吃兩次虧。㉔縣官　指官府。㉕猥　雜。㉖闔門　指壟斷。闔，關閉。㉗擅　獨占。㉘騰躍　飛漲。㉙侔　通「牟」。謀取。㉚自市　指官府自己經營貿易。㉛容　包容；藏納。㉜豪吏　大吏。㉝待其急　指等待市場急需時而高價出售。㉞輕　輕薄；姦巧。㉟取貴　高價出賣以取暴利。㊱蓋　推原之詞。㊲以　介詞。憑藉。後省略「之」。㊳賈　此指買賣。

【語　譯】文學說：「古時候向人民徵收賦稅，是根據他們擅長生產的物品進行徵收，不求取他們不擅長生產的東西。農民繳納他們的收穫物，女工交上她們的手工製品。現在捨棄他們所生產的東西，而強求他們所不生產的。百姓只好低價賣出自己的產品，高價購進自己所沒有的東西，以滿足官府的索求。近來，有些郡國命令百姓製作麻布和絲絮，官吏任意刁難，與百姓做買賣，壓價收進。官吏所徵收的，不只是齊、阿出產的細絹，蜀、漢出產的麻布，也有其他地區製作的同類物品。官吏施用姦詐的手段，任意抬高或壓低價格，農民受雙重之苦，女工等於交了兩次稅，看不到均輸之『均』究竟在哪裡！官府濫發號令，壟斷買賣，獨占市場，各種貨物全都予以收購。各種貨物全都予以收購，物價就飛速上漲。物價飛漲，商人就趁機牟取暴利。官府自己經營貿易，官吏心中就藏有姦詐。大吏富商囤積貨物以等待市場急需，姦商惡吏低價收進、高價賣出以取得厚利，看不到平準之『平』究竟在哪裡！古代的均輸，是用來平均勞逸和便利進貢運輸的，並不是憑它來追求財利，買賣各種貨物。」

力耕第二

【題解】「力耕」就是勤力耕種，這是文學的主張。本篇的論辯圍繞三個問題展開：一、大夫認為，均輸的蓄積，倉庫的儲備，兼有備水旱救災荒的作用；文學則指出，防備水旱災害，必須把立足點放在發展農耕以增加糧食儲備上，不能靠別的。二、大夫認為，大力開展與異域他國的貿易，可以促進財物內流，強國富民，同時削弱敵國；文學則反對這樣做，認為奇珍異貨，無補實用，萬里轉運，得不償失，敗壞風氣，毫不足取。三、大夫認為，富國足民，有賴於商業；文學則指出，商人致富，來源不正，以農為本的上古農業社會，最為理想。

大夫曰：「王者塞❶天財❷，禁❸關❹市，執準❺守時❻，以輕重❼御❽民。豐年歲登❾，則儲積以備乏絕；凶年惡歲❿，則行⓫幣物⓬；流有餘而調不足⓭也。昔禹⓮水湯⓯旱，百姓匱乏，或相假⓰以接⓱衣食。禹以歷山⓲之金，湯以莊山⓳之銅，鑄幣以贖⓴其民，而天下稱仁。往者財用不足，戰士或不得祿㉑。而山東㉒被災，齊㉓、趙㉔大饑，賴均輸之畜㉕，倉廩㉖之積，戰士以奉㉗，饑民以賑㉘。故均輸之物，府庫之財，非所以賈萬民㉙而專奉兵師之用，亦所以賑困乏而備水旱之災也。」

【章　旨】大夫指出，均輸的蓄積，倉庫的儲備，除能供給軍需外，還具有救濟困乏、防備水旱災害的作用。

【注　釋】❶塞　封禁。此指由國家統一管制。❷天財　自然資源。❸禁　此指嚴格控制。❹關　收稅的關卡。❺執準　掌握平準方針。❻守時　把握四季物價漲落的時機。❼輕重　我國古代的一種經濟理論和經濟政策。商品充足，供大於求，價格偏低，叫輕；反之，叫重。這種理論和政策的主要內容是要求國家通過行政和經濟力量，輕時購進，重時賣出，以調節物資供求關係，平衡物價，打擊富商大賈的投機活動，增加國家財政收入。❽御　駕馭。❾歲登　收成好。登，穀物成熟。❿凶年惡歲　災荒的年頭。⓫行　發放。⓬幣物　錢幣和實物。⓭流有餘而調不足　指拿出豐年的餘存，調劑荒年的不足。⓮禹　夏朝的開國君主。相傳禹時有五年水災。⓯湯　商朝的開國君主。相傳湯時有七年旱災。⓰假　借貸。⓱接　接續。⓲歷山　山名。⓳莊山　山名。在今四川省雅安縣東，產銅。⓴贖　傳說禹湯鑄幣給百姓，幫助他們贖回賣掉的子女。㉑祿　軍餉。㉒山東　指崤山以東地區。㉓齊　地區名。今山東省北部一帶。㉔趙　地區名。在北方。㉕畜　通「蓄」。㉖倉廩　糧倉。㉗奉　供給。㉘賑　救濟。㉙賈萬民　與百姓做買賣。

【語　譯】御史大夫說：「帝王集中控制自然資源，嚴格管理關卡市場，掌握平準方針，把握四季物價漲落的時機，用輕重的經濟策略調節物資供求，平衡物價，從而駕馭民眾。豐年收成好，就儲積財物以防備乏絕，災荒年頭，就發放錢幣實物給百姓，這就是拿出豐年的餘存來調劑荒年的不足。從前禹時發生水災，湯時出現大旱，百姓貧困，有人靠借貸來維持吃穿。禹用歷山的金，湯用莊山的銅，鑄成錢幣來幫助百姓贖回賣掉的子女，天下就都稱贊他們的仁德。過去一段時期，國家財力不足，戰士有時得不到薪餉，如今山東遭受水災，齊、趙地區出現嚴重饑荒，依賴均輸的蓄積，糧倉的儲備，戰士得到了供應，饑民得到了救濟。所以均輸的物資，府庫的財貨，並不是用來與百姓做買賣而專供軍隊使用的，也是用來救濟困乏，防備水旱災害的。」

文學曰：「古者十一而稅❶，澤❷梁❸以時❹入而無禁，黎民❺咸被❻南畝❼而不失其務❽。故三年耕而餘一年之蓄，九年耕有三年之蓄。此禹、湯所以備水旱而安百姓也。草萊❾不闢❿，田疇⓫不治⓬，雖擅⓭山海之財，通百末⓮之利，猶不能贍⓯也。是以古者尚力⓰務本⓱而種樹⓲繁，躬耕⓳趣時⓴而衣食足，雖累㉑凶年而人不病㉒也。故衣食者民之本，稼穡㉓者民之務也。二者修㉔則國富而民安也。《詩》㉕云：『百室盈止㉖，婦子寧止』也。」

【章　旨】文學指出，防備水旱災害，靠的是發展農耕以增加糧食儲備，別的都靠不住。

【注　釋】❶十一而稅　徵收農民收成的十分之一。❷澤　湖泊。❸梁　橫築在水中的攔水隄，藉以捕魚。❹時　季節。❺黎民　百姓。❻被　覆蓋於。亦即置身於。❼南畝　泛指田地。古代常擇東南向陽處墾為田地，故有此稱。❽不失其務　不荒廢農事。❾草萊　指荒地。萊，草。❿闢　開墾。⓫田疇　熟耕地。即開墾完成，可常年耕種的田地。⓬治　整治。⓭擅　獨占。⓮百末　指工商各業。⓯贍　供給。⓰尚力　崇尚力耕。⓱務本　努力從事農業。⓲種樹　種植。此指種植的農作物。⓳躬耕　親自耕種。此處有勤奮耕種之意。⓴趣時　趕農時。㉑累　接連。㉒病　困窮。㉓稼穡　播種和收割。泛指農業勞動。㉔修　指做好。㉕詩　指《詩經・周頌・良耜》。㉖止　語助詞。

【語　譯】文學說：「古時候只徵收十分之一的田稅，湖泊河流可按一定的季節進入其中捕魚而沒有全面禁止，百姓都置身田地上勞作而不荒廢農事。所以耕種三年就能餘下一年的糧食積蓄，耕種九年就會剩有三年的糧食儲備。這就是夏禹、商湯能夠防備水旱而安定百姓的原因。荒地不開墾，熟田不整治，即使壟斷了山海的自然資源，流通了工商業的財利，也還是不能供給水旱之需。因此古時候人們崇尚力耕，致力於農業，種植的農作物因而繁多，勤奮耕種，不失農時，衣食因而豐足，縱然接連是荒年人們也不困窮。所以衣食是百姓的根本，耕種是百姓的本業，這兩件事做好了，國家就會富足，百姓就能安寧。這就是《詩經》上說的：『家家糧食充盈，婦女兒童安寧』啊！」

大夫曰：「賢聖治家非一寶❶，富國非一道。昔管仲以權譎❷霸，而紀氏以強本亡❸。使❹治家養生必於農，則舜不甄陶❺而伊尹❻不為庖❼。故善為國者，天下之下我高，天下之輕我重❽。以末易其❾本，以虛❿蕩⓫其實⓬。今山澤之財，均輸之藏，所以御輕重而役諸侯也。汝⓭、漢⓮之金，纖微之貢⓯，所以誘外國⓰而釣胡⓱、羌⓲之寶也。夫中國⓳一端⓴之縵㉑，得匈奴累金之物㉒，而損敵國之用。是以騾驢馲駝㉓銜尾㉔入塞，驒騱㉕騵㉖馬盡為我畜，鼲㉗鼦㉘狐貉㉙，采旃㉚文罽㉛，充於內府㉜，而璧玉㉝珊瑚瑠璃㉞，咸為國之寶。是則外國之物內流，而利不外泄也。異物㉟內流則國用饒，利不外泄則民用給㊱矣。《詩》曰：『百室盈止，婦子寧止。』」

【章　旨】大夫指出治家富國並非單靠一種方法，主張發展與天下各國的貿易往來，通過控制物價漲落，促進財貨內流，增加本國的貨物儲備，削弱敵國。

【注　釋】❶寶　辦法。❷權譎　權謀詭詐。此指靈活機動，善於變通。❸紀氏以強本亡　據《管子・輕重乙》記載，古時有個紀氏作國王的國家，很重視農業生產，但不善於管理，結果糧食大量外流，終至亡國。❹使　假使。❺甄陶　燒製陶器。相傳舜在受禪讓為帝之前曾燒過陶器。❻伊尹　商湯的大臣。曾助商湯滅夏朝。❼庖　廚師。相傳伊尹曾當過商湯的廚師。

❽天下之下我高二句　意謂天下各國某種貨物價格跌落時，即提高本國這種貨物的價格，以吸引別國貨物向本國流入，避免本國貨物外流。「下」和「輕」指物價低，「高」和「重」指物價高。❾其　指別國。❿虛　相對「實」而言。指錢幣及不實用之物。⓫蕩　掃蕩。此指收羅。⓬實　指實用的貨物。⓭汝　水名。在今河南省境內。⓮漢　水名。發源於陝西省，流經湖北省，在武漢入長江。⓯纖微之貢　各地進貢來的麻織品。⓰外國　指當時的少數民族地區。⓱胡　指匈奴。⓲羌　我國古代西部的少數民族。⓳中國　指中原地區。⓴端　古布帛長度單位，具體長短各家說法不同。㉑縵　無文彩的絲織品。㉒累金之物　價值很高的物品。累金，值好幾金。㉓馲駝　即駱駝。㉔銜尾　後面一匹馬的馬銜與前面一匹馬的馬尾相接。借指騾驢駱駝很多，一頭接著一頭。銜，橫在馬口中備抽勒的鐵，俗稱馬嚼子。㉕驒騱　一種奇異的野馬。㉖騵　腹部白色的紅馬。㉗鼲　灰鼠。㉘鼦　同「貂」。貂鼠。㉙貉　狗獾。重要毛皮獸。㉚采旃　有色彩花紋的氈子。㉛文罽　帶花紋的毛織品。㉜內府　皇室倉庫。㉝璧玉　平圓形，正中有孔的玉器。㉞瑠璃　一種礦石質的有色半透明體材料，很美觀。㉟異物　異地之物。㊱給　豐足。

【語　譯】御史大夫說：「聖賢治家不只用一種方法，使國家富裕也不單由一條途徑。從前管仲善於變通，藉此建立齊國的霸業，紀氏大力發展農業，卻因此導致亡國。假使治家養生一定得靠農業，那麼舜就不會去燒製陶器，伊尹也就不會去當廚師。所以，善於治理國家的人，在天下各國某種貨物價格低落之際，提高該貨物在本國的價格以促其內流，防其外泄。用工商產品換取別國的農產品，用錢幣及不實用之物收羅異域的實用物資。現在山林川澤的財富，均輸的儲藏，是用來駕馭物價漲落、控制諸侯的物資武器。汝水、漢水一帶出產的黃金，各地進貢來的麻類織品，是用來引誘中原以外之人、釣取胡羌寶物的合適物品。中原地區一匹無花紋的綢布，能換得匈奴價值很高的物品，同時也就減少了他們的物資。因此騾驢駱駝一頭接一頭地進入內地，各種名貴奇異之馬全成為我們的牲畜，灰鼠、貂鼠、狐狸、狗獾等獸的珍貴毛皮，文彩燦爛的氈子，花紋美麗的毛織品，都裝滿了皇室倉庫，璧玉、珊瑚、瑠璃也全成為國家的珍寶。這樣一來，中原之外的物品就大量流入內地，財利也就沒有向外流失。異地之物向內流入，國家財用就豐足；財利不向外流失，百姓用度也就充裕了。這就是《詩經》上所說的：『家家糧食充盈，婦女兒童安寧。』」

文學曰：「古者商通物而不豫❶，工致❷牢而不偽。故君子❸耕稼田❹魚❺，其實❻一也。商則長❼詐，工則飾罵❽，內懷闚窬❾而心不怍❿，是以薄夫⓫欺而敦夫⓬薄。昔桀⓭女樂⓮充宮室，文繡衣裳，故伊尹高逝⓯遊薄⓰，而女樂終廢其國。今騾驢之用，不中⓱牛馬之功；鼲鼦旃罽，不益⓲錦⓳綈⓴之實㉑。美玉珊瑚出於昆山㉒，珠璣㉓犀象㉔出於桂林㉕，此距漢㉖萬有餘里。計耕桑之功，資財之費㉗，是一物而售百倍其價也，一揖㉘而中㉙萬鍾㉚之粟也。夫上好珍怪，則淫服㉛下流，貴遠方之物，則貨財外充㉜。是以王者不珍無用以節㉝其民，不愛奇貨以富其國。故理民之道，在於節用尚本，分土㉞井田㉟而已。」

【章　旨】文學認為向異域他國換取奇珍異貨，轉運萬里，得不償失，適足敗壞社會風氣，主張節用尚本，實行井田制。

【注　釋】❶豫　誑騙。❷致　求得。❸君子　品行好的人。❹田　通「畋」。打獵。❺魚　指捕魚。❻實　誠實。❼長　擅長。❽飾罵　「罵」是「隅」的誤字。飾隅，弄虛作假。隅，巧也。❾闚窬　窺伺。指伺機取利。❿怍　慚愧。⓫薄夫　刻薄的人。⓬敦夫　厚道的人。⓭桀　夏朝最後一位君主。殘暴荒淫，導致亡國。⓮女樂　歌舞女子。⓯高逝　遠走高飛。⓰薄　通「亳」。古都邑名。當時為商湯所居之地。⓱不中　比不上。⓲益　增加。⓳錦　彩色絲織物。⓴綈　厚而滑澤的絲織品。㉑實　實用。㉒昆山　崑崙山。㉓璣　不圓的珠子。㉔犀象　指犀牛角和象牙。㉕桂林　秦漢時郡名。在今廣西省境內。㉖漢　指漢都城長安。㉗資財之費　指採購運輸上述珍奇之物所耗費的人力財力。㉘一揖　一捧。㉙中　比得上；相當。㉚鍾　古代量器，裝六十四斗。㉛服　習氣。㉜充　充滿；溢出。㉝節　節儉。㉞分土　分配土地。㉟井田　實行井田制。按《孟子》中的說法，古井田制的具體情況是：土地劃作「井」字形，一井九百畝，中一區一百畝為公田，餘八百畝為私田；私田分給八家耕種，每家百畝，公田由八家共耕，收穫全上交國家，私田不再納稅。

【語譯】文學說：「古時候商人流通貨物並不誆騙人，工匠追求產品的牢固而不弄虛作假。所以君子無論是種田還是打獵捕魚，都是一樣的誠實。如今，當商人的就擅長於欺詐，做工匠的就弄虛作假，內心都懷著投機取巧的念頭絲毫不感到慚愧，因此刻薄的人更加姦詐，厚道的人也變得刻薄了。從前夏桀有歌舞女子充滿宮室，都穿著繡有花紋的衣裳，所以伊尹遠走高飛，離開夏桀而來到商湯的亳城，後來歌舞女子終於斷送了夏桀的國家。現在外來騾驢的用途，比不上牛馬的功效，來自異域的鼠類毛皮和彩氈毛織品，並不比內地原有的彩緞厚帛更實用。美玉和珊瑚出產於崑崙山，各種珍珠、犀牛角和象牙出產於桂林郡，這些地方距離京城有一萬多里。計算耕種蠶織的收益和採購運輸珍奇之物的耗費，可以看到一件外來物品比耕織產品要高百倍的價錢，一捧珍寶就相當萬鍾的糧食。在上位的人喜好珍奇之物，那麼淫侈的習氣就會向下流布傳播；以遠方的物品為貴，貨財就會向外流出。因此講王道的君主不把無用之物視為珍寶，從而使他的百姓節儉，不喜愛奇異之物，從而使他的國家富強。所以治理百姓的方法，在於節省用度，崇尚農業，分配土地，實行井田制，如此而已！」

大夫曰：「自京師東西南北，歷山川，經郡國，諸殷❶富大都，無非街衢❷五通❸，商賈之所湊❹，萬物之所殖❺者。故聖人因❻天時，智者因地財❼，上士❽取諸人，中士勞其形❾。長沮、桀溺❿，無百金之積，蹠蹻⓫之徒，無猗頓⓬之富，宛、周、齊、魯⓭，商⓮遍天下。故乃商賈之富，或累萬金，追利乘⓯羨⓰之所致也。富國何必用本農，足民何必井田也？」

【章　旨】大夫指出農人役伕難以致富，惟商業能使城市富足繁華，使商人腰纏萬貫，因此，富國足民不一定要依靠發展農業和實行井田制。

【注　釋】❶殷　殷實；富裕。❷街衢　街道。❸五通　四面加上中央，共通達五個方向。❹湊　湊集。❺殖　聚集。❻因　依靠。❼地財　地上的自然資源。❽上士　與下句的「中士」皆按人的才智能力劃分。❾形　身體。❿長沮桀溺　春秋時代的兩位隱士。避居不仕，親自耕種。事見《論語·微子》。⓫蹠蹻　腳踏草鞋。指微賤服役之人。蹠，踏。蹻，與「屩」通。草鞋。⓬猗頓　春秋末魯國人。因經營煮鹽及畜牧致巨富。⓭宛周齊魯　皆秦漢時大都市。宛即今河南南陽。周指東周。即今河南洛陽。齊指臨淄。即今山東臨淄。魯指曲阜。即今山東曲阜。⓮商　通商。⓯乘　追逐。⓰羨　盈餘。

【語　譯】御史大夫說：「從京城長安向東西南北各個方向，經過山川、郡國，各處那些富足的大城市，都是街道四通八達，商賈湊集，萬物匯合的地方。所以聖人依靠天時，聰明的人依靠地上的自然資源，才智上等的人從別人手裡取得生活資料，中等的人只能勞累他們自己的身體以謀生。長沮、桀溺一類耕種的農人難有小小百金的積蓄，腳穿草鞋的役伕不可能達到猗頓那樣的巨富，宛、周、齊、魯，通商遍天下。所以商賈的富裕，有的達到幾萬金，這都是他們追逐利潤盈餘所導致的。這樣看來，想使國家富裕何必要依仗農業，想使百姓豐足何必要實行井田制呢？」

文學曰：「洪水滔天，而有禹之績；河❶水泛濫，而有宣房❷之功。商紂暴虐，而有孟津之謀❸；天下煩擾❹，而有乘羨之富。夫上古至治❺，民樸而貴本，安愉而寡求。當此之時，道路罕行❻，市朝生草。故耕不強❼者無以充虛❽，織不強者無以掩形。雖有湊會之要❾，陶❿、宛⓫之術，無所施其巧。自古及今，不施而得報，不勞而有功者，未之有也。」

【章旨】文學認為商人的豪富，是乘天下之亂投機取得的，主張回復到上古太平的農業社會中去。

【注釋】❶河　指黃河。❷宣房　宮名。漢武帝時，黃河在今河南省濮陽縣決口，造成連年災荒，武帝委派官吏，發動數萬人堵塞缺口，完工後，在壩上築宣房宮，以紀念堵口的功績。❸孟津之謀　指周武王伐紂的謀劃。孟津，古代黃河渡口名。在今河南省孟縣南。周武王伐紂時，曾在此與諸侯會盟，制定作戰計劃。❹煩擾　動盪；紛亂。❺至治　非常太平。❻行　行人。指奔走逐利之人。❼強　努力。❽充虛　充飢。虛，空著的肚子。❾湊會之要　商品湊集、有利經商的要地。❿陶　指春秋時的范蠡。他幫助越王句踐滅吳後，就到陶（今山東省定陶縣），以經商致巨富，人稱陶朱公。⓫宛　指宛地孔氏。他憑冶鐵成為富豪。

【語譯】文學說：「洪水滔天，才有大禹治水的偉績；黃河泛濫，才有堵口建宣房宮的豐功。商紂王暴虐無道，才有周武王孟津的謀劃；天下動盪紛亂，才有商人乘機牟利而獲得的巨富。上古時代天下非常太平，人民淳樸而重視農業，平靜愉快而少欲求。在那個時代，道路上少有奔走逐利的行人，集市上長滿雜草。所以耕種不努力的人就沒有東西可以充飢，紡織不努力的人就沒有東西可以蔽體。即使據有萬方湊集的經商寶地，掌握了陶朱公、宛地孔氏那樣的經營本領，也沒有施展智巧的地方。從古到今，不施予而得到報答，不勞動而得到收益，這種情況是未曾有過的。」

通有第三

【題　解】「通有」，即通有無。本篇論爭的焦點是要不要發展工商業。文學以反對奢侈為立論之本，認為發展工商業，追求物品的奇巧和生活的奢華，只會勞民傷財，敗壞風氣，造成各種生活必需品的匱乏，因此反對發展工商業，反對與遠方互通有無，主張以農桑為本，過儉樸的生活。大夫則指出，自然界的財富本來是很豐富的，但有些地方生活必需品短缺，這正是由於貨物流通不暢所致，因此必須大力發展工商業，促進商品流通。他引經據典，論證工商業在社會經濟生活中的重要作用；列舉例證，說明從事工商之人自古有之，這些人並且都是受重當時、飲譽後世的賢士能人。他還進而指出，農商交易，對農業和工商業都有好處。

大夫曰：「燕❶之涿、薊❷，趙❸之邯鄲❹，魏❺之溫、軹❻，韓❼之滎陽❽，齊❾之臨淄❿，楚⓫之宛、陳⓬，鄭⓭之陽翟⓮，三川⓯之二周⓰，富冠海內，皆為天下名都，非有助之耕其野而田其地者也，居五諸侯⓱之衢⓲，跨街衝之路也。故物豐者民衍⓳，宅近市者家富。富在術數⓴，不在勞身；利在勢居㉑，不在力耕也。」

【章　旨】大夫堅持商業能致富的觀點，指出致富依賴有利於經商的地理位置和高超的經營本領，並不依賴力耕。

【注釋】❶燕　指戰國時燕國舊地。❷涿薊　皆古燕地的都市。❸趙　指戰國時趙國舊地。❹邯鄲　古趙國首都。今河北省邯鄲市。❺魏　指戰國時魏國舊地。❻溫軹　皆古魏地的都市。溫在今河南省溫縣，軹在今河南省濟源縣。❼韓　指戰國時韓國舊地。❽滎陽　古韓地的都市。在今河南省滎陽縣。❾齊　指戰國時齊國舊地。❿臨淄　古齊國首都。在今山東臨淄。⓫楚　指戰國時楚國舊地。⓬宛陳　皆古楚地的都市。宛即今河南省南陽市，陳在今河南省淮陽縣。⓭鄭　指春秋時鄭國舊地。⓮陽翟　古鄭地的都市。在今河南省禹縣。⓯三川　秦郡名。因有河、洛、伊三條河流而得名。漢改名為河南郡，治洛陽。⓰二周　戰國時的小國東周和西周，這裡指東周都城鞏（今河南省鞏縣）和西周都城王城（今河南省洛陽市西），二城皆在秦三川郡境內。⓱五諸侯　指東南西北中五方諸侯。《校注》原刪「侯」字，今不從。⓲衢　交通要道。⓳衍　富裕。⓴術數　指經商的手段、謀略。㉑勢居　所處的地理位置。

【語　譯】大夫說：「燕地的涿、薊，趙地的邯鄲，魏地的溫、軹，韓地的滎陽，齊地的臨淄，楚地的宛、陳，鄭地的陽翟，三川的鞏、洛，這些地方富足居海內之首，都是天下有名的都市。之所以如此，並不是因為有人來幫助耕田種地，而是因為這些地方處在各方諸侯往來經過的交通要道上，橫跨四通八達的道路。所以貨物豐富的地方百姓就豐足，住宅靠近鬧市的人家庭就富裕。致富的關鍵在於經營本領，不在於勞累身體；獲利的關鍵在於所處的地理位置，不在於努力耕種。」

文學曰：「荊❶、揚❷南有桂林❸之饒，內有江、湖之利，左陵陽❹之金，右蜀、漢❺之材，伐木而樹❻穀，燔❼萊❽而播粟，火耕而水耨❾，地廣而饒❿財；然民鮆窳⓫偷生⓬，好衣甘食，雖白屋⓭草廬，歌謳⓮鼓⓯琴，日給月單⓰，朝歌暮戚⓱。趙⓲、中山⓳帶大河⓴，纂㉑四通神㉒衢，當㉓天下之蹊㉔，商賈錯㉕於路，諸侯交於道；然民淫好末，侈靡㉖而不務本，田疇不脩㉗，男女矜飾㉘，家無斗筲㉙，鳴琴㉚在室。是以楚㉛、趙之民，均㉜貧而寡富。宋、衛、韓、梁㉝，好本稼穡，編戶㉞齊民㉟，無不家衍人給。故利在自惜㊱，不在勢居街衢；富在儉力㊲趣時㊳，不在歲司㊴羽鳩㊵也。」

【章　旨】文學舉楚、趙等地與宋、衛等地兩相對比，駁斥大夫之說，論證致富的關鍵在於努力耕種。

【注　釋】❶荊　今湖北、湖南一帶。❷揚　今江蘇、安徽的南部和江西、浙江一帶。❸桂林　漢桂林郡。今廣西一帶地區。❹陵陽　漢時縣名。在今安徽省。❺蜀漢　指漢時的蜀郡（在今四川省境內）和漢中郡（今陝西省南部和湖北省西北部）。❻樹　種植。❼燔　焚燒。❽萊　草。❾火耕而水耨　古代的一種耕種方法。用火燒去田間雜草，引水種稻。當稻苗間又長出雜草，至七、八寸時，盡行鋤除，並再灌水漚泡促其腐爛，以達到除草的目的。❿饒　豐富。⓫呰窳　苟且懶惰。呰，通「呰」。⓬偷生　得過且過。⓭白屋　用白茅蓋的房屋。⓮歌謳　唱歌。歌，動詞。唱。謳，名詞。歌曲。⓯鼓　彈奏。⓰日給月單　食物只夠吃一天，不夠吃一個月。給，豐足。單，通「殫」。盡。⓱戚　憂愁。⓲趙　古趙國舊地。⓳中山　古中山國舊地。⓴帶大河　以黃河為腰帶。大河，指黃河。㉑纂　匯合。㉒神　疑當作「之」字。㉓當　正處在。㉔蹊　道路。㉕錯　交錯。指來來往往。㉖侈靡　奢侈浪費。㉗脩　耕治。㉘矜飾　以裝飾相誇耀。㉙筲　竹製的小容器。容一斗二升。㉚鳴琴　即琴。「鳴」是慣常加在這類樂器前面的形容詞。㉛楚　就上「荊、揚」而言，因荊在古楚國境內。㉜均　都。㉝宋衛韓梁　指古宋、衛、韓、梁四國舊地。㉞編戶　姓名編入戶口冊。㉟齊民　平民。㊱自惜　自己愛惜自己，不做下賤的事情。㊲儉力　節儉勤勞。㊳趣時　趕農時。㊴司　從事。㊵羽鳩　聚積末利。羽，鳥羽。因其輕微，故此用來喻指工商末利。鳩，聚。

【語　譯】文學說：「荊、揚地區南邊有桂林的富饒，境內有江湖的財利，左邊有陵陽的金礦，右邊有蜀、漢的木材，如果砍掉樹木種上五穀，燒去野草播下種籽，採用火耕水耨的方法耕種，那麼墾出的田地會十分廣闊，獲得的財富會豐饒無比。然而那裡的人民苟且懶惰，得過且過，盡想穿好的、吃好的，即使住在茅屋草房裡，也要唱歌彈琴，以致食物能滿足一天之需，不夠一月之用，早晨還在歡唱，晚上就不免為衣食發愁。趙和中山兩地被黃河環繞，四通八達的道路在這裡匯合，正處在通往天下各地的交通要道的中心，商人在路上來來往往，諸侯在路上交錯奔馳。然而那裡的人民生性放蕩，喜好工商末業，奢侈浪費，不願從事農業，田地不耕治，男男女女都追求打扮妝飾，家中沒有一斗一筲的存糧，室內仍放著琴一類的樂器。因此楚、趙等地的百姓都很貧窮，少有富裕的。宋、衛、韓、梁等地的人民喜愛農業，努力從事耕種，凡編入戶籍的平民，無不家家富裕，人人豐足。所以，獲利的關鍵在於自己愛惜自己，不從事下賤之事，並不在於占據四通八達的鬧市地段；致富的關鍵在於節儉勤勞，把握農時，並不在於年年從事末利的聚積。」

大夫曰：「五行❶，東方木❷，而丹❸、章❹有金銅之山；南方火，而交趾❺有大海之川；西方金，而蜀❻、隴❼有名材之林；北方水，而幽都❽有積沙之地。此天地所以均有無而通萬物也。今吳❾、越❿之竹，隋⓫、唐⓬之材，不可勝⓭用，而曹⓮、衛、梁、宋，采⓯棺轉⓰尸；江、湖之魚，萊⓱、黃⓲之鮐⓳，不可勝食，而鄒⓴、魯㉑、周㉒、韓㉓，藜㉔藿㉕蔬食。天地之利無不贍㉖，而山海之貨無不富也；然百姓匱乏，財用不足，多寡不調，而天下財不散㉗也。」

【章旨】大夫指出，自然界物產豐富，而有些地方生活必需品卻很匱乏，這是因為沒有做好流通。

【注釋】❶五行　指金、木、水、火、土五種物質。我國古代思想家認為這五種物質是構成宇宙萬物的基本元素，萬物的發展變化源於五者的相互作用。❷東方木　古代思想家認為金木水火土與東南西北中有對應配合關係，故有東方木、南方火等說法。❸丹　指漢丹陽郡。當時設有銅官。❹章　指章山。在古吳國境內。❺交趾　漢郡名。在今越南北部。❻蜀　漢蜀郡。在今四川省境內。❼隴　漢隴西郡。在今甘肅省境內。❽幽都　古地名。約當漢幽州地，在北方。❾吳　古吳國舊地。在今長江下游一帶。❿越　古越國舊地。在今浙江省一帶。⓫隋　同「隨」。古隨國舊地。在今湖北省隨縣。⓬唐　古唐國舊地。在今河南省唐河縣。⓭勝　盡。⓮曹　古曹國舊地。在今山東省曹縣一帶。⓯采　木名。即櫟木。是較低劣的木材。⓰轉　拋棄。⓱萊　古萊子國舊地。漢置東萊郡。⓲黃　東萊郡屬縣。今山東省黃縣，西北靠渤海。⓳鮐　海魚名。⓴鄒　古鄒國舊地。今山東省鄒縣一帶。㉑魯　今山東曲阜一帶。㉒周　今河南洛陽一帶。㉓韓　今河南新鄭一帶。㉔藜　野菜。㉕藿　豆葉。㉖贍　富足。㉗散　疏散；流通。

【語　譯】 大夫說：「就五行而言，東方是屬木的，但那裡的丹、章卻有蘊藏金銅的礦山；南方是屬火的，但那裡的交趾卻有浩瀚的大海；西方是屬金的，但那裡的蜀、隴卻有出產名貴木材的森林；北方是屬水的，但那裡的幽都卻有廣闊的沙漠地帶。大自然本身就是這樣來平均有無、使各地通有各種物資的。現在吳、越兩地的竹子，隨、唐境內的木材，多得用不完，但曹、衛、梁、宋等地卻不得不用劣木做棺槨，甚或沒有棺材只好拋屍溝壑；江湖裡的魚，萊、黃一帶的鮐，多得吃不完，但鄒、魯、周、韓等地卻不得不把野菜豆葉當蔬菜食用。天地的財利並非不充足，山海的物產並非不豐富，然而百姓生活必需品缺乏，錢財不夠用，這是因為多和少沒有得到調劑，天下的貨財沒有得到流通。」

文學曰：「古者采椽❶不斲❷，茅茨❸不翦❹，衣❺布褐❻，飯土硎❼，鑄金為鉏❽，埏埴❾為器，工不造奇巧❿，世不寶不可衣食之物，各安其居，樂其俗，甘其食，便其器。是以遠方之物不交⓫，而昆山之玉不至。今世俗壞而競於淫靡，女極⓬纖微⓭，工極技巧，雕素樸⓮而尚珍怪，鑽山石而求金銀，沒⓯深淵求珠璣，設機陷⑯求犀象，張網羅⑰求翡翠⑱，求蠻⑲、貉⑳之物以眩㉑中國，徙邛、筰㉒之貨，致之㉓東海㉔，交萬里之財，曠㉕日費功，無益於用。是以褐夫匹婦㉖，勞疲力屈㉗，而衣食不足也。故王者禁溢利㉘，節漏費㉙。溢利禁則反㉚本，漏費節則民用給。是以生無乏資，死無轉尸也。」

【章　旨】文學認為，造成民生困頓的原因在於工商太盛，風氣淫靡，解決的方法是節用返本。

【注　釋】❶采椽　用櫟木作屋頂檩上的木條。❷斲　砍削。❸茨　用茅草蓋屋頂。❹翦　修翦。❺衣　穿。❻布褐　粗麻布衣。❼飯土硎　用土製器皿吃飯。土硎，泥土製的飲食器具。❽鉏　同「鋤」。❾埏埴　把黏土放到模子裡。埏，造陶器的模子。這裡用作動詞。埴，黏土。❿奇巧　奇異淫巧的奢侈品。⓫不交　不相交易。⓬極　盡力追求。⓭纖微　本謂紡織品，此指紡織品的精細。⓮雕素樸　將素樸之物加以雕飾使之華麗。⓯沒　潛入水中。⓰機陷　捕獸的機關、陷阱。⓱羅　捕鳥的網。⓲翡翠　鳥名。其羽毛美麗，可作裝飾品。⓳蠻　泛指南方少數民族。⓴貉　泛指北方少數民族。㉑眩　迷惑；迷亂。㉒邛筰　古代西南地區少數民族所建立的兩個國家。邛國在今四川省西昌縣一帶，筰國在今四川省漢源縣一帶。㉓致之　使之到達。㉔東海　泛指東部沿海地區。㉕曠　荒廢。㉖褐夫匹婦　泛指平民百姓。褐夫，穿粗布衣的男子。㉗屈　盡。㉘溢利　過分的贏利。㉙漏費　不必要的費用。㉚反　同「返」。

【語　譯】文學說：「古時候用櫟木作屋椽，且不加砍削，用茅草蓋屋頂，且不加修翦，穿著粗布衣裳，用土製器皿吃飯，拿金屬澆鑄出鋤頭，用黏土陶製成器具，工匠不製造奇異淫巧的奢侈品，社會不把不能吃穿的東西視為寶貝，人民各自都認為自己的居住環境很安適，自己的風俗習慣很稱心，自己的食物很甜美，自己的器具很便利。因此不去交換遠方的物品，崑崙山的玉石也不被運來。現在社會風氣敗壞，人們在奢侈浪費上爭高下，女工盡力追求精細，工匠盡力追求奇巧，雕飾素樸之物，崇尚珍異之貨，開山鑽石求取金銀，潛入深淵尋找珍珠，設置機關陷阱捕捉犀牛大象，張設羅網捕捉翡翠，搜求南蠻北貉的物品來迷亂中原人之心，轉運邛、筰之貨送至東部沿海地區，交流相隔萬里的貨物，荒廢時日，耗費人功，對實用毫無補益。因此平民百姓精疲力盡，吃的穿的都缺乏。所以講王道的君主禁止過分的贏利，節制不必要的費用。過分的贏利受到禁止，人們就會回到農業生產中去；不必要的費用受到節制，百姓的財用就會豐足。這樣一來，百姓活著的時候就不會缺乏資財，死了就不會被拋屍溝壑。」

大夫曰：「古者宮室❶有度❷，輿服以庸❸；采椽茅茨，非先王之制也。君子節❹奢刺❺儉，儉則固❻。昔孫叔敖❼相楚，妻不衣帛❽，馬不秣❾粟❿。孔子曰：『不可，大⓫儉下偪⓬。』此〈蟋蟀〉⓭所為作也。《管子》曰：『不飾宮室，則材木不可勝⓮用，不充⓯庖廚⓰，則禽獸不損⓱其壽。無末利，則本業無所出⓲，無黼黻⓳，則女工不施⓴。』故工㉑商梓匠㉒，邦國之用，器械之備㉓也。自古有之，非獨於此㉔。弦高㉕販牛於周㉖，五羖㉗賃車入秦㉘，公輸子㉙以㉚規矩㉛，歐冶㉜以鎔鑄。《語》㉝曰：『百工居肆㉞，以致㉟其事。』農商交易，以利本末。山居澤處㊱，蓬蒿㊲墝埆㊳，財物流通，有以均之。是以多者不獨衍，少者不獨饉㊴。若各居其處，食其食，則是橘柚㊵不鬻㊶，朐㊷鹵㊸之鹽不出，旃罽不市㊹，而吳、唐之材不用也。」

【章　旨】大夫以古代為例，說明生活不能太儉樸，工商業和從事工商之人自古有之，國計民生，皆須仰賴之，不可或缺。

【注　釋】❶宮室　泛指房屋。❷度　制度。指宮室規格視身分地位而定。❸輿服以庸　賞賜車子和衣服，依據功勞的大小。輿，車子。庸，功勞。❹節　節制。❺刺　譏刺；責備。❻固　簡陋；寒酸。❼孫叔敖　春秋時楚國人，曾作楚莊王的令尹（最高行政長官，相當於別國的相）。❽帛　絲織品。❾秣　餵馬。❿粟　泛指糧食。⓫大　通「太」。⓬偪　同「逼」。⓭蟋蟀　《詩經．唐風》篇名。舊說這首詩的主旨是譏刺晉僖公過於節儉。⓮勝　盡。⓯充　裝滿。⓰庖廚　廚房。⓱損　減少。⓲無所出　沒有發展出路。⓳黼黻　古代禮服上繡的花紋。⓴施　施展。㉑工　工匠。㉒梓匠　木工。古代各種工匠中，木工最重要，故特為提出。㉓備　備辦。㉔此　這裡當「現在」講。㉕弦高　春秋時鄭國商人。㉖周　指東周都城洛陽。㉗五羖　指百里奚。他原為虞國大夫，晉滅虞時成為俘虜。晉國將他當作奴僕陪嫁到秦國，他由秦逃到楚，被楚人抓住。秦穆公聞其賢，用五張黑公羊皮將其贖回，任為大夫。古代把黑公羊叫「羖」，所以他從此便有五羖大夫的別號。㉘賃車入秦　古書上說，百里奚曾被商人雇用，趕鹽車到秦國。賃，受雇用。㉙公輸子　即魯班。春秋時魯國的巧匠。㉚以　憑藉。㉛規矩　圓規和方尺。㉜歐冶　即歐冶子。春秋時吳國人，善鑄劍。㉝語　指《論語．子張》。㉞肆　手工作坊。㉟致　盡。㊱處　居住。㊲蓬蒿　兩種野草。㊳墝埆　土地瘠薄。㊴饉　少；短缺。㊵柚　柚子。㊶鬻　出賣。㊷朐　縣名。臨海，在今江蘇省境內。㊸鹵　指鹽場。㊹市　交易。

【語　譯】大夫說：「古時候，房屋的規格與居住者的身分地位有關，有制度可循，君王以車子衣服賞賜臣下，也依據他們功勞的大小；用櫟木作屋椽，用茅草蓋屋頂，這並不符合先王的制度。君子節制奢侈，但也譏刺過分儉約，因為過分儉約就不免寒酸。從前孫叔敖作楚國的相，妻子不穿絲綢，馬不用糧食餵養，孔子曾就此發表看法說：『這不行，太儉約了，讓下級難辦。』《詩經．蟋蟀》一詩之所以要創作，正是出於與此相同的原因。《管子》上說：『不裝飾房屋，那麼木材就用不完，造成浪費，不填滿廚房，那麼飛禽走獸就不會減少壽命，長久活著危害生民，沒有工商末利，那麼農業就無從發展，不要衣服上的花紋，那麼女工的技巧就施展不出來。』所以商人以及木工等各種工匠，都是國家必須使用的，備辦器械所必須依賴的，這些職業自古就已經有了，並不是現在才出現。例如古時候弦高曾賣牛到洛陽，百里奚曾受雇為商人趕鹽車進入秦國，公輸子憑藉圓規方尺做木工，歐冶子憑藉鎔鑄之法鑄造寶劍。《論語》上說：『各種工匠處在作坊裡，盡力做好自己的工作。』農民和商人互相交易，使農業和工商業都得到好處。有些百姓居住在山區和沼澤地帶，那裡野草叢生，土地瘠薄，依賴貨物的流通，就有辦法使他們得到平均水準的財富。因此財富多的地方不獨獨富裕，財富少的地方不獨獨短缺。如果百姓各自居住在自己的地方，食用自己生產的東西，那麼，橘子和柚子就賣不出去，朐縣鹽場出產的鹽就不能運出來銷售，氈子和毛織品就不能成為交易對象，吳、越、隨、唐等地的竹木就得不到使用。」

文學曰：「孟子云：『不違農時，穀不可勝食。蠶麻以時，布帛不可勝衣也。斧斤❶以時，材木不可勝用。田❷漁以時，魚肉不可勝食。』若則❸飾宮室，增❹臺榭❺，梓匠斲巨為小，以圓為方，上成雲氣❻，下成山林❼，則材木不足用也。男子去❽本為末，雕文❾刻鏤❿，以象⓫禽獸，窮物究變⓬，則穀不足食也。婦女飾微治細⓭，以成文章⓮，極伎⓯盡巧，則絲布不足衣也。庖宰⓰烹殺胎卵⓱，煎炙⓲齊和⓳，窮極五味，則魚肉不足食也。當今世，非患禽獸不損，材木不勝，患僭⓴侈之無窮也；非患無旃罽橘柚，患無狹㉑廬糠糟㉒也。」

【章　旨】文學指出，只有勤於農桑，各種生活資料才會豐足，如果競為工商之事，一味追求奇巧奢侈，就會造成生活必需品的短缺。

【注　釋】❶斤　斧頭的一種。❷田　通「畋」。打獵。❸若則　假使；如果。❹增　加高。❺臺榭　泛指亭臺樓閣。榭，建在高土臺上的敞屋。❻上成雲氣　指宮室樓閣連成一片，檐脊高低起伏，爭奇鬥巧，有如雲氣的起伏翻湧。❼下成山林　指宮室樓閣中楹柱眾多，密如森林。❽去　離開。❾文　文飾。❿鏤　雕刻。⓫象　模仿。⓬窮物究變　追求物品奇巧變化的極致。究，盡。⓭飾微治細　指精細地進行刺繡。⓮文章　錯綜華美的花紋。⓯伎　技巧。⓰庖宰　廚師。⓱胎卵　幼獸和禽蛋。⓲炙　烤。⓳齊和　指調和甘、酸、苦、辛、鹹五味。⓴僭　過分。㉑狹　窄小。㉒糠糟　泛指粗劣的食物。糠，稻麥的外殼。糟，酒渣。

【語　譯】文學說：「孟子曾說過：『不誤農時，糧食就吃不完。養蠶種麻按季節進行，麻布絲綢就穿不完。斧頭按一定的節令入山林砍伐，木材就用不完。打獵捕魚安排在合適的時節，魚和禽獸之肉就吃不完。』假使裝飾房屋宮室，加高亭臺樓閣，木工把大木砍成小的，把圓木加工成方的，連成一片的宮室樓閣恰似起伏翻湧的雲氣，環列並峙的楹柱形成密林般的景觀，那麼木材就不夠用了。男子離開農業，從事工商活動，雕刻繪飾，模仿飛禽走獸的樣子來構圖，追求物品奇巧變化的極致，那麼糧食就不夠吃了。婦女精細地刺繡，繡出錯綜華美的花紋，用盡技巧，那麼絲綢麻布就不夠穿了。廚師宰殺幼獸、取用禽蛋進行烹飪，或煎或烤，精心調和，追求五味配合的最佳效果，那麼魚和禽獸之肉就不夠吃了。現在這個時代，不必擔心禽獸壽命不減少和木材用不完，要擔心的是過分的奢侈沒有止境；不必擔心沒有氈子、毛織品、橘子和柚子，要擔心的是沒有窄小的房屋和粗劣的食物。」

錯幣第四

【題　解】貨幣是由國家統一鑄造，還是放任臣民私人鑄造，漢朝建立後，這一問題一直困擾著朝野，朝廷這方面的政策也屢有反覆。漢武帝繼景帝之後強化官鑄制度，將鑄錢權收歸朝廷，指派水衡都尉的三位屬官主持統一鑄造，這引起了一些人的反對。本篇的主要內容就是關於鑄錢權問題的辯論。「錯幣」即鑄錢之意。大夫闡述了幣制隨時代變遷的合理性，總結了私人鑄錢對國家造成極大危害的歷史教訓，主張鑄錢權必須由國家掌握，嚴禁民鑄。文學則相反，在用貨幣與不用貨幣二者之間，他們嚮往以物易物、不用貨幣的遠古時代，在官鑄與民鑄二者之間，他們反對官鑄，指斥官鑄的弊病，主張放任臣民自由鑄造。

大夫曰：「交幣❶通施❷，民事❸不及❹，物有所并❺也。計本量委❻，民有飢者，穀有所藏也。智者有百人之功，愚者有不更❼本之事。人君不調❽，民有相萬❾之富也。此其所以或儲百年之餘，或不厭❿糟糠也。民大⓫富，則不可以祿使也；大彊，則不可以罰威也。非散聚⓬均利者不齊⓭。故人主積其食，守⓮其用，制⓯其有餘，調其不足，禁溢羨⓰，厄⓱利塗⓲，然後百姓可家給人足也。」

【章　旨】大夫強調由國家出面干預經濟、調劑貧富的重要性。

【注　釋】❶交幣　供交換用的貨幣。❷通施　廣泛流布。施，布。❸民事　人民的生活問題。❹及　達到。此指解決。❺并　兼并；壟斷。❻計本量委　計算糧食總收入，在滿足全國人口消費用糧的前提下，再決定倉儲數量，多收就多儲備，少收就少儲備。委，積。指國家的糧食儲備。❼更　抵償。❽調　調節；平衡。❾相萬　相差萬倍。❿不厭　吃不飽。厭，飽足。⓫大　通「太」。⓬散聚　疏散囤積的糧食。⓭齊　指百姓貧富齊同，無差別。⓮守　掌握。⓯制　限制。⓰溢羨　過分的贏利。⓱阨　同「扼」。控制。⓲塗　通「途」。

【語　譯】大夫說：「貨幣廣泛地流布，人民的生活問題還是不能解決，這是因為貨物被人壟斷把持住了。計算糧食總收入，在滿足人口消費用糧的前提下，才再決定儲備多少，這樣，人民還是有挨餓的，這是因為糧食被人囤積起來了。聰明的人一個人的收入相當於一百個人，愚笨的人從事經營卻連本錢也賺不回來。對此君主如果不加以調節，人民的財富就會有萬倍的差距。這就是有的人儲積著百年的餘糧，有的人卻連酒渣糠皮也吃不飽的原因。人民財富太多了，國家就無法憑藉俸祿來驅使他；勢力太強了，國家就難以用刑罰來威懾他。如果不疏散囤積、平均利益，人民的貧富就不能齊等。所以君主應該儲積糧食，掌握國家的財用，限制那些有餘的，調劑那些不足的，禁止過分的贏利，控制謀利的途徑，這樣之後，百姓就可以家家富裕人人豐足了。」

文學曰：「古者貴德而賤利，重義而輕財。三王❶之時，迭❷盛迭衰。衰則扶❸之，傾❹則定❺之。是以夏忠、殷敬❻、周文❼，庠序❽之教，恭讓之禮，粲然❾可得而觀也。及其後，禮義弛崩，風俗滅息，故自食祿之君子❿，違於義而競於財，大小相吞，激轉相傾⓫。此所以或儲百年之餘，或無以充虛⓬蔽形也。古之仕者⓭不穡⓮，田⓯者不漁，抱關⓰擊柝⓱，皆有常秩⓲，不得兼利盡物⓳。如此，則愚智同功⓴，不相傾也。《詩》㉑云：『彼有遺秉㉒，此有滯穗㉓，伊㉔寡婦之利㉕。』

言不盡物也。」

【章旨】文學認為，社會上貧富懸殊，原因在於古風不存，禮義廢弛，弱肉強食，解決的方法是效法古代，禁止臣民兼事兩種職業。

【注釋】❶三王　指夏、商、周三代開國的聖明君主。即夏禹、商湯、周文王和周武王。❷迭　更迭；交替。❸扶　扶持。❹傾　傾覆。❺定　穩定。❻殷敬　指商代以敬鬼神為特色。❼周文　指周朝有完善的禮樂制度。❽庠序　均為古代學校的名稱。❾粲然　鮮明美好貌。❿食祿之君子　拿國家俸祿的官吏。⓫激轉相傾　劇烈地互相傾軋。⓬充虛　填飽肚子。⓭仕者　做官的人。⓮穡　收穫穀物。此泛指農業勞動。⓯田　通「畋」。打獵。⓰抱關　守門的人。⓱擊柝　巡夜打更的人。柝，打更用的木梆子。⓲秩　俸祿。⓳盡物　占盡所有財物。⓴功　指收益。㉑詩　指《詩經・小雅・大田》。㉒遺秉　遺漏的禾把。㉓滯穗　漏掉的禾穗。㉔伊　乃。㉕利　好處。意謂寡婦可以拾取。

【語譯】文學說：「古時候崇尚道德而鄙視財利，重視禮義而看輕錢財。三王的時候，教化盛衰交替，這些賢聖之君於其衰微之時就加以扶持，於其傾覆之際就加以挽救。所以夏代有崇尚忠厚的特點，商代以敬鬼神為特色，周代有完善的禮樂制度，那時候學校教育的情況，恭敬謙讓的禮節，鮮明美好，很值得注意。到了後來，禮義廢弛崩潰，美好的風俗消逝止息，所以從國家的官吏開始，都違背禮義，競相爭奪財利，財力大的吞并財力小的，劇烈地相互傾軋，這就是有的人儲積著百年的餘糧，有的人卻無法填飽肚子、遮蔽身體的原因。古代做官的人不再種田，打獵的不再打魚，守門及打更的人都有一定的俸祿，一個人不能同時獲取兩種職業的收入，不能占盡所有財物。像這樣，那麼愚笨的人和聰明的人就能有同等的收益，不會互相傾軋。《詩經》上說：『那兒有遺漏的禾把，這兒有漏掉的禾穗，這些乃是寡婦可得的好處。』這說的就是不要占盡所有財物啊！」

大夫曰：「湯、文❶繼衰❷，漢興乘❸弊❹。一質一文，非苟❺易常❻也。俗弊更❼法，非務❽變古也，亦所以救失扶衰也。故教與俗改，弊❾與世易。夏后❿以玄貝⓫，周人以紫石⓬，後世或金錢刀布⓭。物極而衰，終始之運⓮也。故山澤無征⓯，則君臣同利，刀幣無禁⓰，則姦⓱貞⓲並行。夫臣富則相侈⓳，下⓴專利㉑則相傾也。」

【章　旨】大夫指出，治國的方法要伴隨社會的發展而調整，貨幣制度也是隨著時世的推移而變更的，私人鑄錢應予禁止。

【注　釋】❶湯文　商湯和周文王。❷繼衰　繼前代的衰世而興起。❸乘　此指承接。❹弊　敗。指秦朝的破敗局面。❺苟　隨便。❻易常　改變常規。❼更　變更。❽務　一定。❾弊　通「幣」。貨幣。❿夏后　即夏后氏。部落名。夏王朝為其所建。⓫玄貝　黑色的貝殼。相傳夏朝用以為貨幣。⓬紫石　即紫貝。⓭金錢刀布　四種金屬貨幣。金，指黃金。錢，本農具名，古代可用以交易，故後來仿其形狀鑄為貨幣。刀，形狀如刀的貨幣。布，形狀如鏟的貨幣。⓮終始之運　有始有終的運行變化。⓯征　征收賦稅。⓰刀幣無禁　指不禁止臣民私鑄錢幣。⓱姦　指私鑄的偽幣。⓲貞　指符合法定標準的貨幣。⓳相侈　競相比賽奢侈。⓴下　指臣民。㉑專利　獨占利益。

【語　譯】大夫說：「商湯和周文王都是繼前代的衰世而起的，漢朝興起也是承接秦朝留下的衰敗局面。各個朝代有的崇尚質樸，有的崇尚禮樂制度，這並不是隨隨便便地改變常規。風俗敗壞了就得變更法度，這並不是一味地追求更改古制，而是想藉此糾正過失挽救衰敗。所以教化要隨著風俗的改變而調整，貨幣要隨著時世的變遷而更改。夏朝用黑色貝殼作貨幣，周朝人用紫色貝殼作貨幣，後代則使用各種金屬貨幣。事物發展到頂點就會轉向衰微，這就是事物有始有終的運行變化。所以山林川澤不征收賦稅，臣民就會與君主得到同樣的利益，私人鑄幣不加以禁止，真假貨幣就會同時流行。臣民富了，就會競相比賽奢侈，處下位的人獨占利益就會互相傾軋。」

文學曰：「古者市朝而無刀幣，各以其所有易所無，抱布貿絲❶而已。後世即有龜❷貝金錢，交施❸之也。幣數❹變而民滋❺偽。夫救偽以質，防失以禮。湯、文繼衰，革❻法易化❼，而殷、周道❽興。漢初乘弊，而不改易，畜❾利變幣，欲以反本❿，是猶以煎止燔⓫，以火止沸也。上好禮則民闇飾⓬，上好貨則下死利⓭也。」

【章旨】文學認為貨幣的屢次變更，助長了社會的詐偽之風，主張把注意力放到禮義上。

【注釋】❶抱布貿絲　語出《詩經・衛風・氓》。布，麻布。貿，換。❷龜　龜甲。古時亦曾用為貨幣。❸交施　交替通行。❹數　屢次。❺滋　更加。❻革　改革。❼化　教化。❽道　指整套的制度和規範。❾畜　通「蓄」。聚斂。❿反本　回復到農業。⓫以煎止燔　用熱油制止燃燒。煎，指熱油。燔，焚燒。⓬闇飾　暗自修飾以提高道德水準。⓭死利　為逐利而死。

【語譯】文學說：「古時候有集市但沒有錢幣，人們都是以各自所有的物品來換取自己所無的，正如《詩經》上所說的：『抱著麻布來換蠶絲』罷了。後來就有龜甲、貝殼和黃金、銅錢等交替通行。貨幣屢次變更而百姓日益虛偽。救正虛偽要靠質樸，防止過失要靠禮義。商湯和周文王繼衰世而起，改革法度，變更教化，殷道周道因而興盛。漢代初年承接秦朝的衰敗局面，卻不加以改革變易，聚斂財利，變更幣制，想以此使社會回復到發展農業的正道上來，這就好像用熱油去制止火的燃燒，用加火的方法去制止水的沸騰一樣。在上位的人愛好禮義，百姓就會暗自修飾以提高道德水準；朝廷愛好貨財，下面的人就會不惜生命去追求財利。」

大夫曰：「文帝❶之時，縱❷民得❸鑄錢、冶鐵、煮鹽。吳王❹擅鄣❺海澤，鄧通❻專❼西山❽。山東❾奸猾，咸聚吳國，秦、雍❿、漢、蜀⓫因⓬鄧氏。吳、鄧錢布⓭天下，故有鑄錢之禁⓮。禁禦⓯之法立而奸偽息，奸偽息則民不期於妄得而各務⓰其職，不反本何為⓱？故統一，則民不二⓲也；幣由上，則下不疑也。」

【章旨】大夫總結私人鑄錢的歷史教訓，論述貨幣應由國家統一鑄造管制的道理。

【注釋】❶文帝　漢文帝。❷縱　放任。❸得　可以。❹吳王　劉濞。劉邦的侄兒。受封於吳國（今江蘇、浙江一帶）。他招納天下亡命之徒，就山鑄錢，煮海為鹽，獲巨富，桀傲不馴，後發動叛亂。❺擅鄣　壟斷。擅，獨占。鄣，同「障」。阻塞。❻鄧通　西漢時蜀郡人。漢文帝時得寵，文帝賜給他蜀郡的銅山，讓他鑄錢，遂成巨富。❼專　獨占。❽西山　指文帝所賜的銅山。❾山東　崤山以東。❿秦雍　古秦地和古雍州地。⓫漢蜀　漢中郡和蜀郡。⓬因　依附。⓭布　流行。⓮鑄錢之禁　漢景帝和漢武帝時，都曾發布不准私自鑄錢的禁令。⓯禁禦　禁止。⓰務　努力從事。⓱何為　即「為何」。幹甚麼。⓲不二　不生二心。

【語譯】大夫說：「文帝的時候，放任臣民讓他們可以私自鑄錢、冶鐵、煮鹽。吳王壟斷了境內的山海湖澤，蜀人鄧通獨占了當地的銅山。崤山以東的奸惡狡猾之徒都聚集在吳國，秦、雍、漢、蜀的壞人也都依附於鄧通。吳王和鄧通鑄造的錢幣流行天下，所以後來有取締私人鑄錢的禁令。禁止的法令建立了，奸偽活動便隨之止息，奸偽活動止息了，百姓就不再寄望不合法的獲得，轉而各自努力從事自己的職業，這樣，他們不回到農業上去又做甚麼呢？所以幣制統一，百姓就不會產生二心；貨幣由國家統一鑄造，下面的人也就不會有懷疑。」

文學曰：「往古幣眾❶財通❷而民樂。其後稍❸去❹舊幣，更行❺白金龜龍❻，民多巧❼新幣。幣數易而民益疑。於是廢天下諸錢，而專命水衡三官❽作❾。吏❿匠⓫侵利⓬，或不中式⓭，故有薄厚輕重。農人不習⓮，物類比之⓯，信故⓰疑新⓱，不知姦貞⓲。商賈以美⓳貿惡⓴，以半易倍㉑。買則失實㉒，賣則失理㉓，其疑或㉔滋益甚。夫鑄偽金錢以㉕有法，而錢之善惡無增損於故㉖。擇錢㉗則物稽滯㉘，而用人㉙尤被㉚其苦。《春秋》㉛曰：『算㉜不及蠻、夷則不行㉝。』故王者外㉞不鄣㉟海澤以便民用，內不禁刀幣以通民施㊱。」

【章　旨】文學指斥國家統一鑄錢的弊病，認為不應禁止私人鑄錢。

【注　釋】❶幣眾　貨幣種類眾多。❷財通　財物流通。❸稍　逐漸。❹去　廢除。❺更行　改用。❻白金龜龍　漢武帝元狩四年（西元前一一九年）以白金鑄錢，分三等：上等圓形，上鑄龍紋；中等方形，上鑄馬紋；下等橢圓形，上鑄龜紋。白金指銀、錫合金。❼巧　指用巧法偽造。❽水衡三官　漢武帝設水衡都尉，掌管皇帝苑林和皇室財物及鑄錢。其屬官有均輸令、鍾官令、辨銅令，即此水衡三官。❾作　鑄造。❿吏　管理工匠的人。⓫匠　鑄錢的工匠。⓬侵利　指偷工減料，侵吞財利。⓭中式　符合規定標準。標準包括成色和重量。⓮習　習慣。⓯物類比之　將同類的東西（即錢幣）拿來比較。⓰故　指舊幣。⓱新　指新幣。⓲姦貞　真假。⓳美　合標準的好錢。⓴惡　不合標準的惡錢。㉑以半易倍　指商人用好錢不等價地兌換農人的惡錢，其比價懸殊極大，商人從中牟取暴利。㉒買則失實　指農人用惡錢購物，只能打折扣使用，得不到與面值相應的東西。㉓賣則失理　指農人用惡錢向商人兌換好錢，比價極不合理。㉔或　通「惑」。㉕以　通「已」。㉖無增損於故　和從前沒有兩樣。㉗擇錢　指做買賣時擇要好錢。㉘稽滯　不流通。稽，停留。㉙用人　使用貨幣的人。㉚被　遭受。㉛春秋　古史書名，相傳為孔子據魯史而作。此處所引當是研究《春秋》的經師所說的話。㉜算　籌謀。㉝不行　不要實行。㉞外　與下「內」對舉，猶言一方面，另一方面。㉟鄣　同「障」。阻塞。亦即封禁。㊱通民施　使民間貨幣流行暢通。

【語　譯】文學說：「以往貨幣種類眾多，財物流通順暢，而百姓安樂。後來逐漸廢除舊錢，改用以白金鑄成的龜紋龍紋幣，姦猾之民多用巧法偽造這種新幣。貨幣屢次變更而百姓越來越懷疑。於是朝廷廢止天下各種錢幣，而專門指派水衡三官鑄錢。但管理人員和鑄造工匠偷工減料，侵吞財利，鑄出的錢有的不符合規定標準，所以同樣面值的有厚薄輕重之別。農民不習慣這種錢，比較各種錢幣，便相信舊幣而懷疑新錢，辨別不出錢幣的真假。商賈趁機用好錢換取農民的惡錢，兌換比例是以一半換取兩倍。農民用惡錢購物則得不到與其面值相應的物品，用惡錢與商人兌換就又受不合理比價的盤剝，這樣，他們的疑惑就更加厲害。說起來對私鑄偽幣已有法令嚴加禁止，可是錢幣質量有好有壞依然與以前沒有兩樣。做買賣時擇要好錢就造成了貨物的滯留積壓，使用錢幣的人尤其遭受苦惱。《春秋》說：『籌謀如果沒顧及到蠻夷就不要實行。』所以奉行王道的君主不封禁山海資源以便利百姓取用，不禁止私人鑄錢以促使社會上貨幣通暢地流行。」

禁耕第五

【題解】本篇雙方論辯的內容是鹽鐵官營私營的利弊問題。大夫總結了富豪邴氏和吳王劉濞獨占山海資源的歷史教訓，認為鹽鐵私營會導致私人勢力的形成和惡性膨脹，危害國家安全；他同時還指出，鹽鐵私營會使豪強「專其利」，獲得市場的操縱權，從而嚴重損害百姓的利益。在大夫看來，將鹽鐵經營權收歸國家，就能消除這些弊病，因此他堅決主張鹽鐵官營，反對鹽鐵私營。文學則針鋒相對，舉出歷史上的反面例子，否認姦惡的形成與鹽鐵私營有關，又標舉天子應藏利於民的大道理，作為鹽鐵私營的理論依據，大力肯定鹽鐵私營在促進農業生產、富民強國等方面的作用，認為鹽鐵官營嚴重損害農耕，困擾百姓。由於本篇中文學的中心觀點是鹽鐵官營損害了農業生產，所以站在文學一邊的編者桓寬以「禁耕」名篇，「禁」即限止、損害之意。

大夫曰：「家人[1]有寶器，尚函匣[2]而藏之，況人主之山海乎？夫權利[3]之處，必在深山窮澤[4]之中，非豪民[5]不能通[6]其利。異時[7]鹽鐵未籠[8]，布衣[9]有朐邴[10]，人君[11]有吳王，皆鹽鐵初議也[12]。吳王專山澤之饒，薄賦其民，賑贍[13]窮乏，以成私威。私威積而逆節[14]之心作[15]。夫不蚤[16]絕其源而憂其末，若決[17]呂梁[18]，沛然[19]，其所傷必多矣。太公[20]曰：『一家害百家，百家害諸侯，諸侯害天下，王法禁之。』今放[21]民於權利，罷鹽鐵[22]以資[23]暴彊[24]，遂[25]其貪心，眾邪[26]群聚，私門[27]成黨[28]，則強禦[29]日以不制[30]，而并兼[31]之徒姦形[32]成也。」

【章　旨】大夫總結歷史教訓，指明現實威脅，強調為了國家的安全，必須封禁山海，實行鹽鐵官營。

【注　釋】❶家人　百姓。❷函匣　均為收藏物品的小型器具。此作動詞，放入函匣之意。❸權利　權勢與財利。此處「權」指豪民收羅各種人，指揮他們經營鹽鐵，培植私人勢力和威權；「利」指鹽鐵大利。❹窮澤　極遠的濱海地區和沼澤地帶。❺豪民　強橫有特殊勢力的人。❻通　開通；開發。❼異時　從前。❽籠　指由國家統一經營。❾布衣　平民。❿朐邴　漢初人，以冶鐵起家，富至巨萬。這位邴氏本曹縣（今山東省曹縣）人，冶鐵於朐縣（今江蘇省東海縣），故《史記》稱其為曹邴氏，此稱朐邴。⓫人君　地方諸侯王亦屬君主之列，故此稱吳王為「人君」。⓬皆鹽鐵初議也　此句意謂朐邴與劉濞私營鹽鐵致巨富，危害國家，導致鹽鐵官營問題最初被提出來。⓭賑贍　救濟。⓮逆節　叛逆。⓯作　產生。⓰蚤　通「早」。⓱決　決口。⓲呂梁　呂梁山。在山西省西部。⓳沛然　水勢浩大的樣子。⓴太公　指姜太公，亦即呂尚。殷末周初人，為周朝開國功臣。㉑放　放縱。㉒罷鹽鐵　取消鹽鐵官營。㉓資　資助。㉔暴彊　指兇暴強橫之人。㉕遂　滿足。㉖邪　指邪惡之人。㉗私門　與公家、朝廷相對。指權要、豪強的私人之家。㉘黨　朋黨。壞人結成的集團。㉙強禦　強暴之人。㉚不制　不能制服。㉛并兼　吞并別人所有以為己有。㉜姦形　為非作歹的形勢、條件。

【語　譯】大夫說：「平民百姓有寶貴的物品，尚且放入函匣加以收藏，何況帝王的山海資源呢？可以培植私威和出產鹽鐵的地方，一定是在深山之中和僻遠的海濱沼澤之地，不是豪強之人不能開發那裡的財利。從前，鹽鐵沒有收歸國家統一經營，平民中有邴氏，諸侯中有吳王，他們的情況都是導致鹽鐵官營問題最初被提出來的原因。吳王獨占了境內山海的富饒，向人民徵收很輕的賦稅，救濟貧窮困乏之人，憑這些養成了個人的威權。個人威權膨脹後，叛逆的念頭便產生了。不趁早消除那致亂的根源，只是待其發展到後來才憂慮，這就像決開呂梁山，洶湧的大水奔突而出，所傷害的人一定很多。姜太公曾說過：『一家胡作非為會危害百家，百家胡作非為會危害諸侯，諸侯胡作非為會危害整個天下，天子的法律禁止這些人的不法活動。』現在如果放縱百姓，任他們去樹立個人威權和經營鹽鐵之利，廢除鹽鐵官營制度，來幫助那些兇暴強橫之人，滿足他們的貪心，眾多的姦邪之徒聚集在一起，私家門下形成龐大的朋黨集團，那麼強暴之人就會一天比一天難以制服，并兼之徒為非作歹的條件就成熟了。」

文學曰：「民人❶藏於家，諸侯藏於國❷，天子藏於海內。故民人以垣牆❸為藏閉，天子以四海為匣匱❹。天子適❺諸侯，升自阼階❻，諸侯納❼管❽鍵❾，執策❿而聽命，示⓫莫為主⓬也。是以王者不畜⓭聚⓮，下藏於民，遠浮利⓯，務民之義⓰；義禮立，則民化上⓱。若是，雖湯、武生存於世，無所容其慮⓲。工商之事，歐冶⓳之任⓴，何姦之能成？三桓㉑專魯，六卿㉒分晉，不以㉓鹽鐵。故權利深者，不在山海，在朝廷；一家害百家，在蕭牆㉔，而不在朐邴也。」

【章　旨】文學以天子應藏利於民的大道理反對鹽鐵官營政策，並指出：姦惡的產生，不能歸咎於鹽鐵私營，禮義是否樹立是問題的關鍵所在。

【注　釋】❶民人　人民。❷國　天子給諸侯的封地。❸垣牆　圍牆。❹匱　同「櫃」。❺適　往。❻阼階　大堂東面的臺階。古代賓主相見，賓客從西階登堂，主人則走東階，故東階被稱為主人之階。天子是整個天下的主人，所以即使到諸侯國視察，也要以主人的身分，從東階登上堂。❼納　交上。❽管　鑰匙。❾鍵　鎖。❿策　策書。古時天子封土授爵，將人名官爵及勉勵之辭寫在竹簡上，這就是策書。策書交給受封之人，具有法律效力。⓫示　表示。⓬莫為主　不是這裡的主人。⓭畜　通「蓄」。⓮聚　聚斂。⓯浮利　虛浮之利。指工商之利。⓰務民之義　努力從事對百姓的禮義教育。⓱化上　被君主所感化。⓲無所容其慮　沒有容納思慮的地方。亦即不用操心。⓳歐冶　春秋時代的歐冶子。善鑄劍。此借指冶鐵鑄器。⓴任　事業。㉑三桓　指春秋時魯國的孟孫氏、叔孫氏、季孫氏。這三家貴族都是魯桓公的後代，故合稱三桓。他們壟斷了魯國的實權，魯君勢力弱小。㉒六卿　春秋時晉國的范氏、中行氏、智氏、韓氏、趙氏、魏氏六族，世為晉卿，號曰六卿。他們分掌晉國大權，晉公室卑弱。㉓以　憑藉。㉔蕭牆　古代國君宮門內當門的小牆。臣見君，至此肅敬倍增，故稱蕭牆。蕭即肅敬之意。此處蕭牆指宮廷內部。

【語　譯】文學說：「百姓把財物藏在家中，諸侯把財物藏在封地全境，天子則把財物藏在整個天下。所以百姓把圍牆作為藏閉手段，天子則把整個天下作為自己收藏財物的箱櫃。天子到諸侯國視察，登上大堂走的是主人之階東階，諸侯王則把城門的鎖和鑰匙上交給天子，恭敬地拿著策書聽候命令，這是表示自己不是這裡的主人。所以奉行王道的帝王不蓄積，不聚斂，把財富都藏在下面的百姓手上，遠離虛浮的工商之利，努力從事對百姓的禮義教育；禮義樹立起來了，百姓就會被君上所感化。像這樣，即使商湯、周武王活在世上，也用不著操心。在這種形勢下，工商活動和冶鑄事業中，姦惡怎麼能形成呢？孟孫、叔孫、季孫三家把持了魯國的朝政，范氏等六卿瓜分了晉國的政權，憑藉的都不是鹽鐵。這樣看來，權利深藏的地方並不在山海，而是在朝廷；一家危害百家，事情出在宮廷內部的大臣權貴身上，並不出在邴氏那樣的富豪身上。」

大夫曰：「山海有禁而民不傾❶，貴賤有平❷而民不疑。縣官❸設衡❹立準❺，人從❻所欲，雖使五尺童子❼適市❽，莫之能欺。今罷去之，則豪民擅其用❾而專其利❿。決⓫市⓬閭巷⓭，高下在口吻⓮，貴賤無常，端坐⓯而民豪⓰，是以養⓱強抑弱而藏於跖⓲也。彊養弱抑，則齊民⓳消⓴，若眾穢㉑之盛而害五穀。一家害百家，不在朐邴，如何也？」

【章　旨】大夫標舉鹽鐵官營和由國家控制市場的優點，指出鹽鐵私營和由豪強操縱市場的壞處。

【注　釋】❶傾　傾軋。❷平　標準。❸縣官　政府。❹衡　秤。此借指各種衡器量器。❺立準　建立價格標準。❻從　順從。❼五尺童子　小孩。古代五尺相當今三尺多。❽市　市場。❾用　財用；財富。❿專其利　獨占工商之利。⓫決　決定；操縱。⓬市　指市場物價。⓭閭巷　街巷；民間。⓮高下在口吻　物價高低全取決於豪民富商的一句話。口吻，嘴脣。⓯端

坐　安適地坐著，不用操勞。⑯民豪　成為民中的豪富。⑰養　培植；扶持。⑱跖　人名。古人目之為大盜。⑲齊民　此指善良的平民。⑳消　衰微。㉑穢　田中雜草。

【語　譯】大夫說：「山海的資源由國家加以封禁，百姓就不會為爭利而互相傾軋；物價的高低有標準，人民就不會懷疑。政府設置各種衡器量器，規定價格標準，人們想買甚麼就買甚麼，即使派小孩子到市場上去購物，也沒有誰能欺騙他。現在如果取消這些措施，那麼豪強就會壟斷山海的財富，獨占工商之利。市場行情就將由他們在街巷上一手操縱，物價高低全由他們隨口說出，時高時低，變化無常，他們就能安適地坐收大利，成為人民中的豪富，這就等於扶持豪強而壓抑弱者，把財物藏在跖那樣的人手裡。豪強得到扶持，弱者受到壓抑，那麼善良的平民就會衰微，這就像眾多的雜草長得很茂盛而危害莊稼一樣。一家危害百家的事情不是出在邴氏那樣的豪強身上，又出在誰人身上呢？」

文學曰：「山海者，財用之寶路❶也；鐵器者，農夫之死士❷也。死士用則仇讎❸滅，仇讎滅則田野闢❹，田野闢而五穀熟。寶路開則百姓贍❺而民用給❻，民用給則國富。國富而教之以禮，則行道有讓❼，而工商不相豫❽，人懷敦❾樸以相接，而莫相利❿。夫秦、楚、燕、齊⓫，土力⓬不同，剛柔異勢⓭，巨小之用，居⓮句⓯之宜，黨⓰殊俗易⓱，各有所便。縣官⓲籠⓳而一之⓴，則鐵器失其宜，而農民失其便。器用不便，則農夫罷㉑於壄㉒而草萊不辟。草萊不辟，則民困乏。故鹽冶之處，大傲㉓皆依㉔山川，近鐵炭，其勢㉕咸遠而作劇㉖。郡中卒踐更㉗者多不勘㉘，責㉙取庸㉚代。縣邑㉛或以戶口賦鐵㉜，而賤平其準㉝。良家㉞以道次發僦運鹽鐵㉟，煩費㊱，百姓病苦之。愚㊲竊見一官㊳之傷千里，未覩其在朐邴也。」

【章　旨】文學認為開放山海之禁能富民強國，抨擊鹽鐵官營措施損害農耕、困擾百姓。

【注　釋】❶寶路　重要的來源。❷死士　敢拼死的勇士。此喻指得力的工具。❸仇讎　仇敵。此喻指雜草。❹闢　開墾。❺贍　富裕。❻給　豐足。❼行道有讓　人們走在路上互相讓路以示謙敬。❽豫　欺詐。❾敦　厚道。❿相利　互相爭利。⓫秦楚燕齊　古秦國舊地在西，古楚國舊地在南，古燕國舊地在北，古齊國舊地在東，故此處借以指東南西北四方。⓬土力　土地的生產能力。⓭剛柔異勢　土質軟硬的情形不同。勢，情形。⓮居　同「倨」。直。⓯句　曲。⓰黨　古代地方組織，一黨含五百家。此泛指鄉里。⓱易　變化；不同。⓲縣官　政府。⓳籠　指將鐵器的經營權壟斷起來。⓴一之　指將農具統一於一個規格。㉑罷　通「疲」。㉒壄　古「野」字。㉓大傲　大校；大抵。「傲」、「校」音近通假。㉔依　靠近。㉕勢　地勢。㉖作劇　勞動繁重。㉗卒踐更　卒更和踐更。漢代繇役制度規定，男子二十三歲至五十六歲之間，每年須在本郡或本縣服役一個月。本人親身去服役叫卒更；如不願親身服役，可出錢二千雇人代替，受錢代人服役即稱踐更。㉘勘　同「堪」。忍受。㉙責　求；想辦法。㉚取庸　拿錢雇人。㉛邑　漢代皇后公主的采地稱為邑，與縣同級，故得連稱「縣邑」。㉜賦鐵　徵收鐵。㉝賤平其準　指壓低收購價格。㉞良家　指醫商百工以外的普通平民。㉟以道次發僦運鹽鐵　此言在邊遠地區，普通平民被徵發，按縣分遠近次序，順次以接力方式轉運鹽鐵。道，漢代縣級行政區，其特點在於有較多的少數族人居住，此用以代指邊遠地區的縣分。發，被徵發。僦，運送。㊱煩費　麻煩費力。㊲愚　自稱的謙詞。㊳官　指鹽官、鐵官、均輸官等。

【語　譯】文學說：「山林海澤，是財富的重要來源；鐵製農具，是農民的得力工具。得力的工具一經使用，雜草就會被消滅，雜草被消滅，田野就得到開墾，田野得到開墾，糧食就會獲得豐收。重要的財源開放了，百姓就會富裕，民用就會充足；民用充足，國家就會富強；國家富強之後用禮義來教化百姓，那麼人們走在路上就會互相讓路，工商業者之間也就不會互相欺詐，大家都懷著忠厚淳樸之心相交往，而不互相爭利。天下東南西北四方，土地的生產能力不同，土質的軟硬情況也有差異，農具是該用大的，還是該用小的，其形狀是直的合適，還是彎的合適，在這些問題上，小小區域之間即不一致，習慣都有差別，各有自己感到便利的。現在官府壟斷鐵的經營權，統一農具的規格，這樣一來，鐵器就不能適合於各地的不同情況，農民使用起來也就不再感到便利。農具不便利，那麼農民就會在田野上疲勞受累而荒地卻得不到有效的開墾。荒地得不到有效的開墾，人民就會貧困匱乏。煮鹽冶鐵的地方，大都依山傍川，靠近鐵礦石和木炭的產地，這些地方都極偏僻遙遠，而勞作十分繁重。郡縣派到這裡服役的各類役卒，多半都忍受不了這樣的勞苦，所以人們輪到自己服役總是設法出錢雇人代替。有些縣按戶口徵收鐵，而把收購價格壓得很低。邊遠地區的普通平民被徵發轉運鹽鐵，按各縣的遠近次序，順次接力，十分麻煩費勁，百姓對此深感痛苦。我私下只看到一個官吏就使方圓千里的百姓受害，而沒有看到這種傷害是由朐邴這樣的人造成的。」

復古第六

【題解】本篇的辯論涉及的是兩個問題，一個仍然是鹽鐵官營問題，另一個則是興兵征伐夷狄的問題。由於辯論雙方都從歷史上尋找論據支持自己的觀點，所以篇名叫做「復古」。大夫駁斥了文學官製農具不便於民的說法，闡述了實行鹽鐵官營政策的本意，並援引古代不將山澤封賜臣下的做法，再次申述以往豪強大家私營鹽鐵對國家安全構成的威脅，以論證官營的合理和不可廢。在征伐夷狄問題上，大夫贊成武力征服，他歌頌了武帝的赫赫戰功，表達了「遂先帝之業」、「絕胡、貉，擒單于」的志向。文學則指出，鹽鐵官營政策只能作為一時的權宜之計，不能長久實行，更不能傳之後世，治國應以仁義為本，效法五帝三王之道；對夷狄應採取安撫政策，興兵征討，勞民傷財，沒有好結果。

大夫曰：「故❶扇水❷都尉❸彭祖❹寧歸❺，言鹽鐵令品❻：『令品甚明。卒❼徒❽衣食縣官❾，作鑄鐵器，給用甚眾❿，無妨於民。而吏或不良，禁令⓫不行，故民煩苦之。』今意總一鹽鐵⓬，非獨為利入⓭也，將以建本⓮抑末，離⓯朋黨⓰，禁淫侈，絕并兼之路也。古者名山大澤不以封⓱，為⓲下⓳之專利也。山海之利，廣⓴澤之畜㉑，天地之藏㉒也，皆宜屬少府㉓；陛下不私㉔，以屬大司農，以佐助百姓。浮食奇民㉕，好欲擅㉖山海之貨，以致㉗富業，役利細民㉘，故沮事議者眾㉙。鐵器兵刃，天下之大用也，非眾庶㉚所宜事㉛也。往者，豪強大家得管㉜山海之利，采㉝鐵石鼓鑄㉞，煮海為鹽。一家聚眾，或至千餘人，大抵盡收放流人民㉟也。遠去㊱鄉里，棄墳墓㊲，依倚㊳大家，聚深山窮澤之中，成姦偽之業，遂㊴朋黨之權，其輕為非㊵亦大矣！今者廣進賢之途，練㊶擇守尉㊷，不待㊸去㊹鹽鐵而安民也。」

【章　旨】大夫就文學官製鐵器不便於民的說法進行駁斥，闡述朝廷實行鹽鐵官營政策的本意，分析官營政策遭到阻撓攻擊的原因，指出以往豪強壟斷山海的危害。

【注　釋】❶故　前任。❷扇水　地名。地點不詳。❸都尉　郡中武官。輔佐郡守並掌全郡的軍事。❹彭祖　人名。❺寧歸　為辦理父母喪事告假回家。❻令品　指有關鹽鐵官營的法令條文。❼卒　指從百姓中徵發來的役卒。❽徒　指被強迫勞動的罪犯。❾衣食縣官　衣食由官府供給。❿給用甚眾　供給農夫使用的鐵器很多。⓫禁令　指實行鹽鐵官營的有關規定。⓬令意總一鹽鐵　法令規定由國家統一經營鹽鐵的本意。⓭利入　財利收入。⓮建本　扶植農業。⓯離　離散；瓦解。⓰朋黨　指以豪強為核心的姦邪集團。⓱不以封　不用來封賞。⓲為　因為。⓳下　臣下。⓴廣　大。㉑畜　同「蓄」。㉒藏　寶藏。㉓少府　官名，九卿之一。西漢時國家財政與皇室財政分立，皇室財政由少府掌管，國家財政則由大司農掌管。㉔不私　不據為私有。㉕浮食奇民　依賴商賈浮利為食的姦邪之人。㉖擅　壟斷。㉗致　求得。㉘役利細民　役使小民以取利。㉙沮事議者眾　阻撓鹽鐵官營事業、進行非議的人很多。沮，阻撓。㉚眾庶　一般的人。㉛事　從事；經營。㉜管　獨占。㉝采　開採。㉞鼓鑄　鼓風煽火以熔化金屬鑄造器具。㉟放流人民　指無業遊民和被流放的罪犯以及犯罪逃亡的人。㊱去　離開。㊲棄墳墓　丟棄祖先墳墓。亦即遠離家鄉。㊳依倚　投靠。㊴遂　成。㊵輕為非　輕易地為非作歹。㊶練　通「揀」。挑選。㊷守尉　郡守和都尉。郡守是一郡的最高長官。㊸不待　用不著。㊹去　取消。

【語　譯】大夫說：「前任扇水都尉彭祖告假回家治喪，路過京城，曾談到有關鹽鐵官營的法令條文，他說：『法令條文是很清楚明白的。從事治鑄勞動的役卒和刑徒衣食都由官府供給，鑄造的鐵器，能充分供應農用，對百姓並無妨礙。只是有的官吏不好，對國家的有關規定不認真執行，所以百姓深感麻煩和痛苦。』法令規定由國家統一經營鹽鐵的本意，並不只是為了增加財政收入，同時是要藉這一措施來扶植農業，抑制私營工商業，瓦解豪強手下的姦邪集團，禁止過分的奢侈，堵塞兼并的途徑。古時候名山大澤不用來封賞，是因為怕受封的諸侯大夫獨霸這些山澤的財富。山海的財貨，湖澤的資源，是大自然的寶藏，本都應該歸少府掌管，但皇帝陛下不把這些據為私有，而把它們撥歸大司農支配，使之用於幫助百姓。那些憑商賈浮利謀生的姦邪之人，總想獨占山海的財貨，以求得富裕的產業，役使盤剝小民，所以阻撓鹽鐵官營事業、妄加非議的人很多。鐵製農具和兵器，是天下極有用處的東西，不是一般的人所宜於經營的。從前豪強大族得以壟斷山海的財富，他們開採鐵礦，從事冶鑄，煮海水熬製食鹽，一家招聚的人眾有的多達千人以上，所招收的大抵都是無業遊民和流放、逃亡的罪犯。這些人遠離家鄉，丟棄祖先的墳墓，投靠豪強大族，聚集在深山遠澤之中，促成了大姦大偽的事業，助長了姦黨的勢力威權，他們隨便為非作歹，危害極大。現在朝廷擴大進用賢人的路途，審慎地選擇郡守都尉等地方官吏，用不著取消鹽鐵官營政策，就使百姓得到了安寧。」

文學曰：「扇水都尉所言，當時之權❶，一切❷之術也，不可以久行而傳世，此非明王所以君國❸子民❹之道也。《詩》❺云：『哀哉為猶❻，匪先民是程❼，匪大猶❽是經❾，維❿邇言⓫是聽。』此詩人刺⓬不通於王道⓭，而善為權利者。孝武皇帝⓮攘⓯九夷⓰，平百越⓱，師旅⓲數起，糧食不足。故立田官⓳，置錢⓴，入穀射官㉑，救急贍㉒不給㉓。今陛下㉔繼大功㉕之勤㉖，養勞勸㉗之民，此用麋鬻㉘之時。公卿宜思所以安集㉙百姓，致㉚利除害，輔明主以仁義，修潤㉛洪業㉜之道。明主即位以來，六年於茲㉝，公卿無請減除不急之官㉞，省罷㉟機利之人㊱。人權縣㊲太久，民良望於上㊳。陛下宣㊴聖德，昭㊵明光，今郡國賢良、文學之士，乘傳㊶詣㊷公車㊸，議五帝㊹、三王㊺之道，六藝㊻之風㊼，冊陳㊽安危利害之分㊾，指㊿意粲然(51)。今公卿辨(52)議，未有所定，此所謂守小節而遺大體，抱小利而忘大利者也。」

【章旨】文學首先指出，鹽鐵官營政策只是一時的權宜之計，今天應改以仁義為治國之本，接著對公卿大臣們在輔佐昭帝過程中的苟且態度和主持此次鹽鐵會議時的錯誤做法提出批評。

【注釋】❶權　權宜之計。❷一切　一時而不是經常的。❸君國　統治國家。❹子民　撫愛百姓。❺詩　指《詩經・小雅・小旻》。❻為猶　制定謀略。猶，通「猷」。謀略。❼匪先民是程　即「匪程先民」，下二句語法結構與此相同。匪，不。程，效法。先民，指古人。❽大猶　即「大猷」。遠大的計劃。❾經　經營。❿維　只。⓫邇言　左右近幸之人的言論。邇，近。⓬刺　譏刺；批評。⓭王道　指儒家所提倡的以仁義治理天下的根本原則。⓮孝武皇帝　指漢武帝。漢代自惠帝以下，絕大多數皇帝的謚號都有「孝」字。⓯攘　征伐。⓰九夷　古時對居住在東方的少數民族的總稱。⓱百越　古時對居住在江西、浙江、福建、廣東、廣西一帶的少數民族的總稱。⓲師旅　軍隊。⓳田官　主管屯田的官員。漢武帝時代，為了充實邊塞人力物力，減輕內地糧食物資運輸負擔，大量移民到邊塞屯墾，同時實行軍屯，設置田官掌管其事。⓴置錢　設立錢幣統一鑄造制度。㉑入穀射官　漢武帝時代，為了解決財政困難，規定可以向國家交納糧食換取官職。入，交納。射，射取；獲取。㉒贍　供應。㉓不給　指財用不足。㉔陛下　指漢昭帝。㉕大功　指漢武帝建立的大功，主要是戰功。㉖勤　勤勞。㉗勌　同「倦」。㉘用糜鬻　喻指結束征伐，安撫休養。糜鬻，煮得很爛的粥，用以敬養老年人。糜，通「穈」。熟爛。鬻，通「粥」。㉙安集　安定。㉚致　招致。㉛修潤　修飾潤色。亦即發揚光大。㉜洪業　大業。㉝於茲　到現在。㉞不急之官　不必要的官吏。㉟省罷　裁減罷免。㊱機利之人　善於投機取利的人。㊲權縣　大權在握。縣，同「懸」。繫掛。此指掌握，把持。㊳良望於上　深深地將解救的希望寄託在朝廷身上。良，甚；很。㊴宣　廣泛施布。㊵昭　顯示。㊶傳　指傳車。古代在交通要道上設驛站，為來往的官方人員提供食宿和交通工具，其車即稱傳車。㊷詣　往；到。㊸公車　漢代官署名。接待上書和徵召之人的機構。㊹五帝　指黃帝、顓頊、帝嚳、堯、舜。㊺三王　指夏、商、周三代開國之君。即夏禹、商湯、周之文王和武王。㊻六藝　即儒家六經。㊼風　指教化。㊽冊陳　上書陳述。冊，編串在一起的許多竹簡，在紙發明以前，用以記事著書。㊾分　分界。㊿指　同「旨」。(51)粲然　鮮明燦爛的樣子。(52)辨　通「辯」。爭辯。

【語　譯】文學說：「扇水都尉所說的，只不過是當時的權宜之計，一時的應付措施，不可以長久地實行並傳給後世，它們都不是賢明的帝王用來統治國家撫愛百姓的好辦法。《詩經》上說：『可悲呀，制定謀略不去效法古人的治國之道，不立志經營遠大的計劃，只是聽信左右近幸之人的言論。』這是詩人對不懂得王道而善於追求權勢財利者的譏刺。漢武帝征伐九夷，平定百越，屢次興師用兵，導致糧食不足。所以設置主管屯田的官吏，建立錢幣統一鑄造制度，允許人們向國家交納糧食換取官職，這樣來滿足救急的需要，彌補國家財用的不足。現在陛下承先帝戰功勤勞之後，養育著勞苦疲倦的百姓，是宜於停止征伐、安撫休養的時候。公卿大臣們應該想辦法來安定百姓，興利除害，用仁義輔佐聖明的君主，以發揚光大偉大的帝業。可是，聖明的君主即位以來，到現在已經六年，你們這些公卿大臣沒有請求裁減不必要的官吏，罷免善於投機取利之人。這些人把持大權太久，百姓深深地把解救的希望寄託在朝廷身上。陛下廣泛施布聖德，顯示聖明的光輝，下詔命令全國各地的賢良和文學之士，乘坐驛站的傳車到京城的公車官署，討論五帝三王的治國之道和儒家六經的教化作用，上書陳述安危利害的分界，陛下的旨意鮮明燦爛。現在公卿大臣們在這裡爭辯議論，不能拿出一個定論，這就是人們常說的那種守住小節而丟掉大體、抱著小利而忘掉大利的做法。」

大夫曰：「宇❶棟❷之內，鷰雀不知天地之高；坎井❸之鼃❹，不知江海之大；窮夫否婦❺，不知國家之慮；負荷之商❻，不知猗頓❼之富。先帝❽計❾外國之利❿，料⑪胡、越⑫之兵，兵敵⑬弱而易制，用力少而功大，故因勢變⑭以主四夷⑮，地濱⑯山海，以屬⑰長城，北略⑱河外⑲，開路匈奴之鄉⑳，功未卒㉑。蓋文王受命㉒伐崇㉓，作邑于豐㉔；武王繼之，載尸㉕以行，破商擒紂，遂成王業。曹沫㉖棄三北㉗之恥，而復侵地；管仲㉘負當世之累㉙，而立霸功。故志大者遺小，用權㉚者離俗㉛。有司㉜思師望㉝之計，遂㉞先帝之業，志在絕胡、貉㉟，擒單于㊱，故未遑㊲扣扃之義㊳，而錄㊴拘㊵儒之論。」

【章　旨】大夫贊頌武帝征伐四夷之舉，闡明昭帝時朝政的重心，回擊文學的指責。

【注　釋】❶宇　屋簷。❷棟　屋梁。❸坎井　土井。❹鼃　同「蛙」。❺窮夫否婦　鄙陋的男女。泛指不識大體的人。否，通「鄙」。❻負荷之商　肩挑背馱的小商販。❼猗頓　春秋末魯國人。因經營煮鹽及畜牧致巨富。❽先帝　指漢武帝。❾計計算；分析。❿利　財利物產。漢武帝對周邊國家的攻伐，兼有取得異域特產的目的，如為求得汗血馬而出擊大宛。⓫料估計。⓬胡越　匈奴和百越。代指周邊各少數民族。⓭兵敵　即敵兵。敵方的兵力。⓮因勢變　根據形勢的變化。武帝時，漢王朝和匈奴等少數民族的實力對比已發生變化，不必再像漢初那樣採取和親政策。⓯主四夷　指用武力征服四夷以獲取宗主國地位。⓰濱　臨近。⓱屬　連接。⓲略　攻取。⓳河外　黃河河套以北地區。⓴開路匈奴之鄉　在匈奴腹地開闢出通路。即攻擊挺進到匈奴腹地。㉑卒　完成。㉒命　指天命。㉓崇　古國名。㉔豐　原崇國之地，文王伐崇後，在這裡築城，遷都於此。㉕載尸　文王死後，其子武王用車載著文王的神主木牌隨軍行進，繼續伐紂。「載尸」即指此事。尸，死者的神主木牌。㉖曹沫　春秋時魯國將領。與齊國軍隊作戰，三戰三敗，喪師失地，但他忍辱含恥，後來在魯、齊兩國的盟會上，持匕首威脅齊桓公，將三戰所失去的土地全部要回。㉗北　戰敗。㉘管仲　春秋時人。在齊國公子糾與公子小白兄弟二人爭奪王位的鬥爭中，他先幫助公子糾，曾用箭射中小白的帶鉤。後小白立為齊桓公，管仲被囚，由於桓公聽從鮑叔牙的勸告，不記前仇，管仲得不死，受任為齊相，輔佐桓公建成霸業。因管仲前後事奉二主，故當時名聲不好。㉙負當世之累　承受當時流俗譏評的重壓。㉚用權　處事知權變。㉛離俗　擺脫世俗的羈絆。㉜有司　官吏。此指公卿等朝廷高級官吏。㉝師望　即姜子牙。周文王尊稱他為太公望，拜為師，故有師望之稱。他足智多謀，武王伐紂，多賴其力。㉞遂　完成。㉟絕胡貉　根除胡、貉侵擾之患。胡，指匈奴。貉，泛指北方少數民族。㊱單于　匈奴最高首領的稱號。㊲未遑　沒有閒暇。㊳扣扃之義　敲門獻策的道理。扣，敲打。扃，門。㊴錄　採納。㊵拘　拘泥；迂闊。

【語譯】大夫說：「簷下梁間的燕雀不知道天地的高遠，土井之中的青蛙不知道江海的廣大，見識淺陋的男女不知道國家的謀慮，肩挑背馱的商販不知道猗頓的豪富。當年武帝分析了各國的財利物產，估計了各少數民族的軍事實力，看到敵方兵力弱小易於制服，用力不多就能建立很大的功勞，因此根據敵我力量對比態勢的變化，對四方各少數民族實行武力征服政策以求取宗主國地位，結果擴展疆土臨近遠山大海，直到與長城相連，向北攻取了黃河河套以北地區，挺進深入到匈奴腹地，這樁功業當時還沒有全部完成。周文王受天之命討伐崇國，在豐地築城作為首都；武王繼承文王的事業，用車載著文王的神主木牌向前挺進，擊敗了商朝，抓住了紂王，於是建成了王業。曹沫拋開三次戰敗的恥辱待機報仇，終於收復了被齊國侵奪的全部土地；管仲承受著當時流俗譏評的重壓，輔佐桓公建立了稱霸諸侯的大功。所以志向遠大的人不顧小節，通權達變的人能擺脫世俗的羈絆。這些年來公卿大臣們想的是能有姜子牙那樣的高明策略，完成武帝未竟的事業，志向是在根除匈奴等少數民族侵擾之患，活捉單于，所以沒有閒暇顧及敲門獻策的道理而採納拘泥迂腐的儒生們的言論。」

文學曰：「鷰雀離巢宇❶而有鷹❷隼❸之憂，坎井之鼃離其居而有蛇鼠之患，況翱翔千仞❹而游四海❺乎？其禍必大矣！此李斯❻所以折翼❼，而趙高❽沒淵❾

也。聞文、武受命，伐不義以安諸侯大夫，未聞弊⑩諸夏⑪以役⑫夷狄⑬也。昔秦常舉⑭天下之力以事⑮胡、越，竭天下之財以奉⑯其用，然眾⑰不能畢⑱；而以百萬之師為一夫之任⑲，此天下共聞也。且數戰則民勞，久師⑳則兵弊，此百姓所疾苦，而拘儒之所憂也。」

【章 旨】文學指出周文王和周武王只是征伐不義，並不攻打夷狄，批評秦始皇以來對胡越的武力征服政策，暗示這樣做沒有好結果。

【注 釋】❶巢宇 屋簷下的鳥巢。❷鷹 猛禽類鳥，以小獸和其他鳥類為食。❸隼 一種形狀似鷹的猛禽，常捕食小鳥獸。❹仞 古長度單位，七尺或八尺。❺四海 此指四方的大海。❻李斯 戰國末楚國人。入秦國為官，曾任廷尉，秦統一全國後任丞相。他在輔佐秦始皇統一全國的過程中立有大功。始皇死，秦二世聽信趙高的讒言，將他殺害。❼折翼 此承「鷰雀離巢」句而言，意謂李斯的敗亡如燕雀折斷了翅膀。❽趙高 秦宦官。始皇死後，與李斯密謀，偽造詔書，殺害始皇長子扶蘇，擁立胡亥為秦二世皇帝。後害死李斯，自為丞相，跋扈專權。不久又殺二世，立子嬰為秦王。終亦被子嬰殺死。❾沒淵 此承「坎井之鼃」句而言，意謂趙高被殺如井蛙淹死於深淵。❿弊 疲憊。⓫諸夏 指古代中原地區華夏族居住的各諸侯國。⓬役 指征伐。⓭夷狄 古代對四方少數民族的總稱。⓮舉 動用。⓯事 征討。秦始皇曾發兵北擊匈奴，南征百越。⓰奉 供應。⓱眾 通「終」。終究。⓲畢 完成。⓳以百萬之師為一夫之任 意謂對少數民族，派一位使者去安撫，即可使之歸服，今以百萬大軍去從事一人就能完成的任務，實屬下策。一夫，一人。此指一位使者。⓴久師 軍隊長久在外作戰。

【語 譯】文學說：「燕雀離開了屋簷下的窩巢就會有被鷹隼捕食的憂患，土井之中的青蛙離開了居所就會有被毒蛇老鼠吃掉的危險，更何況翱翔於千仞的高空之上，遨游於深廣的大海之中呢？如果那樣的話，牠們遇到的災禍一定更大！這就是李斯敗亡、趙高被殺的原因。我們只聽說周文王和周武王受天之命，討伐不義之人以安定天下的諸侯和大夫，沒有聽說他們拖垮中原各國去征伐夷狄。從前秦朝常常動用天下的人力去征討匈奴、百越，竭盡天下的財富供應戰爭之用，然而終究不能取得最後的成功；而以百萬大軍去從事一位使者就能完成的任務，這種不明智之舉是天下的人都聽說了的。並且屢次興兵作戰，百姓就會勞累；軍隊久戰於外，士兵就會疲憊，這就是百姓深感痛苦而我們這些拘泥迂腐的儒生大為憂慮的事情啊。」

卷二

非鞅第七

【題解】本篇所記錄的是由鹽鐵官營問題引發出的關於商鞅的功過是非問題的辯論。「非鞅」即非難商鞅，題目概括的是文學的觀點。文學否定商鞅鹽鐵官營、嚴刑峻法、武力攻伐等內外政策，指出這些政策內使民不聊生，外使諸侯怨恨，把秦國推上了日漸衰弱的道路，並導致了秦朝的滅亡。對商鞅為人為官的操行，文學也加以譴責，指出他用權術、施暴虐、欺舊交，遭人唾棄，人所共恨。至於商鞅之死，在文學看來，也是咎由自取，罪有應得。大夫則大力肯定商鞅的一系列內外政策，指出它們的實施為秦國開創了民富國強、諸侯畏服的可喜局面，並為後來秦朝大一統帝業的建成奠定了堅實的基礎，而商鞅本人則「功如丘山，名傳後世」。大夫還指出，秦朝的滅亡，原因在於姦臣趙高跋扈專權，商鞅的事業後繼無人；商鞅之死，是由於君主忘恩信讒；在這兩個問題上，任何把責任推到商鞅頭上、歸罪於商鞅本人的說法都是荒謬的。

大夫曰：「昔商君❶相❷秦也，內❸立法度，嚴刑罰，飭❹政教，姦偽無所容。外❺設百倍之利❻，收山澤之稅❼，國富民強，器械❽完飾❾，蓄積有餘。是以征敵伐國，攘❿地斥⓫境，不賦百姓而師以贍。故利用⓬不竭而民不知，地盡西河⓭而民不苦。鹽鐵之利，所以佐⓮百姓之急，足軍旅之費，務⓯蓄積以備乏絕，所給⓰甚眾，有益於國，無害於人。百姓何苦爾⓱，而文學何憂也？」

【章　旨】大夫稱頌商鞅厲行法治、實行鹽鐵官營的功績，肯定鹽鐵官營政策的作用、優點。

【注　釋】❶商君　戰國時衛國人，名鞅，史稱衛鞅或公孫鞅。入秦輔佐秦孝公，實行變法，使秦國漸至富強。因功封於商（今陝西省商縣東南），故又有商鞅和商君之稱。孝公死，被貴族誣害，車裂而死。❷相　秦孝公曾讓商鞅擔任大良造，這是秦國當時的最高官職，相當後來的「相」。❸內　指在政治方面。❹飭　整頓。❺外　指在經濟方面。❻設百倍之利　興辦能獲利很多的事業。主要指鹽鐵官營事業。❼收山澤之稅　商鞅對山澤資源實施統一管理，對其中的鹽鐵採取官營辦法，其他山澤產品則允許私人經營，但徵收重稅。❽器械　此指農具和兵器。❾完飾　完備精美。飾，華美。❿攘　奪取。⓫斥　開拓。⓬利用　此指國家的財政支出。⓭西河　黃河以西之地。⓮佐　助。⓯務　努力從事。此指作用於。⓰所給　所供給的方面。⓱爾　語氣辭。

【語　譯】大夫說：「從前商君擔任秦國的相，在政治方面，建立法令制度，實行嚴厲的刑罰，整頓行政和教化，使得姦惡虛偽的人沒有容身之地。在經濟方面，興辦鹽鐵官營等獲利很多的事業，向經營山林川澤一般產品的私人徵收重稅，使得國家強盛，百姓富裕，農具和兵器完備精美，蓄積十分充足。因此征討敵人，進攻他國，奪取土地，開拓疆域，沒有向百姓增收賦稅，軍隊卻得到了充分的供給。所以儘管國家的財政支出無休無止，但百姓並沒有感覺，疆土擴展到黃河以西，百姓並沒有遭受痛苦。這樣看來，鹽鐵官營的收益，是用來救助百姓的急需，滿足軍隊的費用，作用於積蓄以防備乏絕的，它所供給的方面很多，對國家有利，對百姓無害。如此，百姓有甚麼痛苦，而你們文學又有甚麼可憂慮的呢？」

文學曰：「昔文帝之時，無鹽鐵之利而民富，今有之而百姓困乏，未見利之所利❶也，而見其害也。且利不從天來，不從地出，一❷取之民間，謂之百倍，此計❸之失❹者也。無異於愚人反裘❺而負薪，愛其毛，不知其皮盡❻也。夫李梅實❼多者，來年為之衰❽，新穀熟而舊穀為之虧❾。自❿天地不能兩盈⓫，而況於人事乎？故利於彼者必耗⓬於此，猶陰陽⓭之不並曜⓮，晝夜之有長短也。商鞅峭⓯法長⓰利，秦人不聊生，相與⓱哭孝公。吳起⓲長兵攻取⓳，楚人搔動⓴，相與泣悼王。其後楚日以危，秦日以弱。故利蓄而怨積，地廣而禍構㉑，惡㉒在利用不竭而民不知，地盡西河而人不苦也？今商鞅之冊㉓任㉔於內，吳起之兵用於外，行者㉕勤於路，居者㉖匱於室㉗，老母號泣，怨女㉘歎息。文學雖欲無憂，其㉙可得也？」

【章　旨】文學駁斥大夫「百倍之利」的說法，批評商鞅、吳起的所作所為，指出當今內外政策的失誤。

【注　釋】❶利之所利　上「利」字是名詞，指鹽鐵官營之利；下「利」字是動詞，「所利」即好處施加的地方。❷一　全部。❸計　計算。❹失　失當；不正確。❺反裘　反穿皮衣，讓毛在裡，皮在外。古代的正常穿法是皮在裡，毛在外。裘，皮衣。❻盡　指全被磨壞。皮一壞，毛也就無所依附。此以喻顧此失彼，因小失大。❼實　果實。❽衰　衰減；減少。❾虧　損耗。指快消耗完了。❿自　雖；即使。⓫兩盈　同時盈滿。古人認為，天空西北方低斜，日月星辰移向那裡，沒有東南方那樣高遠；大地東南方凹陷，聚水成海，不像西北部那樣高和充實。這些都屬於天地不能兩盈的表現。⓬耗　損害。⓭陰陽指月亮和太陽。⑭曜　照耀。⑮峭　嚴厲。⑯長　崇尚。⑰相與　一起;相伴。⑱吳起　戰國時衛國人。入楚任楚悼王相,實行變法,致力強兵。悼王死後,被舊貴族用亂箭射死。⑲長兵攻取　崇尚武力,致力於攻城奪地。⑳搔動　通「騷動」。震恐不安。㉑搆　同「構」。構成;形成。㉒惡　何;哪裡。㉓冊　同「策」。計謀;策略。㉔任　用。㉕行者　指在外服兵役的人。㉖居者　留在家裡的人。㉗匱於室　在家裡缺衣少食。匱,缺乏。室,家。㉘怨女　指年長未嫁的女子和出征者之妻。㉙其　同「豈」。難道。

【語　譯】文學說:「從前文帝的時候,沒有鹽鐵官營的收益而百姓富足,現在有了這種收益百姓卻貧困匱乏,沒有看到這種所謂『利』究竟利在哪裡,只看到了它所帶來的害處。再說鹽鐵官營的收益並不是從天上掉下來的,也不是從地裡長出來的,而是全部取自百姓,說它利高百倍,這種算法是錯誤的。像這樣考慮問題,就和愚蠢的人反穿皮衣去背柴禾沒有兩樣,只知道愛惜皮衣的毛,卻不知道這樣做會把皮全部磨壞。李樹和梅樹今年結果多,來年就必然會少;今年的新穀成熟了,去年的陳糧也就快消耗完了。即使是天和地也都存在不能同時盈滿的情況,更何況人間的事情呢?所以對那一方面有好處的,就必然對這一方面有損害,就像太陽和月亮不能同時照耀,白天和黑夜的長短互相交替一樣。商鞅嚴刑峻法,崇尚財利,秦國人無法生活,一起到孝公面前哭訴。吳起崇尚武力,致力於攻城奪地,楚國人震恐不安,一起到悼王面前悲泣。後來楚國一天天陷入危險,秦國一天天走向衰弱。所以財利蓄積多了,怨恨也隨之堆積,疆土擴大了,災禍也跟著形成,所謂財政支出無休無止而百姓並沒有感覺,疆土擴展到黃河以西而百姓並沒有遭受痛苦,這種情況在哪裡呢?現在朝廷對內採用商鞅那一套政策,對外效法吳起興兵攻伐的做法,出外服兵役的人在路上疲於奔命,留在家裡的人缺衣少食,老母叫號哭泣,怨女長吁短歎。文學即使不想憂慮,難道能辦得到嗎?」

大夫曰:「秦任商君,國以富強,其後卒并六國❶而成帝業。及二世❷之時,邪臣❸擅斷❹,公道❺不行,諸侯❻叛弛❼,宗廟❽隳❾亡。《春秋》曰:『末言爾,祭仲亡也⑩。』夫善歌者使人續其聲，善作者⑪使人紹⑫其功⑬。椎車⑭之⑮蟬攫⑯，相土⑰之教也。周道⑱之成，周公⑲之力也。雖有裨諶⑳之草創㉑，無子產㉒之潤色㉓，有文、武㉔之規矩㉕，而無周、呂㉖之鑿枘㉗，則功業不成。今以趙高之亡秦而非商鞅，猶以崇虎㉘亂殷而非伊尹㉙也。」

【章　旨】大夫指出，秦朝的滅亡，原因在於趙高跋扈專權，商鞅的事業後繼無人；不能歸罪於商鞅。

【注　釋】❶六國　指韓、趙、魏、楚、齊、燕六個國家。❷二世　秦二世。始皇第十八子，名胡亥。始皇死後，趙高、李斯偽造詔書，將他擁立為皇帝，在位時間極短。❸邪臣　指趙高。❹擅斷　專權。❺公道　正道。❻諸侯　指六國舊貴族。❼弛　離散。❽宗廟　君主祭祀祖先的地方。這裡代指國家。❾隳　毀壞。❿春秋曰三句　引文見《春秋公羊傳‧桓公十五年》。意思是：沒有甚麼值得說的了，因為祭仲已經死了。末言，不足道。祭仲，春秋時鄭國大夫。鄭莊公死後，應立太子忽，但宋國卻脅迫祭仲趕走太子忽而立公子突。祭仲深知宋強鄭弱，只好違心從命。三年後，祭仲迎回太子忽，立為昭公，公子突逃走。後祭仲死，公子突又帶兵打回來，昭公逃離鄭國。這裡是以祭仲喻商鞅，意謂趙高專權的時候，商鞅已死，他的事業無人接續，秦朝就滅亡了。⓫善作者　善於製作的巧匠。⓬紹　繼承。⓭功　職事。⓮椎車　一種原始車子。用一整塊圓木做車輪，輪中無輻條。⓯之　往。此謂發展為。⓰蟬攫　通「⿰車單⿰車矍」。車輪的外框，與輻條、車轂共同構成車輪。這種車輪比整塊圓木做成的車輪進步得多。⓱相土　商朝始祖契的孫子。古書說四匹馬拉一輛車是他的發明，可據以推知車輪的改良也是他的功勞。⓲周道　周朝的治國之道。⓳周公　姓姬名旦，周文王之子，武王之弟。武王死後，他輔佐年幼的成王，鞏固周朝政權，建立完備的禮樂制度。⓴裨諶　春秋時鄭國大夫。史稱鄭國的政令都由他起草，而由另一位大夫子產加工。㉑草創　起草。㉒子產　春秋時鄭國大夫，姓公孫，名僑。㉓潤色　修飾加工。㉔文武　周文王和周武王。㉕規矩　喻指治國方針。㉖周呂　周公姬旦和呂尚。呂尚即姜太公，又稱師望。㉗鑿枘　鑿和枘需配合一致，此以喻密切配合實施。鑿，做木工時所鑿的卯孔。枘，榫頭，亦即插入卯孔的木栓。㉘崇虎　商代末年崇國的國君。他在國內胡作非為，又在商紂王面前說文王的壞話，紂王聽信其言，導致商朝滅亡。㉙伊尹　商朝初年的賢臣，輔助商湯建立商朝，功勞甚大。

【語譯】 大夫說：「秦國任用商君，國家因而富強，後來終於吞併六國而建成大一統的帝業。到秦二世的時候，姦臣趙高專權，正道得不到施行，六國舊貴族紛紛叛離，秦朝就滅亡了。《春秋》上說：『沒有甚麼好說的了，因為祭仲已經死去。』善於唱歌的歌手總是使得有人接續他的歌聲，善於製作的巧匠總是使得有人繼承他的職事。原始椎車的車輪發展為有外框、輻條、車轂相配合的新式輪子，這多虧了相土的指教。周朝治國之道的成功，憑藉的是周公的力量。即使有裨諶的起草，但如果沒有子產的加工；有周文王和周武王的治國方針，但如果沒有周公、呂尚的配合實施，那麼功業都是不會成功的。現在拿趙高斷送秦朝的事去責難商鞅，就像拿崇虎擾亂殷朝的事去責難伊尹一樣的荒謬。」

文學曰：「善鑿者建❶周❷而不拔❸，善基❹者致❺高而不蹷❻。伊尹以堯、舜之道為殷國基，子孫紹位，百代不絕。商鞅以重刑峭法為秦國基，故二世❼而奪。刑既嚴峻矣，又作為❽相坐之法❾，造誹謗❿，增肉刑⓫，百姓齋⓬栗⓭，不知所措手足⓮也。賦斂既煩數⓯矣，又外禁山澤之原⓰，內設百倍之利，民無所開說容言⓱。崇利而簡⓲義，高⓳力而尚功，非不廣壤進地⓴也，然猶人之病水㉑，益㉒水而疾深，知其㉓為秦開帝業，不知其為秦致亡道㉔也。狐刺㉕之鑿，雖公輸子㉖不能善其枘。畚土㉗之基，雖良匠不能成其高。譬若秋蓬㉘被㉙霜，遭風則零落，雖有十子產，如之何？故扁鵲㉚不能肉白骨㉛，微㉜、箕㉝不能存亡國也。」

【章　旨】文學強調指出，秦朝的滅亡，是商鞅的做法埋下了禍根。

【注　釋】❶建　建立；實現。❷周　牢固。❸拔　脫開。❹基　打地基。❺致　達到。❻蹷　倒塌。❼二世　兩代。❽作為　制定。❾相坐之法　即連坐法。編定民戶五家為「伍」，十家為「什」，一家犯罪，其他九家要檢舉告發，否則連同受刑罰。❿造誹謗　制定懲辦誹謗罪的法令。⓫肉刑　古代摧殘犯罪者肉體的刑罰。⓬齋　敬慎；提心吊膽。⓭栗　同「慄」。恐懼發抖。⓮所措手足　放置手足的地方。措，放置。⓯煩數　繁多。⓰原　同「源」。資源。⓱無所開說容言　沒有說話申訴的餘地。開說，進行陳說。容言，容納申說。⓲簡　簡慢；輕視。⓳高　推崇。⓴廣壤進地　擴大疆土。㉑病水　得了水過盛的病。中醫學上，水是一常用概念，水過盛或過衰，都能致病。㉒益　增加；補充。㉓其　指商鞅。㉔致亡道　招致了滅亡之道。㉕狐剌　寬窄不一，不合規則。㉖公輸子　即魯班。古代著名的巧匠。㉗畚土　一畚箕泥土。畚，畚箕。盛土的器具。㉘蓬　一種野草。㉙被　遭受。㉚扁鵲　戰國時名醫。姓秦，名越人。㉛肉白骨　使枯骨長肉。即使死人復活。㉜微子。商紂王之兄，名啟。㉝箕　箕子。商紂王的叔父，名胥餘。微子和箕子多次諫阻紂王，紂王不聽，終至亡國。

【語　譯】文學說：「善於鑿卯孔的人使榫頭插得很牢固而不會脫開，善於打地基的人使房屋建得很高而不會倒塌。伊尹把堯舜的治國之道作為商朝立國的基礎，所以子孫繼承王位，歷百代而沒有斷絕。商鞅把嚴刑峻法作為秦國立國的基礎，所以秦朝的天下只享有兩代就被人奪走了。商鞅的時候，刑罰已經很嚴厲了，卻又制定連坐法，訂出懲辦誹謗罪的律條，增加肉刑，百姓都被嚇得提心吊膽，戰戰兢兢，不知道手腳該放在甚麼地方。賦稅已經很繁多了，卻又一方面封禁山澤的自然資源，一方面興辦鹽鐵官營等獲利很多的事業，人民完全沒有說話申訴的餘地。商鞅崇尚財利而輕視仁義，推崇武力而重視軍功，這樣做並不是沒有擴大疆土，但卻像一個人得了水過盛的病，又採取補充水分的方式治療，結果使疾病加深。人們只知道他為秦國開創了大一統的帝王之業，卻不知道他為秦朝埋下了滅亡的禍根。歪斜不合規則的卯孔，即使是公輸子那樣的巧匠也不能做出合適的榫頭；用一畚箕泥土築成的地基，即使是高明的泥瓦工也不能在上面建起高大的房屋。這就好比秋天的蓬草遭受霜打之後，只要被風一吹，就會凋謝飄零，即使有十個像子產那樣的能人，又能有甚麼辦法來挽救秋蓬的命運呢？所以名醫扁鵲不能使已死的人再復活，賢臣微子和箕子也不能使要滅亡的國家不滅亡。」

大夫曰：「言之非難，行之為難。故賢者處實❶而效功❷，亦非徒❸陳❹空文❺而已。昔商君明❻於開塞之術❼，假❽當世❾之權，為秦致❿利成業，是以戰勝攻取⓫，并近滅遠，乘⓬燕、趙，陵齊、楚，諸侯斂袵⓭，西面⓮而向風⓯。其後蒙恬⓰征胡⓱，斥⓲地千里，踰⓳之⓴河北㉑，若壞朽折腐㉒，何者？商君之遺謀㉓，備飾素循㉔也。故舉而有利，動而有功。夫畜㉕積籌策㉖，國家之所以強也。故弛廢㉗而歸之民㉘，未覩巨計而涉㉙大道也。」

【章　旨】大夫肯定商鞅的謀略有功當代，流惠後世。

【注　釋】❶處實　腳踏實地。❷效功　講求功績的實現。❸徒　只。❹陳　陳說。❺空文　不切實際的文辭。❻明　精通。❼開塞之術　指用財利獎賞來開通有利之事，用禁令刑罰來堵塞不利之事。❽假　憑藉。❾當世　與「當道」意近，指位居能左右一世的要職。❿致　招致。⓫戰勝攻取　打仗必獲勝，進攻必奪得土地。⓬乘　與下「陵」字都是陵駕其上。亦即制服的意思。⓭斂袵　整理好衣襟。表示敬服。斂，整理。袵，衣襟。⓮西面　面向西。秦國地處山東六國的西邊。⓯向風　望風傾仰。⓰蒙恬　秦始皇手下的大將，曾率大軍北逐匈奴，又曾主持修築長城。⓱胡　指匈奴。⓲斥　開拓。⓳踰　越過。⓴之　動詞。往。㉑河北　黃河以北。㉒壞朽折腐　毀壞、折斷腐朽之物。㉓遺謀　留下來的謀略。㉔備飾素循　完備地得到整治，一貫得到遵循。飾，整治。素，向來；一貫。㉕畜　通「蓄」。㉖籌策　籌謀劃策。此指為鹽鐵等官營事業做好籌劃工作。㉗弛廢　廢除。㉘歸之民　指把鹽鐵經營權退還給人民。㉙涉　涉及。

【語　譯】大夫說：「凡事空口說說容易，實行起來就難了。所以賢能的人總是腳踏實地，講求建立實際的功績，並不只是說說空話而已。從前商君精通開塞的治國方法，憑藉位居要職所掌握的大權，為秦國謀取了很好的利益，奠定了帝業的根基，因此秦國戰必勝，攻必取，兼并了鄰國的土地，消滅了遠方的敵人，陵駕於燕國、趙國之上，制服了齊國、楚國，天下的諸侯王都整理好衣襟，面對著西方望風傾仰。後來蒙恬征討匈奴，開拓疆土多達千里，越過黃河進到黃河以北，橫掃敵軍就像摧枯拉朽一樣容易，這是甚麼原因呢？這是因為商君留下的治國謀略，得到了很好的整治，一貫被遵循。所以一有舉動就能獲利，只要行動就能成功。由此看來，蓄積財富，做好鹽鐵官營的籌劃工作，是國家富強的原因所在。因此如果廢除鹽鐵官營政策，將經營權放歸私人，就是沒有見過國家大計、未涉及過治國大道的一種表現。」

文學曰：「商鞅之開塞，非不行❶也；蒙恬卻❷胡千里，非無功也；威震天下，非不強也；諸侯隨風❸西面，非不從也；然而皆秦之所以亡也。商鞅以權數❹危秦國，蒙恬以得千里亡秦社稷❺。此二子者，知利而不知害，知進而不知退，故果❻身死而眾❼敗。此所謂戀朐❽之智，而愚人之計也，夫何大道之有？故曰：『小人先合而後忤❾，初雖乘馬，卒必泣血❿。』此之謂也。」

【章旨】文學將秦的敗亡歸罪於商鞅、蒙恬，並對二人進行挖苦諷刺。

【注釋】❶行　得到施行。❷卻　使退卻。❸隨風　順從著風。以喻諸侯歸服之易且遍。❹權數　權謀手段。❺社稷　國家的代稱。❻果　結果。❼眾　指二人的部屬。❽戀朐　即攣拘。蜷曲伸不直。喻指短淺。❾小人先合而後忤　語本《淮南子・人間》。合，合別人的意。忤，指導致的結果不合人意。❿初雖乘馬二句　語本《易經・屯卦》。乘馬，喻得意。卒，最後。泣血，極度悲傷，以致流淚時血都流出來了。喻失意。

【語譯】文學說：「商鞅開塞的治國方法，並不是沒有得到施行；蒙恬使匈奴敗退千里，並不是沒有功勞；秦朝威震天下，並不是不強大；山東諸侯隨風面向西事奉秦國，並不是不順從；然而這一切都是秦朝滅亡的原因。商鞅以他的權謀手段使秦國陷入危險，蒙恬以奪得千里之地使秦朝的政權丟失。這兩個人都只知道利的一面而不知道害的一面，只知道向前而不知道後退，所以結果自己喪失了生命，部屬也跟著失敗。這就是人們常說的短淺的見識，愚人的計謀，哪裡談得上甚麼治國的大道呢？所以有這樣的說法：『小人的做法開始能合人意，但最後必導致不合人意的結果，起初得意地騎著馬，終究一定會失意痛哭。』說的就是他們的這種情況啊！」

大夫曰：「淑好❶之人，戚施❷之所妒也；賢知❸之士，闒茸❹之所惡也。是以上官大夫❺短❻屈原於頃襄❼，公伯寮❽愬❾子路❿於季孫。夫商君起布衣⓫，自魏入秦，期年⓬而相之，革⓭法明教⓮，而秦人大治⓯。故兵動而地割⓰，兵休而國富。孝公大說⓱，封之於、商⓲之地方五百里⓳，功如丘山，名傳後世。世人不能為，是以相與⓴嫉其能而疵㉑其功也。」

【章旨】大夫指出，攻擊商鞅的實質是妒賢嫉能。

【注釋】❶淑好　品行端正，體貌姣好。❷戚施　指貌醜駝背的人。❸知　通「智」。❹闒茸　卑劣無能之人。❺上官大夫　戰國時楚國大夫。姦臣。❻短　說壞話。❼頃襄　楚頃襄王。楚懷王之子，繼懷王為楚國君，昏庸無能。❽公伯寮　春秋時魯國人。❾愬　進讒言。❿子路　孔子學生。曾任魯國權貴季孫的家臣。⓫布衣　平民。⓬期年　一周年。商鞅從入秦到升為相當於丞相的大良造，經過了好幾年，這裡說期年，是粗略的說法。⓭革　變更。⓮明教　修明教化。⓯治　治理得好。⑯地割　割取別國的土地。⑰說　通「悅」。⑱於商　兩地名。於在今河南省內鄉縣，商在今陝西省商縣。⑲方五百里　五百里見方。⑳相與　一起。㉑疵　小毛病。此作動詞，指故意挑剔、詆毀。

【語譯】大夫說：「德貌雙全的人，是相貌醜陋的人所嫉妒的；賢德聰明之士，是卑劣無能之徒所憎惡的。所以上官大夫要在頃襄王面前說屈原的壞話，公伯寮要在季孫面前將子路誣告。商君出身平民，從魏國進入秦國，只一年就當上了秦國的丞相，他變更法度，修明教化，秦國人被治理得非常之好。所以軍隊行動起來就割得土地，戰事停止國家就十分富足。秦孝公非常高興，把於、商一帶方五百里的土地封給他，他功勞像山一樣高，美名流傳後世。一般的人不能做到這些，因此一起嫉妒他的才能而詆毀他的功績。」

文學曰：「君子進❶必以道，退❷不失義，高❸而勿矜❹，勞❺而不伐❻，位尊而行恭，功大而理順❼。故俗不疾❽其能，而世不妬其業。今商鞅棄道而用權❾，廢德而任❿力，峭法盛刑，以虐戾⓫為俗⓬，欺舊交⓭以為功⓮，刑公族⓯以立威，無恩於百姓，無信⓰於諸侯，人與之為怨，家與之為讎，雖以獲功⓱見⓲封，猶食毒肉愉⓳飽而罹⓴其咎㉑也。蘇秦㉒合縱連橫，統理㉓六國，業非不大也；桀、紂與堯、舜並稱㉔，至今不亡㉕，名非不長也；然非者㉖不足貴。故事不苟㉗多，名不苟傳也。」

【章旨】文學從為人為官的操行方面否定商鞅，指出名有美惡之別，事有好壞之分，事業龐大、名傳久遠並不一定都值得贊賞。

【注釋】❶進 指進身為官。❷退 指辭官退隱。❸高 職位高。❹矜 驕傲。❺勞 有功勞。❻伐 誇耀。❼理順 處事順從道理，不蠻橫。❽疾 同「嫉」。嫉妒。❾權 權謀。❿任 用。⓫虐戾 殘暴。⓬俗 習慣。⓭欺舊交 欺騙老朋友。秦魏交戰時，魏將公子卬是商鞅的老友，商鞅假稱要罷兵休戰，請公子卬來會盟，卻在宴會上將公子卬抓了起來。⓮為功 建立功勞。⓯刑公族 處罰公族。公族，國君的同族。商鞅時，太子犯法，為了維護法律的尊嚴，商鞅將太子的老師公子虔、公孫賈分別處以刑罰，這二人都是秦君的同族。⓰信 信用。⓱獲功 指俘獲、打敗敵人的戰功。⓲見 被。⓳愉 通「偷」。苟且；暫且。⓴罹 遭受。㉑咎 災禍。㉒蘇秦 戰國時洛陽人。開始時以連橫之策遊說秦王。所謂連橫，就是主張秦國先與山東六國分別結成聯盟，然後各個擊破。秦王沒有聽從。於是蘇秦改以合縱之策遊說山東六國。所謂合縱，就是主張山東六國聯合起來抗秦。這次獲得成功，六國都任他為丞相，推他為縱約長。後六國聯盟破裂，在齊國被刺身亡。㉓統理 總管。㉔稱 稱說。㉕亡 指名聲消失。㉖非者 指惡名壞事。㉗苟 苟且。

【語譯】文學說：「君子進身為官一定會憑藉正道，辭官退隱也不違背禮義，職位高而不驕傲，有功勞而不誇耀，地位尊貴而行動恭謹，功績巨大而處事順理。所以人們不忌恨他的才能，社會不嫉妒他的功業。現在商鞅拋棄正道而玩弄權謀，廢棄道德而專用暴力，嚴刑峻法，以殘暴為習慣，靠欺騙老朋友來建立功勞，靠處罰國君的同族來樹立威信，對百姓沒有恩惠，對諸侯不講信用，人人與他結怨，家家和他有仇，雖然憑藉戰功得到封地之賞，但這就像吃了有毒的肉食，雖苟且獲得飽足，終究會受其禍害。蘇秦或倡連橫或倡合縱，最後總攬六國朝政，事業並不是不龐大；夏桀、商紂兩個暴君與聖王堯、舜一起被稱說，直到今天還是如此，名聲的流傳並不是不久長；然而惡名壞事並不值得引以為貴。所以事業並不在於苟且地從事得很多，名聲並不在於苟且地流傳得很長。」

大夫曰：「縞素❶不能自分❷於緇墨❸，賢聖不能自理❹於亂世。是以箕子執囚❺，比干❻被刑。伍員❼相❽闔閭以霸，夫差❾不道❿，流而殺之⓫。樂毅⓬信功⓭

於燕昭，而見⑭疑於惠王。人臣盡節⑮以徇名⑯，遭世主⑰之不用。大夫種⑱輔翼⑲越王，為之深謀，卒擒⑳強吳，據有東夷㉑，終賜屬鏤㉒而死。驕主背恩德，聽流說㉓，不計㉔其功故也，豈身㉕之罪哉？」

【章　旨】大夫針對文學關於商鞅終究遭禍的說法，列舉歷史事實，說明有功之臣多遭慘死是由於驕主的忘恩信讒，不能歸罪這些功臣本人。

【注　釋】❶縞素　白色絲織品。❷分　分離。❸緇墨　指黑色染料。❹理　治得好；不受亂。即保全。❺執囚　拘禁。箕子諫紂王，紂王不聽，後竟將箕子囚禁起來。❻比干　商紂王的叔父。因屢次諫阻紂王，被剖心而死。❼伍員　春秋時楚國人，字子胥。父兄均被楚平王殺害，於是逃到吳國，輔佐吳王闔閭打敗楚國，稱霸諸侯。❽相　輔佐。❾夫差　闔閭之子。繼位為王，討伐越國獲大勝。伍員多次勸他進一步消滅越國，他不但不聽，反聽信讒言，賜劍逼伍員自殺。❿不道　昏庸無道。⓫流而殺之　指伍員死後，夫差命人用獸皮袋裝其屍體，拋入江中。⓬樂毅　戰國時燕昭王的大將。曾率大軍伐齊，奪取七十餘城，功勞卓著。昭王死後，子燕惠王中了齊國的反間計，猜疑樂毅，樂毅被迫逃往趙國，卒死於趙。⓭信功　受信任，立功勞。⓮見　被。⓯盡節　盡忠。⓰徇名　為求取美名而不惜生命。徇，通「殉」。⓱世主　當世的君主。⓲種　文種。春秋時越國的大夫。輔佐越王句踐，俘虜了吳王夫差，滅掉了吳國。後句踐聽信讒言，賜劍讓他自殺而死。⓳輔翼　輔佐。⓴擒　活捉。此指打敗。㉑東夷　古指東方的少數民族。此指吳國地。㉒屬鏤　劍名。㉓流說　流言蜚語。㉔計　考慮。㉕身　指功臣自身。

【語　譯】大夫說：「白色絲織品被放進黑色染料中，自己不能避免被汙染；聖賢處於亂世，也不能保全自己不受禍害。因此箕子被拘禁，比干遭虐殺。伍員輔佐闔閭建成霸業，夫差昏庸無道，竟然將他殺害，拋屍浮流江中。樂毅受到燕昭王的信任，建有大功，卻被燕惠王猜疑。臣子竭盡忠誠，為求取美名不顧生命，但卻得不到當世君主的信任使用。越國大夫文種輔助越王句踐，為他制定深遠的謀略，終於打敗了強大的吳國，占據了吳國的土地，但最後卻得到句踐賜給的利劍，被迫自殺而死。這些都是由於驕橫的君主忘恩負義，聽信流言蜚語，不念及他們所立功勞的緣故，哪裡是他們自身的罪過呢？」

文學曰：「比干剖心，子胥鴟夷❶，非輕❷犯君以危身，強諫❸以干❹名也。憯怛❺之忠誠心動於內，忘禍患之發於外，志在匡❻君救民，故身死而不怨。君子能行是❼不能禦非❽，雖在刑戮❾之中，非其罪也。是以比干死而殷人怨，子胥死而吳人恨。今秦怨毒❿商鞅之法，甚於私仇，故孝公卒之日，舉國而攻之，東西南北莫可奔走⓫，仰天而歎曰：『嗟乎，為政之弊⓬，至於斯極也！』卒車裂⓭族夷⓮，為天下笑。斯人⓯自殺⓰，非人殺之也。」

【章旨】文學指出，商鞅之死是咎由自取，與比干、伍員等賢人的被害不能相提並論。

【注釋】❶鴟夷　獸皮袋。夫差命人將伍子胥的屍體裝入獸皮袋，拋進江中。❷輕　輕易；隨便。❸強諫　極力諫阻君王。❹干　求。❺憯怛　憂傷痛心。❻匡　糾正。❼行是　做正確的事情。❽禦非　抵擋無理的迫害。❾刑戮　刑罰和殺戮。❿怨毒　仇恨；怨恨。⓫奔走　投奔逃避。⓬弊　指造成的禍害。⓭車裂　古代的一種酷刑。俗稱五馬分屍。⓮族夷　即夷族。古代一種酷刑。一人有死罪，全家連帶被殺光，株連範圍甚或更廣。史稱秦惠王「遂滅商君之家」。⓯斯人　這個人。指商鞅。⓰自殺　自取殺身之禍。

【語譯】文學說：「比干被剖心而死，伍子胥的屍體被裝入皮袋，拋進江中，他們並不是隨便地觸犯君王而使自身陷入危險，也不是要以極力諫阻人主來求取個人的美名。他們是由於憂國憂民的忠誠發之於內心，所以忘掉了身外會有禍患襲來；志在糾正君主的過失，拯救百姓的危難，所以身雖死而沒有怨恨。君子能做正確的事情，但無法抵擋無理的迫害，雖然處於受刑或被殺的境地，也並不是他們的罪過。因此比干死了商朝人便怨恨紂王，子胥死了吳國人便仇恨夫差。現在秦國人對商鞅之法的仇恨超過了私仇，所以孝公死了之後，全國上下都起來聲討商鞅，弄得他東西南北無處可投奔逃避，於是仰天歎息說：『唉！我治國所造成的禍害，竟然達到了這樣的地步啊！』最後他自己被車裂，全家被殺光，受到天下人的譏笑。他這個人是自取殺身之禍，並不是別人殺了他啊！」

晁錯第八

【題解】晁錯是西漢前期政治家，潁川（今河南省禹縣）人。漢文帝時任太子家令；漢景帝時，他被任為內史，後升任御史大夫，是漢景帝的得力助手。他屢次建議削弱地方諸侯王勢力，以加強中央集權，並主張充實邊防，抗擊匈奴，重農抑商。地方諸侯王和朝廷一些權貴對他十分仇恨。景帝三年，吳王劉濞、楚王劉戊等七國諸侯王打著「請誅晁錯，以清君側」的旗號舉兵發動叛亂，朝廷的一些權貴也乘機陷害他，景帝懾於七國叛軍的勢力，遂將他斬首東市。本篇因上篇談到商鞅之死而引發到對晁錯之死的解釋評價。大夫認為晁錯之死應歸罪於諸侯王的叛亂；文學則用「人臣各死其主」作解釋，從忠君的角度肯定了晁錯之死。雙方論述問題的角度不同，對晁錯的基本態度卻比較一致。意見不一致、引起激烈爭辯的是叛亂的責任問題。大夫認為淮南、衡山二王發動叛亂是受了文學之士的唆使，文學則指出，是否犯上作亂，關鍵在於自己是否是真正的君子，謀逆的根源在本人。

大夫曰：「《春秋》之法，君親無將，將而必誅❶。故臣罪莫重於弒❷君，子罪莫重於弒父。日者❸，淮南、衡山❹修❺文學❻，招四方遊士❼，山東❽儒、墨❾咸聚於江、淮❿之間，講⓫議集論⓬，著書⓭數十篇。然卒於⓮背義不臣，使謀叛逆⓯，誅及宗族。晁錯變法易常⓰，不用制度⓱，迫蹙⓲宗室⓳，侵削⓴諸侯，蕃臣㉑不附，骨肉㉒不親，吳、楚㉓積怨，斬錯東市㉔，以慰三軍之士而謝㉕諸侯。斯㉖

亦誰殺之乎？」

【章　旨】大夫指出，淮南、衡山二王受文學之士的唆使陰謀叛亂，其死雖屬罪有應得，而文學之士也難逃其責；晁錯之死應歸罪於諸侯王的叛亂，責任不在晁錯本人。

【注　釋】❶君親無將二句　出自《春秋公羊傳．昭公元年》。意思是說：在殺害君王和父母這個問題上，不存在將要殺害和已經殺害的區別，只要動了殺的念頭，即使未實行，也一定要處以死刑。親，父母。將，將要；有打算。❷弒　古時臣殺君、子殺父母不稱殺而特稱弒，以明其大逆不道。❸日者　從前。❹淮南衡山　指淮南王劉安、衡山王劉賜。二人是兄弟，武帝時陰謀叛亂，被發覺，均畏罪自殺。❺修　提倡。❻文學　經術學問。❼遊士　遊學的文士。❽山東　指崤山以東地區。❾儒墨　儒家文士和墨家文士。此代指各學派的知識分子。❿江淮　長江和淮水。淮南和衡山兩個王國地處江淮流域。⓫講商討。⓬論　編纂。⓭書　指《淮南子》。由淮南王劉安主持撰寫的一部著作，內容以道家思想為主，糅合了儒、法、陰陽五行等家學說，屬雜家性質。⓮卒於　終於。⓯使謀叛逆　指文士唆使淮南王、衡山王陰謀叛亂。⓰易常　改變常規。⓱制度指舊的制度。⓲迫蹙　使勢力縮小。迫，狹窄。蹙，縮減。⓳宗室　皇帝的同宗。⓴侵削　削減其封地，奪回給朝廷。㉑蕃臣　據守一方，為國家屏障的大臣。此指地方諸侯王。蕃，通「藩」。屏障。㉒骨肉　指與漢皇帝為同宗，有骨肉之情的諸侯王。㉓吳楚　指吳王劉濞、楚王劉戊等七國諸侯王。㉔東市　古代於集市行刑殺人；因其在長安東，故稱東市。㉕謝　謝罪。㉖斯　這些人。指淮南王、衡山王及晁錯。

【語　譯】大夫說：「《春秋》上談到了這樣的法則，在殺害君王和父母的問題上，不存在將要殺害和已經殺害的區別，只要動了殺的念頭，就一定要處以死刑。所以對大臣來說，沒有甚麼罪比殺害君王更重，對兒子來說，沒有甚麼罪比殺害父親更重。從前，淮南王劉安、衡山王劉賜提倡經術學問，招攬天下各地的遊學之士，於是崤山以東的各學派文士都聚集在江淮地區，商討議論，撰集編寫，寫成《淮南子》一書，包括幾十篇。然而這些文士終究背棄君臣大義，不守臣道，唆使兩位諸侯王陰謀叛亂，結果二王不但自己喪命，還連累宗族被殺。晁錯變更法令，改易常規，不用舊的制度，抑制宗室諸侯王的勢力，削減他們的封地，這些諸侯王不服從朝廷，不親近有骨肉之情的皇帝，吳王楚王等深懷怨恨，竟舉兵發動叛亂，迫使景帝在長安東市殺了晁錯，以此來撫慰諸侯的三軍將士，向諸侯謝罪。這三個人又是誰殺死的呢？」

文學曰：「孔子不飲盜泉❶之流，曾子❷不入勝母❸之閭❹。名且惡之，而況為不臣不子乎？是以孔子沐浴❺而朝❻，告之哀公❼。陳文子❽有馬十乘❾，棄而違之❿。《傳》⓫曰：『君子可貴可賤，可刑可殺，而不可使為亂。』若夫⓬外飾其貌而內無其實，口誦⓭其文⓮而行不猶⓯其道，是⓰盜，固與盜⓱，而不容於君子之域⓲。《春秋》不以寡犯眾⓳，誅絕⓴之義㉑有所止㉒，不兼怨惡㉓也。故舜之誅，誅鯀㉔；其舉㉕，舉禹。夫以璵璠㉖之玼㉗而棄其璞㉘，以一人之罪而兼其眾㉙，則天下無美寶信士㉚也。晁生㉛言諸侯之地大，富則驕奢，急即合從㉜。故因吳㉝之過而削之㉞會稽㉟，因楚㊱之罪而奪之東海㊲，所以均輕重㊳，分其權，而為萬世慮也。弦高㊴誕㊵於秦而信㊶於鄭，晁生忠於漢而讎於諸侯。人臣各死其主，為其國用，此解楊㊷之所以厚於晉而薄於荊㊸也。」

【章旨】文學反駁大夫關於淮南、衡山二王叛逆受到文士唆使的說法，對株連的做法提出異議，用「人臣各死其主」肯定晁錯之死。

【注　釋】❶盜泉　水名。據說孔子因盜泉這個名稱太難聽，渴了也不願飲用。❷曾子　孔子學生，名參，字子輿。以孝著稱。❸勝母　村名。據說曾子因這個名稱的含意易被人理解為勝過母親，有悖孝道，所以連村子的大門也不進。❹閭　村子的大門。❺沐浴　梳洗。古人有重大舉動前，常沐浴，以示嚴肅恭敬。❻朝　朝見君王。❼告之哀公　指魯哀公十四年（西元前四八一年），齊國大夫田成子殺害了齊簡公，孔子聞訊後，上朝告知哀公，請求發兵征討。❽陳文子　齊國大夫，名須無。西元前五八四年，齊國大夫崔杼殺害了齊莊公，陳文子不肯同流合汙，離開了齊國。❾十乘　指四十匹馬。古代每乘車用四匹馬拉。❿違之　離開齊國。⓫傳　此指《禮記》。引文出自《禮記・表記》，文字略有不同。⓬若夫　引起下文的連詞。⓭誦　談說。⓮文　言辭。⓯猶　通「由」。遵循。⓰是　這。⓱固與盜　本來和盜賊算作一伙。固，本來。與，參與；在一起。⓲域　範圍；行列。⓳以寡犯眾　以少數人牽連多數人。⓴絕　指滅掉犯罪諸侯的國家，中止其王位的後傳。即所謂滅國絕世。㉑義　原則。㉒止　限止。㉓不兼怨惡　不同時怨恨憎惡許多人。㉔鯀　傳說中人名。相傳他因治水沒有成功，被舜殺死在羽山。但舜並不因他的失敗而怪罪他的兒子禹，反而命禹繼續治水，後來又傳位給禹。㉕舉　舉用。㉖璵璠　兩種美玉。㉗玼　通「疵」。此指玉上的小毛病。㉘璞　未經治理的玉石。㉙兼其眾　牽連他的親族或部屬。㉚信士　誠信之人。㉛晁生　即晁錯。漢代通稱文士為生。㉜合從　即「合縱」。指聯合起來對抗朝廷。㉝吳　指吳王劉濞。㉞之　與下句「奪之」的「之」義皆同「其」。㉟會稽　郡名。原屬吳王管轄。㊱楚　指楚王劉戊。㊲東海　郡名。原屬楚王管轄。㊳均輕重　指使朝廷權力大，地方權力小，雙方權力比例均衡得當。㊴弦高　春秋時鄭國商人。販牛途中偶遇前來偷襲鄭國的秦軍，他隨機應變，假稱奉鄭君之命，前來用牛慰勞秦軍。秦軍誤以為鄭國真的已得知偷襲的消息，只好退兵。㊵誕　欺騙。㊶信　忠實。㊷解楊　一作「解揚」。春秋時晉國人。楚軍圍宋，宋向晉國求救。晉君派解楊先行前往宋國，告誡宋國不要投降，說晉國救兵隨後就到。解楊在赴宋途中被抓到楚軍中，楚王賄賂他，要他篡改晉君之命，勸宋投降，他假裝同意。當楚人用樓車載著他，叫他對宋人喊話時，他冒著生命危險，向宋人傳達了晉君真正的命令。㊸荊　楚國的別稱。

【語　譯】文學說：「孔子不喝盜泉的水，曾子不進勝母村的大門，不好的名稱尚且厭惡，更何況做那些不符合臣屬和兒子身分的事情呢？所以孔子得知田成子殺害了齊簡公，便莊嚴地梳洗好，上朝將消息告訴魯哀公，請求發兵征討。陳文子在崔杼殺害了齊莊公的時候，寧願丟下四十匹馬不要，也要離開齊國，不同流合汙。《禮記》上說：『君子一類的人，別人使他尊貴可以，使他低賤也可以，讓他受刑罰可以，將他殺死也可以，但絕不能夠使他犯上作亂。』至於外表上極力裝出君子的樣子而內心並沒有君子的德行操守，口裡大談仁義忠孝而行動並不遵循君子之道，這種人就像盜賊一樣，本來就只能和盜賊算作一伙，而不能進入君子的行列。《春秋》裡有這樣的原則：不因為少數人牽連多數人，誅殺罪人和滅國絕世都有一定的限度，不同時怨恨憎惡很多人。所以舜追究治水失敗時行誅殺，只殺掉了鯀一人；而他舉用賢才，依然舉用鯀的兒子禹。如果因為治理出的美玉會有小小的毛病而事先就丟下璞石不加治理，因為一人的罪過而牽連他的親族部屬，那麼天下就不會有美玉和誠信之人了。鼂錯曾談到諸侯的封地面積太大，諸侯富裕了就驕橫奢侈，遇有緊急之事就聯合起來對抗朝廷，所以根據吳王的過失而削除了他的會稽郡，根據楚王的罪行而剝奪了他的東海領地，這樣做來使朝廷和地方在權力大小的分配比例上均衡得當，削弱諸侯王的權力，為皇上子孫萬代不失帝位作打算。弦高對秦軍說謊話而對鄭國忠實，鼂錯忠誠於漢朝廷而與地方諸侯結仇。人臣都是各為自己的君主效死獻身，為他們自己的國家竭智盡力。這也就是解楊厚待晉國而薄待楚國的原因。」

刺權第九

【題解】「刺權」就是譏刺權貴。篇中文學對大發官營事業之財的權貴進行譏刺，揭露他們假公濟私、專權橫行、驕奢淫侈的醜惡行徑，認為他們是無功而驕、無德而富，不符合君子為官的正道，並指出他們的所作所為嚴重挫傷了農民的生產意願。大夫則極力為達官貴人辯護，認為「官尊者祿厚」，位高者財多，富貴之家生活奢華，這些都是理所當然、天經地義的，平民百姓沒有資格和他們攀比。

大夫曰：「今夫越之具區❶，楚之雲夢❷，宋之鉅野❸，齊之孟諸❹，有國❺之富❻而霸王之資❼也。人君統而守之❽則強，不禁❾則亡。齊❿以其腸胃⓫予人⓬，家⓭強而不制，枝大而折榦，以專巨海之富而擅魚鹽之利也。勢足以使眾，恩足以卹⓮下。是以齊國⓯內倍而外附⓰，權移於臣，政墜於家，公室⓱卑而田宗⓲強，轉轂游海者⓳蓋三千乘，失之於本而末不可救。今山川海澤之原⓴，非獨雲夢、孟諸也。鼓鑄㉑煮鹽，其勢㉒必深居㉓幽谷，而人民所罕至。姦猾交通㉔山海之際，恐生大姦。乘㉕利驕溢，散樸滋㉖偽，則人之貴本者寡。大農㉗鹽鐵丞㉘咸陽、孔僅㉙等上請㉚：『願募民自給費㉛，因㉜縣官器㉝，煮鹽予用㉞，以杜㉟浮偽㊱之路。』由此觀之，今意㊲所禁微㊳，有司之慮亦遠矣。」

【章　旨】大夫以田氏代齊的反面例子為證，說明實行鹽鐵官營的必要。

【注　釋】❶具區　古大澤名。即今江蘇太湖，戰國時屬越國。❷雲夢　古大澤名。在今湖北省潛江縣一帶，古屬楚國。❸鉅野　古大澤名。又名大野，現已淤沒。故地在今山東省鉅野縣北。❹孟諸　古大澤名。現已淤沒。故地在今河南省商丘縣東北接虞城縣界，戰國後期屬齊國。❺有國　享有國家；據有王位。❻富　猶言經濟基礎。❼資　資本；物質條件。❽統而守之　統一管理控制。❾禁　封禁。❿齊　指春秋戰國時的齊國。⓫腸胃　喻指物產豐富的山林湖海。⓬人　別人。此指臣下。⓭家　大夫的封地。此代指大夫。⓮卹　撫慰。⓯齊國　指齊國人。⓰內倍而外附　背叛齊君而歸附於大夫。內，指君主。倍，同「背」。背叛。外，指大夫。⓱公室　齊國王室。⓲田宗　指田氏家族。齊國的田氏本出自陳厲公的兒子陳完。陳完於齊桓公時避難來到齊國，以「陳」、「田」二字音同，改稱田氏。其子孫世為齊卿，勢力不斷膨脹，漸把持朝政。至田和，終篡齊自立為齊侯。⓳轉轂游海者　指來往於海邊運魚鹽的車子。轂，車輪中心有孔以插軸的圓木。⓴原　資源。㉑鼓鑄　鼓風冶鑄。㉒勢　地勢。㉓居　處於。㉔交通　交往勾結。㉕乘　憑藉。㉖滋　滋長。㉗大農　即大司農。掌管租稅錢穀鹽鐵和國家的財政收支。㉘鹽鐵丞　大司農屬官。分管鹽鐵官營事宜。㉙咸陽孔僅　兩人名。咸陽即東郭咸陽，姓東郭，名咸陽，本是齊地的大鹽商。孔僅姓孔名僅，本是南陽的大冶鐵商。二人於漢武帝時被大司農鄭當時推薦為鹽鐵丞。㉚上請　向皇上進言請求。㉛自給費　自己負擔相關費用。㉜因　依靠。此指使用。㉝器　指煮鹽的器具。㉞予用　供應食用。㉟杜　堵塞。㊱浮偽　指私營鹽鐵弄虛作假以取暴利。㊲令意　法令的意旨。㊳微　精深。

【語　譯】大夫說：「越地的具區，楚地的雲夢，宋地的鉅野，齊地的孟諸，都可作為據有一國的經濟基礎，甚至可作為稱王稱霸於整個天下的物質後盾。君王如果統一加以掌握，國家就會富強；如果不加封禁，國家就會滅亡。從前齊國把物產豐饒的山海送給臣下，結果大夫的勢力強大而無法控制，如同樹枝太大而壓斷了樹幹一樣，這就是因為臣下壟斷了大海的財富，獨占了魚鹽的大利。他們勢力強大足以驅使民眾，廣布恩惠足以撫慰百姓，這樣一來，齊國人都背叛君王而親附這些權臣，大權移到臣下手裡，朝政全由大夫掌握，王室卑弱而田氏強大，田氏家族來往於海邊運輸魚鹽的車子幾乎達到三千輛，王室失去了根本的東西，在細枝末節上挽救自然不能奏效。現在資源豐富的山川海澤還不僅僅限於雲夢、孟諸這幾處。鼓風冶鑄，煮海為鹽，所處的地方一定在深山大谷之中，一般百姓是很少去的。姦惡狡猾之徒在山間海邊交往勾結，大惡大姦的舉動恐怕就會出現。他們憑藉財利驕傲自滿，破壞敦樸的民風，促使詐偽的習氣滋長，這樣一來，重視務農的人自然就很少了。大司農手下分管鹽鐵的咸陽、孔僅二人向皇上進言請求說：『希望招募百姓，讓他們自己負擔費用，使用官府發給的器具煮鹽，以供應社會需求，這樣來堵塞私人冶鑄煮鹽謀取暴利的門路。』由此看來，朝廷頒布禁止鹽鐵私營的法令，其用意十分精深，而主管官員的考慮也是很深遠的。」

文學曰：「有司之慮遠，而權家❶之利近；令意所禁微，而僭❷奢之道❸著。自利官❹之設，三業❺之起，貴人之家，雲行❻於塗，轂擊❼於道，攘❽公法，申❾私利，跨山澤，擅官市❿，非特⓫巨海魚鹽也；執國家之柄，以行⓬海內，非特田常⓭之勢、陪臣⓮之權也；威重於六卿⓯，富累⓰於陶、衛⓱，輿服⓲僭於王公，宮室溢⓳於制度，并兼列宅⓴，隔絕閭巷㉑，閣道㉒錯㉓連，足以游觀，鑿池曲道㉔，足以騁騖㉕，臨淵釣魚，放犬走㉖兔，隆㉗豺鼎力㉘，蹋鞠㉙鬥雞㉚，中山㉛素女㉜撫㉝流徵㉞於堂上，鳴鼓㉟巴俞㊱作㊲於堂下，婦女㊳被㊴羅紈㊵，婢妾曳㊶絺紵㊷，子孫連車列騎㊸，田獵出入，畢㊹弋㊺捷健㊻。是以耕者釋耒㊼而不勤，百姓冰釋㊽而懈怠。何者？己為之而彼取之，僭侈相效，上升而不息，此百姓所以滋偽而罕歸本也。」

【章　旨】文學指斥官營事業興辦後，權貴假公濟私，驕奢淫逸，嚴重挫傷了農民的生產意願。

【注　釋】❶權家　執掌鹽鐵官營大權的官吏。❷僭　超越本分。即享用按自己身分地位本不該享用的禮儀和器物。❸道　行徑；行為。❹利官　指主管鹽鐵、均輸、酒榷的官吏。「官」原作「害」，據郭沫若《鹽鐵論讀本》改。❺三業　指鹽鐵、均輸、酒榷等官營事業。❻雲行　喻指人馬眾盛。❼轂擊　車轂互相撞擊。形容來往的車輛非常之多。❽攘　擾亂。❾中　擴張。❿官市　官營市場。⓫特　僅；只。⓬行　指施行權力。⓭田常　即田成子。陳完五世孫，為齊相，把持朝政，殺齊簡公，立齊平公。⓮陪臣　指諸侯之臣。古時諸侯之臣對天子自稱陪臣。⓯六卿　指春秋時分掌晉國實權的六家權貴。⓰累　增；更多。⓱陶衛　陶即陶朱公，范蠡的別稱。范蠡輔佐越王滅吳後棄官經商致巨富。衛指春秋時衛國人子貢，他做過孔子的學生，經商富至千金。⓲輿服　車馬服飾。⓳溢　超出；違背。⓴列宅　排列成片的住宅。㉑隔絕閭巷　權貴住宅眾多，占據了街巷很大的部分，使之不再能通行。㉒閣道　古代樓閣之間架空建築的通道。㉓錯　交錯。㉔曲道　修築曲折的道路。㉕騁鶩　指騎馬奔馳。㉖走　追逐。㉗隆　當作「降」。降伏。㉘鼎力　舉鼎以比力氣。㉙蹋鞠　踢球。古代遊戲項目之一。㉚鬥雞　縱雞相鬥以為樂。㉛中山　戰國時國名，為趙國所滅。漢又置中山國，其地在今河北省境內。史稱中山國女子善彈琴瑟，多入富貴人家為婢妾。㉜素女　傳說中為黃帝彈瑟的女子。此代指精通樂舞的美女。㉝撫　撫弄；彈奏。㉞流徵　婉轉動聽的樂曲。徵，五音之一。㉟鳴鼓　擊鼓。㊱巴俞　即巴俞舞。漢高祖時由巴俞地區(今四川)民間舞蹈移植而來。㊲作　此指表演。㊳婦女　指妻子和女兒。㊴被　穿。㊵羅紈　泛指精美的絲織品。㊶曳　拖。㊷絺紵　絺是細葛布。紵是苧麻布。㊸騎　一人一馬的合稱。㊹畢　用長柄網捕取禽獸。㊺弋　用帶繩的箭射鳥。㊻捷健　敏捷矯健。㊼釋耒　放下農具。㊽冰釋　像冰融化那樣。喻指人心渙散。

【語　譯】文學說：「主管官員的考慮即使算得上深遠，但執掌實權的一班人卻由此獲得了謀私利的近路；朝廷頒布禁令的用意雖然精深，但超越本分、追求奢侈的做法卻公然盛行。自從設置主管財利的官員和興辦起鹽鐵、均輸、酒榷等官營事業以來，富貴大家像雲彩一樣往來於道路之上，車輛交錯奔馳，輪子互相撞擊。這些權貴擾亂朝廷法令，大量謀取私利，廣占山川海澤，壟斷官營市場，所享有的不僅僅是大海裡的魚和鹽；他們執掌國家的大權，施行威權於整個天下，所擁有的也不僅僅是田常那樣的勢位、陪臣一級的權力；他們威權超過了當年晉國的六卿，富裕遠勝於陶朱公和子貢，車馬服飾冒用王公的規格，府第建築超過規定的標準，兼并了成片的住宅，阻斷了街巷的交通，住宅中閣道縱橫交錯互相連接，足以在上面遊賞觀覽，掘地為池，池旁修築有曲折的道路，其上足以驅馬奔馳，到深潭邊垂竿釣魚，放出獵狗追趕野兔，觀看降伏野獸和舉鼎比力的表演，參加踢球鬥雞的遊戲，來自中山國的美女在堂上彈奏婉轉動聽的樂曲，堂下鼓聲鼕鼕，樂人在表演勁疾的巴俞舞，妻子女兒穿著綾羅綢緞，婢女小妾也拖著葛麻布長裙，子孫出入時車馬成群結隊，外出打獵捕獸射鳥，敏捷矯健。這樣一來，農夫放下手中的農具不願再辛勤勞作，百姓人心渙散變得懶散懈怠。為甚麼會這樣呢？因為百姓認為自己創造了財富，卻被那些權貴攫取，權貴們超越本分，追求奢侈，互相仿效，淫靡的風氣日盛一日，不得止息，這就是百姓中詐偽之風滋長，少有人回到農業上的原因啊。」

大夫曰：「官尊者祿厚，本❶美者枝茂。故文王德❷而子孫封，周公相❸而伯禽❹富。水廣者魚大，父尊者子貴。《傳》❺曰：『河、海潤千里。』盛德及四海，況之❻妻子❼乎？故夫貴於朝，妻貴於室❽，富曰苟美❾，古之道也。《孟子》❿曰：『王者與人同，而如彼者，居⓫使然也。』居編戶⓬之列而望卿相之子孫，是以跛夫⓭之欲及⓮樓季⓯也；無錢而欲千金之寶，不亦虛望⓰哉？」

【章旨】大夫為達官貴人辯護，認為他們的富貴享樂乃天經地義，地位使然。

【注釋】❶本　樹幹。❷德　有美德。❸相　指輔佐周成王。❹伯禽　周公的長子。因周公佐成王有功，受封為魯國君。❺傳　指《公羊傳・僖公三十一年》。❻之　此當「其」字講。❼子　兒女。❽室　家。❾富曰苟美　語本《論語・子路》。意謂：富裕了，就說姑且講究一些體面。苟，姑且。❿孟子　指《孟子・盡心上》。此下引文節錄自該篇。⓫居　所處的地位。

⑫編戶　姓名編入戶口冊的人。指平民。⑬跛夫　瘸子。⑭及　趕上；能相比。⑮樓季　人名。魏文侯之弟，善於跳躍攀登。⑯虛望　空想。

【語譯】大夫說：「官位高顯的俸祿就優厚，樹幹壯美的枝葉就繁盛。所以文王有美德，子孫就受封土地；周公輔佐成王，伯禽就十分富有。水域廣闊的魚兒就大，父親地位高的兒子就尊貴。《公羊傳》上說：『大河大海能夠滋潤千里之地。』道德美盛能使整個天下受福，何況他自己的妻子兒女呢？所以丈夫在朝廷貴顯，在家裡的妻子也跟著尊貴起來，人富裕了就說：可以姑且講究一些體面，這些都是古代的常規啊。《孟子》上說：『做君王的本與一般人相同，但像那樣有風度氣派，那是因為所處的地位使之如此。』處在平民的行列卻眼盯著卿相的子孫進行攀比，這就如同憑著瘸子的腳力卻想趕上善於跳躍攀登的樓季一樣；沒有錢卻想得到價值千金的寶物，這不是空想嗎？」

文學曰：「禹、稷❶自布衣，思天下有不得其所❷者，若己推而納之溝中，故起而佐堯，平治水土，教民稼穡。其自任天下❸如此其重❹也，豈云食祿❺以養妻子而已乎？夫食萬人之力❻者，蒙❼其憂，任❽其勞。一人失職❾，一官不治❿，皆公卿之累⓫也。故君子之仕，行其義，非樂其勢也。受祿以潤賢⓬，非私其利。見賢不隱⓭，食祿不專⓮，此公叔⓯之所以為文，魏成子⓰所以為賢也。故文王德成而後封子孫，天下不以為黨⓱，周公功成而後受封，天下不以為貪。今則不然。親戚相推⓲，朋黨⓳相舉⓴，父尊於位，子溢㉑於內㉒，夫貴於朝，妻謁行於外㉓。

無周公之德而有其富，無管仲之功而有其侈㉔，故編戶跛夫而望疾步也㉕。」

【章旨】文學援引古人之事說明做官應憂國憂民，不應追求權勢享受，指責權貴無功而驕，無德而富。

【注釋】❶稷　即后稷。周的始祖。精通農業生產，相傳曾做過堯舜的農官，教民耕種。❷不得其所　不能安居樂業。❸自任天下　以治理天下為己任。❹重　指程度深。❺食祿　做官領俸祿。❻食萬人之力　享用需一萬人的勞動來供給的優厚俸祿。❼蒙　承受。❽任　擔負。❾失職　失業。❿不治　未盡職責。⓫累　過失。⓬潤賢　分出自己俸祿的一部分以供養賢人。潤，分潤。⓭不隱　不讓隱沒，加以推薦。⓮專　一人獨享。⓯公叔　春秋時衛國大夫。衛獻公之孫，名拔。曾舉薦自己的家臣做了衛國大夫，死後被諡為貞惠文子。按古代賜諡號的規定，慈惠愛民才可諡為「文」。⓰魏成子　戰國時魏文侯之弟。史稱他將自己俸祿的十分之九拿出來招攬天下賢士。⓱黨　結私黨。⓲推　推薦。⓳朋黨　結黨營私的一伙人。⓴舉　薦舉。㉑溢　驕滿。㉒內　指家。㉓妻謁行於外　妻子在朝廷外受賄，幫別人向丈夫請託私事。謁，請託。㉔侈　奢侈。史載管仲生活享受可上比國君，但因有功於齊，齊國人並不反感。㉕故編戶跛夫而望疾步也　此句總應上「居編戶之列而望卿相之子孫，是以跛夫之欲及樓季也」二句，因辯論時語急，故緊縮為一句。

【語譯】文學說：「大禹和后稷出身平民，念及天下還有人不能安居樂業，就覺得好像是自己把他們推到了深溝中一樣，所以起來輔佐堯帝，治平洪水，教民耕種。他們這樣深刻地以治理天下為己任，難道說只是做官拿俸祿以養活妻子兒女就完事了嗎？所食俸祿占用萬人勞動的大官，應該為百姓之憂而憂，為替他們辦好事情而辛勞，如有一個人失業，有一位官吏未盡職責，都要算作是大官本人的過失。所以君子做官，是為了施行大義，並不是因為喜歡那種權勢，領受俸祿，分出一部分來供養賢人，並不把祿利據為私有。見到賢才極力加以推薦，受領俸祿不一人獨占，這就是公叔之所以稱得上『文』，魏成子之所以算得上賢人的原因。所以周文王盛德已經樹立之後才分封子孫，天下人並不認為是結私黨，周公旦功勞建成之後才受封，天下人也不認為他貪婪。現在則不是這樣。親戚互相推薦，私黨互相薦舉，父親獲得了高官，家裡的兒子就驕滿無比，丈夫在朝廷貴顯，妻子就在外面受賄，接受私人的請託。沒有周公那樣的美德卻和周公同樣富有，沒有管仲那樣的大功卻和管仲同樣奢華，所以影響所及，一般平民也想得到卿相子孫那樣的富貴享受，跛腳之人也希望像樓季那樣疾行快走。」

刺復第十

【題解】本篇是關於人才問題的爭論。大夫對賢良、文學參加鹽鐵會議未能對朝廷決策有所幫助深表失望，對他們是古非今的思想言論嚴加指責，歎息賢士難於見到。大夫的屬員御史舉公孫弘等儒士任職「無益於治」的史實，說明儒士並非真正的賢士。文學一方則反脣相譏，指出朝廷的高級官員應著眼於大事，而大事之一就是察舉賢士，使「官得其人」，但如今的當權者卻蔽賢嫉能，驕傲自大。對公孫弘，文學極力為其辯護，認為武帝時重武尚勇、重利尚刑，公孫弘的才德得不到施展的機會。篇名「刺復」是反擊的意思，是就文學反擊大夫一方的指責而言的。

大夫曰❶為❷色矜❸而心不懌❹，曰：「但居者❺不知負載❻之勞，從旁議者與當局❼者異憂。方今為天下腹居❽，郡諸侯並湊❾，中外未然❿，心憧憧⓫若涉大川，遭風而未薄⓬。是以夙⓭夜思念國家之用⓮，寢而忘寐，飢而忘食，計數⓯不離於前，萬事簡閱⓰於心。丞史⓱器⓲小，不足與謀，獨鬱⓳大道，思覩文學，若俟⓴周、邵㉑而望高子㉒。御史案事㉓郡國，察廉舉賢才㉔，歲不乏也。今賢良、文學臻㉕者六十餘人，懷六藝㉖之術，騁意㉗極論㉘，宜若開光㉙發蒙㉚；信往而乖㉛於今，道㉜古而不合於世務㉝。意者㉞不足以知士也？將㉟多㊱飾文誣能㊲以亂實㊳

邪？何賢士之難睹也！自千乘㊴倪寬㊵以治㊶《尚書》位冠九卿㊷，及所聞睹選舉㊸之士，擢㊹升贊憲㊺甚顯㊻，然未見絕倫比㊼，而為縣官㊽興滯㊾立功也。」

【章　旨】大夫對賢良、文學表示失望，對他們是古非今提出指責。

【注　釋】❶曰　「爰」的通假字。於是。❷為　介詞，後省略「之」。「為之」意謂：因為文學的話。❸色矜　表情嚴肅。❹懌　高興。❺但居者　閒居在家裡的人。但，徒；空。❻負戴　將物背在背上叫負，以頭頂物叫戴。❼當局　置身其中親自工作。❽腹居　處在腹心位置。喻指京城處於天下的中心。❾湊　匯聚。原作「臻」，據郭沫若《鹽鐵論讀本》改。❿中外未然　朝廷對內對外的一些政策還沒有確定下來。然，形成；確定。⓫憧憧　心神不定的樣子。⓬薄　止。⓭夙　早。⓮用　謀用。⓯計數　計算；謀劃。⓰簡閱　察看。此指考慮掂量。⓱丞史　指御史大夫的屬官御史丞和御史。⓲器　器度。⓳鬱　不能通曉明白。⓴俟　等待。㉑周邵　指周公旦和邵公奭。兩人一道輔佐周成王，功勞卓著。㉒高子　春秋時人。曾奉齊桓公之命，率兵幫助魯僖公登上王位，又為魯國修築了城牆，「魯人至今以為美談，曰：猶望高子也。」（《公羊傳・閔公二年》）㉓案事　考察吏治情況。㉔察廉舉賢才　察知清廉正直和有才能的人加以薦舉。㉕臻　到。㉖六藝　指儒家《詩》、《書》、《禮》、《樂》、《易》、《春秋》六經。㉗騁意　盡情；不受拘束。㉘極論　盡量地、充分地發表議論。㉙開光　使光明露出來。㉚發蒙　掀開蒙蓋之物。㉛乖　違背。㉜道　稱說。㉝世務　當世有關國計民生的大事。㉞意者　或許是。㉟將　還是。㊱多　盡量；極力。㊲飾文誣能　飾文，裝出有學問的樣子。誣能，無能而自以為能。㊳亂實　以假亂真。㊴千乘　漢代郡名。在今山東省境內。㊵倪寬　漢武帝時千乘郡人。官至御史大夫。㊶治　研習。㊷位冠九卿　位居九卿之上。九卿是秦漢時中央九個行政部門的長官。御史大夫與丞相、太尉合稱三公，職位高於九卿。㊸選舉　選拔薦舉。㊹擢　提升。㊺贊憲　協助法令的制訂執行。亦即參與政事。㊻顯　指地位高顯。㊼絕倫比　超群出眾。絕，超絕。倫，類。比，相等。㊽縣官　此指天子。㊾興滯　振起廢弛的事業。

【語　譯】大夫因文學的一番話，神色變得嚴肅起來，心中很是不快，說：「閒居在家的人不知道頭頂背馱的辛勞，站在旁邊發議論的人與置身其中躬行其事的人所憂慮的並不一樣。如今京城處於天下的中心，各郡各諸侯國的人員和政事都向這裡匯聚，而朝廷對內對外的一些政策卻還沒有確定下來，因此我們心神不定，就像船兒橫渡大河時遇上了大風而沒有靠岸一樣。所以，我們日夜考慮國家的方針政策，躺在床上忘記了入睡，肚子餓了卻忘了吃飯，各種謀劃經常擺在面前衡量，萬千政事時刻掛在心頭考慮。手下的丞、史等屬員器度小，與他們商議謀劃作用不大，我獨自一人對國家的根本大計想不明白，想見到你們這些文學，就像等待周公、邵公和盼望高子一樣。這些年來御史赴各郡各諸侯國考察吏治，察知清廉正直和有才能的人加以薦舉，薦舉上來的人才每年都有不少。現在你們賢良、文學到京城來參加鹽鐵會議的有六十多人，人人胸中裝滿六經的學問，盡情地發表意見，本應該像露出光明、掀開蒙蔽之物一樣使人頓開茅塞，卻不料你們迷信過去而與現實格格不入，稱說古代而與當今國家大計不合。這究竟是我們無能不識人才呢？還是你們在極力裝出有學問的樣子，自以為有才能，想以假亂真呢？為甚麼真正的賢才這樣難於看到呢！自從千乘人倪寬憑著研習《尚書》位居九卿之上以後，到我們耳聞目見的一些選拔薦舉上來的儒士，他們被提升參與政事，官位都很顯赫，但是並沒有看見一個超群出眾的，能為天子振起廢弛的事業，建立大功。」

文學曰：「輸子❶之制材木❷也，正其規矩❸而鑿枘❹調❺。師曠❻之諧❼五音❽也，正其六律❾而宮商調。當世之工匠，不能調其鑿枘則改規矩，不能協聲音則變舊律，是以鑿枘刺戾❿而不合，聲音泛越⓫而不和。夫舉規矩而知宜⓬，吹律而知變，上也；因循⓭而不作⓮，以俟其人⓯，次也。是以曹丞相⓰日飲醇酒，倪大夫⓱閉口不言。故治大者不可以煩⓲，煩則亂；治小者不可以怠，怠則廢。《春秋》曰：『其政恢卓⓳，恢卓可以為卿相。其政察察⓴，察察可以為匹夫㉑。』夫維綱㉒

不張㉓，禮義不行，公卿之憂也。案上之文㉔，期會㉕之事，丞史之任也。《尚書》曰：『俊乂在官，百僚師師，百工惟時㉖。』『庶尹允諧㉗。』言官得其人，人任其事，故官治㉘而不亂，事起而不廢，士守其職，大夫理其位㉙，公卿總要執凡㉚而已。故任能者㉛責㉜成而不勞，任己者㉝事廢而無功。桓公之於管仲，耳而目之㉞。故君子勞於求賢，逸㉟於用之，豈云殆㊱哉？昔周公之相也，謙卑而不鄰㊲，以勞㊳天下之士，是以俊乂滿朝，賢智充㊴門。孔子無爵位，以布衣從㊵才士七十有餘人，皆諸侯卿相之人也，況處三公㊶之尊以養天下之士哉？今以公卿之上位，爵祿之美，而不能致㊷士，則未有進賢㊸之道。堯之舉㊹舜也，賓㊺而妻㊻之。桓公舉管仲也，賓而師之㊼。以天子而妻匹夫，可謂親賢矣。以諸侯而師匹夫，可謂敬賓矣。是以賢者從之若流，歸之不疑。今當世㊽在位者，既無燕昭㊾之下士，〈鹿鳴〉㊿之樂賢，而行臧文(51)、子椒(52)之意，蔽賢妬能，自高(53)其智，訾(54)人之才，足己(55)而不問，卑(56)士而不友(57)，以位尚賢(58)，以祿驕士，而求士之用，亦難矣！」

大夫繆然(59)不言，蓋賢良長歎息焉。

【章　旨】文學指出，國家的高級官員應掌握根本，掌握大政方針，其中很重要的一項任務就是禮賢下士，廣招人才，使各種官職得到合適的人選，但如今的當權者卻蔽賢嫉能，反其道而行之。

【注　釋】❶輸子　即公輸子。亦即魯班。❷制材木　以木材製造器物。❸規矩　圓規和曲尺。❹鑿枘　鑿，卯孔。枘，榫頭。❺調　和調；能配合。❻師曠　春秋時晉國的盲人樂師。❼諧　協調。❽五音　指宮、商、角、徵、羽五個音級。❾六律　律本指律管，初用竹製，後用銅製。古人用律管吹出十二個標準音，以為定音之用，稱為十二律，其中奇數六律稱六律，偶數六律稱六呂。古書上常以六律作包括六呂在內的十二律的代稱。❿刺戾　互相背離。⓫泛越　煩雜散亂。越，散。⓬宜合適。⓭因循　依照舊的一套辦事。⓮作　創新。⓯人　指有魄力才能的人。⓰曹丞相　指曹參。他與蕭何同佐劉邦奪取天下，蕭何死，接任丞相之職，完全按照蕭何時的現成規矩辦事，日夜飲酒。⓱倪大夫　即倪寬。倪寬任御史大夫，對皇上無所諫諍勸阻。⓲煩　繁碎。⓳恢卓　恢宏高遠。⓴察察　瑣細。㉑匹夫　普通人。㉒維綱　喻指大政方針。維是繫物的大繩，綱是網上的總繩。㉓張　本指張開，此謂展開實施。㉔文　指公文。㉕期會　定期的辦公會議。㉖俊乂在官三句　出自《尚書・皋陶謨》。俊乂，有才德的人。百僚，百官。師師，互相效法。百工，亦指百官。惟時，指掌握時間。㉗庶尹允諧　出自《尚書・益稷》。庶，眾。尹，官長。允，確實。㉘治　指履行得好。㉙理其位　把職權範圍內的政事處理好了。㉚總要執凡　掌握大政方針。㉛任能者　任用能人的人。㉜責　職責。㉝任己者　事事都由自己擔負的人。㉞耳而目之　對他的為人處事既親耳聽到，又親眼考察。意謂桓公於考察選用賢才時十分謹慎，而於選定後，則放手使用。㉟逸　安逸。㊱殆　通「怠」。怠惰。㊲鄰　通「吝」。吝嗇。㊳勞　慰勞。㊴充　滿。㊵從　使跟從。㊶三公　古代的三公，代有變更。西漢時以丞相、御史大夫、太尉為三公，執掌軍政大權，位居百官之上。㊷致　招致。㊸進賢　進舉賢才。㊹舉　舉用。㊺賓　當作賓客看待。㊻妻　嫁女給人為妻。㊼師之　以之為師。㊽當世　當權。㊾燕昭　即燕昭王。戰國時燕國君主，曾廣招天下賢士，待之以禮，使燕國轉弱為強。㊿鹿鳴　《詩經・小雅》中的一篇。描寫君王宴請群臣嘉賓，被後人視為敬賢的範例。(51)臧文即臧文仲。春秋時魯國大夫。他明知柳下惠有才德而不加薦舉。(52)子椒　戰國時楚國權臣。曾在楚王面前誹謗屈原。(53)高抬高；吹噓。(54)訾　詆毀；貶低。(55)足己　自以為了不起。(56)卑　看不起。(57)不友　不相為友。(58)尚賢　此指盛氣凌人，高居於賢士之上。尚，同「上」。(59)繆然　嚴肅沉思的樣子。

【語　譯】文學說：「公輸子用木料製造器物的時候，總是先把圓規和曲尺調準確，因而出自他手下的卯孔和椎頭能契合無間；師曠協調五音的時候，總是先把十二個標準音擺弄好，因而由他調出的各種樂音能和諧配合。可是現在的匠人和樂師，不能使卯孔和椎頭相合就怪罪圓規曲尺本身而加以改造，不能協調各種樂音就遷怒於舊有的十二律而加以改變，因此卯孔和椎頭互相背離難以吻合，樂音煩雜散亂而不和諧。拿起圓規和曲尺，就知道怎樣做才合適，吹一吹用於定音的律管，就知道如何組織樂音的高低變化，這是上等的；完全依照舊有的規章辦事而不自出新意，等待那有才幹魄力的人來擔負創新的責任，這是次一等的。所以丞相曹參天天以飲酒為事，御史大夫倪寬對皇上無所諫阻。管大事的高級官僚不能管得太繁碎，太繁碎就不免亂了頭緒；管具體事務的小官吏不能懶惰，一懶惰事業就會廢弛。《春秋》上說：『治理政事著眼於恢宏高遠，這樣的人可以當卿相。治理政事過於瑣細，這樣的人就只能做普通人。』大政方針沒有得到展開實施，禮義沒有得到推行，這些是公卿應該引以為憂的。但處理桌上的公文，具體組織安排定期的辦公會議，這些就是應該讓丞、史承擔的責任了。《尚書》上說：『有才德的人在官位上，百官互相效法，掌握時間工作。』又說：『各部門長官確實協作和諧。』這幾句話說的是官職得到了合適的人選，人人認真承擔自己的職事，所以各種職位相應的職責都得到很好的履行，沒有出現混亂，事業蓬勃興起而沒有廢弛，士忠於自己的職守，大夫將職權範圍內的政事處理得很好，公卿只是掌握大政方針罷了。所以任用能人的人，職責完成了自己並不勞累，甚麼事都要自己親手做的人反而職事廢弛，勞而無功。齊桓公對於管仲的為人處事，不僅親耳聽到，而且親眼考察。所以君子在求賢時不辭辛苦，得到賢才後則大膽使用，放手讓他們去做，自己安享閒逸，這難道能說是怠惰嗎？從前周公旦輔佐成王的時候，態度謙虛，毫不吝嗇，慰勞天下的賢士，因此才德之士充滿朝廷，賢智之人群集門下。孔子沒有爵位，憑著平民的身分就能使七十多位才士追隨自己，這些才士都是能做諸侯卿相的人，何況處在三公的高位來招納供養天下的才士呢？現在你們憑著公卿的要職，尊貴的爵位，優厚的俸祿，卻不能招來賢人才士，那麼這是沒有進舉賢士的正確方法。從前堯舉用舜，把他當作客人看待，並把女兒嫁給他為妻。齊桓公舉用管仲，也把他視為賓客，並拜他為老師。憑著天子的至尊地位而嫁女給普通人，可以說是親近賢人了。憑著諸侯的高貴身分而拜普通人為老師，可以說是禮敬賓客了。因此賢能的人追隨他們就像流水，歸依他們毫不懷疑。現在當權在位的人不但沒有燕昭王那樣禮賢下士的作風和〈鹿鳴〉詩所表現的那種喜愛賢人的思想，反而按照與臧文仲、子椒同樣的想法行事，壓制賢士，嫉妒能人，吹噓自己的智力，貶低別人的才能，自以為了不起，不向別人請教，看不起才士，不和他們交友，憑著官位在賢人面前擺出高高在上的架式，憑著俸祿在才士面前露出驕矜之色，這樣做卻想使才士為己所用，也就很難了！」

大夫深思不語，賢良們在長聲歎息。

御史❶進❷曰：「太公❸相文、武以王❹天下，管仲相桓公以霸諸侯。故賢者得位，猶龍得水，騰虵❺游霧也。公孫丞相❻以《春秋》說先帝，遽❼即❽三公，處周、邵❾之列，據萬里之勢❿，為天下準繩，衣不重彩⓫，食不兼味⓬，以先天下⓭，而無益於治。博士⓮褚泰、徐偃⓯等，承明詔⓰，建⓱節⓲馳傳⓳，巡省⓴郡國，舉孝、廉㉑，勸㉒元元㉓，而流俗㉔不改。招舉㉕賢良、方正㉖、文學之士，超遷㉗官爵，或至卿大夫，非燕昭之薦士，文王之廣賢也？然而未覩功業所成。殆㉘非龍虵之才，而〈鹿鳴〉之所樂賢也。」

【章　旨】御史指出，以公孫弘為代表的儒士並不是真正的賢才。

【注　釋】❶御史　御史大夫的屬官。❷進　移步向前。❸太公　姜太公。即呂尚。❹王　稱王。❺騰虵　即騰蛇。古代傳說中能騰雲駕霧的一種龍屬動物。虵，「蛇」的異體字。❻公孫丞相　即公孫弘。漢武帝時人，年四十多，才開始研習《春秋》。初為博士，後升為御史大夫，再升為丞相，封平津侯。❼遽　很快。❽即　就；登上。❾周邵　周公旦和邵公奭。二人當時的地位是輔佐天子的重臣，國家的臺柱。❿據萬里之勢　占據管理整個國家的地位。萬里，代指全國。勢，地位。⓫重彩　兩種以上的彩色。⓬兼味　兩種以上的菜肴。⓭先天下　為天下人作表率。⓮博士　古代學官名。漢武帝以後的博士官專掌經學傳授。⓯褚泰徐偃　二人名。皆為武帝時執掌經學傳授的博士。⓰明詔　聖明的詔令。⓱建　樹立。此指插在車上。⓲節　古代使者出使時的憑證。以竹製成，柄長五尺多，上部綴有三層旄牛尾。⓳馳傳　古代驛站四匹中等馬拉的車子。此作動詞用，意即乘坐驛站的車子。⓴巡省　巡迴視察。㉑舉孝廉　漢武帝時開始實行的薦舉制度。孝順父母的人舉為孝，清廉正直的人舉為廉。㉒勸　勉勵。㉓元元　百姓。㉔流俗　指不好的社會風氣。㉕招舉　招攬薦舉。㉖方正　漢代薦舉人才的科目之一。㉗超遷　破格提升。㉘殆　大概。

【語譯】御史移步向前說：「姜太公輔佐周文王和周武王，使武王奪得了天下，管仲輔佐齊桓公使之稱霸諸侯。所以賢能的人得到了合適的職位，便像蛟龍得到了水，騰蛇在雲霧中飛游一樣。公孫丞相依據《春秋》向武帝陳說政見，很快就任三公的顯職，處於與周公、邵公同樣的地位，執掌著管理全國的大權，具有成為天下準則的身分，他穿衣不講究華麗，吃飯也不用兩種以上的菜肴，帶頭節儉，為天下人作表率，但是這些對治理國家並沒有幫助。博士褚泰和徐偃等人，曾秉承武帝的詔令，乘坐驛站的馬車，將節高插車上，到各郡各諸侯國巡迴視察，薦舉孝廉，勉勵百姓，但是不好的社會風氣並沒有因此而改變。這些年來招攬薦舉賢良、方正、文學等儒士，破格提升他們的官職，有的人竟當到了卿大夫，這難道不像燕昭王薦舉才士，周文王廣納賢人嗎？然而並沒有看到這些人建成甚麼功業。大概他們並不是甚麼蛟龍騰蛇一類的人才，也算不上是〈鹿鳴〉詩中所喜愛的那種賢人吧！」

文學曰：「冰炭不同器，日月不並明。當公孫弘之時，人主方設謀垂意❶於四夷❷，故權譎❸之謀進，荊、楚之士❹用，將帥或至封侯食邑❺，而剋獲❻者咸蒙厚賞，是以奮擊之士❼由此興。其後，干戈不休，軍旅相望，甲士糜弊❽，縣官用⑨不足，故設險⑩興利⑪之臣起，磻溪⑫熊羆之士⑬隱。涇、渭⑭造渠⑮以通漕運⑯，東郭咸陽、孔僅建鹽鐵⑰，策諸利⑱，富者買爵販官⑲，免刑除罪，公用⑳彌多而為者㉑徇私㉒，上下㉓兼求，百姓不堪，抏弊㉔而從法㉕。故憯急㉖之臣進，而見知㉗、廢格㉘之法起。杜周㉙、咸宣㉚之屬以峻文決理㉛貴，而王溫舒㉜之徒以鷹隼擊殺㉝顯。其欲據仁義以道事君者寡，偷合取容㉞者眾。獨以一公孫弘，如之何？」

【章旨】文學為公孫弘辯護，指出當公孫弘之時，朝廷先重武尚勇，後重利尚刑，公孫弘無法施展才能。

【注釋】❶垂意　注意。❷四夷　四方少數民族。❸權譎　權術欺詐。❹荊楚之士　當時軍中來自荊楚一帶的士卒以勇著稱，故此以代指英勇善戰的人。❺食邑　受封土地，收取封地上的租稅。❻勊獲　戰勝敵人和俘獲敵兵。❼奮擊之士　勇敢善戰的武士。❽甲士糜弊　即甲糜士弊。鎧甲破損，士卒疲憊。糜，爛。❾用　費用；經費。❿設險　設置險阻。此指制定禁止私營的嚴刑峻法。⓫興利　指興辦鹽鐵官營等謀利事業。⓬磻溪　水名。相傳姜太公在此釣魚，遇周文王，文王見他深有謀略，請他上車同歸，拜為師。⓭熊羆之士　像熊羆一樣的能人。指姜太公。羆是熊的一種。⓮涇渭　二水名。涇水源出寧夏，渭水源出甘肅，二水流入陝西後在長安附近匯合。⓯造渠　開挖水渠。漢武帝時，白公在谷口至櫟陽之間開白渠，引涇水入渭，鄭當時在華陰至長安之間開渠引渭水。⓰漕運　從水路轉運糧食。⓱建鹽鐵　建立鹽鐵官營制度。⓲策諸利　策劃各種收益。⓳買爵販官　漢代為解決財政困難，允許用錢糧買取官爵和減除刑罪。販，此指買。⓴用　開支。㉑為者　經辦官員。㉒徇私　謀求私利。㉓上下　指大小官吏。㉔抏弊　貧窮困乏。㉕從法　放縱於法，也就是不守法。從，同「縱」。㉖憯急　惡毒嚴酷。㉗見知　漢代刑法之一。官吏見到或知道犯罪行為而不舉報，須受懲處。㉘廢格　漢代刑法之一。官吏擱置朝廷法令不予執行，須受懲處。㉙杜周　漢武帝時人，曾任主管司法的廷尉，後升任御史大夫。㉚咸宣　即減宣。漢武帝時任御史中丞，處理謀反案件很得力，後遷左內史、右扶風。㉛峻文決理　用嚴峻的法律條文審理、判決案件。㉜王溫舒　漢武帝時人，歷任廷尉史、御史、廣平都尉、河內太守、中尉（主管京師治安）、廷尉，執法嚴酷，殺戮甚多。㉝鷹隼擊殺　像鷹隼襲擊攫食鳥獸那樣地斷案殺人，言其執法兇暴嚴酷。鷹隼，兩種兇猛的鳥。㉞偷合取容　苟且地迎合奉承，以博取上司歡心。偷，苟且。

【語　譯】文學說：「冰塊和炭火不能同處一爐，太陽和月亮不能同時照耀。當公孫弘掌權的時候，皇上正把注意力放在設法對付四方少數民族身上，所以講究權術欺詐的謀略被採納，英勇善戰的武士受重用，將帥有的竟被封侯封地，打了勝仗、俘獲敵兵的人都受到優厚的賞賜，於是能征善戰的武人就興盛榮耀起來。這以後，戰事接連不斷，一批接一批的出征部隊在路上前後相望，鎧甲因久穿而殘破，士兵因久戰而疲憊，政府的財力嚴重不足，於是制定禁止私營的嚴刑峻法、興辦鹽鐵官營等謀利事業的官吏就出現了，而像姜太公那樣有謀略才能的賢士就隱沒了。開挖水渠引涇水渭水方便水路運糧，東郭咸陽、孔僅建立鹽鐵官營制度，策劃各種財利收入，富人可以用錢糧買取官爵和免除刑罰，國家的支出越來越多，而經辦官員乘機謀取私利，大小官吏都伸手撈好處，百姓不能忍受這樣的貧窮困乏，免不了做出違法的事來。於是惡毒嚴酷的官吏得到進用，而懲治知情不舉、擱置政令不執行等行為的律條也就產生了。杜周、減宣一類的人憑著用嚴峻的法律條文審決案件而身居高位，王溫舒之流憑著鷹隼攫食般的嚴酷刑殺而獲致貴顯。那種想依據仁義，以正道侍奉君王的人很少，而苟且地迎合奉承以博取歡心的人非常之多，只憑著一位公孫弘，面對這種局面又能怎麼樣呢？」

論儒第十一

【題解】本篇的爭論圍繞如何評價儒家學派而展開。御史採取激烈抨擊的態度，將矛頭直接指向儒家學派的祖師孔子和孟子，指責以孔子、孟子為代表的儒家人士：「安國尊君」，從未奏效；死守舊術，不知變通；言行不一，自違禮義。文學極力為儒家人士辯護，指出孔子當年沒有成功，是因為沒有獲得權勢地位，「聖德仁義」無從施行，點明齊國信用儒士，曾收到過「國家富強」的實效，認為君子應堅持德義，不變心從俗，應憂國憂民，不惜吃苦受辱以拯救國家和百姓的危難。

御史曰：「文學祖述❶仲尼，稱誦❷其德，以為自古及今，未之有也。然孔子脩道❸魯、衛之間，教化❹洙、泗❺之上，弟子不為❻變，當世不為治，魯國之削❼滋甚。齊宣王❽褒❾儒尊學，孟軻、淳于髡❿之徒，受上大夫⓫之祿，不任職而論國事，蓋齊稷下⓬先生⓭千有餘人。當此之時，非一公孫弘也。弱燕攻齊，長驅至臨淄，湣王⓮遁逃，死於莒⓯而不能救；王建⓰禽⓱於秦，與之俱虜⓲而不能存。若此，儒者之安國尊君，未始⓳有效也。」

【章旨】御史列舉歷史事實，說明儒者從未能「安國尊君」。

【注釋】❶祖述　以之為始祖而尊奉其道。❷稱誦　稱說頌揚。❸脩道　指宣揚仁義道德。❹教化　教育感化。此指授徒講學。❺洙泗　二水名。都在魯國都城曲阜附近。洙、泗之間是孔子聚徒講學的地方。❻為　介詞，後省「之」。「為之」即因此。❼削　削弱；衰弱。❽齊宣王　戰國時齊國國君。❾褒　嘉尚。❿淳于髡　戰國時齊國學者。博學多才，幽默善辯。⓫上大夫　即卿。是諸侯國最高一級的爵位。⓬稷下　古地名。在齊國都城臨淄（今屬山東省淄博市）稷門（西邊南首門）附近。齊威王、宣王時，在稷下設置學官，廣招天下文學遊說之士，任其在此講學或受業，議論政事，宣王時聚至千餘人。⓭先生　指學人。包括講學者及其受業弟子。⓮湣王　戰國時齊國君主。⓯莒　齊國地名。在今山東省莒縣一帶。⓰王建　戰國時齊國最後一位國王。姓田，名建。率兵向秦國投降，當了俘虜。⓱禽　通「擒」。⓲與之俱虜　指儒生們與齊王建一起被俘虜。之，指齊王建。⓳未始　未嘗。

【語　譯】御史說：「文學尊孔子為始祖，奉行其道，稱說頌揚他的德行，認為從古到今沒有第二個這樣的偉人。然而孔子在魯國、衛國一帶宣揚仁義道德，在洙水、泗水旁邊授徒講學，學生們並沒有因他的教育而變好，當時的社會也並沒有因他的努力而太平，魯國的衰弱卻更加厲害。齊宣王嘉尚儒士，尊重學問，孟子、淳于髡一類人，領受上大夫的俸祿，不擔任實際官職而議論國家大事，當時聚集在齊國稷下的學人大概有一千多人。在那個時候，並不是只有一位公孫弘式的人物呀。可是，弱小的燕國進攻齊國，長驅直入，一直打到齊國都城臨淄，齊湣王逃跑，死在莒地，儒士們並不能救他；後來齊王建被秦國擄獲，儒士們也只能和他一起當俘虜，並不能保全齊國。像這樣一些事實足以說明，儒者想安定國家，維護君主的至尊地位，是從來沒有取得過實效的。」

文學曰：「無鞭策❶，雖造父❷不能調❸駟馬❹；無勢位，雖舜、禹不能治萬民。孔子曰：『鳳鳥不至，河不出圖，吾已矣夫❺！』故軺車❻良馬，無以❼馳❽之；聖德仁義，無所施之。齊威❾、宣之時，顯❿賢進士，國家富強，威行敵國。

及湣王，奮⓫二世⓬之餘烈⓭，南舉⓮楚淮北⓯，并巨宋⓰，苞⓱十二國⓲，西摧三晉⓳，卻⓴彊秦，五國㉑賓從㉒，鄒、魯之君，泗上諸侯皆入臣㉓。矜功㉔不休㉕，百姓不堪。諸儒諫不從，各分散，慎到、捷子㉖亡去㉗，田駢如薛㉘，而孫卿㉙適㉚楚。內無良臣，故諸侯合謀而伐之。王建聽流說，信反間，用后勝㉛之計，不與諸侯從親㉜，以亡國。為秦所禽，不亦宜㉝乎？」

【章旨】文學反駁御史對孔子和齊國稷下儒士的攻擊，指出孔子的努力未能奏效，原因在於他沒有「勢位」，齊國威、宣二王和湣王前期進賢任能，國家富強，只是到了湣王後期以後，由於未重用儒士，國家才日趨衰敗。

【注釋】❶鞭策　馬鞭。❷造父　古代一個善於駕馭車馬的人。❸調　指駕馭。❹駟馬　古代一輛車用四匹馬拉，故稱同拉一輛車的四匹馬為駟馬。❺鳳鳥不至三句　出自《論語．子罕》。鳳鳥，鳳凰。傳說中的神鳥。圖，傳說上古伏羲時代，有龍馬從黃河中出來，背上有圖。古人認為，鳳凰到來，河圖出現是聖王在世，天下大治的瑞應。已，止。❻軺車　古代一種輕小便捷的馬車。❼無以　無法。❽馳　使車馬快跑。❾威　齊威王。戰國時齊國君主，齊宣王之父。❿顯　使貴顯。即重用。⓫奮　發揚。⓬二世　指齊威王、齊宣王兩代。⓭餘烈　留下的功業。⓮舉　占領。⓯楚淮北　楚國淮水以北之地。⓰并巨宋　西元前二八六年，齊湣王滅宋國。⓱苞　同「包」。包羅；兼并。⓲十二國　指泗水流域的十二個諸侯國。⓳三晉　晉國分裂為韓、趙、魏三國，史稱三晉。⓴卻　打退。㉑五國　指燕、韓、趙、魏、楚五國。㉒賓從　服從。㉓入臣　入朝稱臣。㉔矜功　誇耀戰功。㉕不休　不停止征戰。㉖慎到捷子　二人名。都是曾在齊國稷下講學的著名學者。㉗亡去　逃離。㉘田駢如薛　田駢亦是講學稷下的著名學者。如，往。薛，齊國地名。在今山東省滕縣。㉙孫卿　即荀卿，亦即荀子。他曾在稷下講學，很受敬重。後被人讒毀，乃赴楚國。㉚適　往。㉛后勝　人名。齊王建時為相，與其徒屬皆被秦國收買，一起勸王建放棄合縱，臣服秦國，不修戰備。秦滅其他五國後，攻齊，又勸王建投降，齊遂滅亡。㉜從親　合縱親近。戰國時秦國以外的六國聯合起來抗秦叫合縱。㉝宜　應該。

【語譯】文學說：「沒有馬鞭子，即使是造父那樣的趕車能手也不能駕馭好四匹馬；沒有權勢地位，即使是舜、禹那樣的聖主賢君也不能治理好萬民。孔子曾說：『鳳凰不來，河圖不出，我怕是沒指望了啊！』所以，就像有輕車駿馬，卻因為沒有鞭子，無法使之快跑一樣，孔子的仁義美德，由於沒有獲得權勢地位，因而沒有施行的地方。齊威王和齊宣王的時候，推重進用賢人才士，國家因而富強，威權能行使於各個敵對的國家。到齊湣王的時候，發揚兩代先王留下的功業，南邊攻占了楚國的淮北地區，吞并了遼闊的宋國，兼并了泗水流域的十二個諸侯國，西邊挫敗了韓、趙、魏，打退了強大的秦國，於是，燕、楚、韓、趙、魏五國敬畏服從，鄒、魯兩國的君主，泗水邊上的諸侯都入朝稱臣。可惜他誇耀戰功，繼續征戰不止，弄得百姓不能承受。儒生紛紛諫阻，他不予聽從，因此儒生們便各自散去，慎到和捷子逃走了，田駢跑到了薛地，荀子奔向了楚國。國內再沒有賢良能幹之臣了，各國諸侯便乘機一起謀劃，聯合起來進攻齊國。後來齊王建聽信流言蜚語，相信離間的話，採用后勝的計策，不與山東諸侯親近聯合，因而斷送了齊國。他被秦國擄獲，不也是應該的嗎？」

御史曰：「伊尹以割烹❶事湯，百里❷以飯❸牛要❹穆公，始為苟合❺，信，然❻與之霸王❼。如此，何言不從？何道不行？故商君以王道❽說孝公，不用，即以彊國之道❾，卒❿以就⓫功。鄒子⓬以儒術干⓭世主，不用，即以變化始終之論，卒以顯名。故馬效⓮千里，不必胡、代⓯；士貴成功，不必文辭⓰。孟軻守舊術，不知世務⑰，故困⑱於梁、宋。孔子能方不能圓⑲，故飢於黎丘⑳。今晚世㉑之儒勤德㉒，時㉓有乏匱㉔，言以為非，困此不行㉕。自周室以來，千有餘歲，獨有文、武、成、康㉖，如言必參一焉㉗，取所不能及而稱㉘之，猶躄㉙者能言遠不能行也。聖人異塗同歸㉚，或行或止，其趣㉛一也。商君雖革法改教，志存於彊國利民。鄒子之作，變化之術，亦歸於仁義。祭仲㉜自貶損以行權㉝，時㉞也。故小枉大直㉟，君子為之。今㊱硜硜然㊲守一道，引㊳尾生㊴之意，即晉文㊵之譎㊶諸侯以尊周室不足道㊷，而管仲蒙恥辱㊸以存亡㊹不足稱也。」

【章　旨】御史認為治國不能死守一道，要適時變通，指責孔、孟頑固不化。

【注　釋】❶割烹　切割烹飪。傳說伊尹曾當過商湯的廚師，希望以此得到進用。❷百里　即百里奚。傳說他本楚國窮人，欲入秦事秦穆公，故賣身於一位秦國人，為之餵牛，穆公聞知其賢，加以重用。❸飯　餵養。❹要　指求得任用。❺苟合　苟且結交。❻然　然後。❼與之霸王　和他們謀劃霸業王業。❽王道　以仁義治國的原則方法。❾彊國之道　不同於王道的治國方法，核心是重法治，重農業，重武力。❿卒　終於。⓫就　成。⓬鄒子　鄒衍。戰國末齊人，陰陽家代表人物。他深通陰陽變化之理，又曾提出「五德終始說」，認為與五行相應，有金、木、水、火、土五德，每一朝代代表一種德，五德的相生相剋，構成王朝的更迭，終而復始，循環往復。⓭干　求。⓮效　效力。⓯胡代　古代產良馬的地方。胡，指匈奴地區。代，古國名，秦漢時為郡，在今山西東北部及河北西北部。⓰文辭　漂亮的言辭。⓱世務　當世有關國計民生的大事。⓲困　困窘。孟子曾到過梁國（即魏國）和宋國，都得不到任用。⓳能方不能圓　指固執己見，不知變化。⓴黎丘　地名。孔子周遊列國，學說得不到實行，曾在此因斷糧挨餓。㉑晚世　近代。㉒勤德　努力修治德義。㉓時　時世；社會。㉔乏匱　指經濟困難，如前面屢次提到的「縣官用不足」。㉕困此不行　困守德義，不肯挪步。㉖文武成康　指周朝的文王、武王、成王、康王。他們是儒家心目中以德治天下的賢聖之主。㉗參一焉　在他們中參酌，取一位加以效法。㉘稱　頌揚。㉙躄　瘸腿。㉚歸　歸宿；目標。㉛趣　通「趨」。趨向。㉜祭仲　鄭國掌權大臣。鄭莊公死，為了國家的安全，暫時屈從於宋國的壓力，廢太子忽，立公子突。㉝行權　用權變。㉞時　指能根據時勢，變通行事。㉟小枉大直　小的方面不好，大的方面合乎正道。枉，彎曲。㊱今　表假設。㊲硜硜然　淺陋固執的樣子。㊳引　引申。㊴尾生　古人名。相傳他與一女子約定在橋下相會，橋下水漲，女子未來，他仍堅持等待，以致被淹死。㊵晉文　即晉文公。他曾在溫這個地方會合諸侯，召周天子以出外視察的名義赴溫，率諸侯朝見天子，盡君臣之禮。㊶譎　欺詐。㊷道　稱道；頌揚。㊸蒙恥辱　指管仲曾被魯人拘執，捆綁著送給齊桓公。㊹存亡　指管仲輔佐齊桓公，使邢、衛、杞等國免於滅亡。

【語　譯】御史說：「伊尹以從事切割烹飪來侍奉商湯，百里奚以餵牛來求得秦穆公的任用，開始的時候，他們還只是苟且地結交兩位君主，取得信任之後，才與兩位君主謀劃霸業王業。這樣一來，甚麼話不聽從？甚麼治國之道不予以實行呢？所以商鞅開始用王道向秦孝公陳說，孝公不採納，於是就改談強國之道，終於建成了功業。鄒衍以儒家學說求用於當世君主，君主們不用其說，於是就換用陰陽變化、五德終始的理論遊說諸侯，終於名揚天下。所以馬只要能效力奔馳千里就行，不一定非要是胡、代等地出產的；才士貴在能取得實際的成功，不一定要會說漂亮的言辭。孟子死守舊的一套，不懂得當世的國計民生大事，所以在魏、宋等國大受困窘。孔子固執己見，不知變通，所以在黎丘斷糧挨餓。如今的後輩儒者努力修治德義，社會出現了經濟困難，就出言否定現行的政策，困守著德義不肯挪步。可是自周王朝建立以來，一千多年中，只有周文王、武王、成王、康王稱得上以德治國的賢聖之君，如果說一定要在他們中參酌選定一位加以效法，拿人們根本趕不上的聖主來加以頌揚，這就像瘸腿的人能談論遠方但不能走到一樣。實際上，聖人們所走的道路儘管不同，但卻有著同一的目標，或者前行，或者停止，趨向都是一致的。商鞅雖然改變法令教化，意圖仍在於強國利民。鄒衍創立陰陽變化、五德終始的學說，也是以仁義為指歸的。祭仲委曲自己屈從宋國，用權變暫立公子突，這是善於根據時勢變通行事。所以小的方面不好，大的方面合乎正道，這樣的事君子是會做的。如果淺陋固執地死守一種原則方法，把尾生的見解引申擴展開來，那麼就是晉文公欺騙諸侯以抬高周王室的做法也不值得稱贊，管仲蒙受恥辱使幾個國家不致滅亡的功績也不值得頌揚了。」

文學曰：「伊尹之干湯，知聖主也；百里之歸秦，知明君也。二君❶之能知霸王，其冊❷素❸形於己，非暗❹而以冥冥❺決事也。孔子曰：『名不正則言不順，言不順則事不成。』如何其苟合而以成霸王也？君子執德秉義❻而行，故造次❼必於是❽，顛沛❾必於是。孟子曰：『居今之朝，不易其俗而成千乘之勢，不能一朝居也❿。』寧窮飢居於陋巷⓫，安能變己而從俗也⓬？闔廬⓭殺僚，公子札⓮去而之⓯延陵⓰，終身不入吳國⓱。魯公⓲殺子赤，叔眄⓳退而隱處，不食其祿。虧義得尊，枉道取容，效死⓴不為也。聞正道不行，釋事㉑而退，未聞枉道以求容也。」

【章旨】文學指出，君子應堅持德義，不可變心從俗。

【注釋】❶二君　指伊尹和百里奚。這裡的「君」是對人的尊稱。❷冊　同「策」。策略。❸素　一向；早就。❹暗　不明事理。❺冥冥　糊裡糊塗。❻執德秉義　依據德義。秉，拿著。❼造次　倉促匆忙。❽是　這。此指德義。❾顛沛　跌倒。此喻處於困境。❿居今之朝三句　見《孟子．告子下》，字句有不同。上「朝」字指朝廷，下「朝」意為早晨。易，改變。成千乘之勢，成就千乘的勢位。即當上大國的諸侯王。古代大的諸侯國擁有千乘（輛）兵車。⓫陋巷　偏僻的小巷。⓬也　原作「化」。據張之象本改。⓭闔廬　春秋末年吳國君主。一作「闔閭」。名光。他指派專諸殺死吳王僚而篡奪了王位。⓮公子札　即季札。闔廬的叔父。⓯之　往。⓰延陵　吳國地名。在今江蘇省武進縣。⓱國　都城。⓲魯公　指魯宣公。春秋時魯國君。魯文公死後，繼位的本應是太子子赤，但襄仲殺子赤而立宣公。⓳叔肸　魯宣公的弟弟。⓴效死　此指丟掉生命。㉑釋事　丟下職事；辭官。

【語譯】文學說：「伊尹求用於商湯，是因為知道商湯是聖主；百里奚投奔秦穆公，是因為知道穆公是明君。這兩位賢人知道商湯和穆公能夠建成霸業王業，他們自己的治國策略也早就形成於胸中，所以他們並不是不明事理，糊裡糊塗地決定事情。孔子說：『名分不正，說話就不順當合理，說話不順當合理，事情就不能成功。』他們怎麼會是苟且結交並藉以建成霸業王業呢？君子依據德義行事，所以在倉促匆忙時也一定不忘德義，處於困境時也一定堅持德義。孟子說過：『在今天的朝廷裡做官，如果不改變當今的不良社會風氣就能躍上大國諸侯王的寶座，這樣的官一天也不能做。』寧願貧窮飢餓居住在偏僻的小巷，怎麼能改變自己的志向而隨波逐流？闔廬殺掉吳王僚自立為王，他的叔父季札憤而離去，跑到延陵，終身不再進入吳國的都城。魯宣公殺死子赤竊居君位，他的弟弟叔肸退而隱居，不領受他的俸祿。虧損德義而得到高位，屈曲正道而博得別人歡心，君子寧死也不這樣做。我們只聽說當正道得不到施行時，就應該辭官退隱，從來沒聽說過要屈曲正道去求得別人歡心的。」

御史曰：「《論語》❶：『親於其身為不善者，君子不入❷也。』有是言而行不足❸從也。季氏❹為無道，逐其君，奪其政，而冉求、仲由❺臣焉。《禮》：『男女不授受，不交爵❻。』孔子適❼衛，因❽嬖臣❾彌子瑕❿以見衛夫人⓫，子路⓬不說⓭。子瑕，佞臣⓮也，夫子因之，非正也。男女不交，孔子見南子，非禮也。禮義由孔氏，且⓯貶道以求容，惡在其釋事而退也？」

【章 旨】御史指出，以孔子為代表的儒家人士宣揚禮義，但他們自己也並沒有按禮義行事。

【注 釋】❶論語　指《論語．陽貨》。❷入　到他那裡去。❸足　能夠。❹季氏　春秋時魯國的大貴族。自季武子開始即專權。武子之孫季平子曾將魯昭公趕出魯國。❺冉求仲由　孔子的兩位學生。季平子的孫子季康子執政專權的時候，二人做他的家臣（幫助卿大夫管理封地和家族事務的官員）。❻男女不授受二句　見《禮記．坊記》。授受，指親手遞接物品。交爵，碰杯。爵，酒杯。❼適　往。❽因　依靠。❾嬖臣　善於阿諛逢迎而受寵幸之臣。❿彌子瑕　春秋時衛靈公的寵臣。⓫衛夫人　指衛靈公夫人南子。⓬子路　即仲由。⓭說　通「悅」。⓮佞臣　善於獻媚的姦臣。⓯且　尚且。

【語 譯】御史說：「《論語》宣稱：『親身做了壞事的人，君子是不到他那裡去的。』儒家人士說出了這樣的話，在行動上卻不能遵從。季氏家族大逆不道，趕走他的國君，奪取魯國大權，而冉求、仲由竟做季氏的家臣。《禮記》規定：『男女之間不能親手遞接物品，不能相互碰杯。』可是孔子到了衛國，卻依靠寵臣彌子瑕的幫助去拜見衛靈公夫人南子，為此子路很不高興。彌子瑕是一位善於獻媚的姦臣，孔子依靠他，這不合乎正道。男女之間不能直接交往，孔子拜見南子，這有違於禮。禮義本來出自孔子，他自己尚且貶損正道以博取別人的歡心，那所謂的辭官退隱又表現在哪裡呢？」

文學曰：「天下不平，庶❶國不寧，明王之憂也。上無天子❷，下無方伯❸，天下煩亂❹，賢聖之憂也。是以堯憂洪水，伊尹憂民，管仲束縛❺，孔子周流❻，憂百姓之禍而欲安其危也。是以負鼎俎❼、囚拘❽、匍匐❾以救之。故追亡❿者趨⓫，拯溺⓬者濡⓭。今民陷⓮溝壑⓯，雖欲無濡，豈得已⓰哉？」

御史默不對⓱。

【章　旨】文學認為，明主賢士應憂國憂民，為拯救國家和百姓的危難不惜吃苦受辱。

【注　釋】❶庶　眾。❷上無天子　指雖有天子，但不能安民治天下，有就像沒有一樣。❸方伯　能威震一方的諸侯領袖。❹煩亂　混亂。❺束縛　捆綁。指管仲輔公子糾敗，被魯人拘執，捆綁著送給齊桓公。❻周流　周遊。孔子為了實現自己的政治主張，曾周遊各諸侯國。❼負鼎俎　說的是伊尹。史載他曾「負鼎俎，以滋味說湯」。負，背。鼎，烹煮用的鍋。俎，切菜用的砧板。❽囚拘　拘禁。說的是管仲。❾匍匐　竭盡全力（奔走各國）。說的是孔子。❿亡　逃走。⓫趨　快走。⓬溺　落水。⓭濡　沾溼。⓮陷　掉進。⓯壑　山谷。⓰已　罷休。⓱對　回答。

【語　譯】文學說：「天下不太平，各國不安寧，這是聖明的天子所憂慮的事情。上面沒有能治世安民的天子，下面沒有能威震一方的諸侯領袖，天下混亂，這是賢人聖人引以為憂的。所以堯帝因洪水而憂愁，伊尹為百姓而焦慮，管子不顧被捆綁的恥辱，孔子周遊各國，他們都是憂慮百姓的禍患，想使百姓轉危為安。所以他們或背著鍋和砧板，或忍受被囚的恥辱，或竭盡全力奔走，這樣來救世救民。當別人逃走時，去追趕的人必須快跑，別人落水時，去援救的人免不了要沾溼衣服。現在人民就像掉進了深溝巨谷一樣，我們即使想不沾溼衣服，怎麼能辦得到呢？」

御史默然，沒有作答。

憂邊第十二

【題解】上篇文學提到明主賢士應憂國憂民，此篇的論辯便由大夫導引到憂慮邊防的問題上來；由籌措邊防費用，爭論的焦點又對準了鹽鐵、酒榷、均輸等官營事業。大夫指出，要鞏固邊防，體恤征戰在外的戰士，就必須多方籌措費用，因此，興辦鹽鐵等官營事業，是十分必要的，是憂國憂民的具體表現；官營事業由來已久，繼續辦下去並加以發展，是忠孝之舉。文學則認為，憂慮邊防，應該採取正確的策略，正確的策略不是以武力征討，而是以德安撫；治理國家，無論對內對外，都要掌握仁政這個根本；各項官營事業雖創自武帝，但都屬於末道，沿之不改，算不上忠孝，應堅決予以廢止。

大夫曰：「文學言：『天下不平，庶國不寧，明王之憂也。』故王者之於天下，猶一室之中❶也，有一人不得其所，則謂❷之不樂。故民沉溺❸而弗救，非惠❹君也；國家有難而不憂，非忠臣也。夫守節死難❺者，人臣之職也；衣食飢寒❻者，慈父之道也。今子弟遠勞於外❼，人主為之夙夜不寧，群臣盡力畢議❽，冊❾滋❿國用。故少府⓫丞令請建酒榷，以贍⓬邊，給⓭戰士，拯救民於難也。為人父兄者豈可以已⓮乎？內省衣食以卹⓯在外者，猶未足，今又欲罷諸用⓰，減奉⓱邊之費，未可為慈父賢兄也。」

【章　旨】大夫從父慈兄賢、君仁臣忠立論，說明無論從哪個方面看，都應該千方百計籌措經費，供應邊防之用。

【注　釋】❶一室之中　指同在一室飲酒。據《漢書・刑法志》，漢代通行這樣的說法：如果滿廳堂的人都在飲酒，獨有一個人面對牆角而悲泣，那麼滿堂的人都會因此而心情黯淡；君王對待天下，也與這種同堂喝酒的情形相同，假如有一個人得不到公平待遇，君王的心裡就會感到憂悶。❷謂　古與「為」通用。❸沉溺　掉進水中。沉，原作「流」，從楊樹達說改。❹惠　仁慈。❺死難　為國家和君王的災難而獻出生命。❻衣食飢寒　寒時供給衣穿，飢時供給食物。「衣」、「食」皆用為動詞。❼遠勞於外　指在遙遠的邊地征戰。❽畢議　呈上所有的計議。畢，盡。❾冊　同「策」。籌劃。❿滋　增加。⓫少府　秦漢時管理皇室財政和宮廷總務的官員，為九卿之一。其屬官有六丞及眾多名目的官令丞。⓬贍　供應。⓭給　供給。⓮已　停止。指不管。⓯卹　周濟。⓰諸用　指鹽鐵、均輸、酒榷等官營事業。⓱奉　供給。

【語　譯】大夫說：「誠如你們文學所言：『天下不太平，各國不安寧，這是聖明的天子所憂慮的事情。』所以君王對待天下，就像同在一室之中喝酒一樣，同室喝酒，如有一人悲泣，則滿室的人都會心情黯淡，對君王來說，如果有一個人不能安居樂業，他就會因此而悶悶不樂。因此，人民遇到災難不加拯救，這就不是仁慈的君主，國家有難而不憂慮，這就不是忠臣。保持節操，為國家和君主的危難不惜獻身，這是臣下應盡的職責；兒女寒冷時供給衣穿，飢餓時供給食物，這是慈父應做的事情。現在，子弟們在遙遠的邊地辛苦征戰，君王為此日夜不安，群臣也竭盡全力，拿出能想到的所有辦法，籌劃增加國家的財用。於是少府屬下的丞令請求設立酒類專賣制度，以供應邊防費用，供給戰士的需要，把人民從災難中拯救出來。對子弟的事情，做父兄的怎麼可以不管呢？人們在內地節衣縮食以周濟在外征戰的戰士，還是不能滿足需要，現在你們又想取消各種官營事業，減少供應邊防的經費，這算不上是慈愛的父親、賢明的兄長啊。」

文學曰：「周之季末❶，天子微弱，諸侯力政❷，故國君不安，謀臣奔馳。

何者？敵國眾而社稷❸危也。今九州❹同域❺，天下一統，陛下優遊❻巖廊❼，覽❽群臣極言至論❾，內詠〈雅〉、〈頌〉❿，外鳴和鑾⓫，純⓬德粲然⓭，並⓮於唐、虞，功烈⓯流於子孫。夫蠻貊⓰之人，不食之地⓱，何足以煩慮而有戰國之憂哉？若陛下不棄，加⓲之以德，施之以惠，北夷⓳必內向，款塞⓴自至，然後以為胡制於外臣㉑，即匈奴沒齒㉒不食其所言㉓矣。」

【章　旨】文學指出，處於天下一統的時代，對少數民族不必征伐，應以德安撫。

【注　釋】❶季末　末世。❷力政　以武力相征伐。政，與「征」通。❸社稷　國家。❹九州　傳說禹治水後分全國為九個州。此指全國。❺同域　處於同一疆界內。亦即統一之意。域，疆界。❻優遊　悠閒自在。❼巖廊　宮殿中高峻的走廊。此代指朝廷。❽覽　兼指傾聽和閱看。❾極言至論　懇切直率、毫不隱諱的諫阻言論。至，盡。❿雅頌　《詩經》中的詩歌分為「風」、「雅」、「頌」三大類，「雅」、「頌」兩類的多數作品歌頌賢人聖主的功德，體現了「禮治」、「德治」精神。⓫和鑾　古代車馬上的鈴。和鈴安在車廂前用作扶手的橫木上，鑾鈴掛在馬嚼子兩邊。車行時和鑾鳴聲相應，和諧悅耳。⓬純　純正。⓭粲然　鮮明燦爛的樣子。⓮並　相並列。⓯烈　功業。⓰蠻貊　泛指少數民族。⓱不食之地　不能耕種以取食的地方。⓲加　施加。⓳北夷　指北方的匈奴。⓴款塞　敲打關塞之門。款，敲打。㉑然後以為胡制於外臣　王佩諍《鹽鐵論札記》引王氏的說法，認為「胡制於」三字可能是誤增的字，說可從。外臣，指向宗主國稱臣的附屬國君主。㉒沒齒　終身。㉓不食其所言　不違背他們的諾言。言，原作「用」，據郭沫若《鹽鐵論讀本》改。

【語　譯】文學說：「周王朝末年，天子的勢力十分微弱，諸侯以武力互相征伐，所以各國君主都惶恐不安，謀臣四處奔走。這是甚麼原因呢？這是因為敵對的國家眾多，社稷經常處在危險之中。現在九州處於同一疆界之內，天下統一，陛下悠閒自在地高居朝廷之上，傾聽和閱看群臣懇切直率的諫阻言論，在宮內吟詠體現德治的〈雅〉、〈頌〉，出外時和鈴鑾鈴鳴聲悅耳，美德光輝燦爛，可以與唐堯、虞舜相比，功業將流傳子孫，遺惠後代。那些落後的少數民族，不能耕種的荒涼地方，哪裡值得為之煩悶操心而有戰國時代那種憂慮呢？如果陛下不嫌棄他們，對他們施加仁德，給與他們恩惠，那麼，匈奴一定會心向漢朝廷，自動敲打關塞之門前來歸順。這樣之後把他們作為外臣，他們就永遠也不會違背自己歸順的諾言了。」

大夫曰：「聖主思中國❶之未寧，北邊之未安，使故❷廷尉❸評❹等問人間❺所疾苦，拯恤貧賤，周贍❻不足。群臣所宣明王之德，安宇內❼者，未得其紀❽，故問諸生。諸生議不干天則入淵❾，乃欲以閭里❿之治而況⓫國家之大事，亦不幾⓬矣。發⓭於畎畝⓮，出於窮巷⓯，不知冰水之寒，若醉而新寤⓰，殊⓱不足與言也。」

【章旨】大夫譏刺儒生言論脫離實際，不懂國家大事，認為不值得與之談論。

【注釋】❶中國　指內地。❷故　前任。❸廷尉　秦漢時中央政府九卿之一，主管司法。❹評　古通「平」。漢昭帝始元元年，曾派遣前任廷尉王平等五人赴各地考察吏治民情。此「評」即指王平。❺人間　民間。❻周贍　周濟。❼宇內　天下。❽紀　綱領。❾不干天則入淵　喻說話不切合實際。干，接觸。❿閭里　古代曾以二十五家為一閭或一里。此泛指基層行政單位。⓫況　比擬。⓬幾　接近；達到。凡達到目的或實現希望則謂之「幾」。⓭發　起身。⓮畎畝　田間水溝和田壟。此指農村。⓯窮巷　偏僻的小巷。⓰寤　醒。⓱殊　很。

【語譯】大夫說：「聖明的君主掛念內地還不安寧，北部邊境還不太平，於是派遣前任廷尉王平等五人赴全國各地，詢問民間所痛恨和引以為苦的事情，救助貧苦的窮人，周濟不足的百姓。群臣在用來宣揚明王的美德、安定天下的方法方面，還不得要領，所以向各位儒生請教。誰知你們儒生發表議論不是上觸高天就是下入深淵，竟想把治理一閭一里與處理國家大事相提並論，真照這樣做的話，必定達不到將國家大事處理好的目的。你們儒生起身於俗陋的農村，來自偏僻的小巷，不知道冰水的寒冷，像大醉剛醒一樣迷迷糊糊，實在很不值得與你們談論問題。」

文學曰：「夫欲安民富國之道❶，在於反❷本❸，本立而道❹生。順天之理❺，因❻地之利，即不勞❼而功成。夫不修❽其源而事其流，無本以統之，雖竭精神，盡思慮，無益於治。欲安之適❾足以危之，欲救之適足以敗之。夫治亂之端❿，在於本末而已，不至勞其心而道⓫可得也。孔子曰：『不通於論⓬者難於言治，道不同者不相與謀。』今公卿意有所倚⓭，故文學之言不可用也。」

【章旨】文學指出，治國安民應掌握仁政這個根本。

【注釋】❶道　指途徑。❷反　同「返」。❸本　根本。此指仁政。❹道　指一整套的原則方法。❺理　規律。❻因　依賴。❼勞　辛勞。❽修　修治；下功夫。❾適　恰。❿端　關鍵。⓫道　指政治主張。⓬論　理論。此指仁政理論。⓭倚　偏。

【語譯】文學說：「想使國家和人民富裕安寧，其途徑就在於回到仁政的根本上來，根本確立了，相應的整套原則方法也就產生了。順應天氣時令的規律，依賴土地的有利條件，就可以不必很辛苦而建成大功。不在根源上下功夫卻在末流上花力氣，沒有根本來統攝全局，即使耗盡精神，用盡思慮，也對治理國家毫無補益。想使國家和人民安定卻恰恰足以使之陷入危險，想拯救國家和人民卻恰恰足以將國家和人民推上絕路。這樣看來，國家是太平還是混亂，關鍵在於本末關係的處理而已，只要掌握了根本，不至於費心勞神而政治主張就可以實現。孔子說：『不懂得仁政理論的人難於和他談論治國治民之事，政治主張不同的人不在一起謀劃商量。』現在你們這些高級官員存有偏見，所以認為我們文學的言論不可採用。」

大夫曰：「吾聞為人臣者盡忠以順職❶，為人子者致❷孝以承業。君有非❸則臣覆蓋之，父有非則子匿逃❹之。故君薨❺，臣不變君之政；父沒❻，則子不改父之道❼也。《春秋》譏毀泉臺❽，為其隳❾先祖之所為而揚君父❿之惡也。今鹽鐵、均輸，所從來久矣，而欲罷之，得無⓫害先帝⓬之功而妨聖主⓭之德乎？有司倚於忠孝之路，是道殊而不同於文學之謀也。」

【章　旨】大夫指出，繼承武帝創立的各項官營事業，是忠孝之舉。

【注　釋】❶順職　盡職。❷致　盡。❸非　過錯。❹匿逃　隱藏逃避。此指隱瞞。❺薨　古代國君去世，不稱死而稱薨，以示尊崇。❻沒　去世。❼道　指為人處事的原則。❽春秋譏毀泉臺　春秋時，魯莊公修築了一座取名為泉臺的高臺，下臨百姓洗衣洗物的水泉，不合於禮。魯文公時，將臺拆除。《春秋》記載了毀臺之事，《公羊傳》認為，《春秋》的記載是含有譏刺的，因為莊公是文公的祖父，泉臺雖不合於禮，但文公只要不再使用，任其自己毀壞就可以，不應予以拆除。❾隳　毀壞。❿君父　於國為君，於家為長輩，故稱君父。⓫得無　豈不是。⓬先帝　指漢武帝。⓭聖主　指漢昭帝。

【語　譯】大夫說：「我聽說做臣屬的應該竭盡忠誠，履行職責，做兒子的應該竭盡孝道，繼承家業。君王有了過失，臣下就應該為之遮掩，父親有了錯誤，兒子就應該為之隱瞞。所以君王死了，臣下不改變君王舊有的那套政策方針；父親去世了，那麼兒子仍舊奉行父親的為人處事之道。《春秋》譏刺魯文公拆除泉臺，是因為他毀壞先祖所修築的東西而張揚了君王長輩的劣行。現在鹽鐵、均輸這些官營事業，由來已經很久了，而你們想廢止它們，這豈不是會毀壞武帝的功業而妨害當今聖主的美德嗎？我們這些朝廷官員所偏向的是忠孝的道路，這確實是政治主張有別，與你們文學的謀略大不相同。」

文學曰：「明者因時而變，知❶者隨世而制❷。孔子曰：『麻冕，禮也，今也純，儉，吾從眾❸。』故聖人上❹賢❺不離古，順俗而不偏宜❻。魯定公序昭穆❼，順祖禰❽，昭公廢卿士❾，以省事節用，不可謂變祖之所為，而改父之道也。二世❿充大阿房⓫以崇⓬緒⓭，趙高⓮增累⓯秦法以廣威，而未可謂忠臣孝子也。」

【章旨】文學認為，當變更則應變更，當變不變，算不上忠孝。

【注釋】❶知　同「智」。❷制　指制定策略。❸麻冕五句　出《論語・子罕》。麻冕，古代用麻布做的一種禮帽。純，絲綢。儉，省儉。做麻冕的麻布，要用二千四百根麻線織成，很費工，不如用絲綢製禮帽省約。❹上　同「尚」。崇尚。❺賢　善；好的。❻偏宜　偏執於某一點，一定以為它適宜。❼序昭穆　排定昭穆的次序。昭穆，古代宗廟制度，始祖廟居中，以下父為昭，子為穆，遞相排列。昭居左，穆居右。❽順祖禰　擺順祖禰的先後。祖，指祖廟。禰，指父廟。古代在理論上，各受祭的先人在宗廟中都分建有一廟。魯文公二年舉行祭祀時，將他的父親僖公排到閔公的前面。僖公雖是閔公的異母兄，但當國王卻是在閔公之後，他繼閔公為君，性質與子繼父位相同，在宗廟中，他的位次理應在閔公之下，而閔公對文公來說，就如祖父一般。文公顛倒次序是不合法的。過了幾代，到魯定公，才重將閔公擺到僖公前，糾正了文公的做法。❾廢卿士　古時大諸侯國允許設立上、中、下三軍，每軍設卿、士各一人。魯國原設三軍，後衰弱，僅設二軍。到魯襄公時，復設置三軍。襄公之子昭公繼位，又取消中軍。此「廢卿士」即指取消統帥中軍的中卿、中士。❿二世　指秦二世皇帝。⓫阿房　秦始皇開始修建的宮殿，始皇死時還未完工，秦二世立，繼續修築。⓬崇　加高；發展。⓭緒　前人未完成的功業。⓮趙高　秦宦官。二世立，寵信趙高，讓他增修法令，他唆使二世大肆殺戮。⓯增累　增加。

【語　譯】文學說：「明智的人依據時勢而作相應的變化，聰慧的人隨著社會的變遷而制定策略。孔子說：『禮帽用麻布製作，這是禮的規定，現在大家都改用絲綢製作，很儉省，我順從大家。』所以聖人崇尚好的東西而不背離古道，順從時俗而不偏執一端。魯定公排列昭穆的次序，把文公顛倒了的祖廟父廟位次重新擺順，魯昭公廢除父親增設的中卿中士以減少政事節約費用，這些都不能說是改變祖先的所作所為而背離父親的為人處事之道。秦二世擴充阿房宮以發展始皇未完成的事業，趙高增加秦朝的法令以提高威信，但並不能把他們稱為忠臣孝子。」

卷三

園池第十三

【題解】「園」是種植蔬菜瓜果的地方，「池」指池塘。但此處「園池」二字實總括漢代習稱的「山川園池」各項。西漢時期，國家財政與皇室財政分立，前者由大司農掌管，後者由少府掌管。山川園池收入屬皇室財政。具體說來，山川園池範圍極廣，包括山嶺草原、江河湖海、沼澤池塘、種植蔬菜瓜果的園圃、畜養禽獸並種植花木的苑囿、皇室占有的公田牧場。其中山澤產品中的鹽鐵，徵稅時歸皇室財政，實行專賣後則劃歸國家財政。公田一項，情況也較複雜，除少府掌握有公田外，大司農的國家財政系統也有公田。本篇的爭論即以山川園池為主要對象。大夫指出，朝廷統一管制山川園池，實行鹽鐵專賣，廣開財路，經費仍感不足，因此，絕不能取消統一管制和專賣等政策。文學則認為，應反對奢侈浪費，致力於耕織大業，將山川園池還歸百姓，取消鹽鐵專賣。

大夫曰：「諸侯以國❶為家，其憂在內；天子以八極❷為境，其慮在外。故宇❸小者用❹菲❺，功❻巨者用大。是以縣官❼開❽園池，總❾山海，致❿利以助貢賦⓫；修溝渠，立諸農⓬，廣田牧⓭，盛苑囿⓮。太僕⓯、水衡⓰、少府、大農，歲課⓱諸入，田牧之利，池籞⓲之假⓳，及北邊置任⓴田官，以贍㉑諸用，而猶未足。今欲罷之，絕其源，杜其流㉒，上下㉓俱殫㉔，困乏之應㉕也。雖好省事節用，如之何其可也？」

【章旨】大夫指出，朝廷廣開財路，仍感經費不足，因此不能取消統一管制山川園池的政策，堵塞各種生財之道。

【注釋】❶國　封國。❷八極　八方的終極之處。❸宇　疆土。❹用　費用；花費。❺菲　薄；少。❻功　功業；事業。❼縣官　指朝廷。❽開　開設。❾總　統一控制。❿致　招致。⓫助貢賦　指補助賦稅的不足。⓬諸農　漢武帝時，水衡都尉、少府、太僕、大司農四個部門都設有農官。⓭田牧　耕地和牧場。⓮苑囿　畜養禽獸並種植花木的地方。無牆的叫苑，有牆的叫囿。⓯太僕　官名。秦漢時朝廷九卿之一，掌管皇帝車馬和馬政。⓰水衡　即水衡都尉。漢武帝始置，掌管上林苑，兼保管皇室財物及鑄錢。⓱課　徵收。⓲籞　用竹籬笆圈起來，禁止百姓入內的禁苑。⓳假　出租。此指出租池苑收取的佃租。⓴置任　設置任命。㉑贍　供給。㉒杜其流　堵塞財貨的流通。㉓上下　指國家和人民。㉔殫　枯竭。㉕應　響應；隨之而來。

【語譯】大夫說：「諸侯王把封國當作自己的家，他憂慮的是國內的事；天子把八方的終極作為邊境，他憂慮的是境外的事。所以疆域小的花費少，事業大的開支多。因此朝廷開設園池，統一控制山海資源，獲取財利來補助賦稅的不足；修築溝渠，在各部門設置農官，擴大耕地牧場面積，開闢眾多的苑囿。太僕、水衡都尉、少府、大司農等，每年徵收各種收入，其中有耕地和牧場的收益，出租池苑收取的佃租，以及北部邊境設置田官徵得的租稅，這些收入都用來供應各種費用，還是不夠。現在你們儒生卻想取消這些，斷絕收入的來源，堵塞財物流通的渠道，這樣一來，國家和百姓的財源就都會陷入枯竭，整個社會的貧困匱乏也就會隨之而來。我們雖然也喜歡省減事務、節約費用，但又怎麼能實際地去這樣做呢？」

文學曰：「古者制地❶足以養民，民足以承❷其上。千乘之國❸，百里之地❹，公侯伯子男各充❺其求，贍❻其欲。秦❼兼萬國之地，有四海之富，而意不贍，非宇小而用菲，嗜欲多而下不堪其求也。語曰：『廚有腐肉，國有飢民，廄有肥馬，路有餧人❽。』今狗馬之養❾，蟲獸之食❿，豈特腐肉肥馬之費哉？無用之官，不急之作⓫，服⓬淫侈之變，無功而衣食縣官者眾，是以上不足而下困乏也。今不減除其本⓭而欲贍其末⓮，設機利⓯，造田畜⓰，與百姓爭薦草⓱，與商賈爭市利⓲，非所以明主德而相國家也。夫男耕女績⓳，天下之大業也。故古者分地⓴而處之㉑，制田畝而事之㉒，是以業㉓無不食之地，國無乏作㉔之民。今縣官之㉕多張㉖苑囿、公田㉗、池澤，公家有鄣假㉘之名，而利歸權家。三輔㉙迫近於山、河㉚，地狹人眾，四方並湊，粟㉛米薪㉜菜，不能相贍㉝。公田轉假㉞，桑榆菜果不殖㉟，地力不盡。愚㊱以為非。先帝之開苑囿、池籞，可賦歸㊲之於民，縣官租稅㊳而已。假稅㊴殊名，其實一也。夫如是，匹夫㊵之力盡於南畝㊶，匹婦之力盡於麻枲㊷。田野闢，麻枲治，則上下俱衍㊸，何困乏之有矣？」

大夫默然，視其丞相、御史。

【章　旨】文學反對奢侈浪費，反對統一管制山川園池和興辦官營事業，主張將山川園池歸還給百姓。

【注　釋】❶制地　規定農民應得的土地。❷承　奉養。❸千乘之國　有一千輛戰車的大諸侯國。此泛指諸侯國。❹百里之地　古分封諸侯，有公、侯、伯、子、男五等，公、侯受封的國土一百里見方，伯七十里見方，子、男五十里見方。此「百里之地」是對各等諸侯王封地面積的概略說法。❺充　滿足。❻贍　滿足。❼秦　指秦朝。❽廚有腐肉四句　語本《孟子・梁惠王上》，字句略有不同。廄，馬棚。餧，同「餒」。飢餓。❾狗馬之養　漢代宮廷裡設有掌管飼養訓練獵犬的狗監。太僕手下所養的戰馬，皇帝用馬數量巨大。❿蟲獸之食　漢代廣闢苑囿畜養禽獸，其中有人工餵養成分。蟲，泛指動物。⓫作　勞作。此指各種土木工程。⓬服　熟習；慣於。⓭本　指造成上下困乏的根源。⓮末　指奢侈浪費的需要。⓯設機利　興辦投機取利的事業。指各種官營事業。⓰造田畜　開闢耕地牧場。田畜，同上文「田牧」。⓱薦草　牲畜所食的草。⓲市利　買賣之利。⓳績　紡織。⓴分地　劃分區域。㉑處之　讓百姓居住。之，與下句「之」皆指百姓。㉒事之　使百姓從事耕種。㉓業　指農民所得土地。㉔乏作　無事可做。㉕之　王先謙認為是多出的字。㉖張　設置。㉗公田　相對於所有權歸私人的土地而言。漢代公田有屬國家財政的，由大司農掌管，有屬皇室財政的，由少府、水衡都尉掌管。㉘鄣假　鄣指封禁，假指出租。㉙三輔　漢代將京師及附近地區劃分為京兆尹、左馮翊、右扶風三個郡級政區，稱為三輔，即今以西安市為中心的陝西中部地區。㉚山河　指華山、黃河。㉛粟　小米。㉜薪　柴禾。㉝贍　供應。㉞轉假　向政府租得公田，又轉租給他人，以收取高額佃租。㉟殖　生長茂盛。㊱愚　文學謙稱自己。㊲賦歸　給還。這是指將土地所有權交給百姓，將水域對百姓開放。㊳租稅　指收取土地稅和水產稅。這些稅性質不同於出租土地和水域所收取的租。㊴假稅　假指出租土地和水域收取的租，稅指向私有土地的主人和在開放水域從事生產的人徵收的土地稅、水產稅。漢代假與稅輕重可能相等，故下句說「其實一也」。㊵匹夫　常與「匹婦」連用，指普通人。㊶南畝　泛指田地。㊷枲　大麻的雄株。㊸衍　富足。

【語　譯】文學說：「古時候規定百姓應得的土地，其面積足供養活百姓之用，百姓也足以奉養上面的官吏。

諸侯國有一千輛戰車，百里見方的封地，公、侯、伯、子、男五等諸侯王的需求和欲望都能得到滿足。秦朝兼并了所有國家的土地，擁有整個天下的財富，但心裡還感到不滿足，這並不屬於疆域小而花費少的情況，而是因為處於上位的人欲望太多，百姓實在承擔不了他們的需求。有這樣幾句話，說：『廚房裡有腐臭變質的肉，國內卻有忍飢挨餓的百姓，馬棚裡有肥壯的馬，路上卻有飢餓的人。』現在狗馬的豢養，禽獸的飼餵，哪裡只是腐肉肥馬那樣的花費呢？多餘無用的官職，不急需的土木工程，慣於追隨淫靡奢侈潮流的人，沒有功勞卻依賴國家生活的人，這一切又都非常之多，因此朝廷費用不足而百姓生活困乏。現在不致力消除造成上下困乏的根源，反而想滿足奢侈浪費的需要，興辦投機取利的事業，開闢耕地牧場，與百姓爭奪牧草，與商人爭奪買賣之利，這並不是用來彰明君主的美德而輔佐國家治理的正確辦法。男耕女織，是天下的大事業。所以古時候劃分區域讓百姓居住，規定百姓應得的土地讓他們從事耕種，這樣一來，百姓手中沒有不能耕種的薄地，國家沒有無事可做的遊民。現在政府大量設置苑囿、公田、池澤，政府方面有封禁出租的名義，但利益卻落到執掌實權的官吏手中。以京師為中心的三輔地區靠近華山和黃河，地域狹小，人口眾多，全國各地的人都向這裡匯聚，糧食、柴禾、蔬菜都不能得到充足的供應。公田有轉手出租的情形，桑樹、榆樹、蔬菜、水果生長不好，地力沒有充分發揮出來。我認為這些都是不好的。先帝開設的苑囿池澤，可以還給百姓，政府收取土地稅和水產稅就行了。出租土地水域收取的租與土地稅水產稅名稱雖不同，但對朝廷來說，實際收益是一樣的。像這樣，男的就會盡心盡力在田地上勞作，婦女就會盡心盡力從事紡麻織布。田野得到開闢，絲麻得到治理，那麼國家和百姓就都會富足，哪裡會有甚麼困乏呢？」

大夫默默無言，看著丞相、御史。

輕重第十四

【題　解】「輕重」是我國古代的一種經濟理論和政策，其主要內容是要求國家干預經濟，藉調節物資供求關係來控制物價，打擊富商大賈的投機活動，穩定社會，增加國家的財政收入。具體做法是國家在市場物價低（即所謂「輕」）時購進物品，在市場物價高（即所謂「重」）時賣出。歷史上，管仲被認為是善於用輕重的策略富國的代表人物，此篇涉及到對管仲所作所為包括「行輕重之變」的評價，故以「輕重」二字為篇名。篇中的論爭實際上是圍繞鹽鐵官營等經濟政策的評價問題進行的。御史對桑弘羊奉行管子之術，實施鹽鐵官營等一系列經濟政策進行了充分肯定，贊揚桑弘羊的所作所為促進了貨物流通，取得了富國富民的實效，使當時巨量的軍費需求得到了充分供應。文學則否定管仲的作為，批評桑弘羊的經濟政策未能富國安民，反而使國家財力衰弱，百姓貧困痛苦，社會貧富懸殊進一步拉大。對桑弘羊支持武帝開邊拓土，文學也加以指責，認為這不是明智之舉，它帶來的是內地和邊疆財物一併空虛的惡果。

御史進曰：「昔太公封於營丘❶，辟❷草萊而居焉。地薄人少，於是通利末❸之道，極❹女工❺之巧。是以鄰國交❻於齊，財畜❼貨殖❽，世為彊國。管仲相桓公，襲先君之業，行輕重之變，南服彊楚而霸諸侯。今大夫君❾修❿太公、桓、管之術，總一鹽鐵，通山川之利而萬物殖。是以縣官用饒足，民不困乏，本末並利，上下俱足，此籌計⓫之所致，非獨耕桑農業也。」

【章　旨】御史指出，桑弘羊奉行齊國歷代成功的強國之術，發展工商業，制定各項官營政策，收到了富國富民的效果。

【注　釋】❶營丘　古地名。在今山東省淄博市臨淄北。周武王時，姜太公受封於齊，建都於此。❷辟　開墾。❸利末　指工商業。❹極　盡。❺女工　指婦女所做的紡織、縫紉、刺繡等事。❻交　交易。❼畜　同「蓄」。❽殖　增殖；增加。❾大夫君　對桑弘羊的尊稱。❿修　奉行。⓫籌計　籌劃、計謀。指制定鹽鐵官營、酒類專賣、均輸等經濟政策。

【語　譯】御史移步向前說：「從前姜太公被封在營丘，開墾荒地而居住在那裡。當時那一帶土地瘠薄，人民稀少，於是太公開通發展工商業的道路，充分發揮婦女手工製作的技巧。因此鄰近各國都與齊國互通貿易，齊國財富蓄積，貨物增加，世世代代均為強國。管仲輔佐齊桓公，承襲先王的事業，施行輕重變化的策略，南邊征服了強大的楚國，成為諸侯的霸主。現在桑大夫奉行姜太公、齊桓公、管仲的治國方法，統一控制鹽鐵，開通山川的財利，使得各種貨物大幅度增加。所以，政府的財用豐足，人民不困乏，農業和工商業都得到推動，國家和民眾都很富裕。這些都是由籌劃制定官營政策所導致的，並不只是依賴耕種養蠶的農業生產。」

文學曰：「禮義者國之基也，而權利❶者政之殘❷也。孔子曰：『能以禮讓為國乎？何有❸？』伊尹、太公以百里❹興其君，管仲專❺於桓公，以千乘之齊而不能至於王❻，其所務❼非也。故功名隳壞而道不濟❽。當此之時，諸侯莫能以❾德，而爭於公利❿，故以權⓫相傾。今天下合為一家，利末惡⓬欲行？淫巧⓭惡欲施？大夫君以心計⓮策國用，構諸利⓯，參⓰以酒榷，咸陽、孔僅增以鹽鐵，江充⓱、楊可⓲之等，各以鋒銳⓳，言利末之事析秋毫⓴，可為㉑無間㉒矣。非特管仲設九府㉓，徼㉔山海也。然而國家衰耗，城郭空虛。故非崇仁義無以化民，非力本農無以富邦也。」

【章　旨】文學否定管仲的作為，指出桑弘羊等人的經濟措施導致了國家的貧弱，強調仁義和農業的重要。

【注　釋】❶權利　以權詐取利。❷殘禍　禍害。❸能以禮讓為國乎二句　出《論語・里仁》。何有，還有甚麼困難呢。❹百里　指商湯和周文王做諸侯時百里見方的封地。❺專　專信。❻王　稱王天下。❼務　努力從事。❽濟　成功。❾以　用。❿公利　即功利。經濟方面的功效和利益。公，與「功」通用。⓫權　權詐。⓬惡　何必。⓭淫巧　奇巧的手工製作。針對上文「極女工之巧」而言。⓮心計　不用計算工具，僅以心算。史稱桑弘羊擅長心算。⓯構諸利　設立各種謀利項目。構，構造；設置。利，原作「侯」，從馬非百《鹽鐵論簡註》之說改。⓰參　加上。⓱江充　漢時邯鄲人。武帝時擔任直指繡衣使者，負責督捕三輔地區盜賊，查禁奢侈越級行為。凡貴戚近臣奢侈越級者，他都嚴加處罰，沒收其車馬，罰去充軍。貴戚子弟紛紛哀求武帝，願交錢為其父兄贖罪，結果朝廷得錢數千萬作軍費。⓲楊可　漢武帝時人。漢代徵收算緡錢，這是一種財產稅，到武帝時，其徵收對象十分廣泛。武帝還推行告緡政策，使楊可主持其事。告緡指商賈富豪平民對自己的財產隱瞞不報或呈報不實的，他人得告發，官府對被告發人的全部財產予以沒收，將其一半獎給告發人。楊可推行此事甚力，被告發的人遍於天下。⓳鋒銳　指處事尖刻嚴厲。⓴秋毫　鳥獸身上秋天新長出的細毛。喻細微。㉑為　同「謂」。㉒間　間隙；漏洞。㉓九府　九個掌管財物貨幣的機構。㉔徼　管理。此指統一控制。

【語　譯】文學說：「禮義是國家的根基，而以權詐謀利是政治的禍害。孔子說過：『能夠用禮讓來治理國家嗎？如果能夠，那還會有甚麼困難呢？』伊尹、姜太公以他們君主百里見方的封地為依託，使他們的君主興盛起來，管仲得到齊桓公的專信，憑藉著有一千輛戰車的強大齊國卻不能使桓公稱王天下，這是因為他的所作所為不正確。因此他的功名毀壞，政治主張不能成功。在那個時候，諸侯沒有誰能夠用德義治國，都把注意力放到財利的爭奪上，因此施用權詐互相傾軋。現在天下已經統一，工商末利的追求還有甚麼必要呢？婦女的奇技淫巧何必還想讓它繼續施展呢？桑大夫憑著高超的心算技巧籌劃國家的財用，設立各種謀利項目，又實行酒類專賣，東郭咸陽、孔僅二人復增設鹽鐵官營，江充、楊可之流，辦事都尖刻嚴厲，這些人談起工商財利，都分析得非常仔細，可以說是毫無漏洞。這已經不只是像管仲那樣設置九個掌管財物貨幣的機構，統一控制山海資源了。然而國家衰落貧弱，城市貨物空虛。由此看來，不崇尚仁義就無法教化百姓，不努力發展農業就無法使國家富足。」

御史曰：「水有猵獺❶而池魚勞，國有強禦❷而齊民❸消。故茂林之下無豐草，大塊❹之間無美苗。夫理國之道，除穢❺鋤豪，然後百姓均平，各安其宇❻。張廷尉❼論定❽律令，明法以繩❾天下，誅姦猾，絕并兼之徒，而強不凌❿弱，眾不暴⓫寡。大夫君運籌策⓬，建⓭國用；籠⓮天下鹽鐵諸利，以排⓯富商大賈；買官贖罪，損有餘，補不足，以齊⓰黎民。是以兵革⓱東西征伐，賦斂⓲不增而用足。夫損益之事，賢者所覩，非眾人之所知也。」

【章　旨】御史贊揚張湯嚴明法紀，鋤強扶弱，贊揚桑弘羊致力官營事業，損有餘補不足。

【注　釋】❶猵獺　即水獺，棲息水邊，捕食魚類。猵是獺的一種。❷強禦　豪強。❸齊民　善良的平民。❹大塊　指未弄碎的大硬土塊。❺穢　指雜草。❻宇　房屋。此與「居」義同。❼張廷尉　張湯。漢武帝時人。曾任太中大夫，後升任主管司法的廷尉，直當到御史大夫。❽論定　編次確定。指整理修訂。論，編次。❾繩　約束。❿凌　欺凌。⓫暴　施暴。⓬運籌策　籌謀策劃。⓭建　設立；措辦。⓮籠　壟斷。⓯排　排斥打擊。⓰齊　平均。⓱兵革　兵器和鎧甲。此代指軍隊。革，皮。古鎧甲以皮製成。⑱賦斂　賦稅。

【語譯】御史說：「水中有猵獺，池裡的魚兒就不得安生，國家有豪強，善良的平民就會困窮。所以茂密的森林下面沒有豐盛的青草，大硬土塊之間長不出壯美的禾苗。治理國家的途徑，就是要像鋤除雜草一樣消滅豪強，這樣之後百姓才會財富平均，各安其居。廷尉張湯整理修訂法律條文，嚴明法紀以約束天下，誅殺姦惡狡猾之徒，消滅兼并之人，從而使得強者不欺凌弱者，人多勢眾的不對人少勢孤的施暴。桑大夫籌謀策劃，措辦國家經費；壟斷天下鹽鐵等各種財利，用以排斥打擊富商大賈；允許人們以錢糧買官贖罪，這樣來減少那些有積餘之人的財富，以補助那些衣食不足的窮人，使天下百姓的財富齊等。因此軍隊東征西戰，並沒有向人民增收賦稅而費用已足夠。這種『損有餘，補不足』的事情，賢明的人是看得很清楚的，卻不是一般的人所能懂得的。」

文學曰：「扁鵲❶撫息脈❷而知疾所由生，陽氣盛則損❸之而調陰❹，寒氣盛則損之而調陽，是以氣脈調和，而邪氣無所留矣。夫拙醫不知脈理之腠❺，血氣之分，妄刺❻而無益於疾，傷肌膚而已矣。今欲損有餘，補不足，富者愈富，貧者愈貧矣。嚴法任❼刑，欲以禁暴止姦，而姦猶不止。意者❽非扁鵲之用鍼石❾，故眾人未得其職❿也。」

【章旨】文學以治病為喻，指出桑弘羊等人所採取的政治、經濟措施並非消除社會弊端的好辦法。

【注釋】❶扁鵲　戰國時名醫。❷撫息脈　指把脈和觀察病人的氣息。❸損　減少。❹調陰　以補充陰氣來調劑。❺脈理之腠　脈象的條理。亦即脈象與疾病的具體關係。腠，本指肌肉的紋理，此泛指紋理，條理。❻妄刺　亂用鍼刺。❼任　放縱；濫用。❽意者　或許是。❾鍼石　即石鍼。❿職　據《說文解字》及段注，「職」與「識」義通，即懂得。

【語　譯】文學說：「名醫扁鵲看看氣息，把把脈就知道患者得病的原因，陽氣太盛就減少陽氣，以補充陰氣來調劑，寒氣太盛就減少陰氣，以補充陽氣來調劑，因此能使病人氣脈調和，致病的邪氣沒有地方可滯留。庸醫不懂得脈象與疾病的關係，不知道血和氣的分別，胡亂地使用鍼刺療法，對治病毫無幫助，只不過弄傷肌膚罷了。現在想減少富人的財富，來補助衣食不足的窮人，結果卻是富的越來越富，窮的越來越窮。嚴明法紀，濫用刑罰，想以此來禁止強暴和姦惡，但姦惡活動並沒有止息。也許是因為你們既不是扁鵲，你們的這些做法又與扁鵲的治病方法不能相比，所以一般的人不能理解。」

御史曰：「周之建國❶也，蓋千八百諸侯。其後，彊吞弱，大兼小，并為六國❷。六國連兵結難❸數百年，內拒敵國，外攘❹四夷。由此觀之：兵甲❺不休，戰伐不乏❻，軍旅外奉❼，倉庫內實。今以天下之富，海內之財，百郡❽之貢，非特齊、楚之畜❾，趙、魏之庫也。計委量入❿，雖急用之，宜無乏絕之時。顧⓫大農等⓬以術體躬⓭稼，則⓮后稷之烈⓯，軍四出而用不繼⓰，非天之財少也。用鍼石調，均有無，補不足⓱，亦非也⓲。上大夫君⓳與⓴治粟都尉㉑管領㉒大農事，灸㉓刺稽滯㉔，開利㉕百脈，是以萬物流通，而縣官富實。當此之時，四方征暴亂，車甲之費，克獲㉖之賞，以億萬計，皆贍大司農㉗。此皆扁鵲之力，而鹽鐵之福也。」

【章　旨】御史列舉史實，證明戰爭與財物匱乏並無必然聯繫，贊揚桑弘羊的經濟政策及其實施效果。

【注　釋】❶建國　分封諸侯國。❷六國　「六」當為「七」，形近而誤。下句「六」字同。「七國」指戰國時七個國家。❸連兵結難　連續打仗，戰禍不斷。結，連在一起。❹攘　排除。❺兵甲　兵器鎧甲。此代指軍隊。❻乏　缺乏；間斷。❼奉　供應。❽百郡　漢昭帝時，有郡國一百多個。❾畜　同「蓄」。❿計委量入　計算儲積，估量收入。委，儲積。⓫顧　只是。⓬大農等　指桑弘羊以前的歷任大司農。⓭體躬　親自。⓮則　效法。⓯烈　業績。⓰不繼　接不上。⓱用鍼石調三句　文字從《諸子集成》本。⓲亦非也　此「非」字否定的是「用鍼石調」三句，連上意謂「用不繼」的原因不是自然財富少，也不是均有無補不足等措施不正確，而是因為過分倚重農業。⓳上大夫君　指桑弘羊。「上」是就御史大夫地位尊貴而言。⓴與　以。㉑治粟都尉　即搜粟都尉。掌軍糧，不常設，歸大司農管轄。㉒管領　代理。㉓灸　一種治療方法。將艾葉等熏灼身體某一部位。㉔稽滯　氣血的淤積。稽，留。㉕開利　開通。㉖克獲　指打勝仗和抓獲俘虜。㉗贍大司農　由大司農供應。

【語　譯】御史說：「周朝分封諸侯國的時候，大約有一千八百個諸侯國。後來強的吞并弱的，大的兼并小的，最終合併為七個國家。這七個國家數百年間連續打仗，戰禍不斷，它們一方面抗拒敵對的國家，一方面抵抗四方少數民族的侵擾。這樣看來，當時各國的情況一定是：軍隊連續不停地打仗，征伐不止，但士兵在外得到了供應，國內的倉庫還很充實。現在憑藉的是整個天下的財富，四海之內的貨利，百多個郡國的進貢，再也不只是擁有當年齊、楚兩國那樣的積蓄，趙、魏兩國那樣的庫存了。計算儲積，估量收入，即使遇上緊急的支出，也應該沒有短缺枯竭的時候。只是以往歷任大司農按照后稷的辦法，親自參加農業生產，想效法后稷的業績，結果在軍隊四出征戰的情況下，軍費供應接不上。這並不是因為自然財富太少。是用石鍼調理，平均有無，補助不足之人這些做法不對嗎？也不是。這是因為過分倚重了農業。尊貴的桑大夫以治粟都尉兼代大司農的職事，像用鍼灸治好了氣血淤塞一樣解決了貨物的滯積問題，像開通了全身的血脈一樣開通了各種謀利的管道，因此萬物流通，政府富足。在那個時候，朝廷四面八方征討暴亂，兵車鎧甲的開銷，用於對打勝仗、抓俘虜的將士的獎賞費用，以億萬來計算，都從大司農那裡得到了供應。這都是扁鵲式治國能手桑大夫的力量，是鹽鐵官營帶來的好處。」

文學曰：「邊郡山居谷處，陰陽不和，寒凍裂地，衝風❶飄鹵❷，沙石凝積，地勢❸無所宜❹。中國，天地之中，陰陽之際❺也，日月經其南，斗極❻出其北，含眾和之氣，產育❼庶❽物。今去❾而侵邊❿，多斥⓫不毛⓬寒苦⓭之地，是猶棄江皐⓮河濱，而田⓯於嶺坂⓰菹澤⓱也。轉⓲倉廩之委，飛⓳府庫之財，以給邊民。中國困於繇賦⓴，邊民苦於戍禦㉑。力耕不便種糴㉒，無桑麻之利，仰㉓中國絲絮而後衣之，皮裘㉔蒙毛㉕，曾不足蓋形。夏不失㉖複㉗，冬不離窟㉘，父子夫婦內藏於專室㉙土圜㉚之中。中外㉛空虛，扁鵲何力？而鹽鐵何福也？」

【章旨】文學指出，邊地條件惡劣，桑弘羊支持武帝開邊拓土，實屬失策，後果嚴重。

【注釋】❶衝風　迅猛的大風。❷鹵　鹽鹼土。❸地勢　土地的情況。❹無所宜　沒有宜於做的事情。❺際　會合的地方。❻斗極　北斗星。❼產育　生長養育。❽庶　眾。❾去　離開；丟棄不重視。❿邊　邊地。此指四方少數民族地區。⓫斥　開拓。⓬不毛　不生長植物。⓭苦　劣。指貧瘠。⓮皐　水邊高地。⓯田　耕種。⓰坂　山坡。⓱菹澤　多水草的沼澤地帶。⓲轉　運輸。⓳飛　指飛速運輸。⓴繇賦　繇役和賦稅。繇役是古代百姓向國家提供的無償勞動，帶強制性質。㉑戍禦　戍守防禦。㉒不便種糴　指抵不上買進的種子。糴，買進糧食。㉓仰　依賴。㉔皮裘　穿皮衣。皮，作動詞用，穿。㉕蒙毛　用獸皮毛蒙蓋身體。㉖失　離開。㉗複　同「𥨍」。窯洞。㉘窟　地穴。㉙專室　特別小的房子。㉚土圜　土洞。㉛中外　內地和邊疆。

【語　譯】文學說：「邊疆郡縣都處在高山低谷地區，陰陽二氣不調和，寒冷冰凍使土地開裂，迅猛的大風將鹽鹼土颳得滿天飛揚，沙石凝聚堆積，這樣的土地情況，做甚麼也不行。中原地區正處在天地的中心，是陰陽二氣會合之地，太陽月亮從它的南方經過，北斗星出現在它的北方，含有眾多的和調之氣，能生長養育各種作物。現在丟棄中原地區不重視，卻去侵奪邊地，大量開拓寒冷貧瘠不能生長植物的地方，這就像丟開江河邊上的肥田沃地不耕種，卻去耕種山坡和沼澤地一樣。轉運內地倉庫的儲蓄，飛快運送國家府庫的錢財，用來供應邊疆的百姓。中原地區的人民被繇役賦稅弄得困苦不堪，邊疆百姓又深受戍守防禦之苦。在邊疆地區，努力耕種所收穫的還抵不上買進的種子，又沒有養蠶種麻的收益，必須依賴內地的絲絮然後才有衣服穿，穿本地的皮衣獸皮，竟連身體也遮蓋不住。邊疆百姓夏天離不開窯洞，冬天離不開地穴，全家人只好長年藏在小室土洞之中。上述情況造成的結果是：內地和邊疆財物都很空虛，這樣看來，所謂扁鵲式的治國能手有甚麼力量？而鹽鐵官營又有甚麼好處呢？」

未通第十五

【題　解】「未通」意為不懂，篇中御史指責文學不懂國家大計，編者截取二字為題，是要說「未通」的人是御史而不是文學。全篇所爭論的是與開邊拓土密切相關的賦稅繇役問題。御史指出，武帝開邊拓土，帶來了經濟的繁榮，而賦稅和繇役兩項，到武帝昭帝時，都被減輕；百姓的貧窮，是由於他們自身的懶惰，他們遠走他鄉，是要逃避交稅服役。文學則認為，武帝開邊拓土，造成了經濟的凋敝；賦稅繁重，官吏貪暴，繇役眾多，老年人和有父母喪事的人也被拉去服役，這一切使百姓雖努力耕種，卻不免挨餓受凍，安分守己，卻常受傷害；有些人流亡他鄉，這並非出於自願，乃逼迫所致。

御史曰：「內郡❶人眾，水泉薦草不能相贍，地勢溫溼，不宜牛馬。民蹠耒❷而耕，負❸檐❹而行，勞罷❺而寡功。是以百姓貧苦而衣食不足，老弱負輅❻於路，而列卿大夫❼或乘牛車。孝武皇帝平百越以為園圃，卻❽羌、胡❾以為苑囿，是以珍怪異物充於後宮❿，騊駼、駃騠⓫實於外廄⓬，匹夫莫不乘堅良⓭，而民間厭⓮橘柚。由此觀之，邊郡之利亦饒矣！而曰『何福之有？』未通⓯於計也。」

【章　旨】御史肯定邊地郡縣的經濟條件，指出武帝開邊拓土，促進了內地的經濟繁榮。

【注　釋】❶內郡　內地各郡。❷蹠耒　用腳踩耒。蹠，踩。耒，古代一種耕地用農具。❸負　用背馱。❹檐　通「擔」。用肩挑。❺罷　通「疲」。❻負輅　指用人力拉車。輅，古代運東西的小車。❼列卿大夫　各位卿大夫。此泛指高級官員。

❽卻　打退。❾羌胡　羌族和匈奴。羌，我國古代少數民族，分布在西部。❿後宮　古代帝王的妻妾所居住的宮室。⓫駒駼駃騠　都是出產於北方的良馬。⓬外廄　宮外的馬棚。⓭堅良　指堅車良馬。⓮厭　飽足。⓯通　懂得。

【語譯】御史說：「內地各郡人口眾多，泉水和牧草的供應不足，地勢溫暖潮溼，不適宜於牧養牛馬。人民只好用腳來踩農具以進行耕種，靠肩挑背馱來運東西，既勞累而功效又很低。因此百姓貧苦，缺衣少食，即便年老體弱仍不得不在路上拉小車，而國家高級官員有的也只能乘坐牛車。漢武帝平定百越，以其地為供應蔬菜瓜果的園圃，打退羌族和匈奴，以其地為供應禽獸、花木的苑囿，這樣一來，珍貴奇異的物品充滿了後宮，各種駿馬擠滿了宮外的馬棚，普通人也都乘坐著好車，駕馭著良馬，民間百姓吃夠了橘柚等水果。由此看來，邊地郡縣的財利也很豐富啊！但你們竟說『有甚麼好處？』這是不懂國家大計的表現。」

文學曰：「禹平水土❶，定❷九州，四方各以土地所生❸貢獻，足以充宮室，供人主之欲。膏❹壤萬里，山川之利，足以富百姓，不待❺蠻貊之地、遠方之物而用足。聞往者未伐胡、越之時，繇賦省而民富足，溫衣飽食，藏新食陳❻，布帛充❼用，牛馬成群。農夫以馬耕載❽，而民莫不騎乘❾。當此之時，卻走馬以糞❿。其後師旅數發，戎馬⓫不足，牸牝⓬入陣，故駒犢⓭生於戰地。六畜⓮不育⓯於家，五穀不殖⓰於野，民不足於糟糠⓱，何橘柚之所⓲厭？《傳》⓳曰：『大軍之後，累世⓴不復㉑。』方今郡國田野有隴㉒而不墾，城郭有宇㉓而不實㉔，邊郡何饒之有乎？」

【章旨】文學指出，夏禹之時不貪蠻貊土地，漢朝初年不遠伐胡越，國家和百姓都很富足，武帝開邊拓土，反而導致經濟蕭條。

【注釋】❶平水土　指制服洪水，治理土地。❷定　劃定。❸土地所生　指特產。❹膏　肥沃。❺待　依賴。❻藏新食陳　新穀吃不完，有可供儲存的，陳糧常儲有，可供有時食用。❼充　足；夠。❽耕載　耕田和拉車裝運東西。❾騎乘　騎馬乘車。❿卻走馬以糞　語出《老子・德經》。意思是能快跑的戰馬不用於戰爭，只用來生產糞肥。卻，棄而不用。走馬，能快跑的馬。指戰馬。⓫戎馬　戰馬。⓬牸牝　牸指母牛，牝指母馬。⓭駒犢　駒指小馬，犢指小牛。⓮六畜　此指牛、馬。⓯育　畜養。⓰殖　生長。⓱糟糠　糟指酒渣，糠指穀和麥的外殼。⓲所　與「可」義同。⓳傳　指《老子》。但此下所引與《老子》原文有不同。⓴累世　好幾代。㉑復　恢復。㉒隴　通「壟」。指田埂。㉓宇　房屋。㉔不實　不充實。指少有人居住。

【語譯】文學說：「大禹制服洪水，治理土地，劃定天下為九個州，四面八方都拿本地的特產進貢給天子，這些東西足以充滿宮室，供應天子的需要。當時肥沃的土地有上萬里，加上山林川澤的財利，足以使百姓富裕，不必依賴邊遠少數民族地區的土地和遠方的貨物，財用就已經很充足。聽說本朝從前沒有討伐匈奴、百越的時候，繇役和賦稅都很輕，百姓很富足，吃得飽，穿得暖，新穀吃不完，有可供儲存的，陳糧常儲有，可供有時食用，麻布絲帛夠用，牛馬成群。農民都用馬耕田運物，百姓沒有人不騎馬乘車。在那個時候，能快跑的戰馬再沒有用武之地，只用來生產糞肥。後來軍隊屢次發動，戰馬不足，只好讓母牛母馬加入戰陣，因此小馬小牛都出生在戰地。牛馬不在家裡畜養，田野裡不生長各種莊稼，百姓連酒渣糠麩都吃不飽，哪裡還有甚麼橘柚可供飽吃？《傳》書說：『大戰之後，好幾代都不能恢復。』如今內地郡國田野裡田埂仍在而田地卻得不到耕治，城市裡有房屋但少有人居住，邊地各郡哪有甚麼豐富的財利呢？」

御史曰：「古者制❶田百步❷為畝，民井田❸而耕，什而藉一。義先公而後己，民臣❹之職也。先帝❺哀憐百姓之愁苦，衣食不足，制田二百四十步而一畝，率❻

三十而稅一。墮❼民不務田作，飢寒及己，固其理也。其不耕而欲播，不種而欲穫，鹽鐵又何過❽乎？」

【章　旨】御史指出，有些百姓挨餓受凍，是由於他們自身懶惰，不能歸咎於武帝的開邊拓土政策。

【注　釋】❶制　規定。❷步　長度名。周以八尺為步，秦以六尺為步。❸井田　古代田地制度。田地劃分為「井」字形，周圍八百畝為私田，分授八家農戶耕種，其收入全歸農戶自己；中間一百畝為公田，其中二十畝作農戶住宅區，餘八十畝由八家同耕，其收入全上交國家。這種收入分配方法是民得十而公家得一，故被稱作「什而藉一」，它是一種力役地租形式。「藉」即借的意思，也就是說國家借民力耕種公田。❹民臣　百姓。❺先帝　指漢武帝。❻率　土地稅的比率。❼墮　同「惰」。❽過　過錯。

【語　譯】御史說：「古時候規定田地一百步為一畝，百姓按井田制耕種，實行百姓得十、國家得一的力役地租形式。按道義先耕治公田然後耕治私田，這是百姓的職責。武帝憐憫百姓的憂愁困苦，缺衣少食，改定二百四十步為一畝，又將土地稅率降低到三十分之一。懶惰的人不努力從事耕作，飢寒落到了自己頭上，這本來是理所當然。他們不翻耕土地就想播種，不播種就想收穫，這又怎麼是鹽鐵官營的過錯呢？」

文學曰：「什一而藉，民之力也。豐耗美惡❶，與民共之。民勤❷，己不獨衍❸；民衍，己不獨勤。故曰：『什一者，天下之中正也❹。』田雖三十，而以頃畝出稅❺，樂歲❻粒米狼戾❼而寡取❽之，凶年❾饑饉而必求足❿。加之以口賦⓫更繇之役⓬，率⓭一人之作⓮，中分其功⓯。農夫悉其所得，或假貸而益之⓰。是以百姓疾⑰耕力作，而飢寒遂及己也。築城者先厚其基而後求其高，畜⑱民者先厚其業而後求其贍⑲。《論語》曰：『百姓足，君孰與不足乎⑳？』

【章　旨】文學認為，武帝以來田稅雖降至三十分之一，但實際上並不合理，其他賦稅又很繁重，百姓挨餓受凍，責任實在朝廷。

【注　釋】❶豐耗美惡　豐耗指年成的豐收與歉收，美惡指糧食質量的好壞。❷勤　通「堇」。少。❸衍　豐足。❹什一者二句　出《春秋公羊傳・宣公十五年》。中正，公正適中。❺以頃畝出稅　指按田地畝數交納固定的稅額。頃，面積單位。一百畝。頃與畝連言，泛指田畝數。❻樂歲　豐年。❼狼戾　多而散亂的樣子。❽寡取　意謂豐年糧食多，本可多徵收，但維持原定稅額不變，相對於總收穫來說，徵收的就顯得偏少。❾凶年　荒年。❿足　指按原定稅額交足。⓫口賦　人頭稅。包括口錢和算賦兩種。漢代制度，七歲至十四歲的兒童和少年應交口錢，每人每年二十三錢；十五歲至五十六歲的青年和成年人應交算賦，每人每年一百二十錢。⓬更繇之役　此指更賦。亦即代役金。漢代規定，男子二十三歲至五十六歲，每人每年須到郡縣服勞役一個月，叫「更」，不能親身去服役的，須交二千錢的代役金；又每人每年有三天的戍邊義務，稱為繇戍，實際上不可能人人都赴邊疆戍守三天就回來，因此絕大多數人只是交錢三百作代役金，這叫「過更」。⓭率　大概；大約。⓮作　勞動。⓯中分其功　分走勞動所得的一半。⓰農夫悉其所得二句　就有的農民而言。悉，作動詞。全部拿出。或，有的人。假貸，借債。益，補足。⓱疾　努力。⓲畜　養。⓳贍　供應。⓴百姓足二句　出《論語・顏淵》。孰與，即「與孰」。孰，誰。

【語　譯】文學說：「農戶得十、國家得一的力役地租形式，借用的是百姓的勞力。年成好糧食質量高，朝廷和百姓共同得利；反之，共同受害。百姓收入少，君王不可能獨自一人豐足；百姓豐足，君王不可能獨自一人收入少。所以有人說：『什比一的力役地租，是天下最公正適中的。』現在田稅稅率雖然低到三十分之一，但按田畝數交納固定的稅額，豐年糧食很多卻不多徵收，荒年百姓吃不飽卻硬性要求如數交足。田稅加上人頭稅、勞役兵役的代役金，大約一個人的勞動所得，要被占去一半。有的農夫把全部勞動所得拿出來應付這些賦稅還不夠，不得不向人借債來補足。因此百姓努力耕作，飢寒終究還是落到了自己的頭上。築城牆的人總是先把地基打厚實，然後才致力於把城牆修高，養育百姓的人也應先使百姓的產業充足，然後才要求他們供應朝廷。《論語》上說：『百姓富足，君王還會跟誰不富足呢？』」

御史曰：「古者諸侯爭強，戰國❶並起，甲兵不休，民曠❷於田疇，什一而藉，不違其職❸。今賴陛下❹神靈❺，甲兵不動久矣，然則❻民不齊出於南畝❼，以口率❽被墾田❾而不足，空倉廩而賑❿貧乏，侵益⓫日甚，是以愈惰而仰利縣官⓬也。為斯⓭君者亦病⓮矣，反以身勞民⓯，民猶背恩棄義而遠流亡，避匿⓰上公之事⓱。民相倣傚，田地日蕪，租賦不入⓲，抵扞⓳縣官。君雖欲足，誰與之足乎？」

【章　旨】御史仍堅持認為，百姓的懶惰和逃避賦稅繇役是造成自身貧困和國家空虛的原因。

【注　釋】❶戰國　互相為敵、彼此交戰的國家。❷曠　空缺。指不能到田地裡工作。❸不違其職　不逃避自己的職責。❹陛下　指漢昭帝。❺神靈　神明；英明。❻然則　然而。❼齊出於南畝　都到田地上耕種。❽率　比率。❾被墾田　已耕種的田地。❿賑　救濟。⓫侵益　同「浸益」。逐漸發展。⓬仰利縣官　依賴國家救濟以為利。⓭斯　此。⓮病　憂愁。⓯勞民　為民操勞。⓰避匿　逃避。⓱上公之事　國家的賦稅繇役。上公，公家。⓲入　交納。⓳抵扞　抗拒。

【語　譯】御史說：「古時候諸侯之間爭強鬥勝，互相敵對的國家同時興起，戰爭連年不斷，百姓常常不能到田地裡耕種，但他們總是抓住戰爭的空隙勤於農耕，一如既往地履行什一的力役地租，不逃避自己的職責。現在仰賴陛下英明，已經很久沒有發生戰爭了，可是百姓卻沒有都到田地上耕作，按人口與已耕種的田地的比率，已耕地的數量顯然不足，於是國家不得不拿出庫存的所有糧食來救濟貧乏之人，這種情況逐漸發展，一天比一天嚴重，因而使得一些百姓越來越懶惰，完全依賴政府的救濟生活。為此，做君主的也很憂愁，反過來親自為百姓操勞，百姓卻還是背恩棄義逃往遠方，以逃避國家的賦稅繇役。他們之間相互仿效，致使田地日益荒蕪，又不交納租稅，竟與政府相抗拒。在這種情況下，君王雖然想富足，有誰幫他富足呢？」

文學曰：「樹木數徙則痿❶，蟲獸❷徙居則壞❸。故『代馬❹依❺北風，飛鳥翔❻故巢』，莫不哀其生❼。由此觀之，民非利❽避上公之事而樂流亡也。往者軍陣數起，用度不足，以訾徵賦❾，常取給❿見民⓫，田家⓬又被⓭其勞，故不齊出於南畝也。大抵逋賦⓮皆在大家⓯，吏正⓰畏憚，不敢篤責⓱，刻急⓲細民⓳，細民不堪，流亡遠去；中家⓴為之包出㉑，後亡者為先亡者服事㉒；錄民㉓數創㉔於惡吏，故相倣傚，去尤甚㉕而就少愈㉖者多。《傳》㉗曰：『政寬者民死之㉘，政急㉙者父子離㉚。』是以田地日荒，城郭空虛。夫牧㉛民之道，除其所疾㉜，適其所安㉝，安而不擾，使而不勞，是以百姓勸㉞業而樂公賦㉟。若此，則君無賑於民，民無利於上㊱，上下交讓㊲而頌聲作㊳。故取而民不厭㊴，役而民不苦。〈靈臺〉㊵之詩，非或㊶使之，民自為之。若斯，則君何不足之有乎？」

【章旨】文學指出，百姓流亡他鄉，並非出於自願，乃是苛政逼迫所致，逃避賦稅的也主要是富家大族。

【注釋】❶痿 同「萎」。枯萎。❷蟲獸 指鳥獸。「蟲」可泛指動物。❸壞 指病或死。❹代馬 出產於代地的馬。代，古之代國，漢朝為郡，地在北方，出產良馬。❺依 依戀。❻翔 盤旋地飛，顯出不忍離去的情態。❼哀其生 愛戀牠們的出生地。哀，愛。❽利 以之為利。❾以訾徵賦 按財產數量徵稅。指漢代的算緡錢。訾，同「貲」。財產。❿取給 取得供應。⓫見民 現在家未逃亡的百姓。見，同「現」。⓬田家 農夫。⓭被 承受。⓮逋賦 逃避賦稅。原作「逋流」，依俞樾之說校改。⓯大家 財大勢大的家族。⓰吏正 鄉村官吏。⓱篤責 嚴加索求。篤，重。責，求。⓲刻急 嚴厲催逼。⓳細民 貧窮的小民。⓴中家 中產人家。㉑包出 指代大戶和逃亡的小民出賦稅。原作「絕出」，從郭沫若《鹽鐵論讀本》改。㉒服事 服役納稅。㉓錄民 安分守己的百姓。㉔創 傷害。㉕去尤甚 離開搜刮特別厲害的地方。去，離開。㉖就少愈 奔向搜刮稍輕的地方。就，奔向。少，稍微。㉗傳 指《韓詩外傳》。㉘死之 至死不離本地。㉙急 嚴厲。㉚離 離散；各自逃生。㉛牧 管理。㉜疾 痛恨。㉝適其所安 處事符合他們的意願。適，符合。㉞勸 努力。㉟樂公賦 樂於向公家交賦稅。㊱無利於上 不仰仗國家的救濟之利。㊲交讓 互相禮讓。㊳作 出現。㊴厭 憎恨。㊵靈臺 《詩經・大雅》篇名。詩中寫周文王修築靈臺時，百姓都自動來參加工作。㊶或 有人。

【語譯】文學說：「樹木多次移栽就會枯萎，鳥獸遷離故居就會生病或死亡。所以『來自代地的馬兒對北風有依戀之情，飛鳥也常繞著舊巢盤旋飛翔不忍離去』，牠們沒有不愛戀自己的出生地的。由此看來，百姓並不是把逃避國家的賦稅繇役當成好事而樂於遠走他鄉。過去戰爭多次發動，國家費用不足，按財產數量徵稅，常常是從在家未逃亡的百姓那裡徵得以供應軍費，加上在家當農民還要承受耕作的勞苦，因此有些人便不願到田地上耕種。至於逃避賦稅的，大抵上都是有錢有勢的大家族，鄉村官吏害怕他們，不敢向他們嚴加索求，只是嚴厲催逼貧窮小民，小民不能忍受，便逃往遠方。於是中產之家被逼著代大戶和逃亡小民出賦稅，後逃走的得為先逃走的納稅服役。安分守己的百姓常受到貪官惡吏的傷害，因此互相仿效，離開搜刮特別厲害的地方而奔向搜刮稍輕之地的人很多。《傳》書說：『政令寬緩，百姓會至死不離本地，政令嚴酷，父子會各自逃生。』因此，田地日益荒蕪，城市人少物乏。管理百姓的正確方法，在於鏟除他們所痛恨的事情，處事符合他們的意願，安定他們而不予騷擾，役使他們而不使勞累，這樣，百姓就會努力從事本業而樂於向國家交納賦稅。如此，君王就不必救濟百姓，百姓也不會仰賴國家的救濟，上下互相禮讓，頌揚君主的聲音就會出現。所以徵收賦稅百姓並不憎恨，分派勞役百姓也不以為苦。〈靈臺〉一詩所描述的情況是：並沒有人驅使百姓來服役，是百姓自動前來幫忙。像這樣，那麼君王怎麼會不富足呢？」

御史曰：「古者十五入大學❶，與❷小役；二十冠❸而成人，與戎事❹；五十以上，血脈溢剛❺，曰艾壯❻。《詩》曰：『方叔元老，克壯其猶❼。』故商師若烏❽，周師若荼❾。今陛下哀憐百姓，寬力役之政❿，二十三始傅⓫，五十六而免，所以輔耆壯⓬而息老艾⓭也。丁者⓮治其田里⓯，老者修⓰其唐園⓱，儉力⓲趣時⓳，無飢寒之患。不治其家而訟⓴縣官，亦悖㉑矣。」

【章旨】御史指出，昭帝對百姓的繇役負擔是減輕而不是加重，百姓理應安居樂業，此時不治家業而致貧困，責任在自己。

【注釋】❶大學　古代的最高學府。大，同「太」。❷與　參與。❸冠　帽子。此指行加冠儀式。古時男子二十歲前不戴帽子，至二十歲，舉行加冠儀式，始戴帽子，表示已成人。❹戎事　兵役。❺血脈溢剛　指血氣充沛，身體剛健。❻艾壯　老而壯實。五十歲稱艾。❼方叔元老二句　出《詩經・小雅・采芑》。方叔，人名。周宣王的大臣。曾率軍南征。元，大。克，能。壯，壯偉。猶，謀略。❽烏　烏鴉。此指士兵頭髮黑，是青壯年。❾荼　茅草的白花。此指士兵年老髮白。❿政　法令；規定。⓫傅　著。此指將姓名登記在服繇役的名冊上。⓬輔耆壯　幫助年老而身體尚強壯的人。意謂不讓他們服力役，以免尚強壯的身體很快拖垮。古代稱六十歲為耆。⓭息老艾　使老年人得到休息。老艾，指五十六歲以上的人。⓮丁者　壯年人。⓯田里　田地和里居。⓰修　治。⓱唐園　菜園。⓲儉力　節儉努力。⓳趣時　趕農時。趣，同「趨」。⓴訟　責備。㉑悖違背事理。

【語　譯】御史說：「古時候人們十五歲進入太學讀書，參加一些小的勞役；二十歲舉行加冠儀式後就算成人了，得參加服兵役；五十歲以上血氣充沛，身體剛健，稱為『艾壯』。《詩經》上說：『方叔年紀雖很老，卻能有壯偉的軍事謀略。』所以商朝的軍隊由頭髮烏黑的青壯年組成，周朝的軍隊由頭髮花白的老年人組成。當今皇帝憐憫百姓，放寬了服勞役、兵役的規定，百姓二十三歲才開始服役，到五十六歲就免役，這樣做是為了幫助年老而身體尚強壯的人，使他們得到休息。壯年人耕田種地，治理房舍，老年人在菜園裡工作，節儉努力，不違農時，就不會有挨餓受凍的禍患。現在百姓不好好治理家業卻責備政府，也太違背事理了。」

文學曰：「十九年已[1]下為殤[2]，未成人也。二十而冠，三十而娶，可以從[3]戎事；五十已上曰艾老，杖[4]於家，不從力役。所以扶不足[5]而息高年也。鄉飲酒之禮[6]，耆老異饌[7]，所以優耆耄[8]而明養老也。故老者非肉不飽，非帛[9]不暖，非杖不行。今五十已上至六十，與子孫服[10]輓輸[11]，並給[12]繇役，非養老之意也。古有大喪[13]者，君三年不呼其門[14]，通[15]其孝道，遂[16]其哀戚[17]之心也。君子之所重而自盡[18]者，其[19]惟親之喪乎！今或僵尸[20]，棄衰絰[21]而從戎事，非所以子[22]百姓，順孝悌之心也。周公抱成王聽天下[23]，恩塞海內，澤被四表[24]。矧惟南面[25]，含仁保德，靡[26]不得其所。《詩》云：『夙夜基命宥密[27]。』陛下富於春秋[28]，委任[29]大臣[30]，公卿[31]輔政，政教未均，故庶人議也。」

御史默不答也。

【章　旨】文學揭露批評當時老年人和有父母喪事的人都被逼迫著去服繇役的不合理現象。

【注　釋】❶已　同「以」。❷殤　未成年而死。❸從　從事。❹杖　拄著手杖走路。❺扶不足　扶助未成年的人。❻鄉飲酒之禮　古代基層行政組織定期舉行的以敬老為中心的酒會儀式。❼異饌　飲食不同。據《禮記·鄉飲酒義》，菜肴的盤數隨年齡的遞增而遞增，六十歲三盤，七十歲四盤，八十歲五盤，九十歲六盤。❽耄　七十歲的老人。❾帛　絲織品。❿服　擔任。⓫輓輸　拉車運輸。⓬給　供應。⓭大喪　指父母的喪事。⓮不呼其門　不派人叫門，召他離家承擔差事。⓯通　貫通；完成。⓰遂　成。⓱戚　憂愁。⓲自盡　拿出自己的全部心力去做。⓳其　大概。⓴僵尸　指父親或母親的屍體尚未埋葬，直挺挺地擺在那裡。㉑衰絰　喪服。包括衣服、帽、腰帶。㉒子　像愛兒女一樣地愛。㉓周公抱成王聽天下　周成王繼位時年幼小，周公抱著成王上朝聽政。㉔四表　四方邊遠地區。㉕矧惟南面　何況是南面為王的人。矧，何況。南面，古代君王聽政時面朝南而坐，故以「南面」代指君王。㉖靡　沒有。㉗夙夜基命宥密　語出《詩經·周頌·昊天有成命》。是說成王日夜辛勞，積德以承天命，實施寬仁安靜的政策。基命，積德以承天命。宥，寬仁。密，安靜。㉘富於春秋　很年輕。時昭帝十四歲。春秋，指年齡。㉙委任　交給政權，十分信任。㉚大臣　指大司馬大將軍霍光。昭帝八歲繼位，霍光受武帝遺詔主持朝政。㉛公卿　此指丞相田千秋、御史大夫桑弘羊。

【語　譯】文學說：「死於十九歲以下的稱為殤，這是因為他們還沒有成人。二十歲加冠，三十歲娶妻，成了人才可以服兵役。五十歲以上稱為艾老，待在家裡，拄著手杖走路，不再承擔繇役。這些規定是用來扶助未成年的人，使年歲高的人得到休息。鄉飲酒儀式上，老年人飲食不同，年歲越大菜肴越多，這是為了優待年歲特大的人而彰明奉養老人的意旨。所以對老年人一定要給肉讓他吃飽，給絲織品讓他穿暖，給手杖讓他能走路。現在百姓五十歲以上至六十歲，還在和子孫一起拉車運輸，一起承擔繇役，這完全不符奉養老人的旨意。古時候有父母喪事在身的人，君王三年不派人叫門召他來承擔差事，這樣做是為了使他能盡孝道，成全他一片哀愁痛悼之情。君子特別重視而且竭心盡力去做的事情，大概是父母的喪事吧！現在有的人父親或母親死了還未埋葬，就不得不脫下喪服去服兵役，這並不是用來子愛百姓，順從他們的孝悌之心的正確做法啊。周公旦抱著成王上朝處理天下政事，恩惠充滿整個天下，德澤覆蓋四方邊遠地區。何況是南面聽政的君王，只要保有仁德，天下就沒有人不安居樂業的。《詩經》上說：『成王日夜辛勞，積德以承天命，實施寬仁安靜的政策。』方今的皇帝陛下年紀很輕，把朝政放手交給大臣霍光，讓其主持，公卿們協助處理政事，可是政令和教化並不均平，所以百姓有議論責備。」

御史沉默，沒有回答。

卷四

地廣第十六

【題解】本篇就武帝對邊遠地區的武力征伐政策展開爭論。大夫指出，武帝興師四面征討，既非喜好用兵，也不是一味追求擴張土地，而是為了除寇安民，鞏固邊防，平均內地和邊疆臣民的安危、勞逸、貧富；儒生們身處貧賤，品行低下，沒有資格議論朝廷的邊疆政策。文學則認為，朝廷對四邊用兵不過是謀求國土的擴張，可是這種擴張不僅在行動過程中嚴重地勞民傷財，而且擴張的結果也是「地廣而不耕，多種而不耨，費力而無功」，對這些，作出錯誤籌劃的好事之臣要負全責。針對大夫所謂貧賤之人沒有資格議政的說法，文學申述了身處貧賤照樣會有傑出智慧和高尚德行的道理，並分析了君子與小人對貧賤和富貴、德義和財利的不同態度，點明當時各級官吏發財致富靠的是侵奪。

大夫曰：「王者包含并覆❶，普愛無私，不為近重施❷，不為遠遺恩❸。今俱是民也，俱是臣也，安危勞佚❹不齊，獨不當調邪？不念彼❺而獨計此❻，斯亦好議❼矣。緣邊❽之民，處寒苦之地，距❾強胡之難，烽燧❿一動，有沒身⓫之累⓬。

故邊民百戰而中國恬⑬臥者，以⑭邊郡為蔽扞⑮也。《詩》云：『莫非王事，而我獨勞⑯。』刺不均也。是以聖王懷⑰四方⑱獨苦，興師推卻⑲胡、越，遠寇安災⑳，散中國肥饒之餘以調邊境。邊境強則中國安，中國安則晏然㉑無事。何求而不默也？」

【章　旨】大夫指出，武帝興兵征討胡越，是為了保障國家安全，並使內地和邊疆的臣民在安危、勞逸、貧富等方面均等。

【注　釋】❶包含并覆　容納一切，覆蓋所有。❷施　施與；給恩惠。❸遺恩　丟棄而不給與恩惠。遺，丟棄。❹佚　同「逸」。❺彼　指「安危勞佚不齊」。❻此　指上篇文學談到的老年人服勞役、居喪者從戎事等情況。❼好議　喜歡發議論。❽緣邊　邊疆。❾距　同「拒」。❿烽燧　古時邊境上發現敵情後用作報警信號的烽火燧煙。⓫沒身　丟掉生命。⓬累　牽累。⓭恬　安然。⓮以　用。⓯蔽扞　屏障。⓰莫非王事二句　《詩經・小雅・北山》有「我從事獨賢」之句，《孟子・萬章》釋之曰：「此莫非王事，我獨賢勞也。」此即據《孟子》而述該句大意。⓱懷　惦念。⓲四方　四周邊疆地區。⓳推卻　打退。⓴安災　使災禍平息。㉑晏然　安然。

【語　譯】大夫說：「做帝王的容納一切，覆蓋所有，普愛天下臣民而沒有偏私，不因為離自己近就多多施與，不因為離自己遠就不給恩惠。現在內地和邊疆之人都是皇上的百姓，都是皇上的臣屬，但是安危勞逸卻不齊等，難道不應該加以調節嗎？你們不顧念這安危勞逸不齊等的情況，只計較內地老年人服勞役、居喪者從戎事等事情，這也太愛發議論了。邊疆百姓居住在寒冷貧瘠的地方，要抵擋強大的匈奴的侵擾，烽火一燃起，就有喪失生命的危險。所以邊疆百姓歷經上百次戰鬥，而內地的人卻能安然高臥，這是以邊疆郡縣充當內地的屏障啊。《詩經》上說：『沒有一件不是天子之事，但只有我一個人獨獨勞苦。』這諷刺的是勞逸不均。因此武帝怙念四周邊疆地區的臣民獨獨蒙受苦難，就起兵打退匈奴和百越，將敵人趕得遠遠的，使災禍不再發生，並拿出內地多餘的財物用來調劑邊境。邊境實力強大了，內地就能安定；內地安定了，天下就平靜無事。你們這些人還想求得甚麼，為甚麼不能沉默呢？」

文學曰：「古者天子之立❶於天下之中，縣❷內方❸不過千里，諸侯列國不及不食之地，〈禹貢〉❹至於五千里；民各供其君，諸侯各保其國，是以百姓均調❺而繇役不勞也。今推❻胡、越數千里，道路迴避❼，士卒勞罷❽。故邊民有刎頸❾之禍，而中國有死亡之患，此百姓所以囂囂❿而不默也。夫治國之道，由中及外，自近者始。近者親附，然後來遠⓫；百姓內足，然後卹外。故群臣論或欲田輪臺⓬，明主不許，以為先救近，務⓭及時本業也。故下詔曰：『當今之務，在於禁苛暴，止擅賦⓮，力本農。』公卿宜承意，請減除不任⓯，以佐⓰百姓之急。今中國弊落⓱不憂，務在邊境。意者⓲地廣而不耕，多種而不耨⓳，費力而無功。《詩》云：『無田甫田，維莠驕驕⓴。』其斯之謂歟！」

【章旨】文學肯定古代不圖擴張、守土安民的做法，陳述本朝遠征胡、越給軍民帶來的災難，認為治國應將重點放在內地，致力開邊拓土，得不到甚麼實際利益。

【注釋】❶立　指建立國都。❷縣　夏朝稱天子直接統治地區為縣，後世改稱畿。❸方　見方。❹禹貢　《尚書》中的一篇，內容是記述地理情況。按篇中的記載，當時包括王畿在內的整個天下縱橫各五千里。❺均調　均平。❻推　打退。❼迴避　曲折僻遠。迴，同「回」。避，同「僻」。❽罷　通「疲」。❾刎頸　被砍頭。❿嚻嚻　通「嗷嗷」。愁怨之聲沸騰的樣子。⓫來遠　使遠方之人來歸附。⓬田輪臺　在輪臺屯田。古代由政府組織駐軍或招募農民墾荒種地的做法叫屯田，由軍隊墾種叫軍屯，由農民墾種叫民屯。西元前八九年，桑弘羊曾向漢武帝建議在輪臺實行屯田。輪臺，漢代西域地名，在今新疆輪臺縣。⓭務　努力從事。⓮擅賦　擅自設立的賦稅項目。⓯不任　承受不了的負擔。任，承擔。⓰佐　幫助。⓱弊落　破敗衰落。⓲意者　料想。⓳耨　除草。⓴無田甫田二句　出自《詩經・齊風・甫田》。意謂不要耕種大田，大田雜草茂盛，勞而無功。上「田」字為動詞，耕種。甫，大。莠，雜草。驕驕，茂盛的樣子。

【語　譯】文學說：「古時候天子將都城建立在天下的正中心，他直接統治的地區不超過一千里見方，所分封的各個諸侯國疆土也沒有延伸到不能耕種的邊遠地帶，〈禹貢〉談到當時整個天下的面積，那也只達到五千里見方；那時候，百姓各自供養他們的君主，諸侯各自保有他們的封國，因此百姓負擔均平，公家的繇役不致使人勞累。現在把匈奴、百越打退了數千里，進軍的道路迂迴僻遠，士兵勞苦疲憊。所以邊疆百姓有掉腦袋的橫禍，內地人民也免不了死亡的災難，這就是百姓紛紛口出怨言而不能沉默的原因。治理國家的正確方法，應該是從內地推及到邊疆，先從近的地方開始。近處的人親近歸附了，然後再致力於使遠方的人來服從；內地的百姓富足了，然後再去救濟邊疆人民。所以群臣在一起議事的時候，有人提出要在輪臺實行屯田，聖明的君主便沒有同意，他認為應該先解決近處的問題，集中精力及時振興農業，因此下詔說：『目前需要努力從事的事情是：禁止苛刻殘暴的行為，取消擅自設立的賦稅項目，努力振興農業。』你們這些高級官員應該秉承皇上的旨意，向皇上請求減除百姓承受不了的過重負擔，以幫助解決百姓的急難。現在內地破敗衰落，你們不為之憂愁，卻把精力都放在邊境地區。料想這樣做的結果是：土地擴展了卻不能耕種，即使在很多土地上播下了種籽，但也沒有足夠的力量去除草，費心勞力卻沒有多大的收效。《詩經》上說：『不要去耕種大田，那裡的野草長得十分茂盛。』大概說的就是這種情況吧！」

大夫曰：「湯、武之伐，非好用兵也；周宣王❶辟❷國千里，非貪侵也；所以除寇賊而安百姓也。故無功之師，君子不行；無用之地，聖王不貪。先帝❸舉湯、武之師，定三垂❹之難，一面而制敵，匈奴遁逃，因❺河、山❻以為防，故去❼砂石鹹鹵❽不食之地，故割❾斗辟❿之縣，棄造陽⓫之地以與胡，省曲塞⓬，據河險，守要害⓭，以寬徭役，保士民。由此觀之，聖主用心，非務廣地以勞眾而已矣。」

【章旨】大夫指出，武帝四出征伐，主要目的在於除寇安民。

【注釋】❶周宣王　西周天子。名靜，周厲王之子。❷辟　同「闢」。開闢。❸先帝　指漢武帝。❹三垂　東、西、南三面邊境地區。武帝東伐朝鮮，西征西域，南平百越，在這三面都發動過戰爭。垂，同「陲」。邊疆。❺因　依據；憑恃。❻河山　指黃河和陰山。❼去　離開。❽鹹鹵　鹽鹼土。❾割　割讓。❿斗辟　斗，險絕。指孤立地突入匈奴地界。辟，同「僻」。偏僻。⓫造陽　古地名。即「斗辟縣」中之地。在今河北獨石口附近。割讓造陽地，事在武帝元朔二年。⓬省曲塞　減去邊塞的曲折部分將其拉直。⓭要害　軍事重地。

【語譯】大夫說：「湯、武的征伐，並不是喜歡用兵打仗；周宣王開闢國土多達千里，也並不是貪圖侵奪土地；他們這樣做都是為了除掉敵寇民賊而使百姓安定。所以沒有收效的戰爭，君子不發動；沒有用處的土地，聖王不貪圖。武帝動用湯、武那樣的正義之師，平定了東、西、南三面邊境地區的禍亂，在北面制服了匈奴，匈奴遠遠地逃走了，我方便依據黃河、陰山建立防線，因此離開砂石堆積鹽鹼遍地不能耕種的荒涼地方，因此將地處偏僻、孤立突入匈奴地界的縣分中的造陽地方割讓給匈奴，減去邊塞的曲折部分，占據黃河天險，扼守軍事重地，這樣來省減繇役，保護軍民。由此看來，武帝四出征伐的意圖，並不只是一心追求拓展土地而使軍民勞累受苦。」

文學曰：「秦之用兵可謂極❶矣，蒙恬斥境可謂遠矣。今踰蒙恬之塞，立郡縣寇虜之地，地彌遠而民滋勞。朔方❷以西，長安以北，新郡之功❸，外城❹之費，不可勝計。非徒是❺也，司馬❻、唐蒙❼鑿西南夷❽之塗，巴、蜀❾弊❿於邛、筰；橫海⓫征南夷⓬，樓船⓭戍東越⓮，荊、楚罷於甌駱⓯；左將⓰伐朝鮮，開臨屯，燕、齊困於穢貉⓱；張騫⓲通殊遠，納⓳無用，府庫之藏流於外國；非特斗辟之費，造陽之役也。由此觀之，非人主用心，好事之臣為縣官⓴計過㉑也。」

【章旨】文學認為朝廷窮兵黷武，勞民傷財，其責任不在皇上本人，而在好事之臣。

【注釋】❶極　達到頂點。❷朔方　漢時郡名。武帝元朔二年始置，轄境相當今內蒙古河套西北部及後套地區。❸功　工程。❹外城　塞外諸城。❺徒是　只這些。❻司馬　指司馬相如。西漢辭賦家。武帝時以郎中將身分出使西南夷中的邛、筰二國。❼唐蒙　西漢番陽令。武帝時受任為郎中將，出使西南夷中的夜郎國。❽西南夷　漢時對居住在今雲南、貴州、四川一帶的少數民族的統稱。其中較大的國家有夜郎、邛、筰、滇。❾巴蜀　此指當時的漢中郡、巴郡、廣漢郡、蜀郡。❿弊　疲憊。⓫橫海　指橫海將軍韓說。⓬南夷　指南越。國名。在今廣東、廣西一帶。⓭樓船　指樓船將軍楊僕。⓮東越　國名。在今浙江東部、南部及福建東南部等地。⓯甌駱　南越王國治下的一個部族，分布在漢代的交趾、九真二郡。此代指東越、南越。⓰左將　指漢武帝時的左將軍荀彘。元封二年，武帝遣樓船將軍楊僕、左將軍荀彘出征朝鮮。元封三年，平定其地，置樂浪、臨屯、玄菟、真番四郡。⓱穢貉　即穢貊。漢時東北少數民族，居住在今遼寧省鳳城縣東和朝鮮江原道一帶。此代指朝鮮。⑱張騫　漢武帝時人，曾兩次奉命出使西域各國。⑲納　引進。⑳縣官　指天子。㉑計過　籌劃錯了。

【語譯】文學說：「秦朝在興兵打仗方面可說是達到頂點了，蒙恬拓展疆土可說是十分遼遠了。可是，如今越過蒙恬所修築的關塞，在敵寇的地界設立新郡縣，較之秦朝，拓地更遠，而百姓也更勞苦。朔方郡以西，長安以北，新設郡縣的修築工程，塞外諸城的建設費用，多得數也數不完。並且還不僅僅是這些，司馬相如、唐蒙開鑿通往西南夷的道路，使巴蜀地區的人民因開路邛、筰等國而勞累不堪；橫海將軍韓說討伐南夷，樓船將軍楊僕出征東越，使荊楚一帶的軍民因向兩越開戰而十分疲憊；左將軍荀彘進軍朝鮮，新關臨屯等四郡，燕齊兩地因這次戰爭而困苦至極；張騫打通了同西域各國的聯繫，引進的是一些沒有實用價值的物品，卻讓朝廷府庫的財物流向了異域；這些舉動所花費的巨量人力財力遠非放棄孤遠偏僻的造陽所省下的那點人力財力可比。這樣看來，凡此種種，並非出自皇上本人的意圖，而是好事之臣為皇上籌謀劃策有很大的錯誤。」

大夫曰：「挾❶管仲之智者，非為厮役❷之使也。懷陶朱之慮❸者，不居貧困之處。文學能言而不能行，居下而訕❹上，處貧而非富，大言而不從❺，高厲❻而行卑，誹譽❼訾議❽以要名采善❾於當世。夫祿不過秉握❿者不足以言治，家不滿檐石⓫者不足以計事。儒皆貧羸⓬，衣冠不完⓭，安知國家之政，縣官之事乎？何斗辟造陽也！」

【章旨】大夫指出，儒生身處貧賤，品行低劣，不可能懂得國家大事，沒有資格發表議論。

【注釋】❶挾　懷有。❷厮役　服賤役供使喚的人。❸慮　謀慮；謀略。❹訕　誹謗。❺從　遵從。❻高厲　外表莊嚴清高。❼誹譽　破壞別人的聲譽。❽訾議　詆毀別人的計議。❾要名采善　求取名聲，獲得贊譽。采，獲取。善，別人的稱贊。

⑩秉握　形容俸祿微薄。秉，指一束莊稼。握，指一把糧食。⑪檐石　形容米粟為數不多。檐，通「擔」。古時十斗為一石，二石為一擔。⑫羸　瘦。⑬完　完好。

【語　譯】大夫說：「懷有管仲那樣的傑出智慧的人，不會去服奴僕役夫的差使。具有范蠡那樣的經營謀略的人，不會在貧窮之地居住。你們這些文學只會耍嘴皮子，做不了實際工作，身居下位卻喜歡誹謗居上位者，處於貧窮的境地卻慣於攻擊富人，口裡說得冠冕堂皇，實際上卻不能按著去做，外表莊嚴清高，行為卻卑汙低下，愛破壞別人的名譽、詆毀別人的計議以沽名釣譽於當代社會。俸祿不超過一束莊稼、一把糧食的人，沒有資格談論國家的治理，家中存有的糧食還不到一、二石的人，沒有資格參與商議政事。你們儒生一個個既窮且瘦，衣帽破破爛爛，哪裡懂得國家的治理、天子的大事呢？還談甚麼『斗辟造陽』呢！」

文學曰：「夫賤不害智，貧不妨行。顏淵❶屢空❷，不為不賢；孔子不容❸，不為不聖。必將以貌舉人，以才❹進士，則太公終身鼓刀❺，寧戚❻不離飯牛矣。古之君子守道以立名，修身以俟時，不為窮變節，不為賤易志，惟仁之處❼，惟義之行。臨財苟得❽，見利反❾義，不義而富，無名而貴，仁者不為也。故曾參、閔子❿，不以其仁易⓫晉、楚之富。伯夷⓬不以其行易諸侯之位，是以齊景公⓭有馬千駟⓮，而不能與之⓯爭名。孔子曰：『賢哉回也！一簞食，一瓢飲，在於陋巷，人不堪其憂，回也不改其樂⓰。』故惟仁者能處約⓱、樂，小人富斯⓲暴⓳，貧斯濫⓴矣。楊子㉑曰：『為仁不富，為富不仁。』苟先利而後義，取奪不厭㉒。

公卿積億萬，大夫積千金，士㉓積百金，利己并財以聚；百姓寒苦㉔，流離於路，儒獨何以完其衣冠也？」

【章　旨】文學指出，一個人身處貧賤並不影響他有傑出的智慧、高尚的德行；君子與小人的區別就在於君子以德義為先，不以貧賤為意，小人以財利為先，侵奪不止；如今各級官吏的富有，靠的就是侵奪。

【注　釋】❶顏淵　孔子最得意的學生之一。姓顏，名回，字子淵，又稱顏淵。❷空　指無錢無糧。❸不容　指孔子周遊列國，其人其說不被各國接納。容，容納；接納。❹才　當作「財」。❺鼓刀　動刀作聲。指屠宰牲畜。相傳姜太公曾在朝歌以屠宰為業，後遇周文王，得到重用。❻寧戚　春秋時衛國人。因懷才不遇，轉而經商，至齊國，夜餵牛，敲打牛角高聲唱歌，恰被齊桓公聽見。桓公發覺他很有才能，舉為客卿。❼處　據守。❽苟得　苟且地得到。亦即以不正當手段取得。❾反　違背。❿曾參閔子　孔子的兩位學生。曾參，字子輿，春秋時魯國人。他說過：「晉、楚之富，不可及也。彼以其富，我以吾仁，彼以其爵，我以吾義。吾何慊（不滿足）乎哉！」閔子，名損，字子騫，魯國人。他能堅持德義，拒絕做季氏的家臣。此處本言曾參之事，因閔子與曾參操守一致，故連類而及。⓫易　交換。⓬伯夷　商朝末年孤竹君的長子，與弟弟叔齊反對周武王伐商，商亡後，二人入首陽山，不食周粟而死。⓭齊景公　春秋時齊國君主。⓮千駟　四千匹馬，一千輛戰車。這是大諸侯國才會有的軍事力量。⓯之　指伯夷。⓰賢哉回也六句　出《論語・雍也》。簞，裝飯用的圓竹筐。瓢，舀水用具，用葫蘆製成。⓱約　貧困。⓲斯　就。⓳暴　驕橫。⓴濫　胡作非為。㉑楊子　指陽虎，「楊」、「陽」古通。陽虎又名陽貨，春秋時魯國人，曾當過季孫氏的家臣。㉒厭　滿足。㉓士　指下層官吏。㉔寒苦　貧苦。

【語　譯】文學說：「地位低下並不妨礙有傑出的智慧，家境貧窮並不影響有高尚的德行。顏淵多次陷入無錢無糧的境地，不算是不賢德；孔子不被天下各國接納，不算是不聖明。如果一定要憑外貌薦舉人才，憑財富進用士人，那麼姜太公就會一輩子操刀屠宰，寧戚就會永遠擺脫不了餵牛的生活。古代的君子堅持道義以樹立美名，加強自身的修養以等待政治清明之時，不因為貧窮就改變節操，不因為卑賤就動搖志向，只據守仁德，只施行禮義。面臨錢財，用不正當手段去求得，見到財利，就將禮義丟在一旁，不守禮義而致富，沒有美名而貴顯，這些是仁人所不做的。所以曾參和閔子騫不願用他們的仁義去換取晉、楚兩國的財富。伯夷不肯用他的高尚品行去換取諸侯王的寶座，因此齊景公儘管擁有千輛戰車，在聲譽上卻不能和他相比。孔子曾說過：『顏回真是賢德啊！只吃一竹筐飯，用一個葫蘆瓢喝水，居住在簡陋的小巷，別人忍受不了這樣的困苦，顏回卻不改變他的快樂。』所以只有仁人才能在貧困、快樂時都不改常態，小人一富有就驕橫無比，貧窮了就胡作非為。陽貨曾說過：『追求仁義就難於富有，追求富有就會拋棄仁義。』如果把財利放在首位，對仁義不予重視，那麼巧取豪奪就沒有滿足之時。現在公卿積聚的財富高達億萬金，大夫達到千金，連下層官吏也達到了百金，這些都是損公肥私、吞并別人財產所獲得的；而百姓貧苦不堪，流離失所，在這種情況下，儒生怎麼能單獨有完好的衣帽呢？」

貧富第十七

【題解】本篇爭論的是一些與個人貧富有關的問題。大夫指出自己的富有是六十多年「獲祿受賜」、長時期節儉持家的結果，與巧取豪奪無關，並認為富有光榮，貧窮可鄙，不能致富的窮儒沒有資格和能力過問國家事務。文學則指出，當今官吏的富有，靠的是以權謀私，侵奪百姓之利；君子追求的是仁義，而不是不正當的富貴；具有深厚的仁德是一個人的價值所在和受尊敬的原因，人有價值和受尊敬，並不取決於他的權勢財產。

大夫曰：「余結髮❶束脩❷，年十三，幸得宿衛❸，給事❹輦轂之下❺，以至卿大夫❻之位，獲祿受賜，六十有餘年矣。車馬衣服之用，妻子僕養❼之費，量入為出，儉節以居❽之，奉❾祿賞賜，一二❿籌策之，積浸⓫以致富成業。故分土若一，賢者能守之；分財若一，智者能籌之。夫白圭⓬之廢著⓭，子貢之三⓮至千金，豈必賴之民哉？運之六寸⓯，轉之息耗⓰，取之貴賤之間⓱耳！」

【章旨】大夫指出，自己的富足是六十餘年「獲祿受賜」、長時期勤儉節約的結果，並非侵奪百姓所致。

【注釋】❶結髮　古時兒童將頭髮紮成髻。即用以指童年時期。❷束脩　十條乾肉。古代學生拜師時送給老師的禮物，故借以代指入學讀書。❸宿衛　在皇宮中值宿警衛。❹給事　供職。❺輦轂之下　指京師地區。輦，帝王所乘之車。❻卿大夫　指大司農及御史大夫等職位。❼養　擔任炊煮的僕人。❽居　處；對待。❾奉　通「俸」。❿一二　一一地。⓫積浸　逐漸。

⓬白圭　戰國時大商人。善於掌握時機賤買貴賣。⓭廢著　廢，售出。著，買進；貯積。⓮三　泛指多次。⓯六寸　指古代一種竹製的計算工具，徑一分、長六寸。⓰轉之息耗　指在盈虧之間分析權衡，以求選定能盈利的處理方法。息，生長。指盈利。耗，虛。指虧損。⓱取之貴賤之間　即賤買貴賣而致富。

【語　譯】大夫說：「我兒童時期入學讀書，十三歲便有幸得以在宮中擔任值宿警衛的職責，在京師地區供職，直升到卿大夫的位置，獲得俸祿和接受賞賜，至今已經六十多年了。我在車馬衣服、養家活口和雇用僕人等方面的開銷，總是根據收入籌劃支出，以節儉的原則來處理。對俸祿和賞賜，我一一加以籌劃安排，這樣逐漸地獲得了富足，建成了家業。所以分得的土地面積相等，只有賢能的人才守得住；分得的錢財數量相同，只有聰明的人才能有計畫地使用。白圭善於掌握售出買進的時機而發財，子貢多次富至千金，難道一定是依靠侵奪百姓取得的嗎？實際上，他們不過是利用計算工具運籌計算，在盈虧之間仔細分析權衡，憑藉賤買貴賣而取得罷了。」

文學曰：「古者事業不二❶，利祿不兼❷，然後諸業不相遠，而貧富不相懸也。夫乘❸爵祿以謙讓者，名不可勝舉❹也；因權勢以求利者，入❺不可勝數也。食湖池❻，管山海，芻蕘者❼不能與之爭澤❽，商賈不能與之爭利。子貢以布衣致之❾，而孔子非❿之，況以勢位求之者乎？故古者大夫思其仁義以充⓫其位，不為權利以充其私也。」

【章　旨】文學以古今相對比，斥責當今官吏利用權勢謀取私利以致富。

【注　釋】❶事業不二　指一個人不同時從事兩種職業。❷利祿不兼　指一人不兼得兩種職業的收入。❸乘　憑藉。❹舉稱揚。❺入　收入。❻食湖池　封禁湖泊池澤以取利。❼芻蕘者　割草打柴之人。❽澤　利益。❾之　指財富。❿非　批評。⓫充　充實。

【語　譯】文學說：「古時候一個人不同時從事兩種職業，不兼得兩種職業的收入，這樣一來，各種職業的收益相差不大，人們的貧富也沒有太大的懸殊。憑藉著高官厚祿而能謙讓的人，他的名聲之美無法用語言形容；依仗權勢而謀求私利的人，他的收入之多簡直無法計算。如今你們這些官員封禁了湖泊池澤，統一控制著山海資源，割草打柴之人不能與你們爭奪好處，商人也無法同你們爭奪財利。子貢憑著平民的身分致富，孔子尚且批評他，何況憑藉權勢地位去求取富有呢？所以古時候的大夫考慮的是依據仁義履行自己的職責，並不以權謀利以中飽私囊。」

大夫曰：「山岳有饒❶，然後百姓贍❷焉；河海有潤❸，然後民取足焉。夫尋常❹之汙❺，不能溉❻陂❼澤；丘阜❽之木，不能成宮室。小不能苞❾大，少不能贍多。未有不能自足而能足人者也，未有不能自治而能治人者也。故善為人❿者能自為⓫者也，善治人者能自治者也。文學不能治內⓬，安能理外⓭乎？」

【章　旨】大夫論述大和小、多和少、別人和自己等對立面相互關係的一般道理，借以說明文學沒有資格和能力過問國家事務。

【注　釋】❶饒　指豐富的資源。❷贍　供給。❸潤　利益。指饒多的出產。❹尋常　形容面積小。尋，八尺。常，一丈六尺。❺汙　小水池。❻溉　灌。指灌滿。❼陂　池塘。❽丘阜　小山丘。❾苞　同「包」。包容。❿為人　替別人辦事。⓫自為　為自己辦事。⓬內　指自身的事情。⓭外　指國家事務。

【語　譯】大夫說：「高山大嶺有豐富的資源，百姓才能得到供給；長河大海有饒多的出產，人民才能得到滿足。小水坑裡的水灌不滿大的池澤，小山丘上的樹木不能用來建成宮室。小的無法包容大的，少的無法供給多的。從來沒有自己無法獲得豐足卻能使別人豐足的；也從來沒有連自己都管不好卻能管理好別人的。所以善於替別人辦事的人也是能夠為自己辦好事情的人，善於管理別人的人也是管得好自己的人。文學管不好自身的事情，又哪裡能夠掌管國家事務呢？」

文學曰：「行遠道者假❶於車，濟❷江海者因於舟。故賢士之立功成名，因於資❸而假物者也。公輸子能因人主之材木以構宮室臺榭，而不能自為專屋❹狹廬，材不足也。歐冶能因國君之銅鐵以為金鑪大鍾，而不能自為壺鼎❺盤杅❻，無其用❼也。君子能因人主之正朝❽以和百姓，潤眾庶❾，而不能自饒其家，勢不便❿也。故舜耕歷山⓫，恩不及州里⓬，太公屠牛於朝歌⓭，利不及妻子，及其見⓮用，恩流⓯八荒⓰，德溢⓱四海。故舜假之堯，太公因之周。君子能修身以假道⓲者，不能枉道而假財也。」

【章　旨】文學指出，一個人的立功成名，必須有所憑藉，作為君子，應該依靠明君，借助正道，而不能依靠財利。

【注　釋】❶假　借助。❷濟　渡。❸資　資本。指客觀條件。❹專屋　特小的房屋。❺鼎　古代炊煮用具，多用青銅製成。❻杅　同「盂」。盛飲食之器皿。❼無其用　沒有用來製造這些器具的原材料。❽正朝　朝政。「正」與「政」古通。❾潤眾

庶 使民眾得到好處。⑩勢不便 所處的地位不允許那樣做。⑪歷山 在今山西省永濟縣東南，相傳舜即位前曾在此耕田種地。⑫州里 鄉里。古以二千五百家為州，二十五家為里。⑬朝歌 商朝都城。在今河南省淇縣。⑭見 被。⑮流 流布。⑯八荒 八方極遠之地。⑰溢 充滿。⑱道 此指仁義。

【語　譯】文學說：「走遠路的人要借助車馬，渡江海的人要依靠舟船。所以賢士立功成名，也要依靠一定的客觀條件，借助外物。公輸子能夠用君主的木材建成宮室臺榭，卻不能為自己造出窄小的房屋，這是因為他自己沒有足夠的木材。歐冶子能夠用國君的銅鐵製造出金鑪大鍾，卻不能為自己做一些壺鼎盤盂，這是因為他自己沒有製造這些器具的材料。君子能夠依靠君主的朝政使百姓和睦，讓民眾都得到好處，卻不能使自己的家庭富有，這是因為他所處的地位不允許他這樣做。所以舜當年在歷山耕田種地，恩惠達不到自己的家鄉一帶，姜太公當年在朝歌宰牛，好處竟落不到妻子兒女身上，可是等到他們被重用以後，恩惠流布八方極遠之地，德澤充滿整個天下。所以舜是借助了堯帝的力量，太公是依靠了周朝的政權。作為君子，只能努力修養自身的德行，借助正道來立功成名，不能屈曲正道而依靠財利。」

大夫曰：「道懸於天，物布於地，智者以衍❶，愚者以困。子貢以著積❷顯於諸侯，陶朱公以貨殖❸尊於當世。富者交❹焉，貧者贍❺焉。故上自人君，下及布衣之士，莫不戴❻其德，稱其仁。原憲❼、孔伋❽，當世❾被飢寒之患，顏回屢空於窮巷，當此之時，迫❿於窟穴⓫，拘⓬於縕袍⓭，雖欲假財信⓮姦佞⓯，亦不能也。」

【章　旨】大夫贊美「智者」的富有，挖苦儒士的貧窮。

【注釋】❶以衍　憑藉這些條件致富。以，憑藉。衍，富足。❷著積　貯藏囤積。指做買賣。❸貨殖　指經商。❹交往　交往。❺贍　供給。❻戴　尊崇。❼原憲　孔子的學生，字子思，亦稱原思，春秋時魯國人（一說宋國人）。他曾隱居在衛國的一條小巷裡，過著貧窮的生活。❽孔伋　孔子之孫，字子思。曾因窮被困在宋國，回不了家。❾當世　當代。就在他們自身這一生。❿迫　指因面積小而受擁擠。⓫窟穴　掘地而成的土屋。⓬拘　指因衣著差而不自在。⓭縕袍　以亂麻為絮的長襖。⓮信　通「伸」。施展。⓯姦佞　姦詐諂媚。

【語譯】大夫說：「大道高懸於天，萬物布散於地，聰明的人憑藉這些條件致富，愚蠢的人卻免不了窮困。子貢憑著做買賣名揚諸侯，陶朱公憑著經商位高當時。富人紛紛與他們交往，窮人從他們那裡得到救濟。所以上自一國之君，下至平民百姓，沒有人不尊崇他們的德行，頌揚他們的仁義。原憲和孔伋一生免不了遭受飢寒之苦，顏回住在偏僻的小巷裡多次陷入無錢無糧的境地，在這個時候，住在小土屋裡受擁擠，穿著壞衣服不自在，即使想借助錢財施展姦詐諂媚，也是辦不到的。」

文學曰：「孔子云：『富而可求，雖執鞭之事，吾亦為之；如不可求，從吾所好❶。』君子求義，非苟富❷也。故刺❸子貢不受命❹而貨殖焉。君子遭時❺則富且貴，不遇，退而樂道❻。不以利累❼己，故不違義而妄取❽。隱居修節❾，不欲❿妨行，故不毀名而趨勢⓫。雖付之以韓、魏之家⓬，非其志，則不居⓭也。富貴不能榮⓮，謗毀不能傷也。故原憲之縕袍，賢⓯於季孫⓰之狐貉⓱；趙宣孟⓲之魚飧⓳，甘於智伯⓴之芻豢㉑；子思㉒之銀珮㉓，美於虞公㉔之垂棘㉕。魏文侯軾段干木之閭㉖，非以其有勢也；晉文公見韓慶，下車而趨㉗，非以其多財，以其富於仁，充㉘於德也。故貴何必財，亦仁義而已矣！」

【章　旨】文學指出，君子以仁義為先，不苟取富貴，一個人有無價值和是否受尊敬，取決於他是否有仁義德行，並不取決於他是否有權勢財產。

【注　釋】❶富而可求五句　出自《論語・述而》。孔子認為，富貴在天，不可有意識地去強求，故有此語。求，指強求。❷苟富　苟且求得富有。亦即以不正當手段致富。❸刺　批評。孔子曾批評子貢，認為他不該經商。❹命　指老師的教導。❺遭時　遇上政治清明之時。❻樂道　堅守、研習聖人之道，據以加強自身修養，以之為樂。❼累　牽累。❽妄取　不擇手段求得。❾節　節操。❿不欲　不以貪欲。⓫趨勢　趨附權勢。⓬韓魏之家　春秋末年，晉國六卿中，韓、魏兩家最富。⓭居　處。此指接受。⓮不能榮　不能使之感到榮耀。⓯賢　善；好。⓰季孫　季孫氏。魯國大貴族。⓱狐貉　狐狸和狗獾。此指用這兩種動物的毛皮製成的長袍。⓲趙宣孟　春秋時晉國大夫趙盾。生活節儉。⓳魯飱　一種粗劣的魚製食物。⓴智伯　晉國六卿之一。勢力很強大。㉑芻豢　此泛指肉食。芻，指草食動物牛羊等。豢，指穀食動物豬狗等。㉒子思　指孔子之孫孔伋。㉓銀珮　古代佩帶於身的一種銀製裝飾品。很普通。㉔虞公　春秋時虞國國君。㉕垂棘　出產於晉國垂棘地方的美玉。㉖魏文侯軾段干木之閭　魏文侯，戰國時魏國國君。軾，車前橫木。此用為動詞，指伏軾致敬。段干木，魏文侯時人，很有才德，隱居不仕，文侯每乘車經過他的居處，必伏在橫木上以表示對他的尊敬。閭，里巷；里門。㉗晉文公見韓慶二句　晉文公，春秋時晉國國君。韓慶，人名。趨，快步而行。㉘充　滿。

【語　譯】文學說：「孔子曾說過：『富貴如果可以強求的話，即使是拿鞭子趕車的差事，我也去做；如果不能強求，那還是做我所喜愛的事。』君子追求的是仁義，並不苟且地求取富有。所以孔子曾批評子貢不接受教導而去經商。君子遇上政治清明之時就去當官致富，沒遇上，就退而堅守、研習聖人之道，以之為樂。不因財利牽累自己，所以絕不違背禮義去非法求取。隱居修養節操，不以貪欲妨礙德行，所以絕不敗壞自己的名聲去趨附權勢。即使把韓、魏兩家的巨額財富送給他，如果不符合他的志向，他也不接受。富貴不能使他感到榮耀，誹謗不能使他受到傷害。所以原憲以亂麻為絮的長襖，勝過季孫氏以狐狸狗獾毛皮製成的皮袍；

趙盾食用的粗劣魚製食物，味道好過智伯的各種肉食；子思佩帶的普通銀製裝飾品，比虞國國君得到的垂棘美玉更美。魏文侯經過段干木的里巷時，總是伏在車前橫木上表示敬意，這並不是因為段干木有權勢；晉文公見到韓慶，急忙下車快步走向前來，這並不是因為韓慶財產多；這是因為段干木和韓慶二人富有仁義，充滿美德。由此看來，一個人的尊貴哪裡一定要依靠財產，只要有仁義就行了！」

毀學第十八

【題　解】本篇以李斯相秦事為中心，就追求富貴與安於貧賤兩種不同的人生態度展開辯論。由於在儒家人士看來，李斯是助始皇焚書坑儒、破壞學術的罪人，故編者以「毀學」二字名篇。大夫頌揚李斯位高權重，功名顯赫，諷刺儒士貧賤寒酸，斥責他們言辭粗野荒唐，指出追求富貴乃人之本能，儒士貌似清高，實則貪婪。文學則肯定堅持德義、安於貧賤的人生態度，指出貪圖財利而不顧後果、不講仁義，絕沒有好下場，沒有才德而追求富貴、迷戀權勢，必將遭殺身之禍，挖苦公卿以富貴譏笑儒生，就像鴟鴞生怕失去腐鼠一樣可笑。

大夫曰：「夫懷枉❶而言正，自託❷於無欲而實不從❸，此非士之情❹也？昔李斯❺與包丘子❻俱事荀卿❼，既而❽李斯入秦，遂取三公❾，據❿萬乘⓫之權以制海內，功侔⓬伊、望⓭，名巨泰山；而包丘子不免於甕牖蒿廬⓮，如潦歲⓯之鼃，口非不眾也，卒死於溝壑而已。今內⓰無以養，外⓱無以稱，貧賤而好義⓲，雖言仁義，亦不足貴者也。」

【章　旨】大夫肯定李斯的功勞和名聲，譏刺儒士的不良行為和可悲境況，指出他們不值得看重。

【注　釋】❶枉　彎曲。指邪門歪道。❷託　謊稱。❸從　遵從；照著做。❹情　真實狀況。❺李斯　戰國時楚人。當過荀子的學生。後入秦，被秦王政任為客卿，廷尉。秦統一天下，任丞相。始皇死，追隨趙高，偽造遺詔，逼扶蘇自殺，立胡亥為二世皇帝。不久，自己亦被趙高害死。❻包丘子　即浮丘伯。齊人，也是荀子的學生。❼荀卿　荀子。❽既而　不久。❾三

公　秦漢時以丞相、御史大夫、太尉為三公。李斯於秦統一後任丞相。⑩據　掌握。⑪萬乘　萬輛戰車。是古代天子才能擁有的軍事力量，此即以指統一而強大的秦王朝。⑫侔　相比；相等。⑬伊望　商朝的伊尹和周朝的呂望（即姜太公）。⑭甕牖蒿廬　用掉了底的破瓦罐作窗戶，用蒿草蓋房子。甕，瓦罐。牖，窗戶。⑮潦歲　雨多成災的年頭。⑯內　指家裡。⑰外　指在社會上。⑱義　張敦仁《鹽鐵論考證》：「義當作議。」今從。

【語　譯】大夫說：「心裡裝著邪門歪道，口裡卻大談正道，謊稱自己沒有貪欲，實際上卻並不照著去做，這難道不是你們儒士的真實狀況嗎？從前李斯和包丘子都拜荀子為師，不久李斯奔赴秦國，取得三公的高位，掌握著強大的統一王朝的權力，而控制整個天下，功勞能和伊尹、呂望相比，名聲像泰山一樣巨大；可是包丘子卻免不了要用掉了底的破瓦罐作窗戶，用蒿草蓋房子，就像水災年頭的青蛙，雖然口裡不停地哇哇亂叫，終究還是死在溝壑裡罷了。現在你們這些儒士，在家不能養活父母妻兒，在社會上也沒有甚麼善行可以拿來稱道，身處貧賤卻喜歡說長道短，雖然經常高談仁義，也不值得看重。」

文學曰：「方李斯之相秦也，始皇任①之，人臣無二②，然而荀卿謂③之不食④，覩其罹⑤不測⑥之禍也。包丘子飯麻蓬藜⑦，修道白屋⑧之下，樂其志，安之⑨於⑩廣廈芻豢，無赫赫⑪之勢，亦無戚戚⑫之憂。夫晉獻⑬垂棘，非不美也，宮之奇見之而歎，知荀息之圖之⑭也。智伯富有三晉⑮，非不盛也，然不知襄子⑯之謀之也。季孫之狐貉，非不麗也，而不知魯君之患之⑰也。故晉獻以寶⑱馬釣虞、虢，襄子以城壞誘智伯。故智伯身禽⑲於趙，而虞、虢卒并於晉，以其務得不顧其後，貪土地而利寶馬也。孔子曰：『人無遠慮，必有近憂⑳。』今之在位者，見利不虞㉑害，貪得不顧恥，以利易㉒身，以財易死。無仁義之德，而有富貴之祿，若蹈坎穽㉓，食於懸門㉔之下，此李斯之所以伏㉕五刑㉖也。南方有鳥名鵷鶵㉗，非竹實㉘不食，非醴泉㉙不飲，飛過泰山，泰山之鴟㉚俛啄腐鼠，仰見鵷鶵而嚇㉛。今公卿以其富貴笑儒者，為之常行㉜，得無㉝若泰山鴟嚇鵷鶵乎？」

【章　旨】文學指出，沒有仁德而得到的富貴，來路不正的好處，必將陷人於不測，絕不可貪得；公卿以富貴譏笑儒士，就如鴟鴞猜忌鵷鶵一樣可笑可悲。

【注　釋】❶任　信任。❷人臣無二　指受到的信任在當時的大臣中獨一無二。❸謂　通「為」。❹不食　吃不下飯。❺罹　遭受。❻不測　意想不到。❼飯麻蓬藜　吃麻籽，住草房。蓬、藜，兩種野草。❽白屋　白茅所蓋的房子。❾安之　對這些感到安適。❿於　表比較。⓫赫赫　顯赫的樣子。⓬戚戚　憂愁的樣子。⓭晉獻　晉獻公。春秋時晉國國君。晉獻公派大臣荀息以屈地出產的良馬和垂棘之地出產的美玉為禮物，向虞國借道以伐虢國，虞國大夫宮之奇力勸虞君不要同意，虞君不聽，結果荀息率軍滅掉了虢國，回師路上，又將虞國滅掉了。⓮圖之　設圈套以謀取虞國。⓯富有三晉　晉本六卿，後智伯兼并了范氏、中行氏二卿的土地，所以這裡說他廣泛地占有晉國六分土地中的三分。⓰襄子　趙襄子。晉國六卿之一。范氏、中行氏亡後，智伯更加驕橫，向韓氏、魏氏索要土地，韓、魏被迫答應，又向趙襄子索要，襄子不給。於是智伯聯合韓、魏攻趙，襄子退守晉陽城。智伯引汾水灌晉陽，城牆將壞，襄子夜派使者赴韓、魏處策反，韓、魏轉與趙聯合，活捉智伯。⓱患之　以之為禍患。⓲寶　指美玉。⓳禽　同「擒」。⓴人無遠慮二句　出自《論語・衛靈公》。遠慮，長遠的考慮。㉑虞　預料。㉒易　看輕。㉓坎穽　捕獸的陷阱。㉔懸門　吊在空中能上下的閘門性質的城門。㉕伏　伏法。因犯罪而受刑罰。㉖五刑　古代的五種刑罰。史載李斯受遍五種刑罰而死。㉗鵷鶵　傳說中一種像鳳凰的鳥。㉘竹實　竹子的果實。亦稱竹米。可食。㉙醴泉　甜美的泉水。㉚鴟　鴟鴞。貓頭鷹一類的鳥。㉛嚇　發出威嚇聲。㉜為之常行　作為他們的日常行為。之，同「其」。㉝得無　難道不。

【語譯】文學說：「當李斯擔任秦朝丞相的時候，始皇對他非常信任，當時的大臣沒有一個人可與他相比，可是荀子卻因此吃不下飯，因為荀子已經預料到李斯將要遭受意想不到的災禍。包丘子吃麻籽，住草房，在茅屋下研習聖道修養德性，對自己的志向深感滿意，覺得這樣的生活比身居高樓大廈、口食肉類食物更安適，雖然沒有顯赫的權勢，但也沒有甚麼需要憂愁。晉獻公送來的垂棘之玉，並不是不美啊，可是宮之奇見到後卻長聲歎息，因為他知道荀息是在設圈套以謀取虞國。智伯廣泛地占有晉國六分土地中的三分，並不是不強盛啊，然而他並不知道趙襄子在算計他。季孫氏的狐貉皮袍，並不是不漂亮啊，然而他並不知道魯君正將他視作禍患。所以晉獻公用美玉良馬為誘餌來釣取虞、虢兩國，趙襄子以城牆將壞誘騙迷惑智伯。這樣看來，智伯自身被襄子活捉，虞、虢兩國終究被晉國吞并，其原因就在於智伯和虞君只一心想得到好處而不顧念後果，貪圖土地和美玉良馬之利。孔子曾說過：『一個人如果沒有長遠的考慮，眼前就一定會出現值得憂愁之事。』如今在位當權的人，見利就不考慮害，貪得而不顧廉恥，因為利而看輕身軀性命，因為財而看輕一死。沒有仁義美德，而有高官厚祿，就像踩在陷阱之上和在吊起的城門之下吃飯一樣危險，這也就是李斯受遍五刑而死的原因。南方有一種鳥名叫鵷鶵，不是精潔的竹米牠不吃，不是甜美的泉水牠不喝，當牠飛著經過泰山的時候，泰山上的鴟鴞正在低頭啄食腐臭的老鼠，鴟鴞抬頭看見鵷鶵，生怕食物被奪，趕緊發出威嚇之聲。現在你們公卿重臣憑著自己的富貴譏笑儒士，以之為常事，這難道不像泰山上的鴟鴞向鵷鶵發出威嚇聲嗎？」

大夫曰：「學❶者所以防固辭❷，禮者所以文❸鄙行也。故學以輔德，禮以文質❹。言思可道❺，行思可樂❻。惡言不出於口，邪行不及於己❼。動作應❽禮，從容中道❾。故禮以行之，孫❿以出之。是以終日言，無口過；終身行，無冤尤⓫。今人主張官⓬立朝⓭以治民，疏爵分祿⓮以褒⓯賢，而曰『懸門』、『腐鼠』，何辭之鄙背⑯而悖於所聞也？」

【章旨】大夫譴責文學言語粗野荒唐。

【注釋】❶學　學問。❷固辭　鄙陋的言辭。❸文　文飾。❹質　指人的本質。❺言思可道　說話要考慮可以說出口。❻行思可樂　做事要考慮使人滿意。❼不及於己　不和自己發生聯繫。❽應　符合。❾從容中道　不慌不忙地符合正道。❿孫同「遜」。謙虛。⓫冤尤　埋怨責備。冤，通「怨」。尤，責備。⓬張官　設置官職。⓭立朝　建立朝廷。⓮疏爵分祿　分授爵位和俸祿。疏，分。⓯褒　褒揚。⓰鄙背　鄙陋背理。

【語譯】大夫說：「學問是用來防止言辭鄙陋的，禮是用來美化行為避免粗野的。所以學問被用來輔助道德，禮被用來文飾本質。說話要考慮能說出口，做事要考慮使人滿意。口中不吐惡言，行動不涉邪僻。一舉一動與禮毫無偏差，不慌不忙一切自然符合正道。所以按禮行事，依謙遜的原則出言說話。這樣一來，整天說話，也沒有錯話出口；一輩子做事，也無人埋怨責備。現在君王建立朝廷設置官職來治理百姓，分授爵位和俸祿給賢士以示褒揚，但你們竟把這些說成是『懸門』、『腐鼠』，為甚麼你們的言辭這樣鄙陋背理，和我們平常所聽到的一般人的說法大相逕庭呢？」

文學曰：「聖主設官以授任，能者處之；分祿以任賢，能者受之。義貴無高❶，義取無多❷。故舜受堯之天下，太公不避周之三公❸；苟非其人❹，簞食豆羹❺猶為賴❻民也。故德薄而位高，力少而任重，鮮不及❼矣。夫泰山鴟啄腐鼠於窮❽澤幽谷之中，非有害於人也。今之有司，盜主財而食之於刑法之旁，不知機之是發❾，又以嚇人，其患惡得❿若泰山之鴟乎！」

【章旨】文學指出，有才德之人，官再大、祿再多都行，無才德之人為官任職，必既害民又害己。

【注釋】❶義貴無高　憑義獲得貴顯，官位再高也可以。❷義取無多　憑義取得俸祿，俸祿再多也可以。❸三公　周代三公指太師、太傅、太保。姜太公曾為周文王師，故得稱三公。❹苟非其人　如果不是有德才的人。❺簞食豆羹　形容享受的待遇很低。豆，古代盛食品的高腳器皿。羹，以菜或肉做成的湯。❻賴　通「厲」。病；害。❼鮮不及　少有不遭受災禍的。鮮，少。❽窮　僻遠。❾機之是發　機關會發動。機，機關。機械裝置上管發動的部件。此句連上句意謂胡作非為，無視法律，會受到法律制裁。❿惡得　哪能。

【語譯】文學說：「聖明的君主設立官職以授與臣下，只有多才的人才應該就任；分授俸祿來任用賢人，只有多才的人才應該接受。憑藉德義獲得貴顯，官位再高也沒甚麼不妥，憑藉德義取得俸祿，俸祿再多也沒甚麼不行。所以舜接受了堯禪讓的天下，姜太公不逃避周朝三公的高位；如果不是有德才之人，即使俸祿不高待遇很低，也還是會做出害民的事。所以道德鄙薄而官位高顯，力量不足而責任重大，這樣的人少有不遭受災禍的。泰山上的鴟鴞在深山遠澤中啄食腐鼠，對人還沒有甚麼害處。現在的各級官員，盜竊君主的財富，就站在刑法的旁邊享用，不知道機關總有一天會發動，還要拿苟取的富貴來向別人發出威嚇之聲，所造成的禍患遠遠超過了泰山上的鴟鴞呀！」

大夫曰：「司馬子❶言：『天下穰穰❷，皆為利往。趙女不擇醜好❸，鄭嫗❹不擇遠近❺，商人不媿❻恥辱，戎士❼不愛死力❽，士不在親❾，事君不避其難，皆為利祿也。』儒、墨內貪外矜❿，往來游說，棲棲然⓫，亦未為得也⓬？故尊榮者士之願也，富貴者士之期⑬也。方李斯在荀卿之門，闒茸⑭與之齊軫⑮，及其奮翼高舉⑯，龍昇驥騖⑰，過九軼二⑱，翱翔萬仞⑲，鴻鵠⑳華騮㉑且非㉒同侶，況跛牂㉓燕雀之屬乎！席㉔天下之權，御㉕宇內之眾，後車㉖百乘，食祿萬鍾㉗。而拘㉘儒布褐㉙不完，糟糠不飽，非甘菽藿㉚而卑㉛廣廈，亦不能得已㉜。雖欲嚇人，其何已㉝乎？」

【章　旨】大夫指出，富貴是所有人的本能願望，儒生並非不想富貴，只是得不到而已。

【注　釋】❶司馬子　指司馬遷。下所引出《史記・貨殖列傳》，然非原文，乃某些章節的大意。❷穰穰　紛亂的樣子。❸不擇醜好　指嫁人不管丈夫美醜。❹嫗　指少女。❺不擇遠近　出嫁不挑道路遠近。❻媿　羞慚。❼戎士　戰士。❽不愛死力　不吝惜生命和力氣。愛，吝惜。❾士不在親　做官的士人不顧念親人。❿矜　端莊。⓫棲棲然　忙碌不安的樣子。⓬亦未為得也　不也是為了得到利祿嗎。也，表反詰。⓭期　期望；企求。⓮闒茸　卑劣無能之人。⓯齊軫　兩車齊頭並進。軫，本指車箱底部四面的橫木，因用為車的代稱。⓰舉　飛。⓱驥騖　駿馬奔馳。⓲過九軼二　超過頂點，獨一無二。九，古以九為陽數之極。軼二，超過二而達到一，獨一無二。⓳仞　古以七尺或八尺為一仞。⓴鴻鵠　天鵝。㉑華騮　同「驊騮」。駿馬名。㉒非　原無，據郭沫若《鹽鐵論讀本》補。㉓牂　母羊。㉔席　憑藉；據有。㉕御　管理。㉖後車　跟在後面的車子。㉗鍾　古容量單位。六斛（十斗）四斗。㉘拘　固執淺陋。㉙布褐　粗布衣服。㉚甘菽藿　認為粗劣的飯菜味美。菽，豆類的總稱。藿，豆葉，可作菜。㉛卑　看不起。㉜已　罷了。㉝已　通「以」。依仗。

【語　譯】大夫說：「司馬遷說過：『天下亂糟糟的，人們都是為了財利而奔波。趙地的女子擇婿不管美醜，鄭地的姑娘出嫁不挑遠近，商人不怕羞恥，戰士不吝惜生命和力氣，做官的士人不顧念親人，服務君主不逃避災難，他們之所以這樣，都是為了利祿啊。』儒家和墨家人士內心貪婪，外表上卻裝出端莊的樣子，往來奔走於各國，遊說諸侯，忙碌不安，不也是為了得到利祿嗎？由此看來，尊貴榮耀是士人的本能願望，富裕貴顯是士人的普遍追求。當李斯還在荀子門下的時候，卑劣無能之人和他並駕齊驅，可是等到他像鳥兒一樣振翅高飛，像蛟龍一樣昇上高空，像駿馬一樣奔馳千里，地位超過頂點，獨一無二，翱翔在萬仞之上，這時候，天鵝和驊騮尚且不能做他的伴侶，更何況跛腿母羊和燕子麻雀之類呢！李斯掌握著國家大權，管理整個天下的民眾，跟隨在後面的車子有百輛之多，享用的俸祿高達萬鍾。可是那些固執淺陋的儒生連粗布衣服都還是破的，連酒渣糠麩都吃不飽，並不是他們喜歡吃粗劣的飯菜而看不起高樓大廈，只不過他們得不到罷了。他們即使想向別人發出威嚇之聲，可是又依仗甚麼來這樣做呢？」

文學曰：「君子懷❶德，小人懷土❷。賢士徇名❸，貪夫死利。李斯貪其所欲❹，致其所惡❺。孫叔敖❻早見於未萌❼，三去相❽而不悔，非樂卑賤而惡重祿❾也，慮患遠而避害謹也。夫郊祭❿之牛，養食朞年⓫，衣之文繡⓬，以入廟堂⓭，太宰⓮執其鸞刀⓯以啟其毛⓰；方此之時，願任重而上峻坂⓱，不可得也。商鞅困於彭池⓲，吳起之伏王尸⓳，願被布褐而處窮鄙之蒿廬，不可得也。李斯相秦，席天下之勢，志小萬乘⓴，及其囚於囹圄㉑，車裂於雲陽㉒之市，亦願負薪入東門㉓，行上蔡曲街徑，不可得也。蘇秦、吳起以權勢自殺㉔，商鞅、李斯以尊重㉕自滅，皆貪祿慕榮以沒其身，從車百乘，曾㉖不足以載其禍也！」

【章　旨】文學譏笑貪圖富貴者的可悲下場，指出他們臨死時即使想過貧賤生活亦不可得。

【注　釋】❶懷　顧念。❷懷土　顧念鄉土不願遷徙。❸徇名　為名而不惜獻身。徇，通「殉」。❹所欲　所想得到的。指富貴。❺致其所惡　招來了他所厭惡的。指殺身之禍。❻孫叔敖　春秋時楚人。曾三次擔任楚國的令尹（楚最高行政長官，相當於宰相），又三次辭去。❼未萌　指災禍還未發生。❽去相　離開宰相之位。❾惡重祿　討厭厚祿。❿郊祭　古代祭禮。帝王在郊外祭天。⓫朞年　一整年。⓬衣之文繡　在牛身上披上繡有花紋的衣服。⓭廟堂　行祭禮的地方。⓮太宰　又稱冢宰。古代輔佐天子、總領百官的大臣。古祭天之禮極為隆重，天子親牽牲入廟門，卿大夫執刀宰殺以為祭品。⓯鸞刀　刀環上有鈴的刀子。鸞，鈴。⓰敺其毛　剝開其毛皮。敺，開。⓱坂　山坡。⓲彭池　地名。商鞅在彭池被擒殺。⓳伏王尸　楚悼王死後，舊貴族就在悼王停屍的地方用亂箭射吳起，吳起中箭後，怒斥這些舊貴族，伏在悼王屍體上死去。⓴志小萬乘　志向大，連大諸侯國的王位也不放在眼裡。小，以之為小。萬乘，周時天子才能擁有萬輛戰車，至戰國，大諸侯國亦可稱「萬乘」，此即指大諸侯國的王位。㉑囹圄　監獄。㉒雲陽　秦縣名。在今陝西省淳化縣北。㉓東門　指李斯故鄉上蔡（今河南省上蔡縣）的東城門。㉔自殺　自取滅亡。㉕尊重　位高權重。㉖曾　竟然。

【語　譯】文學說：「君子顧念的是德義，小人依戀的是鄉土。賢能之士為名聲不惜獻身，貪婪之人為財利願意拚死。李斯貪圖他所渴求的富貴，終究招來他所害怕的殺身之禍。孫叔敖在災禍還未發生之時就能料及，三次離開宰相之位而不後悔，這並不是因為他喜歡卑賤而厭惡厚祿，而是因為他對禍患考慮得很深遠，對災難持小心逃避的態度。郊祭時用作祭品的牛，在經過一整年的餵養之後，被披上華麗的衣服，牽進廟堂，太宰拿著帶鈴的刀剝牠的毛皮；在這個時候，牠即使想拉著沉重的大車去爬陡坡，也已經不能如願。商鞅在彭池面臨絕境，吳起伏在悼王的屍體之上，在這個時候，他們即使想穿著粗布衣服，住在處於僻遠之地的簡陋草房裡，也已經辦不到了。李斯擔任秦朝的丞相，掌握著整個國家的大權，心高氣傲，連大諸侯國的王位也不放在眼裡，可是等到他被拘禁在監獄之中，受車裂於雲陽集市之上的時候，也曾想做一個普通百姓，背著柴禾走進上蔡城的東門，在曲折的街路上行走，只可惜這時候已經不可能了。蘇秦、吳起因權勢自取滅亡，商鞅、李斯因位高權重丟掉性命，他們都是由於貪圖祿位、愛慕榮耀而遭殺身之禍的。他們後面跟隨著的百輛車子，竟然不夠用來裝載他們的災禍！」

褒賢第十九

【題　解】「褒賢」即頌揚賢人。篇中雙方依據不同的標準，對幾位古人和今人進行評價，你褒我貶，針鋒相對。大夫贊揚蘇秦、張儀，而對孔甲、趙綰、王臧、主父偃、東方朔等人進行指責，譏刺他們言行不一，貪婪卑汙。文學則抨擊蘇秦、張儀貪圖富貴而不顧後果，頌揚孔甲等人，指出他們不貪圖祿位，志在為民除害，清廉儉樸，謙虛愛士。篇中大夫重在「貶」，文學重在「褒」，故站在文學一邊的編者以「褒賢」作篇名。

大夫曰：「伯夷以廉❶飢，尾生以信死。由小器❷而虧大體，匹夫匹婦之為諒也，經於溝瀆而莫之知也❸，何功名之有？蘇秦、張儀❹，智足以強國，勇足以威敵，一怒而諸侯懼，安居而天下息❺，萬乘之主❻莫不屈體卑辭❼重幣❽請交，此所謂天下名士也。夫智不足與謀，而權❾不能舉當世❿，民斯為下也⓫。今舉⓬亡而為有⓭，虛而為盈⓮，布衣穿⓯履，深念徐⓰行，若有遺亡⓱，非立功成⓲名之士，而亦未免於世俗⓳也。」

【章　旨】大夫稱贊蘇秦、張儀的大智大勇，頌揚他們的功績威望，指責儒生虛偽無能，迂腐庸俗。

【注　釋】❶廉　廉潔。❷由小器　依著自己的小度量。由，依從。器，器量。❸匹夫匹婦之為諒也二句　語出《論語・憲問》。諒，小信。經，上吊自殺。瀆，小溝渠。莫之知，即「莫知之」。沒有誰知道。❹張儀　戰國時魏人。以連橫（秦與其他六國分別結成聯盟，然後各個擊破）的策略輔佐秦惠王，任丞相，秦國以強大。惠王死後，為貴族所讒，離秦歸魏，卒死於魏國。❺息　平靜。❻萬乘之主　擁有萬輛戰車的大諸侯國君主。❼屈體卑辭　態度恭敬，言辭謙卑。屈體，彎曲身體。是恭敬的表現。❽幣　禮物。❾權　權術。此指才能。❿舉當世　承擔當世之事。⓫民斯為下也　這樣的人就是下等人了。斯，就。⓬舉　全；皆。⓭亡而為有　沒有卻裝作有。亡，無。⓮虛而為盈　空虛卻裝作充實。⓯穿　破。⓰徐　慢。⓱遺亡　遺失；丟失。⓲成　原無，據《諸子集成》本補。⓳世俗　社會上的庸俗習氣。

【語　譯】大夫說：「伯夷因為廉潔而餓死，尾生因為守信用而喪命，他們依著自己的小度量而損害大體，就像普通男女固守小信，吊死在小山溝裡沒有人知道一樣，哪裡還有甚麼功名？蘇秦和張儀智慧足以使國家強盛，勇氣足以使敵人害怕，一發怒諸侯就感到恐懼，安居下來天下就平靜無事，擁有萬輛戰車的大國君主都態度恭敬，言辭謙卑，拿著厚禮請求和他們交往，像他們這樣的人才是人們常說的天下名士。至於在智慧方面不值得與之商量事情，才能又不足以承擔當世之事，這樣的人就是下等人了。現在你們儒生個個都是沒有卻裝作有，空虛卻裝作充實，身著粗布衣，腳穿破鞋子，低頭沉思，慢步行走，就像丟掉了甚麼似的，你們並不是甚麼立功成名之人，並且也沒有擺脫社會上的庸俗習氣。」

文學曰：「蘇秦以從❶顯於趙，張儀以橫❷任於秦，方此之時，非不尊貴也，然智士隨❸而憂之，知夫不以道進者必不以道退，不以義得者必不以義亡❹。季、孟❺之權，三桓之富，不可及也，孔子為❻之曰『微❼』。為人臣，權均於君，富侔於國者，亡❽。故其位彌高而罪彌重，祿滋❾厚而罪滋多。夫行者❿先全己而後求名，仕者先辟⓫害而後求祿。故香餌⓬非不美也，龜龍聞而深藏，鸞鳳⓭見而高逝⑭者，知其害身也。夫為烏鵲魚鱉⑮，食香餌而後狂飛奔走，遜頭屈遰⑯，無益於死。今有司盜秉⑰國法，進⑱不顧罪，卒然⑲有急，然後車馳人趨，無益於死。所盜不足償於臧獲⑳，妻子奔亡㉑無處所，身在深牢，莫知恤視㉒。方此之時，何暇得以笑㉓乎？」

【章　旨】文學指出，不憑藉正道、不遵從德義而獲得尊榮富貴，到頭來絕無好下場。

【注　釋】❶從　同「縱」。指合縱的策略。❷橫　指連橫的策略。❸隨　緊跟著。❹亡　失去。❺季孟　指魯國大貴族季孫氏、孟孫氏。他們和叔孫氏都是魯桓公的後代，故合稱「三桓」。❻為　通「謂」。❼微　衰落。❽亡　滅亡。❾滋　更加。❿行者　做事的人。⓫辟　通「避」。⓬餌　誘捕動物所用的食物。⓭鸞鳳　鸞鳥和鳳凰。鸞是傳說中鳳凰一類的鳥。⓮逝　指飛走。⓯烏鵲魚鱉　烏，烏鴉。鵲，喜鵲。鱉，甲魚。⓰遜頭屈遰　縮頭屈足。形容垂死掙扎的樣子。遜，退縮。遰，通「蹄」。蹄。⓱盜秉　竊據。秉，掌握。⓲進　向前。指肆意撈取好處。⓳卒然　同「猝然」。突然而來的樣子。⓴所盜不足償於臧獲　所竊取的財利遠遠不能抵償妻兒要被沒為奴婢這樣的損失。臧獲，奴曰臧，婢曰獲。古代犯有某些重罪者，其家財要被沒收，妻子兒女也要被沒為官奴婢。㉑亡　逃。㉒莫知恤視　沒有人知道來憐憫探視。恤，憐憫。㉓笑　指譏笑儒士。

【語　譯】文學說：「蘇秦憑著合縱的策略在趙國位居顯要，張儀憑著連橫的策略在秦國深受信任，在這個時候，他們並不是不尊貴啊，然而聰明之士緊跟著為他們擔憂，因為聰明之士知道，那些不是憑藉正道進身為官的人也一定不能在正道的保護下平安地退下來，那些不是憑著義取得的東西也一定不會以合乎義的方式失去。季孫氏、孟孫氏的權力，三桓的財富，沒有人能趕得上，可是孔子卻用『衰落』一詞評價他們。作臣子的，權力與君主相等，財富可上比國家，這就必定要滅亡。所以他的官位越高罪也就越重，俸祿越厚罪也就越多。做事的人必定是要先保全自己，然後才求取名譽，做官的人必定是要先避免禍害，然後才求取俸祿。

所以香餌並不是不香甜可口，可是龜龍嗅到它的氣味就深深地藏入水底，鸞鳳見到它的影子就遠遠地飛向空中，因為龜龍鸞鳳知道這香餌會要自己的命。然而那些烏鵲魚鱉卻貪吃香餌，之後狂飛亂跑，縮頭屈足地垂死掙扎，只可惜再也免不了一死。現在做官的竊據國法，肆意撈取好處而不顧犯罪，突然遇上急難，然後坐上車子飛快地逃跑，只可惜再也保不住自己的性命。所竊取的財利遠遠不能抵償妻兒要被沒為奴婢這樣的損失，妻子兒女東奔西逃，無處安身，自己被監禁在深牢裡，沒有人來憐憫探視。在這個時候，哪裡還有閒工夫譏笑別人呢？」

大夫曰：「文學高行❶，矯然❷若不可卷❸；盛節絜言❹，皦然❺若不可涅❻。然戍卒❼陳勝❽釋輓輅❾，首為❿叛逆，自立張楚，素⓫非有回、由⓬處士⓭之行，宰相列臣⓮之位也。奮⓯於大澤，不過旬月⓰，而齊、魯儒墨縉紳⓱之徒，肆⓲其長衣，——長衣，容衣⓳也。——負孔氏之禮器⓴《詩》、《書》㉑，委質㉒為臣。孔甲㉓為涉博士，卒俱死陳㉔，為天下大笑。深藏高逝者固㉕若是也？」

【章旨】大夫把儒士投奔陳勝的舉動視為附逆行為而加以抨擊，揭露文學所謂「深藏高逝」的虛偽性。

【注釋】❶高行　品行高尚。❷矯然　高直強勁的樣子。❸卷　使之彎曲。❹盛節絜言　節操美盛，言辭雅潔。絜，同「潔」。❺皦然　潔白的樣子。❻涅　染黑。❼戍卒　守衛邊疆的兵士。❽陳勝　秦朝人，字涉。秦二世時，被徵發為戍卒，前往漁陽（在今北京密雲縣西南）戍邊，途經蘄縣大澤鄉（今安徽省宿縣東南劉村集），發動同行戍卒起事反秦，建國稱王，國號張楚，建都於陳（今河南省淮陽縣）。後兵敗被殺。❾釋輓輅　丟下所拉的車子。輓輅，用人拉的車子。❿首為　帶頭發動。⓫素　平日；向來。⓬回由　顏回和仲由。⓭處士　隱士。⓮列臣　一般大臣。⓯奮　奮起。⓰旬月　滿月；一個月。⓱縉紳　舊指地方上有學問、有地位的人，一般是知識分子。⑱肆　無所顧忌。⑲容衣　法服。古代禮法規定的服飾。⑳禮器　古代禮儀活動所用的器皿。㉑詩書　《詩經》和《尚書》。代指儒家各種經典。㉒委質　獻上禮物。古代初次作官，要把自己的名字寫在簡策上，並要給君主送上一份禮物，這禮物要具有誓死效忠的象徵意義。後「委質」虛化為誠心歸順之意。質，通「贄」。禮物。㉓孔甲　孔子八世孫，名鮒字甲，曾擔任陳勝的博士，於陳勝敗後，死於陳地。㉔卒俱死陳　終究與陳勝一起死在陳地。陳勝並不死於陳，此是粗略說法。㉕固　固然。

【語　譯】大夫說：「文學看上去品行高尚，高尚得似乎不可改變；看上去節操美盛，言辭雅潔，純淨得似乎不可玷汙。可是戍卒陳勝丟下所拉的車子，帶頭發動叛亂，自己建立張楚國，他一向並沒有顏回、仲由所操持的那種隱士的德行，也沒有宰相或一般大臣的職位。但當他在大澤鄉奮起，不到一個月，齊、魯的儒家墨家人士就都無所顧忌地穿上長衣，——長衣，是古代禮法規定的服裝。——背著孔子所崇尚的禮器和各種儒家經典，前來投奔誠心歸順為臣。孔甲擔任陳勝的博士官，終究與陳勝一起死在陳地，被天下人盡情地譏笑。如龍鳳一樣見到香餌就深藏高飛的人固然就像這樣嗎？」

文學曰：「周室衰，禮義壞，不能統理❶天下。諸侯交爭，相滅亡，并為六❷國，兵革❸不休，民不得寧息。秦以虎狼之心，蠶食諸侯，并吞戰國❹以為郡縣。伐❺能矜功❻，自以為過堯、舜而羞與之同，棄仁義而尚刑罰，以為今時不師於文❼而決於武。趙高治獄❽於內，蒙恬用兵於外，百姓愁苦，同心而患秦。陳王❾赫然❿奮爪牙⓫為天下首事⓬，道⓭雖凶⓮而儒墨或干⓯之者，以為無王⓰久矣，道擁遏⓱不得行，自孔子以至於茲，而秦復重禁之⓲，故發憤⓳於陳王也。孔子曰：

『如有用我者，吾其為東周乎⑳！』庶幾㉑成湯㉒、文、武之功，為百姓除殘㉓去賊㉔，豈貪祿樂位哉？」

【章　旨】文學指出，陳勝起事是秦朝的暴虐引發的，儒士投奔陳勝，是想復興王道，並非貪圖祿位。

【注　釋】❶統理　統一控制。❷六　當作「七」。形近而誤。❸兵革　兵器和鎧甲。代指戰爭。❹戰國　此指戰國時代秦以外的六個國家。❺伐　自我誇耀。❻矜功　居功自傲。❼師於文　崇尚文德。師，以之為師。崇尚。❽治獄　掌管刑獄之事。❾陳王　陳勝。❿赫然　發怒的樣子。⓫奮爪牙　發動部下。爪牙，部下。此指同行的戍卒。古「爪牙」一詞無貶義。⓬首事　帶頭起事。⓭道　指陳勝的做法。⓮凶　不吉祥。在古人看來，以平民身分而舉兵造反，即便是反抗暴政，但總是不好的。⓯干　求。求取任用。⓰王　指能行仁政王道的帝王。⓱擁遏　被阻塞。擁，通「壅」。⓲重禁之　嚴厲地禁止王道。⓳發憤　發洩對秦朝的怨憤。⓴如有用我者二句　出《論語・陽貨》。為東周，在東方的魯國復興周文王、周武王之道。㉑庶幾　希望。㉒成湯　即商朝開國之君商湯。㉓殘　殘暴的人。㉔賊　害人的人。

【語　譯】文學說：「周王室衰落，禮義崩潰，不能統一控制天下。諸侯交互爭戰，強滅弱，大吞小，最後合併為七個國家，那時候戰爭沒完沒了，百姓得不到安寧休息。秦有著虎狼般兇殘貪婪的心腸，像蠶吃桑葉一樣侵奪諸侯的土地，最後把其他六國全部吞并，改為自己的郡縣。秦始皇誇耀自己的才能，居功自傲，自以為超過了堯、舜，恥於與堯、舜並列，拋棄仁義而推崇刑罰，認為當今的社會不需要崇尚文德，一切都取決於武力。當時，趙高在國內掌管刑獄之事，蒙恬在境外用兵打仗，百姓憂愁痛苦，萬眾一心，都把秦朝視為禍患。陳勝憤怒地發動同行的戍卒，為天下帶頭起事，他的做法雖然不吉祥，但儒墨人士還是有人投奔他求取任用，這些人士認為，天下沒有能行王道的帝王已經很久了，王道被阻塞得不到實行的局面，自孔子開始一直延續到了現在，而秦朝又對王道加以嚴厲禁止，因此他們要投奔陳勝，到陳勝面前發洩對秦朝的怨憤。孔子說過：『如果有人用我，我將在東方的魯國復興周文王、周武王之道！』這些儒墨人士所希望的也是建立商湯、周文王、周武王那樣的功業，為百姓除掉殘暴害人之人，哪裡是貪圖俸祿、喜愛官位呢？」

大夫曰：「文學言行雖有伯夷之廉，不及柳下惠❶之貞❷，不過高瞻下視❸，絜言汙行，觴❹酒豆❺肉，遷延❻相讓，辭小取大，雞廉狼吞❼。趙綰、王臧❽之等，以儒術擢為上卿❾，而有姦利❿殘忍之心。主父偃⓫以口舌取大官，竊權重，欺紿宗室⓬，受諸侯之賂。卒皆誅死。東方朔⓭自稱辯略⓮，消堅釋石⓯，當世無雙；然省⓰其私行，狂夫⓱不忍為！況無東方朔之口，其餘無可觀者也？」

【章　旨】大夫揭露武帝時的幾位儒士言行不一、貪婪卑汙。

【注　釋】❶柳下惠　春秋時魯國人。擔任士師（掌管刑獄的官），三次被撤職，別人勸他離開魯國，他回答說：「依正道而侍奉人，到哪裡也免不了被撤職；不依正道而侍奉人，又何必離開祖國？」意謂自己無論何時何地，都不放棄正道。❷貞　有節操。❸高瞻下視　眼界很高而目光短淺。❹觴　酒杯。❺豆　古代盛食物的高足器皿。❻遷延　向後退避。❼雞廉狼吞　喻在小的方面廉潔，在大的方面貪婪。雞廉，雞啄食總是一顆一顆地吃，且似乎有所選擇，故有小廉如雞的說法。狼吞，狼性貪婪，吃東西時大口大口地吞。❽趙綰王臧　皆武帝時人。同為大儒申公的學生。武帝初年，趙綰被任為御史大夫，王臧被任為郎中令，後因觸怒竇太后，二人皆自殺。❾上卿　最高一級的卿。此以泛指很高的官職。❿姦利　以姦取利。⓫主父偃　武帝時人。曾長期貧窮困頓，後上書武帝，得拜郎中，遷謁者，官至齊國相。好揭發別人陰私，大臣害怕，只好賄賂他，又曾受諸侯賄賂，幫諸侯的子弟謀取官爵。在齊相任上，由於以齊王與姊通姦之事威脅齊王，導致齊王自殺，引起武帝不滿，遭滅族。⓬欺紿宗室　欺負哄騙皇族成員。指威脅齊王事。⓭東方朔　武帝時人。任太中大夫，能言善辯，幽默滑稽。⓮辯略　辯才。⓯消堅釋石　「石」當作「白」。「消堅釋白」即指能徹底解決非常難的論題。「堅白」是古代名家公孫龍提出的非常玄奧的哲學論題。⓰省 察看。⓱狂夫 瘋子。

【語譯】大夫說：「你們文學雖然看起來有伯夷那樣廉潔的言論行為，但實際上還趕不上柳下惠有節操，你們只不過是眼界很高而目光短淺，言辭雅潔而行為卑汙，面對一杯酒、一盤肉，也要向後退避，你推我讓，實際上不過推辭小利謀取大利，有雞似的小廉，狼似的大貪。趙綰、王臧之流，憑著儒術被提拔為大官僚，但卻有以姦取利和殘忍害人之心。主父偃憑著一張嘴巴取得高位，竊取很大的權力，欺負哄騙皇族成員，收受諸侯的賄賂。這三個人終究都犯罪被殺。東方朔誇耀自己善辯，說是能徹底解決非常難的論題，整個時代無人可比；然而察看一下他私下的行為，就是瘋子也不忍心那樣做！何況那些還沒有東方朔那樣的口才，在其他方面又不值得一看的人呢？」

文學曰：「志善❶者忘惡❷，謹小❸者致大❹。俎豆之間❺足以觀禮❻，閨門之內❼足以論行❽。夫服古之服，誦❾古之道，舍❿此而為非者，鮮矣。故君子時⓫然後言，義然後取，不以道得之不居⓬也。滿而不溢⓭，泰⓮而不驕。故袁盎⓯親於景帝，秣⓰馬不過一駟⓱；公孫弘即三公之位，家不過十乘⓲；東方先生⓳說聽言行於武帝，而不驕溢；主父⓴見㉑困厄之日久矣，疾㉒在位者不好道而富且貴，莫知恤㉓士也，於是取饒衍㉔之餘以周㉕窮士之急，非為私家之業也。當世囂囂㉖，非患儒之雞廉，患在位者之虎飽鴟咽，於求覽㉗無所孑遺㉘耳。」

【章旨】文學肯定受大夫攻擊的幾位儒士的德行，頌揚他們清廉儉樸，謙虛愛士。

【注　釋】❶志善　志存於善。❷忘惡　忘掉了邪惡。即不懂做壞事。❸謹小　在小的方面謹慎。❹致大　獲得大的成功。❺俎豆之間　舉行祭祀的時候。俎豆，古代祭祀時用來放祭品的兩種器皿。❻觀禮　觀察一個人的言行是否合禮。❼閨門之內　指在家裡的私生活。閨門，內室的門。❽論行　評定品行。❾誦　談論。❿舍　拋棄。⓫時　時機合適。⓬居　處；接受。⓭滿而不溢　心情滿足而不驕矜。溢，驕滿。⓮泰　安靜坦然。⓯袁盎　漢時人。文帝時為郎中，遷吳相，景帝時任太常。⓰秣　餵養。⓱一駟　四匹馬。⓲十乘　十輛車。⓳東方先生　對東方朔的尊稱。⓴主父　主父偃。㉑見　被。㉒疾　痛恨。㉓恤　體貼救濟。㉔饒衍　豐足。㉕周　周濟。㉖囂囂　通「嗷嗷」。愁怨之聲沸騰的樣子。㉗求覽　索求搜刮。覽，通「攬」。㉘子遺　餘剩。

【語　譯】文學說：「志存於善的人不知道做壞事，在小的方面謹慎的人能獲得大的成功。在舉行祭祀的時候最容易觀察到一個人的言行是否合禮，根據一個人在家裡的私生活足以評定他品行的好壞。穿著古代的服裝，談論著古代的聖道，卻拋棄聖道去做壞事，這樣的人少極了。所以君子必在時機合適時才說話，合乎禮義的財才取，不是憑正道得來的東西絕不接受。心情滿足而不驕矜，安靜坦然而不傲慢。因此袁盎和景帝關係親密，但私人餵養的馬不過四匹；公孫弘就任三公的要職，家裡擁有的車子也不過十輛；東方朔先生，武帝對他言聽計從，但他並不驕傲自滿；主父偃受困厄的時間非常久，他痛恨那些當權在位的人不喜愛道義卻獲得了富貴，不知道體貼救濟賢士，所以自己當官後，就拿出多餘的財物來周濟處於困境、遇上急難的儒士，並不追求私人家業的富有。如今社會上愁怨之聲沸騰，人們引以為禍患的並不是你們所說的儒士的雞廉，而恰恰是你們這些當權在位者老虎似的飽吃，鴟鴞似的狂吞，對百姓財物無所遺漏的索求搜刮。」

卷五

相刺第二十

【題解】 本篇大夫與文學圍繞人才問題展開辯論，互相指責、諷刺，故名「相刺」。大夫抨擊儒生不勞而食，四處遊蕩，言行不一，名實不副，見識淺陋，固執拘泥，指出儒士難以受到任用，即使受到任用，也只能使國家陷入敗亡的境地，諷刺本朝一些文學之士得以中選，不過是濫竽充數。文學則指出，天下人不可能人人都從事耕織，儒士的事業比耕織之事更有價值；古代一些君主遭失地亡國之禍，責任並不在儒士，而恰恰是由於這些君主不能起用儒士，任用賢人，或朝中雖有賢人，卻言而不從，諫而不聽，使賢人不能發揮作用；當今執政的高級官員，不能輔明主安百姓，很不稱職。

大夫曰：「古者經❶井田，制廛里❷，丈夫❸治其田疇，女子治其麻枲，無曠❹地，無遊❺人。故非商工不得食於利末，非良農不得食於收穫，非執政❻不得食於官爵。今儒者釋耒耜❼而學不驗之語❽，曠日彌久❾，而無益於治，往來浮游❿，不耕而食，不蠶而衣，巧偽⓫良民，以奪農⓬妨政，此亦當世之所患也。」

【章旨】大夫譴責儒生不耕而食，為害社會。

【注釋】❶經 劃分。❷制廛里 訂立居住制度。廛，古代一戶人家所居住的房屋，占地二畝半。里，古代二十五家為一里。❸丈夫 男子。❹曠 荒廢。❺遊 遊手好閒。❻執政 執掌政事的人。❼耒耜 泛指農具。❽不驗之語 不能應驗的話。此指不切實際的理論。❾曠日彌久 浪費了很長的時間。彌久，長久。❿浮游 周遊各地。⓫巧偽 用花言巧語欺騙。⓬奪農 阻礙農業生產。

【語譯】大夫說：「古時候劃分井田，訂立居住制度，男子耕田種地，女子紡麻織布，沒有荒廢的土地，沒有遊手好閒之人。所以不是商人工匠就不能靠工商之利生活，不是勤勞的農民就不能靠田地上的收穫過日子，不是掌管政事的就不能靠官爵俸祿為生。現在你們儒生丟下農具而學習不切實際的理論，浪費了很長的時間，卻無益於國家的治理，往來周遊各地，不種田而吃飯，不養蠶而穿衣，用花言巧語欺騙善良的百姓，阻礙了農業生產，妨害了官府的政務，這也是當今社會所引以為禍患的呀！」

文學曰：「禹慼❶洪水，身親其勞，澤行路宿❷，過門❸不入。當此之時，簪❹墮不掇❺，冠挂不顧❻，而暇耕乎？孔子曰：『詩人❼疾之❽不能默，丘❾疾之不能伏❿。』是以東西南北七十說⓫而不用，然後退⓬而修王道，作《春秋》，垂⓭之萬載之後，天下折中⓮焉，豈與匹夫匹婦耕織同哉？傳曰：『君子當時不動，而民無觀也⓯。』故非君子莫治小人，非小人無以養君子，不當耕織為匹夫匹婦也。君子耕而不學，則亂之道也。」

【章旨】文學指出，社會上工作多樣，不可能人人都從事耕織，儒士的事業比耕織更有價值。

【注釋】❶慼　憂愁。❷澤行路宿　在水裡行走，在路邊住宿。❸門　家門。❹簪　古代用來固定頭髮或連冠於髮的一種長針，男女皆用。❺掇　拾取。❻冠挂不顧　帽子被樹枝掛掉了也不回頭看。顧，回頭看。❼詩人　指《詩經》的作者。❽疾之　痛恨社會的混亂。❾丘　孔子自稱。❿伏　隱居。⓫七十說　遊說了七十位國君。「七十」是極言其多，非實數。⓬退　指回到魯國。⓭垂　流傳。⓮折中　將其作為判斷是非的標準。⓯君子當時不動二句　出處不詳。當時，遇上合適的時機。動，兼指言和行。觀，觀摩；效法。

【語譯】文學說：「大禹為洪水憂愁，親自承擔治水的勞苦，白天在水裡行走，晚上就在路邊睡覺，經過自己的家門也不進去。在那個時候，他連簪子掉在地上也顧不得撿起來，帽子被樹枝掛掉了也顧不得回頭一看，還有閒暇耕種嗎？孔子曾說：『《詩經》的作者痛恨社會的混亂而不能沉默不語，我痛恨這禮崩樂壞的局面也不能隱居不管。』因此他四處奔走，遊說了很多君主，不被任用，這之後就回到魯國，研治王道，撰寫《春秋》，想讓它流傳千年萬年，成為後世天下人判斷是非的標準，他的所作所為豈是普通男女的耕織勞動能相比的呢？古書上說：『君子遇上合適的時機還不說話行動，那麼老百姓就沒有效法的榜樣了。』所以沒有君子就無人去治理小人，沒有小人就沒有東西供養君子，君子是不應該耕田織布當普通男女的。君子從事耕種而不學習，那就是一種致亂之道。」

大夫曰：「文學言治尚❶於唐、虞，言義高於秋天，有華❷言矣，未見其實也。昔魯穆公❸之時，公儀❹為相，子思❺、子柳❻為之卿❼，然北削於齊，以泗為境❽，南畏楚人，西賓❾秦國。孟軻居梁❿，兵折⓫於齊，上將軍死而太子虜⓬，西敗於秦，地奪壤削，亡河內、河外⓭。夫仲尼之門，七十子之徒⓮，去⓯父母，捐⑯室家，負荷⑰而隨孔子，不耕而學，亂乃愈滋。故玉屑⑱滿篋⑲，不為有寶；誦《詩》《書》⑳負笈㉑，不為有道。要㉒在安國家，利人民，不苟繁文眾辭㉓而已。」

【章　旨】大夫指責儒士言辭華麗，持論甚高，卻不能實際地治理好國家。

【注　釋】❶尚　同「上」。古遠。❷華　華麗。❸魯穆公　戰國時魯國國君。❹公儀　公儀休。魯國博士，魯穆公時任國相。❺子思　孔子之孫孔伋。❻子柳　亦稱泄柳。魯國人。❼卿　古代高級官員。❽以泗為境　以泗水為邊界。意即泗水以北皆被齊侵占。❾賓　服從。❿梁　即魏國。魏自遷都大梁（今河南開封）後又稱梁。⓫折　打敗。⓬上將軍死而太子虜　梁惠王三十年，齊在馬陵（今河北省大名縣東部）與魏交戰，大敗魏軍，魏將軍龐涓被擒後自殺，魏太子申被俘虜。此「上將軍」即指龐涓，「太子」指太子申。⓭亡河內河外　失去了河內、河外的領土。河內，指黃河以東以北。河外，指黃河以西以南。⓮七十子之徒　史稱孔子有學生三千人，其中成績突出的七十二人。此「七十」乃舉其成數。⓯去　離開。⓰捐　丟下。⓱負荷　背馱肩挑。指負荷書籍。⓲屑　碎末。⓳篋　小箱子。⓴誦詩書　原作「詩書」，此據《諸子集成》本。㉑笈　書箱。㉒要　關鍵。㉓繁文眾辭　繁多的漂亮話。

【語　譯】大夫說：「你們文學談論的治國模式比唐堯、虞舜所採用的還要古老，談論的道義比秋季的天空還要崇高，有華麗的言辭，但從未見過實際的效果。從前魯穆公在位的時候，公儀休擔任國相，子思和子柳做卿，然而魯國北部領土被齊國侵奪，到頭來只好以泗水為邊界，南邊懾服於楚人，西邊屈從於秦國。孟子在魏國的時候，魏國軍隊被齊國打敗，將軍龐涓身死，太子申被俘，西邊又敗在秦國手裡，土地被奪走，失去了河內、河外的大片領土。孔子的門下，七十多個成績突出的學生，離開父母，丟下家庭，背著挑著書籍跟隨孔子，不耕種而學習，當時社會的混亂卻更加厲害。所以有滿箱的玉屑，不能算是有寶；誦讀《詩》、《書》，背馱書箱，不能算是掌握了道。關鍵是在於能使國家安定，百姓有利，並不只是苟且追求繁多的漂亮話就完事。」

文學曰：「虞不用百里奚❶之謀而滅，秦穆用之以至霸焉。夫不用賢則亡，而不削何可得乎？孟子適❷梁，惠王問利，答以仁義。趣舍不合❸，是以不用而去❹，懷寶❺而無語。故有粟❻不食，無益於飢；覩賢不用，無益於削。紂之時，內❼有微、箕二子❽，外❾有膠鬲、棘子❿，故其不能存，夫言而不用，諫而不聽，雖賢，惡得有益於治也？」

【章　旨】文學指出，歷史上一些國家或朝代的敗亡，並不是賢人造成的，而是由於君主有賢人而不能任用。

【注　釋】❶百里奚　原為虞國大夫，虞亡，幾經周折之後，受到秦穆公重用。❷適　到。❸趣舍不合　主張不一致。趣舍，同「取捨」。❹去　離開。❺寶　喻指治國的好辦法。❻粟　泛指糧食。❼內　指同宗族。❽微箕二子　微子和箕子。微子是商紂王的哥哥，箕子是商紂王的叔父。二人皆賢臣。❾外　指外姓。❿膠鬲棘子　二人名。皆紂王時賢臣。

【語　譯】文學說：「虞國不用百里奚的謀略而亡國，秦穆公用了他的謀略而登上了霸主地位。不任用賢人整個國家都會滅亡，想土地不被侵奪又怎麼可能呢？孟子來到梁國，梁惠王以『利』相問，孟子回答的是『仁義』。兩人政治主張不同，所以孟子得不到任用，離開了梁國，胸中裝著治國良策而無處可說。所以有糧食而不吃，不能消除飢餓；看見了賢人而不加任用，不能保證國土不被侵占。商紂王的時候，族內有微子、箕子二人，外姓有膠鬲、棘子，所以商朝不能繼續存在的原因，是在於對這些賢臣的話不加採用，對他們的諫阻不予聽從，他們雖然賢能，又怎麼能夠在治好國家方面發揮作用呢？」

大夫曰：「橘柚生於江南，而民皆甘之於口，味❶同也；好音生於鄭、衛，而人皆樂之於耳，聲❷同也。越❸人子臧❹，戎❺人由余❻，待❼譯而後通，而並顯齊、秦，人之心於善惡同也。故曾子❽倚山而吟，山鳥下翔；師曠鼓琴，百獸率❾舞。未有善❿而不合，誠而不應者也。意⓫未誠與？何故言而不見⓬從，行而不合也？」

【章　旨】大夫闡述人的共性，說明儒生不受重用，是由於自身謀略不好，心意不誠。

【注　釋】❶味　味覺。❷聲　聽覺。❸越　我國古代南方少數民族。❹子臧　戰國時越人，輔齊威王至強大。❺戎　我國古代西方少數民族。❻由余　春秋時戎人，後投奔秦國，幫助秦穆公統一了西戎各部落。❼待　依賴。❽曾子　孔子的學生曾參。曾參以孝著稱，有一次，因受到父親的懷疑，便十分傷心，在山腳下悲歎，山鳥聞聲感動，都飛下來聽。❾率　都。❿善　優點；長處。⓫意　通「抑」。或許。⓬見　被。

【語　譯】大夫說：「橘子和柚子生長在長江以南，人們吃起來都覺得味道甜美，這是因為人們的味覺是相同的。優美的音樂產生於鄭、衛一帶，人們聽起來都感到悅耳，這是因為人們的聽覺是相同的。越人子臧，戎人由余，與內地人須依賴翻譯才能互相通話，但他們都分別在齊國和秦國取得了顯赫的地位，這是因為人心對善惡的評判是相同的。所以曾子在山腳下悲歎，山鳥紛紛飛下來傾聽；師曠彈琴，飛禽走獸都應聲跳起舞來。有優點而得不到認同，有誠意而得不到響應，這樣的事情是絕不會有的。或許是你們所說的這些賢人心意並不真誠吧？為甚麼說話不被聽從，行動不合人意呢？」

文學曰：「扁鵲不能治不受❶鍼藥之疾，賢聖不能正不食❷諫諍之君。故桀❸有關龍逢❹而夏亡，紂有三仁❺而商滅，故不患無由余、子臧之論，患無穆、威❻之聽耳。是以孔子東西無所遇❼，屈原放逐於楚國也。故曰：『直道而事人，焉往而不三黜？枉道而事人，何必去父母之邦❽。』此所以言而不見從，行而不得合者也。」

【章旨】文學指出，如果君主不從善言，不聽勸阻，賢人便無法發揮作用。

【注釋】❶受　接受。❷食　此指聽取。❸桀　夏朝最後一個君主。❹關龍逢　夏桀的大臣。因多次進諫，被桀殺害。❺三仁　指微子、箕子、比干。❻穆威　秦穆公和齊威王。❼遇　指遇上聖明的君主。❽直道而事人四句　見《論語・微子》。柳下惠擔任魯國法官，三次被罷免，別人勸他離開，他以此數語相答。焉，何。黜，罷免。

【語譯】文學說：「名醫扁鵲治不好不接受石鍼和藥物的疾病，賢人聖人不能糾正不聽勸阻的君主。所以夏桀有關龍逢這樣的忠直之臣，而夏朝仍不免於滅亡，商紂王有微子、箕子、比干三位仁人，而商朝照樣失去天下，所以不必擔心沒有由余、子臧那樣的高明議論，要擔心的只是沒有秦穆公、齊威王那樣能夠聽從善言的作風。因此孔子四處奔走，沒能遇上聖明的君主，屈原在楚國慘遭流放。所以柳下惠曾說：『依據正道而侍奉人，到哪裡不會再三被罷免呢？按歪門邪道去侍奉人，又何必離開父母之邦。』這就是賢人說話不被聽從，行動不合人意的原因啊。」

大夫曰：「歌者不期❶於利聲❷而貴在中節❸，論者不期於麗辭而務在事實。

善聲而不知轉❹，未可為❺能歌也；善言而不知變❻，未可謂能說也。持規而非矩，執準❼而非繩❽，通一孔❾，曉一理，而不知權衡❿。以所不覩不信人⓫，若蟬之不知雪。堅⓬據古文⓭以應⓮當世，猶辰參⓯之錯⓰，膠柱而調瑟⓱，固而⓲難合矣。孔子所以不用於世，而孟軻見賤⓳於諸侯也。」

【章　旨】大夫指出，儒士不被任用，原因在於他們缺乏見識，偏執一端，頑固拘泥而不知變通。

【注　釋】❶期　期望；追求。❷利聲　聲音嘹亮。❸中節　符合節拍。❹轉　指變換樂調。❺為　通「謂」。❻變　適時變化。❼準　水準器。木工用來取平的器具。❽繩　墨線。木工用來取直的器具。❾通一孔　只有一孔之見。❿權衡　指全面地考慮衡量。⓫以所不覩不信人　因為不是自己親眼看見的，就不相信別人的介紹。⓬堅　頑固。⓭古文　古代文獻。⓮應　應付；處理。⓯辰參　二星名。辰星居東方，參星居西方，二者不同時出現。⓰錯　錯開；不能相遇。⓱膠柱而調瑟　黏住了瑟柱再來調瑟。喻指拘泥守舊，不知變通。膠，黏住。柱，瑟上短木，可以轉動以調整絃的鬆緊，從而達到調整音高的目的。瑟，古樂器，有二十五根絃。⓲固而　固然；必然。⓳見賤　被輕視。

【語　譯】大夫說：「唱歌不必追求音聲的嘹亮，而貴在符合節拍；議論不必追求言辭的華麗，而務使切合實際。善於發出樂音但不知道變換樂調，不能說是會唱歌；善於談論但不知道適時變化，不能稱為會說話。拿著圓規而否定曲尺，拿著水準器而否定墨線，只有一孔之見，僅懂個別道理，而不知道全面地考慮衡量。因為不是自己親眼見到的，就不相信別人的介紹，如同生活於夏秋的蟬不知道世上還有雪這種東西一樣可笑。頑固地依據古書來處理當代事務，就像辰星和參星彼此錯開，黏住了瑟柱再來調瑟，必然難合人意。這就是孔子在當時的社會得不到任用，孟子被諸侯輕視的原因。」

文學曰：「日月之光，而盲者不能見；雷電之聲，而聾人不能聞。夫為不知音❶者言，若語於瘖❷聾，何特蟬之不知重❸雪耶？夫以伊尹之智，太公之賢，而不能開辭❹於桀、紂，非說者非，聽者過也。是以荊和❺抱璞❻而泣血，曰：『安得良工而剖之？』屈原行吟澤畔，曰：『安得皐陶❼而察之❽？』夫人君莫不欲求賢以自輔❾，任能以治國，然牽❿於流說，惑於道諛⓫，是以賢聖蔽掩，而讒佞用事⓬，以此亡國破家，而賢士飢於巖穴⓭也。昔趙高無過人之志⓮，而居萬人之位，是以傾覆秦國而禍殃其宗⓯。盡失其瑟，何膠柱之調也？」

【章　旨】文學指出，遇上昏君，賢人再有才德也無法得到施展，姦臣得勢，必導致亡國。

【注　釋】❶不知音　不懂音樂。❷瘖　啞巴。❸重　厚多。❹開辭　開口說話。指勸善諫惡。❺荊和　卞和。春秋時楚人。楚別稱荊，故此稱「荊和」。相傳卞和在荊山中得到一塊玉石，先後獻給楚厲王、楚武王，結果玉石被認為是石頭，他本人也被認為犯了欺君之罪而先後兩次受砍腳之刑。楚文王繼位，卞和抱著玉石在荊山下哭泣，淚水流光了，接著流出來的是血。文王得知後，派人治理這塊玉石，果然得到寶玉，於是命名為和氏璧。❻璞　蘊藏有玉的石頭。❼皐陶　古人名，一作「咎繇」。相傳舜時擔任法官，公正無私，後被禹選為繼承人，因早死未繼位。❽察之　察明是非曲直。❾自輔　輔佐自己。❿牽　牽累；影響。⓫道諛　阿諛奉承。⓬用事　掌權。⓭巖穴　巖洞。此泛指隱居之地。⓮志　古文「識」字。見識。⓯宗　宗族。

【語　譯】文學說：「日月之光照耀天地，但盲人還是看不見，雷電之聲震撼宇宙，但聾子還是聽不到。對不懂音樂的人談音樂，就像對啞巴聾子說話一樣，哪裡只是像蟬不知道厚雪呢？憑著伊尹的智慧，姜太公的賢能，卻不能在夏桀、商紂面前勸善諫惡，這不是說話人的不對，而是聽話人的過錯啊！所以卞和曾抱著玉石哭得眼中出血，說：『怎樣才能得到一位好玉匠來把它剖開呢？』屈原在湖邊一邊走一邊吟唱，說：『怎樣才能得到皋陶來察明是非曲直呢？』沒有哪一位君主不想求得賢人來輔佐自己，任用才士來治理國家，但往往受流言蜚語的影響，被阿諛奉承所迷惑，所以賢人聖人便不免被阻塞埋沒，而好說壞話、善於諂媚的姦臣便得勢當權，因此到頭來弄得國亡家破，賢士們隱居山林，忍飢挨餓。從前趙高並沒有甚麼超人的見識，卻高居萬人之上的位置，因此斷送了秦朝的天下，使自己的宗族也遭了禍殃。連整個瑟都失去了，哪裡還能黏住瑟柱來調絃呢？」

大夫曰：「所謂文學高第❶者，智略❷能明❸先王之術，而姿質❹足以履行其道。故居❺則為人師，用❻則為世法❼。今文學言治則稱堯、舜，道❽行則言孔、墨❾，授之政則不達❿，懷古道而不能行，言直而行枉⓫，道是而情非⓬，衣冠有以殊於鄉曲⓭，而實⓮無以異於凡人。諸生所謂中直者⓯，遭時蒙幸⓰，備數⓱適然⓲耳，殆非明舉所謂⓳，固未可與論治也。」

【章旨】大夫指責被選拔上來的文學言行不一，名實不副，濫竽充數。

【注釋】❶高第　高等。在同類中才學優異。❷智略　智慧謀略。❸明　精通。❹姿質　同「資質」。素質。❺居　平居。指未做官。❻用　被任用為官。❼世法　社會的法則。❽道　談說。❾墨　墨子。名翟，戰國初魯國人，墨家學派的創始人。❿不達　不知道怎麼做。⓫枉　彎曲；邪曲不正。⓬道是而情非　口裡說的不錯，內心想的又是另一套。情，內心。⓭鄉曲　偏僻的鄉村。此指鄉村之人。⓮實　本質。⓯中直者　當選的人。直，同「值」。當。⓰遭時蒙幸　遇到好時機，碰上好運氣。⓱備數　充數。⓲適然　偶然；碰巧。⓳明舉所謂　君主聖明地選拔人才時所指的那種符合規定條件的賢士。

【語　譯】大夫說：「所謂文學高第，其智慧應該能夠精通先王的治國方法，其素質應該足以實行先王之道。所以平居不仕的時候能當別人的老師，受到任用之後言行就成為社會的法則。現在你們文學談到治國就稱說唐堯、虞舜，談到德行就大講孔丘、墨翟，把政事交給你們辦理，你們卻不知道從何下手，抱著古人之道，卻不能加以實行，言論正直而行為邪曲，口裡說的不錯，內心想的又是另一套，衣服帽子倒是與鄉村百姓有所不同，而本質與普通人並沒有差別。你們這些所謂中選的人，實際上不過是遇到好時機，碰上好運氣，偶然充數罷了，大概並不是君主選拔人才時所指的那種符合規定條件的賢士，本來就不值得和你們談論治國之事。」

文學曰：「天設三光❶以照記❷，天子立公卿❸以明治❹。故曰：公卿者，四海之表儀❺，神化之丹青❻也。上有輔明主之任，下有遂❼聖化❽之事，和陰陽，調四時，安眾庶，育群生❾，使百姓輯睦❿，無怨思⓫之色，四夷順德⓬，無叛逆之憂，此公卿之職，而賢者之所務也。若伊尹、周、召三公之才，太顛、閎夭⓭九卿之人。文學不中⓮聖主之明舉，今之執政亦未能稱盛德也。」

大夫不說⓯，作色⓰不應⓱也。

【章　旨】文學譏諷當時的執政大員不稱職。

【注　釋】❶三光　指日、月、星。❷記　通「諰」。告誡。❸公卿　指三公九卿。九卿是秦漢時期中央政府中九個部門的長官，職位僅次於三公：丞相、御史大夫、太尉。❹明治　修明政治。❺表儀　表率；楷模。❻神化之丹青　神妙教化的執行者。丹青，紅與青兩種顏料，能用以繪出精美的圖畫。喻指公卿能實施教化，使百姓向善變好。❼遂　完成。❽聖化　聖君的教化。❾群生　萬物。❿輯睦　和睦。⓫怨思　怨恨憂慮。⓬順德　順從德教。⓭太顛閎夭　周文王的兩位賢臣。⓮中符合。⓯說　通「悅」。⓰作色　變了臉色。⓱不應　不答話。

【語　譯】文學說：「上天設置日、月、星來照耀告誡人間，天子設立三公九卿來修明政治。所以說：公卿是天下人的楷模，神妙教化的執行者。對上有輔佐賢明君主的重任，對下有完成聖王教化的職責，調和陰陽二氣，協調四季運行，安定天下百姓，養育宇宙萬物，使百姓團結和睦，沒有怨恨憂慮的神色，使四方少數民族順從德教，而不必擔心他們叛亂，這些是公卿的職責，是賢能的人應該努力從事的事情。要像伊尹、周公、召公那樣具備擔任三公的才能，像太顛、閎夭那樣堪稱九卿的合適人選。如果說我們文學不符合聖主選拔人才的標準，那麼今天執掌大權的高級官員也稱不上有盛德啊。」

大夫不高興，變了臉色，不答話。

文學曰：「朝無忠臣者政闇❶，大夫無直士❷者位危。任座❸正❹言君之過，文侯改言行，稱為賢君。袁盎面刺絳侯之驕矜❺，卒得其慶❻。故觸死亡❼以干❽主之過者忠臣也，犯嚴顏❾以匡❿公卿之失者直士也。鄙人⓫不能巷言面違⓬。方今人主轂之教令⓭，張而不施⓮，食祿多非其人，以妨農，商工市井⓯之利未歸於民，民望⓰不塞⓱也。且夫帝王之道多墮壞而不脩⓲。《詩》云：『濟濟多士⓳。』意者⓴誠㉑任用其計，非苟陳虛言而已。」

【章　旨】文學頌揚忠臣直士的可貴，批評當時社會的政治狀況。

【注　釋】❶闇　同「暗」。黑暗。❷直士　直言之士。❸任座　戰國時魏人。魏文侯在宴會上請群臣談論對自己的看法，任座直言不諱，批評文侯是不肖之君。文侯很不高興，任座只好退出。大臣翟黃為任座解釋，文侯終於轉怒為喜，召回任座，禮敬倍加。❹正　直。❺袁盎面刺絳侯之驕矜　漢文帝時，絳侯周勃擔任丞相，頗有驕傲情緒。袁盎提醒文帝警惕周勃的驕傲，周勃得知後很不滿，向袁盎提出指責，袁盎並不道歉。後周勃被免去丞相職務，有人上書告他謀反，朝廷大臣無人敢為他辯解，獨有袁盎為他辯護，使他得以無罪釋放。面刺，當面批評。❻慶　好處。❼觸死亡　冒著死亡的危險。❽干　干預。❾犯嚴顏　觸犯嚴厲的臉色。❿匡　糾正。⓫鄙人　鄉野之人。這是文學的自謙之詞。⓬巷言面違　背後私下議論，當面迴避不說。巷言，在街巷竊竊私議。違，迴避。⓭穀之教令　制定頒布嚴厲的政令。穀，當作「轂」。張滿弓。喻指嚴厲。之，同「其」。教令：命令。⓮施　同「弛」。⓯市井　市場。⓰望　怨恨。⓱塞　堵塞。⓲脩　指實行。⓳濟濟多士　出《詩經・大雅・文王》。濟濟，眾多的樣子。⓴意者　料想。㉑誠　真的。

【語　譯】文學說：「朝廷裡沒有忠臣政治就會黑暗，大夫沒有直言之士相規勸官位就會不穩。任座直言不諱地批評君王的過失，魏文侯接受批評改變自己的言行，因而被稱為賢明之君。袁盎曾當面指責周勃的驕傲，而周勃終究得到了他的好處。所以冒著死亡的危險去干預君主過失的人是忠臣，觸犯嚴厲的臉色去糾正公卿錯誤的人是正直之士。背後私下議論，當面迴避不說，這我們做不到。如今人主頒布的各項政令都十分嚴厲，就像張滿的弓緊張而不鬆弛，當官拿俸祿的又多是不稱職之人，因而妨礙了農業生產，加上工商貿易的財利沒有歸還給百姓，百姓的怨恨無法堵塞。並且帝王之道多被毀壞，沒有得到實行。《詩經》上說：『眾多的賢士。』想來當時是確實採用了這些賢士的計策，並不是隨便地說說贊美賢士多的空話就完事。」

殊路第二十一

【題　解】本篇爭論的焦點是要不要從師學習。大夫指責孔子的學生在君主遇難時或殉難或逃生，所走的道路不同，認為人的本性素質十分重要，教育無法改變人的本性，無法使人變好，所以是白費氣力。文學則指出，賢士在君主遇難時，無論是殉難還是逃生，都自有其道理，都同樣合乎大義；同美人離不開打扮，寶物有賴於加工一樣，學習是人成才的必要條件。

大夫曰：「七十子❶躬❷受聖人之術❸，有名列於孔子之門，皆諸侯卿相之才，可南面者❹數人。云❺：『政事者冉有、季路❻，言語宰我、子貢❼。』宰我秉事❽，有寵於齊，田常作難❾，道不行，身死庭中，簡公殺❿於檀臺⓫。子路仕衛⓬，孔悝作亂，不能救君出亡⓭，身菹⓮於衛；子貢、子皋⓯遁逃，不能死其難。食人之重祿不能更⓰，處人尊官不能存，何其厚於己而薄於君哉？同門共業，自以為知古今之義，明君臣之禮，或死或亡⓱，二三子⓲殊路，何道之悖⓳也？」

【章　旨】大夫諷刺孔子的學生名實不副，對他們在君主遇難之際或死或逃的不同做法提出責難。

【注　釋】❶七十子　指孔子七十多位成績突出的學生。❷躬　親自。❸聖人之術　指孔子的學說。❹可南面者　可以南面當君主的人。❺云　說。下所引乃孔子所言，見《史記・仲尼弟子列傳》。❻冉有季路　皆孔子學生。冉有，即冉求，字子有。

季路，仲由的字，又字子路。❼宰我子貢　皆孔子學生。宰我，即宰予，字子我。子貢，姓端木，名賜，字子貢。❽秉事　掌管政事。宰我在齊國擔任臨菑大夫，時齊國大臣田常肆意擴大私家勢力，對齊簡公構成很大威脅，宰我與之抗衡，結果，田常「殺宰予於庭」，並殺掉齊簡公而立齊平公。❾作難　起事造反。❿殺　此指被殺。⓫檀臺　古臺名。故址在今山東省臨淄縣東北。⓬子路仕衛　子路在衛國做官，先為蒲（衛邑名，在今河南省長垣縣）大夫，後擔任衛國大夫孔悝的家臣。衛靈公太子蒯聵與孔悝合謀攻衛出公，出公逃往魯國，蒯聵登位為衛莊公。子路前往責罵蒯聵、孔悝，結果被剁成肉醬。⓭出亡　外逃。⓮菹　剁成肉醬。⓯子皐　即子羔。孔子弟子。當時在衛國任大夫。⓰更　償；報答。⓱亡　出逃。⓲二三子　幾位弟子。⓳悖　違背。

【語譯】大夫說：「七十多位高足弟子親身接受孔子的教誨，在孔子門中是有名的人物，據說他們都是可在諸侯手下擔任卿相的人才，甚至還有幾人可以南面為君。孔子曾說：『善於治國的有冉有、季路，長於言辭的有宰我、子貢。』可是宰我在齊國當官掌權，受到寵信，及至田常起事造反，他的政治主張便得不到實行，自己被殺死在庭院中，連齊簡公也被殺死在檀臺。子路在衛國做官，孔悝發動叛亂，衛出公出逃，子路並不能挽救，自己還被剁成了肉醬；而子貢、子皐竟撒手逃跑，不能為君主之難獻身。食用別人的厚祿卻不能報答，擔任君主的高官卻不能使君主保有其位，為甚麼這樣厚待自己而薄待君主呢？同在一位老師門下，學業與共，自認為知道古今大義，精通君臣之禮，然而有的死難，有的逃亡，幾位弟子走的是不同的道路，為甚麼他們所奉之道這樣互相背離呢？」

文學曰：「宋殤公❶知孔父❷之賢而不早任，故身死。魯莊❸知季有❹之賢，授之政晚而國亂。衛君❺近佞❻遠賢，子路居蒲，孔悝為政；簡公不聽宰我而漏其謀❼；是以二君身被放❽殺，而禍及忠臣。二子❾者有事而不與其謀❿，故可以死，可以生，去止⑪，其義⑫一也。晏嬰不死崔、慶之難⑬，不可謂不義；微子去殷之亂，可謂不仁乎？」

【章旨】文學指出，齊、衛兩國的禍亂，皆起自君主不能用賢，子貢、子皐的逃離，同樣合乎大義。

【注釋】❶宋殤公　春秋時宋國國君。為太宰華督所殺。❷孔父　指孔父嘉。宋殤公的大夫，孔子的先祖。❸魯莊　魯莊公。春秋時魯國國君。他死後，發生王位之爭，骨肉相殘，國內大亂。❹季有　即季友。魯莊公之弟。❺衛君　指衛出公。❻佞　姦佞小人。❼漏其謀　宰我曾準備進攻田常，不料簡公將其計畫洩漏出去，田常得知，先行動手，遂殺宰我。❽放　指衛出公被趕到國外。❾二子　指子貢、子皐。❿有事而不與其謀　指國君有事，子貢、子皐不能參與謀劃。意謂國君不愛才，二人未受重用。⓫去止　指逃離求生和留下來死難。⓬義　作動詞用。合乎大義。⓭晏嬰不死崔慶之難　齊莊公與崔杼妻通姦，崔杼殺莊公，立景公。景公以崔杼為右相，以慶封為左相。晏嬰認為莊公並非為國而死，故不殉其難。晏嬰，春秋時齊國大夫。「崔」指崔杼，「慶」指慶封，二人亦皆齊大夫。

【語譯】文學說：「宋殤公知道孔父嘉賢能卻沒有及早任用，所以慘遭殺身之禍。魯莊公知道季友賢能，但很晚才把大權交給他，因而自己一死，國家便大亂。衛出公親近姦臣，疏遠賢人，把子路遠派到蒲邑做官，讓孔悝在朝中把持大權；齊簡公不聽從宰我的意見，反而洩漏了他的謀劃；因此這兩位君主自身被驅逐或被殺死，而使災禍連累到忠臣。子貢、子皐二人，國君有事並不召他們參與商量，因此他們兩人可以死難，也可以逃生，不管是逃生，還是死難，同樣合乎大義。晏嬰在崔杼、慶封製造的禍亂中並沒有為齊莊公殉難，不能說他不義；微子離開了混亂的商朝，能說他不仁嗎？」

大夫曰：「至美素❶璞，物莫能飾也。至賢保真❷，偽文❸莫能增也。故金❹

玉不琢❺，美珠不畫。今仲由、冉求無檀柘❻之材，隋、和之璞❼，而強❽文❾之，譬若雕朽木而礪❿鈆刀⓫，飾嫫母⓬，畫土人也。被⓭以五色，斐然⓮成章⓯，及遭行潦⓰流波⓱，則沮⓲矣。夫重懷⓳古道，枕籍《詩》、《書》⓴，危不能安，亂不能治，郵里逐雞難，亦無黨也㉑。」

【章　旨】大夫指出，儒生沒有好的素質，施加教育，並不能使之成為有用之才。

【注　釋】❶素　白色。❷保真　保有其純真的本性。❸偽文　虛偽的文飾。❹金　形容詞。指特別好。❺琢　指在上面刻花紋。❻檀柘　兩種良木，質地堅硬。喻指才能傑出的人。❼隋和之璞　指隋侯珠與和氏璧。二者皆稀世珍寶。此喻指有美好德性的人。隋侯珠，相傳古隋國國君曾在路上救過一條大蛇的命，後大蛇銜來一顆明珠以相報，因名為隋侯珠。❽強　硬性地。❾文　文飾。指施以教育，以使其知書識禮。❿礪　磨。⓫鈆刀　用鉛作的刀。不鋒利。鈆，「鉛」的異體字。⓬嫫母　相傳是黃帝時的醜女。⓭被　加。⓮斐然　有文彩的樣子。⓯章　花紋。⓰行潦　地面流動的雨水。行，流動。⓱流波　流水。⓲沮　壞。⓳重懷　固守。⓴枕籍詩書　把全部精力用在儒家經典的學習上。枕，枕著。籍，通「藉」。墊著。㉑郵里逐雞難二句　意謂村民的雞跑到驛站的大道上，想追逐捕捉困難很大，往往捉不住。喻指儒學中無治國安民的好辦法。郵，古代接待來往官方人員、供應食宿車馬的驛站，建於大道旁。里，村。黨，通「當」。中。抓住之意。

【語　譯】大夫說：「最美的白色玉石，沒有甚麼東西能把它裝飾得更美。最上等的賢人保有其純真的本性，虛偽的文飾並不能使他增加甚麼。所以特別好的玉不需要刻上花紋，美麗的珍珠不需要繪上圖案。現在仲由、冉求既不是檀木柘木那樣的好木材，更談不上是明珠寶玉，卻硬性地對他們施加教育以求美化他們，這就像雕刻腐朽的木頭，磨礪鉛刀，裝扮醜女，在泥人身上繪畫一樣。用各種顏色描繪泥人，繪得花紋美麗，文彩燦爛，可是一旦遭到滿地橫流的雨水沖擊，就很快土崩瓦解了。儒生固守古道，把全部精力放在儒家經典的學習上，國家出現了危險卻不能挽救，社會陷入混亂卻不能使之恢復秩序，就像村民的雞跑到驛站的大道上，想追逐捕捉困難很大，往往捉不住一樣。」

文學曰：「非學❶無以治身❷，非禮無以輔德。和氏之璞，天下之美寶也，待礛諸之工❸而後明❹；毛嬙❺，天下之姣❻人也，待香澤❼脂粉而後容❽；周公，天下之至聖人也，待賢師學問❾而後通。今齊世庸士之人❿，不好學問，專⓫以己之愚而荷負⓬巨任，若無檝舳⓭濟江海而遭大風，漂沒於百仞之淵，東流無崖⓮之川⓯，安得沮而止⓰乎？」

【章　旨】文學強調從師學習的必要。

【注　釋】❶學　指學問。❷治身　修身養性。❸礛諸之工　治玉的工匠。礛諸，用作治玉工具的磨石。❹明　明亮奪目。❺毛嬙　古代美女。❻姣　美。❼香澤　潤髮用的香油。❽容　指美麗動人。❾學問　學習和請教。相傳周公曾拜虢叔和姜太公為師。❿齊世庸士之人　平庸無奇的人。齊世，與世人相齊，毫不突出。⓫專　只。⓬荷負　承擔。⓭檝舳　檝，同「楫」。船槳。舳，船舵。⓮崖　通「涯」。邊際。⓯川　河流。此指江。⓰沮而止　沮，停止。就動作言。止，停止下來。就結果言。

【語　譯】文學說：「撇開了學問就沒有甚麼可用來修身養性，撇開了禮就沒有甚麼可用來輔助德行。和氏璧是天下聞名的稀有之寶，但需依賴工匠的琢磨，然後才明亮奪目；毛嬙是世人共知的美女，但需依賴香油脂粉的妝飾，然後才光彩照人；周公旦是天下最上等的聖人，但需依賴拜賢能的人為師隨從學習請教，然後才精通各種事理。現在，一些平庸無奇的人，不喜歡學習請教，只憑著自己的愚昧擔當重任，這就像駕著沒有艅和舵的船渡江海，而恰又碰上了大風，結果不是在海面上漂流顛簸，最終沉入萬丈深淵，就是在望不見盡頭的江上向東一個勁地漂流，在這個時候，又怎麼能使船停下來呢？」

大夫曰：「性有剛柔，形有好惡❶，聖人能因❷而不能改。孔子外變二三子之服，而不能革❸其心。故子路解長劍❹，去危冠❺，屈節❻於夫子之門，然攝齊❼師友，行行爾❽，鄙心猶存。宰予晝寢❾，欲損三年之喪❿。孔子曰：『糞土之牆，不可杇也⓫。』『若由不得其死然⓬。』故內無其質而外學其文⓭，雖有賢師良友，若畫脂鏤冰⓮，費日損功。故良師不能飾戚施⓯，香澤不能化嫫母也。」

【章旨】大夫指出，教育無法改變人的秉性使人變好，因而是白費氣力。

【注釋】❶好惡　美醜。❷因　因勢利導。❸革　變。❹解長劍　解下長劍不佩帶。子路在未當孔子學生時，性格粗野，任俠尚勇，喜歡佩長劍，戴高聳的帽子，後經孔子誘導，才改變裝扮，拜孔子為師。❺危冠　高聳的帽子。危，高。❻屈節　此指委身為門徒。❼攝齊　提起裙的下襬使離地一尺，以防腳踩下襬傾跌失禮。此泛指致敬行禮。攝，提。齊，裙的下襬。古代男子亦穿裙。❽行行爾　剛強的樣子。❾晝寢　白天睡覺。❿欲損三年之喪　古代禮制規定，父母去世，要守喪三年。宰予曾在孔子面前就此發表看法，認為三年時間太長，應改為一年。損，減少；縮短。⓫糞土之牆二句　出《論語・公冶長》，是宰予晝寢，孔子斥其不堪造就之語。糞土，髒土。杇，塗飾。⓬若由不得其死然　出《論語・先進》，是孔子談論子路的話。由，即子路。不得其死，不能正常死亡。⓭文　指學問禮節。⓮畫脂鏤冰　在凝固的油脂上畫畫，在冰塊上雕刻。遇熱則化為烏有，以喻勞而無功。⓯戚施　背駝貌醜之人。喻指素質低下的人。

【語譯】大夫說：「人的性格有剛柔之別，狀貌有美醜之分，對這些，聖人只能因勢利導，而無法使之根本改變。孔子改變了幾位學生的服飾，卻不能改變他們的心性。所以子路雖然解下了長劍，摘掉了高聳的帽子，委身於孔子門下當學生，但向老師同學致敬行禮之際，仍是一副剛強的樣子，可見粗野的心性依然存在。宰予大白天睡懶覺，還想縮短三年守喪時間為一年。孔子批評宰予說：『髒土壘成的牆是沒法塗飾光潔的。』又為子路歎息說：『像子路那樣，恐怕不會正常死亡吧！』所以沒有內在的好素質，只是學習外在的知識禮節，即使有賢能的老師教導，優秀的同學幫助，也只能像在油脂上畫畫，在冰塊上雕刻一樣，浪費時日，白花氣力。所以高明的老師也沒辦法把素質低下的人教育好，潤髮油也不可能使嫫母變漂亮。」

文學曰：「西子❶蒙❷以不潔，鄙夫❸掩鼻；惡人❹盛飾，可以宗❺祀上帝。使二人❻不涉聖人之門，不免為窮夫，安得卿大夫❼之名？故砥❽所以致❾於刃，學所以盡其才也。孔子曰：『觚不觚，觚哉，觚哉❿！』故人事加⓫則為宗廟器，否則斯養⓬之爨⓭材。干、越⓮之鋌⓯不厲⓰，匹夫賤之；工人施巧，人主服而朝也。夫醜者自以為姣，故不⓱飾；愚者自以為知⓲，故不學。觀笑在己⓳而不自知，不好用人，自是之過也。」

【章　旨】文學充分肯定學習在成才過程中的決定作用，批評愚者不好學習，自以為是。

【注　釋】❶西子　西施。古代著名的美女，春秋時越國人。❷蒙　指蓋住頭和臉。❸鄙夫　粗俗的人。❹惡人　醜人。❺宗　敬。❻二人　指子路和宰我。❼卿大夫　就子路曾為衛國蒲大夫，宰我曾為齊臨菑大夫而言。❽砥　磨刀石。此用為動詞，磨刀。❾致　盡。❿觚不觚三句　出《論語‧雍也》。觚，古代禮器之一，用於盛酒，以木製成，其形狀原有棱角，後改成無棱角的，故孔子發出了觚不像觚的感歎。觚哉，這還叫觚嗎。⓫人事加　指對木材加以人工。⓬斯養　斯，通「廝」。指砍柴的奴僕。養，從事炊煮的奴僕。⓭爨　炊煮。⓮干越　指吳國與越國。兩國出產寶劍。⓯鋌　指劍的毛坯。⓰厲　同「礪」。磨。⓱不　原無，據張之象本補。⓲知　同「智」。⓳觀笑在己　別人邊觀看邊譏笑的對象是自己。

【語　譯】文學說：「美女西施被汙穢之物蓋住了頭和臉，連粗俗之人經過她的身邊也會捂住鼻子；相反，醜人如果盛妝打扮，卻可以參加祭祀上帝的典禮。假使子路和宰我不到孔子門下學習，那就只能做貧窮的普通人，哪裡能當上卿大夫享有其名呢？所以磨刀是為了使刀刃盡量鋒利，學習是為了使人潛在的才能得以充分發揮。孔子說：『觚不像觚的樣子，這還叫觚嗎，這還叫觚嗎！』因此，木材經過人的加工就可以成為觚這種用於祭祀的禮器，否則的話，就只能被奴僕用作燒飯的柴禾。吳越兩國處於毛坯狀態的寶劍如果不加磨治，就連普通人也看不上它，但如果經過工匠的巧妙加工，君王就會佩帶著上朝聽政。醜陋的人自以為漂亮，所以不修飾打扮；愚蠢的人自以為聰明，所以不拜師學習。別人注視譏笑的正是自己，自己還不知道，不喜歡任用賢人，這都是自以為是的過錯。」

訟賢第二十二

【題解】「訟賢」，目次作「頌賢」。「訟」、「頌」古通。本篇的內容是評價幾位儒生，文學的態度是頌揚，篇名即據文學的態度而擬。大夫指責子路、宰我、成顒、胡建四人才智低下卻狂妄自大，諷刺他們死於非命。文學則為這四個人辯護，頌揚他們的才能品行，指出他們的慘死，是狂屠姦人的罪過，並進而譴責了當今掌權者摧殘賢人的卑劣行徑。

大夫曰：「剛者折，柔者卷。故季由❶以強梁❷死，宰我以柔弱殺。使二子不學，未必不得其死。何者？矜己❸而伐能，小知而巨收❹，欲人之從己，不能以己從人，莫視而自見❺，莫賈而自貴❻，此其所以身殺死而終菹醢❼也。未見其為宗廟器，覩其為世戮也。當此之時，東流亦安之乎❽？」

【章旨】大夫指出，子路、宰我二人死於非命，乃從師學習的惡果。

【注釋】❶季由　子路。❷強梁　強橫。❸矜己　自高自大。❹巨收　接受重任。收，接受。❺莫視而自見　沒有人注意自己，卻還要拼命自我表現。見，同「現」。❻莫賈而自貴　沒有人購買卻自以為身價很高。賈，買。❼菹醢　剁成肉醬。❽東流亦安之乎　承上篇文學「東流無崖之川」之語而反脣相譏。之，往。

【語譯】大夫說：「剛硬之物易斷，柔軟之物易彎。所以子路因為強橫而慘死，宰我因為軟弱而被殺。假使他們倆不到孔子門下學習，未必這樣死於非命。為甚麼呢？因為他們學習之後，就自高自大起來，愛誇耀自己的才能，才智不足卻擔當重任，只想要別人服從自己，不能讓自己服從別人，沒有人注意卻還要拼命自我表現，沒有人購買卻自以為身價很高，這就是他們遭殺身之禍甚至最後被剁成肉醬的原因。沒有看見他們成為甚麼宗廟祭祀的禮器，只看到他們被世人砍了頭。在這個時候，他們即使也在江上向東漂流，又能到哪裡去呢？」

文學曰：「騏驥❶之輓❷鹽車，垂頭於太行之坂❸，屠者持刀而睨❹之。太公之窮困，負販❺於朝歌也，蓬頭❻相聚而笑之。當此之時，非無遠筋❼駿❽才也，非文王、伯樂❾莫知之❿賈⓫也。子路、宰我生不逢伯樂之舉，而遇狂屠，故君子⓬傷之，若『由不得其死然』，『天其祝予⓭』矣。孔父累⓮華督⓯之難，不可謂不義。仇牧⓰涉⓱宋萬之禍，不可謂不賢也。」

【章　旨】文學指出，子路、宰我不逢伯樂，乃遇狂屠，故遭殺身之禍，而死於非命者，並非都不義不賢。

【注　釋】❶騏驥　駿馬。❷輓　拉。❸坂　山坡。❹睨　斜著眼睛看。❺負販　背著貨物販賣。❻蓬頭　頭髮散亂。代指貧賤之人。❼遠筋　遠行千里的筋力。筋，同「筋」。❽駿　大。❾伯樂　古代善於相馬的人。❿之　同「其」。⓫賈　同「價」。⓬君子　指孔子。⓭天其祝予　出《公羊傳‧哀公十四年》，是子路死後孔子所說的話。祝，斷。予，我。⓮累　牽連。⓯華督　宋國太宰。殺孔父嘉，奪其妻，接著又殺了宋殤公。⓰仇牧　春秋時宋國大夫。有個叫宋萬的人殺了宋閔公，仇牧得知，前往責罵，亦被殺。⓱涉　陷進。

【語　譯】文學說：「駿馬拉著裝載食鹽的大車，在太行山的陡坡上低頭向上掙扎的時候，屠夫拿著刀站在一旁斜眼看著牠。姜太公窘迫困頓，在朝歌背著貨物販賣的時候，貧賤之人聚在一起譏笑他。在這時候，駿馬並不是沒有遠行千里的筋力，太公並不是沒有治國安邦的雄才，只是不是周文王和伯樂，別的人都不知道他們的價值。子路、宰我活著的時候沒有碰上伯樂得到他的薦舉，卻遇到了瘋狂的屠夫，所以孔子為他們悲傷，曾說：『像子路那樣，恐怕不會正常死亡吧！』又說：『老天爺大概要絕我了！』孔父嘉在華督犯上作亂時慘遭殺害，不能說是不義。仇牧在宋萬製造的禍亂中英勇獻身，不能說是不賢啊。」

大夫曰：「今之學者無太公之能，騏驥之才，有以❶蜂蠆介毒❷而自害也❸。東海❹成顒❺、河東❻胡建❼是也。二子者以術❽蒙舉，起卒伍❾，為縣令。獨非自是❿，無與合同⓫。引⓬之不來，推之不往⓭，狂狷⓮不遜，忮害⓯不恭，刻轢⓰公主，侵陵大臣。知其不可而強行之，欲以干⓱名。所由不軌⓲，果沒其身。未覩功業所至，而見東觀之殃⓳，身得重罪，不得以壽終。狡而以為知，訐⓴而以為直，不遜以為勇，其遭難，故㉑亦宜也。」

【章旨】大夫抨擊成顒、胡建二人狂妄兇暴，諷刺他們不得好死。

【注釋】❶以　因。❷蜂蠆介毒　三種毒蟲。蠆，蠍類毒蟲。介毒，帶毒的甲殼蟲。❸也　黃季剛曰：「也當作者。」❹東海　漢代郡名。在今山東南部、江蘇北部一帶。❺成顒　漢東海郡人。事跡不詳。❻河東　漢代郡名。今山西省西南部黃河以東是其地。❼胡建　漢河東郡人。字子孟。武帝時代理軍正丞（軍官名），敢作敢為，曾斬殺犯罪的監軍御史。後為渭城縣令，有刺客殺死京兆尹樊福，逃入昭帝之姊蓋公主家，胡建親率吏卒圍捕，觸犯了蓋公主。後公主一派當權，派人逮捕胡建，胡建遂自殺。❽術　儒術。❾起卒伍　起身於士卒之中。亦即由士卒而提拔上來。卒伍，古代軍隊的兩種編制單位，五人為伍，百人為卒。❿獨非自是　在判斷是非時全憑個人意見。⓫合同　意見一致。⓬引　招。⓭往　離開。⓮狂狷　狂妄急躁。⓯忮害　執意害人。⓰刻轢　刻，以刻薄的態度對待。轢，踐踏。⓱干　求。⓲所由不軌　所走的不是正道。由，循。⓳東觀之殃　代指殺身之禍。孔子擔任魯國司寇時，曾殺少正卯於東觀之下。觀，古代宮殿和宗廟大門外兩邊的高建築物。⓴訐　揭別人的短。㉑故　通「固」。本來。

【語　譯】大夫說：「如今的讀書人沒有姜太公那樣的能力，駿馬那樣的本領，卻有一些人因為像蜂蠍毒蟲一樣帶有毒性而最終害了自己。例如東海郡的成顒、河東郡的胡建就是。他們倆憑著儒術受到薦舉，起身於士卒之中，登上了縣令之位。判斷是非全憑個人意見，沒有人能與他們意見一致。他們不聽指揮，上司招他來，他不來，推他走，他不走。狂妄急躁而不謙虛，執意害人而不恭謹。薄待凌辱公主，侵犯欺壓大臣。明知事情不可能成功卻硬要去做，想借以沽名釣譽。所走的不是正道，結果免不了丟掉性命。沒有看見他們建成功業，只看見他們遭殺身之禍，身獲重罪，不能壽終正寢。他們狡詐姦猾，卻自以為這就是聰明；愛揭別人的短處，卻自以為這就是正直；狂妄不謙虛，卻自以為這就是勇敢；他們遭滅亡之災，本來是應該的啊。」

文學曰：「二公❶懷精白❷之心，行忠正之道，直己以事上，竭力以徇公❸，奉法推理❹，不避強禦❺，不阿所親，不貴❻妻子之養，不顧私家之業。然卒不能免於嫉妒之人，為眾枉❼所排也，其所以累不測❽之刑而功不遂❾也。夫公族❿不正則法令不行，股肱⓫不正則姦邪興起。趙奢⓬行之⓭平原，范雎⓮行之穰侯，二國治而兩家⓯全。故君過而臣正，上非而下譏，大臣正，縣令何有⓰？不反諸己⓱

而行非於人⑱，執政之大失也。夫屈原之沉淵，遭子椒⑲之譖也；管子得行其道，鮑叔⑳之力也。今不覩鮑叔之力，而見汨羅㉑之禍，雖欲以壽終，無其㉒能得乎？」

【章旨】文學贊揚成顒、胡建公正無私，剛直不阿，譴責當今掌權者對賢才的摧殘。

【注釋】❶二公 指成顒、胡建二人。公，尊稱。❷精白 潔白無瑕。精，純。❸徇公 為公。徇，從。❹推理 審理案件。❺強禦 強橫兇暴之人。❻貴 看重。❼枉 彎曲。指邪曲之人。❽不測 意想不到。❾遂 完成。❿公族 王室成員。⓫股肱 指國家的重臣。⓬趙奢 戰國時趙國人。擔任田部吏時，貴族平原君家拒交租稅，他依法處死平原君家管事者多人。平原君怒，要殺他，他曉之以理，終使平原君心悅誠服。⓭之 指法令。⓮范雎 戰國時魏人，後入秦受秦昭王重用。昭王接受他的建議，廢太后，將跋扈專權的國舅穰侯免職，趕出首都，拜范雎為相。⓯兩家 指平原君和穰侯兩家。⓰縣令何有 縣令還有甚麼不端正的呢。⓱反諸己 自我反省。⓲行非於人 把錯誤推到別人身上。非，錯誤。⓳子椒 楚大夫。⓴鮑叔 鮑叔牙。齊桓公重臣。管仲輔公子糾敗，得鮑叔牙保薦，才免於一死，效力於齊桓公以成霸業。㉑汨羅 江名。發源於江西省，流經湖南入洞庭湖。屈原即投此江自盡。㉒無其 連用的語氣詞，無實義。

【語譯】文學說：「成顒、胡建二公懷著潔白無瑕之心，走的是忠正的道路，端正自己以侍奉君主，竭盡全力以效勞公家，嚴格遵照法律審理案件，不迴避強暴之徒，不偏袒親近之人，不看重妻兒的供養，不顧念個人的家業。然而終究還是免不了受嫉妒之人的攻擊，被一幫姦邪小人所排擠，這就是他們遭受意想不到的刑罰而功業不能完成的原因。如果王族成員行為不正，那麼國家的法令就不能切實推行，如果朝廷重臣行為不正，那麼姦邪小人就會活躍起來。趙奢執行法令不迴避平原君，范雎整頓朝政敢於碰穰侯，結果趙、秦兩國都得到很好的治理，平原君和穰侯兩家也得以保全。所以君王有過失，臣下應該加以糾正，上面的人做錯了事，下面的人應該加以批評，大官僚端正了，縣令還有甚麼不端正的呢？不自我反省，而把錯誤都推到別人身上，這是你們這些掌權重臣的大過失。屈原投水自殺，是因為遭到了子椒的誹謗；管仲得以施行他的治國之道，是因為得到了鮑叔牙的保薦。如今看不到有人像鮑叔牙那樣努力推薦賢士，只看到逼迫賢人自殺的災禍發生，賢人即使想正常地活到老，可是能辦得到嗎？」

遵道第二十三

【題解】「遵道」即遵循先王之道。文學在篇中指出，在治理國家方面有「百世不易之道」存在，為政應奉行先王之道不變，只有這樣，國家才能昌盛，如果實行變法革新，只能走向敗亡。大夫一方則極力反對文學的觀點，認為應該根據時世的變化調整治國的方法，倘若死抱住舊的一套不放，社會就永遠不會進步。

大夫曰：「御史！」

御史未應。

謂丞相史❶曰：「文學結髮❷學語❸，服膺❹不舍，辭若循環，轉若陶鈞❺，文❻繁於春華❼，無效於抱風❽。飾虛言以亂實，道古以害今。從之，則縣官用廢❾，虛言不可實而行之；不從，文學以為非也，眾口囂囂❿，不可勝聽。諸卿⓫都⓬大府⓭日久矣，通先古，明當世，今將何從而可矣？」

【章旨】大夫斥責文學好說空話，迷戀古代，就如何對待文學之言向丞相史徵求意見。

【注釋】❶丞相史　丞相的屬官。❷結髮　代指童年時期。❸語　指儒家經典。❹服膺　衷心信服。膺，胸。❺陶鈞　製陶器用的轉輪。❻文　文飾。❼華　同「花」。❽抱風　以雙手擁抱風。❾用廢　財用來源斷絕。❿囂囂　怨愁之聲沸騰的樣子。⓫諸卿　大夫稱丞相史。因丞相史不止一人，故冠以「諸」。⓬都　居。⓭大府　指丞相的官署。

【語　譯】大夫喊道：「御史！」

御史沒有答應。

於是大夫轉向丞相史，說：「文學從童年就學習儒家經典，衷心信服而不捨棄，他們說起話來循環往復，顛來倒去，就像陶輪一樣轉個沒完，華詞麗句多於春天的繁花，可是卻比用手抱風更沒效果。給空話披上漂亮的外衣以攪亂真實，稱說古代以妨害今天。聽從他們，那麼政府的財用來源就會斷絕，空話是不能付諸實施的；不聽從他們，他們就認為你做得不對，一齊歎息埋怨，鬧哄哄的使人聽不過來。各位久在丞相府供職，通曉古代之事，明瞭當代狀況，你們看如今採取哪種態度才可以呢？」

丞相史進曰：「晉文公譎❶而不正❷，齊桓公正而不譎，所由❸不同，俱歸於霸。而必隨❹古不革，襲故❺不改，是❻文質❼不變，而椎車❽尚在也。故或作❾之，或述❿之，然後法令調⓫於民，而器械便於用也。孔對三君殊意⓬，晏子相三君異道⓭，非苟相反，所務之時⓮異也。公卿既定大業之路，建不竭之本⓯，願無顧細故之語⓰，牽⓱儒、墨論也。」

【章　旨】丞相史認為治國之策應適時調整，不應一成不變，勸決策大臣不要理睬文學之言。

【注　釋】❶譎　詭詐。❷正　正派。❸所由　所走的道路。❹隨　遵循。❺襲故　承襲舊的一套。❻是　這。❼文質　指不同的政治風尚。文指崇尚禮樂制度，質指崇尚質樸。古人認為「一質一文」交相更迭是歷史發展規律。❽椎車　一種原始車子，車輪由整塊圓木做成，無輻條。❾作　新創。❿述　循舊。⓫調　適合。⓬孔對三君殊意　據《韓非子．難三》記載，有三位國君向孔子詢問如何治國，孔子回答葉公說：「應努力使遠方的人來歸服。」回答魯哀公說：「應選用賢人。」回答齊景公說：「應節約錢財。」對，回答。⓭晏子相三君異道　晏子即春秋時齊國大夫晏嬰，他先後輔佐齊靈公、莊公、景公三君，佐靈公時倡導莊重高雅，佐莊公時倡導禮義之勇，佐景公時倡導節儉。⓮所務之時　所面臨的時勢。⓯不竭之本　永不枯竭的財富來源。指各項官營事業。⓰細故之語　不識大體的言論。⓱牽　受牽制。

【語　譯】丞相史移步向前說：「晉文公詭詐而不正派，齊桓公正派而不詭詐，二君所走的道路不同，但最終都建立了霸業。如果一定要遵循古代規章不加變革，承襲舊的制度不加更改，這樣一來，就沒有尚文尚質兩種不同政治風尚的交替更迭，輪子上沒有輻條的原始車子就會一直沿用到今天。所以，有的新創，有的循舊，這樣之後，法令才會適合百姓，器械才會便於使用。孔子回答三位國君關於如何治國的詢問，提出了不同的見解，晏子輔佐齊國的三位國王，採用了不同的方法，他們並不是隨便地追求不同，而是因為所面臨的時勢有別。你們決策重臣既然已經確定了推行大業的道路，開闢了永不枯竭的財富來源，希望不要再理睬那些不識大體的言論，被儒墨人士的意見所牽制。」

文學曰：「師曠❶之調五音，不失宮商；聖王之治世，不離仁義。故有改制❷之名，無變道❸之實。上自黃帝，下及三王，莫不明❹德教，謹庠序❺，崇仁義，立教化。此百世不易❻之道也。殷、周因循❼而昌，秦王變法而亡。《詩》云：『雖無老成人，尚有典刑❽。』言法教❾也。故沒❿而存之⓫，舉而貫之，貫而行之，何更⓬為哉？」

【章　旨】文學主張遵奉先王之道，反對變法革新。

【注　釋】❶師曠　春秋時晉平公的樂師。❷制　制度。❸道　治國的根本原則和方法。❹明　修明。❺謹庠序　重視學校教育。庠序，皆古代學校名。❻易　變。❼因循　遵循不變。❽雖無老成人二句　出《詩經・大雅・蕩》。老成人，指舊臣。典刑，指常規舊法。❾法教　效法先王之道。教，此指先王之道，亦即「典刑」。❿沒　指舊臣死去。⓫之　指常規舊法。⓬更　改。

【語　譯】文學說：「師曠協調五音，總是以宮、商為準；聖王治理天下，從不背離仁義。所以各個朝代只是在制度方面有所更改，實際上並不改變治國的根本原則和方法。上自黃帝，下到夏、商、周三代開國的聖王，無不修明德政，重視學校，推崇仁義，樹立教化，這些是百代不變的治國之道。商、周遵奉先王之道因而昌盛，秦王改變舊法因而滅亡。《詩經》上說：『雖然沒有舊臣了，但舊法常規還依然存在。』這說的是應該效法先王之道。所以舊臣去世了，要將舊法常規保存下來，並加以貫徹執行，為甚麼要改變呢？」

丞相史曰：「說西施之美無益於容，道堯、舜之德無益於治。今文學不言所為治❶，而言以❷治之無功，猶不言耕田之方，美❸富人之囷倉❹也。夫欲粟者務時❺，欲治者因世❻。故商君昭然❼獨見存亡不可與世俗同者，為其❽沮❾功而多近❿也。庸人安其故⓫，而愚者果⓬所聞。故舟車之治⓭，使民三年⓮而後安之。商君之法立⓯，然後民信之。孔子曰：『可與共學，未可與權⓰。』文學可令扶繩循刻⓱，非所與論道術⓲之外也。」

【章　旨】丞相史指責文學喜空談、好攻擊現實，諷刺他們墨守成規，不知變通。

【注　釋】❶所為治　治理國家的方法。❷以　同「已」。❸美　贊美。❹囷倉　糧倉。圓形的叫「囷」，方形的叫「倉」。

❺務時　努力趕農時。❻因世　依據時代情況而採取適當的方法。❼昭然　十分清楚的樣子。❽其　指世俗之人。❾沮　破壞。❿多近　看重眼前利益。多，看重。⓫安其故　安於舊的一套。⓬果　堅信。⓭治　製造。⓮三年　泛指多年。⓯立　指樹立了威信。商鞅變法之始，為了樹立威信，曾以十金的重賞募人將一根大木頭從南門移到北門，起初人們怕上當受騙，沒有人敢應募，後將賞錢增至五十金，有一人應募，果然得到了五十金。於是秦國百姓十分信服商鞅，變法得以順利推行。⓰可與共學二句　出《論語・子罕》。與，介詞，後省略指代某人的「之」。權，權衡；商量。⓱扶繩循刻　依據木工用墨繩等工具標好的線條照著樣子去雕刻。喻依照成規辦事。扶，憑藉；依據。⓲道術　指儒術。

【語　譯】丞相史說：「談論西施的俏麗並不能增添自己的容貌之美，稱說堯、舜的德行對當今國家的治理並沒有幫助。現在你們文學不談有何良策可把國家治理好，只是指責這些年來政府的治理工作沒有成效，這就像不談耕田的方法，只是贊美富人的糧倉一樣。想得到糧食就要努力趕農時，想使天下大治就要依據時勢採取適當的方法。所以商鞅獨自十分清楚地看到，在關係國家存亡的大事上，不能苟同於世俗之人的見解，因為世俗之人慣於破壞事功，只看重眼前利益。平庸的人安於舊的一套，愚蠢的人堅信自己所聽到的。所以車船剛發明製造出來的時候，老百姓經過多年之後才習慣。商鞅的法令樹立了威信之後，老百姓才相信。孔子說過：『可以和他一起學習的人，未必可以和他一起權衡商量事情。』對於文學，只可讓他們依照成規辦事，無法和他們談論儒術之外的道理啊。」

文學曰：「君子多聞闕疑❶，述而不作，聖達❷而謀小❸，叡智❹而事寡❺，是以功成而不隳，名立而不頓❻。小人智淺而謀大❼，羸弱❽而任重，故中道❾而廢，蘇秦、商鞅是也。無先王之法，非聖人之道，而因於己❿，故亡。《易》⓫曰：『小人處盛位⓬，雖高必崩。不盈⓭其道，不恆其德，而能以善終身⓮，未之有也。

是以初登于天，後入于地。』禹之治水也，民知其利，莫不勸其功⑮；商鞅之立法，民知其害，莫不畏其刑。故夏后⑯功立而王，商鞅法行而亡。商鞅有獨智之慮，世乏獨見之證。文學不足與權當世，亦無負累⑰蒙殃也。」

【章旨】文學指出，遵奉先王之道，不好大喜功，才能功成名就，反之，只有敗亡。

【注釋】❶闕疑　對一時不能解決的疑難問題暫置不論，不憑主觀臆斷妄下結論。❷聖達　聖明通達。❸謀小　著眼於小事，不好大喜功。小，原作「大」，從郭沫若《鹽鐵論讀本》改。❹叡智　明智。❺事寡　承擔的事務少，不貪多。❻頓　倒塌。❼謀大　好高騖遠。❽羸弱　瘦弱。喻指能力差。❾中道　半途。❿因於己　依靠自己。亦即自作主張。⓫易　此下所引不見今本《易經》，可能出自與《易經》相關的書。⓬盛位　貴顯的地位。⓭盈　滿；充實。⓮以善終身　指正常死亡。⓯勸其功　指努力從事治水的勞動。勸，鼓勵。此指因受到鼓勵而努力。⓰夏后　指夏禹。后，君主。⓱負累　承受世人譏評的重壓。

【語譯】文學說：「君子追求見聞的廣博，遇有疑難問題不妄下結論，一心依照先王之道行事，不自作主張，聖明通達而著眼於小事，明智聰慧而承擔較少的工作，因此功業建成而不毀壞，名聲樹立而不倒塌。小人智慧少卻好高騖遠，能力差卻承擔重任，所以免不了半途而廢，蘇秦和商鞅就是這樣。他們目無先王之法，否定聖人之道，一切自作主張，因此失敗。與《易經》相關的一本書上說：『小人處在貴顯的地位，雖然地位很高，但終究免不了垮臺。道不充實，德不長久，而能夠正常死亡，這樣的情況是沒有的。因此起初像登上了天那樣得意，最後必然要像墜入地底那樣倒霉。』大禹領導治水的時候，百姓知道這樁事業的好處，沒有一個人不努力從事治水的勞動；商鞅建立新法時，百姓知道它的害處，沒有一個人不害怕那慘酷的刑罰。所以夏禹治水之功完成後便登上了王位，商鞅的新法得到了推行，他本人卻遭殺身之禍。你們說商鞅有常人所不及的獨到考慮，可是社會上卻找不到能證明這一點的事例。你們說不值得和我們文學權衡商量當代事務，可是我們卻也沒有受到世人的譏評，遭受那可怕的禍殃。」

論誹第二十四

【題　解】「誹」在先秦兩漢是中性詞，意為「批評」。漢武帝時，顏異、狄山二人曾批評過朝廷的有關政策，此篇就此展開評論，故名「論誹」。丞相史譴責儒士的言行主張，指出顏異、狄山蒙受皇恩，身居高位，不能對治理國家提供幫助，反而攻擊朝廷，誹謗君主，因此他們的死是罪有應得。文學極力強調禮義在治國中的作用，肯定顏異、狄山的直言不阿，指責武帝時良臣不多，故姦臣得以作惡，抨擊卿相阿諛奉承君主，丞相史又苟且迎合卿相的壞風氣。

丞相史曰：「晏子有言：『儒者華於言而寡於實❶，繁於樂❷而舒於民❸，久喪❹以害生❺，厚葬❻以傷業❼，禮煩❽而難行，道迂❾而難遵，稱往古而訾❿當世，賤所見而貴所聞。』此人本枉⓫，以己為式⓬。此顏異⓭所以誅黜⓮，而狄山⓯死於匈奴也。處其位而非其朝⓰，生乎世而訕⓱其上，終以被戮而喪其軀，此獨誰為負其累而蒙其殃乎？」

【章　旨】丞相史抨擊儒士的言行主張，指出顏異、狄山二人之死正是當代儒生遭受禍殃的例證。

【注　釋】❶寡於實　少見實際行動。❷繁於樂　過度注意音樂。儒家重音樂，六經中有《樂經》一種。❸舒於民　不重視治理民眾。舒，鬆懈；不重視。❹久喪　長久守喪。❺害生　妨害正常生活。守喪期間生活上有許多限制。❻厚葬　葬禮非常講究。❼傷業　損耗家業。❽煩　煩瑣。❾迂　迂腐。❿訾　誹謗。⓫枉　邪曲不正。⓬式　標準；榜樣。⓭顏異　漢武帝時人。曾擔任亭長，後昇為大司農。武帝用白鹿皮作貨幣，規定每張白鹿皮面值為四十萬，顏異表示反對，引起武帝不滿。後有人告發他對皇帝的詔令有不同意見，卻不向皇上提出，只在肚子裡誹謗，被處死。⓮誅黜　誅，處死。黜，免職。⓯狄山　漢武帝時博士。他批評武帝興兵伐匈奴使「中國大困」，主張與匈奴和親。武帝怒，故意派他到北部邊疆去防守一個城堡，他到任一個多月，就被匈奴殺死。⓰朝　朝廷。⓱訕　誹謗。

【語譯】丞相史說：「晏子曾說過這樣一段話：『儒士言辭十分華麗，但少見實際行動，過度注意音樂，卻不重視治理民眾，主張長時間守喪，使守喪者的正常生活受到妨害，提倡隆重地辦喪事，使喪家的家業元氣大傷，信奉的禮節過分煩瑣，無法實行，談論的道理非常迂腐，難以遵從，喜歡稱揚古代而攻擊現實，輕視見到的卻看重聽來的。』這種人本來邪曲不正，卻把自己視為世人的榜樣。這就是顏異被免職處死，狄山命喪匈奴手中的原因。他們處在朝廷封給的官位上卻攻擊朝廷，生活在當代社會卻誹謗當代在位的君主，終究遭受殺戮而丟掉了性命，你們看，這受譏評、遭禍殃的獨獨是甚麼人呢？」

文學曰：「禮所以防淫❶，樂所以移風❷，禮興樂正則刑罰中❸。故堤防成而民無水菑，禮義立而民無亂患。故禮義壞，堤防決，所❹以治者，未之有也。孔子曰：『禮與其奢也寧儉，喪與其易也寧戚❺。』故禮之所為作❻，非以害生傷業也；威儀節文❼，非以亂化傷俗也。治國❽謹❾其禮，危國謹其法。昔秦以武力吞天下，而斯、高❿以妖孽⓫累其禍⓬，廢古術，隳舊禮，專任⓭刑法，而儒、墨既喪焉⓮。塞士之塗，壅人之口，道諛⓯日進⓰而上不聞其過，此秦所以失天下而殞⓱社稷也。故聖人為政，必先誅之⓲，偽⓳巧言以輔非⓴而傾覆國家也。今子安㉑

取亡國之語而來乎？夫公卿處其位，不正其道，而以意阿邑順風㉒，疾㉓小人淺淺㉔面從㉕，以成人之過也。故知言之死㉖，不忍從苟合㉗之徒，是以不免於縲紲㉘。悲夫！」

【章　旨】文學強調禮義的重要作用，譴責秦朝專一使用刑罰，肯定顏異、狄山的直言敢諫。

【注　釋】❶淫　過分行為。❷移風　改變風俗。❸中　得當。❹所　與「可」同。❺禮與其奢也寧儉二句　出《論語・八佾》。與其，與「寧」連用，表示在二者之中選擇後者。奢，奢侈。此指禮節儀式眾多完備而誠敬之心不足。儉，省約；少一些。易，治。此指有關喪葬的禮節儀式辦理得周到而哀痛之心不足。戚，哀痛。❻所為作　制訂的目的。❼威儀節文　各種禮節儀式。❽治國　太平的國家。❾謹　加強。❿斯高　指李斯和趙高。⓫妖孽　喻指歪門邪道。⓬累其禍　增加了它的禍患。⓭專任　只用。⓮儒墨既喪焉　說的是秦朝坑埋儒生之事。既，全部。⓯道諛　阿諛奉承。此指阿諛奉承之人。⓰日進　天天昇官晉職。⓱殞　丟失。⓲之　指李斯、趙高一類人。⓳偽　文飾。⓴輔非　助長錯誤。㉑安　怎麼。㉒以意阿邑順風　用心思曲從迎合。阿邑，曲從迎合。順風，亦喻指曲從迎合。㉓疾　痛恨。㉔淺淺　同「諓諓」。花言巧語。㉕面從　當面奉承。㉖言之死　說出了反對意見就會被處死。㉗合　迎合。㉘縲紲　捆綁罪犯的繩子。此指遭受刑罰。

【語　譯】文學說：「禮是用來防止過分行為的，樂是用來移風易俗的，禮興起了，樂端正了，那麼刑罰就會得當。所以堤防建成了百姓就不會遭受水災之害，禮義樹立了人民就能擺脫禍亂之苦。因此禮義崩潰了，堤防決口了，而能把國家治理好，把水災消除掉，這樣的事情是不會有的。孔子說過：『行禮儀，與其儀式完備而誠敬之心不足，那寧可讓儀式簡略些；辦喪事，與其讓儀式辦得周到而哀痛之心不足，那寧可致力於表現哀痛。』所以制訂禮的目的，並不是要用它來妨害守喪者的正常生活，破壞喪家的家業；各種禮節儀式，並不是用來敗壞風俗的。太平的國家加強禮治，騷亂的國家才加強刑法。從前秦朝憑藉武力吞并了天下，而李斯、趙高又以歪門邪道，增加了它的禍患，他們廢棄古代的治國方法，毀壞舊的禮樂制度，專門使用刑法，儒家、墨家人士都死在他們手裡。阻塞賢士進身的途徑，堵住人們的嘴巴，阿諛奉承之人天天加官晉爵，皇上聽不到自己有甚麼過失，這就是秦朝失去天下、丟失國家的原因。所以聖人治理國家，一定先除掉李斯、趙高這類人，因為他們慣於用花言巧語助長錯誤，使國家滅亡。現在您怎麼把亡國之語拿來和我們辯論呢？大官僚身居高位，卻不端正自己的為官之道，只是用心思曲從迎合皇上，令人痛恨的就是這種小人，花言巧語當面奉承而助成別人的過失。所以顏異、狄山本來知道說出反對意見就會被處死，但是他們不忍心像茍且迎合的人那樣做，因此免不了遭受刑罰。真令人悲痛啊！」

丞相史曰：「檀柘❶而有鄉❷，萑葦❸而有藂❹，言物類之相從也。孔子曰：『德不孤，必有鄰❺。』故湯興而伊尹至，不仁者遠矣。未有明君在上而亂臣在下也。今先帝❻躬行仁聖之道以臨❼海內，招舉❽俊才賢良之士，唯仁是用❾；誅逐亂臣，不避所親；務以求賢而簡退❿不肖，猶堯之舉舜、禹之族⓫，殛鯀放驩兜⓬也。而曰『苟合之徒』，是⓭則主非而臣阿⓮，是也⓯？」

【章旨】丞相史申述物以類聚的道理，說明武帝聖明且用人唯賢，他的臣屬絕不會是「苟合之徒」。

【注釋】❶檀柘　兩種良木。❷鄉　此指檀柘聚生之地。❸萑葦　兩種蘆類植物。❹藂　同「叢」。此指叢生之處。❺德不孤二句　出《論語・里仁》。意謂有美德的人是不會孤立的，一定會有志同道合者來與他合作。鄰，鄰居。❻先帝　指漢武帝。❼臨　統治。❽招舉　招攬選拔。❾唯仁是用　只任用仁人。❿簡退　淘汰斥退。⓫族　類。⓬殛鯀放驩兜　殺死鯀，流放驩兜。殛，殺死。鯀，禹的父親。奉堯命治水，失敗，被殺死在羽山。放，流放。驩兜，堯臣。因胡作非為，被堯流放。⓭是　這。⓮主非而臣阿　君主昏庸不明，臣下阿諛奉承。⓯是也　難道是這樣嗎。

【語　譯】丞相史說：「人們常說檀和柘有聚生之地，萑和葦有叢生之處，這說的是同類之物會聚集在一起。孔子說：『有美德的人是不會孤立的，一定有志同道合者來與他合作。』所以商湯興起，伊尹就到來，不仁的人就遠遠離去了。從沒有上面是賢明的君主，下面卻聚集著姦邪之臣的。本朝武帝親自施行仁義聖明的方針政策來統治天下，招攬選拔才智超群之人和賢良之士，只任用仁人；誅殺驅逐姦邪之臣，不避開自己所親近的人；務求得到賢士而淘汰斥退不賢的官吏，這就像堯舉用舜、禹等人，而殺死鯀、流放驩兜一樣。你們把當年武帝的臣屬說成是『苟且迎合之徒』，這就等於說皇上昏庸不明，臣下都阿諛奉承，事實難道是這樣嗎？」

文學曰：「皋陶❶對舜：『在知人，惟帝其難之❷。』洪水之災，堯獨愁悴❸而不能治，得舜、禹而九州寧。故雖有堯明之君，而無舜、禹之佐，則純德不流❹。《春秋》刺有君而無臣❺。先帝之時，良臣未備❻，故邪臣得間❼。堯得舜、禹而鯀殛驩兜誅❽，趙簡子❾得叔向❿而盛青肩⓫詘⓬。語⓭曰：『未見君子，不知偽臣⓮。』《詩》云：『未見君子，憂心忡忡。既見君子，我心則降⓯。』此之謂也。」

【章　旨】文學認為，有明君不一定有賢臣，武帝時的一些失策，還是由於用了一些姦臣。

【注　釋】❶皋陶　舜時賢臣。曾任法官。❷在知人二句　出《尚書‧皋陶謨》。上句是皋陶說的，下句乃大禹所言，這裡都歸在皋陶名下。知人，識別人才。惟帝其難之，就是堯帝也覺得識別人才很難。❸悴　憂。❹流　流布。❺春秋刺有君而無臣　《春秋》對有明君而無賢臣的情況也加以譏刺。❻備　完備；數量多。❼得間　得到機會。❽誅　懲罰。指被流放。❾趙簡子　即趙鞅。春秋末年晉國的卿，勢力很大。❿叔向　春秋時晉國大夫。很賢能。⓫盛青肩　人名。事跡不詳。⓬詘　屈服。⓭語　指俗語。⓮偽臣　姦臣。⓯未見君子四句　出《詩經‧小雅‧出車》。內容是贊美出征西戎的大將南仲的。忡忡，憂慮不安的樣子。降，放下。

【語　譯】文學說：「皐陶回答舜說：『治理國家關鍵在識別人才，連堯帝也覺得不容易做到這一點。』洪水泛濫成災的時候，堯獨自一人憂愁而不能平服，得到舜、禹後天下便安寧了。所以即使有堯這樣聖明的君主，但如果沒有舜、禹的輔佐，那麼美德也得不到流布。《春秋》對有明君而無賢臣的情況也加以譏刺。武帝的時候，賢臣不多，所以姦臣得到了作惡的機會。堯得到舜、禹後鯀被殺驩兜被流放，趙簡子得到叔向後盛青肩就屈服了。俗語說：『沒有見過君子，就辨別不出甚麼樣的人是姦臣。』《詩經》上說：『沒有見到君子的時候，心中憂慮不安。已經見到了君子，我的心就完全放下來了。』說的就是這種情況啊。」

丞相史曰：「堯任鯀、驩兜，得舜、禹而放殛之以其罪，而天下咸服，誅❶不仁也。人君用之❷齊❸民。而顏異，濟南亭長❹也，先帝舉而加之高位，官至上卿❺；狄山起布衣，為漢議臣❻；處舜、禹之位，執天下之中❼，不能以治，而反坐❽訕上，故驩兜之誅加而刑戮至焉。賢者受賞而不肖者被刑，固其然也❾。文學何怪焉？」

【章　旨】丞相史指出，顏異、狄山之死是罪有應得。

【注　釋】❶誅　懲罰。❷之　指堯所用的舉用賢人懲罰惡人的辦法。❸齊　整齊。指治理。❹濟南亭長　濟南，漢郡名。在今山東省境內。亭是秦漢時基層行政單位，管十個里，亭有亭長。❺上卿　先秦時代最高一級的卿。顏異所擔任的大司農是當時中央政府九卿之一，地位很高，與先秦上卿同，故言。❻議臣　狄山任博士，秦漢時博士可參與議政，故言。❼中　指中央政權。❽坐　犯罪。❾固其然也　本來是理所當然。

【語譯】丞相史說：「堯起初任用鯀和驩兜，後來得到舜和禹，根據鯀和驩兜的罪行把他們或流放或殺掉了，當時整個天下的人都心悅誠服，因為懲罰的是不仁的人。君主用這種舉賢罰惡的辦法來治理百姓。可是顏異，本來只是濟南郡的一個小小亭長，武帝舉用他，給他很高的職位，他直當到九卿之一的大司農；狄山出身平民，當上了朝廷的博士官，得參與議政；他們處在舜、禹那樣的地位，執掌著國家政權，不能憑這些對國家的治理提供幫助，卻反而犯下了誹謗皇上的大罪，所以驩兜那樣的懲罰落到他們頭上，殺頭之禍降臨其身。賢能的人受獎賞，不賢的人遭刑罰，這本來是理所當然。文學對這些有甚麼可責怪的呢？」

文學曰：「論者❶相扶❷以義，相喻❸以道，從善不求勝，服義不恥窮❹。若相迷以偽，相亂以辭，相矜於後息❺，期於苟勝，非其貴者❻也。夫蘇秦、張儀，熒惑❼諸侯，傾覆萬乘❽，使人主失其所持❾。非不辯❿，然亂之道⓫也。君子疾⓬鄙夫之不可與事君，患其聽從⓭而無所不至⓮也。今子不聽正義以輔卿相，又從而順之，好須臾之說⓯，不計⓰其後。若子之為人吏⓱，宜受上戮⓲。子姑⓳默矣！」

【章旨】文學闡述討論問題時應採取何種正確態度，避免哪些錯誤做法，抨擊丞相史在辯論中的不良表現。

【注釋】❶論者　討論問題的人。❷扶　扶助。❸喻　開導。❹窮　辭窮；說不出話來。❺相矜於後息　以最後停止發言而誇耀。息，止。❻貴者　可貴的做法。❼熒惑　迷惑。❽傾覆萬乘　使有萬輛戰車的大諸侯國滅亡。❾所持　所掌握的政權。❿辯　能言善辯。⓫亂之道　致亂之道。⓬疾　痛恨。⓭聽從　指言論被君主聽從。⓮無所不至　甚麼壞事都做得出來。⓯須臾之說　只能在短期內帶來好處的計策。⓰計　考慮。⓱為人吏　當別人的僚屬。⓲上戮　最重的刑罰。⓳姑　姑且。

【語　譯】文學說：「在一起討論問題的人應該用義來互相扶助，用道來互相開導，只要是好的就聽從，不一定非要獲勝不可，只要是符合義的就信服，不以辭窮為可恥。如果拿虛假的東西來互相迷惑，用言辭聲氣互相干擾，以最後停止發言來誇耀於人，期求苟且獲勝，這並不是可貴的做法。蘇秦和張儀迷惑諸侯，使有萬輛戰車的大諸侯國滅亡，讓君主丟失所掌握的政權。他們並非不能言善辯，然而所談論的不過是致亂之道罷了。君子痛恨庸俗鄙陋的人，深感不能與他們一道侍奉君主，所擔憂的就是他們話被聽從了，就甚麼壞事都做得出來。現在您丞相史不聽從正義之言以輔佐卿相，又跟著無原則地順從他們，喜歡只能在短期內帶來好處的計策，不考慮它的後果。像您這樣當別人的僚屬，應該受最重的刑罰。您姑且閉嘴別說了吧！」

丞相史曰：「蓋❶聞士之居世也，衣服足以勝身❷，食飲足以供親❸，內足以相恤❹，外不求於人。故身修然後可以理家，家理然後可以治官❺。故飯蔬糲❻者不可以言孝，妻子飢寒者不可以言慈，緒業❼不脩者不可以言理❽。居斯世，行斯身❾，而有此三累❿者，斯亦足以默矣。」

【章　旨】丞相史指出，文學生活貧窮，沒有資格談論孝敬、慈愛、治國諸事，確該閉嘴。

【注　釋】❶蓋　發語詞。❷勝身　滿足身體的需要。❸親　指父母。❹恤　體恤；體貼。❺治官　擔任政府職務。❻飯蔬糲　吃蔬菜糙米。飯，吃。糲，粗糙的米。❼緒業　事業。❽理　指治理國家。❾行斯身　以此身行事。❿三累　三種欠缺，指「飯蔬糲」、「妻子飢寒」、「緒業不脩」三種情況。

【語　譯】丞相史說：「聽說士人處在世上，應該做到：衣服能夠滿足身體的需要，飲食足以供養父母，對內使家人得以互相體貼，對外不用求助於別人。所以自身修養好了然後才可以治家，家治好了然後才可以擔任政府職務。因此吃蔬菜糙米的人沒有資格談論孝，妻兒挨凍受餓的人沒有資格談論慈，連個人事業都做不好的人沒有資格談論治理國家。處在這個世上，以此身行事，卻有這三種欠缺，這也完全夠得上閉嘴了！」

孝養第二十五

【題　解】本篇圍繞如何孝敬奉養父母的問題展開辯論。丞相史認為，給父母提供優越的生活條件是孝的核心，這遠比外在的禮節儀式重要，獲取富貴是盡孝的前提條件。文學則認為，抱有孝敬的誠心，處處按禮行事是頭等重要的，身處貧賤，沒有好的飲食衣服用來供養，但只要盡禮，就算是盡到了孝，而憑著以不正當手段獲得的富貴供養父母，則與孝沾不上邊。

文學曰：「善養者❶不必芻豢❷也，善供服❸者不必錦繡❹也。以己之所有盡事其親，孝之至也。故匹夫勤勞，猶足以順禮❺，歠❻菽❼飲水，足以致❽其敬。孔子曰：『今之孝者，是為能養，不敬，何以別乎❾？』故上孝❿養志⓫，其次養色⓬，其次養體⓭。貴其禮，不貪其養⓮，禮順心和，養雖不備⓯，可也。《易》曰：『東鄰殺牛，不如西鄰之禴祭也⓰。』故富貴而無禮，不如貧賤之孝悌。閨門⓱之內盡孝焉，閨門之外盡悌焉，朋友之道盡信⓲焉，三者，孝之至也。居⓳家理⓴者，非謂積財也，事親孝者，非謂鮮肴㉑也，亦和顏色，承意㉒盡禮義而已矣。」

【章　旨】文學指出，孝敬父母關鍵在於心中要有孝敬之實，行動符合禮的規定，用於供養的飲食衣服是否精美並不重要。

【注釋】❶者　表提頓的語氣詞。❷芻豢　此泛指肉類食品。芻，指食草動物，如牛羊等。豢，指食穀動物，如豬狗等。❸服　指衣服。❹錦繡　繡有彩色圖案的絲織品。❺順禮　符合禮。❻歠　吃。❼菽　豆類的總稱。❽致　表達。❾今之孝者四句　節引自《論語・為政》。今之孝者，今人所謂的孝。是，指示代詞，它。為，通「謂」。能養，能以飲食供養父母。❿上孝　上等的孝。⓫養志　順從父母的意志。⓬養色　使父母喜笑顏開，心情愉快。⓭養體　以飲食衣服滿足父母的生理需要。⓮養　指用以供養的物質生活資料。⓯備　完備。⓰東鄰殺牛二句　出《周易・既濟》。殺牛，指殺牛用作祭品。牛是高貴祭品。禴祭，《漢書・郊祀志》引作「瀹祭」。指用新菜祭祀。⓱閨門　內室的門。代指家庭。⓲信　信用。⓳居　此謂治。⓴理　指治得好。㉑鮮肴　新鮮的肉類食品。㉒承意　順承父母的意志。

【語譯】文學說：「善於供養父母不一定非要給父母肉吃，善於給父母衣穿不一定非要給綾羅綢緞。自己有甚麼就都拿出來奉養父母，這是孝的最高境界。所以普通人雖然靠辛勞謀生，還是可以使自己的行為符合禮的規定，給父母吃豆類做成的飯，喝白水，也足以表達孝敬之情。孔子說過：『今人所謂的孝，它只是指能以飲食供養父母，如果對父母不敬，那憑甚麼與飼養狗馬相區別呢？』所以上等的孝是順從父母的意志，次一等的是使父母心情愉快，再次一等的才是以飲食衣服滿足父母的生理需要。重視孝敬的禮節，不貪求飲食衣服的精美，行為符合禮，對父母心平氣和，即使用以供養的物質生活資料不完備，也是可以的。《易經》上說：『東鄰殺牛祭祀，不如西鄰用新菜祭祀。』因此富貴而不講禮，就還趕不上貧賤卻能孝敬父母、尊敬兄長。在家裡對父母盡到孝敬，在外面充分做到尊敬兄長，交朋友時充分做到講信用，做到了這三點，就達到了孝的最高境界。治家治得好，並不是指財富積累得多，侍奉父母孝敬，並不是指給父母吃新鮮的肉食，只不過對父母和顏悅色，順承父母的意志，充分合乎禮義罷了。」

丞相史曰：「八十曰耋，七十曰耄。耄，食非肉不飽，衣非帛不暖。故孝子曰❶甘毳❷以養口，輕暖以養體。曾子養曾皙❸，必有酒肉。無端絻❹，雖公西赤❺

不能以為容❻。無肴饍❼，雖閔、曾❽不能以卒❾養。禮無虛加❿，故必有其實然後為之文⓫。與其禮有餘而養不足，寧養有餘而禮不足。夫洗爵⓬以盛水，升降⓭而進⓮糲，禮雖備，然非其貴者也。」

【章旨】丞相史強調孝敬主要以實在的物質生活資料為手段，空洞的禮儀並不重要。

【注釋】❶曰 通「爰」。於是。❷毳 通「脆」。❸曾皙 名點，字皙，曾參的父親。❹端絻 端，玄端。古代的一種黑色禮服。絻，同「冕」。禮帽。❺公西赤 孔子學生。姓公西，名赤，字子華，故亦稱公西華。他對禮很精通。❻容 指合乎禮的容儀。❼肴饍 好的飯菜。❽閔曾 閔子騫和曾參。在孔子學生中，二人以孝著稱。❾卒 完成。❿虛加 空著加到別人身上。⓫文 指禮節儀式。⓬爵 酒杯。⓭升降 指上下臺階。⓮進 獻上。

【語譯】丞相史說：「八十歲的老人叫耋，七十歲的老人叫耄。七十歲以上的老人，沒有肉就吃不飽，不是絲織品就穿不暖。所以孝子拿又甜又脆的食物給父母享用，拿又輕又暖的衣服保養父母的身體。曾參供養父親曾皙，餐餐都有酒有肉。沒有禮服禮帽，就是公西赤也不能表現出合乎禮的容儀。同樣，沒有好的飯菜，就是閔子騫和曾參也不能完成供養父母的任務。禮不是空著加到別人身上的，因此一定要有實際的東西，然後才講究禮節儀式。與其禮節有餘而供養不足，寧可供養有餘而禮節不足。把酒杯洗得很乾淨，卻用來裝白水獻給父母，在臺階上跑上跑下，端上來的卻是糙米飯，禮節雖然很完備，但並不是孝敬父母的可貴做法。」

文學曰：「周襄王❶之母非無酒肉也，衣食非不如曾皙也，然而被❷不孝之名，以其不能事其父母❸也。君子重其禮，小人貪其養。夫嗟來❹而招之，投而與之，乞者由❺不取也。君子苟無其禮，雖美不食焉。故禮：主人不親饋❻，則客不祭❼。是饋❽輕而禮重也。」

【章旨】文學再次申述在孝敬父母的問題上禮節遠比飲食衣服重要的道理。

【注釋】❶周襄王　東周君主，名鄭。《公羊傳》曾說他不能事母，不孝。❷被　蒙受。❸父母　古書上只說襄王不能事母，此「父」字乃連類而及。❹嗟來　《禮記・檀弓》載，齊國發生大饑荒，富豪黔敖在路邊向過往饑民施捨飯食，有一位快要餓倒的人走過來，黔敖說：「嗟，來食！」那人認為黔敖態度傲慢，言辭帶侮辱性，拒不接受食物，以至餓死。嗟，帶侮辱意味的招呼聲。喂。❺由　同「猶」。尚且。❻親饋　古代宴請客人之禮，主人應親自將飯菜奉送至客人面前。饋，贈送。此指送到客人面前。❼祭　古人吃飯，先祭而後食。❽饋　此指飯菜。

【語譯】文學說：「周襄王的母親吃飯時並不是沒有酒和肉，得到的衣食供養並不是趕不上曾皙，可是周襄王卻背上了不孝的壞名聲，這是因為他不能按禮的要求侍奉父母。君子看重的是孝敬父母的禮節，小人追求的是飲食衣服的精美。用帶侮辱性的口氣招別人來進食，把食物丟在地上給別人，就是討飯的人也不會接受。君子如果面對不講禮節的情形，即使食物非常精美也不吃。所以古禮規定：主人如果不親自將飯菜送到客人面前，客人就不進用。這樣看來，飯菜是無足輕重的，而禮則是最要緊的。」

丞相史曰：「孝莫大於以天下一國養❶，次祿養❷，下以力❸。故王公人君❹，上也，卿大夫，次也。夫以家人❺言之，有賢子當路❻於世者，高堂邃宇❼，安車❽大馬，衣輕暖，食甘毳。無者，褐衣❾皮冠❿，窮居⓫陋巷，有旦無暮⓬，食蔬糲葷茹⑬，膢臘⑭而後見肉。老親之腹非唐園⑮，唯菜是盛。夫蔬糲，乞者所不取，而子以養親，雖欲以禮，非其貴也。」

【章　旨】丞相史指出，兒子富貴，做父母的就能享福；兒子貧賤，做父母的只能受苦。

【注　釋】❶以天下一國養　拿整個天下或一個諸侯國的財富來供養父母。這是天子和諸侯才能做到的。❷祿養　用做官的俸祿供養父母。這是卿大夫所能做到的。❸以力　憑力氣工作以供養父母。這是普通百姓的情況。❹王公人君　指天子、諸侯。❺家人　平民。❻當路　位居顯要，掌握大權。❼高堂邃宇　高屋深院。邃，深。❽安車　古代用一匹馬拉的小車，在上面可以舒適地坐著。這種車子只有富貴人家才有。當時一般的車子則是四匹馬拉，在上面要站著。❾褐衣　粗布衣。❿皮冠　獸皮帽。⓫窮居　僻遠的住地。⓬有旦無暮　早上有吃的，晚上就沒有了。⓭葷茹　指蔥蒜之類有刺人氣味的蔬菜。⓮膢臘　皆古代祭神節日名。二月祭飲食之神叫膢，十二月祭百神叫臘。⓯唐園　菜園。

【語　譯】丞相史說：「最大的孝是拿整個天下或一個諸侯國的財富來供養父母，次一等的是用做官的俸祿來供養，下等的是憑勞動所得來供養。因此，天子和諸侯是上等的孝子，卿和大夫是次一等的孝子。拿平民來說，如果有好兒子在官府執掌大權，做父母的就能住高屋深院，坐高頭大馬拉的舒適小車，穿又輕又暖的衣服，吃又甜又脆的食物。如果沒有這樣的好兒子，做父母的就只能穿粗布衣，戴獸皮帽，住僻遠之地的窄陋小巷，過有早餐沒晚餐的生活，吃糙米，嚥蔬菜，食蔥蒜，遇上祭神的節日才能看到一點肉食。年老的父母肚子並不是菜園，可裝的只是蔬菜。蔬菜糙米飯，是討飯的人都不要的東西，做兒子的卻拿來供養父母，雖然想以禮儀孝敬父母，但也不是可貴的做法。」

文學曰：「無其能而竊其位，無其功而有其祿，雖有富貴，由❶蹠、蹻❷之養也。高臺極望❸，食案❹方丈❺，而不可謂孝。老親之腹非盜囊❻也，何故常盛不道❼之物？夫取非有非職❽，財入而患從之，身且❾死禍殃，安得騰臘而食肉？曾參、閔子無卿相之養，而有孝子之名；周襄王富有天下，而有不能事父母之累❿。故禮菲⓫而養豐，非孝也。掠困⓬而以養，非孝也。」

【章　旨】文學指出，憑著不義而獲得的富貴供養父母，算不上孝。

【注　釋】❶由　同「猶」。像。❷蹠蹻　二人名，即盜蹠和莊蹻。古人說他們倆是大盜。❸高臺極望　住宅高大氣派，其中的高臺，站在上面能望得很遠。❹食案　飯桌。❺方丈　一丈見方。能擺很多菜肴。❻囊　袋子。❼不道　不合道義。❽取非有非職　拿了不歸自己所有的和不是憑官職掙來的財物。❾且　將。❿累　過失。⓫菲　薄。⓬掠困　搶劫糧倉。

【語　譯】文學說：「沒有才能而竊居官位，沒有功勞而享有俸祿，雖然獲得了富貴，不過像盜蹠、莊蹻兩位大盜供養父母一樣。即使住宅高大氣派，供父母吃飯用的桌子一丈見方，上面擺滿了美味，也不能稱為孝。年老的父母肚子又不是強盜的袋子，為甚麼經常裝那些憑不正當手段弄來的東西？拿了不歸自己所有和不是憑官職掙來的財物，財物到手禍患也就隨之而來，自身將要死於禍殃，父母又怎麼能在祭神的節日裡吃肉呢？曾參、閔子騫不能像卿相那樣供養父母，卻有孝子的美名；周襄王擁有整個天下的財富，卻有不能以禮侍奉父母的過失。所以禮薄而供養豐盛，算不上孝。搶劫糧倉來供養雙親，也不能稱為孝。」

丞相史曰：「上孝養色，其次安親❶，其次全身❷。往者陳餘❸背漢，斬於泜水❹；五被❺邪逆，而夷三族❻。近世主父偃❼行不軌❽而誅滅，呂步舒❾弄口❿而見⓫戮。行身⓬不謹，誅及無罪之親。由此觀之，虛禮無益於己也。文實配行⓭，禮養俱施，然後可以言孝。孝在於質實⓮，不在於飾貌⓯；全身在於謹慎，不在於馳語⓰也。」

【章　旨】丞相史指出，一個人如果立身行事不謹慎，就會自取滅亡，且累及父母，從而破壞孝；孝以物質奉養為重。

【注　釋】❶安親　使父母生活安定。❷全身　保全自身。保全自身與孝的關係表現在兩個方面，一是不毀傷身體，一是不犯罪。❸陳餘　秦朝末年人。曾投奔陳涉，後當過代王。漢王劉邦出兵擊楚，陳餘派兵協助，劉邦敗，陳餘即背叛。漢王遣張耳與韓信打敗陳餘，在泜水邊上將其殺死。❹泜水　水名。在今河北省境內。❺五被　即伍被，「五」、「伍」古通用。伍被在當淮南王劉安的中郎時，劉安想謀反，他先曾多次諫阻，後轉而為之出謀劃策。陰謀敗露後，被殺。❻夷三族　被滅了三族。夷，滅。三族，指父族、母族、妻族。❼主父偃　武帝時人。官至齊國相，好揭發人陰私，又曾收受諸侯賄賂，後遭滅族。❽不軌　不法。❾呂步舒　武帝時人。董仲舒的學生，官丞相長史。❿弄口　搬弄口舌。⓫見　被。⓬行身　立身行事。⓭文實配行　外在的形式與實際的內容配合施行。⓮質實　實質。⓯飾貌　文飾外表。亦即追求表面形式。⓰馳語　誇誇其談。

【語　譯】丞相史說：「上等的孝是使父母心情愉快，次一等的是使父母生活安定，再次一等的是保全自己。從前，陳餘背叛漢王，被斬於泜水；伍被參與謀劃叛亂，被滅了三族。近代，主父偃從事不法活動，遭到誅滅；呂步舒搬弄口舌，致有殺身之禍。這些人立身行事不謹慎，連累沒有罪過的父母遭殺戮。由此看來，空洞的禮對自己毫無益處。外在形式與實際內容配合施行，禮節與奉養之物兼顧並重，這樣之後才談得上孝。孝在於實質，而不在於追求表面形式；保全自己在於行事謹慎，而不在於誇誇其談。」

文學曰：「言而不誠，期❶而不信，臨難不勇，事君不忠，不孝之大者也。孟子曰：『今之士，今之大夫，皆罪人也。皆逢其意以順其惡❷。』今子❸不忠不信，巧言以亂政，導諛❹以求合。若此者，不容於世。《春秋》曰：『士守一❺不移，循理不外援❻，共❼其職而已。』故卑位而言高❽者，罪也；言不及❾而言者，傲也。有詔公卿與斯議❿，而空戰口⓫也？」

【章旨】文學斥責丞相史不忠不信，一味逢迎，指出他們無資格參與討論。

【注釋】❶期　約定。❷今之士四句　語本《孟子・告子下》。逢，迎合。其，指君主。❸子　對丞相史的尊稱。❹導諛　阿諛奉承。❺守一　堅持一定的信仰。❻外援　在外面尋找靠山。❼共　同「供」。❽言高　談論重大問題。❾言不及　不到該說話的時候。❿與斯議　參與這次討論。⓫戰口　舌戰。

【語譯】文學說：「說話不誠實，與人有約而不守信用，面臨危難不勇敢，侍奉君主不忠誠，這是最大的不孝。孟子說：『現在的士，現在的大夫，都是罪人。他們都迎合君主的心意，順從君主的罪惡。』如今您丞相史不忠誠，不守信用，花言巧語以擾亂政事，阿諛奉承以博取上司歡心。像這樣做，必將不為社會所容。《春秋》上說：『士堅持一定的信仰不改變，依理辦事，不在外面尋找靠山，致力於本職工作罷了。』所以職位低下而談論重大問題，這是犯罪，不到該說話的時候卻說話，這是驕傲。皇帝下詔令叫公卿參加這次討論，難道是讓你們丞相史來和我們舌戰嗎？」

刺議第二十六

【題　解】上篇文學說丞相史沒有資格參與討論，本篇丞相史就此提出反駁，認為籌謀劃策，應廣泛徵求意見，自己身為丞相屬員，又曾從師受業，完全有資格有理由在會上發表看法。文學繼續斥責丞相史立身行事的不正，抨擊丞相史專好阿諛逢迎，指出他們不是孔子一派的真儒士。由於篇中文學譏刺丞相史說他們的議論是隨聲附和，苟且迎合，故編者以「刺議」名篇。

丞相史曰：「山陵不讓❶椒跬❷，以成其崇；君子不辭❸負薪❹之言，以廣其名。故多見者博，多聞者知❺；距諫者塞❻，專己❼者孤。故謀及下❽者無失策，舉及眾❾者無頓❿功。《詩》云：『詢於芻蕘⓫。』故布衣皆得風議⓬，何況公卿之史乎？《春秋》士不載文⓭，而書咺⓮者，以為宰士⓯也。孔子曰：『雖不吾以，吾其與聞諸⓰。』僕⓱雖不敏⓲，亦嘗傾耳下風⓳，攝齊句指受業⓴，徑㉑於君子之塗矣。使文學言之而是，僕之言有何害？使文學言之而非，雖微㉒丞相史，孰㉓不非㉔也？」

【章　旨】針對上篇文學的指責，丞相史闡述了廣泛徵求意見的重要，並陳說自己的特殊身分和學習經歷，以說明自己完全有資格有理由參與討論。

【注釋】❶讓　拒絕。❷椒跬　山頂的半步。椒，山頂。跬，半步。❸辭　推辭；拒絕。❹負薪　背柴禾的人。❺知　同「智」。❻距諫者塞　不聽從諫阻的人會耳目閉塞。距，同「拒」。拒絕。❼專己　獨斷專行。❽下　指下邊的人。❾舉及眾　辦事讓眾人一道參加。❿頓　敗壞。⓫詢於芻蕘　出《詩經・大雅・板》。詢，徵求意見。芻蕘，割草打柴之人。⓬風議　批評議論政事。風，同「諷」。⓭士不載文　一般的士，其事不記載於文。⓮書咺　記載了咺這個人的事。咺，人名。任冢宰的僚屬。《春秋・隱公元年》記載咺奉周平王之命赴魯國弔喪。⓯宰士　冢宰（相當後世的丞相）的屬官。⓰雖不吾以二句　出《論語・子路》。不吾以，即「不以吾」。以，用。與聞，對政事能夠知道。諸，代詞。之。⓱僕　自稱謙詞。⓲不敏　不聰明。自謙的說法。⓳傾耳下風　站在下風邊側耳細聽教誨。⓴攝齊句指受業　謙卑恭謹地從師受業。攝齊，提起服裝的下襬使離地。這是出於恭謹而有的動作。句指，卑恭的樣子。㉑徑　走上。㉒微　無。㉓孰　誰。㉔非　責難。

【語　譯】丞相史說：「高山不拒絕那山頂的半步，因而形成了它的高峻；君子不忽視背柴禾之人的意見，因而擴大了自己的美名。所以見得多的人知識廣博，聽得多的人智慧不凡；不聽從諫阻的人會耳目閉塞，獨斷專行的人會陷入孤立。因此，籌謀劃策能和下邊的人商量，辦事讓眾人一道參加，這種人從不會失策，這種人總獲得成功。《詩經》上說：『向割草打柴之人徵求意見。』這樣看來，平民人人能夠批評議論政事，何況我們這些公卿手下的丞相史呢？《春秋》對一般的士不記載其事，但卻記載了咺這個人的事情，因為他是冢宰的屬官。孔子說過：『雖然國君不任用我，但政事我還是能夠知道的。』我雖然不聰明，但也曾經站在下風邊側耳細聽教誨，謙卑恭謹地從師學習，從此走上了君子的道路。假使文學的言論是正確的，我說話又有甚麼害處呢？假使文學的言論是錯誤的，即使沒有我們丞相史，有誰不會進行責難呢？」

文學曰：「以正輔人謂之忠，以邪導人謂之佞。夫怫過❶納善❷者，君之忠臣，大夫之直士❸也。孔子曰：『大夫有爭臣三人，雖無道，不失其家❹。』今子處宰士之列，無忠正之心，枉不能正，邪不能匡❺，順流以容身❻，從風以說上⑦。上所言則苟聽⑧，上所行則曲從⑨，若影之隨形，響⑩之於聲，終無所是非⑪。衣儒衣，冠儒冠，而不能行其道，非其儒也⑫。譬若土龍⑬，文章⑭首目具⑮而非龍也。葶歷⑯似菜而味殊，玉石相似而異類。子非孔氏執經守道⑰之儒，乃公卿面從⑱之儒，非吾徒⑲也。冉有為季氏宰⑳而附益㉑之，孔子曰：『小子鳴鼓而攻㉒之，可也。』故輔桀者不為智，為桀斂㉓者不為仁。」

丞相史默然不對。

【章旨】文學斥責丞相史立身行事不正，專好阿諛逢迎，指出他們不是孔子一派的真儒士。

【注釋】❶怫過　君主或上司有過錯，違逆其意而加以諫阻。怫，通「悖」。逆；違背。❷納善　將其引入正道。❸直士　正直的下屬。❹大夫有爭臣三人三句　出《孝經・諫諍章》。爭，同「諍」。正直敢諫。臣，此指幫助大夫管理封地和家族事務的家臣。家，古稱大夫的封地為家。❺匡　糾正。❻順流以容身　隨波逐流以求自身得到容納。❼從風以說上　曲從迎合以取悅於上司。從風，順從風。喻曲從迎合。說，同「悅」。❽苟聽　苟且聽從。❾曲從　曲意順從。❿響　回音。⓫終無所是非　始終不分辨其是非。⓬非其儒也　不是那真正的儒士。⓭土龍　用泥土捏成的龍。古人於天旱時用以求雨。⓮文章　花紋。⓯具　齊全。⓰葶歷　一種野草。⓱執經守道　信奉儒家經典，堅持儒家之道。⓲面從　當面奉承。⓳徒　同類人。⓴宰　家臣。㉑附益　增加。指以搜刮而增加錢財。㉒小子鳴鼓而攻　小子，孔子對學生的稱呼。鳴，敲響。攻，指聲討。㉓斂　聚斂。指搜刮錢財。

【語譯】文學說：「用正道輔佐人叫做忠，用邪術誘導人叫做佞。能夠犯顏直諫、引人向善的人，是君主的忠臣，大夫的正直下屬。孔子說過：『大夫如果有三位正直敢諫的家臣，即使本人無道，也不會失去封地。』現在您丞相史的身分地位與周朝的冢宰屬員相同，卻沒有忠誠正直之心，對不合正道的東西不能糾正，對邪僻的行為不能諫阻，隨波逐流以求自身得到容納，曲從迎合以博取上司的歡心。凡上邊說的話就苟且聽從，凡上邊辦的事就曲意照辦，就像影子伴著形體移動，回響應聲而起一樣，始終不分辨其是非。您穿著儒士的衣服，戴著儒士的帽子，但不能奉行儒家之道，並不是真正的儒士。就像求雨用的土龍，龍頭、龍眼、全身的花紋都具備了，但並不是真龍。葶藶形狀像菜而味道不同，玉和石相似而並非同類。您並非孔子一派信奉儒家經典、堅持儒家之道的儒士，只是公卿手下長於當面阿諛奉承的俗儒，不是我們的同類人。冉有當季氏的家臣，搜刮百姓為季氏增加錢財，孔子說：『弟子們，你們可以敲起鼓去聲討他。』所以輔佐夏桀的人不算聰明，為夏桀搜刮錢財的人稱不上仁。」

丞相史沉默，沒有回答。

利議第二十七

【題解】本篇大夫責備賢良、文學受朝廷信任卻拿不出治國安民的奇計，譴責他們死抱住陳舊的儒術不放，專以說空話為事，表裡不一，名實不副，認為秦始皇焚書坑儒做得對。文學則認為，當今治國，應恢復古代的治國之道，糾正現行政策的過失，推崇禮義；對公卿，文學進行了激烈抨擊，指責他們沉迷於財利而不能自拔，身居高位卻不善於用人。由於篇中文學發言的重要內容是指斥公卿好財利，故編者以「利議」二字作篇名。

大夫曰：「作❶世明主❷，憂勞萬民，思念北邊之未安，故使❸使者舉賢良、文學高第❹，詳延❺有道❻之士，將欲觀殊議異策❼，虛心傾耳以聽，庶幾❽云❾得。諸生無能出奇計，遠圖❿伐匈奴安邊境之策，抱枯竹⓫，守空言，不知趨舍⓬之宜，時世之變，議論無所依，如膝癢而搔背，辯訟⓭公門之下⓮，訩訩⓯不可勝⓰聽，如品即口以成事⓱。此豈明主所欲聞哉？」

【章旨】大夫指責與會的儒生不能拿出奇計，只會死守教條，吵吵嚷嚷。

【注釋】❶作　振興。❷明主　聖明的君主。指漢昭帝。❸使　派遣。❹高第　高等。❺詳延　廣泛邀請。❻有道　有才識。❼殊議異策　獨特的見解，非凡的計策。❽庶幾　表示希望的詞。❾云　有。❿圖　謀劃。⓫枯竹　枯黃的竹簡。代指陳舊的儒家經典。古代未發明紙之前，著書立說用的是竹簡。⓬趨舍　趨向與捨棄。亦即取捨。⓭辯訟　爭論是非。⓮公門

之下　指朝廷。公，君主。⑮詾詾　喧嘩之聲。⑯勝　盡。⑰如品即口以成事　就像品字由三個口字湊成一樣。喻指文學人多嘴雜。

【語　譯】大夫說：「當今振興天下的聖明君主，為萬民憂慮操勞，掛念北部邊疆還不安寧，因此派遣使者赴各地選拔薦舉賢良和文學高第，廣泛邀請有才識之士，想看看他們有甚麼獨特的見解和非凡的計策，準備虛心側耳細聽，希望能有收穫。可是你們這些儒生不能拿出奇妙的計謀，不能就討伐匈奴安定邊疆作出長遠的謀劃，只是抱著陳舊的儒家經典，死守著空洞的教條，不知道如何取捨才適宜，不了解時代的變化，議論沒有依據，就像膝蓋發癢卻去抓撓脊背一樣，在朝廷裡爭論是非，吵吵嚷嚷讓人聽不過來，就像品字由三個口字湊成一樣，只不過人多嘴雜罷了。這難道是聖明的君主所想要聽到的嗎？」

文學曰：「諸生對冊❶，殊路同歸，指❷在於崇禮義，退❸財利，復往古之道，匡當世之失，莫不云太平❹。雖未盡可亶❺用，宜略❻有可行者焉。執事❼闇於明禮❽，而喻❾於利末，沮❿事隋⓫議，計慮籌策，以故至今未決。非儒無成事，公卿欲成利也。」

【章　旨】文學肯定自己一方的建議有推行的價值，指責當權者一心追求財利。

【注　釋】❶對冊　回答皇帝提出的問題。冊，通「策」。❷指　通「旨」。旨意；目的。❸退　斥退。❹莫不云太平　沒有人講的不是使天下太平的道理。云，說。❺亶　信從。❻略　大略；大體上。❼執事　供使令或執行任務的人。古人對尊貴者不敢直接指稱，而稱其手下人為代替。此處以執事代指公卿。❽闇於明禮　不明白禮義。闇，糊塗。❾喻　通曉；懂得。❿沮　破壞。⓫隋　通「隳」。毀掉；不採納。

【語　譯】文學說：「我們這些儒生回答皇帝所提出的問題，殊途同歸，目的都在於推崇禮義，斥退追求財利的做法，恢復古代的治國之道，糾正當代的各種過失，我們沒有人講的不是使天下太平的道理。雖然我們的意見不一定都可信從採用，但應該有一大部分可以推行。你們這些執掌大權的人不明白禮義，只懂得工商末利，破壞這次討論，不採納我們的建議，有關治國安民的計謀策略，到現在還沒有決定下來。這並不是我們儒生不能成事，而是因為你們公卿只想謀取財利。」

大夫曰：「色厲而內荏❶，亂真者也。文表而枲裡❷，亂實者也。文學裒衣博帶❸，竊❹周公之服；鞠躬踧踖❺，竊仲尼之容❻；議論稱誦❼，竊商、賜❽之辭；刺譏言治❾，過❿管、晏⓫之才。心卑卿相，志小萬乘⓬。及授之政，昏亂不治。故以言舉人⓭，若以毛相馬⓮。此其⓯所以多不稱舉⓰。詔策⓱曰：『朕⓲嘉⓳宇內之士，故詳延四方豪俊⓴文學博習㉑之士，超遷㉒官祿。』言者不必有德，何者？言之易而行之難。有舍其車而識其牛㉓，貴其㉔不言而多成事也。吳鐸㉕以其舌自破㉖，主父偃㉗以其舌自殺㉘。鶡鳴㉙夜鳴，無益於明㉚；主父鳴鶡㉛，無益於死。非有司㉜欲成利，文學桎梏㉝於舊術，牽㉞於間言㉟者也。」

【章　旨】大夫斥責文學名實不副，只會說空話。

【注　釋】❶色厲而內荏　外表強硬而內心懦弱。荏，軟弱。❷文表而枲裡　衣服以華麗的絲綢作面子，以粗麻布作裡子。

文，文彩。此指有文彩的絲織品。枲，麻。此指粗麻布。❸裒衣博帶　肥大的衣服，寬大的腰帶。這是古代儒生的裝束。❹竊　盜用。❺踧踖　恭敬而侷促不安的樣子。❻容　儀容。❼稱誦　稱說。❽商賜　孔子的兩位學生。商，卜商，字子夏。賜，端木賜，字子貢。子夏長於文學，子貢擅於言辭。❾刺譏言治　批評政事，談論治國道理。❿過　超過。校注本改「過」為「竊」，今不從。⓫管晏　管仲和晏嬰。⓬萬乘　指擁有萬輛戰車的大諸侯國國君。⓭以言舉人　根據言談舉用人。⓮以毛相馬　根據毛色來鑑別馬的優劣。⓯其　指賢良、文學。⓰不稱舉　不符合薦舉標準。⓱詔策　皇帝發布的命令、文告。⓲朕　皇帝自稱。⓳嘉　贊賞。⓴豪俊　才智傑出之人。㉑博習　學問廣博。㉒超遷　越級提升。㉓舍其車而識其牛　不把他的車子放在心裡，卻在他的牛身上作標記以防其走失。舍，捨棄。指不放在心裡。識，作記號。㉔其　指牛。㉕吳鐸　吳地出產的大鈴。㉖以其舌自破　鈴舌撞擊鈴身而發出聲音，使用日久，鈴身會被撞破。㉗主父偃　漢武帝時人。好揭發人陰私，後被誅死。㉘自殺　自取滅亡。㉙鶡鴠　一種在夜裡鳴叫以求天亮的鳥。㉚明　天亮。㉛鳴鴟　像鴟鴞那樣鳴叫。鴟，鴟鴞。貓頭鷹一類的鳥。㉜有司　政府官員。㉝桎梏　古代拘繫人的刑具。手上的叫梏，腳上的叫桎。此喻指束縛。㉞牽　牽制。㉟間言　空話。

【語　譯】大夫說：「為人外表強硬而內心懦弱，這是以假亂真的表現。縫製衣服以華麗的絲綢作面子，以粗麻布作裡子，這是以表象掩蓋實質的做法。文學穿著肥大的衣服，束著寬大的腰帶，盜用的是周公的裝束；曲身彎腰，做出恭敬不安的樣子，模仿的是孔子的儀容；議論稱說，竊取的是子夏、子貢的言辭；批評政事，談論治國道理，似乎有超過管仲、晏嬰的才能。你們眼中看不起卿相，心裡輕視大諸侯國的王位。可是等到將政事交給你們辦理，你們卻頭腦昏亂，根本辦理不好。因此，僅根據言談舉用人，就像單憑毛色察看馬的優劣一樣不可靠。這就是你們大多不符合薦舉標準的原因。皇帝的詔令上說：『我贊賞天下的賢士，因此廣泛邀請各地才智出眾、學問淵博的人士，越級提升官職，增加俸祿。』有言論的人不一定有德行，為甚麼呢？因為說起來容易做起來難。有人不把他的車子放在心上，卻在他的牛身上作標記以防其走失，這是因為他看重牛不說話卻能做很多事情。吳地出產的大鈴因受自身鈴舌的長期撞擊而破碎，主父偃因為一張嘴巴愛說話而自取滅亡。鶡鴠鳥夜裡鳴叫，並不能使天亮的時間提前；主父偃像鴟鴞一樣地亂嚎，也不能使自己免於一死。這次討論遲遲未有結果，並不是由於我們這些政府官員只想謀取財利，而是因為你們文學被陳舊的一套所束縛，受到空話的牽制。」

文學曰：「能言之，能行之者，湯、武也。能言，不能行者，有司也。文學竊周公之服，有司竊周公之位。文學桎梏於舊術，有司桎梏於財利。主父偃以舌自殺，有司以利自困。夫驥之才千里，非造父❶不能使；禹之知萬人❷，非舜為相❸不能用。故季桓子❹聽政❺，柳下惠❻忽然不見❼；孔子為司寇❽，然後悖熾❾。驥，舉之在伯樂，其功在造父。造父攝轡❿，馬無駑良⓫，皆可取道⓬。周公之時，士無賢不肖，皆可與言治⓭。故御⓮之良者善調⓯馬，相之賢者善使士。今舉異才而使臧騶⓰御⓱之，是猶枙驥鹽車⓲而責⓳之使疾⓴。此賢良、文學多不稱舉也。」

【章　旨】文學譴責政府官員醉心財利，指斥公卿不善於用人。

【注　釋】❶造父　古代一個善於駕馭馬車的人。❷知萬人　智慧抵得上一萬人。知，同「智」。❸為相　擔任宰相。實指主持政事。據《史記》載，堯老，舜代行天子之事，舉用禹繼鯀之後治水。❹季桓子　春秋末期魯國的大夫。❺聽政　掌管政權。❻柳下惠　春秋時魯國大夫。是古人常稱揚的賢士。❼不見　指退隱。❽司寇　古官名。掌管司法。❾悖熾　興盛。指人才眾多。悖，通「勃」。興旺。❿攝轡　掌握馬韁繩。⓫馬無駑良　不管是劣馬還是良馬。駑，劣馬。⓬取道　上路奔馳。⓭與言治　與之談論治國之事。⓮御　趕車的人。⓯調　駕馭。⓰臧騶　奴隸僕役。臧，男性奴僕。騶，養馬的奴隸。⓱御　駕馭。⓲枙驥鹽車　給駿馬套上鹽車之軛。古人認為用駿馬拉鹽車是大材小用。枙，同「軛」。牲口拉車時套在頸上的曲木。⓳責　責令。⓴疾　快。

【語　譯】文學說：「能說又能做的是商湯和周武王，能說卻不能做的是你們這些政府官員。你們說我們文學盜用了周公的裝束，可是你們卻竊據了周公的職位。你們說我們文學被舊的一套所束縛，可是你們自己卻被財利捆住了手腳。你們說主父偃因為一張嘴巴愛說話而自取滅亡，可是你們自己卻因沉迷財利而作繭自縛。駿馬的腳力能遠行千里，但不是造父那樣的趕車能手就不能驅使牠；大禹的智慧抵得上一萬人，但不是舜主持政事就不能舉用他。所以季桓子一掌管政權，柳下惠就馬上辭官退隱；孔子當上了司寇之後，魯國才出現了人才眾多的局面。駿馬，薦舉牠靠的是伯樂，而牠的作用得以發揮則依賴的是造父。造父掌握轡繩，馬無論是好的還是劣的，都能上路奔馳。周公執政的時候，士人無論是賢的還是不賢的，都可與之談論治國之事。所以優秀的車夫善於駕馭馬，賢明的宰相善於使用人。現在將才能卓異的人薦舉上來卻讓奴隸僕役駕馭，這就如同把駿馬套在鹽車上而責令牠快跑一樣。我們賢良、文學表面好像不符合薦舉標準，其原因就在這裡。」

大夫曰：「嘻❶！諸生闒茸❷無行，多言而不用❸，情貌不相副❹。若穿踰❺之盜，自古而患之。是孔子斥逐❻於魯君，曾❼不用於世也。何者？以其首攝多端❽，迂時而不要❾也。故秦王❿燔⓫去其術而不行⓬，坑⓭之渭中⓮而不用。乃安得鼓口舌⓯，申顏眉⓰，預前⓱論議，是非⓲國家之事也？」

【章　旨】大夫指斥儒生卑劣無能，表裡不一，贊揚秦始皇焚書坑儒之舉。

【注　釋】❶嘻　嘿。帶嘲諷意味的聲音。❷闒茸　卑劣無能。❸不用　無用。❹情貌不相副　表裡不一致。情，實際。貌，外表。副，相稱；符合。❺穿踰　穿，在牆上打洞。踰，翻牆。❻斥逐　斥退驅逐。❼曾　竟。❽首攝多端　瞻前顧後、遲疑不決。❾迂時而不要　見解迂腐，不合時宜，沒有抓住治國的要領。❿秦王　指秦始皇。⓫燔　焚燒。⓬行　用。⓭坑　活埋。⓮渭中　渭水流域。此指咸陽。渭水發源於甘肅省，入陝西，流經咸陽。⓯鼓口舌　搖脣鼓舌。鼓，動。⓰中顏眉　眉飛色舞。申，同「伸」。舒展。⓱預前　參加朝廷會議。預，參加。前，皇帝面前。此指朝廷會議。⓲是非　肯定和否定；評頭論足。

【語　譯】大夫說：「嘿！你們這些儒生卑劣無能，沒有好的德行，話說得很多但毫無用處，表裡很不一致。就像打洞翻牆的盜賊，自古以來人們都以之為禍患。所以孔丘被魯君斥退驅逐，竟然不能為世所用。為甚麼會這樣呢？因為他做事瞻前顧後，遲疑不決，見解迂腐，不合時宜，沒有抓住治國的要領。因此秦始皇燒掉儒家經典不用儒術，把儒生活埋在咸陽而不予任用。在那個時候，儒生又怎麼能搖脣鼓舌，眉飛色舞，參加朝廷會議，發表議論，對國家的事情評頭論足呢？」

國疾第二十八

【題解】「國疾」即國家存在的弊病。本篇文學指責大夫不能為民謀利，只會以權謀私，暗示這樣做沒有好下場。賢良對武帝建元之後社會存在的種種弊端進行了頗為全面細緻的剖析揭露，譴責官吏的貪婪殘暴，抨擊社會風氣的奢侈浮靡。丞相史和大夫則對文學在辯論中急切過火的態度、死抱住舊的一套不放的立場給予了鞭撻。

文學曰：「國有賢士而不用，非士之過，有國者❶之恥。孔子，大聖也，諸侯莫能用，當小位❷於魯，三月，不令而行，不禁而止，沛❸若時雨❹之灌萬物，莫不興起也。況乎位❺天下之本朝❻，而施聖主之德音教澤❼乎？今公卿❽處尊位，執天下之要❾，十有餘年，功德不施於天下，而勤勞於百姓❿，百姓貧陋⓫困窮，而私家累萬金。此君子所恥，而〈伐檀〉⓬所刺也。昔者，商鞅相秦，後禮讓，先貪鄙，尚首功⓭，務進取⓮，無德厚⓯於民，而嚴刑罰於國，俗日壞而民滋怨，故惠王⓰亨菹⓱其身，以謝⓲天下。當此之時，亦不能論事矣⓳。今執政患儒貧賤而多言，儒亦憂執事富貴而多患也。」

大夫視文學，悒悒⓴而不言也。

【章旨】文學贊揚孔子代行相事時的政績，指責御史大夫不能為民謀利，只會以權謀私，暗示這樣做沒有好下場。

【注釋】❶有國者　擁有國家的人。即國君。❷當小位　馬非百《鹽鐵論簡注》認為當作「小當位」，今從。小，時間短。當位，當權。孔子曾以司寇身分代理宰相三個月。❸沛　充盛。❹時雨　及時的雨。❺位　居。❻天下之本朝　如今一統天下的朝廷。❼德音教澤　仁德的詔令，教化的恩澤。音，聲音。此指詔令。❽公卿　此指桑弘羊。❾要　大權。❿勤勞於百姓　使百姓辛苦勞累。⓫陋　指生活條件極差。⓬伐檀　《詩經．魏風》中的一篇，內容是抨擊在位者貪婪卑鄙，不勞而獲。⓭尚首功　崇尚殺敵斬首之功。⓮務進取　努力追求奪取土地。⓯德厚　道德仁厚。⓰惠王　秦惠王。秦孝公之子。⓱烹葅　煮成肉醬。⓲謝　謝罪。⓳亦不能論事矣　是對上篇末大夫之言的回擊。論事，談論政事。⓴悒悒　悶悶不樂的樣子。

【語譯】文學說：「國家裡有賢士而不被任用，這不是賢士本人的過錯，而是國君的恥辱。孔子是大聖人，諸侯沒有誰能任用他；他在魯國短短地代理過一段時間的宰相，只三個月，不用下令，好的東西就自然得到實行，不用禁止，壞的東西就自然銷聲匿跡，就像充足的及時雨澆灌了萬物，魯國的各項事業有如雨後萬物般的蓬勃興起。何況處在當今一統天下的朝廷之上，施行聖主仁德的詔令、教化的恩澤呢？現在你御史大夫身居高位，執掌國家大權，十多年了，可是沒有功德施行於天下，反而使百姓辛苦勞累，百姓貧窮困乏，而你自己卻積累私人財富達萬金之多。這是君子認為可恥的事，〈伐檀〉一詩所諷刺的也正是這類現象。從前商鞅擔任秦國的相，把禮義謙讓丟在腦後，將貪求財利放在第一位，崇尚殺敵斬首之功，努力追求奪取土地，對百姓不講究道德仁厚，在國內實施嚴厲的刑罰，這樣一來，社會風氣一天比一天敗壞，百姓越來越怨恨，所以惠王把他煮成肉醬，向天下人謝罪。在這個時候，他也不能談論政事呀。現在你們這些當權者討厭儒士貧賤而愛說話，可是我們儒士也擔心你們儘管富貴卻禍患眾多。」

大夫看了看文學，悶悶不樂，沒有說話。

丞相史曰：「夫辯國家之政事，論執政之得失，何不徐徐①道理相喻②，何至切切③如此乎？大夫難④罷鹽鐵者，非有私也，憂國家之用，邊境之費也。諸生誾誾⑤爭鹽鐵，亦非為己也，欲反⑥之於古而輔成仁義也。二者各有所宗⑦，時世異務⑧，又安可堅任⑨古術而非今之理也？且夫〈小雅〉⑩非人⑪，必有以易之⑫。諸生若有能安集國中⑬，懷⑭來遠方，使邊境無寇虜之災，租稅盡為諸生除之，何況鹽鐵、均輸乎！所以貴術儒⑮者，貴其處謙推讓⑯，以道盡人⑰。今辯訟愕愕然⑱，無赤、賜⑲之辭，而見鄙倍⑳之色，非所聞也。大夫言過㉑，而諸生亦如之，諸生不直㉒謝㉓大夫耳㉔？」

【章　旨】丞相史肯定大夫和文學堅持各自的主張都不是為了個人，但對文學堅信古術的立場、在辯論中急切過火的態度提出了批評。

【注　釋】①徐徐　緩慢的樣子。②喻　開導。③切切　急切。④難　以之為難事；不同意。⑤誾誾　急切爭辯的樣子。⑥反　同「返」。⑦各有所宗　各有自己的宗旨。⑧務　要做的事情。⑨堅任　固執地相信。⑩小雅　《詩經》之詩分「風」、「雅」、「頌」三大類，「雅」又分「大雅」、「小雅」兩類。⑪非人　否定別人的做法。⑫有以易之　有用來替代的好辦法。⑬安集國中　使國內安定和睦。集，通「輯」。和睦。⑭懷　安撫。⑮術儒　有學識的儒士。⑯處謙推讓　謙虛禮讓。⑰以道盡人　依照正道讓別人盡量發表意見。⑱愕愕然　直言爭辯的樣子。愕，通「諤」。⑲赤賜　孔子的兩位學生。赤，公西赤。賜，端木賜，即子貢，他長於辭令。⑳鄙倍　粗野不順。倍，通「背」。背逆。㉑過　過火。㉒不直　不應該。㉓謝　道歉。㉔耳　用法同「耶」。

【語　譯】丞相史說：「辯論國家的政事，評說執政的得失，為甚麼不慢慢地用道理來進行開導，何至於這樣急切呢？大夫不同意取消鹽鐵官營，並不是有甚麼私心，而是憂慮國家的財用、邊境的軍費。你們儒生急切爭辯，要取消鹽鐵官營，也並不是為了自己，而是想使社會政治回復到古代的狀態，助成仁義。雙方各有自己的宗旨，不過時代不同，要做的事情也不一樣，又怎麼能固執地相信古代的一套而否定當今的治國辦法呢？〈小雅〉的作者凡否定別人的做法，自己一定有好辦法用來替代。你們儒生如果有能力使國內安定和睦，安撫遠方之人使之來歸服，使邊境地區沒有敵寇騷擾的災禍，那麼百姓負擔的所有租稅都可以為你們取消，何況鹽鐵官營和均輸呢？我們之所以看重有學識的儒士，是因為看重他們立身處世講究謙虛禮讓，能依照正道讓別人盡量發表意見。現在你們在這裡直言爭辯，說出的話沒有公西赤和子貢那樣得體，而表現出的神態卻粗野不順，這個樣子是我們沒有聽說過的。大夫說話有些過火，你們儒生也是一樣，你們難道不應該向大夫道歉嗎？」

賢良、文學皆離席❶曰：「鄙人❷固陋❸，希涉大庭❹，狂言多不稱❺，以逆執事。夫藥酒苦於口而利於病，忠言逆於耳而利於行。故愕愕者福也，諓諓❻者賊❼也。林中多疾風，富貴多諛言❽。萬里之朝❾，日聞唯唯❿，而後聞諸生之愕愕，此乃公卿之良藥鍼石⓫。」

【章　旨】賢良、文學一方面向大夫道歉，一方面堅持認為自己的忠直之言雖逆於耳但利於行。

【注　釋】❶離席　起身離開自己的座位以示禮敬。席，座位。❷鄙人　鄉野之人。這是賢良、文學自謙之詞。❸固陋　頑鈍淺陋。❹希涉大庭　很少來到朝廷。希，少。大庭，指朝廷。❺稱　恰當。❻諓諓　花言巧語。❼賊　害。❽諛言　阿諛奉承之言。❾萬里之朝　掌管整個天下的朝廷。❿唯唯　表示同意的聲音。⓫鍼石　即石鍼。古代治病所用。

【語　譯】賢良和文學都起身離開自己的座位，說：「我們這些鄉野之人，頑鈍淺陋，很少來到朝廷，信口亂說，言語多不恰當，頂撞了您大夫。不過藥酒喝起來很苦但對治好病有利，忠言聽起來刺耳但對端正行為有幫助。所以直言不諱能給人帶來幸福，花言巧語只會害人。樹林之中多迅疾的大風，富貴之人面前多阿諛奉承的話。你們公卿處在掌管整個天下的朝廷之上，每天只聽到隨聲附和之言，如今聽到我們儒生直率的言論，這是你們的良藥和石鍼啊。」

大夫色少寬❶，面❷文學而蘇❸賢良曰：「窮巷多曲辯❹，而寡見者難喻。文學守死❺溟涬❻之語，而終不移。夫往古之事，昔有之語，已可覩矣。今以近世觀之，自以❼目有所見，耳有所聞，世殊而事異。文、景❽之際，建元❾之始，民樸而歸本❿，吏廉而自重⓫，殷殷屯屯⓬，人衍⓭而家富。今政非改而教非易也，何世之彌薄而俗之滋衰也！吏即⓮少廉，民即寡恥，刑非誅惡⓯，而姦猶不止。世人有言：『鄙儒⓰不如都士⓱。』文學皆出山東⓲，希涉大論⓳。子大夫⓴論京師之日久，願分明㉑政治得失之事，故所以然者㉒也。」

【章　旨】大夫斥責文學守舊不變，述說自己對當今政治狀況的困惑，希望賢良能分辨清楚政治上的得失，找出其原因。

【注　釋】❶少寬　稍微和緩了一些。❷面　通「偭」。背；背向。❸蘇　通「傃」。向；面對。❹多曲辯　愛爭歪理。❺守

死　死守。❻溟涬　水勢浩大、漫無邊際的樣子。以喻言語不著邊際。❼自以　自然。❽文景　漢文帝和漢景帝。❾建元　漢武帝的第一個年號。❿本　指農業。⓫自重　尊重、愛惜自己，不做玷汙自己品行的壞事。⓬殷殷屯屯　盛多的樣子。⓭衍　豐足。⓮即　則。⓯刑非誅惡　懲辦壞人，誅殺惡人。⓰鄙儒　來自鄉野的儒生。⓱都士　生長在京城的士人。⓲山東　指崤山（在今河南省西部）以東地區。參加這次鹽鐵會議的賢良是從三輔地區（京城長安及附近地區）及太常（官名，掌宗廟禮儀，兼管皇帝陵墓所在的縣分）所管諸縣薦舉上來的，文學則是由地方郡和諸侯國薦舉上來的，故此處說文學「出山東」。⓳大論　就國家大事展開的討論。⓴子大夫　大夫對賢良的尊稱。賢良來自三輔地區和太常所管諸縣，因地近先於文學會集京師，故此下接言「論京師之日久」。㉑分明　分辨清楚。㉒故所以然者　指政治得失的原因。

【語譯】大夫臉色稍微和緩了一些，背向文學，面對賢良說：「僻遠地方的人愛爭歪理，見聞不廣的人難於開導。文學死守著不著邊際的言論，始終不改變這種立場。古代的事情，從前有過的言論，已經擺在那裡可以清楚地看到。如今就近代的情況進行觀察，自然目有所見，耳有所聞，時代不同，這些見聞和古代的情況也大不一樣。文帝、景帝的時候，武帝繼位初年，百姓淳樸，都歸向本業致力務農，官吏廉潔，能夠自重自愛，社會財富盛多，人人豐足，家家富裕。現在政策並沒有改變而教化也沒有更改，為甚麼世情越來越澆薄而風俗一天比一天衰落呢！當官的則缺乏廉潔觀念，為民的則少有羞恥之心，雖然懲辦壞人，誅殺惡人，但姦惡活動還是沒有止息。社會上有一種流行說法：『來自鄉野的儒生趕不上生長於京城的士人。』文學都來自山東地區，很少參與國家大事的討論。您們賢良會集京城、討論問題的時間較長，希望您們分辨清楚政治上的得失，並找出或得或失的原因。」

賢良曰：「夫山東，天下之腹心，賢士之戰場❶也。高皇帝龍飛鳳舉❷於宋、楚之間❸，山東子弟蕭、曹、樊、酈、滕、灌之屬為輔，雖即❹異世，亦既❺閎夭、太顛❻而已。禹出西羌❼，文王生北夷❽，然聖德高世❾，有萬人之才，負迭群❿

之任。出入都市，一旦⑪不知返數⑫，然後⑬終於廝役⑭而已。僕雖不生長京師，才駑⑮下愚⑯，不足與⑰大議，竊以所聞閭里⑱長老⑲之言。往者常民⑳衣服溫暖而不靡㉑，器質朴牢而致用㉒。衣足以蔽體，器足以便事，馬足以易步㉓，車足以自載㉔，酒足以合歡㉕而不湛㉖，樂足以理心㉗而不淫㉘。入無宴樂㉙之聞，出無佚游㉚之觀。行即負羸㉛，止㉜則鋤耘㉝。用約而財饒，本修㉞而民富。送死哀而不華㉟，養生㊱適而不奢。大臣正而無欲，執政寬而不苛㊲。故黎民寧其性㊳，百吏保㊴其官。建元之始，崇文㊵修德，天下乂安㊶。其後，邪臣各以伎藝㊷，虧㊸亂至治㊹。外障㊺山海，內興諸利㊻。楊可告緡㊼，江充禁服㊽，張大夫㊾革令，杜周治獄㊿，罰贖科適(51)，微細並行(52)，不可勝載(53)。夏蘭(54)之屬妄搏(55)，王溫舒(56)之徒妄殺。殘(57)吏萌起，擾亂良民。當此之時，百姓不保其首領(58)，豪富莫必(59)其族姓。聖主(60)覺焉，乃刑戮充(61)等，誅滅殘賊，以殺(62)死罪之怨(63)，塞(64)天下之責，然(65)居民(66)肆然(67)復安。然其禍累世不復(68)，瘡痍(69)至今未息(70)。故百官尚有殘賊之政，而強宰(71)尚有強奪之心。大臣擅權而擊斷(72)，豪猾(73)多黨而侵陵(74)。富貴奢侈，貧賤篡殺(75)。女工(76)難成而易弊(77)，車器難就(78)而易敗，車不累朞(79)，器不終歲(80)，一車千石，一衣十鍾(81)。常民文杯畫案(82)，机席緝蹈(83)。婢妾衣紈(84)履絲(85)，匹庶(86)粺(87)飯肉食。

里有俗(88)，黨有場(89)。康莊馳逐(90)，窮巷蹋鞠(91)。秉耒抱臿(92)，躬耕身織者寡，聚要(93)斂容(94)、傅白(95)黛青(96)者眾。無而為有，貧而強夸(97)。文表無裡(98)，紈袴枲裝(99)。生不養，死厚送，葬死殫家(100)，遣女滿車(101)，富者欲過(102)，貧者欲及(103)，富者空減(104)，貧者稱貸(105)。是以民年急而歲促(106)，貧即寡恥，乏即少廉，此所以刑非誅惡而姦猶不止也。故國有嚴急之徵(107)，即生散不足(108)之疾矣。」

【章　旨】賢良申述人的才德見識與生長地無關的道理，回憶文帝、景帝迄武帝初年社會的富足太平，吏民的純正樸素，指責武帝建元之後官吏的貪婪殘暴，社會風氣的浮靡奢侈。

【注　釋】①戰場　即用武之地的意思。②龍飛鳳舉　喻皇帝的興起。舉，高飛。③宋楚之間　劉邦是沛縣（今屬江蘇）人，亦於沛起兵反秦。沛地是古宋、楚兩國交界的地方。④雖即　雖則；雖然。⑤既　當作「即」。就是。⑥閎夭太顛　周文王的兩位賢臣。⑦羌　我國古代居住在西部地區的少數民族。相傳夏禹出生於西部的羌族地區。⑧北夷　北方的少數民族。夷，古代對四方少數民族的泛稱。古書有的說文王生長於西方少數民族地區，有的說他生長於北方少數民族地區。⑨高世　高出世人之上。⑩迭群　超過一般人。迭，通「軼」。超過。⑪一旦　此指一天。⑫返數　往返的次數。⑬後　盧文弨認為此字是多出的字，應刪。今從其說。⑭廝役　奴僕。⑮駑　低劣。⑯下愚　愚蠢的下等人。⑰與　參與。⑱閭里　鄉里。⑲長老　年紀大的人。⑳常民　普通百姓。㉑靡　靡麗。㉒致用　適用。㉓易步　代替步行。㉔自載　供自己乘坐。㉕合歡　聚會聯歡。㉖湛　沉溺。㉗理心　調理心性。㉘淫　過分。㉙宴樂　飲酒作樂。㉚佚游　沒有節制地閒游。㉛贏　挑東西。㉜止　指在家。㉝鋤耘　泛指做農事。耘，除草。㉞本修　農業得到加強。㉟華　奢華。㊱養生　供養父母。㊲苛　苛刻。㊳寧其性　心性安寧。亦即安分守己。㊴保　保住。㊵崇文　崇尚文治。㊶乂安　太平無事。㊷伎藝　此指不正當手段。㊸虧　損害。㊹至治　非常太平的局面。㊺障　封禁。㊻諸利　指鹽鐵官營等謀利事業。㊼楊可告緡　漢代徵收財產稅，當時叫做算緡錢。商賈富豪平民對自己的財產隱瞞不報或呈報不實的，他人得告發，這就是告緡。楊可受武帝指派主持告緡之事，當時被告發的人遍於天下。㊽江充禁服　江充在武帝時擔任直指繡衣使者，查禁奢侈越級行為甚力。禁服，查禁越級的車馬服飾。㊾張大夫　指御史大夫張湯。他曾和趙禹一起整理修訂律令。㊿杜周治獄　杜周於漢武帝時為廷尉，主管司法。治獄，主管司法。(51)罰贖科適　罰，處罰。贖，以錢穀等贖罪。科，判刑。適，同「謫」。貶官。(52)微細並行　針對細小事情的處罰項目也被設立，一同付諸施行。(53)不可勝載　法律條文繁多細碎得連律書也無法載錄完。勝，盡。(54)夏蘭　漢武帝時人。武帝設繡衣直指一職，任此職的官員專受命出外查辦重大案件。夏蘭曾任此職。(55)妄搏　亂捕人。(56)王溫舒　漢武帝時人。歷任廷尉史、御史、中尉、廷尉等官，執法嚴酷。(57)殘　殘暴；酷虐。(58)首領　頭和頸。(59)必　指必定保全。(60)聖主　指漢武帝。(61)充　江充。(62)殺　減少。(63)死罪之怨　因所謂犯罪而被處死者，其家人的怨恨。(64)塞　堵塞；平息。(65)然　這樣之後。(66)居民　指百姓。(67)肆然　放心的樣子。(68)累世不復　長期不能消除。累世，數代。此指時間長。(69)瘡痍　創傷。(70)息　止息。(71)強宰　強暴的主管長官。(72)擊斷　斷案懲辦人。(73)豪猾　強橫姦猾之徒。(74)侵陵　侵犯欺壓別人。(75)篡殺　搶劫和殺人。(76)女工　婦女的手工製品。(77)弊　破。(78)就　製成。(79)不累朞　用不到兩年。朞，一周年。(80)不終歲　一年都用不到頭。(81)鍾　古容量單位。(82)文杯畫案　繪有花紋的杯子，畫有圖畫的托盤。案，此指有腳的托盤。(83)机席緝蹈　机，同「几」。矮小的桌子。席，坐的席子。緝，衣服縫邊。此指席子縫有花邊。蹈，當依盧文弨校作「蹀」。「蹀」通「屧」。鞋底下的墊物。此指矮桌有墊腳。(84)紈　細白的綢子。(85)履絲　穿絲鞋。(86)匹庶　普通百姓。(87)粺　精米。(88)里有俗　里有自己的風俗。古代以二十五家為一里。(89)黨有場　黨有聚會祭神的場所。黨，古代居民組織單位，五百家為一黨。(90)康莊馳逐　康莊大道上有人驅馬賽跑。康莊，四通八達的大道。(91)蹋鞠　踢球。(92)秉耒抱臿　拿著農具。抱，持。臿，鍬。(93)聚要　束腰。要，同「腰」。(94)斂容　修飾容貌。(95)傅白　用白粉搽臉。(96)黛青　用青黑顏料描眉。(97)強夸　硬要自誇富裕。(98)文表無裡　衣面子很華麗，卻沒有衣裡子。(99)紈袴枲裝　袴子是絲綢做的，上衣卻是用麻布做的。(100)殫家　竭盡家財。(101)遺女滿車　嫁女嫁妝滿車。(102)欲過　想超過別人。(103)欲及　想趕上富人。(104)空減　消耗一空。(105)稱貸　借債。(106)年急而歲促　每年的日子都過得很窘迫。(107)嚴急之徵　嚴重危急的徵兆。(108)散不足　各方面的弊端。

【語　譯】賢良說：「山東是天下的中心，是賢士的用武之地。高祖皇帝如龍鳳高飛，興起於宋、楚交界的沛地，山東子弟蕭何、曹參、樊噲、酈食其、夏侯嬰、灌嬰等人做他的輔佐，雖然處在不同的時代，但這些人也就像周文王時的閎夭、太顛一樣。大禹出生在西部的羌人居地，周文王生長在北部少數民族地區，然而他們的聖德高出世人之上，有抵得上萬人的才能，擔負著一般人擔負不了的重任。相反，有些人出入大城市，一天不知往返多少次，然而只不過是個一輩子供人使喚的奴僕罷了。我雖然不生長在京城，才能低劣，是愚蠢的下等人，沒有資格參與國家大事的討論，但我現在私自把從鄉間老年人那裡聽來的一些情況拿出來說說。從前，普通百姓衣服溫暖而不靡麗，器具樸素牢固而適於使用。衣服足以遮蔽身體，器具足以方便做事，馬足以代替步行，車足以供自己乘坐，酒足以讓人們聚會盡歡但不致使人沉溺，音樂足以調理心性而不過分。人們回到家中聽不到飲酒作樂的聲音，走到外面看不到閒遊亂逛之人。出門就肩挑背馱，在家就下田勞作。國家用錢節約而財富豐足，農業強盛而百姓富裕。人們辦喪事心情悲哀但不講排場，養父母標準適度而不求奢侈。大臣立身端正而沒有貪欲，當權者寬厚而不苛刻。因此百姓都安分守己，各級官吏能保住自己的官職。武帝繼位初年，崇尚文治，加強德政，天下太平無事。後來，姦臣們各以不正當手段，損害攪亂至為太平的局面。一方面封禁山林湖海的自然資源，一方面興辦鹽鐵官營等謀利事業。楊可主持告緡之事，江充查禁越級的車馬服飾，張湯修訂法律條文，杜周主管司法，於是，處罰、贖罪、判刑、貶官，連細小的處罰項目也設立，一同付諸施行，法律條文繁多細碎得連律書也無法載錄完。夏蘭之流亂抓人，王溫舒之流亂殺人。酷吏大量湧現，擾亂善良的百姓。在這個時候，百姓難以保住自己的性命，連財多勢大的人也沒有誰有把握使自己的家族不遭禍殃。面對這些情況，聖明的武帝醒悟了，於是將江充等人處以死刑，誅滅殘暴之徒和害人之人，用以減少死者家屬的怨恨，平息天下人的責備，這樣之後，百姓才放心，又安定了下來。然而這些姦臣酷吏造成的禍害多年不能消除，社會所受的創傷到今天還沒有癒合。所以各級官吏還有殘暴害人的政治舉措，強暴的主管長官也還有強取硬奪的念頭。大臣獨攬大權隨意斷案懲辦所謂罪犯，強橫姦猾之徒廣結黨羽而侵犯欺壓別人。富貴之人生活奢侈，貧賤之人走上搶劫殺人的道路。婦女的手工製品費功甚多卻易破，車輛器具難於製成卻易壞，車子用不到兩年，器具一年都用不到頭，一輛車子竟值千石糧，一件衣服可換十鍾穀。普通百姓也用的是繪有花紋的杯子，畫有圖畫的托盤，席子是縫有漂亮花邊的，矮桌配有美觀的墊腳。婢女小妾穿綢衣，著絲鞋，平民百姓吃精米飯，享用肉類菜肴。里有自己的風俗，黨有聚會祭神的場所。康莊大道上有人驅馬賽跑，僻遠的巷子裡有人踢球玩耍。拿著農具、面對織機親自耕種紡織的人很少，束腰、飾容、搽粉、描眉的人很多。沒有而強裝有，貧窮卻硬要自誇富裕。衣服面子華麗，卻沒有裡子，袴子是絲綢做的，上衣卻是麻布做的。父母活著的時候不好好奉養，死了卻不惜破費大辦喪事，辦喪事竭盡家財而為，嫁女力求嫁妝滿車，富人總想超過別人，窮人也想趕上富人，富人家財消耗一空，窮人則免不了借債。這樣一來，百姓每年的日子都過得很窘迫，貧窮了就缺乏羞恥之心，匱乏了就少有廉潔觀念，這就是懲辦壞人誅殺惡人但姦惡活動仍不止息的原因。所以國家出現了嚴重危急的徵兆，就是因為患上了弊端遍布各方面的疾病。」

卷六

散不足第二十九

【題解】本篇載錄的是賢良的長篇發言，內容是具體列舉「散不足」，即當時社會存在的多方面的弊端。賢良採用今昔對比的手法，從宮室、車馬、衣服、器械、喪祭、食飲、聲色、玩好八大方面，分三十二個細目進行具體對比，肯定古代的質樸，譴責當代的奢侈浪費。

大夫曰：「吾以賢良為少愈❶，乃反其幽明❷，若胡車❸相隨而鳴❹。諸生獨❺不見季夏之螇❻乎？音聲入耳，秋風至而聲無。者❼生無易由言❽，不顧其患，患至而後默，晚矣！」

【章旨】大夫警告賢良不要亂發言。

【注釋】❶少愈　稍微好一點。❷反其幽明　顛倒黑白。幽，黑暗。❸胡車　匈奴所用的車子。製作粗糙，走起來吱吱亂叫。❹相隨而鳴　喻賢良附和文學。❺獨　難道。❻螇　螇螰的簡稱，又名蟪蛄。蟬的一種，春生夏死，夏生秋死。❼者　通「諸」。❽無易由言　語出《詩經・小雅・小弁》及〈大雅・抑〉。意為：不要輕易地發言。由，同「於」。

【語　譯】大夫說：「我原以為你們賢良比文學稍微好一些，誰知你們竟顛倒黑白，附和文學，就像匈奴所用的製作粗糙的車子，一輛跟著一輛呼應著吱吱亂叫。你們難道沒有見到過夏末的蟋蟀嗎？夏末的時候，牠的叫聲嘹亮入耳，可是秋風一來，就再也聽不到牠的聲音了。你們不要輕易地發言而不顧後患，等到禍患到來之後再沉默，就太晚了！」

賢良曰：「孔子讀史記❶，喟然❷而歎，傷正德之廢，君臣之危❸也。夫賢人君子，以天下為任❹者也。任大者思遠，思遠者忘近❺。誠心閔悼❻，惻隱❼加❽爾，故忠心獨❾而無累❿。此詩人⓫所以傷而作，比干、子胥遺身⓬忘禍也。其惡勞人⓭若斯之急，安能默乎？《詩》云：『憂心如惔，不敢戲談⓮。』孔子栖栖⓯，疾⓰固⓱也；墨子遑遑⓲，閔世也。」

大夫默然。

【章　旨】賢良指出，對社會的危難，賢人君子不應撒手不管。

【注　釋】❶史記　此指魯國的史書。❷喟然　傷心歎氣的樣子。❸君臣之危　正常的君臣關係受到危害。❹任　責任。❺忘近　忽略眼前的事情。❻閔悼　憂傷。指憂國憂民。❼惻隱　同情。❽加　加於其上。此猶言對其產生。❾獨　專一。❿無累　沒有牽掛。⓫詩人　專指《詩經》的作者。⓬遺身　把身軀性命不放在心裡。⓭惡勞人　痛恨苛政使人民勞苦。⓮憂心如惔二句　出《詩經・小雅・節南山》。惔，燒。戲談，說玩笑話。⓯栖栖　忙碌不安的樣子。⓰疾　痛恨。⓱固　指社會鄙陋不遵禮義。⓲遑遑　忙碌不安的樣子。

【語譯】賢良說：「孔子讀魯國的史書，禁不住傷心歎息，他傷心的是純正的道德被廢棄，君臣的正常關係遭到了破壞。賢人君子，是把治理天下視作自己應盡責任的人。承擔重大責任的人考慮問題長遠，考慮問題長遠的人會忽略眼前的事情。誠心誠意憂國憂民，同情之心油然而生，所以一片忠心，毫無牽掛。這就是《詩經》的作者因憂傷而創作，比干和伍子胥把身軀性命不放在心裡、不顧個人災禍的原因。這些賢人君子對苛政使人民勞苦是痛恨得如此急切，又怎麼能夠沉默呢？《詩經》上說：『心中憂愁，如同火在燒一般，不敢說玩笑話。』孔子忙碌不安，是因為痛恨社會鄙陋；墨子忙碌不安，是因為憂傷時世。」

大夫默默無言。

丞相❶曰：「願聞散不足。」

賢良曰：「宮室、輿❷馬、衣服、器械、喪祭、食飲、聲色❸、玩好❹，人情之所不能已❺也。故聖人為之制度以防之❻。間者❼士大夫務於權利❽，怠於禮義，故百姓倣傚，頗❾踰❿制度。今故陳之，曰：

「古者穀物菜果，不時⓫不食，鳥獸魚鼈，不中殺⓬不食。故繳罔⓭不入於澤，雜毛⓮不取。今富者逐驅殲罔罝⓯，掩捕⓰麑鷇⓱。耽⓲湎沉酒，鋪百川⓳。鮮羔𦍩⓴，幾㉑胎肩㉒，皮㉓黃口㉔。春鵝秋鶵㉕，冬葵㉖溫韭㉗，浚茈蓼蘇㉘，豐䓴耳菜㉙，毛果蟲貉㉚。

【章　旨】賢良應丞相之請，開始進行古今對比，揭露現實社會中存在的種種奢侈浪費現象。首先進行的是飲食方面的古今對比。

【注　釋】❶丞相　指田千秋。他於武帝征和四年（西元前八九年）擔任丞相。❷輿　車。❸聲色　音樂和女色。❹玩好　供玩賞之物。❺已　休止；不追求。❻防之　防範過分行為。❼間者　近來。❽權利　權勢與財利。❾頗　很；大大地。❿踰　超過。⓫不時　不到成熟的時候。⓬不中殺　大小不符合殺的標準。⓭繳罔　繳，當作「纖」，形近而誤。纖，細密。罔，同「網」。⓮雜毛　細碎的毛羽。指毛羽還沒有長成的幼禽幼獸。⓯殲罔罝　黃季剛先生認為「殲」當作「纖」。今從其說。纖罔罝，謂用細密的網捕捉。罝，捕獸的網。⓰掩捕　乘其不備而捕捉。⓱麑鷇　麑，幼鹿。鷇，小鳥。⓲耽　沉溺。⓳鋪百川　形容供飲用的酒很多，可裝滿百條河。⓴鮮羔䍮　殺小羊羔吃其新鮮肉。羔，小羊。䍮，羊未滿一歲之稱。㉑幾　刲；宰殺。㉒胎肩　小豬。㉓皮　剝。此指脫去其毛。㉔黃口　指幼鳥。幼鳥之口色黃。㉕春鵝秋鶵　春天吃嫩鵝，秋天吃幼雞。鶵，當年出生的雞。㉖葵　葵菜。㉗溫韭　在溫室裡種植的韭菜。㉘浚茈蓼蘇　四種烹調用佐料。浚，即「葰」。一種香菜。茈，茈薑。亦即子薑。蓼，一種味辣的菜。蘇，紫蘇。㉙豐薁耳菜　豐，當作「蕈」。蕈，蘑菇。薁，木耳。耳菜，蕈薁的總稱。㉚毛果蟲貉　毛，指虎狼之類野獸。果，通「倮」。指麋鹿牛羊等蹄角暴露在外（無毛覆蓋）的動物。蟲貉，當作「蟲豸」。禽獸之外的小動物，有足謂之蟲，無足謂之豸。

【語　譯】丞相田千秋說：「希望聽聽所謂多方面的弊端到底是哪些。」

賢良說：「房舍、車馬、衣服、器具、喪葬、祭祀、飲食、音樂、女色、供玩賞之物，這些都是人類在本性的驅使下所不能不追求的。因此聖人在這些方面訂出制度以防止人們的過分行為。近來政府官吏一心追求權勢和財利，把禮義丟在一邊，於是百姓紛紛仿效，嚴重超越了制度。因此我現在把這些情況一一陳述出來：

「古時候，五穀蔬菜水果，不到成熟的時候不食用；飛禽走獸魚鱉，大小不符合殺的標準也不捉來吃。所以人們不拿細密的網到湖澤中打魚，不捕捉毛羽尚未長成的幼禽幼獸。可是現在富人驅逐鳥獸魚鱉，用細密的網進行捕捉，連幼鹿小鳥也成了他們突襲的對象。他們沉湎於飲酒作樂之中，供飲用的酒多得簡直可裝滿一百條河。他們殺小羊羔吃其新鮮肉，宰殺小豬、拔去幼鳥的絨毛做成佳肴。春天吃嫩鵝，秋天吃幼雞，冬天吃葵菜和溫室中栽種的韭菜，菜肴中要用上香菜、子薑、蓼菜、紫蘇等佐料，蘑菇、木耳之類，各種可供食用的大小動物，都在他們享用之列。

「古者采椽❶茅茨❷，陶桴複穴❸，足禦寒暑、蔽風雨而已。及其後世，采椽不斲❹，茅茨不翦，無斲削之事，磨礱❺之功。大夫達棱楹❻，士穎首❼，庶人斧成木構❽而已。今富者井幹增梁❾，雕文檻楯❿，堊巎壁飾⓫。

【章　旨】此段進行的是房屋方面的古今對比。

【注　釋】❶采椽　用櫟木作屋頂檁上的木條。采，木名。即櫟木。❷茨　用茅或葦蓋屋頂。❸陶桴複穴　挖窯洞掏地穴。陶，通「掏」。挖。桴，房屋的檁子，此作動詞用，指在地穴上架檁子。複，通「𥨐」。指在崖上橫向開掘的窯洞。穴，地穴，在平地向下直挖而成，上架檁子，蓋以土，人居住其中。❹斲　砍削。❺磨礱　指用磨石將椽條磨光。❻達棱楹　指將木料從上到下砍削成四棱，製成方形的柱子。達，貫穿上下。楹，柱子。❼穎首　將木料靠根部的大頭砍細，使其上下粗細大致相等。穎，尖細。此作動詞。首，指木料近根部的大頭。❽斧成木構　用斧頭砍來木料，不經過加工，即用以建造房屋。❾井幹增梁　以大量木料累疊成樓，形如井幹。井幹，井上的欄圈。❿檻楯　欄杆。⓫堊巎壁飾　以白土塗抹牆壁為飾。堊，白土。巎，塗抹。

【語　譯】「古時候用櫟木作屋椽條，用茅草蓋屋頂，或者挖窯洞掏地穴居住，只求能夠抵禦寒冷暑熱、遮蔽風雨就行了。到了後來，普通人也還是用櫟木作屋椽條不加砍削，用茅草蓋屋頂不加修翦，沒有砍削之事要做，也不用花功夫去進行磨礪的工作。大夫家的柱子只加工為方形，士的屋舍所用的木料只是將較粗的一頭削細了一些，平民的住所則使用不經過任何加工的木料來修建。可是現在，富人用大量木料累疊成形如井上欄圈的樓房，在欄杆上雕刻美麗的花紋，以白土塗飾牆壁。

「古者衣服不中制❶，器械不中用❷，不粥❸於市。今民間雕琢不中之物，刻畫玩好無用之器。玄❹黃雜❺青，五色繡❻衣，戲弄❼蒲人雜婦❽、百獸馬戲鬥虎❾，唐銻❿追人⓫、奇蟲胡妲⓬。

【章　旨】此段就玩好情況進行古今對比。

【注　釋】❶不中制　不符合制度。❷不中用　不適用。❸粥　同「鬻」。出賣。❹玄　黑色。❺雜　錯雜相配。❻繡　用絲線在布帛上刺成花紋圖像。❼戲弄　把玩。❽蒲人雜婦　用蒲草編製成的人、各種婦女。蒲，水草名。亦稱香蒲。葉片可用為編織材料。❾百獸馬戲鬥虎　皆用蒲草編成的工藝品。馬戲，人和馬相配合進行的各種驚險表演。此指用蒲草編成的各種馬戲表演造型。鬥虎，人與虎相鬥的驚險雜技項目。此指用蒲草編成的鬥虎表演造型。❿唐銻　即鎕銻。一種寶石。⓫追人　指以寶石雕琢成的人。追，雕琢。⓬奇蟲胡妲　皆用寶石雕琢成的工藝品。奇蟲，珍禽異獸。胡妲，胡女。

【語　譯】「古時候衣服不符合制度，器械不適用，就不拿到市場上出賣。現在，民間雕琢不適用的物品，刻畫僅供玩賞毫無實用價值的東西。人們穿著黑色、黃色、青色錯雜相配，五彩繽紛的絲綢衣裳，把玩用蒲草編製成的人、各種婦女、各種野獸以及馬戲、鬥虎表演造型，玩賞用寶石雕琢成的人、珍禽異獸、胡女。

「古者諸侯不秣馬❶，天子有命，以車就牧❷。庶人之乘馬者，足以代其勞而已。故行則服桅❸，止則就犁❹。今富者連車列騎❺，驂貳輜軿❻。中者❼微輿短轂⑧，鐖⑨髦⑩掌蹄⑪。夫一馬伏櫪⑫，當⑬中家六口之食，亡⑭丁男⑮一人之事。

【章　旨】此段就養馬用馬情況進行古今對比。

【注　釋】❶不秣馬　不以私人名義餵養馬。❷以車就牧　用人力將車拉到牧場就馬套車。❸服枙　負軛拉車。服，同「負」。枙，同「軛」。❹就犁　拉犁耕田。❺連車列騎　車相連，馬成列。❻驂貳輜軿　驂，原指一輛車用三匹馬拉，此即以指用三匹馬拉的車。貳，用兩匹馬拉的車。輜軿，車箱上有帷幕的車子。前有帷幕的叫軿車，後有帷幕的叫輜車。❼中者　中等人家。❽微輿短轂　指輕便的小車。輿，車箱。轂，本指車輪中心有孔可插軸的圓木。此代指車軸。❾鐖　馬鬃上的飾物。❿髦　馬鬃。亦即馬頸上的長毛。⓫掌蹄　在馬蹄上釘鐵掌。⓬伏櫪　低頭在馬槽裡吃食。櫪，馬槽。⓭當　抵得上。⓮亡　失去；花費掉。⓯丁男　壯年男子。

【語　譯】「古時候諸侯不以私人名義餵養馬，天子有命令徵召差遣，就用人力將車拉到牧場就馬套車。普通百姓騎馬，只是能夠代替步行罷了。因此他們的馬出門就拉車運物，在家就拉犁耕田。可是現在，富人車相連，馬成列，有三匹馬拉的車，有兩匹馬拉的車，車子或前有帷幕，或後有帷幕。中等人家也有輕便的小車，馬鬃上加有飾物，馬蹄上釘有鐵掌。養一匹馬，其飼料抵得上中等人家六口人的食物消費，其人工要占用一個壯年男子的全部勞動。

「古者庶人耋❶老而後衣絲，其餘則麻枲❷而已，故命曰布衣❸。及其後，則絲裡枲表，直領❹無褘❺，袍合不緣❻。夫羅紈文繡❼者，人君后妃之服也。繭紬❽縑練❾者，婚姻之嘉飾也。是以文繒❿薄織，不粥於市。今富者縟繡⓫羅紈，中者素綈⓬冰錦⓭。常民而被后妃之服，褻人⓮而居婚姻之飾。夫紈素之賈⓯倍縑，縑之用倍紈也。

【章　旨】此段就布帛類服裝情況進行古今對比。

【注　釋】❶耋　人八十歲稱耋。❷麻枲　此指麻織品。❸布衣　平民的別稱。古代稱麻織品為布，稱絲織品為帛，平民百姓只能穿麻織品，故有此稱。❹直領　古代衣領的一種形制。❺褘　佩巾。古佩巾既可蒙在頭上，也可繫在腰間用以蔽膝。❻袍合不緣　長袍只花縫合之功，邊緣不加花飾。❼羅紈文繡　羅，輕軟而稀疏透氣的絲織品。紈，細而白的薄綢。文繡，繡有花紋圖案的絲織品。❽繭紬　用粗絲織成的絲織品。❾縑練　縑，雙絲的細絹。練，潔白的熟絹。❿繒　絲織品的總名。⓫縟繡　繡有繁多花紋的絲織品。縟，花紋繁多。⓬素綈　素，白。綈，厚而滑的絲織品。⓭冰錦　鮮潔如冰的彩色絲織品。⓮褻人　輕慢無禮的人。⓯賈　同「價」。

【語　譯】「古時候平民步入老年之後才穿絲織品，其餘的人都只是穿麻織品罷了，所以平民被稱為『布衣』。到了後來，平民日常的服飾也還只是用絲綢做衣裡，用麻布做衣面，衣領是直領，沒有佩巾，長袍只花縫合之功，邊緣不加花飾。或輕軟或細白或繡有花紋的高級絲織品，是君王及其后妃才能穿著的衣料。粗絲或雙絲織成的綢緞和潔白的熟絹，只用於縫製結婚服裝。因此繡有花紋的和輕薄細軟的絲織品，不在市場上出賣。可是現在，富人用上了花紋繁多的絲帛、或輕軟或細白的綢緞，中等人家也用上了潔白厚實的絲綢，鮮潔如冰的彩錦。平民穿上了后妃的服裝，輕慢無禮之人像新郎新娘那樣穿著打扮。推算起來，白色薄綢的價格比雙絲細絹高出一倍，而雙絲細絹的使用壽命卻是白色薄綢的兩倍。

「古者椎車❶無柔❷，棧輿❸無植❹。及其後，木軨❺不衣❻，長轂數❼幅❽，蒲薦❾苙蓋❿，蓋無漆絲之飾。大夫士則單複⓫木具⓬，盤韋柔革⓭。常民漆輿，大軨蜀⑭輪。今庶人富者銀黃華左搔⑮，結綏⑯韜杠⑰。中者錯鑣塗采⑱，珥靳⑲飛軨⑳。

【章　旨】此段就車的情況進行古今對比。

【注　釋】❶椎車　一種原始車子。車輪是一整塊圓木，不像後來的車輪由外框、輻條、車轂三部分組成。❷柔　通「輮」。車輪的外框。❸棧輿　即棧車。古代一種粗劣車子，車箱用細竹棍細木棍編成。❹植　指車箱上橫直交結的欄木。它們須用粗木料製成。❺軨　車闌。即車箱前面和左右兩面橫直交結的欄木。❻不衣　不安帷幕。❼數　密。❽幅　通「輻」。車輪上的輻條。❾蒲薦　用蒲草編織的席子。❿苙蓋　用草編成的車蓋。苙，草名，亦名白芷。⓫單椱　洪頤煊認為此二字是「蟬攫」的誤字，今從其說。蟬攫，車輪的外框。⓬木具　指車輪外框用木料製造。⓭盤韋柔革　用柔軟的皮革纏裹輪框外側以求行車安穩。盤，纏繞。韋，熟牛皮。革，去毛的獸皮。⓮蜀　「獨」的意思。⓯銀黃華左搔　意謂車蓋上的裝飾品是用金或銀製成的金花、銀花。銀黃，指金銀。華，同「花」。左，依張敦仁之說，當刪去。搔，「瑵」的誤字。瑵，車蓋上的裝飾品。⓰結綏　結，拴繫。綏，供人拉著上車的繩子。⓱韜杠　用絲綢或皮革將車蓋的柄包裹起來。杠，車蓋的柄。⓲錯鑣塗采　給馬嚼子嵌入黃金，塗上彩色。錯，在器物上鑲嵌金子。鑣，馬嚼子。⓳珥靳　以玉裝飾馬當胸的皮帶。珥，本婦女耳上的玉飾，此指以玉裝飾。靳，古代夾轅兩馬當胸的皮帶。⑳飛軨　一種車箱上有窗戶的輕便車子。

【語　譯】「古時候椎車的車輪用整塊圓木充當，無所謂外框，棧車的車箱用細竹棍細木棍編成，沒有粗木料製成的欄木。到了後來，車上有了橫直交結的欄木，但不安帷幕，車軸很長，車輪有密密的輻條，車上的席子是用蒲草編成的，車蓋也是用草製作的，車蓋上既不塗油漆，也不用絲綢裝飾。大夫和士用木料製成輪框，輪框外側用柔軟的皮革纏裹。普通百姓只將車身塗上漆，車子則是粗欄木的獨輪車。可是現在，平民中的富人用金花銀花作車蓋上的裝飾品，車上安上了供人拉著上車的繩子，車蓋的柄也用絲綢或皮革裹了起來。中等人家馬嚼子塗上了彩色，上面嵌有黃金，馬當胸的皮帶上鑲有玉，使用的是有窗戶的輕便車子。

「古者鹿裘❶皮冒❷，蹄足不去❸。及其後，大夫士狐貉❹縫腋❺，羔麑❻豹袪❼。庶人則毛絝❽衳彤❾，羝襆❿皮襮⓫。今富者鼲⓬鼦⓭，狐白⓮鳧翁⓯。中者罽⓰衣金縷⓱，燕貉⓲代黃⓳。

【章　旨】此段就毛皮類服裝情況進行古今對比。

【注　釋】❶鹿裘　用鹿皮縫製皮衣。❷冒　同「帽」。❸蹄足不去　指縫製皮衣皮帽時不將動物蹄足部分的皮去掉。❹狐貉　狐狸和狗獾。此指牠們的毛皮。❺縫腋　即「逢掖」。大袖衣。❻羔麑　小羊和小鹿。此指用牠們的毛皮做皮衣。❼袪　袖口。❽毛絝　用毛皮做套褲。絝，同「袴」。古指套褲。❾衳彤　短褲。衳，短褲。彤，當作「裥」，音近致誤。裥，褲腿。此就短褲無褲腿而言。❿羝襆　用公羊皮做頭巾。羝，公羊。襆，襆頭。一種頭巾。⓫襮　短袖衫。⓬鼲　灰鼠。⓭鼦　同「貂」。貂鼠。⓮狐白　狐狸腋下的白色毛皮。集之以為皮衣，十分貴重。⓯鳧翁　野鴨的頸毛。鳧，野鴨。翁，頸上羽毛。⓰罽　用獸細毛織成的布。⓱金縷　用金線刺繡的衣服。⓲燕貉　燕地出產的貉鼠皮。貉，一種鼠，皮可製衣。⓳代黃　出產於代地的黃鼠皮。

【語　譯】「古時候用鹿皮縫製皮衣，用獸皮縫製帽子，連獸皮的蹄足部分也不去掉。到了後來，大夫和士用狐狸和狗獾皮縫製大袖衣，或用小羊小鹿的皮製衣配上豹皮做的袖口。平民則用動物毛皮做套褲和短褲，用公羊皮做頭巾，用獸皮做短袖衫。可是現在，富人做衣帽用上了灰鼠貂鼠皮，甚至還用上了狐狸腋下的白色毛皮、野鴨頸上的羽毛。中等人家也用毛織品製衣，用金線刺繡服裝，燕地出產的貉鼠皮，代地出產的黃鼠皮，也成了他們的製衣材料。

「古者庶人賤騎❶繩控，革鞮❷皮薦❸而已。及其後，革鞍氂❹成，鐵鑣不飾。

今富者䩞耳❺銀鑷❻䪉❼，黃金琅勒❽，罽繡❾弇汗❿，華⓫䩸⓬明鮮。中者漆韋紹系⓭，采畫暴乾⓮。

【章　旨】此段就馬身上的器具和飾物進行古今對比。

【注　釋】❶賤騎　賤，通「俴」。俴騎，指騎馬不用馬鞍和馬籠頭。❷革鞮　皮靴。人騎馬時所穿。❸薦　墊子。❹毳　王佩諍《鹽鐵論札記》曰：「毳疑通作毛。」今從其說。毛，毛糙；粗糙。❺䩞耳　馬耳上的皮製飾物。❻銀鑷　馬頭上的銀製飾物。❼䪉　熟皮做的馬韁繩。❽黃金琅勒　馬籠頭上嵌上黃金美石。琅，琅玕。一種似玉的美石。勒，帶有嚼子的馬籠頭。❾罽繡　繡有花紋圖案的毛織品。❿弇汗　馬身上的防汗器具。⓫華　同「花」。花紋。⓬䩸　覆於鞍上作裝飾的細毛毯。⓭漆韋紹系　將熟皮上漆，做成馬韁繩。紹系，連系。指馬韁繩。⓮采畫暴乾　指在馬韁繩上畫上彩畫，將其曬乾。

【語　譯】「古時候平民騎馬不用馬鞍和馬籠頭，只借助韁繩控制，腳上穿皮靴，馬背上墊塊皮墊子罷了。到了後來，有了皮製的馬鞍，但做工很粗糙，用鐵打製馬嚼子，上面不加裝飾。可是現在，富人家騎的馬有皮製的耳飾，銀製的頭飾，熟皮做的韁繩，籠頭上嵌有黃金和美石，防汗用具也是用繡有文彩圖案的毛織品做成的，覆於鞍上的細毛花毯美麗鮮明。中等人家用熟皮做馬韁繩，在上面塗上漆，繪上畫，將其曬乾。

「古者汙尊❶抔飲❷，蓋❸無爵觴❹樽俎❺。及其後，庶人器用即竹柳❻陶匏❼而已。唯瑚璉❽觴豆❾而後彫文彤❿漆。今富者銀口⓫黃耳⓬，金罍⓭玉鍾⓮。中者野王⓯紵器⓰，金錯⓱蜀杯⓲。夫一文杯⓳得⓴銅杯十，賈㉑賤而用不殊。箕子之譏㉒，始在天子，今在匹夫。

【章　旨】此段就日常用具情況進行古今對比。

【注　釋】❶汙尊　在地上挖坑以裝酒。尊，同「樽」。古代盛酒器。❷抔飲　用手捧起來喝。❸蓋　連詞。用於推斷原因。❹爵觴　皆古代酒杯。❺俎　古代祭祀時裝肉類祭品的器皿。❻竹柳　用竹子柳條做成的器具。❼陶匏　陶器和葫蘆。❽瑚璉　古代宗廟祭祀時盛穀類祭品的器具。❾豆　古代盛食物的高腳器皿，多用於祭祀時。❿彤　紅色。⓫銀口　用銀飾器皿的口部。⓬黃耳　用金或銅製器耳。⓭罍　盛酒的罎子。⓮鍾　酒杯。⓯野王　漢縣名。今河南省沁陽縣。⓰紵器　以紵麻布製成外塗以漆的器物。⓱金錯　嵌金。⓲蜀杯　蜀郡出產的杯子。漢蜀郡在今四川境內。⓳文杯　指嵌金飾銀花紋美麗的杯子。⓴得　指價格相當。㉑賈　同「價」。㉒箕子之譏　商紂王用象牙做筷子，追求奢侈，箕子因之悲歎。譏，當作「嘰」。悲痛感歎。

【語　譯】「古時候在地上挖坑裝酒，用手捧著喝，因為那時還沒有酒杯酒罎和裝肉類祭品的俎。到了後來，平民的用具也還只是竹子柳條製品、陶器和葫蘆罷了。只有宗廟裡盛祭品的器具和祭祀時所用酒杯才雕刻花紋，塗上紅漆。可是現在，富人用的器皿用銀飾口，用黃金或銅做耳，酒罎是黃金製成的，酒杯是玉做的。中等人家用的是野王縣出產的麻製漆器，蜀郡出產的嵌金杯子。一個嵌金飾銀花紋美麗的杯子，其價格是銅杯的十倍，可是銅杯價格雖低，用處卻是一樣的。箕子當年因紂王用象牙做筷子而悲歎，這是由於天子的行為引起的，今天，這種追求奢侈的事情已普遍發生在平民身上。

「古者燔❶黍❷食稗❸，而捭❹豚❺以相饗❻。其後，鄉人飲酒❼，老者重豆❽，少者立食，一醬一肉，旅飲❾而已。及其後，賓❿婚⓫相召⓬，則豆羹⓭白飯，綦⓮膾⓯熟肉。今民間酒食，殽⓰旅⓱重疊，燔炙⓲滿案，臑⓳鼈膾鯉，麑卵⓴鶉鷃㉑橙㉒枸㉓，鮐鱧㉔醢㉕醯㉖，眾物雜味。

【章　旨】此段就古今酒筵情況進行對比。

【注　釋】❶燔　燒烤。古時無鍋，將食物放到石塊上，給石塊加熱以烤熟食物。此句及下句所說的食物就是用這種方法烤熟的。❷黍　黍子。又叫黃米。❸稗　稗子。❹捭　用手撕裂。❺豚　小豬。❻相饗　以酒食款待客人。❼鄉人飲酒　古代基層行政組織定期舉行的以敬老為中心內容的酒會。❽重豆　有幾盤菜。據古書記載，六十歲的老人三盤，自此以上每大十歲加一盤。❾旅飲　湊在一堆飲酒。不像老年人那樣各有座位。旅，眾。❿賓　指宴請賓客。⓫婚　指結婚擺酒筵。⓬相召　召集親朋。⓭豆羹　指豆葉做成的湯。⓮綦　極；甚。⓯膾　將肉細切。⓰殽　同「肴」。肉類食物。⓱旅　陳；擺放。⓲炙　烤。⓳臑　通「胹」。煮。⓴麑卵　鹿胎。古常取動物腹中之胎以為美味。㉑鶉鴳　即鵪鶉。一種形似雞鶵的鳥，肉味美。㉒橙　香橙。㉓枸　即枸醬。一種用胡椒科植物做的醬，味辛而香。㉔鮐鱧　皆魚名。鮐為海魚，鱧則為淡水魚。㉕醢　肉醬。㉖醯　醋。

【語　譯】「古時候人們用石塊烤食物，吃的是黍子和稗子，只在款待客人時才宰殺小豬，用手撕裂其肉，放到石塊上烤炙。到了後來，鄉間舉行酒會，也只有年老的人才有幾盤菜，年輕人則須站著吃，只有一碗醬一盤肉，只能湊在一堆喝酒。再後來，人們宴請賓客和結婚擺酒筵時召集親朋，吃的也還只是豆葉湯，白米飯，切得極細的熟肉。可是現在民間設宴，裝肉類食物的菜盤子擺得都疊起來了，燒的烤的擠滿飯桌，有燉甲魚和切得很細的鯉魚肉，有鹿胎、鵪鶉、香橙、枸醬，有鮐魚、鱧魚、肉醬和醋，總之，有眾多食物，多種味道。

「古者庶人春夏耕耘，秋冬收藏，昏晨❶力作，夜以繼日。《詩》云：『晝爾于茅，宵爾索綯，亟其乘屋，其始播百穀❷。』非膢臘❸不休息，非祭祀無酒肉。今賓昏❹酒食，接連相因❺，析酲❻什半❼，棄事相隨，慮❽無乏日❾。

【章　旨】此段盛贊古代平民勤於農事，批評當今百姓宴飲無度。

【注　釋】❶昏晨　從早晨到傍晚。❷晝爾于茅四句　出《詩經・豳風・七月》。爾，語助詞。于茅，去割茅草。宵，夜裡。索，搓。綯，繩子。亟，趕快。乘屋，登上屋頂將屋頂修好。其，將。❸膢臘　皆祭神節日名。❹昏　同「婚」。❺相因　一次接一次。❻析酲　析，清醒。酲，酒醉。❼什半　指十人有五人。❽慮　大率；幾乎。❾乏日　間斷的日子。

【語　譯】「古時候平民春夏耕種除草，秋冬收割儲藏，每天努力勞動，從早晨直忙到傍晚，還常常夜以繼日。《詩經》上說：『白天去割茅草，夜裡搓繩子，得趕快搶時間將屋頂修好，因為又將要開始播種百穀了。』當時平民非祭神的節日不休息，不是祭祀就不喝酒吃肉。現在民間宴請賓客，結婚擺酒筵，這類宴會接連不斷，參加宴飲的人總有一半喝得醉醺醺的，他們丟棄正事不做，湊在一起飲酒作樂，幾乎沒有間斷的日子。

「古者庶人糲食藜藿❶，非鄉飲酒膢臘祭祀無酒肉。故諸侯無故不殺牛羊，大夫士無故不殺犬豕。今閭巷❷縣佰❸，阡伯❹屠沽❺，無故烹殺，相聚野外。負粟而往，挈❻肉而歸。夫一豕之肉，得中年之收❼，十五斗粟，當丁男半月之食。

【章　旨】此段就殺牲吃肉的情況進行古今對比。

【注　釋】❶藜藿　藜，野菜。藿，豆葉，可作菜。❷閭巷　街巷。❸縣佰　當作「県伯」。「県」，即「梟」的本字。県伯，指欺行霸市的惡霸。❹阡伯　即「阡陌」。原指田間小路，此代指農村。❺屠沽　屠戶和賣酒者。此處實言屠戶之事，賣酒者乃連類而及。❻挈　用手提著。❼中年之收　中等年分一戶農家的全部收入。

【語　譯】「古時候平民吃糙米飯，以野菜豆葉當菜，不是在鄉間敬老酒會上、在祭神的節日裡，就沒有酒喝，沒有肉吃。因此諸侯沒有特別的事情不殺牛羊，大夫和士沒有特別的事情不殺豬狗。可是現在街巷上欺行霸市的惡霸，農村裡殺牲賣肉的屠戶，沒有特別的事情也照樣屠宰牲口，聚集在野外販賣。人們背著糧食前往，換了肉提著回家。算來一頭豬的肉，其價值抵得上一戶農家中等年分的全部收入，一斤肉需用十五斗糧食換，十五斗糧夠一個壯年男子吃半個月。

「古者庶人魚菽之祭❶，春秋脩其祖祠❷。士一廟❸，大夫三，以時有事❹于五祀❺，蓋無出門之祭❻。今富者祈❼名嶽，望❽山川，椎❾牛擊鼓，戲倡❿儛像⓫。中者南居當路⓬，水上雲臺⓭，屠羊殺狗，鼓⓮瑟吹笙。貧者雞豕五芳⓯，衛保散臘⓰，傾蓋⓱社場⓲。

【章　旨】此段就祭祀情況進行古今對比。

【注　釋】❶魚菽之祭　用魚和豆類為祭品進行祭祀。❷脩其祖祠　打掃祖廟以舉行祭祀。❸士一廟　古代重宗廟祭祀，從理論上講，須在宗廟內為每一被祀祖先分建一廟，而受祀祖先的數目亦即廟數因祭祀人的身分地位不同而有差別，《禮記・禮器》說天子七廟，諸侯五，大夫三，士一。❹以時有事　按時舉行祭祀。事，指祭祀。❺五祀　指對門、戶、中霤、灶、井五種神祇的祭祀。據《白虎通》，大夫以上才有資格祭五祀。❻出門之祭　指走出家門，從事郊外祭天、祭名山大川等活動。❼祈　祭祀祈福。❽望　古代祭名。遠望山川而祭之，故名「望」。❾椎　擊殺。❿戲倡　樂人演戲。倡，樂人。⓫儛像　安排戴假面具的人跳舞。儛，同「舞」。跳舞。像，象人。戴假面具表演的人。⓬南居當路　在大路旁修築朝南的臨時房屋以供祭祀之用。⓭水上雲臺　在水上修建入雲的高臺以供祭祀之用。⓮鼓　彈奏。⓯五芳　醋、酒、飴蜜、薑、鹽五種調味品。⓰衛保散臘　舉行臘祭，求神保佑，活動結束後散場。⓱傾蓋　車蓋都擠歪了。形容車很多。⓲社場　聚會祭神的場子。

【語　譯】「古時候平民祭祀時僅用魚和豆類做祭品，只在春季和秋季打掃祖廟祭祖。士只設一廟，大夫設三廟，大夫按時祭祀門、戶、中霤、灶、井五種神祇，這幾類人都不從事郊外祭天、祭名山大川等活動。可是現在，富人向有名的大山求福，望祭山川，祭祀時殺牛為祭品，敲起鼓來，安排樂人演戲、戴假面具的人跳舞。中等人家為祭祀在大路旁蓋起朝南的房屋，在水上修建入雲的高臺，殺羊宰狗以為祭品，祭祀之際彈瑟吹笙。就是窮人也用五種調味品烹飪雞肉豬肉以敬神，舉行臘祭，求神保佑，當活動結束散場之時，社場上如雲的車馬互相擠撞，車蓋都被擠歪了。

「古者德行求福，故祭祀而寬❶；仁義求吉，故卜筮❷而希❸。今世俗寬於行❹而求於鬼，怠於禮而篤❺於祭，嫚❻親而貴勢❼，至妄❽而信日❾，聽訑❿言而幸得⓫，出實物⓬而享虛⓭福。

【章　旨】此段陳述古今人們對待祭祀卜筮的不同態度。

【注　釋】❶寬　「寡」的誤字。❷卜筮　用龜甲、蓍草占卜吉凶。❸希　稀少。❹寬於行　不注重修養德行。寬，緩。❺篤　厚；特別重視。❻嫚　輕慢。❼貴勢　尊重權勢。❽至妄　非常荒謬。❾日　即日者。古時占候卜筮的人。❿訑　通「誕」。欺騙。⓫幸得　希望僥倖得到自己想要的東西。⓬出實物　指拿出實在的錢財酬謝日者。⓭虛　空；根本不存在。

【語　譯】「古時候憑德行求取福佑，所以雖然舉行祭祀活動但次數不多；憑仁義求取吉祥，所以雖然有卜筮之事但不常進行。如今社會風氣不注重修養德行，一味向鬼神求取福佑，不講究禮義，卻特別重視祭祀，輕慢親人而尊重權勢，荒謬非常，竟相信占候卜筮之人，聽信欺誑之言，希望僥倖得到自己想要的東西，拿出實在的錢物酬謝日者，自己享受的是根本不存在的所謂福佑。

「古者君子夙夜孳孳❶思其德，小人晨昏孜孜思其力。故君子不素飡❷，小人不空食❸。今世俗飾偽❹行詐❺，為民巫祝❻，以取釐謝❼，堅頟❽健舌❾，或以成業致富。故憚事❿之人，釋⓫本⓬相學。是以街巷有巫，閭里有祝⓭。」

【章　旨】此段肯定古代人的勤勉精神，抨擊當代巫祝活動的猖獗。

【注　釋】❶孳孳　同「孜孜」。不懈怠的樣子。❷素飡　白吃飯。❸空食　不做事而食。❹飾偽　文飾虛偽。即弄虛作假。❺行詐　進行欺詐。❻巫祝　以從事鬼神活動為職業的兩種人。❼釐謝　報酬。❽堅頟　巫祝從事鬼神活動，常以頭叩地，故額頭須堅實。頟，同「額」。❾健舌　能說會道。❿憚事　害怕勞動。⓫釋　丟下。⓬本　農業。⓭街巷有巫二句　互文見義。街巷，指城中的街巷。閭里，指鄉間的村落。

【語　譯】「古時候君子從早到晚念念不忘的是修養德性，平民從早到晚念念不忘的是努力勞動。所以君子不白吃飯，平民靠勞作獲取衣食。可是現在社會上弄虛作假、誆騙欺詐的風氣很盛，一些人在百姓中充當巫祝，以騙取報酬，他們額頭堅實，能說會道，有的竟靠這一行建成家業，發財致富。因此一些害怕勞動的人丟下農業，向他們學習。這樣一來，城裡的街巷上有巫祝，鄉間的村落裡也少不了這類人。

「古者無杠樠之寢❶，牀移之案❷。及其後世，庶人即采木之杠，葉華之樠❸，士不斤成❹，大夫葦莞❺而已。今富者黼繡❻帷幄❼，塗屏❽錯跗❾。中者錦綈❿高張⓫，采畫丹漆。

【章　旨】此段就床帳情況進行古今對比。

【注　釋】❶杠樠之寢　帶橫木的樠木床。杠，床前的橫木。樠，樹名。寢，此代指床。❷牀栘之案　置於床上的用栘木做的小矮桌。栘，樹名。案，小矮桌。❸葉華之樠　指沒有床板，用帶花葉的小樠樹鋪成床鋪。❹斤成　用斧頭砍削加工而成。斤，斧頭。❺葦莞　指床上使用葦莞編成的席子。葦，蘆葦。莞，草名，可以編席，俗稱「席子草」。❻黼繡　繡上美麗的花紋。❼帷幄　帳幕。❽塗屏　屏風上塗有油漆。❾錯跗　屏腳嵌金。跗，指屏風的腳。❿錦綈　彩色絲織品。⓫張　通「帳」。

【語　譯】「古時候沒有帶橫木的樠木床，也沒有能置於床上的栘木小矮桌。到了後來，老百姓就用櫟木作床前橫木，用帶花葉的小樠樹充作床板，士床上的構件不經砍削加工，大夫的床上也只使用葦席、莞草席。可是現在富人家中用的是繡有美麗花紋的帳幕，屏風上塗有油漆，屏腳嵌金。中等人家也用彩色絲織品做成高高的帳子，床上塗飾紅漆，繪滿彩色圖案。

「古者皮毛草蓐❶，無茵❷席之加，旃❸蒻❹之美。及其後，大夫士復薦❺草緣❻，蒲平❼單莞❽。庶人即草蓐索經❾，單藺❿蘧蒢⓫而已。今富者繡茵翟柔⓬，蒲子⓭露牀⓮。中者獏（貘）皮⓯代旃⓰，闒坐⓱平莞⓲。

【章　旨】此段就席子情況進行古今對比。

【注　釋】❶蓐　草席。❷茵　墊子。❸旃　通「氈」。氈子。❹蒻　嫩蒲草。此指用嫩蒲草編成的席子。❺復薦　鋪兩層席子。復，同「複」。❻草緣　席子以草編成，邊緣略加修飾。❼蒲平　用蒲草編成的平滑席子。❽單莞　用莞草編的單席。❾索經　編織席子時以繩索為經線。❿單藺　用藺草編成的單席。藺，草名。⓫蘧蒢　同「籧篨」。粗竹席。⓬翟柔　孫詒讓認為「翟」當作「瞿」。「瞿柔」，即「氍毹」。今從其說。氍毹，毛織的地毯。⓭蒲子　即「蒻」。⓮露牀　一種席子。⓯獏皮　此應指出產於某地的好毛皮，然「獏」究竟指甚麼地方或為何字的誤字，今不能明。⓰代旃　出產於代地的氈子。⓱闒

坐　闒，同「榻」。坐，當作「登」。榻登是放在大床前面助人登床的器物。⓲平莞　用莞草編成的平滑的席子。

【語　譯】「古時候人們用作墊子的是動物毛皮、草編席子，上面不再加別的墊物，沒有氈子、嫩蒲草席等高級品。到了後來，大夫和士開始墊兩層席子，但席子也還是用草編成的，只邊緣稍微加過修飾，有平滑的蒲草席和用莞草編成的單席。老百姓使用的則只是以繩索作經線編成的草墊、用藺草編成的單席以及粗竹席罷了。可是現在，富人用上了繡花墊子，毛織地毯，以嫩蒲草編成的席子和露床這種席子。中等人家也用上了獏地出產的毛皮，代地出產的氈子，連榻登上都鋪有平滑的莞草席。

「古者不粥餁❶，不市❷食。及其後，則有屠沽❸，沽❹酒市脯❺魚鹽而已。今熟食徧列❻，殽施❼成市，作業❽墮❾怠，食必趣時❿。楊豚⓫韭卵⓬，狗䐹⓭馬朘⓮，煎魚切肝⓯，羊淹⓰雞寒⓱，挏馬酪酒⓲，蹇捕⓳胃脯，胹⓴羔豆賜㉑，鷇㉒膹㉓鴈羹，臭鮑㉔甘瓠㉕，熟粱㉖貊炙㉗。

【章　旨】此段就熟食買賣情況進行古今對比。

【注　釋】❶粥餁　賣熟食。餁，煮熟了的食物。❷市　買。❸屠沽　屠戶和賣酒者。❹沽　買。❺脯　此指生肉。❻列　列肆。市場上成排的店鋪。❼施　當作「旅」。陳列。❽作業　工作。❾墮　同「惰」。懶惰。❿趣時　趕時令。趣，同「趨」。⓫楊豚　出產於楊地的豬肉製品。楊，漢代縣名。在今山西省境內。⓬韭卵　韭菜炒蛋。卵，雞禽的蛋。⓭䐹　當作「䐑」。薄切的肉。⓮朘　通「臇」。少汁的羹。⓯切肝　刀切的肝片。⓰羊淹　腌羊肉。淹，通「腌」。⓱雞寒　加進各種佐料烹製之雞，可以冷食，如今之冷醬雞。⓲挏馬酪酒　指馬酒。將馬奶置於器中反覆撞動即成，其味如酒，飲之亦可醉人。挏，撞動。酪，此指乳汁。⓳蹇捕　蹇，指蹇驢。即瘸腿的驢子。捕，當作「脯」，肉乾。⓴胹　燉爛。㉑豆賜　即豆豉。一種用豆子釀製的食品。「賜」、「豉」音近通假。㉒鷇　小鳥。㉓膹　肉羹。㉔臭鮑　鹹魚。因有一種特殊氣味，故冠以「臭」。㉕甘瓠　甘甜的瓠瓜。㉖熟粱　用優質精米煮成的飯。熟，指經過精加工。㉗貊炙　流行於少數民族地區，後傳入中原的一種烹飪方法。將動物整個地置於火上燒烤，待熟後以刀割而食之。貊，古族名。

【語　譯】「古時候沒有人賣熟食，也沒有人到市集上買食物吃。到後來，出現了屠戶和賣酒的人，但人們所買的也還只是酒、生肉、生魚、食鹽這些東西而已。可是現在，各店鋪都擺有熟食，賣肉類食品的一家接一家，形成了大的市集，人們工作懶惰懈怠，吃起來卻定要買時令佳肴。市場上買賣的有楊地出產的豬肉製品，有韭菜炒蛋，有切得很薄的狗肉，有馬肉羹、油炸魚、切肝片、腌羊肉、冷醬雞，有馬酒、驢肉乾、胃乾，有燉得爛熟的小羊肉，有豆豉，有以小鳥肉、大鴈肉做成的羹湯，有鹹魚、甜瓠瓜、優質精米飯，有烤全豬全羊之類。

「古者土鼓❶凷枹❷，擊木拊❸石，以盡其歡。及其後，卿大夫有管❹磬❺，士有琴瑟。往者，民間酒會，各以黨❻俗，彈箏鼓❼缶❽而已。無要妙❾之音，變羽之轉❿。今富者鐘⓫鼓五樂⓬，歌兒⓭數曹⓮。中者鳴竽⓯調⓰瑟，鄭儛趙謳⓱。

【章　旨】此段進行的是音樂方面的古今對比。

【注　釋】❶土鼓　以土為框的鼓。❷凷枹　凷，通「蕢」。「蕢枹」，用茅草莖捆綁而成的鼓槌。枹，鼓槌。❸拊　拍打。❹管　竹製的管樂器。❺磬　古打擊樂器，以石或玉做成。❻黨　古五百家為黨。❼鼓　敲擊。❽缶　瓦質的打擊樂器。❾要妙　精妙。❿變羽之轉　音調的變化轉換。羽，古五音中最高的一個音階。⓫鐘　樂器。⓬五樂　指宮、商、角、徵、羽五音。⓭歌兒　歌童。⓮數曹　好幾隊。⓯鳴竽　吹響竽。竽，一種吹奏樂器。⓰調　此指演奏。⓱鄭儛趙謳　鄭地的舞女，趙地的歌女。

【語　譯】「古時候只有以土為框的鼓，鼓槌也是用茅草莖捆綁而成的，人們敲擊木頭，拍打石塊，這樣來娛樂盡歡。到了後來，卿大夫有了管和磬，士有了琴和瑟。從前民間舉行酒會，只是按照各地的風俗，彈彈箏，敲敲缶罷了，沒有精妙的音樂，沒有音調的變化轉換。可是現在富人家裡鐘鼓齊備，甚麼歌樂都能聽到，歌童有好幾隊。中等人家也吹竽彈瑟，有趙地和鄭地的女子在唱歌跳舞。」

「古者瓦棺❶容❷尸，木板❸堲周❹，足以收形骸❺，藏髮齒而已。及其後，桐棺❻不衣❼，采椁❽不斲。今富者繡牆❾題湊❿。中者梓⓫棺楩⓬椁。貧者畫荒⓭衣⓮袍，繒囊緹橐⓯。

【章　旨】此段主要就棺槨情況進行古今對比。

【注　釋】❶瓦棺　用土燒製的棺材。❷容　盛。❸木板　指木製棺材。❹堲周　將燒製的土磚砌在木棺的四周。堲，燒土為磚。❺形骸　人的形體。❻桐棺　用桐木做的棺材。❼不衣　指棺上不加文飾。❽采椁　用櫟木做槨。據古書記載，到商朝時，葬人即用棺，又用槨，槨是套在棺外面的大棺材。❾繡牆　用繡有文彩的絲織品作牆。牆，古出殯時以車載棺，張於棺材周圍的幃帳叫牆。❿題湊　古下葬時，在槨外累積木材，木材之頭都向內，叫做題湊。⓫梓　木名。⓬楩　木名。即黃楩木。楩與梓皆上等木材。⓭荒　古代載棺之車上的帷蓋。⓮衣　穿。⓯繒囊緹橐　用絲織品做成袋子，將屍體放置其中。繒，絲織品。緹，此指丹黃色的帛。橐，袋子。

【語　譯】「古時候用瓦棺盛放屍體，或用木棺而在周圍砌上燒製的土磚，足以收藏形體髮齒罷了。到了後來，用桐木做棺，上面不加文飾，用櫟木做槨，粗粗製成不加修削。可是現在富人家死了人，運棺車上棺材四周張起文彩華麗的絲織幃帳，墓穴中槨外還堆起頭向內的木料。中等人家也用梓木做棺，用楩木做槨。連窮人也在運棺車上樹起繪有圖畫的帷蓋，給死者穿上長袍，將屍體裝入絲織袋子。

「古者明器❶有形無實，示民不可用也。及其後，則有醘醢之藏❷，桐馬❸偶人❹，彌❺祭其物不備。今厚資多藏，器用如生人❻。郡國繇吏❼素❽桑楺❾，偶車❿櫓輪⓫；匹夫無貌領⓬，桐人⓭衣紈綈⓮。

【章　旨】此段就隨葬品情況進行古今對比。

【注　釋】❶明器　專為隨葬而製作的器物。❷醘醢之藏　以醋和肉醬隨葬。醘，同「醯」。醋。❸桐馬　用桐木做的馬。❹偶人　即俑。以土、木等製成的人像，用於陪葬。❺彌　終；完成。❻生人　活人。❼繇吏　服差役的官吏。❽素　樸素；未加雕飾。❾桑楺　桑木做的輪框。楺，車輪外框。❿偶車　用土木製成的用於隨葬的車子。⓫櫓輪　高大的車輪。「櫓」本謂大盾牌。《左傳・襄公十年》載作戰時有人曾以大車輪充當大盾牌，故此以「櫓輪」指大車輪。⓬貌領　當依張敦仁之說作「繞領」。繞領，披肩。⓭桐人　桐木俑。⓮紈綈　指綢緞衣服。

【語　譯】「古時候隨葬的器物只模擬真物的形狀，並沒有實際內容，這就向人們昭示：這些東西是不能實際使用的。到了後來，出現了以醋和肉醬等實物陪葬的做法，有了桐木馬、土木偶人等隨葬品，但完成整個喪祭禮儀，相關的物品還很不齊全。如今辦喪事花費大量錢財，置辦眾多的隨葬品埋入墓中，隨葬的器具同活人使用的沒有區別。地方服差役的官吏乘坐的車子也不過用桑木做輪框，上面不加雕飾，可是那些殉葬的土木車子卻有著高大的車輪；普通百姓連披肩也用不上，可是桐木俑卻穿著綢緞衣服。

「古者不封❶不樹❷，反❸虞祭❹於寢❺，無壇宇❻之居，廟堂之位❼。及其後，則封之，庶人之墳半仞❽，其高可隱❾。今富者積土成山，列樹成林，臺榭連閣❿，集觀⑪增樓⑫。中者祠堂⑬屏⑭閤⑮，垣⑯闕⑰罘罳⑱。

【章　旨】此段就墳墓廟宇情況進行古今對比。

【注　釋】❶不封　不在地面上壘墳堆，只在平地向下挖墓穴埋葬死者。❷不樹　不在墓周圍種樹木。❸反　指下葬後返回家。❹虞祭　祭名。於下葬之後在家中舉行。❺寢　指死者生前的臥室。❻壇宇　祭壇廟宇。壇，供祭祀用的高土臺。宇，房屋。此指廟宇。❼位　為死者立的牌位。用木或石製成。❽半仞　四尺。古以八尺為一仞。❾可隱　指墳的高度可讓站著的人將附憑依其上。隱，憑依。❿連閣　樓閣相連。⓫集觀　廟宇眾多。⓬增樓　樓有多層。增，重。⓭祠堂　古代祭祀祖宗的廟堂。⓮屏　當門的小牆。即照壁。⓯閤　同「閣」。⓰垣　圍牆。⓱闕　指廟門兩旁的高建築物。⓲罘罳　設在宮闕上交疏透孔的窗櫺。

【語　譯】「古時候埋葬死者不在地面上壘墳堆，不在墓周圍種樹木，下葬後返回家中，在死者生前的臥室舉行虞祭，沒有祭壇、廟宇這些建築，沒有置於廟堂的牌位。到了後來，則壘墳堆，平民的墳高四尺，剛好夠站著的人將附憑依其上。可是現在富人家死了人，堆土為墳，墳高如山，墳墓周圍種植成排的樹木，形成樹林，並營造眾多的建築物，臺榭座座，樓閣相連，廟宇成群，樓高數層。中等人家也建有祠堂、照壁、樓閣，圍牆周繞，雙闕高聳，窗櫺美觀。

「古者鄰有喪，舂不相杵❶，巷不歌謠❷。孔子食於有喪者之側，未嘗飽也。子❸於是日❹哭，則不歌。今俗因❺人之喪以求酒肉，幸與小坐❻而責辦❼。歌舞俳優❽，連笑❾伎戲❿。

【章　旨】此段比較古今人們對待別人家喪事的不同態度。

【注　釋】❶舂不相杵　指舂米時盡量降低木棒的撞擊聲，不讓其傳送過去。杵，舂米用的木棒。❷歌謠　唱歌。❸子　指孔子。❹是日　指弔喪的這一天。❺因　趁。❻幸與小坐　碰巧主人留他坐一會兒。❼責辨　要喪家置辦酒食。辨，通「辦」。❽俳優　古代以樂舞諧戲為業的藝人。❾連笑　互相調笑。❿伎戲　獻技演戲。伎，技藝。

【語　譯】「古時候鄰家有喪事，舂米時盡量降低木棒的撞擊聲，不讓其傳送過去，村中巷子裡也沒有人唱歌。孔子在有喪事的人身旁吃飯，從來沒吃飽過。他在弔喪的這一天哭過，就再也不唱歌。可是現在的風氣卻是趁人家辦喪事的機會去找酒肉吃，碰巧主人留他坐一會兒，他就要主人置辦酒食。辦喪事時藝人們唱歌跳舞，互相調笑，獻技演戲。

「古者男女之際❶尚❷矣，嫁娶之服，未之以記❸。及虞❹、夏之後，蓋❺表布內絲❻，骨笄❼象珥❽，封君❾夫人加錦尚褧❿而已。今富者皮衣朱貉⓫，繁露環佩⓬。中者長裾⓭交褘⓮，璧瑞簪珥⓯。

【章　旨】此段就嫁娶服飾情況進行古今對比。

【注　釋】❶男女之際　指男女之間的婚配關係。❷尚　通「上」。古遠；由來已久。❸未之以記　沒有記載下來。❹虞　指虞舜時代。❺蓋　副詞。大概。❻表布內絲　用麻布做衣面子，用絲綢做衣裡子。❼骨笄　以獸骨製成的簪子。笄，簪子。古人用來插定髮髻或連冠於髮的一種長鍼。❽象珥　用象牙製成的耳飾。❾封君　受封土地的國君。❿加錦尚褧　在錦衣上再加穿麻布外衣。尚，通「上」。指在上面加上。褧，用麻布製成的罩衣。⓫貉　狗獾。此指狗獾皮製成的皮衣。⓬繁露環佩　身上佩帶的珠玉像露珠一樣多而亮。⓭裾　衣袍。⓮交褘　即蔽膝。因靠「邪（斜）交絡帶繫於體」，故稱「交褘」。⓯璧瑞簪珥　用玉作簪子和耳飾。

【語　譯】「男女相互婚配，始自遠古，由來已久，只是古代人在嫁娶時穿甚麼衣服，沒有記載下來。到了虞、夏之後，大概是用麻布做衣面，用絲綢做衣裡，插獸骨簪子，戴象牙耳飾，國君的夫人也只是在錦衣上再罩一件麻布外衣罷了。可是現在富家辦婚事，新郎新娘穿的是諸如大紅狗獾皮衣一類的華貴皮衣，身上佩帶的珠玉像露珠一樣多而亮。中等人家辦婚事，新郎新娘也穿長袍，繫蔽膝，簪子和耳飾都是玉做的。

「古者事生❶盡愛，送死盡哀。故聖人為制節❷，非虛❸加之。今生不能致❹其愛敬，死以奢侈相高❺；雖無哀戚之心，而厚葬重幣❻者，則稱以為孝，顯❼名立於世，光榮❽著❾於俗。故黎民相慕效❿，至於發屋賣業⓫。

【章　旨】此段就兒女對父母養生送死的情況進行古今對比。

【注　釋】❶事生　侍奉活著的父母。❷為制節　為這方面的活動制定禮節儀式。❸虛　空。❹致　盡。❺相高　互相誇耀。❻重幣　花很多錢。❼顯　顯赫。❽光榮　光彩榮耀。❾著　明。❿慕效　羨慕並效仿。⓫發屋賣業　出賣房屋家業。發，通「廢」。出賣。

【語　譯】「古時候人們侍奉活著的父母，極盡愛敬之意，父母去世了，為之辦喪事，極盡哀痛之情。因此聖人為這方面的活動制定了相應的禮節儀式，人們從事孝敬活動並不是憑空進行。如今一些人在父母活著的時候不能盡愛敬之心，父母死了卻鋪張浪費，大辦喪事，以此互相誇耀。雖然沒有哀痛之情，但只要花很多錢厚葬，這樣的人就被稱為孝，在社會上樹起顯赫的名聲，在世人面前享有惹人注目的光彩榮耀。因此百姓十分羨慕這些人，仿效他們的厚葬做法，以至於出賣房屋家業。

「古者夫婦之好，一男一女而成家室之道。及後，士一妾，大夫二，諸侯有姪娣❶九女❷而已。今諸侯百數❸，卿大夫十數，中者侍御❹，富者盈室。是以女或曠怨失時❺，男或放❻死無匹。

【章　旨】此段就妻妾配置情況進行古今對比。

【注　釋】❶姪娣　古代做姐姐的嫁人為妻，以妹妹和姪女隨嫁為媵。媵比妾地位高，亦是男方的正式配偶。姪，姪女。娣，女弟。即妹妹。❷九女　古書稱諸侯的妻媵妾共九位。❸百數　以百數。即有幾百個。❹侍御　指婢妾。❺曠怨失時　怨恨青春空度。❻放　至。

【語　譯】「古時候夫妻恩愛，一男一女就構成家庭。到後來，士也還只有一個妾，大夫只有兩個妾，諸侯有妻及隨嫁來的妻妹、妻姪女，妻媵妾總數也只有九個罷了。可是如今諸侯的妻妾有幾百個，卿大夫的妻妾有幾十個。中等人家也有一些婢妾，富人家則婢妾滿室。因此有些婦女怨恨青春空度，有些男子到死也娶不到妻子。

「古者凶年不備❶，豐年補敗❷，仍❸舊貫❹而不改作❺。今工❻異變而吏殊心，壞敗成功❼，以匿厥意❽。意極乎功業❾，務存乎面目❿，積功以市⓫譽，不恤⓬民之急。田野不辟而飾亭落⓭，邑居⓮丘墟⓯而高其郭⓰。

【章　旨】此段肯定古代的儲糧政策，抨擊當今官吏不關心百姓疾苦的態度、捨本逐末的做法。

【注釋】❶備 儲備糧食。❷補敗 將荒年造成的儲備空缺補上。❸仍 因襲。❹舊貫 老規矩。❺改作 改變。❻工官。❼壞敗成功 敗壞已成的事業。❽以匿厥意 遮蔽了古法古意。❾意極乎功業 心思全用在個人功業方面。❿務存乎面目 精力都放在追求臉面光彩上。務，此為名詞。指精力。⓫市 買取。⓬恤 救濟。⓭亭落 漢因秦制，在鄉村每十里設一行政機構，稱亭。亭有亭長，其職責之一是為過往人員提供食宿。這提供食宿的館舍亦稱亭，此「亭落」即指這種館舍。落，房舍。⓮邑居 城市居民區。⓯丘墟 廢墟。⓰郭 古代城牆有內外兩重，外城牆叫郭。此泛指城牆。

【語譯】「古時候荒年不儲備糧食，遇上豐年則把荒年造成的儲備空缺補上，這個老規矩沿用了很久，一直沒有改變。可是現在，官吏們都變了，思想與古人大不相同，愛敗壞已成的事業，遮蔽古法古意。他們心思全用在個人功業方面，精力都放在追求臉面光彩上，積累功業以沽名釣譽，不救濟百姓的急難。田野沒有得到開墾，卻將招待過往人員的館舍修飾得很漂亮，城市居民區變成了廢墟，卻將城牆築得高而又高。

「古者不以人力徇❶於禽獸，不奪民財以養狗馬，是以財衍❷而力有餘。今猛獸奇蟲❸不可以耕耘，而今當耕耘者養食之。百姓或短褐❹不完❺，而犬馬衣文繡；黎民或糟糠不接❻，而禽獸食粱❼肉。

【章旨】此段就禽獸的豢養情況進行古今對比。

【注釋】❶徇 通「殉」。浪費。❷衍 豐足。❸蟲 動物的泛指。此特指禽類。❹短褐 粗布短衣。❺完 完好。❻不接 接不上；有一頓沒一頓。❼粱 精美的飯食。

【語譯】「古時候不將人力浪費在豢養禽獸上，不侵奪百姓之財以餵養狗馬，因此當時的社會財富豐足，人力有餘。如今，猛獸奇禽並不能耕田種地，卻叫應該耕田種地的人去餵養牠們。百姓有的連粗布短衣都是破的，而狗馬卻穿著華麗的繡花綢衣；平民有的連糠麩酒渣都是有一頓沒一頓的，而禽獸卻吃好飯好肉。

「古者人君敬事❶愛下，使民以時❷。天子以天下為家，臣妾❸各以其時供公職❹，古今之通義❺也。今縣官❻多畜奴婢❼，坐稟❽衣食，私作產業❾，為姦利❿，力作不盡⓫，縣官失實⓬。百姓或無斗筲⓭之儲，官奴累百金；黎民昏晨不釋事⓮，奴婢垂拱⓯遨遊也。

【章旨】此段肯定古代的繇役政策，抨擊漢代官家奴婢的狀況。

【注釋】❶敬事　勤謹於政事。❷以時　按一定的時候。指選取農閒時。❸臣妾　此指百姓。❹供公職　為公家服繇役。❺通義　通行的道理。❻縣官　官府。❼奴婢　此指官府畜養的奴隸。男的稱奴，女的稱婢。❽稟　領受。❾私作產業　私自經營產業。❿為姦利　追求非法的財利。⓫力作不盡　不盡心力為官府勞作。⓬實　指實際利益。⓭斗筲　形容很少。筲，竹製的小容器，容一斗二升。⓮釋事　停止勞動。⓯垂拱　垂衣拱手。形容清閒無事。

【語譯】「古時候君王勤謹於政事，愛護臣民，選取農閒之時才徵發百姓服役。天子把天下當作自己的家，百姓各在適宜的時候為公家服繇役，這是從古到今通行的道理。現在官府畜養了大量奴婢，他們坐領官府供給的衣食，私自經營產業，追求非法的財利，不盡心力為官府勞作，官府從他們身上得不到實際利益。百姓中有些人家裡存放的糧食還不到一斗一筲，可是官家奴婢積聚的錢卻有百金之多；百姓從早到晚辛勤勞動，官家奴婢卻清閒無事，整天到處遊玩。

「古者親近而疏遠，貴所同❶而賤非類❷，不賞無功，不養無用。今蠻貊❸無功，縣官居肆❹，廣屋大第❺，坐稟衣食。百姓或旦暮不贍❻，蠻夷或厭❼酒肉。黎民泮汗❽力作，蠻夷交脛❾肆踞❿。

【章　旨】此段就古今的少數民族政策進行對比。

【注　釋】❶所同　同民族的人。❷非類　不同類的人；異族之人。❸蠻貊　泛指少數民族之人。❹縣官居肆　在朝廷上傲慢放肆。居，通「倨」。傲慢。❺第　大住宅。❻旦暮不贍　吃了早餐沒晚餐。贍，足。❼厭　足。❽泮汗　流著大汗。泮，散。❾脛　小腿。❿踞　坐。

【語　譯】「古時候對近處的人親，對遠方的人疏，看重同民族的人，對異族持輕視態度，不獎賞無功之人，不畜養無用之輩。可是現在，少數民族之人並沒有功勞，卻在朝廷上傲慢放肆，擁有大片住宅，房屋高大，坐著領受國家供給的衣食。本民族百姓有的吃了早餐沒晚餐，而少數民族中的不少人卻吃夠了肉喝夠了酒。本民族百姓流著大汗努力勞作，少數民族之人卻交叉著小腿，放肆地坐在那裡享清福。

「古者庶人麤❶菲❷草芰❸，縮絲❹尚韋❺而已。及其後，則綦下❻不借❼，鞔鞮革舄❽。今富者革中名工❾，輕靡❿使容⓫，紈裡⓬紃下⓭，越端⓮縱緣⓯。中者鄧里⓰閒作⓱蒯苴⓲。舂蠢豎⓳婢妾韋沓⓴絲履，走者㉑茸㉒芰絇綰㉓。

【章　旨】此段就鞋的情況進行古今對比。

【注釋】❶麄 「麤」的俗字。粗糙。❷菲 通「扉」。草鞋。❸草芰 草，此指做工不精。芰，通「屐」。厚木底鞋。❹縮絲 指草鞋用絲繩作鞋帶。❺尚韋 指在木底鞋上安皮條以套著於足。尚，通「上」。在上面加上。❻綦下 鞋帶安在鞋底上，向上左右繞繫於足。綦，鞋帶。下，指鞋底。❼不借 麻鞋。❽鞔鞮革舄 鞔，皮鞋。鞮，單底的皮鞋。革舄，雙重底的皮鞋。❾革中名工 用來製鞋的皮符合有名鞋匠的要求。❿輕靡 輕便靡麗。⓫使容 使鞋子很好看。⓬紈裡 用細緻潔白的絲綢做鞋裡。⓭紃下 用彩繩打鞋底。紃，彩色繩子。⓮越端 以越飾鞋端。越，通「絨」。彩織品。⓯縱緣 用青絹給鞋口緣邊。縱，通「總」。青色的絹。緣，緣飾鞋口。⓰鄧里 「里」當作「郢」。「鄧郢」，皆南陽郡地名，兩地產鞋。⓱間作 從容不迫地製作。指不惜時間精心製作。⓲蒯苴 用蒯草做鞋墊。苴，鞋中的墊物。⓳豎 年少的男性僕人。⑳韋沓 皮鞋。㉑走者 指一般從事勞動的人。㉒茸 柔軟。就鞋幫言。㉓絇絹 指鞋頭上有花結作裝飾。絇，鞋頭上的飾物。絹，打花結。

【語譯】「古時候平民穿的是做工粗糙的草鞋和厚木底鞋，只是用絲繩作鞋帶或安上皮條以套著於足罷了。到後來，人們也還只是穿帶子安在鞋底上的麻鞋以及單底或雙重底的皮鞋。可是現在，富人用來製鞋的皮符合有名鞋匠的要求，鞋做得輕便靡麗，十分好看，鞋裡子是用細緻潔白的絲綢做的，鞋底是用彩繩打的，鞋頭用彩織品裝飾，鞋口用青絹緣邊。家產中等的人穿的也是鄧郢出產的精製鞋子，用蒯草做鞋墊。無知的少年男僕和婢妾也有皮鞋絲鞋穿，普通百姓也穿上了鞋幫柔軟的厚木底鞋，鞋頭上有花結作裝飾。

「古聖人勞躬養神❶，節欲適情❷，尊天敬地，履❸德行仁。是以上天歆❹焉，永其世❺而豐其年❻。故堯秀眉高彩❼，享國百載。及秦始皇覽怪迂❽，信禨祥❾，使盧生❿求羨門高⓫，徐市⓬等入海求不死之藥。當此之時，燕、齊之士釋鋤耒，爭言神仙方士⓭，於是趣⓮咸陽⓯者以千數，言仙人食金飲珠，然後壽與天地相保⓰。於是數⓱巡狩⓲五嶽⓳、濱海之館⓴，以求神仙蓬萊㉑之屬。數幸㉒之郡縣，富人以貲㉓佐，貧者築道旁㉔。其後，小者㉕亡逃，大者㉖藏匿；吏捕索㉗掣頓㉘，不以道理。名宮㉙之旁，廬舍丘落㉚，無生苗立樹。百姓離心，怨思㉛者十有半。《書》曰：『享多儀，儀不及物曰不享㉜。』故聖人非仁義不載於己㉝，非正道不御㉞於前。是以先帝誅文成㉟、五利㊱等，宣帝㊲建學官㊳，親近忠良，欲以絕怪惡之端㊴，而昭㊵至德之塗也。

【章　旨】此章贊美古聖王處身行事的方式，譴責秦始皇大肆求仙訪藥的荒謬行為。

【注　釋】❶勞躬養神　勤勞身體保養精神。❷適情　調適性情。❸履　實行。❹歆　享用其祭品從而給與福佑。❺永其世　使其在位長久。永，長久。❻年　壽命。❼秀眉高彩　古書上說堯的眉毛有八種彩色。秀，美。高，多。❽覽怪迂　閱看記載怪誕荒謬事情的書籍。迂，遠。與實際不符。❾禨祥　吉凶鬼神之事。❿盧生　名敖，秦博士，燕人。⓫羨門高　傳說中的古仙人。住在碣石山上。⓬徐市　即徐福。秦方士。受秦始皇派遣，率童男女數千人入海求仙人，一去不返。⓭方士　古時從事求仙、煉丹等活動的人。⓮趣　同「趨」。奔向。⓯咸陽　秦朝都城。在今陝西省咸陽市東北。⓰相保　同時保持。即同樣長久。⓱數　多次。⓲巡狩　天子出巡各地。⓳五嶽　指嵩山、恆山、泰山、會稽、湘山等五座有名的大山。⓴濱海之館　秦始皇出巡到海邊，曾建立臺館。㉑蓬萊　傳說中的海中仙山。㉒幸　帝王駕臨。㉓貲　同「資」。錢物。㉔築道旁　修路並在路旁建造行宮。㉕小者　指貧窮小民。㉖大者　指富家大戶。㉗捕索　搜捕。㉘掣頓　制服別人使之順從。㉙名宮　著名行宮。㉚丘落　意同「丘墟」。變成了廢墟。㉛怨思　怨恨憂慮。㉜享多儀二句　出《尚書・洛誥》。享，指敬事天子。多儀，講究各種禮節儀容。物，貢物。獻給天子的禮物。㉝不載於己　自己絕不做。載，從事。㉞御　進用。㉟文成　指漢武帝時方士少翁。他曾被封為文成將軍，後偽造牛腹中帛書，被武帝識破，受誅而死。㊱五利　指漢武帝時方士欒大。他曾被封為五利將軍，後因騙術敗露，被殺。㊲宣帝　二字是多餘的字。㊳建學官　設置學官。學官，指專掌經學傳授的博士官。㊴端　開端；根源。㊵昭　彰明。

【語　譯】「古代的聖人勤勞身體，保養精神，節制欲望，調適性情，尊敬天地，施行仁德。因此上天享用其祭品從而給與福佑，使他們能久居王位，有很長的壽命。所以堯眉毛美觀，有八種彩色，享有王位達百年之久。到了秦始皇，卻閱看記載怪誕荒謬事情的書籍，相信吉凶鬼神之事，派遣盧生尋找仙人羨門高，派遣徐市等人乘船到海上去尋找長生不死的神藥。在這個時候，燕、齊一帶的人丟下農具，爭著談論神仙方士之事，於是奔向都城咸陽的人要用千來計算，這些人說仙人吃黃金、喝珍珠，因而壽命與天地一樣長久。秦始皇於是多次出巡嵩山等五大名山，駕臨海邊的臺館，以尋找神仙和海上仙山這些東西。他多次巡幸的郡縣，富人要出錢物佐助費用，窮人要修路並在路旁建造行宮。到後來，貧窮小民聞知出巡消息就逃走，有錢人則躲藏起來；官吏搜捕這些逃走躲藏的人，用暴力制服，完全不按道理行事。結果那些著名行宮的旁邊，村莊房屋變成了廢墟，沒有活著的禾苗、站立的樹木。百姓之心背離秦朝，怨恨憂慮的十人中有五人。《尚書》上說：『敬事天子要講究各種禮節儀容，如果忽視禮節儀容，只有好的貢物，這也叫做不敬事天子。』因此聖人不是仁義之事，自己絕不做，不是正道，絕不進用到自己面前。因此武帝處死了文成將軍和五利將軍等方士，設置傳授經學的博士官，親近忠良，想用這些措施消滅怪誕奸惡的根源，彰明以至美仁德治國的正確道路。

「宮室奢侈，林木之蠹❶也。器械雕琢，財用之蠹也。衣服靡麗，布帛之蠹也。狗馬食人之食，五穀之蠹也。口腹從恣❷，魚肉之蠹也。用費不節，府庫之蠹也。漏積❸不禁，田野❹之蠹也。喪祭無度，傷生之蠹也。墮成❺變故❻傷功，工商上通❼傷農。故一杯棬❽用百人之力，一屏風就萬人之功❾，其為害亦多矣！目脩❿於五色，耳營⓫於五音，體極輕薄⓬，口極甘脆。功積於無用⓭，財盡於不急⑭。口腹不可為多。故國病聚不足⑮即⑯政怠⑰，人病聚不足則身危。」

丞相曰：「治聚不足奈何？」

【章　旨】此章總括上文，歷數前面所述現實中存在的各種不良現象對社會造成的危害。

【注　釋】❶蠹　蛀蟲。❷從恣　即「縱恣」。放縱恣肆。❸漏積　糧食儲積有漏洞。❹田野　代指農業生產。❺墮成　毀壞成規。❻故　指舊法。❼工商上通　工商業由政府經營。❽杯棬　泛指杯盤一類的器皿。❾就萬人之功　花費一萬個人的勞動而做成。就，成。❿偕　目不明。⓫營　惑亂。⓬體極輕薄　身體享受又輕又暖的衣服達到了頂點。⓭功積於無用　功勞全建立在無用的事情上面。⓮財盡於不急　錢財在不急需的事業上花光了。⓯聚不足　同「散不足」。多方面的弊端。⓰即　則。⓱怠　同「殆」。危險。

【語　譯】「房屋修建得華麗氣派，是森林樹木的蛀蟲。器械雕琢得精美工巧，是錢財的蛀蟲。衣服靡麗，是布帛的蛀蟲。狗馬吃人的食物，是糧食的蛀蟲。隨心所欲地大吃大喝，是魚和肉類的蛀蟲。開支沒有節制，是府庫的蛀蟲。糧食儲積有漏洞而不加禁止，是農業生產的蛀蟲。喪事和祭祀活動沒有限度，是妨害活人正常生活的蛀蟲。毀壞成規改變舊法會使事情難以成功，工商業由政府經營會使農業生產受到損害。所以一個杯盤之類的器皿要用上一百個人的勞動，一架屏風要經一萬人之手而做成，這種情形所造成的危害也太多了！眼睛被各種顏色搞得昏花不明，耳朵被各種樂音惑亂，身體享受又輕又暖的衣服達到了頂點，口腹享受又甜又脆的食物達到了頂點。功勞全建立在無用的事情上面，錢財在不急需的事業上耗費一空。口腹享受不可過分追求。所以國家一旦有著多方面存在的弊端，政權就會面臨失去的危險，人患上了類似的大病，生命就難以保全。」

丞相問道：「克服多方面的弊端，可用甚麼辦法呢？」

救匱第三十

【題解】本篇論戰雙方就如何醫治「聚不足之病」進行爭辯。「匱」，匱乏，此指各種社會弊端。賢良指出，政府高級官員及其子孫必須改變奢侈習氣，帶頭節儉，朝廷必須取消包括鹽鐵官營在內的工商業官營政策，只有這樣，各種社會弊端才能得到根除；各種社會弊端當初的產生和後來長期不得克服，都與逐利之臣阿諛奉迎、假公濟私有直接關係。大夫則指出，儒者只會說空話，他們提出的「救匱」方法，根本不管用。

賢良曰：「蓋❶橈枉❷者過直❸，救文❹者以質。昔者晏子相齊，一狐裘三十載。故民奢，示❺之以儉；民儉，示之以禮。方今公卿大夫子孫誠❻能節車輿，適❼衣服，躬親節儉，率❽以敦樸，罷園池❾，損❿田宅，內無事乎市列⓫，外無事乎山澤⓬，農夫有所施其功⓭，女工有所粥其業⓮；如是，則氣脈和平，無聚不足之病矣。」

【章旨】賢良指出，要醫治「聚不足之病」，政府高級官員及其子孫必須改變奢侈習氣，帶頭節儉，包括鹽鐵官營在內的工商業官營政策必須取消。

【注釋】❶蓋　發語詞。❷橈枉　矯正彎曲。❸過直　超過正中的直線。❹文　此指奢華。❺示　示範。❻誠　如果確實。❼適　適度。❽率　表率。❾罷園池　取消對園囿池塘的封禁。❿損　減少。⓫市列　市場。列，市場上成排的店鋪。⓬山澤　指鹽鐵官營。⓭有所施其功　有地方發揮他們的勞動能力。⓮有所粥其業　能夠出賣她們的手工製品。粥，同「鬻」。出賣。

【語　譯】賢良說：「矯正物體的彎曲要超過正中的直線，消除奢華的毛病要用質樸。從前晏子當齊國的相，一件狐皮衣穿了三十年。所以百姓奢侈，就應該用節儉來為他們作示範；百姓學會了節儉，就應該用守禮來為他們作示範。如今公卿大夫及其子孫如果確實能減少車輛，在衣飾方面做到適度，親自節儉，以敦厚質樸來為天下人作表率，取消對園圃池塘的封禁，減少私家擁有的田地住宅，一方面不從事市場上的買賣活動，一方面不經辦鹽鐵官營之事，使農夫有地方發揮他們的勞動能力，女工能夠出賣她們的手工製品；做到了這些，那麼，就像一個人氣脈平和一樣，國家就沒有弊端叢聚的病症了。」

大夫曰：「孤子語孝，躄者❶語杖，貧者語仁，賤者語治。議不在己者❷易稱❸，從旁議者易是❹，其❺當局❻則亂。故公孫弘布被❼，倪寬練袍❽，衣若僕妾❾，食若庸夫❿，淮南⓫逆於內，蠻夷暴於外⓬，盜賊不為禁，奢侈不為節。若疫歲⓭之巫，徒能鼓口耳⓮，何散不足之能治乎？」

【章　旨】大夫舉公孫弘、倪寬為例，說明儒者只會空談，他們就「散不足」問題所開的藥方在實際中不能發揮半點作用。

【注　釋】❶躄者　雙腿殘廢完全不能行走的人。❷不在己者　與自己無關的事情。❸稱　說。❹是　正確。此指貌似正確。❺其　指儒生。❻當局　身在事中親擔責任。❼布被　麻布做的被子。❽練袍　白絹做的素樸長袍。❾妾　指女僕。❿庸夫　同「傭夫」。僱工。⓫淮南　指淮南王劉安。劉安於武帝元朔、元狩年間屢欲舉兵叛亂，時公孫弘為丞相。⓬暴於外　在邊境騷擾侵略。⓭疫歲　瘟疫流行的年頭。⓮耳　語氣詞。罷了。

【語　譯】大夫說：「沒有父母的孤兒談論孝敬，雙腿殘廢的人談論拐杖，貧窮的人談論仁慈，地位低下的人談論治國。議論與己無關的事情可以隨意發表意見，站在旁邊議論的人容易講得貌似正確，可是你們儒生如果真的擔當國家政事，就會把事情弄得一塌糊塗。所以公孫弘蓋麻布被子，倪寬穿白絹做的素樸長袍，衣著與奴婢沒有區別，吃的食物和僱工一樣，可是淮南王在國內陰謀叛亂，蠻夷在邊境騷擾侵略，盜賊並不因為他們的儉樸而得到禁止，社會的奢侈風氣也並不因而得到節制。你們儒生實際上就像瘟疫流行年頭的男巫女巫，只能搖脣鼓舌罷了，哪裡能夠治好國家在各方面弊端叢生的疾病呢？」

賢良曰：「高皇帝❶之時，蕭、曹為公❷，滕、灌❸之屬為卿❹，濟濟然❺斯❻則賢矣。文、景之際，建元❼之始，大臣尚有爭引❽守正❾之義。自此之後，多承意從欲，少敢直言面議❿而正刺⓫，因公而徇私⓬。故武安丞相⓭訟⓮園田，爭曲直人主之前。夫九層之臺一傾，公輸子不能正；本朝⓯一邪，伊、望⓰不能復。故公孫丞相、倪大夫側身⓱行道，分祿以養賢，卑己以下士⓲，功業顯立；日力⓳不足，無行人、子產⓴之繼。而葛繹㉑、彭侯㉒之等，隳壞其緒㉓，紕㉔亂其紀，毀其客館㉕議堂㉖，以為馬廄婦舍㉗，無養士之禮，而尚㉘驕矜之色，廉恥陵遲㉙而爭於利矣。故良田廣宅，民無所之㉚；不恥為利者滿朝市㉛，列田畜㉜者彌㉝郡國，橫暴掣頓㉞，大第巨舍之旁，道路且不通。此固難醫而不可為工㉟。」

大夫勃然㊱作色㊲，默而不應。

【章　旨】賢良為公孫弘和倪寬辯護，指出社會弊端的產生和難於消除，都應歸咎於阿諛奉迎、謀私逐利之臣。

【注　釋】❶高皇帝　指漢高祖劉邦。❷蕭曹為公　蕭何於高祖元年任丞相，於惠帝二年去世，其丞相之職由曹參接任。此處把曹參任丞相的時間也說成是高祖之時，是一種粗略的說法。公，西漢以丞相、御史大夫、太尉為三公。❸滕灌　指滕公夏侯嬰和灌嬰，二人皆高祖的重要助手。滕公於高祖元年任九卿之一的太僕。❹卿　指九卿。秦漢朝廷九個部門的長官，地位僅次於三公。❺濟濟然　眾多的樣子。❻斯　這。指上述眾多的人才。❼建元　武帝繼位後的第一個年號。❽爭引　諫諍引導。爭，通「諍」。❾守正　堅持正道。❿面議　當面提出不同意見。⓫正刺　依據正道指責皇上的過錯。⓬因公而徇私　打著辦公事的招牌謀取私利。⓭武安丞相　即田蚡。武帝即位，田蚡以國舅的身分被封為武安侯，建元六年又被任命為丞相。他曾向魏其侯竇嬰索要田地，竇嬰和好友灌夫怒而拒絕。田蚡懷恨在心，後製造藉口懲治灌夫，竇嬰面見武帝，為灌夫辯護，武帝命田、竇二人同赴長樂宮當廷辯論，二人互相攻擊。⓮訟　爭辯是非。⓯本朝　朝廷。⓰伊望　指伊尹和姜太公呂望。⓱側身　形容小心謹慎。⓲下士　自處於賢士之下。即禮敬賢士。⓳日力　時間；光陰。⓴行人子產　指春秋時鄭國賢臣子羽和子產。行人，古代的外交官。子羽曾任此職。㉑葛繹　指公孫賀。他於武帝太初二年升任丞相，封葛繹侯。㉒彭侯　即澎侯。指劉屈氂。他是武帝的姪子，於武帝征和二年繼公孫賀之後為左丞相，封澎侯。㉓緒　事業。㉔紕　亂。㉕客館　公孫弘任丞相後，營造客館，招攬蓄養天下賢士，讓他們參與國家大事的謀議。㉖議堂　議事廳。㉗婦舍　女僕住室。㉘尚　崇尚。此指喜歡顯露出。㉙陵遲　衰廢。㉚無所之　沒有安身立足之地。之，往。㉛朝市　朝廷和集市。㉜列田畜　擁有大量田地牲畜。㉝彌　滿；遍布。㉞掣頓　制服別人使之順從。㉟工　巧；使局面變好。㊱勃然　猛然。㊲作色　變了臉色。

【語　譯】賢良說：「高皇帝的時候，蕭何、曹參先後擔任丞相，滕公、灌嬰等人當九卿，人才眾多，都是賢能之士。文帝和景帝的時候，武帝繼位初年，大臣們還能堅持正道，諫諍引導皇上向善。但此後大臣們大多迎合皇上的旨意，順從皇上的欲望，很少有人敢於直言不諱，當面提出不同意見，依據正道指責皇上的過錯，相當多的人打著辦公事的招牌謀取私利。所以武安侯田蚡為索要園田與竇嬰結仇，二人在武帝面前爭辯是非曲直。九層的高臺一旦傾斜，即使是公輸子那樣的能工巧匠也不能扶正；作為天下根本的朝廷一旦邪僻，即使是伊尹、姜太公那樣的賢臣奇士也無法挽救。因此，丞相公孫弘、御史大夫倪寬小心謹慎地奉行正道，分出自己的俸祿來蓄養賢人，降低自己的身分禮敬才士，建立了顯赫的功業；可惜他們壽命有限，大業未及完成，又沒有子羽、子產那樣的賢士接班。而葛繹侯公孫賀、彭侯劉屈氂等人毀壞他們開創的事業，攪亂他們建立的綱紀，把他們當年的客館和議事廳廢掉，改作馬棚和女僕住室，沒有蓄養賢士的禮節，卻喜歡擺出一副驕傲自大的樣子，廉恥之心喪失，一心爭奪財利。所以社會上雖有大片良田和不少寬大的住宅，但百姓卻沒有安身立足之地；不以追逐財利為恥的人擠滿了朝廷和集市，擁有大量田地牲畜的人遍布各郡各諸侯國，權貴富豪蠻橫兇暴地壓服別人，高屋大宅旁邊，道路都不准旁人通行。這種局面本來就難於醫治，無法使之變好。」

大夫猛然變了臉色，沉默，沒有回答。

箴石第三十一

【題解】「箴」同「鍼」。「箴石」即古代用來扎刺肌體以治病的石鍼，在此喻指醫治社會弊病的良策。本篇丞相對賢良文學在辯論中粗暴不遜的態度提出指責，斷言他們如果當官掌權，也不可能有良策拯救百姓的疾苦。賢良則指出，像「枉木惡直繩」一樣，邪臣害怕正義，自己如果「下箴石」，就有可能遭不測之禍，但如果明哲保身，就又會背上不高明的名聲。面對這種進退兩難的處境，賢良最後發出了君子之路狹窄的喟歎。

丞相曰：「吾聞諸❶鄭長者❷曰：『君子正顏色❸則❹遠❺暴嫚❻，出辭氣❼則遠鄙倍❽矣。』故言可述❾，行可則❿。此有司夙昔⓫所願覩也。若夫⓬劍客論⓭、博奕辯⓮，盛色⓯而相蘇⓰，立權⓱以不相假⓲，使有司不能取賢良之議，而賢良、文學被⓳不遜之名，竊為諸生不取也。公孫龍⓴有言：『論㉑之為道，辯㉒，故不可以不屬意㉓。屬意相寬㉔，相寬其歸爭㉕。爭而不讓，則入於鄙。』今有司以㉖不仁㉗，又蒙素飡，無以更責㉘雪恥矣。縣官㉙所招舉賢良、文學，而及親民㉚偉仕㉛，亦未見其能用箴石而醫百姓之疾也。」

【章旨】丞相指責賢良文學辯論時粗野不遜，斷定他們如果擔任實際官職也不可能有辦法拯救百姓的疾苦。

【注釋】❶諸 「之於」的合音。❷鄭長者 春秋末鄭人。著有《鄭長者》，今已失傳。❸正顏色 端正容貌神色。❹則 與下句「則」字同為連詞，表示對舉。❺遠 遠離；與之無關。❻暴嫚 粗暴傲慢。❼辭氣 言辭語氣。❽鄙倍 粗野背理。倍，通「背」。❾述 遵循。❿則 效法。⓫夙昔 素來。⓬若夫 至於。⓭劍客論 像劍客那樣爭吵。⓮博奕辯 像下棋的人那樣爭辯。博，古代一種棋戲，是現代象棋的前身。奕，「弈」的誤字。弈，圍棋。⓯盛色 怒容滿面。⓰蘇 通「傃」。向。⓱立權 抱定自己的是非標準不變。立，定。權，稱量物體輕重的秤。喻指判斷是非的標準。⓲假 寬容。⓳被 蒙受。⓴公孫龍 戰國時趙人。名家學派的代表人物。㉑論 辯論。㉒辯 說清是非。㉓屬意 注意；留意。㉔相寬 互相寬容。㉕歸爭 結束爭吵。㉖以 同「已」。㉗不仁 指被責為不仁。㉘更責 推卸責任。更，更改。㉙縣官 天子。㉚親民 親自治理民眾。㉛偉仕 當上大官。

【語譯】丞相說：「我聽說鄭長者說過這樣的話：『君子端正自己的容貌神色，毫無粗暴傲慢之態，出口說話一點也不粗野背理。』所以他們的言論可供別人遵循，行為可供別人效法。這是我們執政官員素來所願意看到的。至於你們賢良、文學，卻在辯論中像劍客、像下棋的人那樣爭吵，怒氣沖沖地面對對方，抱定自己的是非標準，對別人不予寬容，使我們執政官員不能採納你們的意見，而你們自己也背上了不謙遜的名聲，我私下覺得你們實在不應該這樣。公孫龍曾說過：『辯論的目的是為了說清是非，所以不可以不留意。要留意的是互相寬容，互相寬容就可以避免爭吵。如果爭爭吵吵互不謙讓，就不免流於粗野。』現在我們執政官員已被你們指責為『不仁』，又蒙上了『素餐』的惡名，沒有辦法推卸責任、洗刷恥辱了。可是你們這些由皇上招攬選拔上來的賢良、文學，等到你們當上大官親自治理民眾的時候，也未必能看到你們拿出良策來拯救百姓的疾苦。」

賢良曰：「賈生❶有言：『懇言❷則辭淺❸而不入❹，深言❺則逆耳而失指❻。』故曰：『談何容易❼。』談且不易，而況行之乎？此胡建❽所以不得其死，而吳得⑨幾⑩不免於患也。語曰：『五盜執一良人⑪，枉木惡直繩⑫。』今欲下箴石⑬，載通關鬲⑭，則恐有盛、胡⑮之累⑯；懷箴橐艾⑰，則被不工⑱之名。『狼跋其胡，載疐其尾⑲。』君子之路，行止⑳之道固狹耳。此子石㉑所以歎息也。」

【章　旨】賢良述說自己進退兩難的處境，歎息「君子之路」狹窄。

【注　釋】❶賈生　指漢文帝時潁川人賈山。❷懇言　話說得誠懇。❸辭淺　指語意輕微。❹不入　不能慎重地聽進去。❺深言　話說得切直透徹。❻失指　失去宗旨。即達不到目的。指，同「旨」。❼談何容易　進言議論，並非易事。東方朔《非有先生論》有此句，意思是：人臣進言，不容許輕易隨便。容，容許。易，輕易隨便。此處意思與東方朔稍有不同。❽胡建　漢武帝時人。曾代理軍正丞，後為渭城縣令。敢作敢為，因觸犯昭帝之姊蓋公主，被追究，自殺。❾吳得　人名。具體情況不詳。❿幾　差一點。⓫五盜執一良人　五個盜賊反過來咬定一位好人是盜賊。言外之意是：在這種情況下，好人自己無法辯白，旁人也會相信。執，咬定。⓬繩　木工取直用的墨繩。⓭下箴石　用石鍼扎刺。喻指拿出好辦法著手醫治社會弊病。⓮關鬲　關，人體穴位常以「關」命名。此泛指穴位。鬲，人體胸腔和腹腔之間的橫膈膜。⓯盛胡　成顒和胡建。「盛」古通「成」。成顒是漢代東海郡人，具體事跡不詳。⓰累　災難。⓱懷箴橐艾　把石鍼藏起來，把艾絨收進袋內。喻指有治療「國疾」的良策而不獻出來。橐，一種袋子。艾，艾絨，用艾蒿葉加工而成，以之熏灼穴位，可治病。⓲工　高明。⓳狼跋其胡二句　出《詩經・豳風・狼跋》。寫老狼進退兩難。跋，踩。胡，老狼頷下下垂的肉。載，則。疐，牽絆。⓴行止　進退。㉑子石　孔子學生公孫龍，字子石。他曾登上吳山，歎息「君子道狹」。

【語　譯】賢良說：「賈山曾說過：『話說得誠懇則語意輕微，不能使人慎重地聽進去；話說得切直透徹就又使人感到刺耳，也不能達到勸諫的目的。』所以有人說：『談何容易。』談論尚且不容易，何況動手去做呢？這就是胡建死於非命，吳得差一點慘遭禍殃的原因。俗語說：『五個盜賊反過來咬定一位好人是盜賊，彎曲的木料厭惡筆直的墨繩。』如今我們想下鍼扎刺社會的病體，打通穴位和膈膜，則害怕有成顒、胡建那樣的災難臨頭；想把石鍼藏起來，把艾絨收進袋內，就又會背上醫術不高明的壞名聲。《詩經》上說：『老狼向前走則踩著頷下下垂的肉，向後退則又被自己的尾巴絆倒。』君子無論是前進還是後退，道路本來都是很狹窄的啊。這就是子石歎息的原因。」

除狹第三十二

【題解】本篇就上篇賢良提出的君子道狹問題展開辯論。大夫認為，小到辨別方向，大到治國治民，成敗得失都取決於當事人自身的素質能力，根本不存在甚麼道狹的問題。賢良則認為，為了解決君子道狹的問題，即為了「除狹」，必須選賢任能。他充分肯定了古代自下而上的選舉制度，抨擊了當代用人制度的混亂，強調應慎重選擇守相，使這兩種重要職務由真正賢能的人擔任。

大夫曰：「賢者處大林，遭風雷而不迷。愚者雖處平敞大路，猶暗惑❶焉。今守、相❷親剖符❸贊拜❹，蒞❺一郡之眾，古方伯❻之位也。受命專制❼，宰割❽千里，不御❾於內❿；善惡⓫在於己，己不能⓬故耳，道何狹之有哉？」

【章旨】大夫駁斥賢良「君子之路狹窄」的說法，指出無論是辨別方向還是治國治民，起決定作用的都是當事人自身的素質能力。

【注釋】❶暗惑 糊塗迷惑。❷守相 郡之太守與王國之相。西漢與郡同級的有諸侯王國。郡的最高長官叫郡守，景帝時改名太守。諸侯王國設相，地位如太守。太守和相都由朝廷直接任命。❸剖符 分符。符是古代用為憑證的東西，以竹、木、玉、銅等製成，分成兩半，雙方各執一半。漢代任命郡國守相，分符的一半給守相，天子自留另一半。❹贊拜 守相面見天子，在司儀人員的引導下，跪拜行禮。❺蒞 統治。❻方伯 古代的諸侯領袖。❼專制 獨立行使職權。❽宰割 管轄。❾御 控制；約束。❿內 指朝廷。⓫善惡 指治理得好或不好。⓬不能 沒有能力。

【語譯】大夫說：「賢能的人在大森林裡碰上暴風雨也不會迷路，愚蠢的人即使處在平坦寬敞的大路上，也還是辨不清方向。現在郡太守和諸侯王國的相面見天子，跪拜行禮，親自接受天子的任命，統治一郡的民眾，地位相當古代的諸侯領袖。受命於天子，獨立行使職權，管轄千里的地方，不受朝廷的牽制約束，治理得是好還是壞全在於自己，治理得不好是因為自己沒有能力的緣故，道路何曾狹窄呢？」

賢良曰：「古之進[1]士也，鄉擇而里選，論[2]其才能，然後官之，勝職任然後爵而祿之。故士修[3]之鄉曲[4]，升[5]諸[6]朝廷，行之幽隱[7]，明足顯著[8]。疏遠無失士[9]，小大無遺功[10]。是以賢者進用，不肖者簡黜[11]。今吏道[12]雜而不選[13]，富者以財賈[14]官，勇者以死射功[15]。戲車[16]鼎躍[17]，咸出補吏[18]，累功積日，或至卿相。垂青繩[19]，擐[20]銀龜，擅[21]殺生[22]之柄，專萬民之命[23]。弱者[24]，猶[25]使羊將[26]狼也，其亂必矣。強者[27]，則是予狂夫[28]利劍也，必妄[29]殺生也。是以往者郡國黎民相乘[30]而不能理[31]，或至鋸頸殺不辜[32]而不能正[33]。執綱紀非其道，蓋博[34]亂愈甚。古者封賢祿能[35]，不過百里，百里之中[36]而為都[37]，疆垂不過五十[38]，猶以為一人之身，明[39]不能照[40]，聰[41]不能達[42]，故立卿、大夫、士以佐之，而政治乃備[43]。今守、相或無古諸侯之賢，而涖[44]千里之政，主一郡之眾，施聖主之德，擅生殺之法，至重也。非仁人不能任，非其人不能行[45]。一人之身，治亂在己，千里與之轉化㊻，不可不熟擇㊼也。故人主有私人以財㊽，不私人以官，懸賞以待功，序爵㊾以俟賢，舉善若不足，黜惡若仇讎，固為其㊿非功而殘百姓也。夫輔王德，開臣途(51)，在於選賢而器使(52)之，擇練(53)守、相然後任之。」

【章　旨】賢良肯定古代的選賢制度，抨擊當代用人制度的混亂，強調選賢任能的重要，認為應精心挑選合適的人擔任守相。

【注　釋】❶進　進用。❷論　分析評定。❸修　指修養德性、研習學問。❹鄉曲　偏僻的鄉村。❺升　向上推薦。❻諸　「之於」的合音。❼行之幽隱　指賢士在鄉村修養時默默無聞。❽明足顯著　指被選拔出來後就足以揚名於世。❾疏遠無失士　不會因為關係疏遠而埋沒才士。❿小大無遺功　無論功勞大小，都不忽視棄置。⓫簡黜　淘汰罷免。⓬吏道　用人制度。⓭不選　不經過選拔舉薦。⓮賈　買。⓯以死射功　拿性命求取功名爵位。射，求取。⓰戲車　表演車技。⓱鼎躍　古雜技項目之一。舉鼎。⓲補吏　充當官吏。⓳青繩　指繫官印的青絲帶。漢代制度，九卿等俸祿為中二千石的官員，繫印用青絲帶，印用銀打製，印鈕（即印鼻）為龜形。⓴擐　貫穿。指將絲帶穿過印鼻上的孔將印繫住。㉑擅　與下句「專」字皆謂獨立掌握。㉒殺生　即生殺。㉓命　生命。㉔弱者　懦弱無能的人。與下「強者」皆指被任用為官者。㉕猶　像；如同。㉖將　統率。㉗強者　強橫兇暴的人。㉘狂夫　瘋子。㉙妄　胡亂。㉚乘　侵陵。㉛理　治理好；制止。㉜不辜　無辜之人。㉝正　治罪。㉞博　大。㉟封賢祿能　封給賢士土地，授予能人俸祿。㊱中　中心。㊲為都　建立都城。㊳疆垂不過五十　指從都城到邊境的距離不超過五十里。垂，通「陲」。邊境。㊴明　視力。㊵照　遍照。指看清一切。㊶聰　聽力。㊷達　通達。指聽到一切。㊸政治乃備　行政系統才完備。㊹蒞　掌管。㊺非其人不能行　不是賢能之人不能把責任履行好。㊻與之轉化　以守相的仁與不仁為轉移。㊼熟擇　慎重選擇。㊽私人以財　憑私情給人錢財。㊾序爵　制定爵位的高低等級。㊿其　指惡人。(51)開臣途　開通賢臣上進的道路。(52)器使　量才使用。器，才能。(53)練　選。

【語　譯】賢良說：「古代進用士人，先由鄉里選擇薦舉，到了朝廷，分析評定他們的才能，然後授予相應的官職，待能夠勝任官職再授予爵位和俸祿。所以士人在偏僻的鄉村修養德性，研習學問，能夠被向上推薦到朝廷，在鄉村修養時默默無聞，被選拔出來後就足以揚名於世。那時候，不會因為關係疏遠而埋沒才士，無論功勞大小都不忽視棄置。因此賢能的人被進用，不賢的人被淘汰罷免。如今用人制度雜亂，任命官吏不經過選拔舉薦，富人用錢財買官，勇武的人拿性命求取功名爵位。耍車和舉鼎的雜技演員都出來充當官吏，積累了功勞和時日，有的人竟當上了卿相。腰間垂著青色絲帶，上面繫著龜形印鼻的銀製官印，手操生殺大權，掌握萬民的性命。被任用為官者如果懦弱無能，那就像派羊統率狼一樣，社會的混亂定不可免；如果強橫兇暴，那就像把利劍授給瘋子一樣，胡亂定人生死的事情勢必會發生。所以過去一段時間地方上百姓互相侵陵卻得不到有效制止，甚至有人鋸斷別人的脖子、殺害無辜也未能給予懲處。執掌綱紀而不能按照正道而行，這樣大亂就會越來越厲害。古時候天子封給賢士土地，授予能人俸祿，所封賜的土地不超過百里見方，受封諸侯的都城建在百里之地的正中心，從都城到四面邊境的距離不超過五十里，就這樣，還以為憑著受封諸侯一個人，眼睛不能看清一切，耳朵不能無所不聞，因此設置卿、大夫、士來輔佐他，這樣之後行政系統才完備。現在的郡太守和諸侯王國的相恐怕沒有古代諸侯的賢能，卻掌管千里之地的政事，統治一郡的民眾，施行聖主的德政教化，握有生殺的大權，其責任是至為重大的。不是仁人不能擔任這樣的官職，不是賢能之人不能履行這分責任。一人獨立主事，轄境內的治亂全取決於他本人，千里之地的狀況以他的仁與不仁為轉移，因此對守相不能不慎重地加以選擇。所以君主可以憑私情給人錢財，但不可以憑私情給人官職，公布獎賞規格以等待有功之人，制定爵位的高低等級以等待賢能之士，舉用好人就像自己老是做得不夠似的，罷免壞人就像對待仇敵一樣，這確實是因為壞人沒有功勞卻殘害百姓。輔助君主的美德，開通賢臣上進的道路，關鍵在於選拔賢人，量才使用，精心挑選出適合擔任守相的人然後加以任命。」

疾貪第三十三

【題　解】「疾貪」即痛恨貪婪。本篇以貪婪為中心議題。大夫認為，貪得無厭的是下級官吏，他們的貪婪出自天性，高級官員無法教育好他們，也不應對他們的行為負責。賢良則指出，俸祿微薄是導致官吏勒索百姓的客觀原因，下級官吏的貪婪是受了上面的影響，貪婪的根源在高級官員，高級官員應負的責任推卸不掉；治國治民，培養好的社會風氣，應以教化為主要手段。

大夫曰：「然❶。為醫以❷拙矣，又多求謝❸。為吏❹既多不良矣，又侵漁❺百姓。長吏❻厲❼諸小吏❽，小吏厲諸百姓。故不患擇之❾不熟，而患求之與得異也；不患其不足❿也，患其貪而無厭也。」

【章　旨】大夫指出，選擇官吏慎重與否並不是關鍵所在，吏治方面的主要問題是下級官吏的貪而無厭。

【注　釋】❶然　表示肯定的答語。❷以　同「已」。❸謝　報酬。❹吏　漢代稱職位低於縣令（長）的小官員為吏。❺侵漁　侵奪。❻長吏　吏中職位較高者。如縣丞、縣尉即屬此列。❼厲　壓榨。❽小吏　亦稱少吏。地位低於長吏的吏。❾之　指官吏。❿不足　指俸祿不夠用。

【語　譯】大夫說：「是這樣。當醫生醫術已經不高明，卻又要求大量報酬。為吏既已有很多壞作風，卻又侵奪百姓的財利。長吏壓榨小吏，小吏壓榨百姓。所以不怕選擇官吏不慎重，就怕想擇得的與實際得到的不一致；不怕他們俸祿不夠用，就怕他們貪婪卑鄙，不知滿足。」

賢良曰：「古之制爵祿❶也，卿大夫足以潤賢❷厚士，士足以優身及黨❸，庶人為官者足以代其耕而食其祿。今小吏祿薄，郡國繇役❹遠至三輔❺，粟米貴，不足相贍❻。常居❼則匱於衣食，有故❽則賣畜粥❾業。非徒❿是也，繇使相遣⓫，官庭⓬攝⓭追，小計權吏⓮行施⓯乞貸⓰，長吏侵漁，上府⓱下求之縣，縣求之鄉，鄉安取之哉？語曰：『貨賂⓲下流⓳，猶水之赴下，不竭不止。』今大川江河飲巨海，巨海受之⓴，而欲谿谷之讓流潦㉑，百官之廉，不可得也。夫欲影正者端其表㉒，欲下廉者先之身㉓。故貪鄙在率㉔不在下，教訓在政㉕不在民也。」

【章旨】賢良指出，俸祿微薄是導致官吏勒索百姓的客觀原因，貪婪的根源在高級官員而不在下級官吏。

【注釋】❶制爵祿　訂立爵位俸祿制度。❷潤賢　分出自己的俸祿蓄養賢人。❸優身及黨　使自己和親族生活優裕。黨，親族。❹郡國繇役　為郡國服繇役。❺三輔　京師及其附近地區。❻不足相贍　不敷使用。贍，供應。❼常居　日常家居。❽故　事。指意外的事情。❾粥　同「鬻」。出賣。❿徒　只；僅。⓫繇使相遣　被派遣出去服繇役差使。此句與下「官庭攝追」句是總起的兩句，後「小計權吏」二句承「繇使相遣」而言，「上府下求之縣」三句承「官庭攝追」而言。⓬官庭　官府。⓭攝　通「懾」。威逼。⓮小計權吏　小小的計吏和其他權力小的吏。計吏，郡國主持財會工作的小官員，他們每年要攜帶帳簿赴京城將其呈送朝廷，故又稱上計吏。⓯行施　施行；進行。⓰乞貸　向人借錢物。實即勒索。⓱上府　上面的官府。指郡國。⓲貨賂　財貨。⓳下流　向下面索求。流，求。⓴今大川江河飲巨海二句　喻指朝廷和高級官員搜刮下面的錢財。飲，給水喝。㉑谿谷之讓流潦　喻指下級官吏不勒索百姓。谿谷，山谷間的小溪。讓，拒絕接受。潦，雨後地面的積水。㉒表　標竿。㉓先之身　自己先做到。㉔率　同「帥」。指高級官員。㉕政　從政人員。即官吏。

【語譯】賢良說：「古代訂立爵位俸祿制度，卿大夫的俸祿可以分出一部分來蓄養賢人，厚待才士；士的俸祿足夠使自己和親族生活優裕；平民做官的，其俸祿足以代替耕種收入而滿足生活之需。如今小吏俸祿微薄，為郡國服繇役而出遠門到京師一帶，京師一帶糧食價格昂貴，他們的俸祿不敷使用。他們日常家居時就缺衣少食，遇上意外事情就只好出賣牲畜和家業。不僅僅這樣，遇上被派遣出去服繇役差使，位低的計吏和別的小吏就以借貸的名義向百姓勒索，長吏則更厲害地掠奪侵占，遇上上級官府追逼索要賦稅財物，郡國就轉而向縣索求，縣就轉而向鄉索求，鄉不向百姓索求又到哪裡去要呢？俗語說：『向下面索要財貨，就像水奔向地勢低的地方一樣，不到水源竭盡的時候不停止。』如今大江大河把水送進大海，大海欣然接受，卻要山谷間的小溪拒絕接受雨後地面流動的積水，與此相似，想要百官廉潔，這些都是辦不到的。要想影子正，就得端正標竿，想要下級廉潔，自己就得先做到。所以貪婪卑鄙的根源在高級官員而不在下級官吏，需要教育訓導的是官吏而不是百姓。」

大夫曰：「賢不肖有質❶，而貪鄙有性❷，君子內潔己❸而不能純教於彼❹。故周公非不正管、蔡❺之邪，子產❻非不正鄧晳❼之偽也。夫內不從父兄之教，外不畏刑法之罪，周公、子產不能化，必也。今一一❽則責之有司，有司豈能縛其手足而使之無為非哉？」

【章旨】大夫指出，一些人的貪婪出自他們的天性，高級長官不應對下級官吏的貪婪負責。

【注釋】❶有質　由本質決定。❷有性　出自天性。❸內潔己　使自己純潔。❹純教於彼　教育惡人使其變純潔。❺管蔡　指周武王的弟弟管叔和蔡叔。武王死後，成王年幼，周朝的政事實際由周公掌管，管叔、蔡叔不服，發動叛亂，周公興師征討，殺管叔，流放蔡叔。❻子產　春秋時鄭國賢臣。❼鄧晳　春秋時鄭國大夫。被子產所殺。❽一一　全部；所有。

【語譯】大夫說：「人的賢不肖是由各人的本質決定的，有些人貪婪卑鄙，這是出自他們的天性，君子能夠使自己純潔，但無法教育那些惡人使他們變純潔。所以周公並不是不糾正管叔、蔡叔的邪惡，子產並不是不糾正鄧晳的姦偽。這幾個人對內不聽從父兄的教導，對外不害怕刑法的懲處，周公和子產不能使他們變好，是必然的。現在你們把所有的壞事都責怪到高級長官頭上，高級長官難道能把那些下級官吏的手腳捆住，使他們不做壞事嗎？」

賢良曰：「駟馬❶不馴❷，御者❸之過也；百姓不治❹，有司之罪也。《春秋》刺譏不及庶人，責其率也。故古者大夫將臨刑❺，聲色不御❻，刑以當❼矣，猶三巡❽而嗟嘆之，其恥不能以化❾而傷其不全❿也。政教闇而不著⓫，百姓顛蹶⓬而不扶，猶赤子⓭臨井焉，聽⓮其入也。若此，則何以為民父母？故君子急於教，緩於刑。刑一而正百⓯，殺一而慎萬。是以周公誅⓰管、蔡，而子產誅鄧晳也。刑誅一施，民遵禮義矣。夫上之化下，若風之靡⓱草，無不從教。何一一而縛之也？」

【章旨】賢良指出，百姓沒有治理好，政治教化昏暗，這些都應由當權者負責，治國應重視教化。

【注釋】❶駟馬　同拉一輛車的四匹馬。❷馴　馴服。❸御者　趕車的人。❹不治　沒有治理好。❺將臨刑　在監督行刑之前。❻聲色不御　不聽音樂，不親近女色。御，進用。❼以當　已經執行。❽三巡　走來走去察看數遍。❾恥不能以化因未能在犯罪之前把罪人教化好而感到羞恥。⑩不全　性命不能保全。⑪不著　不使之變光明。著，明。⑫顛蹶　跌倒。⑬赤子　初生的嬰兒。⑭聽　聽任。⑮正百　使一百人改邪歸正。⑯誅　懲罰。⑰靡　倒伏。

【語　譯】賢良說：「拉車的馬不馴服，這是趕車人的過錯；百姓沒有治理好，這要歸罪於政府官員。《春秋》不把平民作為諷刺對象，只是責備他們的統治者。所以古時候大夫在監督行刑之前，不聽音樂，不親近女色，刑殺已經執行完畢，還走來走去察看數遍，深深地歎息，因自己未能在犯罪之前把罪人教化好而感到羞恥，為他的性命不能保全而傷心。如果政治教化昏暗而不使之變光明，老百姓跌倒了而不去扶起來，這就像看見嬰兒在井邊而聽任他掉進去一樣。像這樣，則憑甚麼當百姓的父母呢？所以君子重視教化，而不注重刑罰。懲罰一個人是為了使一百個人改邪歸正，殺掉一個人是為了使一萬人謹慎小心。因此周公懲處了管叔、蔡叔，子產殺掉了鄧皙。刑罰一施行，老百姓就遵守禮義了。上面教化下面，就像風一吹草就隨之倒伏一樣，沒有不聽從的。哪裡需要一個個地捆綁起來呢？」

後刑第三十四

【題　解】「後刑」意謂把刑罰擺在不重要的位置。題目概括了賢良的觀點。大夫充分肯定刑罰的作用，主張以嚴厲的刑罰對付惡民。賢良則極力反對倚重甚至濫用刑罰的做法，認為治國治民應把禮義教化擺在首位。

大夫曰：「古之君子，善善❶而惡惡❷。人君不畜❸惡民，農夫不畜無用之苗❹。無用之苗，苗❺之害也；無用之民，民之賊❻也。鉏一害而眾苗成，刑一惡而萬民悅。雖周公、孔子不能釋刑而用惡。家之有姐❼子，器皿不居❽，況姐民乎！民者敖❾於愛而聽❿刑。故刑所以正民，鉏所以別⓫苗也。」

【章　旨】大夫指出，人君不畜養惡民，對惡民要用嚴厲的刑罰對付。

【注　釋】❶善善　贊美好人。❷惡惡　憎恨壞人。❸畜　養。❹無用之苗　指壞苗和雜草。❺苗　指良苗。❻賊　害。❼姐　嬌；嬌慣。❽不居　不能安居。指常被摔壞。❾敖　通「傲」。傲慢不馴。❿聽　聽從；畏懼。⓫別　分別。

【語　譯】大夫說：「古代的君子贊美好人而憎恨壞人。做君主的不畜養惡民，當農民的不容留壞苗雜草。壞苗雜草，是良苗的禍害；無用之民，是良民的禍根。鋤掉一棵壞苗或雜草，就有眾多的良苗得以長成結實；殺掉一個壞人，就有上萬人感到高興。即使是周公和孔子也不能把刑罰丟在一旁而任用惡人。家中有嬌慣的兒子，連器物用具都免不了遭殃，何況社會上有嬌慣的百姓呢！百姓是你對他仁愛他就傲慢不馴，但他們畏懼刑罰。所以刑罰是用來端正百姓的，鋤頭是用來剔除壞苗雜草的。」

賢良曰：「古者，篤❶教以導民，明辟❷以正刑❸。刑之於治，猶策❹之於御❺也。良工❻不能無策而御，有策而勿用。聖人假❼法以成教，教成而刑不施。故威厲❽而不殺，刑設而不犯❾。今廢其紀綱而不能張❿，壞其禮義而不能防⓫。民陷於罔⓬，從而獵⓭之以刑，是猶開其闌牢⓮，發⓯以毒矢也，不盡不止。曾子曰：『上失其道，民散久矣。如得其情，即哀矜而勿喜⓰。』夫不傷民之不治，而伐⓱己之能得姦⓲，猶弋者⓳睹鳥獸掛罻羅⓴而喜也。今天下之被誅者，不必有管、蔡之邪，鄧晳之偽，恐苗盡而不別，民欺㉑而不治也。孔子曰：『人而不仁，疾之已甚，亂也㉒。』故民亂反之政㉓，政亂反之身㉔，身正而天下定。是以君子嘉㉕善而矜㉖不能，恩及刑人，德潤窮夫，施惠悅爾㉗，行刑不樂也。」

【章旨】賢良認為，刑罰不可不要，但絕不可多用，治國應把禮義教化擺在首位。

【注釋】❶篤　厚。指加強。❷明辟　彰明法律。辟，法。❸正刑　端正刑罰。❹策　馬鞭。❺御　趕車。❻良工　指善於趕車的人。❼假　借助。❽威厲　威嚴嚴厲。❾不犯　無人觸犯。❿張　張開；實施。⓫防　指防止邪惡。⓬罔　同「網」。法網。⓭獵　捕捉。⓮闌牢　牲口圈。⓯發　將箭射出。⓰上失其道四句　出《論語・子張》。民散，指民心離散。得其情，指偵知百姓犯罪的事實。即，則。哀矜，憐憫；同情。⓱伐　誇耀。⓲得姦　偵知壞人壞事。⓳弋者　射鳥者。此泛指獵人。⓴罻羅　捕鳥的小網。㉑欺　狡詐。㉒人而不仁三句　出《論語・泰伯》。意謂如果對不仁的人恨得太厲害，就會把他逼上作亂的道路。疾，憎恨。已，太。㉓反之政　回過頭來檢查政治。㉔身　指執政者自身。㉕嘉　讚美。㉖矜　憐憫。㉗爾　語助詞。

【語　譯】賢良說：「古時候加強教化以引導百姓，彰明法律以端正刑罰。刑罰與治國的關係，就像馬鞭與趕車一樣。善於趕車的人不能沒有鞭子，但有了鞭子卻不一定使用。聖人借助法律來促成教化，教化成功了就不再用刑罰。所以聖人威嚴嚴厲但不殺人，設立刑罰但沒有人觸犯。如今廢棄了治國的綱紀而不能予以施行，破壞了禮義而無法防止邪惡。百姓掉進了法網，跟著把他們抓起來加以懲處，這就像打開牲口圈，用毒箭射殺牲口，不到殺光不停止一樣。曾子說過：『處上位的人治國不按正道，民心離散已經很久了。如果偵知百姓犯罪的事實，應該同情他們，而不要以之為喜。』不憂傷百姓沒有治理好，卻誇耀自己能偵知壞人壞事，這就像獵人看見鳥獸掛在羅網上而高興一樣。現在天下被殺的人不一定都像管叔、蔡叔那樣邪惡，鄧晳那樣姦偽，這樣下去，恐怕把地裡的生長物都鋤掉了也分辨不出好苗和壞苗雜草，百姓會更加狡詐而越發不容易治理好。孔子說：『不仁的人，如果對他恨得太厲害，就會把他逼上作亂的道路。』所以百姓亂起來了，就應該回過頭來檢查政治，政治混亂了，就應該回過頭來檢查自身，自身端正了，天下就會安定。因此君子贊美好人而憐憫那些沒有能力者，恩惠施及受刑之人，德澤滋潤到窮人身上，施行恩惠時心情愉快，執行刑罰時悶悶不樂。」

授時第三十五

【題解】「授時」指統治者根據天象曆法，把農業生產的節令告訴百姓。篇中雙方的爭論是圍繞農業生產及相關的貧富問題展開的，「授時」這一篇名實際上只標明了本篇論爭內容的大致範圍。大夫在篇中指出，百姓的貧窮，是他們自身懶惰或奢侈的結果，有了這些惡習，他們在任何情況下也富裕不起來，朝廷對農業生產是夠重視的，並採取了很多扶助措施，但百姓至今仍處在貧困之中，這完全應由他們自己負責。賢良則認為，要使國家安定，百姓仁厚，就必須加強禮義教化，而禮義教化成功的前提是發展農業生產，使百姓富足，百姓富足的關鍵是朝廷重視農業生產，輕繇薄賦。賢良駁斥了大夫所謂朝廷重視農業生產的說法，揭露了當時農業生產的廢弛狀況。

大夫曰：「共其地❶，居是世也，非有災害疾疫❷，獨以貧窮，非惰則奢也；無奇業旁入❸，而猶以富給❹，非儉則力也。今曰『施惠悅爾，行刑不樂』，則是閔❺無行之人，而養惰奢之民也。故妄予不為惠，惠惡者❻不為仁。」

【章旨】大夫認為人的貧窮是由自身的懶惰或奢侈造成的，因此反對對好人壞人不加分別地施以慈惠仁愛。

【注釋】❶共其地　居住在同一個地區。❷疾疫　瘟疫。❸奇業旁入　本業之外的收入。❹給　豐足。❺閔　憐憫。❻惠惡者　對壞人施恩惠。

【語　譯】大夫說：「居住在同一個地區，處在同一個時代，在沒有發生自然災害和瘟疫的情況下，有的人獨獨貧窮，這若不是懶惰就是因為奢侈浪費；有些人並沒有本業之外的收入，但還是很富足，這若不是節儉就是因為工作努力。現在你們說『施行恩惠時心情愉快，執行刑罰時悶悶不樂』，那麼這是主張憐憫品行不好的人，畜養懶惰奢侈的百姓。所以胡亂施捨算不上慈惠，對壞人施恩惠算不上仁義。」

賢良曰：「三代之盛無亂萌❶，教也；夏、商之季世❷無順民，俗也。是以王者設庠序❸，明教化，以防道❹其民，及政教之洽❺，性仁❻而喻❼善。故禮義立則耕者讓於野，禮義壞則君子爭於朝。人爭則亂，亂則天下不均，故或貧或富。富則仁生，贍❽則爭止。昏暮叩❾人門戶，求水火，貪夫不悋❿，何則？所饒⓫也。夫為政而使菽粟⓬如水火，民安有不仁者乎？」

【章　旨】賢良指出，要使國家安定，百姓仁厚，就必須加強禮義教化，發展糧食生產。

【注　釋】❶萌　通「氓」。民。❷季世　末世。❸庠序　皆古代學校名。❹道　通「導」。❺洽　融洽。❻性仁　具有仁厚的本性。❼喻　懂得。❽贍　豐足。❾叩　敲。❿悋　「吝」的異體字。吝惜。⓫饒　多。⓬菽粟　泛指糧食。

【語　譯】賢良說：「三代興盛的時候，天下沒有犯上作亂的百姓，這是因為當時有好的教化；夏商兩朝的晚期，天下沒有馴服的百姓，這是因為當時風俗敗壞。因此行王道的帝王設立學校，彰明教化，以防止百姓陷入邪惡，引導他們向善，等到政治和教化配合融洽的時候，百姓就會具有仁厚的本性，懂得甚麼是善了。所以禮義樹立了連農夫都會在田野裡講究謙讓，禮義敗壞了連君子也免不了在朝廷裡互相爭奪。人們互相爭奪就會引起混亂，一混亂天下就會出現貧富不均，所以會有一部分人貧窮一部分人富裕。富有，仁愛就會產生；豐足，爭奪就會停止。黃昏的時候敲別人的門討水和火種，即使是貪婪的人也會慷慨給與，這是為甚麼呢？因為水和火種是人們大量擁有的東西。治理國家如果能使糧食像水和火種那樣多，百姓哪裡還會不仁呢？」

大夫曰：「博戲❶馳逐❷之徒，皆富人子弟，非不足者也。故民饒則僭❸侈，富則驕奢，坐而委蛇❹，起而為非，未見其仁也。夫居事❺不力，用財不節，雖有財如水火，窮乏可立而待❻也。有❼民不畜❽，有司雖助之耕織，其❾能足之乎？」

【章旨】大夫指出，百姓富足了未必就有仁義之心，不勤勞節儉就難以致富。

【注釋】❶博戲　古代的一種棋戲，是現代象棋的前身。❷馳逐　驅馬賽跑。❸僭　超越本分。❹委蛇　悠閒自得的樣子。❺居事　做事。❻立而待　馬上就會到來。❼有　語首助詞。無義。❽畜　通「蓄」。蓄積。❾其　猶「豈」。表反詰。

【語譯】大夫說：「下棋戲耍、驅馬賽跑之徒，都是富人及其子弟，並不是衣食不足的窮人。所以百姓錢多了就追求超越自己身分地位的享受，富有了就驕傲奢侈，坐在家裡時露出一副得意的神情，走到外面就為非作歹，沒有看見他們有甚麼『仁』的表現。一個人如果做事不努力，使用錢財不節約，擁有的錢財即使像水和火種一樣多，貧窮困乏也會馬上到來。百姓自己不務蓄積，政府官員即使幫助他們耕種紡織，難道能使他們富裕起來嗎？」

賢良曰：「周公之相成王也，百姓饒樂❶，國無窮人，非代之耕織也。易其田疇❷，薄其稅斂❸，則民富矣。上以奉君親❹，下無飢寒之憂，則教可成也。《語》❺曰：『既富矣，又何加焉？曰：教之。』教之以德，齊❻之以禮，則民徙義❼而從❽善，莫不入孝出悌，夫何奢侈暴慢❾之有？《管子》曰：『倉廩❿實而知禮節，百姓足而知榮辱。』故富民易與適禮⓫。」

【章　旨】賢良指出，政府減輕賦稅，百姓就會富裕，百姓富裕了，教化就會成功。

【注　釋】❶饒樂　豐足快樂。❷易其田疇　為百姓劃定井田。易，治。疇，一井為疇。❸稅斂　賦稅。❹君親　君主和父母。❺語　指《論語·子路》。❻齊　整齊；約束。❼徙義　移向義。❽從　追求。❾暴慢　橫暴傲慢。❿廩　糧食倉庫。⓫易與適禮　容易使之做到守禮義。適，往；達到。

【語　譯】賢良說：「周公輔佐成王的時候，百姓豐足快樂，國中沒有窮人，這並不是他代替百姓耕種紡織的結果。為百姓劃定井田，減輕他們的賦稅，百姓自然就富裕起來。他們對上能奉養君主父母，對下能使妻子兒女不挨凍受餓，這樣教化就可以成功了。《論語》上說：『百姓已經富裕了，那又怎麼辦呢？孔子回答：對他們進行教化。』用道德教化他們，用禮義約束他們，那麼，他們就會以義和善為追求目標，人人都能在家孝順父母，在外尊敬兄長，哪裡還會有奢侈浪費、橫暴傲慢的表現呢？《管子》上說：『百姓糧倉裝滿了才懂得禮節，生活富足了才懂得榮辱。』所以富裕的人容易使之做到守禮義。」

大夫曰：「縣官❶之於百姓，若慈父之於子也：忠❷焉能❸勿誨乎？愛之而勿勞❹乎？故春親耕❺以勸農，賑❻貸❼以贍❽不足，通滀水❾，出輕繫❿，使民務時⓫

也。蒙恩被澤，而至今猶以貧困，其難與適道若是夫！」

【章　旨】大夫指出，皇上重視農業生產並採取了很多扶助措施，百姓仍然貧困，適足表明他們難以被引上正道。

【注　釋】❶縣官　指天子。❷忠　指百姓忠於天子。❸能　猶「而」。❹勿勞　指不要兒子勞動。❺親耕　古代有天子親耕的制度。孟春之月，皇家莊園舉行盛大的始耕典禮，天子親握農具，做象徵性的勞動，以鼓勵天下人努力從事農業生產。❻賑　發放救濟。❼貸　借出錢財。❽贍　足；供應。❾滀水　積水。❿輕繫　罪輕的囚犯。⓫務時　努力趕農時。

【語　譯】大夫說：「天子對待百姓，就像慈祥的父親對待兒子一樣；百姓忠於天子，天子就不對他們進行教導嗎？父親疼愛兒子就不要兒子勞動嗎？所以天子春天舉行始耕典禮親自勞動，以鼓勵農民努力生產，發放救濟借出錢財以供應那些困難的人，疏導積水，放出罪輕的囚犯，使百姓把握時機加緊耕種。百姓蒙受恩惠德澤，但至今還處在貧困之中，他們難以被引上正道竟像這樣啊！」

賢良曰：「古者春省❶耕以補不足❷，秋省斂❸以助不給❹。民勤❺於財則貢賦省❻，民勤於力則功築❼罕❽。為民愛❾力，不奪須臾。故召伯❿聽斷⓫於甘棠之下，為妨農業之務也。今時雨澍澤⓬，種懸⓭而不得播，秋稼零落⓮乎野而不得收。田疇赤⓯地，而停落⓰成市。發春⓱而後，懸青幡而策土牛⓲，殆非明主勸耕稼之意，而春令⓳之所謂也。」

【章　旨】賢良肯定古代聖主賢臣對農業生產的重視，揭露當代農業生產的廢弛狀況。

【注　釋】❶省　視察。據《孟子·梁惠王下》，古代君主於春耕秋收時赴農村視察。❷補不足　補助糧食不夠吃的人家。❸斂　收穫。❹助不給　幫助缺人手的農戶。不給，不足。指人手不夠。❺勤　古通「堇」。少；缺乏。❻省　減少。❼功築　土木工程。❽罕　少。❾愛　珍惜。❿召伯　即召公奭。周初賢臣，與周公旦共同輔佐成王，功勞卓著。相傳他體諒百姓的勞苦繁忙，親赴農村，在田野間的甘棠樹下受理案件。⓫聽斷　受理案件。⓬澍澤　澆灌潤澤大地。澍，通「注」。灌注。⓭種懸　種子掛在那裡。⓮零落　墜落。⓯赤　空無一物。⓰停落　村落。⓱發春　春天開始。⓲懸青幡而策土牛　漢代制度，立春之日，天還未亮，各級官吏就在門外樹起青旗，放置泥塑的牛和耕夫。幡，通「旛」。旗。策，鞭打。⓳春令　指《禮記·月令》中有關春天的部分。該部分敘述了春天應從事的活動。

【語　譯】賢良說：「古時候君主春天視察百姓的耕種情況，補助糧食不夠吃的人家，秋天視察百姓的收割情況，幫助缺人手的農戶。百姓錢財缺乏貢賦就減少，百姓勞力不足土木工程就少辦。為百姓珍惜勞力，不耽誤他們片刻的時間。所以召伯親赴農村，在田野間的甘棠樹下受理案件，這是為了避免妨礙農業生產。如今當及時雨澆灌潤澤了大地之後，種子仍吊在那裡下不了地，秋天各種作物都成熟掉落了仍得不到收割。田地上光禿禿的甚麼莊稼也沒有，村落卻變成了買賣活躍的集市。春天來臨之際，懸掛青旗而鞭打土牛，這恐怕與聖明君主鼓勵耕稼的旨意沒多大關係，與《禮記·月令》所說的春天應從事的活動也不合拍吧！」

水旱第三十六

【題解】本篇的論爭從水旱災害連及到農具鑄造再擴展到鹽鐵官營。大夫指出，水旱災害是上天造成的，非人力所致，不能歸罪於政府官員；政府鑄造鐵器，有許多有利條件，造出的鐵器質量好，價格適中，因此鹽鐵官營不可廢。賢良則認為，農業的豐收和歉收與政治的好壞密切相關，實行德政則上天降福，風調雨順，無水旱之災，如今為了改善政治以求得歲熟年豐，就必須廢除鹽鐵官營。賢良還指出，官鑄鐵器，成本高，參與其事的役卒、刑徒沒有積極的意願，造出的器具規格單一，質量低劣，加上價格昂貴，銷售方式呆板，對百姓的生產造成很大的危害，並加重了百姓的繇役負擔，而私營鑄鐵，參與其事的人意願高，講究質量，產品規格多樣，銷售方式靈活，大大有利於農業生產，從這一個角度看，也有必要廢除鹽鐵官營。

大夫曰：「禹、湯聖主，后稷❶、伊尹賢相也，而有水旱之災。水旱，天之所為；饑穰❷，陰陽之運❸也，非人力。故太歲之數❹在陽為旱，在陰為水。六歲一饑，十二歲一荒❺。天道然，殆非獨有司之罪也。」

【章旨】大夫認為，水旱災害、農業歉收都是上天造成的，不能怪罪於政府官員。

【注釋】❶后稷　周族的始祖。名棄。堯、舜時擔任農官。❷饑穰　饑，糧食歉收。穰，糧食豐收。❸運　運行。❹太歲之數　太歲當年運行的位置。太歲，古代天文學家設想出的假歲星，它與真歲星（木星）軌道相同，方向相反，十二年運行一周天，用它來紀年，比用真歲星紀年方便。❺荒　蔬菜歉收。

【語譯】大夫說：「夏禹、商湯是聖明的君主，后稷、伊尹是賢能的輔佐之臣，但在他們治理天下的時候，也免不了有水旱之災。水災旱災是上天造成的，糧食或歉收或豐收是陰陽運行的結果，這些都與人力無關。所以太歲當年運行的位置屬陽就會有旱災發生，屬陰就會有水災出現。每隔六年就會出現一次糧食歉收，每隔十二年就會出現一次蔬菜缺乏。天道本來這樣，恐怕不只是政府官員的罪過吧！」

賢良曰：「古者政有德則陰陽調，星辰理❶，風雨時❷。故行修於內，聲聞於外，為善於下❸，福應❹於天。周公載紀❺而天下太平，國無夭傷❻，歲❼無荒年。當此之時，雨不破塊❽，風不鳴條❾，旬而一雨，雨必以❿夜，無丘陵⓫高下皆熟。《詩》曰：『有渰萋萋，興雨祁祁⓬。』今不省⓭其⓮所以然，而曰『陰陽之運也』，非所聞也。《孟子》⓯曰：『野有餓殍⓰，不知收⓱也；狗豕食人食，不知檢⓲也；為民父母，民飢而死，則曰，非我也，歲也，何異乎以刃殺之，則曰，非我也，兵⓳也？』方今之務⓴，在除飢寒之患，罷鹽鐵，退權利㉑，分土地，趣㉒本業，養㉓桑麻，盡地力也。寡功㉔節用，則民自富。如是，則水旱不能憂，凶年㉕不能累㉖也。」

【章旨】賢良指出，農業的豐歉，取決於政治的得失，為了改變當今農業衰敗、民生凋敝的局面，必須取消鹽鐵官營，致力發展農業生產。

【注　釋】❶理　條理井然，互不相犯。古人認為，星之相犯，是災害的預兆。❷時　及時；適時。❸下　指人間。❹應　回應；回報。❺載紀　當作「載己」。修養自己。❻夭傷　指早死之人。傷，通「殤」。未成年而死。❼歲　年成；收成。❽塊　土塊。❾條　樹枝。❿以　用法同「於」。⓫丘陵　丘，小山。陵，大土山。⓬有渰萋萋二句　出《詩經・小雅・大田》。有渰，即「渰渰」。雲興起的樣子。萋萋，通「淒淒」。雲行的樣子。祁祁，緩慢的樣子。⓭省　考察。⓮其　指農業豐歉。⓯孟子　指《孟子・梁惠王上》。此下所引非照錄原文，乃述其大意。⓰餓殍　餓死的人。⓱收　指將饑民收養。⓲檢　約束。⓳兵　武器。此指刀。⓴務　需要努力進行的事情。㉑退權利　把一些事業的經營權和財利歸還給百姓。㉒趣　同「趨」。致力於。㉓養　種植。㉔功　指繇役。㉕凶年　荒年。㉖累　牽累。

【語　譯】賢良說：「古時候實行德政則陰陽和調，眾星井然有序，風雨適時。所以一個人自身品行修養好了，好名聲就會傳播到社會上，執政者在人間做好事，上天就會降福回應。周公努力加強自身的修養，於是天下太平，國中沒有早死之人，從未出現荒年。那時候，雨很輕細，不會把土塊打成稀泥，風很柔和，不會把樹枝吹得呼呼直叫，十天就會下一次雨，每次下雨必在夜間，無論小山大山，不管高地低田，莊稼都能豐收。正如《詩經》上所說的：『陰雲興起，緩緩移動，帶來了慢慢降落的雨。』如今不考察農業豐歉的真正原因，卻說它們是陰陽運行的結果，這種說法我們從未聽到過。《孟子》上說：『野外有餓死的人，不知道將饑民收養；豬狗吃人的食物，不知道加以約束；當百姓的父母，百姓餓死了，卻說：這不怪我，要怪年成不好，這和用刀殺了他們，卻說：不是我殺的，是刀殺的，有甚麼兩樣呢？』如今應該努力進行的事情，是消除飢寒的禍患，取消鹽鐵官營，把一些事業的經營權和財利歸還給百姓，分配土地，致力於農業，種植桑麻，充分發揮地力。減少繇役，節約財用，那麼百姓自然會富裕起來。做到了這些，那麼水旱之災就不足以使我們憂愁，荒年也不足以構成我們的牽累。」

大夫曰：「議者貴其辭約❶而指明❷，可❸於眾人之聽，不至繁文稠❹辭多言，害有司化俗❺之計而家人語❻。陶朱❼為生❽，本末異徑❾，一家數事❿，而治生⓫之道乃備。今縣官⓬鑄農器，使民務本，不營於末，則無飢寒之累。鹽鐵何害而罷？」

【章　旨】大夫指責賢良發言冗長累贅，嘮嘮叨叨，強調鹽鐵官營不可廢。

【注　釋】❶辭約　言辭簡潔。❷指明　意義明朗。❸可　使人感到舒服。❹稠　多。❺化俗　變易風俗。❻家人語　像平民話家常那樣絮絮叨叨。家人，平民。❼陶朱　指陶朱公范蠡。❽為生　經營生計。❾本末異徑　指走的是經商而不是務農的道路。❿一家數事　指一個家庭需要兼有農工商各業提供的產品或服務。本句連下句強調各業相互依賴。⓫治生　謀生。⓬縣官　此指政府。

【語　譯】大夫說：「一個人發表議論貴在言辭簡潔，意義明朗，讓眾人聽起來舒服，而不至於冗長累贅，文飾繁多，像平民話家常那樣絮絮叨叨，妨害政府官員移風易俗的大計。陶朱公經營生計，走的是經商而不是務農的道路，而對一個家庭來說，需要兼有農工商各業提供的產品或服務，這樣謀生之道才完備。如今政府鑄造農具，而使百姓努力從事農業生產，不經營工商業，這樣整個社會便沒有飢寒的牽累。鹽鐵官營有甚麼害處而要把它取消呢？」

賢良曰：「農，天下之大業也；鐵器，民之大用也。器用便利，則用力少而得作❶多，農夫樂事勸功❷。用❸不具❹，則田疇荒，穀不殖❺，用力鮮❻，功❼自半。器便與不便，其功❽相什而倍❾也。縣官鼓鑄❿鐵器，大抵多為大器，務應員程⓫，不給民用⓬。民用鈍弊⓭，割草不痛。是以農夫作劇⓮，得獲者少，百姓苦之矣。」

【章　旨】賢良指出，農具合用與否，是一個至關重要的問題，官鑄鐵器規格少，質量差，農民深以為苦。

【注　釋】❶得作　做出的成果。作，作業。❷勸功　努力工作。勸，鼓勵。此指受到鼓勵。❸用　器用。❹具　完備。❺不殖　指產量低。殖，繁殖；生長。❻用力鮮　謂用力至力鮮。即使用力氣到力氣幾乎用盡。鮮，少到幾乎竭盡的地步。❼功　收效；收益。❽功　此指效率。❾相什而倍　相差十倍。❿鼓鑄　鼓風鑄造。⓫務應員程　致力於完成數量指標。務，致力於某事。應，符合。亦即完成。員，事物的數量。程，猶今言指標。⓬不給民用　指規格和質量不能滿足百姓的需要。給，滿足。⓭弊　低劣。⓮作劇　工作繁重。

【語　譯】賢良說：「農業是天下位居第一的事業，鐵器是百姓最有用處的東西。農具便利，那麼花費的力氣少而成果多，農民樂意從事農業生產，努力工作。農具不完備，那麼有些田地就會荒蕪，莊稼即使種下了產量也不高，人們的力氣消耗殆盡，而收入只能達到正常的一半。農具便利與不便利，勞動效率會相差十倍。政府鑄造的農具，一般都是大件，鑄造時只顧完成數量指標，規格和質量都不能滿足百姓的需要。百姓使用這些不鋒利、質量差的農具，割起草來草都感覺不到痛。因此農民勞動繁重，而獲得的收入卻很少，百姓對此深感痛苦。」

大夫曰：「卒徒❶工匠以縣官❷日作公事，財用❸饒，器用❹備。家人❺合會❻，褊於日❼而勤於用❽，鐵力不銷鍊❾，堅柔不和❿。故有司請總⓫鹽鐵，一其用⓬，平其賈⑬，以便百姓公私。雖虞、夏之為治，不易⑭於此。吏⑮明其教⑯，工致⑰其事，則剛柔和，器用便。此則百姓何苦，而農夫何疾⑱？」

【章　旨】大夫指明鐵器私鑄的弊病，肯定官鑄的優點。

【注　釋】❶卒徒　役卒和刑徒。卒，役卒。被徵發來服勞役的平民。徒，刑徒。被強迫勞動的犯人。❷以縣官　按照政府規定的任務指標。❸財用　此指資金。❹器用　此指卒徒工匠所用的工具。❺家人　平民。❻合會　合伙私營。❼褊於日　謂緊張地趕時間，急於求成。褊，原指衣服狹小，此指促迫。❽勤於用　資金短缺。勤，通「堇」。缺乏。❾銷鍊　鍊透。❿和均　勻。⓫總　統一；統合。⓬一其用　統一器械用具的規格。用，器用。⓭賈　同「價」。⓮易　改變。⓯吏　主管官吏。⓰明其教　精心進行指導。⓱致　盡力。⓲疾　恨。

【語　譯】大夫說：「役卒、刑徒、工匠，按照政府規定的任務指標，每天為公家工作，資金雄厚，工具齊全。平民合伙私營鑄鐵，緊張地趕時間，急於求成，資金又短缺，鐵鍊得不透，軟硬不均勻。因此有關部門的官員向皇上請求實行鹽鐵官營，統一器械用具的規格，使它們的價格高低適宜，以方便百姓和公家。即使虞舜、夏禹治理國家，也不會改變這種做法。主管官吏精心進行指導，役卒、刑徒、工匠等盡力做好自己的工作，那麼鐵質就會軟硬均勻，造出來的器具就會十分便利。這樣，百姓有甚麼可痛苦的，農夫有甚麼可怨恨的呢？」

賢良曰：「卒徒工匠❶，故❷民得占租❸鼓鑄、煮鹽之時，鹽與五穀同賈❹，器和利❺而中用。今縣官作鐵器，多苦惡❻，用費❼不省，卒徒煩而力作不盡❽。家人相一❾，父子戮力，各務為善器，器不善者不集❿。農事急，輓運衍之阡陌之間⑪。民相與⑫市⑬買，得以財貨⑭五穀新弊⑮易貨⑯，或時貰⑰。民不棄作業，置⑱田器，各得所欲。更繇⑲省約，縣官以徒復作⑳繕治㉑道橋，諸發民㉒便之。今總其原㉓，壹其賈，器多堅硻㉔，善惡㉕無所擇。吏㉖數㉗不在，器難得。家人不能多儲，多儲則鎮㉘生。棄膏腴㉙之日，遠市田器，則後良時㉚。鹽鐵賈貴，百姓不便。貧民或木耕㉛手耨㉜，土耰㉝淡食㉞。鐵官㉟賣器不售㊱，或頗賦與民㊲。卒徒作不中呈㊳，時命助之。發徵㊴無限，更繇以均劇㊵，故百姓疾苦之。古者千室之邑㊶，百乘之家㊷，陶冶工商㊸，四民㊹之求足以相更㊺。故農民不離畦畝而足乎田器，工人不斬伐而足乎材木，陶冶不耕田而足乎粟米，百姓各得其便，而上無事焉。是以王者務本不作㊻末，去炫燿㊼，除雕琢，湛㊽民以禮，示㊾民以樸，是以百姓務本而不營於末。」

【章　旨】賢良肯定鹽鐵私營的好處，歷數鹽鐵官營給百姓生產、生活造成的危害，認為統治者應致力發展農業。

【注　釋】❶卒徒工匠　此四字是多出的。❷故　從前。❸占租　指私營鹽鐵時向政府自報營業額而交納租稅。❹賈　同「價」。❺和利　和，指鐵質軟硬均勻。利，便利。❻苦惡　指質量低劣。苦，粗劣。❼用費　指生產成本。❽力作不盡　工作不盡力。❾家人相一　平民合伙一起。❿不集　不當作成品。集，成。⓫輓運衍之阡陌之間　拉著車子運農具到各處田間零售。輓，拉車。衍，分散。阡陌，田間小路。⓬相與　一起。⓭市　買。⓮財貨　財物。⓯新弊　指以舊農具換新農具。

⑯貨　指農具。⑰貰　先得貨物，延期付款。猶今語賒購。⑱置　購置。⑲更繇　繇役。⑳徒復作　赦免犯人，除其刑具，讓其為政府服勞役，至滿其原判刑期為止。㉑繕治　修補。㉒發民　指本應被徵發服繇役的百姓。㉓總其原　統一控制山海資源。亦即實行鹽鐵官營。原，同「源」。資源。㉔䃘　同「硜」。堅硬。㉕善惡　指質量的好壞。㉖吏　指坐店銷售的官吏。㉗數　經常。㉘鎮　當作「鉎」。鐵鏽。㉙膏腴　原指土地肥沃。此指時光寶貴。㉚後良時　錯過了最好的農時。㉛木耕　用木器耕地。㉜手耨　用手除草。耨，除草。㉝土耰　用土塊砸碎土塊。耰，古代用來砸碎土塊，平整土地的農具。此用為動詞。㉞淡食　食物中不放鹽。㉟鐵官　經辦鐵專賣事項的官員。分布在郡縣。㊱不售　賣不出去。㊲或頗賦與民　有的鐵官就經常將賣不出去的鐵器攤派強賣給百姓。頗，甚。此指經常。賦，此謂攤派。㊳不中呈　達不到任務指標。呈，通「程」。指標。㊴發徵　徵發人服繇役。㊵更繇以均劇　百姓的繇役負擔因而都很沉重。以，因而。劇，繁重。㊶千室之邑　有千戶人家的城市。㊷百乘之家　能出百輛兵車的卿大夫封地。家，古代諸侯的封地稱國，卿大夫的封地稱家。㊸陶冶工商　陶，製作陶器的人。冶，冶鐵鑄器的人。工，即下「工人」。特指木工。商，商人。㊹四民　指士(做官的)、農、工、商四種人。㊺更　償；滿足。㊻作　為。此指過問，關心。㊼燿　「耀」的異體字。㊽湛　通「沉」。沉浸。㊾示　示範。

【語　譯】賢良說：「從前百姓可以私營鑄鐵煮鹽、向政府自報營業額而交納租稅的時候，食鹽和穀物價格相同，器具軟硬均勻，便利合用。現在政府鑄造的鐵器，大多質量低劣，生產成本很高，役卒、刑徒心情煩悶，工作不盡力。平民合伙私營鑄鐵，父子同心協力，都努力製造出質量好的器具，器具質量不好就不當作成品。在農忙的時候，拉著車子運農具到各處田間零售。百姓一起來購買，可以用財物、糧食換取，甚至可以用舊農具換取新的，有時還可以賒購。百姓不用丟下農事，購置農具又都能得到自己所想要的。繇役少，政府使用得到寬大處理的犯人修補道路橋梁，那些本應被徵發服勞役的百姓甚感方便。如今由國家控制山海資源，規定統一的鹽鐵價格，鐵器大多堅硬，好壞沒有甚麼可選擇的。坐店銷售的官吏又經常不在，鐵器難以買到。平民不能過多地儲備鐵器，儲備多了不用就會生鏽。浪費寶貴的時光，到很遠的地方購買農具，這樣就錯過了最好的農時。食鹽和鐵器價格昂貴，百姓深感不方便。貧民有的只好用木器耕地，用手除草，用土塊砸碎土塊，吃不放鹽的食物。鐵官手中的器具賣不出去，他們中有些人就常常將其攤派強賣給百姓。役卒、刑徒達不到任務指標，政府就經常命令已服完法定勞役的百姓去幫助他們。無限度地徵發人們去服繇役，百姓的繇役負擔因而都很沉重，所以大家對此深感痛苦，有怨恨情緒。古時候有千戶人家的城市，能出百輛兵車的卿大夫封地，陶工、冶鐵鑄器者、木匠、商人這幾種人都有，士、農、工、商各自的需求完全可以互相滿足。所以農民不離開田地而有足夠的農具使用，木匠不用自己上山砍伐而有足夠的木材原料，陶工和冶鐵鑄器者不耕田種地而有足夠的糧食，百姓各自都得到便利，而處上位的人也清閒無事。因此行王道的帝王致力於發展農業而不關心工商業，鏟除炫耀的作風，廢止精雕細刻之事，使百姓沉浸在禮義之中，用質樸為百姓作示範，因此百姓努力從事農業生產而不經營工商業。」

卷七

崇禮第三十七

【題解】此篇就如何接待四方少數民族來賓的問題展開辯論。大夫認為，接待遠方來賓時應顯示武力，展出奇禽怪獸、珍稀物品。對賢良應把賢人當作寶貝的說法，大夫給予了駁斥。賢良認為，接待遠方來賓，應講究禮節，向來賓展示中原地區德政教化之盛、禮儀制度之美、眾臣百官之賢；對一個國家來說，賢臣是相當重要的，有了賢臣，自然就有威懾力，異族就不敢為敵，即使想為敵，也不敢輕舉妄動。

大夫曰：「飾几杖❶，脩❷樽俎❸，為賓❹，非為主也。炫燿奇怪❺，所以陳四夷❻，非為民❼也。夫家人有客，尚有倡優❽奇變❾之樂，而況縣官乎？故列羽旄❿，陳戎馬，所以示威武；奇蟲⓫珍怪⓬，所以示懷⓭廣遠、明盛德，遠國莫不至也。」

【章旨】大夫指出，在接待四方少數民族來賓時，顯示威武、炫耀珍奇怪異之物是必要的。

【注釋】❶几杖　古代表示敬老的器物，朝中的老臣常從天子那裡得到這樣的賞賜。几，矮小的桌子，坐時用以倚憑身體。杖，手杖。❷脩　「修」的異體字。修飾美化。❸樽俎　皆古代舉行祭祀或宴會時所用的器物。樽，盛酒器。俎，盛肉器。❹賓　指來漢朝廷朝拜觀光的少數民族客人。❺奇怪　珍奇怪異之物。❻陳四夷　向四方少數民族作宣傳。❼民　指中原的百姓。❽倡優　歌舞戲謔的藝人。此指歌舞戲劇。❾奇變　指魔術雜技。❿羽旄　古時的一種軍旗。以雉羽、旄牛尾裝飾旗竿。⓫奇蟲　珍禽異獸。蟲，動物的泛稱。⓬珍怪　指稀有奇異的物品。⓭懷　安撫。

【語譯】大夫說：「修飾矮桌和手杖，美化盛酒器和盛肉器，這是出於接待少數民族來賓的需要，並不是為了主人自己。炫耀珍奇怪異之物，這是用來向四方少數民族作宣傳的，並不是為了給中原的百姓看。平民家裡來了客人，尚且有歌舞戲劇、魔術雜技等類型的娛樂活動，何況天子呢？所以樹立成排的軍旗，陳列驃悍的戰馬，這是為了顯示威武；讓來賓觀賞珍禽異獸和稀有奇異的物品，這是為了顯示朝廷能安撫遠方廣大地區的人眾，彰明美盛的道德，因而遠方部族沒有不來歸附朝貢的。」

賢良曰：「王者崇禮施德，上❶仁義而賤怪力❷，故聖人絕而不言。孔子曰：『言忠信，行篤敬，雖蠻貊之邦，不可棄也❸。』今萬方絕國❹之君奉贄❺獻者，懷❻天子之盛德，而欲觀中國之禮儀，故設明堂❼、辟雍❽以示❾之，揚干戚❿、昭⓫〈雅〉、〈頌〉⓬以風⓭之。今乃以玩好⓮不用⓯之器，奇蟲不畜⓰之獸，角抵諸戲⓱，炫燿之物陳夸⓲之，殆與周公之待遠方殊。昔周公處謙⓳以卑士⓴，執禮以治天下，辭越裳㉑之贄，見㉒恭讓之禮也，既㉓，與入文王之廟，是見大孝之禮也。目覩威儀干戚之容，耳聽清歌〈雅〉、〈頌〉之聲，心充至德，欣然以歸，此四夷所以慕義內附㉔，非重譯㉕狄鞮㉖來觀猛獸熊羆㉗也。夫犀象兕㉘虎，南夷之所多也；騾驢馲駞㉙，北狄之常畜也。中國所鮮，外國賤之。南越㉚以孔雀珥㉛門戶，崑山㉜之旁以玉璞㉝抵㉞烏鵲㉟。今貴人之所賤，珍人之所饒，非所以厚㊱中國，明盛德也。隋、和㊲，世之名寶也，而不能安危存亡。故喻㊳德示威，惟賢臣良相，不在犬馬珍怪。是以聖王以賢為寶，不以珠玉為寶。昔晏子修之罇俎之間㊴，而折衝㊵乎千里；不能者，雖隋、和滿篋㊶，無益於存亡。」

【章旨】賢良指出，接待遠國來賓，應講究禮儀，展示中原地區德政教化之美、眾臣百官之賢；炫耀奇禽異獸、珍稀寶物，不符合來賓遠來的意圖，無助於提高朝廷的威望。

【注釋】❶上　通「尚」。崇尚。❷怪力　怪異和暴力。❸言忠信四句　出《論語．衛靈公》及〈子路〉，乃合併兩處文字而成。忠信，忠誠講信用。篤，敦厚。❹絕國　極為遙遠的國家。❺贄　禮物。❻懷　感念。❼明堂　古代天子接受諸侯朝見的地方，亦用於舉行祭祀、慶賞、選士、養老、教學等大典。❽辟雍　古代天子設立的大學。❾示　給人看。❿揚干戚　揮動干戚跳舞。揚，舉起。干，盾牌。戚，古兵器之一。大斧。⓫昭　明白地展示。⓬雅頌　《詩經》所收詩作的兩個大類，可以配樂歌唱，是盛世美德的體現。⓭風　感化。⓮玩好　供玩賞之物。⓯不用　無實用價值。⓰不畜　不宜畜養。⓱角抵諸戲　各種樂舞雜技表演。⓲陳夸　宣傳誇耀。⓳處謙　處身謙恭。⓴卑士　下士。自處賢士之下。㉑越裳　古國名。故地在今越南南部。周公攝政時，越裳國曾來獻白毛野雞。㉒見　同「現」。表現。㉓既　後來。㉔內附　歸附華夏族朝廷。㉕重譯　通過多重翻譯。㉖狄鞮　翻譯人員。㉗羆　熊的一種。㉘兕　雌犀牛。㉙馲駞　駱駝。㉚南越　秦漢時南方國名。漢武帝滅其國，其地仍稱南越。㉛珥　飾於兩旁。㉜崑山　崑崙山。㉝玉璞　玉石。㉞抵　投擲。㉟鵲　喜鵲。古代崑崙山一帶的居民把喜鵲視為帶來兵災的不祥之鳥。㊱厚　此指提高地位。㊲隋和　隋侯珠與和氏璧。㊳喻　曉喻；使知道。㊴罇俎之

間　指宴會上。罇，同「樽」。據古書記載，晉國派范昭以訪問之名赴齊國探聽虛實，齊君設宴招待，范昭請求用齊君的盛酒器酌酒，晏子不同意。范昭回國告知晉君，以為齊國不可吞并。㊵折衝　使敵人撤回戰車。折，折回。衝，戰車。㊶篋　小箱子。

【語　譯】賢良說：「行王道的帝王崇尚禮治施行德政，看重仁義而鄙視怪異和暴力，所以聖人絕口不談論怪異和暴力。孔子說過：『說話忠誠講信用，行動敦厚謹敬，即使到了少數民族地區，也不能拋棄這些原則。』如今四面八方極遠國家的君主之所以拿著禮物進獻給朝廷，是因為感念天子的盛德，想觀看中原地區的禮儀制度，所以朝廷應該設立明堂、辟雍讓他們參觀，揮動盾牌和大斧跳舞、演奏〈雅〉〈頌〉的美妙樂歌來感化他們。可是現在卻拿僅供玩賞毫無實用價值的器物、不宜畜養的奇禽怪獸、各種樂舞雜技表演以及一些可資炫耀的東西來向他們宣傳誇耀，這恐怕與周公對待遠國來賓的做法相差太遠。從前周公處身謙恭以禮敬賢士，依據禮義來治理天下，推辭越裳國進獻的白毛野雞，這是表現恭讓的禮節，後來帶著越裳國來賓進入文王廟，這是表現大孝的禮儀。遠方來賓目睹干戚之舞威武壯觀的場面，耳聽〈雅〉〈頌〉之樂雍容清妙的聲音，心中充滿至美的道德，高高興興地回到本地，這是四方少數民族仰慕德義歸附華夏朝廷的原因所在，他們並不是要通過翻譯人員的輾轉翻譯而來觀看你的猛獸熊羆。犀牛、大象、老虎，這些是南方少數民族地區多有的動物；騾子、驢子、駱駝，這些是北方少數民族常畜養的牲口。中原地區少有的東西，周邊少數族人卻根本看不上眼。南越地區的住戶把孔雀羽毛裝飾在門的兩旁，崑崙山一帶的居民用玉石投擊驅趕烏鴉和喜鵲。如今看重別人所輕視的東西，珍視別人多有之物，這不是用來提高中原朝廷的地位、彰明美盛道德的正確做法。隋侯珠與和氏璧是世上有名的寶物，但它們不能夠使危險的國家安穩下來，使要滅亡的國家存在下去。所以用來向遠國來賓展現盛德、顯示威武的，只有賢臣良相，而不是狗馬和稀有奇異的物品。因此聖王把賢人當作寶貝，而不把珠玉當作寶貝。從前晏子在宴會上講求禮節尊嚴，而使千里之外的敵國撤回了戰車；如果不能像晏子做到這樣，即使隋侯珠與和氏璧裝滿了箱子，也對救亡圖存沒有幫助。」

大夫曰：「晏子相齊三君❶，崔、慶❷無道，劫其君，亂其國。靈公國圍❸；莊公弑死；景公之時，晉人來攻，取垂都❹，舉❺臨菑，邊邑削，城郭焚，宮室隳，寶器盡，何衝之所❻能折乎？由此觀之，賢良所言，賢人為寶，則損益無輕重❼也。」

【章旨】大夫列舉晏子任職時齊國兵敗地削、主弱臣驕的情形，批駁賢良應把賢人當作寶貝的說法。

【注釋】❶齊三君　指齊靈公、齊莊公、齊景公。❷崔慶　崔杼和慶封。二人皆齊國大夫。崔杼殺莊公，立景公。景公以崔杼為右相，以慶封為左相。❸國圍　都城被圍。國，都城。❹垂都　齊城市名。❺舉　攻下。❻所　通「可」。❼損益無輕重　國土的增加和減少無足輕重。

【語譯】大夫說：「晏子輔佐過齊國的三位國君，卻有崔杼和慶封大逆不道，劫持君主，把國家搞得大亂。靈公時國都被圍；到莊公，本人竟被臣下殺死；景公的時候，晉國人來進攻，奪走了垂都，攻下了臨菑，邊地被侵削，城郭被焚燒，宮室被毀壞，寶物被搶光，晏子哪裡能使敵人撤回戰車呢？由此看來，賢良說應把賢人當作寶貝，那麼國土的增減就無足輕重了。」

賢良曰：「管仲去魯入齊❶，齊霸魯削，非持❷其眾而歸齊也。伍子胥❸挾弓干❹闔閭，破楚入郢❺，非負其兵❻而適吳也。故賢者所在國重❼，所去❽國輕❾。楚有子玉得臣❿，文公側席⓫；虞有宮之奇⓬，晉獻不寐。夫賢臣所在，辟除開塞⓭

者亦遠⑭矣。故《春秋》曰：『山有虎豹，葵藿⑮為之不採；國有賢士，邊境為之不害』也。」

【章　旨】賢良列舉史實，說明賢人對國家的重要。

【注　釋】❶去魯入齊　離開魯國到齊國。管仲輔公子糾失敗，被魯人囚送到齊，得到桓公重用。❷持　帶領。❸伍子胥　春秋時人。其父仕楚被殺，他逃往吳國，得吳王闔閭重用，終於打敗楚國報了仇。❹干　求取任用。❺郢　楚國都城。❻負其兵　背馱楚國的武器。❼重　強盛而地位重要。❽去　離開。❾輕　衰弱而地位低下。❿子玉得臣　春秋時楚國大夫。很賢能。他率師與晉文公戰於城濮，晉勝楚敗，但晉文公還面有憂色，因為他認為，楚國的得臣還在，晉國未可高枕而臥。⓫側席　側著身子坐在席子上。即不敢正坐，是憂慮不安的表現。⓬宮之奇　春秋時虞國賢大夫。晉獻公想討伐虞國，但考慮到虞有宮之奇，因而寢食不安，不敢輕舉妄動。⓭辟除開塞　開闢拓展疆土。除，開。塞，邊塞。⓮遠　遠遠避開而不敢前來。

⓯葵藿　當作「藜藿」。藜藿，泛指野菜。

【語　譯】賢良說：「管仲離開魯國來到齊國，於是齊國稱霸諸侯，魯國日見衰弱，這並不是因為他帶著魯國民眾到齊國去。伍子胥帶著一張弓到吳王闔閭處求取任用，終於攻破楚國，進入郢都，這並不是因為他背了楚國的兵器到吳國去。所以賢人在哪個國家，哪個國家就國力強盛地位重要，離開哪個國家，哪個國家就國力衰弱地位低下。楚國有子玉得臣，晉文公因此不敢正身而坐；虞國有宮之奇，晉獻公因此連覺都睡不著。一個國家有了賢臣，那些想向這邊開闢拓展疆土的人也就遠遠避開而不敢前來了。所以《春秋》說：『山上有虎豹，野菜因此不被採摘；國家有賢士，邊境因此不被侵害。』」

備胡第三十八

【題　解】「備胡」即防備匈奴，本篇圍繞這一問題展開辯論。大夫指出，古代聖王即重視設防備戰、征討不義；作為天子，理應修建城郭，整軍經武；如今匈奴叛逆不臣，侵害中原，必須加強戰備，致力征討。賢良則認為，匈奴以游牧為業，族種卑賤，文化落後，朝廷不應要求他們守禮義，與他們兵戎相見，而應致力於「立仁脩義」，著眼於安撫；如今的征討政策，導致繇役繁重，支出浩大，百姓深受其苦，心生怨恨，這將對國家很不利。

大夫曰：「鄙語❶曰：『賢者容不辱❷。』以世俗言之，鄉曲❸有桀❹，人尚辟❺之。今明天子在上，匈奴公❻為寇，侵擾邊境，是仁義犯而藜藿採。昔狄❼人侵太王❽，匡❾人畏❿孔子，故不仁者，仁之賊⓫也。是以縣官厲武⓬以討不義，設機械⓭以備不仁。」

【章　旨】大夫強調對匈奴應予討伐。

【注　釋】❶鄙語　俗語。❷容不辱　應當不受凌辱。容，應當。❸鄉曲　鄉村。❹桀　兇橫之人。即惡霸。❺辟　刑；懲辦。❻公　公然；明目張膽地。❼狄　古族名。❽太王　即古公亶父。古代周族領袖，周文王之祖。他本居住在豳地（今陝西省邠縣），因受狄人侵擾，便率族人遷居岐山。❾匡　春秋時衛國地名。孔子路經匡地，被匡人圍困，因為匡人把他當成了曾在匡地做過壞事的陽虎。❿畏　使受驚嚇。⓫賊　害。⓬厲武　整頓軍隊。⓭機械　各種武器。

【語　譯】大夫說：「俗語說：『賢人應當不受淩辱。』就社會的一般習俗而言，鄉村裡有了惡霸，人們尚且要懲辦他。如今聖明的天子在上，匈奴竟然明目張膽地興兵進犯，侵擾邊境，這是仁義被冒犯而野菜被採摘了啊。從前狄人侵擾太王，匡人使孔子受驚嚇，可見不仁的人是仁人的禍害。因此當今天子整頓軍隊以討伐不義的入侵者，造出各種武器以防備不仁之人。」

賢良曰：「匈奴處沙漠之中，生不食之地❶，天所賤而棄之。無壇宇❷之居，男女之別，以廣野為閭里❸，以穹廬❹為家室，衣皮蒙毛❺，食肉飲血，會市❻、行牧❼、豎居❽，如中國之麋鹿❾耳。好事❿之臣求其義，責之禮，使中國干戈至今未息，萬里設備⓫。此〈兔罝〉⓬之所刺，故小人非公侯⓭腹心⓮干城⓯也。」

【章　旨】賢良認為，匈奴本是卑賤落後的部族，不應責求他們守禮義而引發長期的戰爭。

【注　釋】❶不食之地　不能耕種賴以取食的地方。❷壇宇　房屋庭院。❸閭里　村里。❹穹廬　古代游牧民族居住的氈帳，猶今之蒙古包。❺蒙毛　用獸皮毛蒙蓋身體。❻會市　在邊境集市與漢人互通有無。❼行牧　逐水草四處放牧。❽豎居　居住條件同童僕一樣。豎，童僕。❾麋鹿　動物名。鹿的一種。❿好事　喜歡生事端。⓫萬里設備　在萬里長的邊界設立防線。⓬兔罝　《詩經・周南》中的一篇。⓭公侯　指爵位為公或侯的諸侯王。⓮腹心　即心腹。出謀劃策的貼心人。⓯干城　盾和城。喻指國家的堅強捍衛者。

【語　譯】賢良說：「匈奴處在沙漠之中，生活在不能耕種的荒涼地方，是上天鄙視而拋棄的部族。他們沒有房屋庭院這樣的居所，男女之間沒有甚麼分別，把廣闊的原野當作村落，把簡陋的氈帳當作家室，穿皮衣，披獸皮，吃動物之肉，喝動物之血，到邊境集市與漢人互通有無，逐水草四處放牧，居住條件與童僕一樣，只不過像中原地區的麋鹿罷了。喜歡生事端的官僚要求他們守禮義，使中原地區與他們的戰爭至今沒有停息，朝廷不得不在萬里長的邊界設立防線。這就是〈兔罝〉一詩所諷刺的，所以小人並不是國君手下的心腹和衛君衛國的堅強衛士。」

大夫曰：「天子者，天下之父母也。四方之眾，其義❶莫不願為臣妾❷。然猶脩城郭，設關梁❸，厲武士，備衛於宮室，所以遠折難❹而備萬方者也。今匈奴未臣，雖無事，欲釋備，如之何？」

【章旨】大夫指出，天下之人雖都願為天子臣民，但天子仍須設立防衛，今匈奴尚未臣服，不能放棄戰備。

【注釋】❶其義　按照道義。❷臣妾　下屬。❸設關梁　在水陸要隘處設防。關，陸路要隘處。梁，橋梁。❹遠折難　挫敗遠方敵人的進攻。折，挫敗。

【語譯】大夫說：「天子是天下人的父母。四方之人，按照道義沒有誰不願意當天子的臣民。然而天子還是修建城郭，在水陸要隘處設防，整頓軍隊，使用禁衛軍在王宮防備守衛，這樣做是為了挫敗遠方敵人的進攻，防備周邊異族圖謀不軌。如今匈奴還沒有臣服，即使短時沒有戰事，但想放棄戰備，這怎麼行呢？」

賢良曰：「吳王❶所以見禽❷於越者，以其越近❸而陵遠❹也。秦所以亡者，以外備胡、越而內亡其政❺也。夫用軍於外，政敗於內，備為所患❻，增主所憂。

故人主得其道，則遐邇❼偕行❽而歸之，文王是也；不得其道，則臣妾為寇❾，秦王是也。夫文衰則武勝，德盛則備寡。」

【章　旨】賢良指出，治國應施行仁義之道，不應窮兵黷武。

【注　釋】❶吳王　指吳王夫差。夫差打敗越國，活捉了越王句踐，但他聽信小人之言，同意了越國的求和請求，後又放句踐回國。句踐經過一段時間的準備，捲土重來，興兵滅掉了吳國，夫差被俘，自殺。❷見禽　被擒。❸越近　指跨過近處的越國。❹陵遠　侵犯遠處的國家。❺亡其政　沒有好的政治。❻備為所患　戰備成了自己的禍害。❼遐邇　遠近。❽偕行　一起走；一起來。❾為寇　變為敵人。

【語　譯】賢良說：「吳王夫差之所以被越國擒獲，是因為他跨過近處的越國不攻打卻去侵犯遠處的國家。秦朝之所以滅亡，是因為它對外防備匈奴、百越，對內沒有實施仁政。對外用兵打仗，內政昏暗敗壞，戰備成了自己的禍患，增加了君主的憂愁。所以君主如果掌握了治國的正道，那麼遠近之人就會一起來歸附，周文王就是這樣；如果沒有掌握治國的正道，那麼就連自己的臣民也會變成敵人，秦皇就是這樣。國家文治衰弱武備就會躍居第一，德政興盛戰備就會減少。」

大夫曰：「往者，四夷俱強，並為寇虐❶：朝鮮❷踰徼❸，劫燕之東地；東越❹越東海，略❺浙江❻之南；南越內侵，滑❼服令❽；氐、僰、冉、駹、嶲唐、昆明❾之屬，擾隴西、巴、蜀❿。今三垂⓫已平，唯北邊未定。夫一舉則匈奴震懼，中外釋備⓬，而何寡⓭也？」

【章　旨】大夫認為，漢朝東南西三面之敵已平，對北方的匈奴如能興兵一舉平服，則朝廷的戰備可解除。

【注　釋】❶寇虐　進犯肆虐。❷朝鮮　國名。❸徼　邊界。❹東越　漢武帝時所立國。地在今福建一帶，國王為餘善。❺略　侵占。❻浙江　水名。即今浙江省之錢塘江。❼滑　通「猾」。擾亂。❽服令　指今湖南、江西與廣東、廣西等省區邊境的五嶺。令，通「嶺」。❾氐僰冉駹巂唐昆明　皆漢代西南地區的少數民族。❿隴西巴蜀　皆漢代郡名。隴西郡在今甘肅境內。巴、蜀二郡在今四川境內。⓫三垂　指東、南、西三面邊境。垂，通「陲」。邊境。⓬中外釋備　指漢朝內地和邊境的戰備都可解除。⓭寡　減少。

【語　譯】大夫說：「過去四方少數民族都很強大，都向內地進犯，肆行暴虐：朝鮮越過邊界，到燕地的東部搶劫掠奪；東越途經海路，侵占浙江以南地區；南越侵犯內地，擾亂五嶺一帶；氐、僰、冉、駹、巂唐、昆明等部族，騷擾隴西、巴、蜀三郡。如今東、南、西三面邊境的敵患已鏟除，只有北面邊境的匈奴還未平定。如果我們興兵打一次大勝仗，那麼匈奴就會震驚害怕，我方內地和邊疆的戰備就都可解除，哪裡還存在戰備減少不減少的問題呢？」

賢良曰：「古者君子立仁脩義以綏❶其民，故邇者習善❷，遠者順之。是以孔子仕於魯，前仕❸三月及❹齊平❺，後仕三月及鄭平，務以德安近而綏遠。當此之時，魯無敵國之難，鄰境之患。強臣❻變節❼而忠順，故季桓❽隳其都城❾。大國畏義而合好❿，齊人來歸⓫鄆、讙、龜陰⓬之田。故為政而以德，非獨辟害折衝也，所欲不求而自得。今百姓所以囂囂⓭，中外不寧者，咎在匈奴⓮。內無室宇之守，外無田疇之積⓯，隨美草甘水而驅牧。匈奴不變業⓰，而中國以⓱騷動矣。風合而雲解⓲，就⓳之則亡⓴，擊之則散，未可一世㉑而舉也。」

【章　旨】賢良指出，治國依據仁德，就可不受戰亂之苦，當今對匈奴的戰爭，於敵無損，於我有害。

【注　釋】❶綏　安撫。❷習善　養成了善良的本性。❸前仕　前次做官。❹及　與。❺平　講和修好。❻強臣　強橫專權之臣。❼變節　改變操行。❽季桓　即季桓子。又稱季孫斯。季康子的父親，魯國貴族，跋扈專權。❾隳其都城　據《公羊傳》，魯定公十二年，季桓子毀掉了自己的采地費邑的城牆。在古代，臣下實力強大會威脅國君，故賢良在此肯定季桓子的毀城之舉。都，城市。指費邑。❿合好　交接修好。⓫來歸　歸還。⓬鄆讙龜陰　鄆，地名，在今山東省鄆城縣東。讙，地名。龜陰，龜山之北。龜山在今山東省泗水縣東北。⓭囂囂　通「嗷嗷」。愁怨之聲沸騰的樣子。⓮咎在匈奴　過失在對匈奴的戰事上。⓯積　積累。指田地越來越多。⓰匈奴不變業　匈奴本以游牧為業，與漢人作戰，即使戰敗了，也無非換一個地方放牧，與平常的換地方沒多大差別，生活及作業並不受影響。⓱以　通「已」。⓲風合而雲解　像風一樣會合，像雲一樣飄散。喻指匈奴聚散迅疾。⓳就　走近。⓴亡　逃。㉑一世　一代。

【語　譯】賢良說：「古時候君子樹立仁德修治禮義以安撫民眾，所以近處的人養成了善良的本性，遠處的人順從歸服。因此孔子在魯國做官，前次做官，才三個月，就與齊國講和修好，後次做官，才三個月，就與鄭國講和修好，努力地用仁德來安撫遠近之人。在這個時候，魯國沒有敵對國家發動的災難，沒有來自鄰邦邊境的禍患。強橫專權之臣改變操行而忠順起來，所以季桓子拆毀了他費邑的城牆。大國敬畏魯國的仁義而與魯交接修好，齊國人歸還了以前占去的鄆、讙、龜山之北的田地。這樣看來，治理國家憑藉仁德，不只是能避開禍害，使敵人撤回戰車，而且想要得到的東西不用追求就能自然得到。如今百姓之所以怨聲載道，內地和邊疆之所以不安寧，其過失都在對匈奴的戰事上。匈奴內無房屋需要守持，外無田地的積累，哪裡有美草甘水就趕著牲畜到哪裡放牧。匈奴無論勝敗，都照樣過他的游牧生活，可是中原地區卻已經混亂了。匈奴像風一樣會合，像雲一樣飄散，走向他們，他們就遠遠逃開，進攻他們，他們就四散而去，想在一代人手裡徹底征服他們是辦不到的。」

大夫曰：「古者明王討暴衛弱，定傾❶扶❷危。衛弱扶危，則小國之君悅；討暴定傾，則無罪之人附。今不征伐，則暴害不息；不備，則是以黎民委❸敵也。《春秋》貶諸侯之後❹，刺不卒戍❺。行役❻戍備，自古有之，非獨今也。」

【章旨】大夫指出，征伐戍守之事，明主不廢，自古有之。

【注釋】❶定傾　安定行將崩潰的國家。傾，傾倒。❷扶　扶起來；挽救。❸委　丟棄。❹貶諸侯之後　貶斥在救他國之危時遲遲後到的諸侯。❺刺不卒戍　諷刺不把戍守任務執行到最後。卒，終。❻行役　出外服兵役。

【語譯】大夫說：「古時候聖明的君主討伐殘暴者，衛護弱小者，安定行將崩潰的國家，挽救陷入危險的國家。衛護弱小者，挽救陷入危險的國家，這樣，小國的君主就悅服；討伐殘暴者，安定行將崩潰的國家，這樣，無罪之人就歸附。如今不征伐匈奴，寇亂災害就不得止息；不防備，就是把百姓丟給敵人蹂躪。《春秋》貶斥在救他國之危時遲遲後到的諸侯，諷刺不把戍守任務執行到最後的行為。出外服兵役、戍守防備，這是自古就有的，並不是今天才出現。」

賢良曰：「匈奴之地廣大，而戎馬之足輕利❶，其勢易騷動❷也。利❸則虎曳❹，病❺則烏折❻，辟❼鋒銳❽而取罷極❾。少發❿則不足以更適⓫，多發則民不堪其役。

役煩⑫則力罷，用⑬多則財乏。二者不息，則民遺怨⑭。此秦之所以失民心、隕社稷也。古者，天子封畿⑮千里，繇役五百里⑯，勝聲相聞⑰，疾病相恤⑱。無過時之師，無踰時之役⑲。內節於民心⑳，而事㉑適㉒其力。是以行者㉓勸務㉔，而止者㉕安業。今山東㉖之戎馬甲士㉗戍邊郡者，絕殊㉘遼遠，身在胡、越，心懷老母。老母垂泣，室婦㉙悲恨，推㉚其飢渴，念其寒苦。《詩》云：『昔我往矣，楊柳依依。今我來思，雨雪霏霏。行道遲遲，載渴載飢。我心傷悲，莫之我哀㉛。』故聖人憐其如此，閔其久去父母妻子，暴露中野，居寒苦之地，故春使㉜使者勞賜㉝，舉失職者㉞，所以哀遠民㉟而慰撫老母也。德惠甚厚，而吏㊱未稱㊲奉職承詔以存恤㊳，或侵侮士卒，與之為市㊴，並力兼作㊵，使㊶之不以理㊷。故士卒失職，而老母妻子感恨㊸也。宋伯姬㊹愁思而宋國火，魯妾㊺不得意而魯寢㊻災。今天下不得其意者，非獨西宮之女㊼，宋之老母㊽也。《春秋》動眾則書㊾，重民也。宋人圍長葛㊿，譏久役也。君子之用心必若是。」

大夫默然不對。

【章　旨】賢良指出，對匈奴的戰爭給百姓帶來了很大的災難，引起了百姓的怨恨，這將於國不利。

【注　釋】❶輕利　輕捷利落。❷騷動　此指發動戰亂。❸利　處於有利地位；占上風。❹曳　指拉人。❺病　指戰敗。❻折　折回逃竄。❼辟　同「避」。❽鋒銳　喻指戰鬥力強。❾罷極　疲憊到了極點。罷，通「疲」。❿發　徵發人服兵役。⓫更適　漢代制度，人們被徵發到邊疆服兵役，服完一年即被換下來回家。更，輪換。適，往；前往。⓬煩　多。⓭用　支出。⓮遺怨　死而留下怨恨。遺，留。⓯封畿　即「邦畿」。漢人避劉邦諱，改「邦」為「封」。古時天子直接統治地區稱「邦畿」，面積千里見方。⓰繇役五百里　古時天子將都城建在千里之地的正中央，所以人們服繇役前往的地方，最遠也不超過五百里。⓱勝聲相聞　謂行役之人所去不遠，在外打了勝仗的消息可以轉告家人。⓲疾病相恤　指行役之人有了疾病，家人也可以設法關心。恤，體恤；關心。⓳役　此指勞役。⓴內節於民心　依據百姓的願望節制自己的行動。㉑事　指繇役。㉒適　相稱；不超過。㉓行者　出外服役的人。㉔勸務　努力完成任務。㉕止者　留在家裡的人。㉖山東　指崤山以東地區。㉗甲士　穿鎧甲的兵士。㉘絕殊　非常。㉙室婦　妻子。㉚推　推想。㉛昔我往矣八句　出《詩經・小雅・采薇》，表現服兵役之人的悲哀愁苦。往，去服兵役。依依，迎風搖擺的樣子。來，歸來。思，語氣詞。雨，動詞。下。霏霏，雪盛貌。遲遲，緩慢的樣子。載，又。㉜使　派遣。㉝勞賜　慰勞賞賜。㉞舉失職者　察知沒有得到正常安置的人。㉟遠民　指在遠方服役之人。㊱吏　指軍官。㊲未稱　不符合；沒有做到。㊳存恤　關懷體恤。㊴為市　作買賣。古代軍中建有市場，與士卒交易以謀利。㊵並力兼作　指要士卒一個人做幾個人的事。㊶使　役使。㊷不以理　不按道理。㊸感恨　即憾恨。不滿怨恨。㊹伯姬　宋恭公的夫人。宋恭公死，她幽居守節三十多年，極盡悲愁思念之苦。㊺魯妾　指魯僖公之妾楚女。楚女本應為夫人，被降為妾，居於西宮，心懷怨恨。僖公二十年，西宮發生火災。㊻寢　寢宮。指西宮。㊼西宮之女　指上「魯妾」。㊽宋之老母　即上「伯姬」。㊾動眾則書　凡興師動眾之事就記載下來。㊿宋人圍長葛　魯隱公五年，宋人包圍了鄭國的長葛（在今河南省長葛縣北），到第二年才攻下來。《春秋》記載了這件事。古人認為，《春秋》記載此事，是要譏刺宋人用兵之久。

【語　譯】賢良說：「匈奴的地域廣遠遼闊，戰馬縱蹄奔馳起來十分輕捷利落，這使他們易於發動戰亂。他們占上風時就像老虎拉人一樣兇猛無比，敗逃時則像鳥兒掉頭逃竄一樣快速異常，見我軍戰鬥力強就遠遠避開，見我軍疲憊不堪就乘機襲擊。我們徵發的士卒，少了就不夠輪換著前往邊境，徵多了百姓又承受不了如此繁重的兵役。繇役繁多則人民精疲力盡，支出浩大則國家財政空虛。這兩種現象不能消除，那麼百姓死了也會留下怨恨。這就是秦朝失去民心、丟掉國家政權的原因。古時候天子直接統治地區方圓千里，人們服繇役前往的地方最遠也不超過五百里，在外打了勝仗的消息可以轉告家人，生了病家人也可設法關心。那時候，沒有過時不歸的軍隊，沒有超期逾限的勞役。處上位的人依據百姓的願望節制自己的行動，要百姓承擔的繇役是他們力能勝任的。因此出外服役的人努力完成任務，留在家裡的人安心從事本業。今來自山東地區在邊郡戍守的戰馬士卒，所在的戍地與中原相隔遙遠，士卒們身在匈奴、百越，心中懷念家中的老母。家中老母哭泣流淚，妻子悲愁怨恨，她們推想戍邊親人的飢渴，惦念他的寒冷辛苦。《詩經》上說：『昔日我前往服役踏上路，楊柳迎風弄輕柔。如今我回家路上走，大雪紛紛冷颼颼。走啊走啊走得慢，又渴又餓真難受。我心中充滿悲和痛，沒有人能哀憐我。』因此本朝聖主對士卒如此悲慘的境遇深深同情，憐憫他們長久地離開父母妻子兒女，在野外受日曬風吹雨淋，居住在寒冷荒涼的地方，於是每年春天派遣使者到邊地慰勞賞賜他們，察知他們中沒有得到正常安置的人，這樣做，既是為了關懷遠行服役之人，也是為了撫慰他們家中的老母。聖主的恩惠深厚無比，可是軍官們卻未做到奉行職守秉承聖主的命令而關懷體恤士卒，有的竟侵害欺負他們，向他們做生意，要他們一個人做幾個人的事，役使他們全然不按道理。因此士卒得不到正常安置，他們的老母妻子兒女也就深感不滿，心懷怨恨。宋國的伯姬悲愁思念，宋國就發生了火災；魯僖公之妾失意怨恨，所居西宮就燃起了大火。如今天下失意含怨的人，不只是居西宮的楚女，年老的伯姬。《春秋》凡興師動眾之事就予以記載，這是因為作者重視民眾；將宋人圍長葛之事載入書中，這是譏刺過久地驅民服役打仗。君子用心一定要像《春秋》這樣。」

大夫沉默，不作答。

執務第三十九

【題解】「執」，執行；從事。「務」即篇中所說的「急務」，謂急需做的事情。本篇的論題是當前應做哪些急需做的事情。丞相斥責儒生好稱先王之道，言論不切實際，指出政府方面希望聽到的是「方今之急務」。賢良批駁了丞相的觀點，指出先王之道並非高不可及，強調應走復古之路，批評政府致力征討，使百姓受盡繇役之苦。

丞相曰：「先王之道，軼❶久而難復；賢良、文學之言，深遠❷而難行。夫稱❸上聖❹之高行，道至德之美言，非當世之所能及也。願聞方今之急務，可復行於政❺：使百姓咸足於衣食，無乏困之憂；風雨時，五穀熟，螟螣❻不生；天下安樂，盜賊不起；流人❼還歸，各反其田里；吏皆廉正，敬以奉職；元元❽各得其理❾也。」

【章旨】丞相責備眾儒生言論不切實際，指出自己想要聽的是「方今之急務」。

【注釋】❶軼　通「逸」。散失。❷深遠　深奧迂遠，不切實際。❸稱　稱說。❹上聖　上等聖人。❺可復行於政　又可以在政治上實行。復，又。❻螟螣　莊稼的兩種害蟲。吃苗心的叫螟，吃苗葉的叫螣。❼流人　逃荒在外四處流浪的人。❽元元　百姓。❾各得其理　各自處在正常的狀態中。即各自安居樂業。

【語譯】丞相說：「先王的治國之道，散失已久，難以恢復；賢良、文學的言論，深奧迂遠，難以實行。稱說上等聖人的高尚品行，談論至高之德的美好道理，這些都不是當代所能做到的。我們希望聽聽當今有哪些事情急需做且又能在政治上實行，能使百姓都豐衣足食，沒有匱乏窮困的憂愁；能使風雨及時，五穀成熟，各種害蟲不產生；能使天下平安和樂，盜賊不出現；能使逃荒在外四處流浪的人動身回家，各自回到自己的故鄉種田；能使官吏個個清廉正直，恭敬地奉行職守；能使百姓都安居樂業。」

賢良曰：「孟子曰：『堯、舜之道，非遠人❶也，而人不思之耳。』《詩》云：『求之不得，寤寐思服❷。』有求❸如〈關雎〉，好德如〈河廣〉❹，何不濟❺不得之有？故高山仰止，景行行止❻，雖不能及，離道不遠也。顏淵曰：『舜獨何人也？回何人也❼？』夫思賢慕能，從❽善不休，則成、康❾之俗可致❿，而唐、虞⓫之道可及。公卿未思也，先王之道，何遠之有？齊桓公以諸侯思王政⓬，憂周室，匡⓭諸夏⓮之難，平夷、狄之亂，存亡⓯接絕⓰，信義大行⓱，著⓲於天下。邵陵之會⓳，予之為主⓴。傳㉑曰：『予積也㉒。』故土積而成山阜，水積而成江海，行㉓積而成君子。孔子曰：『吾於〈河廣〉，知德之至也。』而欲得之㉔，各反其本，復諸古而已。古者行役不踰時，春行秋反，秋行春來㉕，寒暑未變㉖，衣服不易㉗，固已還矣。夫婦不失時㉘，人安和如㉙適。獄訟㉚平㉛，刑罰得㉜，則陰陽調，風雨時。上不苛擾，下不煩勞，各脩其業㉝，安其性㉞，則螟螣不生，而水旱不起。賦斂㉟省㊱而農不失時，則百姓足，而流人歸其田里。上清靜而不欲㊲，則下廉而不貪。若今㊳則繇役極遠，盡㊴寒苦之地，危難之處，涉胡、越之域，今茲㊵往而來歲旋㊶，父母延頸㊷而西望，男女怨曠㊸而相思。身在東楚，志在西河㊹。故一人行而鄉曲㊺恨，一人死而萬人悲。《詩》云：『王事靡盬，不能藝稷黍。父母何怙㊻？』『念彼恭人，涕零如雨。豈不懷歸？畏此罪罟㊼。』吏不奉法以存撫㊽，倍公任私㊾，各以其權充㊿其嗜欲。人愁苦而怨思，上不恤理(51)，則惡政行而邪氣作。邪氣作，則蟲螟生而水旱起。若此，雖禱祀雩(52)祝(53)，用事百神無時(54)，豈能調陰陽而息盜賊矣(55)？」

【章　旨】賢良指出，堯舜之道並非高不可及，只要致力追求就可達到，關鍵是要復古，像如今這樣為征伐匈奴而要百姓承擔繁重的繇役，只會招致天怒人怨。

【注　釋】❶遠人　與人隔得遠。❷求之不得二句　出《詩經・周南・關雎》。描寫男子思念女子之狀。寤，睡醒。寐，睡著。服，想。❸有求　有所追求。❹河廣　《詩經・衛風》中的一篇。篇中說黃河容易渡過。❺濟　渡過。❻高山仰止二句　語出《詩經・小雅・車舝》。高山，指古人如山一樣崇高的美德。仰，仰慕。止，語助詞。景行，指古人聖明的舉止行為。行，學著實行。❼舜獨何人也二句　出《孟子・滕文公上》。意謂一個人只要有所作為，就能做到像舜那樣。回，顏淵自稱。顏淵姓顏，名回，字子淵。❽從　追求。❾成康　西周初年的成王、康王。二王十分聖明，成、康時代是周朝歷史上的太平盛世。❿致　招致；獲致。⓫唐虞　唐堯、虞舜。⓬王政　天子的政事。⓭匡　救助。⓮諸夏　華夏族各諸侯國。⓯存亡　使行將滅亡的國家存在下去。⓰接絕　使某些國家中斷了的王位傳承統系重新接續上，亦即使已被滅亡的國家重建起來。⓱信義大

行　信用仁義受到各國欽佩，到處行得通。⓲著　明。⓳邵陵之會　魯僖公四年，齊桓公率諸侯聯軍討伐楚國，結果與楚罷兵修好，在邵陵（一作召陵，今河南省郾陵縣東）會盟，楚尊齊為霸主。⓴予之為主　意謂《春秋》記載邵陵會盟事，是稱贊齊桓公當了天下霸主。予，通「與」。贊許。㉑傳　此下所引不見於今本《公羊傳》、《穀梁傳》、《左傳》，故此「傳」當是別一種解釋《春秋》的書。㉒予積也　意謂《春秋》記載邵陵會盟事，是稱贊桓公積功累德。㉓行　德行。㉔之　指至美的聖德。㉕來　歸家。㉖寒暑未變　季節沒有發生寒暑的更換。㉗衣服不易　身上穿的不用由單衣換棉衣，或由棉衣換單衣。㉘不失時　不長期離別。㉙如　同「而」。㉚獄訟　訴訟案件。㉛平　公平。㉜得　得當。㉝脩其業　努力從事自己的本業。㉞安其性　安分守己。㉟賦斂　賦稅。㊱省　少。㊲不欲　無貪欲。㊳若今　如今；現在。㊴盡　全；都。㊵今茲　今年。㊶旋　返回。㊷延頸　伸長脖子。㊸怨曠　古稱長期離別或不得嫁娶的男女為怨女曠夫。此就夫妻久別而言。㊹身在東楚二句　此二句以東楚人為例，說明父母妻子對遠戍之人的思念。東楚，古地區名，中心地區在今江蘇。志，心。西河，泛指今黃河河套南北廣大地區。㊺鄉曲　鄉村。㊻王事靡盬三句　出《詩經・唐風・鴇羽》。王事，天子要人們承擔的繇役。靡，沒有。盬，閒暇。藝，種植。稷黍，泛指各種莊稼。怙，依靠。㊼念彼恭人四句　出《詩經・小雅・小明》。恭人，恭謹寬厚之人。這是詩人對當時未出外服役的同僚好友的美稱。涕，眼淚。零，落。懷，思。罪罟，法網。㊽存撫　關懷撫慰。㊾倍公任私　不顧公家利益，放縱私欲。倍，通「背」。任，聽任；放縱。㊿充　滿足。51恤理　體恤救治。52雩　古代求雨的祭祀。53祝　禱告求福。54無時　隨時；經常。55矣　用法同「乎」。

【語　譯】賢良說：「孟子說過：『堯、舜之道與人們並非隔得很遠，只是人們不思念追求罷了。』《詩經》上說：『追求她而得不到，醒來睡著都在思念。』如果像〈關雎〉中的男主人公這樣執著地追求，像〈河廣〉所描寫的那樣真誠地愛好美德，哪裡還會渡不了河、得不到所求呢？所以仰慕古人如山一般崇高的美德，效法他們聖明的舉止行為，即使不能夠達到古人之道，但離它也沒有多遠。所以顏淵說：『舜偏偏是甚麼樣的人呢？我又是甚麼樣的人呢？』思念賢才，仰慕能士，永不休止地追求善，那麼成、康時代那種美好的風俗就可獲致，堯、舜之道就可達到。你們高級官員沒有考慮罷了，先王之道哪裡遙遠呢？齊桓公憑諸侯的身分考慮天子的政事，為周王室憂慮操心，救助華夏各國的災難，平定少數民族的逆亂，使行將滅亡的國家存在下去，使已被滅亡的國家重建起來，他的信用仁義受到各國欽佩，到處行得通，聞名於整個天下。《春秋》記載邵陵會盟之事，贊許桓公當了天下的霸主。有本解釋《春秋》的書說：『這是贊許桓公積功累德。』所以泥土積累就成為高山，水滴積聚就成為江海，德行積累就成為君子。孔子說：『我從〈河廣〉那裡，得知美德的最高境界。』要想得到這種至美的聖德，只需回到根本上，恢復古代的一套就行了。古時候出外服役不需超期，春天去秋天就返回，秋天去春天就歸家，季節沒有發生寒暑的更換，身上穿的衣服也不用換季，人就已經回家了。夫妻不長久別離，人們平安和樂舒適。斷案公平，刑罰得當，那麼陰陽就會和調，風雨就會及時。處上位的人對百姓不苛刻不侵擾，百姓不苦悶不勞累，各自努力從事本業，安分守己，那麼害蟲就不會產生，水旱災害就不會出現。賦稅少，農民能夠按時耕種，那麼百姓就會富足，逃荒在外四處流浪的人就會返回故鄉種田。處高位的人清靜而沒有貪欲，那麼下面的人就會廉潔而不貪婪。如今卻要人們到極遠的地方服繇役，這些地方全是寒冷荒涼之地、危險多難之處，到了匈奴、百越的地域，今年去明年才能回來，父母伸長脖子向西張望，夫妻長久離別而苦苦相思。父母妻子身在東楚，心裡卻記掛著遠在西河一帶服役的親人。所以一人出外服役，家鄉所有的人都對政府怨恨，一人死去有一萬人感到悲哀。《詩經》上說：『為天子服繇役沒有休息之時，不能夠種莊稼。父母依靠甚麼為生呢？』又說：『想起那恭謹寬厚的好友，淚珠滾滾恰似下雨。難道不想回家嗎？只是害怕這嚴酷的法網。』軍官們不按照王法關懷撫慰士卒，不顧公家利益，放縱私欲，各自憑藉權力滿足個人的欲望。人們悲愁痛苦而怨恨憂慮，處高位的掌權者對此不體恤救治的話，那麼惡政就會流行，妖邪之氣就會產生。妖邪之氣產生，那麼害蟲就會出現，水旱之災就會降臨。像這個樣子，即使經常祈禱祭祀，求百神降福保佑，又怎麼能使陰陽調和、盜賊不出現呢？』

能言第四十

【題　解】本篇辯論的是言行問題。大夫指責儒生只會空談大道理，不能實際地從事治理工作。賢良則認為能言而不能行的人同樣是國家的寶貝，斥責朝廷重臣不遵從先王之道，一心追逐財利，希望公卿採納自己的建議，取消鹽鐵官營政策，還利於民。

大夫曰：「盲者口能言白黑，而無目以別之；儒者口能言治亂，而無能以行之。夫坐言不行，則牧童兼烏獲❶之力，蓬頭❷苞❸堯、舜之德。故使言而近❹，則儒者何患於治亂❺，而盲人何患於白黑哉？言之不出，恥躬之不逮❻。故卑而言高，能言而不能行者，君子恥之矣。」

【章　旨】大夫譴責儒生能空談而不能實行。

【注　釋】❶烏獲　戰國時的大力士。秦國人。❷蓬頭　頭髮散亂。代指貧賤之人。❸苞　同「包」。❹言而近　口頭說說事情就差不多成功。近，接近成功。❺儒者何患於治亂　不存在儒生治不好國的問題。❻言之不出二句　出《論語・里仁》。不出，不輕易說出來。躬，自身。逮，做到。

【語　譯】大夫說：「盲人口裡能談論白黑，但沒有眼睛可以辨別它們；儒生口裡能談論治亂，但沒有能力從事實際的治理工作。如果只是坐著談論，而不起身實行，那麼牧童可以自稱有兩個烏獲那樣大的力氣，貧賤之人可以自稱兼有堯、舜兩位聖君的美德。所以如果口頭說說事情就差不多成功的話，那麼就不存在儒生治不好國的問題，也不存在盲人分辨不出黑白的問題吧？《論語》上說：『不輕易出言說話，怕的是說了後自己實際上做不到。』所以地位低下而談論治國的大道理，能空談而不能實行的人，君子認為他可恥。」

賢良曰：「能言而不能行者，國之寶也。能行而不能言者，國之用❶也。兼此二者❷，君子也。無一者，牧童、蓬頭也。言滿天下，德覆四海，周公是也。口言之，躬行之，豈若默然載施其行❸而已？則執事亦何患何恥之有？今道不舉❹而務❺小利，慕❻於不急❼以亂群意❽，君子雖貧，勿為可也。藥酒，病之利也；正言，治之藥也。公卿誠能自強❾自忍❿，食⓫文學之至言⓬，去權詭⓭，罷利官⓮，一⓯歸之於民，親以⓰周公之道，則天下治而頌聲作。儒者安得治亂而患之乎？」

【章旨】賢良指出能言不能行的人同樣是國家的寶貝，譴責朝廷重臣輕德重利，主張廢止鹽鐵官營。

【注釋】❶用　用具；工具。❷兼此二者　指既能談論治國之道又能去實行的人。❸載施其行　語本《詩經．小雅．大東》中的「載施之行」。原指天上的畢星形狀雖如捕兔的小網，但只是徒然排在眾星的行列裡，未曾發揮捕兔的實際作用，此用以諷刺朝廷重臣空居其位白吃飯。載，語助詞。施，排列。行，行列。❹舉　行。❺務　致力追求。❻慕　喜愛。❼不急　不急需的事情。如鹽鐵官營等。❽群意　民心。❾強　克制。❿忍　壓抑。⓫食　採納。⓬至言　率直懇切之言。⓭權詭　權術詭詐。⓮利官　主管財利的官員。指鹽官、鐵官、均輸官等。⓯一　全部。⓰以　用；奉行。

【語譯】賢良說：「能談論治國之道而不能去實行的人是國家的寶貝，能實際工作而不能談論治國之道的人是國家的工具。既能談論治國之道又能去實行的人，是君子。不能談論又不能實行的人，是牧童、賤民之流。

無言論傳遍天下，恩德覆蓋四海，周公就是這樣的人。周公口裡談論，又親身加以實行，哪裡像有些人默默無言空居其位白吃飯呢？那麼你們這些朝廷重臣有甚麼要憂慮的，又有甚麼資格認為別人可恥呢？如今不實行先王之道，只是一味地追求小利，喜愛一些不急需的事情，以之擾亂民心，君子雖然貧窮，也不這樣做。藥酒，是治病的好東西；正直之言，是治國的良藥。你們公卿如果真的能自我克制，壓抑私欲，採納文學率直懇切之言，拋棄權術詭詐，廢除主管財利的官員，把有關財利全部歸還給百姓，親身奉行周公之道，那麼天下就會大治，頌揚之聲就會出現。這樣，哪裡還會有治亂的問題需要我們儒生來憂慮呢？」

取下第四十一

【題解】「取下」指向百姓徵收賦稅。本篇就這一問題展開辯論。大夫駁斥賢良在上篇中提出的「歸利於民」的主張，認為這一主張忽視君主和國家的利益，如果執行，必將損害君臣上下的正常關係。賢良十分贊賞古代處理君民利益關係的做法，頌揚古代輕繇薄賦，向百姓徵收賦稅有定量，列舉當代社會存在的種種貧富懸殊、勞逸不均的現象，指出富貴者根本不會知道貧賤者的窮苦酸辛，提出治國待民，應奉行仁義，效法周朝的幾位聖王。

至此篇為止，正式的鹽鐵會議宣告結束。這次會議的結局帶折衷性質，與會公卿向皇帝上奏，經批准，取消了地方各郡各諸侯國的酒類專賣，廢除了關內地區的鐵官。

從下篇開始，本書編者載錄了鹽鐵會議後在御史大夫處進行的另一場辯論，它在內容上是鹽鐵會議的繼續。

大夫曰：「不軌❶之民，困橈❷公利，而欲擅❸山澤。從文學、賢良之意，則利歸於下，而縣官❹無可為者。上之所行則非之，上之所言則譏之，專欲損上徇❺下，虧主而適❻臣，尚安得上下之義，君臣之禮？而何頌聲能作也？」

【章旨】大夫駁斥賢良在上篇中提出的「歸利於民」的主張，認為這樣做會損害君臣上下的正常關係。

【注釋】❶不軌　不遵守法令。❷困橈　破壞擾亂。困，使困難。橈，通「撓」。擾亂。❸擅　獨占；壟斷。❹縣官　指政府。❺徇 曲從。❻適 滿足；滿意。

【語譯】大夫說：「不遵守法令的姦民，破壞擾亂國家的謀利事業，想壟斷山海的財利。如果聽從你們文學、賢良的意見，那麼財利就會落到民間私人手裡，政府也就無所作為了。上面所採取的措施你們就加以反對，上面所說的話你們就進行譏刺，一心想損害國家的利益，曲從民間私人的願望，損害君主的利益，滿足臣下的私心，這樣，哪還能使上下的大義得以維持、君臣之禮得以遵循？頌揚之聲又哪裡能出現呢？」

賢良曰：「古者上取有量❶，自養有度❷，樂歲❸不盜❹，年饑則肆❺。用民之力，不過歲三日。籍斂❻，不過十一❼。君篤愛，臣盡力，上下交讓❽，天下平。『浚發爾私』❾，上讓下也。『遂及我私』❿，先公職也。孟子曰：『未有仁而遺其親，義而後其君也⓫。』君君臣臣，何為⓬其無禮義乎？及周之末塗⓭，德惠塞而嗜欲眾，君奢侈而上求多，民困於下，怠於上公⓮，是以有履畝之稅⓯，〈碩鼠〉⓰之詩作也。衛靈公當隆冬興眾穿池⓱，海春⓲諫曰：『天寒，百姓凍餒⓳，願公之罷役也。』公曰：『天寒哉？我何不寒哉？』人之言曰：『安者不能恤⓴危，飽者不能食飢㉑。』故餘粱肉者難為言㉒隱約㉓，處佚樂㉔者難為言勤苦。夫高堂㉕邃宇㉖、廣廈㉗洞㉘房者，不知專屋㉙狹廬、上漏下濕者之瘏㉚也。繫馬百駟、貨財充內、儲陳納新㉛者，不知有日無暮㉜、稱貸㉝者之急也。廣第㉞唐園㉟、良田連比[36]者，不知無運踵之業[37]、竄頭宅[38]者之役[39]也。原馬[40]被[41]山、牛羊滿谷者，不知無孤豚[42]瘠犢[43]者之窶[44]也。高枕談臥、無叫號[45]者，不知憂私責[46]與吏正戚[47]者之愁也。被紈[48]躡韋[49]、搏粱齧肥[50]者，不知短褐[51]之寒、糠粃[52]之苦也。從容房闈[53]之間、垂拱[54]持案食[55]者，不知蹠耒[56]躬耕者之勤也。乘堅驅良[57]、列騎[58]成行者，不知負擔[59]步行者之勞也。匡[60]牀旃席[61]、侍御[62]滿側者，不知負輅[63]輓船[64]、登高絕[65]流者之難也。衣輕暖、被美裘、處溫室、載安車[66]者，不知乘[67]邊城、飄胡、代[68]、鄉[69]清風[70]者之危寒也。妻子好合[71]、子孫保[72]之者，不知老母[73]之顦顇[74]、匹婦[75]之悲恨也。耳聽五音、目視弄優[76]者，不知蒙流矢[77]、距敵方外[78]者之死[79]也。東嚮伏几[80]、振[81]筆如[82]調文[83]者，不知木索[84]之急[85]、箠楚[86]者之痛也。坐旃茵[87]之上、安圖籍之言若易然[88]，亦不知步涉者[89]之難也。昔商鞅之任秦[90]也，刑人若刈[91]菅茅[92]，用師若彈丸[93]，從軍旅者暴骨長城，戍漕者[94]輦車[95]相望，生而往，死而旋[96]，彼獨非人子耶？故君子仁以恕[97]，義以度[98]，所好惡與天下共之，所不施不仁者[99]。公劉[100]好貨，居者[101]有積，行者[102]有囊[103]。太王[104]好色[105]，內無怨女[106]，外無曠夫[107]。文王作刑[108]，國無怨獄[109]。武王行師[110]，士樂為之死，民樂為之用。若斯，則民何苦而怨，何求而譏？」

【章旨】賢良肯定古代輕繇薄賦、向百姓徵收賦稅有定量的做法，列舉了漢代社會貧富懸殊、勞逸不均的種種表現，指出富貴者不會知道貧賤者的窮苦酸辛，闡述了治國待民的正確原則。

【注釋】❶上取有量　君主向人民徵收賦稅有定量。❷自養有度　君主的自我奉養有限度。❸樂歲　豐年。❹盜　指超額徵收賦稅。❺肆　放棄。指免徵賦稅。❻籍斂　即「藉斂」。指徵收力役地租。即百姓同時耕種公田和私田，公田的收穫全交公，私田的收入全歸己，私田不用再交租稅。❼十一　民得十，公家得一。❽交讓　互相謙讓。❾浚發爾私　出《詩經・周頌・噫嘻》。舊說是君主勉勵百姓的話。浚，通「駿」。大。發，翻耕。私，百姓的私田。❿遂及我私　出《詩經・小雅・大田》。上句是「雨我公田」。二句寫農夫希望天把雨降到公田上，順便落到私田裡，表現了農夫先公後私的精神。遂，因；順便。⓫未有仁而遺其親二句　出《孟子・梁惠王上》。遺其親，將父母丟開不管。後其君，把君主的利益放在後面。⓬為　通「謂」。⓭末塗　末世。⓮怠於上公　對公家的事情懈怠。上公，公家。⓯履畝之稅　按土地面積徵收賦稅。⓰碩鼠　《詩經・魏風》中的一篇。主旨是諷刺國君重斂於民。⓱興眾穿池　徵發民眾開鑿水池。⓲海春　衛國大夫。⓳餒　餓。⓴恤　體恤。㉑食飢　拿食物給餓著的人吃。㉒難為言　難以跟他談說。為，介詞。跟。㉓隱約　貧窮困頓。㉔佚樂　安逸快樂。㉕堂　廳堂。㉖邃宇　邃，深。宇，指房屋。㉗廣廈　寬敞而高大的房子。㉘洞　深。㉙專屋　特別小的房屋。㉚瘠　痛苦。㉛儲陳納新　已儲有陳糧，又儲進新糧。㉜有旦無暮　有早餐無晚餐。㉝稱貸　借債。㉞廣第　大片住宅。㉟唐園　此指面積很大的果園菜園。唐，大。㊱連比　排比相連。㊲運踵之業　能轉動腳後跟的田地。業，產業。指田地。㊳窟頭宅　僅能遮蓋頭頂的矮小屋子。窟，藏匿。㊴役　勞苦。㊵原馬　同「騵馬」。腹部白色的紅馬。此泛指好馬。㊶被　覆蓋；布滿。㊷孤豚　一頭小豬。㊸瘠犢　瘦弱的小牛。㊹窶　貧寒。㊺叫號　指討債催租的叫喊聲。㊻責　同「債」。㊼吏正戚　當作「戚吏正」。即愁吏正來催租。戚，愁。吏正，基層官吏。㊽被紈　穿著精美的絲織衣服。㊾躡韋　躡，腳踏；腳穿。韋，熟皮。此指熟皮做的高級皮鞋。㊿搏粱齧肥　搏，當依張之象本作「摶」。摶，用手將飯捏成團抓著吃，不用筷子。粱，泛指好飯食。齧，咬。肥，泛指肉食。(51)短褐　粗布短衣。(52)粝　當是「糟」的誤字。本書屢言「糠糟」。(53)闈　指內室。(54)垂拱　垂衣拱手。指不勞動。(55)持案食　等僕人將飯菜用托盤端上來吃。持，端。案，托盤。用於端送飯菜。(56)蹠耒　用腳踩耒。蹠，踩。耒，古代一種耕地用農具。(57)乘堅驅良　乘坐牢固的車子，駕車用良馬。(58)騎　一人一馬的合稱。(59)擔　校注本作「檐」，今從《諸子集成》本。(60)匡　安。(61)旃席　毛氈席子。(62)侍御　指婢妾。(63)負輅　用人力拉車。輅，古代運東西的小車。64輓舩　拉船。舩，「船」的異體字。65絕　渡。66載安車　坐安車。安車是古代一種可以坐乘的舒適小車。67乘登其上而守衛。68胡代　指北方邊地。胡，指匈奴地區。代，漢郡名。在今山西東北部及河北西北部。69鄉　通「嚮」。70清風　指冷風。71好合　歡聚。72保　守護。73老母　指行役者之母。74顦顇　同「憔悴」。75匹婦　指行役者之妻。76弄優即倡優。歌舞戲謔的藝人。此指他們的表演。77蒙流矢　冒著飛來的箭。78方外　極遠之地。79死　指面臨死亡的威脅。80几矮小的桌子。81振　揮動。82如　同「而」。83調文　書寫公文。84木索　木，指木製的手鐐腳銬等刑具。索，指繩索。85急嚴厲。86箠楚　古代審案時的打人刑具。箠，木棍。楚，荊杖。87茵　車上供人坐的席子。此句是就乘車出巡地方的大官員言。88安圖籍之言若易然　按照圖書上說的去處理事情，好像很容易。安，通「按」。89步涉者　指徒步行走和渡水過河服差事的小吏。涉，徒步渡水。90任秦　受信任於秦。91刈　割。92菅茅　茅草。93彈丸　喻指輕易隨便。彈，動詞。彈出。94戍漕者　為戍邊的人運送糧食的人。漕，本指通過水路運糧，此泛指運糧。95輂車　人拉的車子。96旋　歸家。97仁以恕　以仁愛之心寬厚待人。98義以度　依據義揣摩別人的心理狀態。度，推測。99所不施不仁者　只對那些不仁的人不施仁義。100公劉　周民族發展史上的重要人物，后稷的曾孫。他本居邰地，後率民分期分批遷往豳地。在遷徙的過程中，他使暫居原地不遷的人糧倉充實，遷徙的人動身時帶上裝滿糧食的袋子。101居者　指暫留居原地的人。102行者　指動身遷徙的人。103橐　袋子。此指裝有糧食的袋子。104太王　即古公亶父。105好色　指愛他的妃子。106怨女　到了年齡而不得出嫁的女子。107曠夫到了年齡而不得娶妻的男子。108作刑　制訂刑法。109怨獄　判決不合理而招怨的案件。110行師　指舉兵伐紂。

【語　譯】賢良說：「古時候君主向人民徵收賦稅有定量，自己的生活消費有限度，豐年不向百姓超額徵收，荒年則免徵。要百姓出力服勞役，一年不超過三天。收取力役地租，比率是百姓得十，國家得一。君王厚愛臣民，臣下盡力效忠，上下互相謙讓，天下太平。『大力翻耕你們的私田』，這是君主向百姓謙讓。『老天爺把雨降到公田上，順便下到我們的私田裡』，這是百姓以公事為先。孟子說：『不會有具備仁德卻將父母丟開不管的人，不會有深明大義卻將君主利益放在後面的人。』君像君的樣子，臣像臣的樣子，怎麼能說沒有實現君臣上下的禮義呢？到了周朝的末世，德澤恩惠不再流布，而嗜欲泛濫，君主生活奢侈，欲求很多，百姓貧困，對公家的事情也懈怠了，於是出現了按田地面積徵收賦稅的政策，諷刺重斂的〈碩鼠〉詩也就出現了。衛靈公在大冷天徵發民眾開鑿水池，他的大夫海春勸阻說：『天氣寒冷，百姓又冷又餓，希望大王取消這項計劃。』靈公說：『天冷嗎？我為甚麼不冷呢？』人們流行著一種說法：『處在平安中的人不能體恤處在危險中的人，吃飽了的人不會拿食物給餓著的人吃。』所以好飯好菜吃不完的人難以跟他談說貧窮困頓，生活安逸快樂的人難以跟他談說辛勤勞苦。宅院深邃、房屋高大的人，不知道住在狹小的房屋裡、屋頂漏雨、地面潮溼的人的痛苦。馬棚裡拴著四百匹肥馬、室內放滿了貨財、糧倉中舊糧尚多又進新糧的人，不知道吃了早餐沒晚餐、靠借債度日的人的急難。擁有成片住宅和大得很的菜園果園、良田一望無際的人，不知道連巴掌大的田地、遮頭頂的矮屋都沒有的人的勞苦。好馬滿山、牛羊滿谷的人，不知道連一頭小豬和一條瘦弱的小牛都沒有的人的貧寒。墊著高高的枕頭、躺著談笑、沒有催租討債的叫喊聲騷擾的人，不知道為私債著急、怕鄉官催租的人的憂愁。身穿絲織衣服、腳著高級皮鞋、吃好飯、嚼魚肉的人，不知道窮人穿粗布短衣是如何寒冷、吃糠麩酒渣是如何清苦。悠閒自在地待在家中、不勞動、連吃飯時飯菜都由僕人端送的人，不知道腳踩農具翻土、親自耕田種地的人的辛勤。乘坐牢固的車子、駕著良馬、騎馬的侍從人員排成行的人，不知道或肩挑或背馱沉重的東西而徒步行走的人的勞累。睡安適的床、坐毛氈席子、身邊站滿婢妾的人，不知道拉著車子爬高山、在江河邊上當縴夫拉船的人的艱難。穿著又輕又暖的衣服、華美的皮襖，住在溫暖的屋子裡，出門有舒適的小車乘坐的人，不知道站在邊城上守衛、飄泊於北方荒涼之地、面對刺骨寒風的士卒的寒冷和危險。與妻子兒女歡洽地聚在一起、子孫都守護在身邊的人，不知道遠行服役者老母的傷心憔悴、妻子的悲愁怨恨。耳聽優美的音樂、眼觀歌舞戲謔表演的人，不知道冒著飛來的箭、在極遠之地抗拒敵人的人所面臨的死亡威脅。面朝東伏在桌子上揮筆寫公文的人，不知道手鐐腳銬繩索的嚴厲、受棍棒拷打的人的疼痛。坐在車中的毛氈席子上，巡行各地，按照圖書上所說的去處理事情，似乎很容易，這樣的大官僚也是不知道徒步行走、涉水過河服差事的小吏的艱難。從前商鞅在秦國受信任被重用的時候，殺起人來像割茅草一樣不當一回事，用兵打仗就像打彈丸一樣隨便，被徵入伍的人戰死在長城，運輸軍糧的人所拉的車子沿途不斷，活著前去，回來的是屍體，他們就偏偏不是父母生的嗎？所以君子以仁愛之心寬厚待人，依據義揣摩別人的心理，他的好惡和天下人相同，只對那些不仁的人不施仁義。公劉喜愛財物，自邰遷豳時，那些暫留居原地的人有裝得滿滿的糧倉，動身遷徙的人都帶有裝滿糧食的袋子。古公亶父愛他的妃子，當時百姓家中沒有適齡不得出嫁的女子，社會上沒有適齡不得娶妻的男人。文王制訂刑法，國中並沒有因判決不當而招怨的案件。武王舉兵伐紂，士卒樂意為他獻身，百姓樂意供他使用。像這樣，還有甚麼事情使百姓痛苦因而引起他們的怨恨，他們還有甚麼要求未得到滿足因而要譏刺呢？」

公卿愀然❶，寂❷若無人。於是遂罷議❸，止詞❹。

奏❺曰：「賢良、文學不明縣官事，猥❻以鹽鐵為不便❼。請且❽罷郡國榷沽❾、關內❿鐵官。」

奏⓫，「可⓬。」

【章　旨】敘述鹽鐵會議的結局。

【注　釋】❶愀然　臉色改變的樣子。❷寂　寂靜。❸罷議　結束會議的討論。❹止詞　停止發言。❺奏　指公卿上給皇帝的奏章。❻猥　苟且；輕率地。❼便　適宜。❽且　姑且。❾榷沽　即酒榷。酒類專賣。❿關內　指函谷關以西長安附近地區。⓫奏　送上奏章。⓬可　可以。這是皇帝的批示。

【語　譯】公卿變了臉色，大廳裡一片寂靜，好像沒人似的。於是就結束討論，停止發言。

公卿給皇帝寫奏章，奏章上說：「賢良、文學不懂天子的治國大事，輕率地認為鹽鐵官營不適宜。請姑且取消各郡各諸侯國的酒類專賣，廢除關內地區的鐵官。」

奏章呈上去，皇帝批示說：「可以。」

擊之第四十二

【題解】鹽鐵會議後，賢良和文學都取得了大夫的職位，他們來向丞相、御史大夫告辭。在御史大夫處，御史大夫就進擊匈奴的問題向他們徵求意見，於是雙方又進行了一場辯論。本篇至第五十九篇所記錄的就是這場辯論的內容。

「擊之」的「之」指的是匈奴。大夫認為，武帝平定了東、南、西三面邊境的敵患，給國家和百姓帶來了好處，唯征服匈奴的大業未能完成；如今應繼承武帝遺志，繼續進擊匈奴；雖然徵發百姓打仗會使他們受苦，但任何事情的成功都要以辛勤為代價，不能因為征戰苦就不對敵人征討。文學則認為，武帝時期的對外擴張政策，給百姓造成了極大的災難，如今應予以糾正，偃武修文，與匈奴和親。

賢良、文學既拜❶，咸取列大夫❷，辭❸丞相、御史❹。

大夫曰：「前議公事，賢良、文學稱引❺往古，頗乖世務❻。論者不必相反❼，期於可行。往者，縣官未事❽胡、越之時，邊城四面受敵，北邊尤被❾其苦。先帝絕三方❿之難，撫從⓫方國⓬，以為蕃蔽⓭，窮極群國⓮，以討匈奴。匈奴壤界獸圈⓯，孤弱無與⓰，此困亡⓱之時也。遼遠不遂⓲，使得復喘息，休養士馬，負紿⓳西域。西域迫近胡寇，沮心內解⓴，必為巨患。是以主上欲掃除，煩倉廩之費㉑也。終日逐禽㉒，罷㉓而釋之，則非計也。蓋舜紹緒㉔，禹成功。今欲以小舉㉕

擊之，何如？」

【章旨】大夫認為應繼承武帝遺志，繼續出擊匈奴，並就這一問題向賢良、文學徵求意見。

【注釋】❶拜　授予官職。❷列大夫　漢代中央九卿之一的光祿動，其屬官有大夫。大夫的職掌是論議，沒有定員，細分為太中大夫、光祿大夫、諫大夫等多種，故此稱其為列大夫。❸辭　告辭。❹御史　當作「御史大夫」。❺稱引　徵引稱說。❻頗乖世務　頗，很。乖，違背。世務，當代急需做的事情。❼相反　與別人意見不同；標新立異。❽事　指征討。❾被　遭受。❿三方　指東、南、西三面。⓫撫從　安撫使之歸服。⓬方國　四周國家。⓭蕃蔽　屏障。蕃，通「藩」。籬笆。蔽，掩蔽。⓮窮極群國　指派張騫出使極遠的西域各國，與之結好，以便夾擊匈奴。群，原作「郡」，從張敦仁說校改。⓯匈奴壤界獸圈　指此時匈奴的活動之地處於四面包圍之中，猶如柵欄環繞的野獸圈。⓰與　盟國。⓱困亡　使之困窘，將其消滅。⓲遂　完成。⓳負紿　欺負哄騙。⓴沮心內解　歸服之心喪失，叛離漢朝廷。沮，壞。解，離散。㉑煩倉廩之費　苦於經費不足。煩，苦悶。㉒禽　兼指飛禽走獸。㉓罷　通「疲」。㉔舜紹緒　指舜繼承堯的治水事業，命禹繼續治水。紹，繼承。緒，事業。㉕小舉　小規模地舉兵。

【語譯】賢良和文學被授予官職，都取得了大夫的職位，這之後他們來向丞相、御史大夫告辭。

御史大夫說：「前些日子討論國家大事，你們賢良、文學動不動就徵引稱說古代的事情，所言與當代急需做的事情相隔很遠。討論問題發表意見不一定要標新立異，要以能實行為目標。過去天子沒有征伐匈奴、百越的時候，四面邊疆地區的城邑都受到敵人的侵擾，北面所遭受的苦難尤其嚴重。武帝鏟除了東、南、西三面的敵患，安撫有關國家使之歸服，把它們作為中原地區的屏障，又派人出使極遠的西域各國與之結好，於是大舉討伐匈奴。這時的匈奴，活動之地處於四面包圍之中就像柵欄環繞的野獸圈，實力不強，處境孤立，沒有同盟國，正是漢朝使之困窘將其消滅的大好時機。可惜由於路途遙遠，征服匈奴的大業未能完成，讓匈奴得以喘過氣來，休養兵馬，欺負哄騙西域各國。西域各國地近匈奴，一旦歸服之心喪失，叛離朝廷，必將成為巨大的禍患。因此方今皇上想徹底掃除匈奴，只是苦於經費不足。追逐禽獸追了一整天，到牠們已疲憊時卻放牠們逃生，這不是正確的辦法。舜繼承堯治水的事業，經大禹的努力而成功。如今我們想小規模地進擊匈奴，你們認為怎麼樣？」

文學曰：「異時❶，縣官修❷輕賦，公用饒，人富給❸。其後，保❹胡、越，通四夷❺，費用不足。於是興利官❻，算車舡❼，以訾助邊❽，贖罪❾告緡❿，與⓫人以患矣。甲士死於軍旅，中士⓬罷於轉漕⓭，仍⓮之以科適⓯，吏徵發⓰極⓱矣。夫勞而息之，極⓲而反本，古之道也，雖舜、禹興⓳，不能易⓴也。」

【章旨】文學指出，朝廷以往四出征討，致使百姓不堪繇役和賦稅的重負，如今應予以糾正。

【注釋】❶異時　從前。❷修　此指實行。❸給　豐足。❹保　抗敵自保。❺通四夷　打通與四方少數民族的聯繫。如司馬相如等人通西南夷，張騫通西域。❻興利官　設置主管財利的官員。官，原作「害」，據郭沫若《鹽鐵論讀本》改。❼算車舡　徵收車船的財產稅。舡，船。❽以訾助邊　號召富人為資助邊防費用而捐獻錢財。訾，通「貲」。錢財。❾贖罪　允許犯人用錢糧贖罪。❿告緡　武帝推行的一種政策。當時朝廷徵收財產稅，稱為算緡錢。商賈富豪平民對自己的財產隱瞞不報或呈報不實的，他人得告發，官府沒收被告發人的全部財產，將其一半獎給告發人，這就叫告緡。⓫與　給。⓬中士　指未成邊的人；民夫。中，對「外」（邊地）而言。⓭轉漕　運輸軍需。轉，陸路運輸。漕，水路運輸。⓮仍　加上。⓯科適　即七科謫，行於秦漢的一種制度。罰七種人當兵。這七種人除有罪的官吏、逃犯、贅婿三種外，餘四種人不是本人經商就是出身商人家庭。⓰徵發　指徵發人服兵役。⓱極　盡。就數量言。⓲極　到了頂點。⓳興　出現。⓴易　改。

【語譯】文學說：「從前天子實行薄賦政策，國家財用充足，百姓富裕。後來征討匈奴、百越，打通與四方少數民族的聯繫，經費短缺。於是設置主管財利的官員，徵收車船的財產稅，號召富人捐獻錢財資助邊防費用，允許犯人用錢糧贖罪，推行告緡政策，把災難帶給了百姓。戰士在廝殺中喪生，民夫因運輸軍需而疲憊不堪，加上還罰七種人當兵，官吏徵發人服兵役把能徵的都徵光了。百姓勞累了就應該讓他們休息，事情發展到了頂點就應該讓它返回到根本上，這是古代就已經實行的處事之道，即使舜、禹今天出現，也不能不這樣做。」

大夫曰：「昔夏后❶底❷洪水之災，百姓孔❸勤，罷於籠臿❹，及至其後，咸享其功❺。先帝之時，郡國頗煩❻於戎事❼，然亦寬❽三陲❾之役。語曰：『見機不遂❿者⓫隕功。』一日違⓬敵，累世為患⓭。休勞用供⓮，困弊乘時⓯，帝王之道，聖賢之所不能失也。功業有緒⓰，惡勞⓱而不卒⓲，猶耕者勸休而困止⓳也。夫事輟者無功，耕怠者無獲也。」

【章　旨】大夫指出，有勞苦才會有成功，不能因為征戰苦而不征討敵人。

【注　釋】❶夏后　指大禹。❷底　平定。❸孔　非常。❹籠臿　兩種農具。籠，裝土的器具。臿，挖土的工具。即鍬。❺功　功效。❻煩　苦悶。❼戎事　戰事。❽寬　緩解。此謂解除。❾三陲　東、南、西三面邊境。❿遂　前進。指行動起來。⓫者　助詞。表假設。⓬違　放走。⓭累世為患　即「為累世患」。為，成為。⓮休勞用供　讓勞累的人休息，是為了使他們能更好地供使用。⓯困弊乘時　當敵人困窘衰弱的時候，就應該抓住時機進攻。困，校注本改作「因」，今不從。⓰緒　開端。⓱惡勞　害怕勞累。⓲卒　完成。⓳勸休而困止　因困倦而停止。勸，「倦」的異體字。

【語　譯】大夫說：「從前大禹領導百姓平定洪水之災，百姓非常辛苦，挖土挑泥的勞動使得他們疲憊不堪，可是到了治水成功之後，大家都享受到了這樁事業的好處。武帝的時候，全國各地都被戰事弄得很痛苦，然而征戰的結果，也使得東、南、西三面邊境不再需要百姓去服兵役勞役。俗語說：『看見機會來了而不行動，就不會有成功。』一日放走了敵人，就會遺禍數代。讓勞累的人休息，是為了使他們能更好地供使用，當敵人困窘衰弱之時，就應該抓住時機進攻，這是帝王所用的正確的治國之道，聖賢也不能不照著辦。功業有了開端，卻害怕勞累而不加以完成，這就像耕種的人因困倦而停止一樣。辦事半途而廢的人不會有成功，耕種懈怠的人不會有好收成。」

文學曰：「地廣而不德者國危，兵強而凌敵者身亡。虎兕相據❶，而螻蟻❷得志❸。兩敵❹相抗，而匹夫❺乘閒❻。是以聖王見利慮害，見遠存❼近。方今為縣官計者，莫若偃兵❽休士❾，厚幣❿結和親⓫，修⓬文德而已。若不恤人⓭之急，不計其難，弊⓮所恃⓯以窮⓰無用之地，亡⓱十獲一，非文學之所知也。」

【章　旨】文學認為，征討匈奴得不償失，應改變策略，實行和親。

【注　釋】❶據　相持不下。❷螻蟻　螻蛄和螞蟻。螻蛄是一種穴居土中的害蟲。❸得志　得意；滿足欲望。意謂爭鬥雙方鬥死後，就成為螻蟻的口中之食。❹兩敵　兩個勢均力敵有勇力的人。❺匹夫　指凡庸之人。❻乘閒　趁機得到好處。❼存　關心。❽偃兵　收起武器。❾休士　讓士卒休息。❿幣　禮物。⓫結和親　與敵國講和聯姻。⓬修　施行。⓭人　指百姓。⓮弊　使疲困。⓯所恃　所依靠的力量。指中原百姓。⓰窮　極。指極力求取。⓱亡　失去。

【語　譯】文學說：「君主仗恃疆域廣闊而不實行德政，其國家會陷入危險；仗恃兵力強大而欺凌敵國，其生命必定不能保全。老虎和犀牛相持不下，到頭來會讓螻蛄和螞蟻滿足欲望。兩個勢均力敵有勇力的人相爭鬥，凡庸之人就會趁機得到好處。因此聖王見到有利的一面，還會考慮有害的一面，見到遠的，仍關心近的。如今為皇上考慮，不如收起武器，讓士卒休息，送厚重的禮物給匈奴，和他們講和聯姻，專力施行德政教化。如果不體恤百姓的危急，不考慮他們的災難，不惜讓中原百姓疲困而去極力求取僻遠無用的地方，失去的是十，得到的只是一，這不是我們文學所能理解的。」

卷八

結和第四十三

【題解】本篇就與匈奴講和聯姻的問題展開辯論。大夫指出，漢朝建立後，很長一段時間實行和親政策，但事實宣告了這種政策的失敗；武帝正是吸取以往的教訓，才改用武力征討策略；武帝的征討，是為了利國利民，完全是正義之舉，其功勳卓著，不可磨滅；漢朝以煌煌大國，帝王之尊，絕不能拿財物換安寧，與匈奴和親。文學則指出，以往實行和親政策，百姓安樂，國家富足，自改用武力征伐政策後，國家和百姓都深受其苦；作為君主，不應該恃強凌弱，耗盡民力；秦朝的滅亡就是窮兵黷武、奴役百姓的結果；朝廷應以秦的滅亡為鑑戒，與匈奴講和聯姻。

大夫曰：「漢興以來，修好❶，結和親，所聘遺❷單于❸者甚厚。然不紀❹重質❺厚賂❻之故改節❼，而暴害滋甚。先帝覩其可以武折❽而不可以德懷❾，故廣❿將帥，招奮擊⓫，以誅⓬厥罪，功勳粲然⓭，著⓮於海內，藏於記府⓯，何命⓰『亡十獲一』乎？夫偷安⓱者後危，慮近者憂邇⓲。賢者離俗⓳，智士權行⓴。君子所慮，眾庶疑焉。故民可與觀成，不可與圖始㉑。此㉒有司所獨見，而文學所不覩。」

【章　旨】大夫指出，武帝的征討策略是鑑於漢興以來長期實行的和親政策的失敗而制訂的，征討建立的功勳不可磨滅，軍國大計非文學所能理解。

【注　釋】❶修好　建立友好關係。❷聘遺　聘，遣使訪問。遺，贈送。❸單于　匈奴最高首領的稱號。❹紀　記；記取。❺質　盟約。❻賂　財物。❼節　操行。❽折　折服。❾懷　安撫。❿廣　廣選。⓫奮擊　能奮勇殺敵之人。⓬誅　聲討。⓭粲然　鮮明燦爛的樣子。⓮著　明。⓯記府　收藏文書史冊的地方。⓰何命　怎麼能說。命，謂；說。⓱偷安　不顧將來的禍患，只圖眼前的安逸。⓲憂邇　禍患離得很近。⓳離俗　超塵脫俗。⓴權行　依據時勢權變行事。㉑圖始　謀議開始。㉒此　指進擊匈奴的必要性。

【語　譯】大夫說：「漢朝興起以來，與匈奴建立友好關係，講和聯姻，遣使訪問，使者帶去的饋贈給單于的禮物非常豐厚。可是匈奴並不記取雙方訂立的莊重盟約和我方饋贈的大量財物從而改變操行，反而變本加厲地對我方進行冒犯侵害。武帝看到匈奴只可用武力征服，不可用仁德安撫，因此廣選將帥，招攬勇敢的武士，去聲討他們的罪惡，所建立的功勳光輝燦爛，整個天下無人不知，並被形諸文字藏在記府裡，怎麼能說『失去的是十，得到的只是一』呢？苟且偷安的人後來必遭危險，考慮不深遠的人禍患也就在眼前。賢能的人超塵脫俗，聰明之士依據時勢權變行事。君子所考慮的事情，普通人必定不能理解而懷疑。所以百姓這類人，你只能和他們一起觀看最後的成功，不能在開始的時候就和他們商量。進擊匈奴的必要性只有我們政府官員才看得清，確實不是你們文學所能理解的。」

文學曰：「往者，匈奴結和親，諸夷❶納貢❷，即君臣❸，外內❹相信，無胡、越之患。當此之時，上求寡而易贍❺，民安樂而無事❻。耕田而食，桑麻而衣。家有數年之稸❼，縣官餘貨財，閭里耆老❽或及其澤❾。自是之後，退文任武，苦師勞眾，以略❿無用之地。立郡⓫沙石之間，民⓬不能自守，發⓭屯⓮乘城，輓輦⓯而贍之。愚竊見其亡⓰，不覩其成。」

【章　旨】文學對比和親與征討兩種政策下的不同結果，肯定和親於國於民有利。

【注　釋】❶諸夷　指匈奴之外的四方各少數民族。❷納貢　進獻貢品。❸即君臣　意謂漢朝與匈奴及其他少數民族之間的關係就是君臣關係。❹外內　「外」指異族，「內」指漢朝廷。❺贍　供給。❻事　指繇役。❼稸　古文「蓄」字。❽耆老　泛指老年人。❾及其澤　趕上了那個時代得到了好處。澤，恩澤。❿略　攻占。⓫立郡　建立新郡縣。武帝在征服地區設立新郡縣。⓬民　指邊地之民。⓭發　指徵發內地百姓當兵。⓮屯　駐防。⓯輓輦　拉車運軍需。⓰亡　喪失人力物力。

【語　譯】文學說：「從前，匈奴與我們講和聯姻，其他少數民族向朝廷納貢，他們與朝廷的關係，就是臣與君的關係，朝廷與他們互相信任，沒有匈奴和百越的禍患。在那個時候，君主欲求很少，容易供應，百姓安樂，沒有甚麼繇役負擔。耕田種地獲得食物，栽桑種麻滿足穿衣的需要。家家有夠吃幾年的儲糧，政府錢物有餘，現在鄉村裡的老年人，有的人還趕上了那個時代，享受過它的好處。可是從那以後，放棄文治，專用武力，讓軍隊和民眾吃苦受累，去攻取沒有用處的地方。在沙石遍布的荒涼地區建立新郡縣，當地的百姓不能憑自己的力量防守，於是從內地徵發士卒前往駐防，登城守衛，要百姓拉著車子遠涉千里供應軍需。我私下只看到人力物力的大量消耗，沒有看見甚麼成功。」

大夫曰：「匈奴以虛名市於漢❶而實不從，數❷為蠻、貊所紿，不痛之❸，何故也？高皇帝仗❹劍定九州，今以九州而不行❺於匈奴。閭里常民尚有梟散❻，況萬里之主與小國之匈奴乎？夫以❼天下之力勤❽何不摧？以天下之士民何不服？今有帝名，而威不信❾於長城之外，反賂遺❿而尚踞敖⓫，此五帝所不忍，三王所畢⓬怒也。」

【章旨】大夫指出，以漢朝煌煌大國，帝王之尊，只能讓匈奴臣服，絕不能反過頭來贈財物給他們以結和親。

【注釋】❶以虛名市於漢　以臣服的虛名買取漢朝的信任。❷數　屢次。❸痛之　對被騙感到痛心。❹仗　拿著。❺不行　指政策號令不能推行。❻梟散　古代下棋，主要的棋子叫梟，其餘起輔佐作用的棋子叫散。此喻指貴賤。❼以　憑藉。❽力勤　指力量。❾信　通「伸」。施展。❿賂遺　以財物贈送。⓫尚踞敖　尊崇傲慢無禮之人。敖，通「傲」。⓬畢　都。

【語譯】大夫說：「匈奴以臣服的虛名買取漢朝的信任，而實際上並不服從，我們屢次被他們欺騙，你們對此不感到痛心，這是甚麼緣故呢？高祖拿著劍平定了九州，如今憑著九州之大，而政策號令竟然不能在匈奴地區推行。鄉村裡的平民尚有貴賤之分，何況統治萬里江山的君主與國小人少的匈奴呢？我們憑著整個天下的力量去進攻，有甚麼不能被摧毀？憑著整個天下的士卒百姓去征討，有甚麼不能被征服？如今有帝王之名，而威權卻不能在長城以北地區施展，反而想贈財物給匈奴，尊崇這些傲慢無禮之人，你們這種想法是五帝所不能容忍的，三王對此也都會感到憤怒。」

文學曰：「湯事夏而卒❶服之，周事殷而卒滅之。故以大御❷小者王，以強凌弱者亡。聖人不困其眾以兼❸國，良御不困其馬以兼道❹。故造父之御不失和❺，聖人之治不倍❻德。秦攝❼利銜❽以御宇內，執脩箠❾以笞❿八極⓫，驂服⓬以⓭罷，而鞭策⓮愈加⓯，故有傾銜⓰遺箠⓱之變。士民非不眾，力勤非不多也，皆內倍外附⓲而莫為用。此高皇帝所以仗劍而取天下也。夫兩主好合⓳，內外交通，天下安寧，世世無患，士民何事？三王何怒焉？」

【章旨】文學指出，以強凌弱，竭盡民力，必然招致滅亡，如能與匈奴和親，則能使天下安寧，世世無患。

【注釋】❶卒　最後。❷御　駕馭。❸兼　兼并。❹兼道　走加倍的路程。❺和　適宜。❻倍　通「背」。❼攝　掌握。❽利銜　便利的馬嚼子。❾脩箠　長鞭。箠，鞭子。❿笞　鞭打。⓫八極　八方極遠之地。⓬驂服　古代幾匹馬同拉一輛車，在中間的叫服馬，在兩旁的叫驂馬。⓭以　通「已」。⓮策　馬鞭。⓯加　打在馬身上。⓰傾銜　掙脫馬嚼子。⓱遺箠　使馬鞭子掉到地上。⓲內倍外附　背離朝廷，歸附反叛勢力。⓳好合　友好融洽。

【語譯】文學說：「商湯曾事奉過夏桀，但最後征服了這位暴君；周人曾事奉過商朝，但最後把商朝滅掉了。所以自己大卻能妥善地駕馭小，這樣的人能稱王天下，而以強凌弱的人則免不了滅亡。聖人不勞累他的民眾去兼并別的國家，好的車夫不勞累他的馬兒走加倍的路程。所以造父駕車從來是快慢適宜，聖人治國從來不違背仁德。秦朝掌握著便利的馬嚼子以控制天下，拿著長長的鞭子鞭打八方極遠之地，拉車的馬已經疲憊不堪了，卻更頻繁更重地鞭打，因此就發生了馬掙脫嚼子、使鞭子掉到地上的變故。當時士卒和民眾並不是不多，社會上的力量並不是不充足，但都背離朝廷，歸附反叛勢力而不能供朝廷使用。這就是高祖拿著劍奪取了天下的原因。如果皇上與單于友好融洽，我方與彼方互通往來，那麼天下就會安寧，世世代代不會有禍患，這樣，士卒和民眾還有甚麼兵役勞役要承擔？三王又有甚麼要憤怒的呢？」

大夫曰：「伯翳❶之始封秦，地為七十里。穆公開❷霸，孝公廣業。自卑至上，自小至大。故先祖基之，子孫成之。軒轅❸戰涿鹿，殺雨師❹、蚩尤而為帝，湯、武伐夏、商，誅桀、紂而為王。黃帝以戰成功，湯、武以伐成孝❺。故手足之勤❻，腹腸之養❼也。當世之務❽，後世之利也。今❾四夷內侵，不攘❿，萬世必有此長患。先帝興義兵以誅強暴，東滅朝鮮，西定冉、駹⓫，南擒百越，北挫強胡，追匈奴以廣北州⓬，湯、武之舉，蚩尤之兵⓭也。故聖主斥⓮地，非私其利，用兵，非徒奮⓯怒也，所以匡⓰難辟害，以⓱為黎民遠慮。」

【章旨】大夫指出，作為子孫，應繼承先人的事業，興師用兵，並非就是不義，朝廷征伐四夷，實屬正義之舉，目的是利國利民。

【注釋】❶伯翳　舜時人，佐禹治水有功，舜賜姓嬴氏，是秦的始祖。❷開　創。❸軒轅　即黃帝。黃帝姬姓，號軒轅氏。他曾與九黎族首領蚩尤大戰於涿鹿（今屬河北），殺蚩尤。❹雨師　古代傳說中的雨神。二字原作「兩皞」，此從張敦仁說。❺孝　意謂商湯、周武王除暴登位，完成了先人的事業。❻勤　勤勞。❼腹腸之養　意謂能為腹腸提供食物。❽務　努力。❾今　此相對古代而言，猶言本朝，並不是指大夫發言的當時。❿攘　擊退。⓫冉駹　漢代西南少數民族地區的兩個部族。⓬北州　泛指北方的領土。⓭蚩尤之兵　意謂動用的是正義之師，如同黃帝伐蚩尤。⓮斥　開拓。⓯奮　舒發。⓰匡　救。⓱以　而。

【語　譯】大夫說：「伯翳始受封於秦地的時候，秦地才方圓七十里。到了秦穆公手中，卻創立起宏偉的霸業，到秦孝公，事業又得到了進一步的發展。君主地位由低下到尊貴，國家由弱小到強大。所以祖先奠定事業的基礎，子孫後代加以完成。從前黃帝在涿鹿與蚩尤展開激戰，殺掉雨師、蚩尤而登上帝位，商湯討伐夏朝殺掉夏桀而成為天子，周武王討伐商朝殺掉商紂而踐位為王。黃帝是憑著戰爭建成了功業，商湯和周武王是憑藉征伐完成了先人的事業，盡了孝道。所以手腳勤快，就能為腹腸提供食物。當世努力，就能為後世留下好處。本朝有一段時間四方少數民族紛紛向內地侵犯，如果不予以擊退的話，這禍患必將影響千秋萬代。因此武帝發動正義之師以討伐兇暴強橫的敵人，東邊滅掉了朝鮮，西邊平定了冉、駹，南邊征服了百越，北邊給強大的匈奴以巨大打擊，追逐匈奴，擴大了北方領土，這是與湯、武討伐桀、紂一樣的正義之舉，是與黃帝進攻蚩尤一樣的正義戰爭。所以聖明的君主開疆拓土，並不是為了私下占有其利，用兵打仗，並非只是為了舒發憤怒，是為了挽救災難避開禍害，為百姓作長遠的打算。」

文學曰：「秦南禽勁❶越，北卻❷強胡，竭中國以役四夷❸，人罷極而主不恤，國內潰而上不知。是以一夫❹倡❺而天下和❻，兵破陳涉❼，地奪諸侯，何嗣❽之所利？《詩》云：『雍雍鳴鳱，旭日始旦❾。』登❿得前利⓫，不念後咎⓬。故吳王⓭知伐齊之便⓮，不知干遂之患。秦知進取⓯之利，而不知鴻門⓰之難。是知一而不知十也。周謹小⓱而得大，秦欲大而亡小。語曰：『前車覆⓲，後車戒⓳。』殷鑑⓴不遠，在夏后㉑之世矣。」

【章旨】文學以秦朝窮兵黷武招致滅亡為例，說明好戰並不能為子孫謀利，告誡大夫要以秦為鑑戒。

【注釋】❶勁　強大。❷卻　打退。❸役四夷　從事於對四方少數民族的征討。❹一夫　指陳勝。❺倡　原指唱歌時一人先發聲，此指號召造反。❻和　響應。❼兵破陳涉　軍隊被陳勝打敗。❽嗣　後代。❾雍雍鳴鳱二句　出《詩經・邶風・匏有苦葉》。舊說這首詩是諷刺衛宣公淫亂的。雍雍，聲音和諧的樣子。鳱，通「雁」。旭日，初升的太陽。旦，此指太陽才出來。❿登　努力向前。⓫前利　眼前之利。⓬咎　災禍。⓭吳王　指吳王夫差。夫差打敗越國，許其求和，然後致力討伐齊國等遠方國家。越國趁機積蓄力量，後舉兵報仇，一舉滅吳，夫差在干遂（吳地名，在今蘇州附近）被活捉，自殺。⓮便　指好處。⓯進取　指開疆拓土。⓰鴻門　古地名。在今陝西臨潼東。劉邦攻占秦都咸陽後，項羽接著揮師入關，二人曾在鴻門會宴。此借指秦滅於劉、項之手。⓱謹小　以小國而謹慎行事。⓲覆　翻倒。⓳戒　引為鑑戒。⓴殷鑑　商朝的鑑戒。㉑夏后　指夏桀。

【語譯】文學說：「秦朝在南邊征服了強大的百越，在北邊打退了實力雄厚的匈奴，竭盡中原地區的人力物力以從事對四方少數民族的征討，百姓疲憊到了極點而君主並不體恤，國家內部已經潰亂而皇帝還不知道。因此一個人號召造反，天下的人就都紛紛起來響應，秦朝的軍隊被陳勝打敗，土地被諸侯奪走，其後代得到了甚麼好處呢？《詩經》上說：『大雁和諧地鳴叫，太陽剛剛照耀。』這是諷刺只努力向前求取眼前之利，不考慮後來的災禍。所以吳王夫差只知道討伐齊國的好處，而不知道干遂的禍患。秦朝只知道開疆拓土的好處，而不知道將要敗於劉邦、項羽之手。因此他們是只知道一而不知道十。周人以小國謹慎行事而取得了天下，秦朝想擴大疆土反而失去了一切。俗語說：『前面的車子翻了，後面的車子要引為鑑戒。』商朝的鑑戒並不遠，就在夏桀的時代啊。」

誅秦第四十四

【題解】「誅秦」意謂譴責秦朝，這是編者站在文學的立場而擬定的題目。篇中雙方就秦朝的評價及相關的文德武力問題展開辯論。大夫對比了戰國七雄的強盛和周王室的衰亡，重點稱述了秦朝開疆拓土的業績和萬方來朝的威風，說明文德不可恃，只有實力才能使國家立於不敗之地。對武帝的征討政策，大夫從邊疆與內地的一體關係論證了它的合理性，並極力頌揚武帝征討匈奴所建立的赫赫戰功，肯定了它給國家民眾帶來的好處。文學則極力贊美周朝以德取天下，以德服萬方，譴責秦朝貪圖土地、窮兵黷武，諷刺秦江山盡失，宗族殄滅，批評漢武帝的擴張政策不是國家對待異族的良策。

大夫曰：「秦、楚、燕、齊，周之封國也；三晉❶之君，齊之田氏❷，諸侯家臣❸也；內守其國，外伐不義，地廣壤進❹，故立號萬乘❺而為諸侯宗❻。周室❼修禮長文❽，然國翦弱❾，不能自存❿，東攝⓫六國，西畏於秦，身以放遷⓬，宗廟絕祀⓭。賴先帝⓮大惠，紹興其後⓯，封嘉潁川，號周子男⓰君。秦既并天下，東絕⓱沛水⓲，并滅朝鮮，南取陸梁⓳，北卻胡、狄，西略氐、羌⓴，立帝號，朝㉑四夷。舟車所通，足跡所及，靡不畢至。非服其德，畏其威也。力多則人朝，力寡則朝於人矣。」

【章　旨】大夫以七國的強盛對比周王室的衰亡，說明文德不可恃，只有實力才可靠。

【注　釋】❶三晉　指韓、趙、魏三國。韓氏、趙氏、魏氏本都是晉的大臣，後三家將晉國瓜分，各立為國。❷田氏　本陳國貴族，避難到齊國，改稱田氏，世為齊大臣，至田和，篡位自立為齊侯。❸家臣　此指諸侯之臣。❹進　增加。❺立號萬乘　指建立王號。王本是擁有萬輛兵車的天子的稱號，春秋以前，諸侯一般只稱公、侯、伯、子、男，至戰國，各國紛紛稱王。❻宗　領袖。❼周室　校注本刪「室」字，以上句「宗」字屬下，今不從。❽長文　重視文治。❾翦弱　被削弱。周天子本為天下諸侯的共同君主，後地位逐漸下降，等同諸侯。至戰國末，周分裂為東周、西周兩小國。西元前二五六年，秦破西周，遷西周君於𢾾狐（在今河南省臨汝縣西北）。西元前二四九年，秦破東周，遷東周君於陽人（在今河南臨汝西），周徹底滅亡。❿自存　自我保存。⓫懾　通「慴」。害怕。⓬身以放遷　指西周君與東周君被逐出國都遷往他處。⓭絕祀　斷絕了祭祀。⓮先帝　指漢武帝。武帝元鼎四年，封周的後代姬嘉潁川（在今河南中部）之地三十里，賜號「周子南君」。⓯紹興其後　使周的後代接續祭祀，重新興起。紹，接。⓰男　通「南」。⓱絕　渡。⓲沛水　即浿水。今鴨綠江。⓳陸梁　指今廣東廣西一帶，秦稱這一地區為陸梁地。⓴氐羌　氐，西南少數民族地區的部族。羌，古代西部少數民族。㉑朝　使來朝拜。

【語　譯】大夫說：「秦、楚、燕、齊四國，本是周王室分封的國家；韓、趙、魏三國的君主，齊國的田氏，本是諸侯手下的大臣；這七國君主對內守住自己的國家，對外討伐不義，疆域擴大，領土增加，所以紛紛稱王而成為諸侯之長。周王室講求禮義，重視文治，然而勢力日被削弱，以至不能自我保存，東邊害怕齊、楚、燕、韓、趙、魏六個國家，西邊畏懼秦國，到最後，西周和東周兩小國之君都被逐出國都遷往他處，周的宗廟斷絕了祭祀。仰仗武帝的大恩惠，讓其後代接續祭祀、重新興起，封姬嘉潁川之地三十里，賜號『周子男君』。秦兼并天下之後，東渡鴨綠江，吞滅了朝鮮，南邊攻取了陸梁之地，北邊打退了匈奴、狄人，西邊攻占了氐人、羌人地區，建立起皇帝的稱號，讓四方少數民族都來朝拜。當時凡是車船能通的地方，人跡到達的所在，沒有不來朝拜的。這些朝拜者並不是因為敬服秦朝的仁德，而是因為畏懼它的威力。可見力量強大則受別人的朝拜，力量弱小就只能去朝拜別人。」

文學曰：「禹、舜，堯之佐也，湯、文，夏、商之臣也，其所以從❶八極而朝❷海內者，非以陸梁之地、兵革❸之威也。秦、楚、三晉號萬乘，不務積德而務相侵，構兵❹爭強而卒俱亡。雖以進壤廣地，如食萴❺之充❻腸也，欲其安存，何可得也？夫禮讓為國者若江海，流彌久❼不竭，其本❽美也。苟為無本，若蒿❾火暴怒❿而無繼，其亡可立而待，戰國⓫是也。周德衰，然後⓬列於諸侯，至今不絕。秦力盡而滅其族，安得朝人⓭也？」

【章　旨】文學亦將戰國七雄與周王室對比，指出七國好戰，故先後滅亡，秦朝還遭滅族；周王室崇尚文德，故後代到漢朝還能位列諸侯。

【注　釋】❶從　使服從。❷朝　使朝拜。❸兵革　兵器鎧甲。❹構兵　兩國交戰。❺萴　萴子。一種有毒的藥草。❻充　滿；填飽。❼彌久　長久。❽本　指源頭。❾蒿　蒿草。❿暴怒　指火勢兇猛。⓫戰國　指齊、楚、燕、韓、趙、魏。⓬後　後代。⓭朝人　使別人來朝拜。

【語　譯】文學說：「禹、舜原是堯的輔佐，商湯、周文王原是夏朝、商朝的臣屬，他們之所以能使八方極遠之地的人服從，使整個天下的諸侯都來朝拜，並不是因為奪取了陸梁之地、有兵器鎧甲的威力。秦、楚、韓、趙、魏雖然有王的稱號，但不致力於積累道德，只致力於互相侵犯，彼此交戰爭奪霸權，到頭來都滅亡了。它們雖然憑征戰增加了領土，擴大了疆域，但就像一個人靠吃萴子來填飽飢腸終究會死一樣，想平安地存在下去，怎麼能辦得到呢？憑藉禮讓治理國家就像江海一樣，長久地流淌而沒有枯竭之時，因為源頭很好。如果沒有好的源頭，就像蒿草燃燒起來火勢兇猛而沒有接續的東西，火馬上就會熄滅，齊、楚、燕、韓、趙、魏等國就是這樣。周朝的聖德衰微了，然而它的後代處於諸侯的行列，到今天還沒有斷絕。秦朝的武力煙消雲散了，宗族連同被滅絕，哪裡還能夠叫別人來朝拜呢？」

大夫曰：「中國與邊境，猶支體❶與腹心也。夫肌膚寒於外，腹心疾❷於內，內外之相勞❸，非相為賜❹也。脣亡❺則齒寒，支體傷而心憯怛❻。故無手足則支體廢，無邊境則內國❼害❽。昔者，戎狄❾攻太王於邠❿，踰岐、梁⓫而與秦界於涇、渭⓬，東至晉之陸渾⓭，侵暴中國，中國疾之⓮。今匈奴蠶食內侵，遠者⓯不離⓰其苦，獨邊境蒙其敗⓱。《詩》云：『憂心慘慘，念國之為虐⓲。』不征備，則暴害不息。故先帝興義兵以征厥罪，遂破祁連天山⓳，散其聚黨，北略至龍城⓴，大圍匈奴，單于失魂，僅以身免㉑，乘㉒奔逐北㉓，斬首捕虜十餘萬。控弦㉔之民，旃裘之長㉕，莫不沮膽㉖，挫折遠遁，遂乃振旅㉗。渾耶㉘率其眾以降，置五屬國㉙以距胡，則長城之內，河、山之外㉚，罕被寇菑㉛。於是下詔令，減戍漕㉜，寬㉝徭役。初雖勞苦，卒獲其慶㉞。」

【章　旨】大夫肯定邊疆與內地的一體關係，頌揚武帝征討匈奴戰功赫赫，最終使國家與民眾受益。

【注　釋】❶支體　四肢和軀體。支，同「肢」。❷疾　病。❸勞　拖累。❹賜　給予好處。❺脣亡　嘴脣失去了。❻憯怛　憂傷痛苦。❼內國　內地。❽害　受害。❾戎狄　皆古族名。❿邠　同「豳」。今陝西省邠縣。⓫岐梁　二山名。岐山在今陝西省岐山縣東北，梁山在今陝西省乾縣西北。⑫界於涇渭　以涇水、渭水為分界。⑬陸渾　古地名。⑭疾之　以之為患。⑮遠者　指遠離北方邊境的地方。⑯離　通「罹」。遭受。⑰敗　破壞。⑱憂心慘慘二句　出《詩經・小雅・正月》。慘慘，憂慮不安的樣子。為虐，受虐害。⑲破祁連天山　在祁連天山大敗匈奴。祁連天山，即祁連山，一名天山。在今甘肅省張掖縣西南二百里。⑳龍城　漢時匈奴大規模聚會祭祀祖先天地鬼神的地方。在今漠北塔米爾河岸。㉑僅以身免　僅單身一人脫逃。㉒乘　追逐。㉓北　敗逃的敵人。㉔控弦　拉弓。形容習武能戰。㉕旃裘之長　坐氈毯穿皮衣的匈奴頭領。㉖沮膽　嚇破了膽。沮，壞。㉗振旅　整軍凱旋。㉘渾耶　即「昆邪」。匈奴首領之一。漢武帝元狩二年，渾耶王與單于不和，於是殺休屠王，率眾四萬餘投降漢朝。㉙五屬國　指隴西、北地、上郡、朔方、雲中五郡。漢朝設此五郡，以安置投降的匈奴人，因「各依其本國之俗而屬於漢，故曰屬國」。㉚河山之外　指黃河、陰山之北。㉛菑　古「災」字。㉜戍漕　軍糧的運輸。㉝寬　減輕。㉞慶　好處。

【語　譯】大夫說：「中原地區與邊疆的關係，就像人的四肢軀體與腹心一樣。外面的肌膚受了寒，內部的腹心就生病，這是內外互相拖累，而不是互相給與好處。嘴唇沒有了，牙齒就會感到寒冷，四肢軀體受了傷，內心就感到憂愁痛苦。所以人沒有手腳，四肢軀體就會殘廢，國家沒有邊疆，內地就會受害。從前戎人、狄人進攻居於邠地的古公亶父，後來又越過岐山、梁山而與秦以涇、渭二水為分界，東邊進至晉國的陸渾，侵害中原地區，中原君民深以為患。本朝匈奴像蠶吃桑葉一樣向內地侵犯，離北方邊境較遠的地區未受侵害之苦，唯獨北方邊境地區遭受到嚴重的騷擾破壞。《詩經》上說：『心中憂慮不安，念念不忘國家受虐害。』如果對匈奴不進行征討防備，那麼他們的侵害就不得止息。因此武帝發動正義之師以討伐他們的罪惡，於是在祁連山將他們打得大敗，驅散了他們的部眾，向北攻打到龍城，將匈奴重重包圍起來，單于失魂落魄，僅單身一人逃脫，我軍追擊敗逃之敵，殺死、俘虜敵人共計十多萬。這樣一來，習武能戰的匈奴民眾，坐氈毯穿皮衣的匈奴頭領，沒有人不被嚇破了膽，失敗遠逃，我方於是就整軍凱旋。渾耶王率領他的部眾來投降，朝廷設置了隴西等五郡以抵禦匈奴，從此長城之內，黃河、陰山以北，很少遭受匈奴的擾害。武帝於是頒布詔令，減少軍糧運輸，減輕繇役。征討匈奴起初雖然勞苦，但最終還是得到了好處。」

文學曰：「周累世積德，天下莫不願以為君，故不勞而王，恩施由近而遠，而蠻、貊自至。秦任❶戰勝以并天下，小海內❷而貪胡、越之地，使蒙恬擊胡，取河南❸以為新秦，而亡其故秦❹，築長城以守胡，而亡其所守。往者，兵革亟❺動，師旅數起，長城之北，旋❻車遺鏃❼相望。及李廣利❽等輕❾計，還馬足❿，莫不寒心，雖得渾耶，不能更⓫所亡⓬。此非社稷之至計⓭也。」

【章　旨】文學頌揚周朝靠積德王天下，諷刺秦朝貪土好戰而丟掉江山，批評武帝時的擴張策略。

【注　釋】❶任　憑藉。❷小海內　以已得的整個疆域為小。❸河南　今內蒙古河套一帶。西元前二一五年，秦始皇派將軍蒙恬擊匈奴，奪得河南地，稱之為「新秦」。❹故秦　指取得河南地之前秦舊有的領土。❺亟　多次。❻旋　翻倒。❼鏃　箭頭。❽李廣利　漢武帝時大將，號貳師將軍。武帝太初元年，遣李廣利出擊大宛求善馬，戰爭歷時三年，大宛敗降，漢得好馬三千餘匹。❾輕　輕率。❿還馬足　即指從大宛奪回好馬。此三字之上校注本補「計」字，今不從。⓫更　抵償。⓬亡　失去。⓭至計　上等策略。

【語　譯】文學說：「周朝的祖先歷代積德，天下沒有誰不願意擁戴周天子為君，所以不費事就做了天下的王，周的恩德由近及遠，因此少數民族都自動來歸服。秦憑藉戰爭的勝利兼并了天下，認為已得的疆域還太小，貪圖匈奴、百越的地盤，派遣將軍蒙恬攻擊匈奴，奪取了河南之地，把它作為『新秦』，但到頭來連舊有的領土也一同丟掉了，修築長城以防備匈奴，但最終所守衛的整個疆域都輸給了別人。本朝過去一個時期，兵器鎧甲頻繁動用，軍隊屢屢出動，長城以北，翻倒的戰車、掉在地上的箭頭隨處可見。到李廣利等人輕率地出謀攻伐大宛，曠日持久只奪回數千好馬，對此天下人沒有誰不寒心，雖然朝廷得到了渾耶王，但還是不能抵償所失去的。征討這種辦法並不是國家對待異族的上等策略啊。」

伐功第四十五

【題　解】「伐功」即誇耀功勞之意，是編者站在儒生的立場上對御史大夫桑弘羊的貶抑之詞。篇中大夫肯定了討伐敵人、擴充疆土的必要與合理，指出匈奴久未歸服，是因為一些臣民不出力、反對朝廷的征戰策略。文學則責備桑弘羊執政十多年來的所作所為，指出桑弘羊為武帝制定的征討匈奴的策略「不能弱匈奴，而反衰中國」，否定桑弘羊執政有功。

大夫曰：「齊桓公越燕伐山戎❶，破孤竹，殘❷令支。趙武靈王❸踰句注❹，過代谷❺，略滅林胡、樓煩❻。燕襲走東胡❼，辟地千里，度遼東❽而攻朝鮮。蒙公❾為秦擊走匈奴，若鷙鳥❿之追群雀⓫，匈奴勢慴⓬，不敢南面而望十餘年。及其後，蒙公死而諸侯叛秦，中國擾亂，匈奴紛紛⓭，乃敢復為邊寇。夫以小國燕、趙，尚猶卻寇虜以廣地，今以漢國之大，士民之力，非特⓮齊桓之眾，燕、趙之師也，然匈奴久未服者，群臣不并力，上下未諧⓯故也。」

【章　旨】大夫臚列歷史上諸國伐敵廣地之功，說明討伐敵人、擴大疆土的必要與合理，分析了漢朝久久未能使匈奴歸服的原因。

【注　釋】❶山戎　古族名。春秋時分布在今河北北部。西元前六六三年，山戎伐燕國，齊桓公救燕，遂伐山戎，並進而討伐山戎的同盟國令支和孤竹。❷殘　滅。❸趙武靈王　戰國時趙國國君。❹句注　山名。又名雁門山。在今山西省代縣西北。❺代谷　地名。❻林胡樓煩　皆古代北狄國名。❼東胡　古種族名。居匈奴之東，故名。❽遼東　戰國燕設置的郡。治所在襄平（今遼陽市）。❾蒙公　對蒙恬的尊稱。❿鷙鳥　勇悍的鳥。如鷹、雕等。⓫雀　麻雀。⓬勢慴　即「慴勢」。慴，「懾」的異體字。害怕。⓭紛紛　指絡繹不絕南下。⓮特　僅。⓯諧　和諧；一致。

【語　譯】大夫說：「齊桓公越過燕國討伐山戎，打敗孤竹，翦滅令支。趙武靈王翻過句注山，走過代谷，攻占吞滅了林胡、樓煩。燕國趕走了東胡，開闢疆土達千里，又越過遼東郡而遠攻朝鮮。蒙恬為秦朝趕走匈奴，就像勇悍之鳥追逐群雀一樣，匈奴害怕秦朝的勢力，不敢朝南張望而生南侵之想長達十多年。到了後來，蒙恬去世，諸侯起兵造反背叛秦朝，中原地區陷入混亂，匈奴絡繹不絕南下，才敢重新對邊境地區進行騷擾侵犯。像古代燕、趙那樣的小國，還打退敵人，擴大疆土，如今憑著漢朝天下之大，士卒百姓力量之強，齊桓公擁有的人眾，燕、趙擁有的軍隊根本不能來相比，然而匈奴卻久久沒有歸服，這是因為群臣不齊心協力，上下意見不一致的緣故啊。」

文學曰：「古之用師，非貪壤土之利，救民之患也。民思之，若旱之望雨，簞食壺漿❶，以逆❷王師。故憂人之患者，民一心而歸之，湯、武是也。不愛❸民之死，力盡❹而潰叛者，秦王是也。孟子曰：『君不鄉道，不由仁義，而為之強戰，雖克必亡❺。』此中國所以擾亂，非蒙恬死而諸侯叛秦。昔周室之盛也，越裳❻氏來獻，百蠻❼致❽貢。其後周衰，諸侯力征❾，蠻、貊分散，各有聚黨❿，莫能相一，是以燕、趙能得意焉。其後，匈奴稍⓫強，蠶食諸侯，故破走月氏⓬，因⑬兵威，徙小國⑭，引弓⑮之民，并為一家，一意同力，故難制⑯也。前君⑰為先帝畫⑱匈奴之策：『兵據⑲西域，奪之便勢之地⑳，以候㉑其變。以漢之強，攻於匈奴之眾，若以強弩㉒潰㉓癰疽㉔；越之禽吳㉕，豈足道哉！』上以為然。用君之義㉖，聽君之計，雖越王之任㉗種、蠡㉘不過㉙。以搜粟都尉㉚為御史大夫，持政十有餘年，未見種、蠡之功，而見靡弊之效㉛，匈奴不為加㉜俛㉝，而百姓黎民以㉞敝㉟矣。是君之策不能弱匈奴，而反衰中國也。善為計者，固若此乎？」

【章旨】文學就秦末的混亂、燕趙的得手、匈奴的久未歸服等問題談了自己的看法，駁斥了大夫的觀點，並否定了桑弘羊為武帝制定的武力攻打匈奴的策略。

【注釋】❶簞食壺漿　用簞裝食物，用壺裝茶酒。簞，竹製盛器，常用以盛飯。❷逆　迎接。❸愛　珍惜。❹力盡　指百姓被奴役得精疲力盡。❺君不鄉道四句　語本《孟子．告子下》。鄉，同「嚮」。由，遵循。之，指君。強，努力。克，戰勝。❻越裳　古國名，故地在今越南南部。❼百蠻　泛指各少數民族。❽致　進獻。❾力征　以武力互相征伐。❿聚黨　指部落。⓫稍　逐漸。⓬月氏　古西域國名。⓭因　依仗。⓮徙小國　把小國遷移到一起。⓯引弓　拉弓。⓰制　制服。⓱君　指桑弘羊。⓲畫　策劃。⓳據　據守。⓴便勢之地　地勢險要於我有利的地方。㉑候　觀察等待。㉒弩　用機械力量射箭的弓。㉓潰　指將要潰破。㉔癰疽　毒瘡。㉕越之禽吳　越王句踐捉住吳王夫差。㉖義　同「議」。㉗任　信任。㉘種蠡　文種和范蠡。二人皆越王句踐之臣。㉙過　超過。㉚搜粟都尉　官名。掌軍糧，隸屬大司農。桑弘羊於太始元年（西元前九六年）由大司農貶為搜粟都尉，至後元二年（西元前八七年）升為御史大夫。㉛靡弊之效　衰敗的後果。㉜加　更加。㉝俛　低頭；馴服。㉞以　同「已」。㉟敝　貧窮困苦。

【語譯】文學說：「古代用兵打仗，並不是貪圖奪取土地的好處，而是為了把百姓從患難中拯救出來。百姓渴望正義之師的到來，就像大旱時盼望下雨一樣急切，因此總是用簞裝食物，用壺裝茶酒，以迎接天子的軍隊。所以為百姓的患難操心的人，百姓會萬眾一心歸順他，商湯、周武王就是這樣的人。不珍惜百姓生命的人，百姓被役使得精疲力盡就要潰散反叛，秦皇就是這樣的人。孟子說：『君王不嚮往正道，不遵循仁義，而為他努力征戰，這樣雖然取得了勝利，但到頭來國家必定要滅亡。』這就是秦朝末年中原地區混亂的原因，當時的混亂並不是因為蒙恬死後諸侯反叛造成的。從前周王室興盛的時候，越裳國之人來獻寶物，各少數民族都進獻貢品。後來周王室衰弱，天下諸侯以武力互相征伐，各少數民族分崩離析，形成了很多部落，沒有誰能將他們統一起來，因此燕、趙能實現自己的目的。再後來，匈奴漸漸強大，像蠶吃桑葉一樣侵奪諸侯的土地，因此打敗趕走了月氏，依仗武力，將許多小國遷到一起，於是習武能戰的諸多部落之人合併為一家，他們同心協力，所以難以制服。從前大夫您為武帝籌劃對付匈奴的策略，說：『派兵據守西域，奪取地勢險要、於我有利的地方，觀察等待匈奴內部發生變故。憑著漢朝的強大，攻打匈奴的軍隊，就像用強弓利箭去射穿行將潰破的毒瘡一樣容易；相比之下，越王句踐捉住吳王夫差，又哪裡值得一提呢！』武帝認為您的意見很正確。可以說，武帝採用您的建議，聽從您的計策，完全能與越王信任文種、范蠡相比。可是您從搜粟都尉升為御史大夫，執政十多年了，沒有看見您建立文種、范蠡那樣的功勞，卻看見了您的所作所為給國家帶來的衰敗後果，匈奴並沒有因為您的策略的實施而更加馴服，而漢朝的黎民百姓卻已經被弄得十分貧窮困苦了。這樣看來，您的策略並不能削弱匈奴，反而使漢朝衰敗了。善於制定計謀的人，固然就像這樣嗎？」

西域第四十六

【題解】西域諸國在漢與匈奴的對抗中占有很重要的地位，匈奴控制了西域，就會如虎添翼，對漢朝構成巨大威脅；漢朝控制了西域，就等於斬斷了匈奴的右臂。漢武帝曾兩次派遣張騫出使西域聯絡各國，又派李廣利出擊大宛。本篇就朝廷對待西域和匈奴的策略展開辯論。大夫肯定武帝進擊匈奴、聯絡西域各國、伐大宛等舉措，頌揚這些舉措有打擊孤立匈奴、發展邊地經濟等方面的積極作用。文學則指出，匈奴地域廣遠無邊，前往征討往往追趕不上，難以奏功，通西域、伐大宛使朝廷蒙受了很大損失，造成百姓深重的災難，引發了社會的動亂，因此朝廷對待西域、匈奴的策略是錯誤的，應予糾正。

大夫曰：「往者匈奴據河、山❶之險，擅❷田❸牧之利，民富兵強，行入❹為寇，則句注❺之內驚動，而上郡❻以南咸城❼。文帝時，虜❽入蕭關❾，烽火通甘泉❿，群臣懼，不知所出⓫，乃請屯⓬京師以備胡。胡西役大宛、康居⓭之屬，南與群羌⓮通⓯。先帝推讓⓰斥奪廣饒⓱之地，建張掖以西⓲，隔絕羌、胡，瓜分其援。是以西域之國，皆內拒⓳匈奴，斷其右臂⓴，曳㉑劍而走㉒，故募人田畜㉓以廣用㉔，長城以南，濱㉕塞之郡，馬牛放縱㉖，蓄積㉗布野，未覩其計之所過也。夫以弱越而遂意㉘強吳，才㉙地計眾非鈞㉚也，主思臣謀，其往㉛必矣。」

【章　旨】大夫敘述匈奴對漢朝的危害，肯定武帝實施征討所取得的積極成果，強調征討的策略沒有錯。

【注　釋】❶河山　黃河和陰山。❷擅　壟斷。❸田　通「畋」。打獵。❹行入　進入內地。❺句注　山名。在今山西省代縣西北。❻上郡　漢郡名。轄境相當今無定河流域及內蒙古鄂托克旗等地。❼城　築城牆防守。❽虜　敵人。指匈奴。❾蕭關　古關名。在今寧夏固原縣東南。❿烽火通甘泉　謂甘泉宮一帶都有敵情。據《史記・匈奴列傳》，漢文帝十四年，匈奴侵入蕭關，其偵察兵進至甘泉宮一帶。烽火，古代邊境發現敵情後用以報警的信號。此指敵情。通，到達。甘泉，漢代宮名。距長安三百里，故址在今陝西省淳化縣西北甘泉山。⓫不知所出　不能提出對付的策略。⓬屯　調兵駐防。⓭大宛康居　皆漢時西域國名。⓮群羌　羌族各部落。⓯通　聯絡。⓰推讓　擊退。讓，通「攘」。⓱饒　多。⓲建張掖以西　在張掖以西設置張掖、酒泉、敦煌三郡。武帝元狩年間，置武威、酒泉郡，元鼎六年，分武威、酒泉地析置張掖、敦煌郡，酒泉、敦煌二郡皆在張掖之西。⓳內拒　西域諸國原曾被匈奴征服，為其屬國，今起而抗拒，故稱「內拒」。⓴右臂　西域諸國在匈奴之西，匈奴南向與漢朝為敵，西域形同其右臂。㉑曳　拖。㉒走　逃跑。㉓田畜　墾種放牧。㉔廣用　增加國家財政收入。㉕濱　臨近。㉖放縱　寬心任意放牧，不怕匈奴前來搶掠。㉗蓄積　指糧食作物。㉘遂意　達到目的。㉙才　同「裁」。估量。㉚鈞　通「均」。相等。㉛往　達到。

【語　譯】大夫說：「從前匈奴占據黃河、陰山天險，壟斷了畋獵放牧之利，百姓富足，兵力強大，只要一進入內地騷擾搶掠，那麼句注山之內的吏民就都受到驚動，上郡以南的重要地方就都得築城防守。文帝的時候，匈奴侵入蕭關，連甘泉宮一帶都有了敵情，朝廷群臣恐懼，不能提出對付的策略，於是有人請求皇上調兵駐防京師以防備匈奴。匈奴西邊奴役大宛、康居等國，南邊與羌族各部落聯絡。武帝擊退匈奴，開闢奪取了大片土地，設置張掖、酒泉、敦煌三郡，以隔開羌人與匈奴，切斷匈奴的外援。因此西域各國都起來抗拒匈奴，這樣匈奴的右臂就被砍斷了，他們只好拖著兵器逃向遠方。朝廷招募百姓遷到新闢地區墾種放牧，以增加國家的財政收入，於是長城以南地區，臨近邊塞的郡縣，馬牛可以寬心任意地放牧，糧食作物布滿了田野，我們看不出進擊匈奴的計策有甚麼過錯。以越國的勢弱力孤，卻能滅掉強大的吳國，估量土地，計算人口，兩國並不相等，但越國君主有滅吳的志向，群臣盡力輔佐出謀劃策，因此它的勝利是必然的。」

文學曰：「吳、越迫❶於江、海❷，三川❸循環❹之，處於五湖❺之間，地相迫，壤相次❻，其勢易以相禽❼也。金鼓❽未聞，旌旗未舒❾，行陣未定，兵❿以⓫接矣。師無輜重⓬之費，士無乏絕⓭之勞，此所謂食於廚倉⓮而戰於門郊⓯者也。今匈奴牧於無窮之澤⓰，東西南北不可窮極⓱，雖輕車利馬不能得⓲也，況負重羸兵⓳以求之乎？其勢不相及⓴也，茫茫乎㉑若行九皐㉒，未知所止，皓皓乎㉓若無網羅而漁江、海。雖及之，三軍㉔罷弊㉕，適遺之餌㉖也。故明王㉗知其無所利，以為役㉘不可數行，而權㉙不可久張㉚也，故詔公卿大夫、賢良、文學，所以復枉㉛興微㉜之路。公卿宜思百姓之急，匈奴之害，緣㉝聖主之心，定安平之業。今乃留心於末計㉞，摧本議㉟，不順上意，未為盡於忠也。」

【章旨】文學指出，匈奴地域闊遠，我方很難追趕、捕獲他們，公卿未秉承皇上旨意定出新策略以取代舊的征討政策，實為不忠。

【注釋】❶迫　近。❷江海　指長江和東海。❸三川　指松江、錢塘江、浦陽江。❹循環　環繞。❺五湖　泛指太湖流域的所有湖泊。❻相次　相鄰。❼禽　同「擒」。捕捉住。❽金鼓　古代用於指揮作戰的鼓和金屬製器。鼓聲是進軍的信號，金聲是撤退的信號。❾舒　展開。❿兵　武器。⓫以　同「已」。⓬輜重　用車載運的軍需。⓭乏絕　精疲力盡。⓮廚倉　廚房和糧倉。⓯門郊　門前。⓰澤　有水草的地方。⓱不可窮極　走不到盡頭。⓲得　抓獲。⓳負重羸兵　背馱重物，扛著兵器。羸，擔。⓴及　追上。㉑茫茫乎　無邊無際的樣子。㉒九皐　沼澤地的極深處。㉓皓皓乎　「皓」當作「浩」。浩浩乎，水浩瀚無邊的樣子。㉔三軍　泛指軍隊。㉕罷弊　疲憊。㉖適遺之餌　適，恰好。遺，贈送。餌，食物。㉗明王　指漢昭帝。㉘役　事。此指戰事。㉙權　威權。㉚張　擴張。㉛復枉　糾正過失。枉，彎曲不正。㉜興微　振興衰敗。㉝緣　順從。㉞末計　下策。指征討的策略。㉟本議　與本書首篇篇名「本議」意同，指關於根本問題的討論。

【語　譯】文學說：「吳國和越國臨近長江和東海，四周有松江、錢塘江、浦陽江環繞，地當太湖等眾多湖泊之間，兩國疆域毗連，土地相鄰，地理形勢使得一方容易捕捉住另一方。戰鼓還未敲響，軍旗還未展開，陣勢還未擺好，兩國士卒就已揮動兵器你來我往打起來了。軍隊不需要耗費人力用車載運軍需，士卒不會有精疲力盡的勞苦，這就是所謂在家裡吃飯而到門前打仗。如今匈奴游牧於廣遠無邊的草原，其地東西南北都走不到盡頭，即使憑藉輕便的戰車、迅疾的戰馬也無法把他們抓獲，何況背馱重物、扛著兵器步行去追趕呢？客觀的情勢絕對追趕不上，就像在無邊無際的沼澤地中心行走，不知道目的地何在，又像沒有魚網而在浩瀚無邊的江海裡打魚一樣。即使追趕上了，可是我軍已疲憊不堪，這樣恰好是把部隊當食物送給匈奴。因此當今聖明的皇上知道進擊匈奴沒有甚麼好處，認為戰爭不可屢屢發動，威權不可長久地擴張，於是下詔要公卿大夫、賢良、文學聚會商議，找出糾正過失、振興衰敗的正確途徑。你們公卿應該考慮百姓的急難和匈奴的危害，順從聖主的心意，定下使國家和百姓平安的策略。現在卻留心於征討的下策，破壞關於根本問題的討論，不順承皇上的意旨，這不能算是對皇上盡了忠心。」

大夫曰：「初，貳師❶不克宛而還也，議者❷欲使人主不遂忿❸，則西域皆瓦解而附於胡，胡得眾國而益強。先帝絕奇聽❹，行武威，還襲宛。宛舉❺國以降，效❻其器物，致❼其寶馬。烏孫❽之屬駭膽❾，請為臣妾❿。匈奴失魄，奔走遁逃，雖未盡服，遠處寒苦墝埆⓫之地。壯者死於祁連天山，其孤⓬未復⓭。故群臣議以為匈奴困於漢兵，折翅傷翼，可遂⑭擊服。會⑮先帝棄群臣⑯，以故匈奴不革⑰。譬如為山⑱，未成一簣⑲而止。度功業而無繼成之理⑳，是棄與胡㉑而資㉒強敵也。輟幾㉓沮㉔成，為主計若斯，亦未可謂盡忠也。」

【章旨】大夫肯定武帝堅持伐大宛的做法，指責儒生不同意繼續進擊匈奴是破壞即將成功之事，對皇上不盡忠。

【注釋】❶貳師　指貳師將軍李廣利。李廣利奉武帝命出伐大宛求善馬，戰事不順利，中途率軍返回，至敦煌，上書請求暫時罷兵。武帝大怒不准，李廣利只好留駐敦煌。適逢朝廷伐匈奴失利，在朝的一些大臣也建議停止伐大宛，專力對付匈奴，武帝懲辦了其中的一些人，增撥大量兵力給李廣利，命其繼續伐大宛，終於成功。❷議者　指朝廷的一些大臣。❸遂忿　謂征服大宛，完成忿怒的舒洩。當時人把伐敵說成是舒洩忿怒，故稱伐敵勝利為「遂忿」。❹絕奇聽　不聽從荒謬的建議。❺舉　全。❻效　獻。❼致　奉送。❽烏孫　漢時西域較大的一個國家。❾駭膽　膽戰心驚。❿臣妾　臣屬。⓫墝埆　土地貧瘠。⓬孤　幼而無父曰孤。⓭復　恢復。此指長大成人。⓮遂　很快。⓯會　副詞。正遇上。⓰棄群臣　丟下群臣。這是古代對皇帝去世的委婉說法。⓱不革　不除；未被徹底鏟除。⓲為山　堆土造山。⓳未成一簣　差一筐土就要成功。簣，裝土的筐子。⓴度功業而無繼成之理　此句連下句是就上文「議者」而言。度，考慮籌劃。繼成，繼續進行使之完成。理，條理，此指想法。㉑棄與胡　指把西域丟給匈奴。㉒資　資助。㉓輟幾　當事情接近成功時停止下來。㉔沮　破壞。

【語譯】大夫說：「起初貳師將軍李廣利沒有攻下大宛而率師返回的時候，朝廷裡的一些大臣出謀劃策，想使皇上停止伐大宛，不得完成忿怒的舒洩；如果照他們的意見做，那麼西域諸國就都會瓦解而歸附匈奴，匈奴得到了諸國的歸附就會更加強大。武帝不聽從荒謬的建議，施行武力的威風，命李廣利回過頭去繼續襲擊大宛。大宛全國投降，向我方獻上珍貴的器物，奉送大量寶馬。烏孫等國心驚膽戰，請求作朝廷的臣屬。匈奴魂飛魄散，狂奔遠逃，雖然還沒有完全被征服，但已逃到遠方居住在寒冷貧瘠之地。他們的壯年人已在祁連山的戰鬥中喪生，那些失去父親的孩子還沒有長大成人。因此群臣謀議，認為匈奴已受到我軍的重大打擊，猶如鳥折斷了翅膀，可以很快征服。不幸正遇上武帝去世，因此匈奴沒有被徹底鏟除。就像堆土造山一樣，只差一筐土就可成功卻不得不停止。那些主張停止伐大宛的人考慮籌劃事業沒有再接再厲使之完成的想法，這樣就等於把西域丟給匈奴而資助這個強大的敵人。你們儒生想在事情接近完成時停下來，破壞即將成功之事，像這樣為皇上出謀劃策，也不能說是盡忠啊。」

文學曰：「有司言外國之事，議者皆徼一時之權❶，不慮其後。張騫❷言大宛之天馬汗血❸，安息❹之真玉❺大鳥❻，縣官❼既聞如❽甘心❾焉，乃大興師伐宛，歷數期❿而後克之。夫萬里而攻人之國，兵未戰而物故⓫過半，雖破宛得寶馬，非計也。當此之時，將卒方赤面⓬而事四夷，師旅相望，郡國並發⓭，黎人⓮困苦，姦偽萌生，盜賊並起，守尉⓯不能禁，城邑不能止⓰。然後遣上大夫⓱衣繡衣⓲以興⓳擊之。當此時，百姓元元⓴莫必其命㉑，故山東㉒豪傑㉓頗有異心㉔。賴先帝聖靈㉕，斐然㉖。其咎皆在於欲畢匈奴而遠幾㉗也。為主計若此，可謂忠乎？」

【章　旨】文學指責伐大宛、征四夷使百姓困苦，引發了社會的動亂。

【注　釋】❶徼一時之權　求取一時的權寵。徼，求。❷張騫　西漢人。曾奉漢武帝之命兩次出使西域。❸天馬汗血　西域大宛國出產一種好馬，據說牠流出的汗是血。武帝得到這種馬後，名之曰天馬。❹安息　漢時西域國名。❺真玉　美玉。❻大鳥　指鴕鳥。❼縣官　天子。指漢武帝。❽如　通「而」。❾甘心　心中喜愛，極想得到。❿期　一周年。⓫物故　死亡。

⑫赤面　指因飽受風吹日曬而面色黑紅。⑬發　徵發人當兵。⑭黎人　百姓。⑮守尉　郡守和郡尉。郡守是一郡的最高長官，郡尉掌一郡的軍事。⑯止　阻擋。⑰上大夫　漢代沒有「上大夫」的專門官職，此泛指地位尊貴的官員。⑱繡衣　繡有花紋的衣服。漢武帝時有繡衣直指一職，不常設，地方上發生變亂或有重大案件，則派其穿繡衣前往處理。⑲興　興兵。⑳元元　百姓。㉑莫必其命　沒有誰生命能確保。㉒山東　崤山以東地區。㉓豪傑　才能出眾的人。㉔異心　叛逆之心。㉕聖靈　聖明。㉖斐然　有文彩的樣子。此指平定造反成績很大。㉗遠幾　與成功還差得很遠。

【語　譯】文學說：「政府官員談論外國的事情，出謀劃策的人籌劃對待異族的策略，都只求自己得到一時的權寵，根本不考慮事情的後果。張騫說大宛的好馬出的汗是血，安息有美玉和鴕鳥，武帝聽了之後心中喜愛，極想得到，於是就大規模興師討伐大宛，結果經歷了好幾年才攻克。遠涉萬里去進攻別人的國家，士卒還沒有與敵人交手就已死亡過半，雖然最終打敗了大宛，得到了好馬，但還是算不上好的計策。在那個時候，將領和士卒正辛勤勞苦地征討四方少數民族，路上一批批的部隊能互相望得見，全國各地的郡和諸侯國都受徵兵的煩擾，百姓困苦不堪，社會上姦惡現象大量產生，很多地方有人聚眾造反，郡守和郡尉禁止不了，城邑也阻擋不住他們的進攻。這樣一來朝廷只好派遣高級官吏穿著繡衣興兵征討。那時候，廣大的平民百姓沒有誰生命能夠確保，所以崤山以東的英雄豪傑有著強烈的反叛之心。仰仗武帝聖明，征討的工作取得了很好的成績。推究起來，過錯都在於想完成征服匈奴的事情而實際上離成功還遠得很。像這樣為皇上出謀劃策，可以稱得上忠嗎？」

世務第四十七

【題　解】「世務」謂當代應做的事情。篇中圍繞如何對待匈奴這個現實課題展開論戰。大夫指出，匈奴貪婪成性，心懷叵測，不講信用，絕不能輕信他們，絕不能採取以德安撫的策略，送金錢絲帛給他們以結和，必須加強戰備，致力於征討。文學極力強調誠信德義的作用，主張廢除武力，取消戰備，崇尚文德，用仁義引導匈奴，認為這樣做可以使天下太平，並養成良好的社會風氣。

大夫曰：「諸生妄言❶！議者❷令可詳用❸，無徒❹守椎車之語❺，滑稽❻而不可循。夫漢之有匈奴，譬若木之有蠹❼，如人有疾，不治則寖❽以深。故謀臣以為擊奪❾以困極之❿。諸生言以德懷⓫之，此有其語而不可行也。諸生上無以⓬似三王，下無以似近秦⓭，令有司可舉⓮而行當世，安蒸庶⓯而寧邊境者乎？」

【章　旨】大夫指出，儒生以德安撫匈奴的建議不可實行。

【注　釋】❶妄言　胡說。❷者　語氣詞。❸令可詳用　使議論周詳可用。令，使。❹徒　只。❺椎車之語　陳舊過時的言論。椎車，一種原始車子。❻滑稽　模棱兩可，似是而非。❼蠹　蛀蟲。❽寖　逐漸。❾擊奪　攻其軍隊，奪其土地。❿困極之　使其極度困窘。⓫懷　安撫。⓬無以　與下「者乎」呼應，意為「有沒有」。⓭近秦　近代的秦始皇。⓮舉　採用。⓯蒸庶　廣大百姓。

【語　譯】大夫說：「你們儒生簡直是在胡說！發表議論應該使議論周詳可用，不能只抱住陳舊過時的言論，說出的話模棱兩可，似是而非，不可遵循。漢朝有匈奴這樣的敵人，就像木頭生了蛀蟲，又像人得了病，如果不加以處治的話蟲害和病情就會逐漸加重。所以朝廷的謀臣認為應該攻擊匈奴的軍隊，奪取他們的土地，使他們極度困窘。你們儒生說應該用仁德安撫，話是可以這樣說，但實際上不能這樣做。你們有沒有古代三王那樣的治國良策，或是近代秦始皇那樣的強國之道，可以讓政府官員採用，在當代實行，使百姓平安、邊境安寧呢？」

文學曰：「昔齊桓公內附❶百姓，外綏❷諸侯，存亡接絕❸，而天下從風❹。其後德虧❺行衰，葵丘❻之會，振❼而矜之❽，叛者九❾國。《春秋》刺其不崇德而崇力也。故任❿德，則強楚告服⓫，遠國不召而自至⓬；任力，則近者不親，小國不附。此其效⓭也。誠⓮上觀三王之所以昌，下論⓯秦之所以亡，中述⓰齊桓所以興，去武行文，廢力尚德，罷關梁⓱，除障塞⓲，以仁義導之⓳，則北垂⓴無寇虜之憂，中國無干戈㉑之事矣。」

【章　旨】文學指出，朝廷應吸取齊桓公的經驗教訓，廢力尚德，用仁義引導匈奴。

【注　釋】❶附　使親附。❷綏　安撫。❸接絕　使某些國家中斷了的王位傳承統系再接續上，亦即使已滅亡的國家重建起來。❹從風　形容順從者很多，且順從的速度極快。❺虧　減。❻葵丘　地名，屬宋國。西元前六五一年，齊桓公以盟主身分在葵丘與諸侯會盟。❼振　趾高氣揚。❽矜之　在諸侯面前自高自大。❾九　泛指多數，非實指。❿任　用；依仗。⓫告服　表示服從。⓬自至　自動前來參加會盟。在葵丘會盟前，齊桓公還主持了貫澤（宋國地名）會盟，當時地處遠方的江、黃二國「不召而至」。⓭效　結果。⓮誠　如果真的。⓯論　此謂考究。⓰述　此謂分析。⓱罷關梁　取消水陸要隘的防衛。關，指陸路上的戰略要地。梁，橋梁。⓲障塞　邊境的城堡和關塞。⓳之　指匈奴。⓴垂　通「陲」。㉑干戈　代指戰爭。

【語　譯】文學說：「從前齊桓公在國內使百姓親附自己，對外安撫各國諸侯，使行將滅亡的國家存續下去，使已經滅亡的國家重建起來，這樣一來天下諸侯很快都順從了他。可是後來他德行衰減，葵丘會盟時，趾高氣揚，在諸侯面前自高自大，結果很多國家叛離了他。《春秋》譏刺他不崇尚文德而重視武力。所以當他依仗道德時，強大的楚國都表示服從，遠方的國家不用召請就自動前來參加會盟；當他依仗武力時，就連近處的諸侯也不與他親近，連小國也不願歸附。這就是依仗道德和依仗武力的不同結果。如果當今政府真的能考察古代三王之所以昌盛的原因，探究近代秦朝之所以滅亡的根源，分析齊桓公之所以興旺的緣由，摒棄武力，施行文治，崇尚道德，取消水陸要隘的防衛，毀掉邊境地區的城堡關塞，用仁義引導匈奴，那麼北方邊境就不會有匈奴侵擾的憂患，中原地區就可以免除戰事的煩擾了。」

大夫曰：「事不豫辨❶，不可以應卒❷。內❸無備，不可以禦敵。《詩》云：『詰爾民人，謹爾侯度，用戒不虞❹。』故有文事❺，必有武備。昔宋襄公❻信楚而不備，以取大辱焉，身執囚而國幾❼亡。故雖有誠信之心，不知權變❽，危亡之道也。《春秋》不與❾夷、狄之執中國❿，為其無信也。匈奴貪狼⓫，因時⓬而動，乘可⓭而發⓮，飆舉電至⓯。而欲以誠信之心，金帛之寶，而信無義之詐，是猶親蹠、蹻⓰而扶⓱猛虎也。」

【章旨】大夫認為，戰備十分必要，不能相信匈奴而與之結和。

【注釋】❶豫辨　預先作準備。豫，通「預」。預先。辨，通「辦」。辦理；準備。❷卒　通「猝」。突然事變。❸內　指國內。❹詰爾民人三句　出《詩經・大雅・抑》。詰，告誡。此處告誡的內容是要百姓提高警惕。侯度，諸侯本人為君之法度。用，用以。戒，戒備；防備。不虞，意料不到的變故。❺文事　文治；文教。❻宋襄公　春秋時宋國君主。西元前六三九年，宋襄公與楚、陳、蔡等國君主會盟於宋國的盂地，宋襄公輕信楚國，未作軍事準備而與會，結果被楚國拘執。❼幾　接近；差一點。❽權變　因時因事而調整。❾與　贊許。❿夷狄之執中國　少數民族君主拘執華夏族君主。⓫貪狼　像狼一樣貪婪。⓬因時　利用有利時機。⓭乘可　趁著可以的時候。⓮發　發起進攻。⓯飈舉電至　起兵如狂風，攻來如閃電。形容行動迅速。飈，狂風。⓰蹠蹻　盜蹠和莊蹻。古人認為他倆是大盜。⓱扶　扶助。

【語譯】大夫說：「凡事不預先作準備，就無法應付突然的事變。國內沒有戰備，就無法抵禦敵人入侵。《詩經》上說：『告誡你的百姓提高警惕，謹慎奉行你本人為君的法度，以防備意料不到的變故。』所以國家一方面要有文治，也一定要同時有戰備。從前宋襄公相信楚國而不作軍事準備，結果蒙受了很大的恥辱，自己被楚國拘執，國家差一點被滅掉。所以雖然有誠實講信用之心，但如果不知道因時因事調整策略，這樣就會使國家陷入危險甚至遭滅亡。《春秋》不贊許少數民族君主拘執華夏族君主，這是因為少數民族君主不講信用。如今匈奴像狼一樣貪婪，慣於抓住有利時機行動，趁可以的時候發起進攻，起兵如狂風，攻來如閃電。你們卻想用誠信之心，拿金錢絲帛等寶物和他們結好，相信他們不義的欺騙行為，這就像親近盜蹠和莊蹻兩位大盜、幫助猛虎一樣啊。」

文學曰：「《春秋》『王者無敵』，言其仁厚，其德美，天下賓❶服，莫敢交❷也。德行延❸及方外❹，舟車所臻❺，足迹所及，莫不被澤❻。蠻貊異國，重譯❼

自至。方此之時，天下和同❽，君臣一德❾，外內❿相信，上下輯睦⓫。兵⓬設而不試⓭，干戈閉藏而不用。老子曰：『兕⓮無所用其角，螫蟲⓯無所輸其毒。』故君仁莫不仁，君義莫不義。世安得跖⓰、蹻而親之乎？」

【章　旨】文學指出，施行仁德就能使遠方之人歸服，使戰爭不起。

【注　釋】❶賓　歸順。❷交　通「校」。較量。❸延　延伸。❹方外　極遠之地。❺臻　至。❻被澤　蒙受恩澤。❼重譯　以多種語言為中介輾轉翻譯。❽和同　和諧一致。❾一德　同心同德。❿外內　少數民族和華夏族王朝。⓫輯睦　和睦。⓬兵　指軍隊。⓭試　使用。⓮兕　雌性犀牛。⓯螫蟲　蜂、蝎等毒蟲。⓰跖　指盜蹠。「跖」是「蹠」的異體字。

【語　譯】文學說：「《春秋》『行王道的帝王天下無敵』這句話，是說他仁義深厚，德行美盛，天下之人都歸順服從他，沒有誰敢與他較量。他的德行影響到極遠之地，凡是車船能通的地方，人跡能到達的所在，沒有人不蒙受他的恩澤。各少數民族國家，靠多種語言的輾轉翻譯消除通話障礙，自動前來歸附。在那個時候，天下所有的人和諧一致，君臣同心同德，少數民族與華夏族王朝互相信任，處上位的人和處下位的人相處和睦。軍隊雖然設置了，但並不使用，武器收在倉庫裡，不派用場。這就像老子所說的：『犀牛沒有使用牠的尖角的機會，蜂蝎等毒蟲找不到施放牠們毒液的地方。』所以君主仁，就沒有人不仁；君主義，就沒有人不義。這樣一來，在世上哪裡還找得到盜蹠、莊蹻這樣的大盜而去和他們親近呢？」

大夫曰：「布心腹❶，質❷情素❸，信誠內感❹，義形乎色❺。宋華元❻、楚司馬子反❼之相覩❽也，符契內合❾，誠❿有以相信也。今匈奴挾⓫不信之心，懷不測⑫之詐，見利如⑬前，乘便⑭而起，潛⑮進市⑯側，以襲無備。是猶措⑰重寶於道路而莫之守也，求其不亡⑱，何可得乎？」

【章旨】大夫指出，匈奴不講信用，心懷叵測，不能不加防備。

【注釋】❶布心腹　講出真心話。❷質　誠懇地表達。❸情素　真情。❹信誠內感　信用誠實發自內心。感，動。❺義形乎色　守義之心在臉上有所表現。❻華元　春秋時宋國大夫。❼司馬子反　春秋時楚莊王的大夫。❽相覿　相見。西元前五九五年秋，楚莊王圍宋，歷久而未下，軍中只剩七日之糧，於是莊王派司馬子反窺探宋城內情況，適逢宋國的華元也出來察看軍情，兩人相見，各自道出己方的困難，兩國即罷兵。❾符契內合　指雙方觀念一致，都講究真誠。符是古代任命官吏或調兵遣將所用的憑證，契是契約，這兩種東西都是有關雙方各執一半，兩半相合以驗真假。❿誠　副詞。確實。⓫挾　懷著。⓬不測　意料不到。⓭如　通「而」。⓮乘便　趁有利的時機。⓯潛　偷偷地。⓰市　指漢朝設在北方邊境與匈奴互通貿易的市場。⓱措　放置。⓲亡　丟失。

【語譯】大夫說：「凡雙方交往，應該講出心裡話，誠懇地表達真情，讓信用誠實發自內心，讓守義之心在臉上有所表現。從前楚、宋交戰，宋國的華元和楚國的司馬子反在察看對方情況時碰巧撞見，雙方觀念一致，都講究真誠，確實有值得互相信任的東西。可是現在，匈奴懷著不守信用之心和令人無法預料的詭詐，看到財利就向前奪取，遇上有利時機就起兵侵擾，常常偷偷地進到邊貿市場的旁邊，趁我們毫無戒備時發動突襲。對匈奴如果不加防備，那就像把貴重的寶物放在大路上而不加看守一樣，想它不丟失，怎麼可能呢？」

文學曰：「誠信著❶乎天下，醇❷德流乎四海，則近者哥謳❸而樂❹之，遠者執禽❺而朝之。故正近者不以威，來遠者不以武，德義修❻而任賢良也。故民之於事❼也，辭佚❽而就❾勞；於財也，辭多而就寡。上下交讓，道路鴈行❿。方此之時，賤貨而貴德，重義而輕利，賞之不竊，何寶之守也？」

【章　旨】文學指出，講究誠信德義，遠方的人就會來歸順，良好的社會風尚就會形成。

【注　釋】❶著　明。❷醇　淳厚。❸哥謳　唱頌歌。哥，通「歌」。❹樂　喜歡。❺執禽　古代諸侯朝見天子，以禽鳥作禮物。❻修　強化。❼事　繇役。❽佚　同「逸」。❾就　走向。❿道路鴈行　走在路上的人，長在前，幼在後，井然有序，如大鴈飛時排成行。

【語　譯】文學說：「君王如果誠實信用鮮明地展現在天下臣民面前，淳厚的道德流布四海，那麼近處的人就會歌頌讚美，衷心喜歡他，遠方的人就會拿著禽鳥當禮物前來朝見他。所以糾正近處的人並不憑藉威勢，使遠方的人來歸服並不憑藉武力，只致力於強化德義，任用賢士良臣。這樣一來，百姓對於繇役，推辭輕鬆安逸的而承擔繁重勞苦的，對於財利，推辭多的而接受少的。君臣上下互相謙讓，道路上的行人先後有序。這時候，人們看輕貨財而珍視道德，注重仁義而輕視財利，即使對偷竊行為進行獎賞，也沒有人去偷，寶物哪裡需要看守呢？」

和親第四十八

【題解】本篇就漢朝與匈奴和親的問題展開論戰。大夫極力強調戰備的重要性，指出自春秋以來從未有過牢固的盟約，當今的匈奴貪得無厭，毫無信用，百約百叛，惡性難改，絕不能輕信他們而撤除戰備，與之和親。文學則強調征討策略給邊民帶來的災難，渲染仁德的威力，認為世上的人都可通過教育感化而變好，交往雙方總是投桃報李，因此只要用仁德親近匈奴，他們必能改邪歸正，與漢成為「兄弟」。

大夫曰：「昔徐偃王❶行義而滅，魯哀公❷好儒而削❸。知文而不知武，知一而不知二。故君子篤仁❹以行，然必築城以自守，設械❺以自備，為不仁者之害己也。是以古者蒐獮振旅而數軍實❻焉，恐民之愉佚❼而亡戒難❽。故兵革者國之用，城壘者國之固也；而欲罷之，是去表見裡❾，示❿匈奴心腹⓫也。匈奴輕舉潛進⓬，以襲空虛，是猶不介⓭而當矢石之蹊⓮，禍必不振⓯。此邊境之所懼，而有司之所憂也。」

【章旨】大夫駁斥文學的觀點，指出仁義不足安邦，戰備不可取消。

【注釋】❶徐偃王　西周時徐國國君。好行仁義，受楚王攻擊，身死國亡。❷魯哀公　春秋時魯國國君。❸削　被侵削。❹篤仁　深愛仁義。❺設械　設置武器。❻蒐獮振旅而數軍實　古代於春夏秋冬各季利用農事的間隙組織民眾打獵，這種活動兼有練兵的目的。春天打獵名「蒐」，秋天打獵名「獮」。此處「蒐獮」亦兼指夏、冬打獵。振旅，指打獵完畢返回，整理參加打獵的人眾，使地位高年紀大的人走在前面。振，整。旅，眾。數，統計。軍實，指武器裝備及打獵的收穫。❼愉佚　偷安。愉，通「偷」。❽亡戒難　忘記了防備患難。亡，同「忘」。❾去表見裡　去掉人的外部，讓內臟暴露出來。見，同「現」。❿示　給人看。⓫心腹　喻指要害。⓬輕舉潛進　不聲不響地發兵，偷偷地推進。⓭不介　不披鎧甲。介，通「甲」。⓮矢石之蹊　利箭和石塊如雨而下的路上。⓯振　救。

【語　譯】大夫說：「從前徐偃王施行仁義而國家遭滅亡，魯哀公喜好儒術而疆土被侵削。他們只懂文而不懂武，只知一而不知二。所以君子雖然深愛仁義，依照仁義行事，但與此同時，必定修築城牆以守衛自己的疆域，設置武器以防備敵人的進攻，因為他們心裡明白，不仁的人會侵害自己。因此古代於春夏秋冬的閒暇之時都組織民眾打獵練兵，打獵完畢整理人眾的先後次序返回，統計武器裝備和獵獲物，之所以這樣做，是怕百姓苟且偷安，忘記了防備患難。所以武器鎧甲是國家必備的用具，城牆堡壘是國家的堅固依靠；但是你們卻想去掉這些，這就像去掉人的外部，讓內臟顯露出來一樣，把我方的要害暴露在匈奴面前。在這樣的情況下，如果匈奴不聲不響地發兵，偷偷地推進，襲擊軍隊和防禦工事全無的我方，我方必定像不穿鎧甲而站在箭石如雨的路上一樣，災難一定挽救不了。這是邊境人民所害怕的，也是政府官員所憂慮的。」

文學曰：「往者通關市❶，交❷有無，自單于以下，皆親漢內附，往來長城之下。其後，王恢❸誤謀馬邑，匈奴絕和親，攻當路塞❹，禍紛拏❺而不解❻，兵連而不息。邊民不解甲弛弩❼，行❽數十年。介胄❾而耕耘，鉏耰❿而候望⓫。燧燔⓬烽舉，丁壯弧弦⓭而出鬥，老者超越⓮而入葆⓯。言之足以流涕寒心，則仁者不忍也。《詩》云：『投我以桃，報之以李⓰。』未聞善往⓱而有惡來⓲者。故君子敬而無失，與人恭而有禮，四海之內，皆為兄弟也。故內省不疚⑲，夫何憂何懼？」

【章旨】文學陳述征討政策給邊民帶來的苦難，認為如果善待匈奴，必能得到好的回報。

【注釋】❶通關市　開通邊境貿易。關市，設在邊境的互市市場。「市」原作「梁」，從張敦仁說改。❷交　交換。❸王恢　漢武帝時人，任大行（中央九卿之一，管理少數民族來朝事宜）。他向武帝建議設計誘騙匈奴單于入馬邑（漢縣名，在今山西省朔縣）而殲之，武帝從其言，發兵三十餘萬埋伏在馬邑附近，由於計謀被叛徒洩露，單于未至馬邑而折回，事未成功。❹當路塞　交通要道上的關塞。❺紛拏　紛亂。❻解　解開；消除。❼弛弩　放鬆弓弦。❽行　經歷。❾介冑　穿鎧甲，戴頭盔。冑，頭盔。❿鉏耰　泛指農業勞動。鉏，鋤草。耰，種子播下後用土覆蓋。⓫候望　觀察瞭望敵情。⓬燧燔　古代邊境上發現敵情，即點燃柴禾，以其煙為報警信號，這種煙就叫燧。燔，焚燒。⓭弧弦　泛指武器。弧，弓。⓮超越　跳過障礙。⓯入葆　進入堡壘守衛。葆，通「堡」。⓰投我以桃二句　出《詩經・大雅・抑》。謂交往雙方善待對方而得到好的回報。⓱善往　以善待人。⓲惡來　以惡回報。⓳疚　愧疚。

【語譯】文學說：「過去一段時間邊境貿易得以開通，漢人與匈奴互通有無，匈奴自單于以下都親近我方，歸附朝廷，在長城之下來來往往。後來王恢錯誤地獻馬邑之計，結果匈奴斷絕和親，進攻我方交通要道上的關塞，於是災禍紛亂而不得消除，戰爭連年而沒有停息。邊地的百姓不脫鎧甲，不鬆弓弦，已經幾十年了。穿著鎧甲戴著頭盔耕田種地，一邊勞動一邊觀察瞭望敵情。烽火燧煙一起，壯年人就得拿起武器出去戰鬥，老年人也得跳過障礙進入堡壘守衛。這些談起來足以使人流淚寒心，仁人是不忍心讓這種局面出現的。《詩經》上說：『送給我桃子，我用李子酬謝。』從未聽說過以善待人，別人卻以惡回報。所以君子敬謹行事而沒有過失，與人相處謙恭而有禮貌，這樣四海之內的人就都是自己的兄弟。所以在內心反省自己而沒有愧疚，又憂慮甚麼，害怕甚麼呢？」

大夫曰：「自春秋❶諸夏❷之君會聚相結❸，三❹會之後，乖離相疑❺，伐戰不止。六國從親❻，冠帶❼相接，然未嘗有堅約❽。況禽獸之國❾乎！《春秋》存君在楚❿，詰鼬之會書公⓫，笞⓬夷狄⓭也。匈奴數和親，而常先犯約，貪侵盜驅⓮，長⓯詐謀之國也。反復⓰無信，百約百叛，若朱、象⓱之不移，商均⓲之不化。而欲信其用兵之備，親之以德，亦難矣。」

【章　旨】大夫回溯歷史，說明盟約不可恃，夷狄不可信，指出匈奴毫無信用，不能親之以德。

【注　釋】❶春秋　指春秋時代。❷諸夏　華夏族各諸侯國。❸結　締結友好關係。❹三　泛指多次。❺乖離相疑　互相背離，互相懷疑。❻六國從親　指戰國時代齊、楚、燕、韓、趙、魏六國結成聯盟，共同對付秦國。從，通「縱」。❼冠帶　此指使者。❽堅約　牢固的盟約。❾禽獸之國　指匈奴。❿春秋存君在楚　魯襄公於西元前五四五年十一月到當時被認為是夷狄之國的楚國朝拜，到次年正月還未回來，《春秋》記載說：「春，王正月，公在楚。」《公羊傳》認為《春秋》這樣記載是為了表示對久在夷狄的魯襄公的慰問。存，慰問。⓫詰鼬之會書公　西元前五〇六年，近二十個國家聯合伐楚，各國國君於三月會聚於召陵（地名），到五月，又在詰鼬（地名）訂立盟約。魯定公參加了會聚與訂盟兩次活動，《春秋》在記載時，於會聚時出一「公」字，於訂盟時又出一「公」字（兩「公」字皆指魯定公），這就打破了他處同類記載只於會聚時出一個「公」字的慣例。⓬笞　鞭撻。原作「紿」，此從郭沫若《鹽鐵論讀本》。⓭夷狄　指楚國。⓮盜驅　「盜」指掠奪財物；「驅」指驅趕我人民牲畜到匈奴，亦即攫取人畜。⓯長　崇尚。⓰反復　變化無常。⓱朱象　指堯的兒子丹朱和舜的弟弟象。二人品行都很壞。⓲商均　舜的兒子。不賢。

【語　譯】大夫說：「從春秋時代開始，華夏族各諸侯國的君主就常會聚到一起，訂立盟約，締結友好關係，可是往往會盟幾次之後，便互相背離，互相懷疑，彼此之間爭戰不止。到了戰國時期，齊、楚、燕、韓、趙、魏六國結成聯盟共同對付秦國，相互之間使者往來不斷，然而六國訂立的盟約也從來沒有牢固過。何況是匈奴這樣的禽獸之國呢！《春秋》用『公在楚』的記載對久在楚國的魯襄公表示慰問，在記載誥鼬訂盟時破例添一『公』字，這都是為了鞭撻楚這個夷狄之國。匈奴多次與我講和聯姻，卻常常首先背叛盟約，他們貪得無厭，侵略成性，愛掠奪財物，攫取人畜，是崇尚詐謀的國家。變化無常，不講信用，訂約百次，背叛百次，就像丹朱和象一樣惡性不可改變，像商均一樣不能接受教育而變好。你們卻想在他們時刻作用兵準備的情況下相信他們，用仁德親近他們，確實不能這樣做啊。」

文學曰：「王者中立❶而聽❷乎天下，德施方外，絕國❸殊俗❹，臻於闕廷❺。鳳皇❻在列樹❼，麒麟❽在郊藪❾，群生庶物❿，莫不被澤。非足行而任辦之也⓫，推其仁恩而皇之誠⓬也。范蠡出於越，由余⓭長於胡⓮，皆為霸王賢佐。故政有不從之教⓯，而世無不可化之民⓰。《詩》云：『酌彼行潦，挹彼注茲⓱。』故公劉處戎狄，戎狄化之。太王去豳⓲，豳民隨之。周公修德，而越裳氏來。其⓳從善如影響⓴。為政務以德親近，何憂於彼之不改？」

【章旨】文學渲染施行仁德的瑞應，認為夷狄之人皆可教化，只要以德親近匈奴，匈奴就能改邪歸正。

【注釋】❶中立　在疆域的正中心建立都城。❷聽　聽政。❸絕國　極遠的國家。❹殊俗　風俗與漢不同的民族。❺闕廷　朝廷。❻鳳皇　即鳳凰。❼列樹　樹林。❽麒麟　古代傳說中的一種動物。狀如鹿，全身有鱗甲。古人認為，麒麟和鳳凰都是吉祥之物，太平盛世才出現。❾郊藪　郊外的草木叢生地帶。❿群生庶物　自然界的各種生物。⓫非足行而任辦之也　謂上述局面的出現並不是王者親自奔走各地承擔辦理的結果。任，原作「仁」，此從郭沫若《鹽鐵論讀本》。⓬皇之誠　把他的真誠施及到所有的人和生物身上。皇，擴大。之，用法同「其」。⓭由余　春秋時秦穆公的得力輔佐。來自西戎。⓮胡　代指西戎。⓯政有不從之教　政治方面有不順從民心的教令。⓰民　義同「人」。⓱酌彼行潦二句　出《詩經・大雅・洞酌》。原謂雨後地面流動的積水，可取來供煮飯洗物之用，此喻夷狄可通過教化變好。酌，此謂舀取。行潦，雨後地面流動的積水。挹，舀。彼，指大器。先從地面取積水置於大器中，待其澄清後又從大器中舀出置小器中以供使用。注，倒進。茲，指小器。⓲去豳　離開豳地，遷往岐山。⓳其　指包括漢族在內的各族之人。⓴如影響　像影子隨形體移動，回響應聲音而起。

【語　譯】文學說：「行王道的帝王將都城建在疆域的正中心而處理天下的政事，恩德施行到極遠之地，那些遙遠的國家，風俗與漢不同的民族，都來到朝廷朝見。鳳凰出現在樹林裡，麒麟活躍在郊野上，自然界的各種生物沒有不蒙受恩澤的。這並不是帝王親自奔波各地承擔辦理的結果，而是因為他推廣他的仁恩，把他的真誠施及到所有的人和生物身上。范蠡出生在越國，由余生長在西戎，可是他們都成了霸王賢能的輔佐。因此政治方面有不順從民心的教令，但世上並沒有不能接受教育而變好的人。《詩經》上說：『舀取那地面的積水裝入大器，待其澄清後又從大器中舀出倒進小器裡。』所以公劉的居地與戎狄相鄰，戎人狄人都受他教化的影響而變好了。古公亶父離開豳地遷往岐山，豳地的百姓都跟隨他遷徙。周公旦修明德政，越裳國之人前來獻寶物。各族之人從善都像影子隨形體移動，回響應聲音而起一樣。治理國家如果致力於用仁德親近匈奴，還愁甚麼他們不改邪歸正呢？」

卷九

繇役第四十九

【題解】繇，同「徭」。「繇役」是古代國家要百姓承擔的兵役和勞役的總稱。本篇由辯論征伐問題而連及到繇役問題。大夫指出，防守征伐，由來已久，「自古明王不能無征伐而服不義，不能無城壘而禦強暴」，武帝以來以武力對付匈奴的做法是正確的，徵發人服繇役是必要的。文學認為，文德最能服人，能夠長久使用，而武力則不能長久實行，武帝以來朝廷致力征伐，讓百姓承擔繁重的繇役，給人民造成了極大的痛苦。

大夫曰：「屠者解分中理❶，可橫以手而離❷也；至其抽筋❸鑿❹骨，非行金❺斧不能決❻。聖主循性而化❼，有不從者，亦將舉兵而征之。是以湯誅葛伯❽，文王誅犬夷❾。及後戎狄猾❿夏，中國不寧，周宣王⓫、仲山甫⓬式遏寇虐⓭。《詩》云：『薄伐獫狁，至於太原⓮。』『出車彭彭，城彼朔方⓯。』自古明王不能無征伐而服不義，不能無城壘而禦強暴也。」

【章旨】大夫指出，古代的明王都致力征討不義之人，對強暴之敵必須用征伐的策略。

【注釋】❶解分中理　解分，分解牲畜。中，符合。理，肌肉的紋理。❷可橫以手而離　可用手橫著撕開。❸觔　同「筋」。❹鑿　砍。❺金　當作「斤」。斤，斧的一種。❻決　斷。❼循性而化　按照人的本性進行教化。❽葛伯　葛國的國君。古葛國在今河南境內。葛伯昏亂殘暴，被商湯所滅。❾犬夷　古族名。即犬戎。殷周時游牧於陝西涇渭流域，周文王曾討伐過它。❿猾　亂；侵擾。⓫周宣王　西周天子。有中興之功。⓬仲山甫　周宣王的大臣。⓭式遏寇虐　制止敵寇的虐害。式，發語詞。遏，遏制。⓮薄伐玁狁二句　出《詩經・小雅・六月》。此詩是描寫周宣王北伐玁狁的。薄，語首助詞，無實義。玁狁，古族名。居北方。太原，地名。⓯出車彭彭二句　出《詩經・小雅・出車》。此詩寫大將南仲奉周宣王之命赴北方築城，除玁狁之患。彭彭，眾車聲。城，築城。朔方，北方。

【語譯】大夫說：「屠夫分解牲畜如果符合肌肉的紋理，那麼肌肉可用手橫著撕開；至於抽筋砍骨，則不用斧頭就不能砍斷。聖明的君主按照人的本性進行教化，但如果有人不聽從，也會興兵而加以征討。因此商湯誅滅了葛伯，文王討伐過犬夷。到後來，戎狄侵擾華夏族，中原地區不安寧，周宣王及其大臣仲山甫致力制止敵寇的虐害。所以《詩經》上說：『討伐玁狁，到了太原。』又說：『戰車上路隆隆作響，前往北方築城除敵。』自古以來，聖明的君主都不能撇開征伐的辦法而制服不義之人，不能沒有城牆堡壘而抵禦強暴之敵。」

文學曰：「舜執干戚❶而有苗❷服，文王底❸德而懷四夷。《詩》云：『鎬京辟雍，自西自東，自南自北，無思不服❹。』普天之下，惟人面之倫❺，莫不引領❻而歸其義。故畫地為境❼，人莫之犯。子曰：『白刃可冒，中庸不可入❽。』至德之謂也。故善攻不待❾堅甲而克，善守不待渠梁❿而固。武王之伐殷也，執黃鉞⓫，誓牧之野⓬，天下之士莫不願為之用。既而偃兵⓭，搢笏⓮而朝，天下之民莫不願為之臣。既以義取之，以德守之。秦以力取之，以法守之，本末不得，故亡。夫文猶可長用，而武難久行也。」

【章　旨】文學指出，文德最能服人，且能長久使用，而武力則不能長久實行。

【注　釋】❶執干戚　指拿著干戚跳舞。干，盾牌。戚，斧。舜在有苗不服的情況下，不用武力，而致力於強化德教，命人執干戚跳舞以示武器不用於戰爭，於是有苗就自動前來歸服。❷有苗　古代少數民族。又稱三苗。❸底　通「砥」。磨刀石。此用為動詞，指磨礪。❹鎬京辟雍四句　出《詩經・大雅・文王有聲》。是歌頌周武王的。鎬京，周武王營建的都城。在今陝西省西安市西南。辟雍，古代天子設立的大學。❺惟人面之倫　只要是人。倫，類。❻引領　伸長脖子盼望。❼畫地為境　指在地上畫線作為王畿和各諸侯國的分界。❽白刃可冒二句　語本《禮記・中庸》。冒，冒犯。中庸，儒家倫理思想，認為處事要不偏不倚、無過無不及。入，鑽進去；達到。❾待　依賴。❿渠梁　寬深的護城河。渠，通「巨」。大。梁，水中捕魚的石堤。此指護城河。⓫黃鉞　以黃金為飾的斧。古代帝王或軍事統帥所用。⓬牧之野　即牧野。在今河南省淇縣西南。⓭偃兵　收起武器。⓮搢笏　將手板插在腰帶上。搢，插。笏，亦稱「手板」，古代大臣上朝時手中所執的長板，用於指畫或記事。

【語　譯】文學說：「舜叫人拿著武器跳舞，有苗就歸服了；周文王致力修養道德，四方少數民族就順從了。《詩經》上說：『武王遷都鎬京，建起辟雍，四面八方沒有人不心服。』當時整個天下，只要是人，就都伸長脖子盼望他的到來，歸順他的仁義。所以只在地上畫線作為王畿和各諸侯國的分界，就沒有人來侵犯。孔子說：『雪亮的刀口可冒犯，但中庸之道難以達到。』這是說中庸是最高的道德啊。所以善於進攻不依賴牢固的鎧甲就能取勝，善於守衛不依賴寬深的護城河就能固守。周武王討伐殷商的時候，手拿黃鉞，在牧野誓師，天下的士卒沒有人不願意供他使用。不久就收起武器，大臣們腰帶上插著手板而上朝，這時候天下的百姓沒有人不願意做他的屬下。他既以義取得天下，又憑藉仁德來守持。可是秦朝既憑藉武力取得天下，又憑藉刑法守持，本末關係未處理好，因而滅亡了。文德是可以長久使用的，而武力卻不能長久實行。」

大夫曰：「《詩》云：『玁狁孔熾，我是用戒❶。』『武夫潰潰，經營四方❷。』故守禦征伐，所由來久矣。《春秋》大戎未至而豫禦之❸。故四支強而躬體固，華❹葉茂而本❺根據❻。故飭❼四境所以安中國也，發戍漕❽所以審勞佚❾也。主憂者臣勞，上危者下死。先帝憂百姓不贍❿，出禁錢⓫，解⓬乘輿⓭驂⓮，貶樂損膳⓯，以賑⓰窮備⓱邊費。未見報施⓲之義，而見沮成⓳之理，非所聞也。」

【章　旨】 大夫論證伐敵安邊的合理性與必要性，斥責文學忽視武帝恩德。

【注　釋】 ❶玁狁孔熾二句　出《詩經・小雅・六月》。孔，很。熾，盛；來勢洶洶。是用，即「用是」。因此。戒，通「悈」。著急。❷武夫潰潰二句　出《詩經・大雅・江漢》。此詩描寫召穆公奉周宣王之命平定淮夷。潰潰，威武的樣子。經營，指征伐。四方，指四方之叛國。❸春秋大戎未至而豫禦之　《春秋・莊公十八年》記載魯莊公揮師驅逐戎人，進兵到濟水西岸。《公羊傳》認為《春秋》記載此事是要贊美魯莊公在戎人還未侵擾中原之前就預先將其趕走。大，贊美。豫，預先。❹華　花。❺本　指樹幹。❻據　穩固。❼飭　整頓。❽發戍漕　徵發人運軍糧。❾審勞佚　慎重地使勞逸平均。審，慎。❿贍　富足。⓫禁錢　屬於皇室財政的錢。⓬解　分解；分出一部分。⓭乘輿　帝王所用的車子。⓮驂　泛指拉車的馬。⓯貶樂損膳　降低音樂和膳食的規格。⓰賑　救濟。⓱備　充作。⓲報施　報恩。⓳沮成　破壞成功。

【語　譯】 大夫說：「《詩經》上說：『玁狁來勢洶洶，我因此十分著急。』又說：『士卒威風凜凜，征討四方叛國。』這樣看來，防守征伐，由來已經很久了。《春秋》贊美魯莊公在戎人還未侵擾中原之前就預先將其趕走。所以人的四肢強壯，軀體就會康健；樹的花葉繁茂，主幹和根就會穩固。所以整頓四面邊境是為了安定中原地區，徵發人運軍糧是為了使勞逸平均。君主面臨憂患，臣下就應該不辭勞苦；主上陷入危險，屬下就應該不惜獻身。武帝憂慮百姓不富足，於是拿出皇室財政的錢，分出一部分為自己拉車的馬，降低音樂和膳食規格，用來救濟貧窮，充作邊防經費。沒有看見你們談論報恩的大義，卻只看到你們發表破壞成功的言論，這是我們以前未聽說過的。」

文學曰：「周道衰，王迹❶熄，諸侯爭強，大小相凌❷。是以強國務❸侵，弱國設備。甲士勞戰陣，役於兵革❹，故君勞而民困苦也。今中國為一統，而方內❺不安，徭役遠而外內❻煩❼也。古者無過年之繇，無踰時之役。今近者數千里，遠者過萬里，歷二期❽。長子不還，父母愁憂，妻子詠歎❾。憤懣之恨發動於心，慕思❿之積痛於骨髓。此〈杕杜〉、〈采薇〉⓫之所為作也。」

【章旨】文學指出，現今繇役繁重，給百姓造成了很大的痛苦。

【注釋】❶王迹　聖王的業績及其影響。❷凌　欺壓。❸務　致力於。❹役於兵革　指打仗。役，動詞。從事。兵革，兵器鎧甲。❺方內　境內。❻外內　邊疆和內地。❼煩　攪擾。❽期　一周年。❾詠歎　悲歎。❿慕思　思念。⓫杕杜采薇　《詩經》中的兩首詩。古代有一派學者認為這兩首詩是反映繇役之苦的。

【語譯】文學說：「從前，當周朝以仁德為中心的治國之道衰落、聖王的業績及其影響消失之後，天下諸侯爭奪強權，大國欺壓小國。因此，強國致力於侵略，弱國不得不設立防備。戰士忙於打仗，疲憊不堪，所以君主勞累而百姓困苦。如今天下已經統一，但境內卻不安寧，這是因為要人們到極遠的地方服繇役，使邊疆和內地都受到攪擾。古時候繇役沒有超過一年的，也從不需要人們延期服役。現在服繇役的地方近的也有幾千里，遠的則超過了萬里，時間長達兩個整年。服役之人久久不能回家，父母憂愁，妻子兒女悲歎。家裡人憤恨之情發自內心，積聚的思念之痛痛徹骨髓。當年〈杕杜〉〈采薇〉二詩的創作，就是出於與這同樣的原因。」

險固第五十

【題解】「險固」指險要牢固的地理形勢。本篇的論題是地理形勢在保衛國家方面的作用。大夫總結歷史經驗，認為天時不如地利，奪取天下和保衛天下，都離不開險要的地勢、牢固的防禦設施，因此必須修建城郭，整治溝河堡壘，設立關塞，做到常備不懈；對匈奴必須及時征服。文學則認為，自然險阻並不能保證江山的安穩，國家的長治久安取決於仁德而不取決於險固，「行善則昌，行惡則亡」，因此以險要的地勢為阻礙不如以仁義為阻礙，應該「以仁義為阻，道德為塞，賢人為兵，聖人為守」。

大夫曰：「虎兕所以能執熊羆、服群獸者，爪牙利而攫❶便也。秦所以超❷諸侯、吞天下、并敵國者，險阻固而勢居❸然❹也。故鼈猬❺有介❻，狐貉❼不能禽；蝮蛇❽有螫❾，人忌❿而不輕。故有備則制人，無備則制於人。故仲山甫補袞職之闕⓫，蒙公⓬築長城之固，所以備寇難而折衝⓭萬里之外也。今不固其外，欲安其內，猶家人⓮不堅垣牆⓯，狗吠夜驚而闇昧⓰妄⓱行也。」

【章旨】大夫充分肯定地勢險阻在保衛國家、戰勝敵人方面的重要作用。

【注釋】❶攫　用爪抓取。❷超　指戰勝。❸勢居　所處的地理位置。❹然　這樣。❺鼈猬　甲魚和刺蝟。刺蝟身上長有硬刺，保護自己不受敵害，像有甲殼一樣。二字原作「龜猬」，此從張敦仁說。❻介　通「甲」。甲殼。❼狐貉　狐狸和狗貛。❽蝮蛇　一種毒蛇。頸細，灰褐色。❾螫　本指蜂、蝎等毒蟲刺人。此指毒。❿忌　害怕。⓫補袞職之闕　補，救正。袞，本指帝王的禮服，此代指帝王。職，職事。闕，通「缺」。過錯。⓬蒙公　對蒙恬的尊稱。⓭折衝　使敵人撤回戰車。折，折回。衝，戰車。⓮家人　平民。⓯垣牆　圍牆。⓰闇昧　指在暗夜活動的盜賊。⓱妄　任意。

【語　譯】大夫說：「老虎和犀牛之所以能抓獲熊羆、制服群獸，是因為牠們的爪牙鋒利而便於抓取。秦之所以能戰勝諸侯、并吞天下、兼并敵國，是因為它擁有堅固的險阻，所處的地理位置使然。所以甲魚和刺蝟有甲殼，狐狸和狗獾就無法捉住牠們；蝮蛇有毒，人類就害怕而不敢輕視牠。所以有防備就能制服別人，沒有防備就只能被別人制服。所以仲山甫救正周宣王行事的過錯，蒙恬修築長城這一堅固的防禦工事，都是為了防備敵患，使敵人將戰車撤回到萬里之外。當今如果不鞏固邊疆，而想使內地安定，那就像平民不把圍牆修堅固，結果是：夜裡狗叫人驚，盜賊得以任意行動。」

文學曰：「秦❶左❷殽、函❸，右隴阺❹，前❺蜀、漢❻，後❼山、河❽，四塞❾以為固，金城❿千里。良將勇士，設⓫利器而守陘隧⓬，墨子守雲梯之械⓭也。以為雖湯、武復生，蚩尤⓮復起，不輕攻也。然戍卒陳勝無將帥之任⓯，師旅之眾，奮⓰空拳而破百萬之師，無牆籬之難⓱。故在德不在固。誠⓲以仁義為阻，道德為塞，賢人為兵，聖人為守，則莫能入。如此則中國無狗吠之警⓳，而邊境無鹿駭狼顧⓴之憂矣。夫何妄行之有乎㉑？」

【章　旨】文學從秦朝地勢有利而結局悲慘的反差中，得出決定國家命運的是仁德而不是險固的結論，認為朝廷應以仁德安定內地和邊疆。

【注釋】❶秦 指函谷關以西的秦朝腹地關中。❷左 指東邊。古以東為左，以西為右。❸殽函 殽山和函谷關。殽山即崤山，在今河南省洛寧縣北。秦之函谷關在今河南省靈寶縣西南。❹隴阺 山名。即隴山。在今陝西省隴縣西北。❺前 指南邊。❻蜀漢 指蜀郡和漢中郡。❼後 指北邊。❽山河 陰山和黃河。❾四塞 四面的險阻。❿金城 用金屬鑄就的城牆。⓫設 配備。⓬陘隧 陘，山脈中斷的地方。隧，隧道。⓭雲梯之械 一種攻城器械。據《墨子·公輸》載，公輸盤（一名魯班）為楚製造了雲梯，準備用以攻打宋國，墨子得知後，從齊國趕到楚都城會見公輸盤，阻止楚攻宋。他用衣帶做城牆，用筷子做兵器，與公輸盤演試攻守，結果破了公輸盤的雲梯，楚國不敢攻宋。⓮蚩尤 古代九黎族首領。⓯任 任命。⓰奮 舉起。⓱難 障礙。⓲誠 如果確實。⓳警 警報。⓴鹿駭狼顧 喻指擔驚受怕。鹿膽小易受驚，狼性多疑，走路時常回頭看。顧，回頭看。㉑夫何妄行之有乎 此句文字從張之象本。

【語譯】文學說：「秦朝的腹地關中東邊有崤山和函谷關，西邊有隴山，南邊有蜀郡和漢中，北邊有陰山和黃河，四面的險阻構成了牢固的防線，猶如有千里長的金屬城牆。良將勇士，配備著鋒利的武器，守衛著山口隧道，具備了像當年墨子在雲梯面前能固守那樣的防守能力。秦皇認為即使是商湯、周武王復生，蚩尤再出現，也不敢輕易進攻。然而戍卒陳勝當初並沒有任命甚麼將帥，也沒有眾多的軍隊，只是舉起空拳頭起事造反，結果竟打敗秦朝百萬大軍，連圍牆籬笆這樣的小障礙也沒遇到。這樣看來，國家是否安穩，完全取決於是否施行仁德，並不取決於有無險固。如果確實能把仁義當作險阻，把道德當作關塞，把賢人當作兵器，把聖人當作守護者，那麼就沒有人能攻進來。做到了這些，那麼中原地區就沒有狗叫這樣的警報，而邊疆也就沒有擔驚受怕的憂患。哪裡會有壞人任意行動呢？」

大夫曰：「古者，為國必察❶土地、山陵、阻險、天時❷、地利❸，然後可以王霸。故制地城郭❹，飭❺溝壘，以禦寇固國。《春秋》曰：『冬浚洙❻。』脩❼地利也。三軍❽順天時，以實擊虛，然困於阻險，敵❾於金城。楚莊之圍宋❿，秦師敗崤嶔崟⑪，是也。故曰：『天時不如地利⑫。』羌、胡固⑬，近於邊，今不取，必為四境長患。此季孫之所以憂顓臾⑭，有句踐之變⑮而為強吳之所悔⑯也。」

【章　旨】大夫強調地利的重要，指出對地理條件優越的羌人、匈奴更要加緊征服，以免留下長久的禍患。

【注　釋】❶察　考察。❷天時　有利的季節氣候、吉祥的日子。❸地利　有利的地理形勢。❹制地城郭　修建內外城牆。制，修建。地，誤增的字。城，內城。郭，外城。❺飭　整治。❻冬浚洙　出《春秋・莊公九年》。西元前六八五年冬天，魯國為防備齊國進攻，開展了挖深洙水的工作。浚，疏通；挖深。洙，水名。在魯國都城曲阜北面。❼脩　加強。❽三軍　泛指軍隊。❾敵　力量相等。此謂被同等的力量阻擋住，不能取勝。❿楚莊之圍宋　西元前五九五年秋，楚莊王圍宋，久攻不下，遂罷兵。⓫秦師敗崤嶔崟　秦穆公發兵偷襲鄭國，因鄭國已得知消息而作好了迎戰準備，秦軍只好中途折回，至崤山，遭到晉軍的截擊，三位主帥被俘。嶔崟，崤山又稱嶔崟山。⓬天時不如地利　出《孟子・公孫丑下》。⓭固　此指地理條件有利。⓮顓臾　春秋時魯國的附庸國。魯權臣季孫氏認為它城郭堅固，與自己的封邑靠近，不及時奪取，必定成為子孫後代的憂患，因此計劃興兵攻打。⓯句踐之變　指越王句踐興兵伐吳。⓰強吳之所悔　吳王夫差被句踐活捉後，為自己當初沒有聽從伍子胥之言（拒絕越國的求和要求，將其滅掉）而後悔，遂自殺。

【語　譯】大夫說：「古時候，治理國家必定考察土地、山陵、險阻、天時、地利等情況，這樣之後就可以建成王業霸業。因此各國都修建內城外郭，整治溝河堡壘，藉以抵禦敵人，鞏固國家。《春秋》上記載說：『魯國冬天挖深洙水。』魯國的這一舉動就是在加強地利啊。軍隊順應天時，以實擊虛，然而常常會為險阻所困，被堅固的城牆擋住。楚莊王圍宋，秦軍在崤山慘敗，情況就是這樣。所以《孟子》上說：『天時不如地利。』羌人和匈奴地理條件優越，活動區域都靠近我們的邊境，如果現在不加以征服的話，一定會成為四面邊境的長久禍患。這正是當年季孫氏之所以憂慮顓臾，句踐舉兵伐吳，吳王夫差臨死前深深後悔的。」

文學曰：「地利不如人和❶，武力不如文德。周之致遠❷，不以地利，以人和也；百世不奪❸，非以險，以德也。吳有三江、五湖之難，而兼於越❹；楚有汝淵❺、兩堂❻之固，而滅於秦；秦有隴阺、崤塞，而亡於諸侯；晉有河、華❼、九阿❽，而奪於六卿❾；齊有泰山、巨海，而脅❿於田常⓫；桀、紂有天下，兼於滈、亳⓬；秦王以六合⓭困於陳涉。非地利不固，無術以守之也。釋邇⓮憂遠，猶吳不內定其國，而西絕⓯淮水，與齊、晉爭強也；越因其罷，擊其虛。使吳王用申胥⓰，修德，無恃極其眾⓱，則句踐不免為藩臣海崖⓲，何謀之敢慮⓳也？」

【章　旨】文學列舉大量事例，說明險阻不足恃，武力不如文德。

【注　釋】❶人和　人民擁護，內部團結。❷致遠　使遠方的人來歸順。❸不奪　指政權未被別人奪走。❹兼於越　被越國吞并。❺汝淵　指汝水。在今河南省境。❻兩堂　楚地名。❼河華　指黃河和華山。❽九阿　洛陽西的山脈名。共有九座山峰，故名。❾六卿　晉國的六家權貴。分掌晉國政權，晉君徒具虛名。❿脅　脅迫。⓫田常　即田成子。春秋時齊國大臣，殺齊簡公，擁立齊平公，自任相國，從此齊國由田氏專權。⓬滈亳　滈，同「鎬」。周武王的都城。此代指武王。亳，商湯的都城。此代指商湯。⓭六合　天地四方。意謂整個天下。⓮釋邇　丟下近處的事不管。⓯絕　渡過。⓰申胥　即伍子胥。伍子胥輔吳王，受封於申，故又稱申胥。⓱恃極其眾　憑恃兵多而無限度地使用。極，指使士卒疲勞到極點。⓲為藩臣海崖　句踐捉住夫差後，曾打算把夫差遷到甬東（越地名，即今浙江省舟山島），作百戶人家的小君主。此意謂吳王如果注重德政，被遷往甬東的就會是越王。藩臣，受封或臣服之國的君主。是宗主國君主的臣屬，故稱「藩臣」。海崖，海邊。⓳慮　考慮。

【語　譯】文學說：「地利不如人和，武力不如文德。周朝使遠方的人來歸順，靠的不是地利，而是人和；政權傳了百代，憑藉的不是險阻，而是文德。吳國有三江、五湖那樣的障礙，卻被越國兼并；楚國有汝水、兩堂那樣的險阻，卻被秦國吞滅；秦朝有隴山、崤山，卻被天下諸侯滅掉了；晉國有黃河、華山、九阿，政權卻落入六卿之手；齊國有泰山、大海，君主卻受田常的脅迫；夏桀、商紂擁有整個天下，卻被商湯、周武王兼并；秦皇憑著海內之大，卻被陳涉弄得焦頭爛額。這些國家或朝代並非沒有險固的地理形勢，而是因為沒有好的治國之道來守住江山社稷。丟下近處的事不管，卻去憂慮遠方的事情，這就像吳國一樣，不致力於安定國內，卻西渡淮水，與齊、晉爭奪霸權；結果越國抓住它軍民疲憊、力量空虛的機會舉兵進攻。假使吳王能自始至終重用伍子胥，修明德政，不憑恃自己兵多而無限度地使用，那麼句踐就不免要到海邊去作吳的藩臣，哪裡敢動滅吳的念頭呢？」

大夫曰：「楚自巫山❶起❷方城❸，屬巫、黔中❹，設扞關❺以拒秦；秦包❻商、洛❼、崤、函，以禦諸侯；韓阻宜陽、伊闕❽，要成皋、太行❾，以安周、鄭❿；魏濱洛築城⓫，阻山帶河⓬，以保晉國⓭；趙結⓮飛狐⓯、句注⓰、孟門⓱，以存邢、代⓲；燕塞碣石⓳，絕邪谷⓴，繞援遼㉑；齊撫阿、甄㉒，關榮、歷㉓，倚太山㉔，負海、河㉕。關梁㉖者，邦國之固，而山川者，社稷之寶也。徐人滅舒㉗，《春秋》謂之『取』，惡㉘其㉙無備，得物之易也。故恤來兵㉚，仁傷刑㉛。君子為國，必有不可犯之難。《易》曰：『重門擊柝，以待暴客㉜。』言備之素脩㉝也。」

【章　旨】大夫陳述戰國七雄在地利方面的努力，說明治國少有不重視險阻的，不重視險阻會招致滅亡。

【注　釋】❶巫山　山名。在今四川省巫山縣東南。❷起　修築。❸方城　楚長城名。❹屬巫黔中　屬，連接。巫，戰國時楚郡名。在今四川省巫山縣東。黔中，戰國時楚郡名。在今湖南省沅陵縣西。❺扞關　古關塞名。在楚國西境。❻包　兼有。❼商洛　商，商山。又名楚山。在今陝西省商縣東南。洛，北洛水。發源於陝西省定邊縣。❽阻宜陽伊闕　以宜陽、伊闕為險阻。宜陽，縣名。故城在今河南省宜陽縣西。伊闕，山名。即今河南省洛陽市南的龍門山。❾要成皋太行　要，通「邀」。截住。成皋，戰國韓邑。其處形勢險要，在今河南省滎陽縣汜水鎮。太行，古要隘名。在今河南省沁陽縣西北。❿周鄭　指韓國。韓滅鄭並兼并周王室之地，故此即以「周、鄭」稱之。⓫濱洛築城　濱，靠近。洛，北洛水。城，長城。⓬阻山帶河　以華山為險阻，以黃河為衣帶。⓭晉國　指魏。魏原是從晉國分出的，故言。⓮結　連結。⓯飛狐　古關隘名。穿越太行山脈的通道之一。在今河北省淶源縣。⓰句注　山名。在今山西省代縣西北。⓱孟門　古隘道名。在今河南省輝縣西。⓲邢代　指趙國。邢，古邢國。在今河北邢臺。其地戰國時在趙境內。代，古國名。為趙襄子所滅。⓳塞碣石　在碣石山上設立關塞。⓴絕邪谷　越過邪谷。邪谷，不詳。㉑繞援遼　繞道支援遼東遼西。遼東和遼西都是戰國時燕設置的郡。㉒撫阿甄　撫，擁有。阿、甄，戰國時齊地名。㉓關滎歷　在滎成山和歷山上設立關塞。滎成山在今山東東部。歷山在今山東省歷城縣南。㉔太山　即泰山。㉕負海河　負，憑恃。海，泛指東邊的大海。河，指黃河。㉖關梁　關隘及橋梁處的防衛設施。㉗徐人滅舒　春秋時，在今安徽省泗縣北有徐國，在今安徽省盧江縣西有舒國。徐國在舒人沒有防備的情況下滅掉了舒國。㉘惡　憎惡。㉙其　指舒國。㉚恤來兵　講憐憫會招來兵禍。㉛仁傷刑　講仁愛會妨礙刑法。㉜重門擊拓二句　出《易・繫辭下》。重門，設兩重門。拓，通「柝」。古代巡夜打更用的木梆。待，此謂防備。暴客，強盜。㉝素脩　一向不放鬆。

【語　譯】大夫說：「楚國自巫山修築長城，連接巫郡和黔中，設立扞關，這樣來抗拒秦國；秦國兼有商山、北洛水、崤山、函谷關這些險阻以抵禦山東諸侯；韓國以宜陽、伊闕為險阻，截住成皋重地、太行要隘，以安定自己的國家；魏國沿北洛水修築長城，以華山為險阻，以黃河為衣帶，以保衛本國的江山；趙國聯綴飛狐、句注、孟門構成一道堅固的防線，以守護自己的疆土；燕國在碣石山上設關塞，越過邪谷，繞道支援遼東遼西；齊國擁有阿、甄，在滎成山、歷山上設關塞，依仗泰山，憑恃大海、黃河。關隘和橋梁處的防衛設施是國家賴以鞏固的東西，山陵川流是社稷的寶貝。徐國滅掉了舒國，《春秋》在記載時把滅說成是『取』，這是憎惡舒國沒有防備，慨歎獲取江山太容易。所以講憐憫會招來兵禍，講仁愛會妨礙刑法。君子治理國家，一定要有不可侵犯的險阻。《易》上說：『設兩重門，派人打更巡夜，以防備強盜。』這說的是防備工作一向不放鬆。」

文學曰：「阻險❶不如阻義。昔湯以七十里❷為政於天下，舒以百里亡於敵國。此其❸所以見惡也。使關梁足恃，六國不兼於秦；河、山足保❹，秦不亡於楚、漢❺。由此觀之，衝隆❻不足為強，高城不足為固。行善則昌，行惡則亡。王者博愛遠施，外內合同❼，四海各以其職來祭❽，何擊拓而待？傳❾曰：『諸侯之有關梁，庶人之有爵祿，非升平之興❿，蓋自戰國始也。』」

【章　旨】文學指出，自然險阻不足保證江山的穩固，只有施行仁德才能使國家昌盛。

【注　釋】❶阻險　以險要的地勢為障礙。❷七十里　指商湯未得天下之前，做夏的諸侯，封地面積只七十里見方。❸其　指舒國。❹保　依恃。❺楚漢　指項羽、劉邦。秦朝滅亡後，項羽自立為西楚霸王，封劉邦為漢王。❻衝隆　兩種攻城用的兵車。❼外內合同　使異族和華夏族和諧融洽。❽四海各以其職來祭　指天下各諸侯國君主按照自己對王室應履行的職責前來進獻貢品，參加祭典助祭。❾傳　不詳為何書。❿非升平之興　不是太平時代興起的。

【語　譯】文學說：「保衛國家以險要的地勢為阻礙不如以仁義為阻礙。從前商湯憑著方圓七十里的封地奪得了整個天下的統治權，舒國有著百里見方的疆土卻被敵國滅掉了。這就是舒國被《春秋》憎惡的原因。假使關隘和橋梁處的防衛設施足以憑恃的話，六國就不會被秦國兼并；假使河流和山陵足以依仗的話，秦朝就不會亡於項羽、劉邦之手。由此看來，戰車不足構成力量的強大，高城不足保證江山的穩固。行善就昌盛，行惡就滅亡。行王道的帝王博愛眾人，施恩達到遠方，使異族和華夏族和諧融洽，因此天下各諸侯國君主都按照自己對王室應履行的職責前來進獻貢品，參加祭典助祭，哪裡需要巡夜打更以防備強盜呢？傳書上說：『諸侯在水陸要隘處設立防衛，平民有爵位俸祿，這些都不是太平時代興起的，大概是從戰國時期才開始出現的。』

論勇第五十一

【題　解】如何對待匈奴，這是大夫和儒生反覆爭論的問題。在本篇中，大夫極力強調物質條件在刺殺活動和戰爭中的重要作用，強調武器裝備與克敵制勝的密切關係，主張以利劍強弩裝備部隊，用武力迫使匈奴降服，甚至提出了派勇士刺殺單于的構想。文學則認為，自然險阻和優良的武器裝備不足憑恃，派人行刺的做法更不足取，應該「以道德為城，以仁義為郭」，「以道德為䩜（頭盔），以仁義為劍」，只有用賢人、行仁德，才能使遠方之人歸服。

大夫曰：「荊軻❶懷數年之謀而事不就❷者，尺八匕首不足恃也。秦王憚於不意❸，列❹斷賁、育❺者，介❻七尺❼之利也。使專諸❽空拳，不免於為禽❾；要離❿無水，不能遂其功。世言強楚勁鄭⓫，有犀兕之甲，棠谿⓬之鋌⓭也。內據金城，外任利兵⓮，是以威行諸夏⓯，強服敵國。故孟賁奮臂⓰，眾人輕之；怯夫有備，其氣⓱自倍。況以吳、楚之士⓲，舞利劍，蹶強弩⓳，以與貉虜⓴騁㉑於中原㉒？一人當百，不足道㉓也。夫如此，則胡無守谷㉔，貉無交兵㉕，力不支㉖漢，其勢必降。此商君之走魏㉗，而孫臏之破梁㉘也。」

【章　旨】大夫認為，行刺成功，打仗獲勝，都離不開物質條件，倘以裝備優良的軍隊進擊匈奴，必能使匈奴投降。

【注　釋】❶荊軻　戰國末衛國人。受燕國太子之託，前往秦國刺殺秦王政。他將匕首裹在地圖之中，想借著獻地圖給秦王的機會行刺，結果失敗被殺。❷就　成功。❸憚於不意　荊軻行刺，事出意外，秦王嚇壞了，一時慌了手腳，後來才拔出長劍，砍斷荊軻左腿，又接著砍數劍，使荊軻身上八處受傷，最後手下人上前，將荊軻殺死。憚，害怕。❹列　同「裂」。❺賁育　孟賁和夏育。皆戰國時勇士。此代指荊軻。❻介　借助。❼七尺　指長劍。❽專諸　春秋時吳人。事吳公子光。公子光想奪王位，設計請吳王僚飲宴，而將匕首放在紅燒魚的肚子中，派專諸端魚上席，專諸至王僚面前，出匕首，將其殺死。公子光遂登位為吳王闔閭。❾禽　通「擒」。❿要離　春秋時吳國人。公子光謀害了吳王僚後，又派要離前往衛國行刺當時在衛國的僚的兒子慶忌。要離騙慶忌渡江回國報仇，至江心，拔劍將其殺死。⓫鄭　鄭國被韓國吞滅，故此以「鄭」代指韓國。⓬棠谿　古地名。春秋屬楚，戰國屬韓，是出產利劍的地方。⓭鋌　指劍。⓮利兵　鋒利的兵器。⓯諸夏　華夏族各諸侯國。⓰奮臂　舉起手臂。指沒有武器，只是揮動空拳。⓱氣　指勇氣。⓲吳楚之士　泛指英勇善戰的武士。⓳蹶強弩　腳踏強弩的機關射箭。⓴貉虜　指匈奴。㉑騁　馳騁。此指交戰。㉒中原　指原野。㉓不足道　謂敵人不值一提。㉔無守谷　沒有可守的山谷。㉕無交兵　沒有可用來作戰的軍隊。㉖支　支撐；抵擋。㉗商君之走魏　秦孝公二十二年，商鞅率軍伐魏，大敗魏軍，活捉了魏公子卬。魏王恐懼，遂將國都從安邑（今山西省運城縣）遷到大梁（今河南開封）。走魏，使魏國遷都。㉘孫臏之破梁　孫臏是戰國時著名軍事家。齊國人。受到齊威王重用。他設計先後大敗魏軍於桂陵和馬陵。梁，魏國遷都大梁後又稱梁。

【語　譯】大夫說：「荊軻心存行刺秦王的謀慮多年而結果事情沒有成功，這是因為一尺八寸的匕首不足以憑恃。秦王被意外的事變嚇慌了神，但最後還是砍斷了荊軻，這是因為他借助了七尺長劍的有利條件。假使專諸空著拳頭，就不免被吳王僚的手下人捉住；要離沒有水，就不能獲得刺殺行動的成功。世上的人都說楚國強大韓國實力雄厚，這是因為它們有犀牛皮做的鎧甲、棠谿地方出產的利劍。它們在國內據守銅澆鐵鑄般堅固的城牆，對外使用銳利的兵器，因此威權能夠行使於華夏族各國，強大使敵對的國家畏服。所以孟賁如果揮動的是空拳頭，人們就不會把他放在眼裡；而怯懦的人如果武器在手，他的勇氣就自然加倍。何況憑著英勇善戰的武士，讓他們揮舞鋒利的寶劍，腳踏強弩的機關，而與匈奴在原野上交戰呢？我軍必定一個人能抵擋百人，敵方是不值一提的。如果能像這樣，那麼匈奴就沒有可守的山谷，沒有可用來作戰的軍隊，力量不能與我方抗衡，必定會投降。這與商鞅使魏國遷都、孫臏把魏軍打得大敗是一樣的。」

文學曰：「楚、鄭之棠谿、墨陽❶，非不利也，犀軸❷兕甲，非不堅也，然而不能存者，利不足恃也。秦兼❸六國之師，據崤、函而御宇內，金石之固，莫耶❹之利也。然陳勝無士民之資❺，甲兵之用，鉏耰❻棘橿❼，以破衝隆❽。武昭❾不擊，烏號❿不發。所謂金城者，非謂築壤而高土，鑿⓫地而深池⓬也。所謂利兵者，非謂吳、越之鋌，干將⓭之劍也。言以道德為城，以仁義為郭，莫之敢攻，莫之敢入，文王是也。以道德為軸，以仁義為劍，莫之敢當⓮，莫之敢御，湯、武是也。今不建不可攻之城，不可當之兵，而欲任匹夫之役⓯，而行三尺之刃⓰，亦細⓱矣！」

【章旨】文學指出，堅固的險阻和優良的武器並不能使江山安穩，只有仁義道德才能使國家堅不可摧。

【注釋】❶墨陽　韓地名。出利劍。❷軸　同「冑」。頭盔。❸兼　兼并。此謂收編。❹莫耶　寶劍名。❺資　憑藉。❻耰　形如鋤頭的一種農具。用來擊碎土塊，平整土地。❼棘橿　指棗木棍和橿木棍。棘，酸棗樹。橿，樹名。質地堅緻。❽衝隆　兩種兵車。❾武昭　指勇武之名顯揚的士卒。昭，明。❿烏號　良弓名。⓫鑿　挖。⓬池　護城河。⓭干將　寶劍名。⓮當　抵擋。⓯任匹夫之役　派某個人去做事。役，事。⓰行三尺之刃　用匕首行刺。三尺，當依前改作「尺八」。⓱細　見識短淺。

【語譯】文學說：「楚、韓兩國棠谿、墨陽二處出產的好劍並不是不鋒利，犀牛皮做的頭盔鎧甲並不是不堅固，然而兩國最後還是滅亡了，這是因為武器的鋒利不足憑恃。秦朝收編了六國的軍隊，據守崤山和函谷關以統治天下，險阻堅固得如同金石，武器鋒利得可上比莫耶。然而陳勝起事時沒有士卒百姓的憑藉，沒有鎧甲兵器可用，憑著農具和木棍，就擊敗了秦朝的戰車。當時秦朝勇武的士卒不能出擊，優良的弓弩射不出箭來。所謂銅澆鐵鑄的城牆，並不是指堆土把城牆築得很高，挖地把護城河開得很深。所謂銳利的兵器，也不是指吳、越出產的利劍，干將式的劍中珍品。所謂銅澆鐵鑄的城牆，說的是把道德作為內城，把仁義作為外城，沒有人敢進攻，沒有人敢侵入，周文王就是這樣。所謂銳利的兵器，說的是把道德作為頭盔，把仁義作為利劍，沒有人敢抵擋，沒有人敢抗拒，商湯、周武王就是這樣。如今不修建仁義道德這種敵人無法攻克的城牆，不製造仁義道德這種敵人無法抵擋的兵器，卻想派某個人去用一尺八寸的匕首行刺，見識也太短淺了啊！」

大夫曰：「荊軻提匕首入不測❶之強秦，秦王惶恐失守備❷，衛者皆懼；專諸手劍❸，摩萬乘❹，刺吳王，尸孽立正❺，鎬冠千里❻；聶政❼自衛，由❽韓廷刺其主，功成求得❾，退❿自刑於朝，暴⓫尸於市。今誠得勇士，乘⓬強漢之威，凌⓭無義之匈奴⓮，制其死命，責以其過⓯，若曹劌⓰之脅齊桓公，遂⓱其求。推鋒折銳⓲，穹廬⓳擾亂，上下相遁⓴，因㉑以輕銳㉒隨其㉓後，匈奴必交臂㉔不敢格㉕也。」

【章旨】大夫肯定古代刺客行刺的效果，提出物色勇士行刺單于的設想。

【注釋】❶不測　不可揣度。❷失守備　不知道怎樣保衛自己。❸手劍　持劍。❹摩萬乘　走近萬乘之君。摩，近。萬乘，大諸侯國君主。指吳王僚。❺尸孽立正　公子光是吳王諸樊之子，吳王僚只是諸樊之侄。公子光認為自己是正支，僚是旁支。

尸，殺死。孽，旁支。❻鎬冠千里　專諸殺死吳王僚後，自己也當場被吳王僚的手下人殺死。這句是說千里地面的人都為專諸的死披麻戴孝。鎬，通「縞」。白色絲織品。「縞冠」，指喪服。❼聶政　戰國時韓國人。避仇至齊國當屠戶。衛人嚴仲子請他行刺韓相俠累。他從衛國出發，隻身至韓，剛好碰上韓國君臣聚會議事。他拔劍刺俠累，俠累逃避，抱住韓哀侯。結果，俠累被他刺死，哀侯也連帶中了劍。接著，出於不連累姊姊的考慮，他毀容自殺。韓國不知刺客姓名，將其屍體陳列於集市，懸賞查問。❽由　於；在。❾求得　追求實現。❿退　指上前殺了俠累之後退下來。⓫暴　露。⓬乘　憑藉。⓭淩　襲擊。指行刺。⓮匈奴　指匈奴最高首領單于。⓯制其死命二句　將其性命控制在手裡，譴責其罪過，然後再將其殺死。⓰曹劌　即曹沫。春秋時魯莊公之將。魯莊公與齊桓公會盟，他拿著匕首威脅齊桓公，迫使齊桓公把侵占的魯地全部退還。⓱遂　達到。⓲推鋒折銳　使匈奴的鋒芒銳氣受到打擊。⓳穹廬　氈帳篷。代指匈奴。⓴相遁　互相逃離。㉑因　順勢。㉒輕銳　輕裝的精銳部隊。㉓其　指行刺的勇士。㉔交臂　拱手。㉕格　抵抗。

【語　譯】大夫說：「荊軻拿著匕首，來到不可揣度的強大秦國行刺，秦王驚慌恐懼，一時不知道怎樣保衛自己，衛士們也都很害怕；專諸手拿著劍，走近吳王僚，刺殺這位萬乘之君，結果殺死了身為旁支的君主，使作為正支的公子光得以登位為王，千里地面的人都為專諸的死披麻戴孝；聶政從衛國來到韓國，在韓國朝廷上殺死俠累連帶刺中了哀侯，大功完成，追求實現，於是退下來，就在朝廷上毀容自殺，死後屍體被暴露於集市。現在如果能得到這樣的勇士，憑藉強大漢朝的威風，去行刺無義的匈奴單于，將單于的性命控制在手裡，譴責他的罪過，然後將他殺死，就像當年曹劌脅迫齊桓公達到自己的要求一樣。匈奴的鋒芒銳氣受到打擊，內部一片混亂，上下互相逃離，我方順勢派出輕裝的精銳部隊隨後趕到，這樣，匈奴必定會拱手屈服，不敢抵抗。」

文學曰：「湯得伊尹，以區區❶之亳❷兼臣海內❸；文王得太公，廓酆、鄗❹以為❺天下；齊桓公得管仲以霸諸侯；秦穆公得由余❻，西戎八國服。聞得賢聖而蠻貊來享❼，未聞劫殺人主以懷遠也。《詩》云：『惠此中國，以綏四方❽。』故『自彼氐、羌，莫敢不來王❾。』非畏其威，畏其德也。故義之服無義，疾❿於原馬⓫良弓⓬；以之召遠，疾於馳傳⓭重驛⓮。」

【章　旨】文學反對行刺行為，指出用賢人、施德義才能使遠人歸服。

【注　釋】❶區區　形容極小。❷亳　亳有多處，此指商湯為諸侯時的都城南亳。在今河南省商丘縣東南。❸兼臣海內　使海內之人都成為自己的臣民。❹廓酆鄗　以酆、鄗為基地逐漸擴大控制區域。廓，擴大。酆，即「豐」。文王的都城。在今陝西長安西南灃河以西。鄗，即「鎬」。距豐二十五里，武王自豐遷都於此。❺為　治理。❻由余　春秋時秦穆公之臣。來自西戎。❼享　進獻。❽惠此中國二句　出《詩經・大雅・民勞》。惠，施恩惠。綏，安撫。❾自彼氐羌二句　出《詩經・商頌・殷武》。是歌頌商湯的。王，朝見。❿疾　迅速。⓫原馬　即驃馬。泛指好馬。⓬良弓　此指良弓射出的箭。⓭馳傳　乘坐傳車急行。傳，傳車。古代在交通要道上設驛站，為來往的官方人員提供食宿和交通工具，其車稱傳車。⓮重驛　指一站接一站地換馬接著跑。

【語　譯】文學說：「商湯得到伊尹，憑著小小的亳地就使海內之人都成了自己的臣民；周文王得到姜太公，以酆、鄗為基地逐漸擴大控制區域，最後統治了整個天下；齊桓公得到管仲而稱霸諸侯；秦穆公得到由余，西戎地區的八個國家就都歸服了。只聽說過得到賢人聖人因而使得少數民族都來進獻的事，從沒有聽說過劫持殺害遠國君主來安撫遠國之人的做法。《詩經》上說：『施恩惠於中原地區，同時安撫四方國家。』所以『從那氐人、羌人算起，沒有誰敢不來朝見。』這些朝見者並不是因為害怕商湯的武力，而是因為敬畏他的仁德。所以守義的征服不義的，比奔馳的駿馬和良弓射出的箭還快；用仁義招來遠方之人，比乘坐驛站的傳車一站接一站地換馬急行還迅速。」

論功第五十二

【題解】以武力征服匈奴能否成功是本篇雙方爭論的中心問題。大夫指出，匈奴沒有禮儀法規，文化落後，經濟實力遠不能與戰國時的山東六國相比，在軍事方面也存在諸多弱點，而漢朝有良好的政治基礎，有整個天下的力量，賢士眾多，物產豐富，伐匈奴是「以義伐不義」，因此，就像秦能滅六國一樣，完全能征服匈奴，取得征服的成功並非難事。文學則指出了匈奴的諸多優勢，認為征服匈奴十分不易，並堅持以德服人的觀點，渲染戰爭的可怕，反對武力征討政策，甚至認為秦如果不滅六國，自己也不會滅亡。

大夫曰：「匈奴無城廓❶之守，溝池❷之固，脩❸戟強弩之用，倉廩府庫之積，上無義法❹，下無文理❺，君臣嫚易❻，上下無禮，織柳為室，旃席為蓋❼，素弧❽骨鏃❾，馬不粟食❿。內則備不足畏，外則禮不足稱。夫中國，天下腹心，賢士之所總⓫，禮義之所集，財用之所殖也。夫以智謀愚，以義伐不義，若因秋霜而振⓬落葉。《春秋》曰：『桓公之與戎、狄，驅之爾⓭。』況以天下之力乎？」

【章旨】大夫分析了匈奴的弱點和漢朝的優勢，認為征服匈奴很容易。

【注釋】❶廓　同「郭」。❷溝池　指護城河。❸脩　長。❹義法　禮儀法規。義，「儀」的古字。❺文理　指人倫秩序和良好風俗。❻嫚易　隨隨便便。❼旃席為蓋　用氈席搭成帳篷。席，原作「廗」，從《御覽》引改。❽素弧　未加文飾的弓。❾骨鏃　用獸骨做的箭頭。❿不粟食　不給馬吃糧食，只吃草。⓫總　聚集。⓬振　搖。⓭桓公之與戎狄二句　出《公羊傳・

莊公三十年》。是《公羊傳》對《春秋》「齊人伐山戎」一句的解釋。意謂山戎並非齊桓公的對手，桓公討伐它，只是驅逐罷了。

【語譯】大夫說：「匈奴沒有內城外郭可守，沒有護城河這種保證城邑穩固的工事，沒有長戟強弩可用，沒有倉廩府庫的儲積，上面沒有禮儀法規，民間沒有人倫秩序和良好風俗，君臣之間隨隨便便，上下之間不講禮節，他們或用柳條編織房子，或用氈席搭成帳篷，使用未加文飾的弓，用獸骨做箭頭，不給馬餵糧食。內部的防備不值得害怕，對外的禮儀不值得稱道。而我們中原是天下的中心，是賢士聚集、禮義薈萃、財貨繁殖之地。憑著智慧去對付愚蠢，憑著正義去討伐不義，就像利用秋天降霜的機會搖落樹葉一樣容易。《春秋》上說：『齊桓公對戎狄，只是驅逐罷了。』何況我們今天用整個天下的力量對付匈奴呢？」

文學曰：「匈奴車器無銀黃❶絲❷漆之飾，素成❸而務堅，絲❹無文采裙褘❺曲襟❻之制，都成而務完❼。男無刻鏤❽奇巧之事，宮室城郭之功；女無綺繡淫巧❾之貢，纖綺羅紈❿之作。事省⓫而致用⓬，易成而難弊⓭。雖無脩戟強弩，戎馬良弓，家有其備⓮，人有其用⓯，一旦有急，貫弓⓰上馬而已。資糧不見案首⓱，而支⓲數十日之食。因山谷為城郭⓳，因水草為倉廩⓴。法約㉑而易辨㉒，求寡而易供。是以刑省㉓而不犯，指麾㉔而令從㉕。嫚㉖於禮而篤於信㉗，略於文㉘而敏㉙於事。故雖無禮義㉚之書，刻骨卷木㉛，百官有以相記，而君臣上下有以相使。群臣為縣官計者，皆言其㉜易，而實難。是以秦欲驅之而反更亡㉝也。故兵者凶㉞器，不可輕用也。其㉟以強為弱㊱，以存為亡，一朝爾㊲也。」

【章　旨】文學陳述匈奴的長處，指出征服匈奴並非易事。

【注　釋】❶銀黃　白銀和黃金。❷絲　絲綢。古代車的某些部分用絲綢裝飾。❸素成　不加文飾而製成。❹絲　指用絲帛做成的衣服。❺禕　佩巾。❻曲襟　彎曲而互相交疊的衣襟。❼都成而務完　用整塊布做成，務求完整。都，全。❽刻鏤　雕刻。❾綺繡淫巧　指美麗而奇巧異常的刺繡工藝品。綺，美麗。淫，過分。❿纖綺羅紈　四種上等的絲織品。⓫事省　費力少。⓬致用　適用。⓭弊　破損。⓮家有其備　家家備有。⓯人有其用　人人能騎馬用弓。⓰貫弓　上緊弓弦。⓱資糧不見案首　從軍中飯桌上看不出他們帶有錢糧。案，指飯桌。⓲支　支持。⓳因山谷為城郭　依憑山嶺山谷，把它們作為城郭。⓴因水草為倉廩　對匈奴來說，有水草即能放牧牛羊，有牛羊即有食物，水美草茂之處如同他們的糧倉。㉑約　簡約。㉒辨　辨別掌握。㉓刑省　刑罰用得少。㉔指麾　即指揮。㉕令從　聽從命令。㉖嫚　蔑視。㉗篤於信　非常守信用。篤，厚。㉘略於文　文化低落。㉙敏　敏捷。㉚義　「儀」的古字。㉛刻骨卷木　謂把事情刻記在獸骨上，用木製成契據。卷，當作「券」。券，契據。古代契據分成兩半，雙方各執一半以為憑證。㉜其　指征服匈奴。㉝更亡　換來自己的滅亡。㉞凶　不吉祥。㉟其　指戰爭。㊱以強為弱　使強變弱。㊲爾　代詞。這樣。

【語　譯】文學說：「匈奴的車輛器具沒有白銀黃金絲帛油漆的裝飾，不加文飾而製成，但是力求堅牢；衣服沒有文采，也沒有裙子、佩巾、彎曲而交疊的衣襟等形制，用整塊布做成，但是力求完整。男子不需做雕刻奇巧物品的事情，不用去修築宮室城郭；婦女不用向君主進貢美麗而奇巧異常的刺繡工藝品，不需從事紡織上等絲織品的工作。匈奴人製造的各種物品費力少卻很適用，易於製成卻不易損壞。他們雖然沒有長戟強弩，但戰馬良弓，家家都有，人人能用，一旦有緊急情況，只需上緊弓弦跨上馬背就行了。從軍中飯桌上看不出他們帶有錢糧，卻能支持數十天的伙食。他們依憑山嶺山谷把它們作為城郭，依憑水美草茂之處把它們作為糧倉。國家的法律簡約而易於掌握，君長的需求不多而易於供應。因此刑罰用得少，人們也不怎麼犯法，凡是指揮命令，人們都聽從。人們蔑視禮儀卻很守信用，文化低落但做事卻很敏捷。所以雖然沒有關於禮儀的典籍，但把事情刻記在獸骨上，用木製成契據，百官可以用來作憑據，君主大臣可用來使喚下級。現在我方各位大臣為天子出謀劃策，都說征服匈奴容易，但實際上這是很難的。所以秦朝想趕走匈奴，卻反而換來了自己的滅亡。所以武器是不吉祥的東西，切不可輕易使用。戰爭使強變弱，使存在變為滅亡，只是一個早晨的事情。」

大夫曰：「魯連❶有言：『秦權使❷其士，虜使❸其民。』故政急❹而不長。高皇帝受命❺平暴亂，功德巍巍，惟天同大焉。而文、景承緒❻潤色❼之。及先帝，征不義，攘❽無德，以❾昭❿仁聖之路，純至德之基，聖王⓫累年仁義之積也。今文學引亡國失政⓬之治而況⓭之於今，其謂匈奴難圖⓮，宜矣！」

【章　旨】大夫指出，漢朝有良好的政治基礎，秦朝無法與之相比，秦不能征服匈奴，漢朝卻能。

【注　釋】❶魯連　指戰國時齊人魯仲連。魏王派人勸趙國尊秦昭王為帝，他力加反對，在魏國使者面前述說秦國的罪惡。❷權使　以權詐之術驅使。❸虜使　像役使俘虜一樣役使。❹急　刻薄殘暴。❺命　天命。❻緒　前人的事業。❼潤色　指發揚光大。❽攘　擊退。❾以　而。❿昭　明。⓫聖王　兼指高祖、文帝、景帝、武帝。⓬失政　丟失政權。⓭況　比。⓮圖　設法征服。

【語　譯】大夫說：「魯仲連曾說過：『秦國以權術驅使它的士卒，像俘虜那樣役使它的百姓。』所以秦的政治刻薄殘暴，享有天下的時間很短。高祖稟受天命平定暴亂，功德巍巍，和天同樣偉大。文帝、景帝繼承高祖的事業而加以發揚光大。到武帝手中，征伐不義之敵，擊退無德之寇，使仁德聖明的道路更加光明，使充滿至美道德的基業更加純厚，這些都是自高祖以來的諸位聖王多年積累仁義的結果。現在你們文學引用國家滅亡政權丟失的秦朝來和今天作比，以此為前提說匈奴難以設法征服，那就是理所當然的了！」

文學曰：「有虞氏❶之時，三苗❷不服，禹欲伐之，舜曰：『是吾德未喻❸也。』退❹而脩政❺，而三苗服。不牧❻之地，不羈❼之民，聖王不加兵，不事力❽焉，以為不足煩❾百姓而勞中國也。今明主脩聖緒❿，宣⓫德化，而朝有權使⓬之謀，尚首功⓭之事，臣固怪之。夫人臣席⓮天下之勢，奮⓯國家之用⓰，身享其利而不顧其主，此尉佗⓱、章邯⓲所以成王，秦失其政也。孫子⓳曰：『今夫國家之事，一日更⓴百變，然而不亡者，可得而革㉑也。逮㉒出兵乎平原廣牧㉓，鼓鳴矢流，雖有堯、舜之知㉔，不能更㉕也。』戰而勝之，退脩禮義，繼三代㉖之迹，仁義㉗附矣。戰勝而不休，身死國亡者，吳王㉘是也。」

【章旨】文學強調要以德服人，反對窮兵黷武。

【注釋】❶有虞氏　即虞舜。❷三苗　即有苗。古代少數民族。❸喻　明白；瞭解。❹退　回過頭來。相對前往征伐而言。❺脩政　加強德政教化。❻牧　治理。❼羈　約束。❽不事力　不花費力量。❾煩　煩勞。❿脩聖緒　發揚本朝先代聖王的事業。⓫宣　廣泛施行。⓬權使　即上段「權使其士」之意。⓭首功　斬首之功。亦即戰功。⓮席　憑藉；據有。⓯奮　用力。此指極力侵奪。⓰用　財用。⓱尉佗　指趙佗。趙佗是秦朝真定（今河北正定）人，初任南海郡龍川縣令，秦二世時為南海尉。秦亡，兼并桂林、象郡，自立為南越武王。⓲章邯　秦二世時掌管皇室財政的少府官。後投降項羽，被封為雍王。⓳孫子　即孫武。春秋時齊國人，著名軍事家，著有《孫子兵法》。⓴更　經歷。㉑革　改革。㉒逮　及；到。㉓牧　牧地。

㉔知　通「智」。㉕更　更改。㉖三代　指夏、商、周三個朝代的興盛時期。㉗仁義　指仁義之人。㉘吳王　指夫差。

【語　譯】文學說：「虞舜的時候，三苗不服從，禹想舉兵討伐，舜說：『這是因為我的仁德還未被他們了解啊。』於是回過頭來加強德政教化，這樣三苗就歸服了。不可治理的地方，不受約束的百姓，聖王是不會興兵征討，不會為之花費力量的，認為二者不值得煩勞內地百姓和中原地區。如今英明的陛下發揚本朝先代聖王的事業，廣泛施行德政教化，可是朝廷裡卻有以權詐之術驅使士卒的計謀和崇尚戰功的事情，我自然感到奇怪。大臣據有管理天下的大權，極力侵奪國家的財利，自己享受好處卻不顧君主，這就是趙佗、章邯登上王位，秦朝丟失政權的原因。孫子說：『現在國家的事情，一天要經歷上百次變化，然而國家並不會滅亡，這是因為可以隨時改革調整政策的緣故。可是等到出兵平原廣野，戰鼓隆隆，亂箭橫飛的時候，即使有堯、舜那樣的智慧，也不能進行更改了。』戰勝了敵人，退下來修明禮義，走夏、商、周三代聖明君主走過的道路，仁義之人就會來歸附。打了勝仗卻不停止用兵，到頭來身死國亡，吳王夫差就是這樣。」

大夫曰：「順風而呼者易為氣❶，因時而行者易為力❷。文、武懷餘力，不為後嗣計，故三世❸而德衰。昭王南征❹，死而不還。凡伯❺囚執，而使不通❻。晉取郊、沛❼，王師❽敗於茅戎❾。今西南諸夷，楚莊❿之後；朝鮮之王，燕之亡民⓫也；南越尉佗起中國，自立為王，德至薄。然皆亡⓬天下之大，各自以為一州⓭，倔強倨敖⓮，自稱『老夫』⓯。先帝為萬世度⓰，恐有冀州之累⓱，南荊之患⓲，於是遣左將軍⓳、樓船⓴平之，兵㉑不血刃，咸為縣官㉒也。七國之時㉓，皆據萬乘，南面稱王，提珩㉔為敵國累世，然終不免俛首係虜㉕於秦。今匈奴不當㉖漢家之巨郡，非有六國之用㉗，賢士之謀。由此觀難易，察然㉘可見也。」

【章　旨】大夫批評周文王、周武王不從後代的利益出發征服敵對勢力，贊揚漢武帝為萬世著想而厲行征討，指出征服匈奴根本不難。

【注　釋】❶易為氣　指聲音不必很大，別人就能聽得很清楚。❷易為力　指費力不多而效果好。❸三世　指向後傳了三代。周武王向後傳三代即到周昭王姬瑕，中間歷成王、康王。❹征　行。此指視察。周昭王晚年荒於國政，南巡而死於漢水。❺凡伯　春秋時凡國（在今河南省輝縣境）國君，又在周王室任職。他奉周桓王之命赴魯訪問，歸途中被戎人抓走。❻使不通　指王室與各諸侯國難以互派使者。❼郊沛　「沛」當作「柳」。「郊」、「柳」都是周天子直轄的城邑。❽王師　周天子的軍隊。❾茅戎　古族名。分布於今山西省平陸縣境。❿楚莊　即楚莊王。春秋時楚國君主。戰國時，楚莊王的後代莊蹻受楚威王之命進軍西南地區，後因故留在當地為王。⓫燕之亡民　漢初，燕王盧綰謀反，燕人衛滿逃亡到浿水以東，當了朝鮮王。傳至孫右渠，為漢武帝所滅，其地被闢為四郡。亡，逃亡。民，人。⓬亡　通「忘」。⓭以為一州　認為是一塊地方的君主。⓮倨敖　傲慢。敖，同「傲」。⓯老夫　南越王趙佗在給漢文帝的信中自稱「老夫」，很不禮貌。⓰度　考慮。⓱冀州之累　就上述凡伯被執之事而言。冀州乃古九州之一。凡伯受天子命出使魯國，在衛國的楚丘被戎人抓走。楚丘在今河南省滑縣東，在古冀州境內。⓲南荊之患　指上述周昭王南巡至漢水被淹死之事而言。荊，指楚國。漢水在楚境內。⓳左將軍　指漢武帝時的左將軍荀彘。⓴樓船　指漢武帝時的樓船將軍楊僕。㉑兵　武器。㉒縣官　天子。㉓七國之時　指戰國時代。㉔提珩　勢均力敵。㉕係虜　捆綁俘獲。㉖不當　抵不上。㉗用　財用；財力。㉘察然　十分清楚的樣子。

【語　譯】大夫說：「順風呼喊，聲音不必很大就能使別人清楚地聽到；依據時勢行動，費力不多就能收到很好的效果。周文王和周武王當初擁有多餘的力量，可是他們不為後代考慮，所以只傳了三代道德就衰微了。周昭王到南方視察，被淹死在漢水裡沒有回到王都。凡伯被戎人抓走，王室與各諸侯國難以互派使者。晉國攻取了天子的郊、柳二邑，王室的軍隊被茅戎打敗。現在西南地區各少數民族的首領，是楚莊王的後代；朝鮮王衛滿，是燕地的逃亡之人；南越王趙佗起身於中原地區，他自立為王，道德至為薄少。然而這些人都忘記了天下的廣大，各認為自己是一方的君主，倔強傲慢，竟自稱『老夫』。武帝為千秋萬代考慮，怕將來有凡伯被囚那樣的災難和昭王南巡被淹死那樣的禍患，於是派遣左將軍荀彘、樓船將軍楊僕前往平定，沒有費多大勁，這些地方就都成了天子領有之地。戰國的時候，各國都擁有萬輛兵車，都南面稱王，勢均力敵、互相抗衡了很多代，然而六國終究不免低頭被秦國俘虜。如今匈奴還抵不上漢朝的一個大郡，沒有六國那樣的經濟實力，沒有賢士為他們籌謀策劃。從這裡觀察征服匈奴的難易，是可以看得非常清楚的。」

文學曰：「秦滅六國，虜七王❶，沛然❷有餘力，自以為蚩尤不能害，黃帝不能斥❸。及二世弒死望夷❹，子嬰❺係頸降楚，曾不得七王之俛首❻。使六國並存，秦尚為戰國❼，固未亡也。何以明之？自孝公以至於始皇，世世為諸侯雄，百有餘年。及兼天下，十四歲而亡，何則？外無敵國之憂，而內自縱恣❽也。自❾非聖人，得志而不驕佚❿者，未之有也。」

【章　旨】文學認為，秦如果不滅六國，自己也就還能存在，只因尚武好戰滅六國，故招致了自己的滅亡。

【注　釋】❶七王　六國國王加上代王嘉。西元前二二八年，秦滅趙，趙公子嘉出奔到代，自立為代王。西元前二二二年，為秦所滅。❷沛然　充盛的樣子。❸斥　擊退。❹弒死望夷　被臣下殺死在望夷。望夷，秦宮名。西元前二〇七年，趙高在望夷宮殺死秦二世皇帝胡亥。❺子嬰　秦始皇之孫。趙高殺二世，廢帝號，立子嬰為秦王。劉邦時為楚懷王的大將，率軍攻至咸陽，子嬰將繩子係在頸上出城投降。❻曾不得七王之俛首　竟連七王低頭就擒的下場也沒得到。❼尚為戰國　還是戰國七雄之一。❽縱恣　任意胡作非為。❾自　如果。❿驕佚　驕傲放縱。

【語　譯】文學說：「秦滅掉了六國，俘虜了七王，力量還大大有餘，自以為即使是蚩尤也侵害不了自己，即使是黃帝也無法把自己擊退。可是等到二世被臣下殺死在望夷宮，子嬰將繩子係在頸上降楚，竟連七王低頭就擒的下場也沒得到。假使六國都存在，秦也就還是戰國七雄之一，本來還不至於滅亡。憑甚麼知道是這樣呢？因為自秦孝公到秦始皇，秦世世代代是諸侯中的強者，這種局面一直維持了一百多年。等到兼并天下之後，卻只十四年就滅亡了，這是甚麼原因呢？原因就在於得天下後外面沒有敵對國家的憂患，而自己在內部任意地胡作非為。如果不是聖人，得志後而不驕傲放縱，這樣的人是從未有過的。」

論鄒第五十三

【題解】「鄒」指鄒衍。鄒衍是戰國末年齊國人，陰陽家的代表人物。在社會歷史方面，他提出「五德終始說」，認為王朝的更替是五德相生相剋的結果，歷史的推移是五德終而復始的過程。在地理方面，他提出「大九州說」，認為有三個層次的九州：第一個層次是整個世界分成九個大州，這就是他所謂的「大九州」，九個大州之外有大海環繞，九個大州之間有小海隔斷；第二個層次是每個大州又分為九個州，中國是這一層次的九州中的一個，名叫赤縣神州，因此中國是整個世界的八十一分之一；第三個層次是中國自身又分成九個小州，這就是〈禹貢〉中所載的九州。在本篇中，大夫引述鄒衍的「大九州說」，指責儒生狹隘鄙陋，認為治國應像秦朝一樣有遠大的目光，有雄心壯志。文學則對鄒衍及其學說持否定態度，指出秦朝好大喜功的做法殊不足取。

大夫曰：「鄒子疾晚世❶之儒墨，不知天地之弘❷，昭曠❸之道，將❹一曲❺而欲道❻九折，守一隅❼而欲知萬方，猶無準平❽而欲知高下，無規矩❾而欲知方圓也。於是推❿《大聖終始之運》⓫，以喻⓬王公⓭，先列⓮中國名山通谷⓯，以至海外。所謂中國者，天下八十一分之一，名曰赤縣神州，而分為九州。絕陵陸不通⓰，乃為一州⓱，有大瀛海⓲圜其外⓳。此所謂八極⓴，而天地際㉑焉。〈禹貢〉㉒亦著㉓山川高下原隰㉔，而不知大道㉕之徑。故秦欲達九州㉖而方㉗瀛海，牧㉘胡而朝萬國。諸生守畦畝㉙之慮，閭巷之固㉚，未知天下之義也。」

【章旨】大夫介紹並肯定鄒衍「大九州」的學說，認為治國應眼光遠大，指責儒生見識狹隘鄙陋。

【注釋】❶晚世　近代。❷弘　大。❸昭曠　光明遠大。❹將　掌握。❺一曲　一個彎曲的地方。❻道　談論。❼隅　角落。❽準平　水準器。木工用來取平的器具。❾規矩　圓規和曲尺。❿推　推衍；闡發。⓫大聖終始之運　鄒衍所著書的名稱。⓬喻　曉喻。⓭王公　指諸侯國君主。⓮列　列舉。⓯通谷　廣為人知的山谷。⓰絕陵陸不通　指為小海環繞，陸地斷絕不能與他處相通。⓱州　此指構成全天下的九個大州的州。⓲瀛海　海。⓳圜其外　指九個大州作為一個整體，其外為大海環繞。圜，環繞。⓴八極　八方的終點。㉑際　接界。㉒禹貢　《尚書》中的一篇。㉓著　記載。㉔原隰　高而平的陸地叫原，低濕之地叫隰。㉕大道　大道理。㉖九州　指九個大州。㉗方　渡。㉘牧　管轄。㉙畦畝　田畝。喻指狹隘。㉚閭巷之固　指見識狹隘鄙陋。固，陋。

【語譯】大夫說：「鄒衍痛恨近代的儒家墨家人士不知道天地的廣闊，不懂得光明遠大的道理，只掌握一個彎曲地方的情況卻想談論眾多的彎曲，只守住一個角落卻想知道天下各地的事情，就像沒有水準器卻想知道高低、沒有圓規和曲尺卻想知道方圓一樣。於是他闡發《大聖終始之運》的道理，用來曉喻各國君主，他先列舉中國境內有名的山陵山谷，最後敘述到海外。他指出所謂的中國，乃是整個天下的八十一分之一，名叫赤縣神州，而赤縣神州自身又分為九個小州。就整個天下而言，陸路斷絕不能與他處相通的，就自成為一大州，在九個大州的外圍，有大海環繞。這大海的盡處，就是所謂八方的終點，天和地就在那裡接界。〈禹貢〉也記載山陵河流、地勢高低、平原窪地等情況，但卻不知道大道理的途徑。所以秦朝想走上九大州，遠渡九大州之外的大海，管轄匈奴，使天下萬國都來朝見。你們儒生死守著狹隘的考慮、鄙陋的見識，不懂得天下的大義。」

文學曰：「堯使禹為司空❶，平水土❷，隨山刊木❸，定高下❹而序九州❺。鄒衍非❻聖人，作❼怪迂❽，熒惑❾六國之君，以納其說。此《春秋》所謂『匹夫❿熒惑諸侯』者也。孔子曰：『未能事人，焉能事鬼神⓫？』近者不達⓬，焉能知瀛海？故無補於用者，君子不為；無益於治者，君子不由⓭。三王信經⓮道，而德光⓯於四海；戰國信嘉言⓰，而破亡如丘山。昔秦始皇已吞天下，欲并萬國，亡其三十六郡；欲達瀛海，而失其州縣。知大義如斯，不如守小計也。」

【章旨】文學否定鄒衍其人其說，以秦的滅亡論證好大喜功的做法不可取。

【注釋】❶司空　古代官名，掌管工程。❷平水土　制服洪水，整治土地。❸隨山刊木　隨所到之山，砍伐樹木以開闢通路。刊，砍。❹定高下　指確定山川的高下等級，以便於以相應的規格祭祀。❺序九州　指排列九州貢賦的等差。據《尚書·禹貢》載，禹分九州之賦為九等。❻非　毀謗。❼作　創立。❽怪迂　詭異迂遠。迂，原作「誤」，從張敦仁說改。❾熒惑　迷惑。❿匹夫　普通人。⓫未能事人二句　出《論語·先進》。事，事奉。焉，哪裡。⓬達　懂。⓭由　遵循。⓮經　常。⓯光　照亮。⓰嘉言　悅耳動聽的話。

【語譯】文學說：「堯任命禹擔任司空，主持制服洪水、整治土地的工作，禹隨所到之山砍伐樹木以開闢通路，確定山川的高下等級，排列九州貢賦的等差。鄒衍毀謗聖人，創立詭異迂遠的理論，拿它來迷惑六國的君主，想別人採納他的學說。這就是《春秋》所說的『普通人迷惑諸侯王』的情況。孔子說過：『不能事奉好活人，又哪裡能事奉鬼神？』近處的事情都不懂，又哪裡能知道天邊的大海？所以對實用沒有補益的事情，君子不做；對治國沒有幫助的理論，君子不遵循。夏禹、商湯、周文王、周武王信奉常道，他們的道德照亮了四海；戰國時代的各國君主聽信悅耳之言，他們的國家滅亡就像高山崩塌一樣。從前秦始皇已經吞并了天下，他想進一步并兼世界上所有的國家，結果卻丟失了自己的三十六郡；想航行到天邊的大海，卻失去了自己的全部州縣。像這樣叫懂得大義，那還不如守住小計謀呢。」

論菑第五十四

【題解】「菑」是「災」的異體字。本篇論戰雙方就天災與人事、天道與人道的關係各抒己見。文學大力宣揚天人感應論，認為行善則天降福，作惡則天降禍，天災是上天對人間惡行的報應。他指出，依據天道「好生惡殺，好賞惡罰」的特點，治國應把仁德放在首位，努力使德政教化興盛，而對戰爭和刑罰，則必須嚴加抑制。大夫也信奉陰陽五行學說，也認為天道與人事緊密相聯，但他對天道作出了符合自己政治主張的解釋。他指出，春夏是萌芽生長的季節，適宜於施行仁德，而秋冬則是殺伐藏匿的季節，適宜於施行刑罰，如果在秋冬「行德」，那就叫「逆天道」。這樣，他就為自己的法治主張找到了有力的根據。

大夫曰：「巫祝❶不可與並祀，諸生不可與逐語❷。信往疑今，非❸人自是。夫道古者稽❹之今，言遠者合之近。日月在天，其徵在人❺。菑異之變❻，夭壽❼之期，陰陽之化❽，四時之敘❾，水火金木❿，妖祥之應⓫，鬼神之靈⓬，祭祀之福，日月之行，星辰之紀⓭，曲⓮言之⓯故，何所本始⓰？不知則默，無苟亂耳⓱。」

【章旨】大夫指責儒生信古疑今，提出災異等一系列問題要儒生回答。

【注釋】❶巫祝　以從事鬼神活動為職業的兩種人。❷逐語　相隨在一起討論問題。❸非　否定。❹稽　考核。❺其徵在人　謂日月的活動在人事上有相應的表現。如後文所言春夏「利以行仁」，秋冬「利以施刑」。徵，表現。❻變　變故。❼夭壽　短命和長壽。❽陰陽之化　陰陽的變化。陰陽是中國古代的一對哲學範疇。古人把世界上萬事萬物區分為陰陽二類，用陰陽的運動解釋一切消長變化。❾敘　同「序」。運行的次序。❿水火金木　指金、木、水、火、土五行的相生相剋。⓫妖祥之應　凶兆和吉兆的應驗。⓬靈　靈驗；靈應。⓭紀　指布列、運行的規則。⓮曲　詳細。⓯之　用法同「其」。⓰何所本始　根源是甚麼。⓱無苟亂耳　不要隨便亂說，亂人之耳。

【語　譯】大夫說：「巫祝這類人，不能與之一起祭祀；儒生這類人，不能與之討論問題。儒生迷信往古，懷疑當今，否定別人，自以為是。稱說古代應該考核當今的情況，談論遠處的事應該結合近處的實際。日月掛在天上，它們的活動卻在人事上有相應的表現。災異這類變故，人生命長短的期限，陰陽的變化，四季的次序，金木水火土的相生相剋，凶兆和吉兆的應驗，鬼神的靈應，祭祀所求得的福佑，日月的運行，星辰布列和運行的規則，對這些，你們詳細地談談它們的緣故，指明根源是甚麼？如果不知道，就別開口，不要隨口胡說，亂人聽聞。」

文學曰：「始江都❶相❷董生❸推言❹陰陽，四時相繼，父生之，子養之，母成之，子藏之❺。故春生，仁；夏長，德；秋成，義；冬藏，禮。此四時之序，聖人之所則❻也。刑不可任❼以成化，故廣德教。言遠必考之邇❽，故內恕❾以行。是以刑罰若加於己，勤勞❿若施於身。又安能忍⓫殺其赤子⓬以事無用⓭，罷弊所恃⓮而達瀛海乎？蓋⓯越人美嬴蚌⓰而簡太牢⓱，鄙夫⓲樂咋唶⓳而怪韶濩⓴。故不知味者以芬香為臭，不知道㉑者以美言為亂耳。人無夭壽，各以其好惡㉒為命。羿㉓、敖㉔以巧㉕力不得其死，智伯㉖以貪狠㉗亡其身。天菑之證㉘，禎祥㉙之應，猶施與㉚之望報，各以其類及㉛。故好行善者，天助以福，符瑞㉜是也。《易》曰：『自天佑之，吉無不利㉝。』好行惡者，天報以禍，妖㉞菑是也。《春秋》曰：『應是而有天菑㉟。』周文、武尊賢受諫，敬戒㊱不殆㊲，純德上休㊳，神祇㊴相況㊵。《詩》云：『降福穰穰，降福簡簡㊶。』日者陽㊷，陽道明；月者陰，陰道冥；君尊臣卑之義。故陽光盛於上，眾陰之類消㊸於下；月望㊹於天，蚌蛤盛於淵㊺。故臣不臣，則陰陽不調，日月有變；政教不均，則水旱不時㊻，螟螣㊼生。此災異之應也。四時代敘㊽而人則其功㊾，星列於天而人象㊿其行(51)。常星(52)猶公卿也，眾星(53)猶萬民也。列星(54)正則眾星齊，常星亂則眾星墜矣。」

【章　旨】文學宣揚董仲舒的天人感應論，認為上天降福給行善者，降禍給作惡者，因此治國應奉行仁德禮義，當公卿的應端正自身。

【注　釋】❶江都　漢景帝時設置的諸侯國。武帝元狩二年改為廣陵郡。❷相　漢景帝改地方諸侯國的丞相為相，是諸侯國的最高行政長官。❸董生　指董仲舒。董仲舒是漢代廣川（在今河北）人，景帝時為博士，武帝時先後任江都相、中大夫、膠西王相。他是當時的儒學大師，著有《春秋繁露》，其學說的核心是「天人感應」說。❹推言　闡發談論。❺父生之四句　《春秋繁露．五行對》認為：「春主生，夏主長，季夏主養，秋主收，冬主藏」，而人世的父子關係亦與此相類。此四句即撮引其意。❻則　效法。❼任　用。❽邇　近。❾內恕　在內心奉行恕道。恕道要求推己及人，「己所不欲，勿施於人」。❿勤勞　勞苦。⓫忍　忍心。⓬殺其赤子　使百姓丟掉性命。赤子，指百姓。⓭事無用　從事於對無用之物的追求。⓮所恃　所依靠的力量。指人民。⓯蓋　提起連詞。⓰美蠃蚌　以蠃蚌之味道為美。蠃，通「螺」。即田螺。⓱簡太牢　輕視太牢。太牢，古代祭祀，牛、羊、豬肉三種祭品全備為太牢，此指牛、羊、豬肉全備的酒宴。⑱鄙夫　鄉野之人。⑲樂咋唶　喜歡聽大喊大叫。⑳怪韶濩　覺得高雅的音樂奇怪。韶濩，商湯時樂曲。㉑道　正道。㉒好惡　善惡。㉓羿　即后羿。夏代有窮國之君。善射，篡奪夏朝的王位，後為其臣寒浞所殺。㉔敖　寒浞的兒子。力大無比。為夏王少康所殺。㉕巧　就羿善射而言。㉖智伯　春秋末晉國六卿之一。曾兼并六卿中的范氏、中行氏的土地，後被韓、趙、魏三家聯合攻滅。㉗貪狼　如狼般貪婪。校注本改「狠」為「狼」，今不從。㉘證　證驗。㉙禎祥　吉祥。㉚施與　施給恩惠。㉛各以其類及　各按照它們的性質類別與善惡相連。即行惡得災，行善得福。㉜符瑞　古人認為，聖人受命為君或政治清明時，自然界就會有許多吉祥之物或現象出現，這就叫符瑞。㉝自天佑之二句　《易經・大有》文辭。自天，從天以下的眾神。㉞妖　古稱一切反常怪異事物。㉟應是而有天菑　《春秋公羊傳・宣公十五年》傳文。魯宣公十五年秋，魯國推行按田地畝數徵稅的新制度，用它取代了古制，恰在這年冬天，魯國發生了蝗災。《公羊傳》認為，蝗災是上天對魯宣公推行新稅制這一變古易常行為的報應。㊱敬戒　謹慎。㊲殆　通「怠」。懈怠。㊳上休　崇高美好。休，美。㊴神祇　天地神靈的總稱。在天曰神，在地曰祇。㊵況　賜。㊶降福穰穰二句　出《詩經・周頌・執競》。言神降給周武王的福佑既多且大。穰穰，多的樣子。簡簡，大的樣子。㊷日者陽　謂太陽在陰陽二類中屬陽。古人又認為，君如太陽，臣如月亮，故下文說日月的關係體現了君尊臣卑的道理。㊸消　消滅。㊹望　古稱農曆每月十五日為望日，其夜月圓。此用為動詞，指月圓。㊺蚌蛤盛於淵　古人認為月亮是所有陰物的宗主，蚌蛤是屬陰的，因同類相感，所以當月圓時，蚌蛤就長得豐滿。蚌蛤，河蚌與蛤蜊。㊻不時　經常。㊼螟螣　農作物的兩種害蟲。吃苗心的叫螟，吃苗葉的叫螣。㊽代敘　依次相代。㊾功　事業。指春生夏長秋收冬藏。㊿象　模仿。(51)行　行列秩序。(52)常星　即恆星。(53)眾星　一般的星。(54)列星　恆星的別稱。

【語　譯】文學說：「早先江都國的相董仲舒闡發談論陰陽之理，認為春夏秋冬依次承接，與此相似，在人世，父親創始的東西，兒子加以發展，母親使之成功，兒子加以保持。所以春天管的是萌芽，這體現了『仁』；夏天管的是生長，這體現了『德』；秋天管的是成熟，這體現了『義』；冬天管的是收藏，這體現了『禮』。這是四季職能的次序，是聖人所效法的對象。刑罰不能用來完成教化，所以必須推廣德教。談論遠方的事必須考查近處的情況，所以應該在內心信奉恕道來行事。因此，對刑罰，覺得就像是加在自己身上似的，對勞苦，覺得就像是由自己親身承受一樣。又怎麼能忍心為追求無用之物而使百姓丟掉性命，為謀求航行到天邊的大海而使人民疲憊不堪呢？越地的人覺得田螺河蚌味美，而輕視牛、羊、豬肉全備的酒宴，鄉野之人喜歡聽大喊大叫，而覺得高雅的音樂奇怪。所以不知味的人把香當成臭，不懂正道的人認為美好的言論亂人聽聞。人無論是短命的還是長壽的，壽命都是由自身的善惡決定的。羿和敖一個因為善射一個因為力大結果都死於非命，智伯因為貪婪而遭殺身之禍。天災和吉祥這些應驗，就像施給別人恩惠希望得到的是報謝一樣，各按照它們的性質類別與善惡相連。所以喜歡行善的人，天降福給他以示幫助，符瑞就屬於這種情況。《易經》上說：『從天以下的眾神都來保佑，大吉，沒有不利的。』喜歡作惡的人，天降禍給他作為報應，妖災就屬於這種情況。《春秋》上說：『報應宣公的更改舊制而有天災。』周文王、周武王尊重賢人，接受勸諫，謹慎而不懈怠，純正的道德崇高美好，天地神靈賜給幸福。《詩經》上說：『上天降給武王的福很多，降給武王的福很大。』太陽是屬陽的，陽道光明；月亮是屬陰的，陰道昏暗；這就是君主之所以尊貴、臣下之所以卑賤的道理所在。所以屬陽的太陽在天上光芒四射，地上眾多屬陰的東西就處在消減的狀態中；天上的月亮圓了，深淵中的河蚌蛤蜊就長得豐滿。所以如果臣不像臣的樣子，那麼陰陽二氣就會不調和，太陽和月亮就會發生異常變化；如果政治教化不平均，那麼水旱災害就會經常發生，農作物的害蟲就會出現。這些就是災異的應驗。四季依次相代而人類效法它們的事業職能，星辰布列於天而人類模仿它們的行列秩序。恆星就像公卿一樣，一般的星就像萬民一樣。恆星端正了那麼一般的星就會整齊有序，恆星混亂了那麼一般的星就會墜落。」

大夫曰：「文學言剛柔❶之類，五勝相代生❷。《易》明於陰陽，《書》❸長於五行。春生夏長，故火生於寅木❹，陽類也；秋生冬死，故水生於申金，陰物也。四時五行，迭❺廢迭興；陰陽異類，水火不同器。金得土而成，得火而死，金生於巳❻，何說何言然❼乎？」

【章　旨】大夫談論四季五行的輪流興廢，指出陰陽二類迥別，對有關金與火關係的矛盾說法提出疑問。

【注　釋】❶剛柔　即陰陽。古人認為陽剛陰柔。❷五勝相代生　指五行相勝相生。相勝即相剋，指水剋火，火剋金，金剋木，木剋土，土剋水。相生指木生火，火生土，土生金，金生水，水生木。❸書　指《尚書》。《尚書》中的〈洪範〉〈甘誓〉兩篇是現存最早談五行的文獻。❹火生於寅木　古代的陰陽五行說以四季、五行、十二地支、陰陽相配，認為木屬少陽，為春，春跨十二地支中的寅卯辰；火屬太陽，為夏，夏跨巳午未；土屬陰，為季夏；金屬少陰，為秋，秋跨申酉戌；水屬太陰，為冬，冬跨亥子丑。正因為春為寅木，夏為巳火，夏繼春出現，故此言「火生於寅木」。下「水生於申金」道理同此。❺迭　更迭；輪流。❻金生於巳　按照五行相剋的說法，火與金是相排斥的，即火剋金，亦即上句所說的金「得火而死」；但按照五行四時相配的原理，夏為巳火，秋為申金，秋從夏來，則是申金生於巳火，火生金。這兩種說法有明顯的矛盾，所以大夫下面接著對這一矛盾提出疑問。❼然　正確。

【語　譯】大夫說：「文學談論陰類陽類的問題，談論五行的相剋相生。《易經》明瞭陰陽之理，《尚書》精通五行之道。春天萌芽，夏天生長，夏繼春而至，所以火產生於寅木，它屬陽類；秋天生的到冬天死去，冬承秋而來，所以水產生於申金，它是陰類之物。四季和五行輪流興廢，陰陽二類迥然有別，水和火不能置於同一容器中。按照五行相生相剋的說法，金得到土就會長成，遇上火就會死去，但申金卻生於巳火，這兩種說法哪一種正確呢？」

文學曰：「兵者，凶器也，甲堅兵利，為天下殃。以母制子❶，故能久長。聖人法之❷，厭而不陽❸。《詩》云：『載戢干戈，載櫜弓矢。我求懿德，肆于時夏❹。』衰世不然。逆天道以快❺暴心，僵尸❻血流以爭壤土。牢❼人之君，滅人之祀❽，殺人之子若絕❾草木，刑者❿肩靡⓫於道。以己之所惡而施於人。是以國家破滅，身受其殃，秦王是也。」

【章　旨】文學為說明「金生於巳」與火剋金兩種說法不矛盾而論及武器問題，認為對武器要加以抑制，治國應追求美德，而不能濫用武力刑罰。

【注　釋】❶以母制子　此前後數句引入武器問題，就上段大夫的疑問提出解釋。在文學看來，武器是金屬，一方面，「金生於巳」，巳火是母，申金是子，另一方面，武器這種東西必須嚴加控制，不准亂用，而按照五行相剋之理，能剋金的是火，這樣，金是火這位母親生出的，又必須用火作它的剋星，說火生金和火剋金都有道理，兩種說法的所謂矛盾在這裡並不存在。❷法之　效法火剋金這種原理。❸厭而不陽　對武器加以抑制，不讓它興盛。厭，抑制。金（武器）屬少陰，「不陽」即不使它變為陽，亦即不讓它興盛。❹載戢干戈四句　出《詩經・周頌・時邁》。舊說此詩是周公所作，內容是追述武王視察諸侯國之事。載，於是。戢，收藏。櫜，袋子。此指裝入袋子。我，意謂「我武王」。懿，美。肆，布列。時，是；這。夏，指中原各諸侯國。❺快　痛快。❻僵尸　使人成為直挺挺的死屍。❼牢　作動詞用。投入監牢。❽滅人之祀　滅掉別人的國家，使其宗廟祭祀的香火斷絕。❾絕　斷。❿刑者　受過刑的人。⓫靡　通「摩」。相摩擦。

【語　譯】文學說：「兵器是不吉利的東西，鎧甲堅固，兵器鋒利，這是天下的禍殃。以巳火這個母制約申金（兵器）這個子，所以國家能夠長久存在。聖人效法火剋金這種原理，對兵器加以抑制而不讓它興盛。《詩經》上說：『於是收藏起干戈，將弓箭裝入袋中。我武王追求美好的道德，讓美德流布中原各國。』衰世則不是這樣。衰世之君違背天道以圖殘暴之心的痛快，不惜死人流血以爭奪土地。把別人的君主投入監牢，斷絕別人宗廟祭祀的香火，殺戮別人的兒子就像割草砍樹一樣，其時的路上受過刑的人肩擦肩，非常之多。這是把自己所厭惡的東西加到別人身上。因此國家破滅，自身遭受禍殃，秦皇就是這樣的人。」

大夫曰：「金生於巳，刑罰小加❶，故薺❷麥夏死。《易》曰：『履霜，堅冰至❸。』秋始降霜，草木隕零❹，合冬❺行誅❻，萬物畢❼藏。春夏生長，利以❽行仁；秋冬殺藏，利以施刑。故非其時而樹❾，雖生不成。秋冬行德，是謂逆天道。〈月令〉❿：『涼風⓫至，殺氣動，蜻蛚⓬鳴，衣裘成。天子行微刑，始⓭貙蔞⓮，以順天令⓯。』文學同四時，合陰陽⓰，尚德而除刑。如此，則鷹隼⓱不鷙⓲，猛獸不攫⓳，秋不蒐獮⓴，冬不田狩㉑者也。」

【章　旨】大夫從天時與人事緊密相聯的觀念出發，強調秋冬宜行刑，反對文學四時都宜行仁的觀點。

【注　釋】❶刑罰小加　刑罰小規模地施行。秋為申金，代表刑殺，而秋是從夏（巳火）的母體中產生出來的，因此這裡說在夏季即「刑罰小加」。❷薺　薺菜。一種草本植物，嫩株可作蔬菜。❸履霜二句　《易經・坤卦》爻辭。履，腳踩。❹隕零　凋落。❺合冬　進入冬季。❻行誅　指上天施行殺伐。❼畢　全。❽利以　適宜於。❾樹　種植。指種植莊稼。❿月令　《禮記》中的一篇。⓫涼風　指秋季第一個月微寒的風。⓬蜻蛚　蟋蟀。⓭始　才。⓮貙蔞　即貙膢。立秋之日皇帝射獸祭宗廟之名。⓯天令　上天的命令。⓰同四時二句　混同四時，不分陰陽。在大夫看來，春夏（屬陽）本宜行仁，秋冬（屬陰）本宜行刑，四時不同，陰陽有別。⓱鷹隼　兩種兇猛的鳥。⓲鷙　原指兇猛的鳥。此謂捕食小鳥。⓳攫　以爪抓取。⓴蒐獮　秋天打獵。《公羊傳》稱之為「蒐」，《爾雅》稱之為「獮」。㉑田狩　冬天打獵。田，同「畋」。打獵的泛稱。狩，冬獵的專名。

【語　譯】大夫說：「申金（秋）產生於巳火（夏），在夏季就可以小規模地施行刑罰，所以薺菜和小麥到夏天就枯死。《易經》上說：『腳踩著霜，不久堅硬的冰就會出現。』秋季開始降霜，草木便紛紛凋落，進入冬季，上天施行殺伐，萬物就都藏匿起來。春夏是萌芽生長的季節，適宜於施行仁德；秋冬是殺伐藏匿的季節，適宜於施行刑罰。所以在不合適的時節種下莊稼，雖然能夠萌芽長苗，但終究不能成熟。在秋冬施行仁德，這就叫違背天道。〈月令〉上說：『初秋的涼風吹到了，上天的殺氣發動了，蟋蟀叫起來了，皮衣做成了。此時，天子施行小的刑罰，射獸祭宗廟，以順應上天的命令。』你們文學混同四時，不分陰陽，崇尚仁德，主張廢除刑罰。按照你們的觀念主張，那麼鷹隼就不應該捕食小鳥，猛獸就不應該抓取小動物，而人們也就不應該在秋天捕殺禽獸，在冬天獵取野味了。」

文學曰：「天道好生惡殺，好賞惡罰，故使陽居於實而宣德施❶，陰藏於虛而為陽佐輔。陽剛陰柔，季不能加孟❷。此天賤冬而貴春，申❸陽屈❹陰。故王者南面而聽天下❺，背陰❻向陽❼，前德而後刑也。霜雪晚❽至，五穀猶成。雹霧夏隕❾，萬物皆傷。由此觀之，嚴刑以治國，猶任秋冬以成穀❿也。故法令者，治惡之具也，而非至治⓫之風⓬也。是以古者明王茂其德教，而緩其刑罰也。網漏吞舟之魚⓭，而刑審於繩墨之外⓮，及臻其末，而民莫犯禁也。」

【章　旨】文學以天道為依據，認為治國應把仁德放在首位，把刑罰放在不重要的位置。

【注　釋】❶宣德施　布德惠。施，施捨。❷季不能加孟　小而處末位者不能加在大而處首位者上面。古代兄弟的排行次序是孟、仲、叔、季。❸申　通「伸」。伸張。❹屈　抑制。❺聽天下　處理天下的政事。❻陰　指北方。❼陽　指南方。❽晚　遲。❾隕　墜落。此謂降臨。❿任秋冬以成穀　利用秋冬來使穀物成熟。這是說根本達不到目的。⓫至治　達到太平。治，太平。⓬風　教化。⓭網漏吞舟之魚　能漏掉吞舟大魚的魚網。喻指法律的寬鬆。⓮刑審於繩墨之外　審理案件，不為法律條文所囿而從寬處理。繩墨，喻指法律條文。

【語　譯】文學說：「天道喜歡生養而厭惡殺戮，喜歡賞賜而厭惡懲罰，所以讓陽處在實的地位布施德惠，讓陰藏在虛的地位做陽的輔佐。陽是剛強的，陰是柔弱的，小而處末位者不能加在大而處首位者上面。所以上天鄙視冬季而看重春季，伸張陽而抑制陰。所以帝王坐在朝廷之上面向南處理天下的政事，背對屬陰的北方，面向屬陽的南方，這是表明把德放在首位，把刑放在不重要的位置。霜雪來遲了，並不影響五穀的成熟。而冰雹和大霧在夏天降臨，卻會使萬物都受到損傷。由此看來，用嚴厲的刑法來治理國家，就像利用秋冬來使穀物成熟一樣達不到目的。所以法令只是懲治邪惡的工具，而並不是使天下達到太平所必須的教化。因此古代聖明的君主使他的德政教化興盛，而使他的刑罰寬緩。其時法律寬鬆得就像能漏掉吞船大魚的魚網一樣，官府審理案件，不為法律條文所囿而從寬處理，這樣，到了最後，百姓就根本沒有誰觸犯法令。」

卷一〇

刑德第五十五

【題解】是以法治國，還是以德治國，這是雙方在政治主張方面的一個根本分歧點。在本篇中，大夫及其屬員極力強調刑法在治國過程中的重要作用，認為「令嚴而民慎，法設而姦禁」，「無法」則天下必亂，主張嚴刑峻法，甚至認為輕罪重罰也自有其道理。文學則譴責秦朝及當代律令的繁多，法網的細密，揭露官吏輕罪重罰、曲解法律的醜惡行徑，認為「法令眾」並不能制止犯罪，君主應「愛人以順天」，治國的正確方法，在於依賴賢人，奉行仁義，努力加強教化。

大夫曰：「令者所以教民也，法者所以督❶姦❷也。令嚴而民慎，法設而姦禁。罔❸疏則獸失，法疏則罪❹漏。罪漏則民放佚❺而輕犯禁。故禁不必❻，怯夫徼倖❼；誅誠❽，蹠、蹻❾不犯。是以古者作五刑❿，刻肌膚⓫，而民不踰矩。」

【章旨】大夫認為「法疏則罪漏」，主張嚴刑峻法。

【注釋】❶督　監督。❷姦　壞人壞事。❸罔　同「網」。❹罪　罪犯；罪行。❺放佚　放縱而不受約束。❻必　說到做到。❼儌倖　企圖幸免。❽誅誠　懲罰堅決執行。誠，信。❾蹠蹻　二人名。即盜蹠和莊蹻。古人說他們倆是大盜。❿五刑　五種刑罰。商周時期指墨（刺刻面部再塗上墨）、劓（割鼻）、剕（砍腳）、宮（破壞生殖器）、大辟（死刑）。⓫刻肌膚　泛指各種肉刑。刻，刻削。

【語譯】大夫說：「政令是用來教育百姓的，法律是用來監督壞人壞事的。政令嚴格，百姓就會謹慎；法律設立了，壞人壞事就能得到制止。網眼稀疏，禽獸就會逃脫；法律寬鬆，罪犯就能逍遙法外。罪犯能逍遙法外，那麼百姓就會行為放縱，輕易地犯法。所以禁令不能說到做到，那麼怯懦的人也會抱著僥倖心理去做壞事；懲罰堅決執行，那麼就連盜蹠、莊蹻那樣的人也不敢犯法。因此古代制定五種刑罰，使用各種肉刑，百姓因而不敢違法犯罪。」

文學曰：「道逕眾❶，人不知所由；法令眾，民不知所辟❷。故王者之制法，昭❸乎如日月，故民不迷；曠❹乎若大路，故民不惑。幽隱遠方❺，折❻乎知之，室女❼童婦❽，咸知所避。是以法令不犯，而獄犴❾不用也。昔秦法繁於秋荼❿，而網密於凝脂⓫。然而上下相遁⓬，姦偽萌生，有司治之，若救爛撲焦⓭不能禁。非網疏而罪漏，禮義廢而刑罰任也。方今律令百有餘篇，文章⓮繁，罪名重，郡國用之疑惑。或淺或深⓯，自⓰吏明習⓱者不知所處⓲，而況愚民乎！律令塵蠹⓳於棧閣⓴，吏不能徧覩，而況於愚民乎！此斷獄㉑所以滋眾，而民犯禁滋多也。

『宜犴宜獄，握粟出卜，自何能穀㉒。』刺刑法繁也。親服之屬㉓甚眾，上殺下殺㉔，而服不過五。五刑之屬三千㉕，上附下附㉖，而罪不過五。故治民之道，務篤㉗其教而已。」

【章旨】文學總結歷史和現實的經驗教訓，認為律令繁多、法網細密對治國有害無益。

【注釋】❶由　從；循。❷辟　同「避」。❸昭　明。❹曠　寬廣。❺幽隱遠方　指偏僻遙遠之地的人。❻折　通「晢」。清楚。❼室女　未出嫁的女子。❽童婦　「童」意為愚昧無知，「婦」指已婚女子。❾犴　監獄。❿荼　一種野草。⓫凝脂　凝結的脂膏。⓬相遁　互相逃離。指情緒對立、離心。⓭救爛撲焦　撲打烈火。「爛」、「焦」代指能把東西燒爛烤焦的烈火。⓮文章　指法律條文。⓯或淺或深　指對案件可輕判也可重判。⓰自　即使。⓱明習　精通熟習。⓲處　處理。⓳塵蠹　積灰塵和生蛀蟲。⓴棧閣　木結構的樓房。㉑斷獄　審理案件。㉒宜犴宜獄三句　出《詩經・小雅・小宛》。宜，仍得。粟，小米。占卜前用以祭神。自何，怎樣。穀，善；好命運。㉓親服之屬　有血緣服喪關係的人。古代的親屬關係與喪服制度密切相聯。人死後，親屬按親疏遠近穿五種不同的喪服，這就叫「五服」，守喪的時間也分三年、一年、九個月、五個月、三個月五等。所以「五服」既指五種不同的喪服，也指親屬關係。㉔上殺下殺　指親屬關係向上推向下推，在上下兩個方向上親近程度是遞減的，漸遠漸疏。殺，衰減。㉕五刑之屬三千　史載西周穆王時五刑的具體條目有三千。㉖上附下附　指從上（死刑）到下（墨刑）的五種刑罰，具體條目都有增加。附，加。㉗篤　厚。

【語譯】文學說：「路太多了，人們就不知道該走哪一條好；法令太多了，百姓就不知道如何才能避免犯罪。所以行王道的君主制定法律，總是使法律明白得像太陽月亮，寬廣得像康莊大道，因此百姓不會感到迷惑。連偏僻遙遠之地的人都對法律有清楚的瞭解，連愚昧的姑娘媳婦都知道怎樣避免犯法。因此法令沒有人觸犯，監獄不需要使用。從前秦的律令比秋天的野草還要繁多，法網比凝結的脂膏還要細密。然而上下情緒對立，姦惡詐偽紛紛產生，政府官員雖努力加以治理，但就像撲打烈火一樣根本不能奏效。這並不是法網稀疏而讓罪犯得以逍遙法外的結果，而是朝廷廢棄禮義專用刑罰所造成的。如今律令有百多篇，條文多，罪名重，地方郡國使用時常感疑惑拿不準。案件可輕判也可重判，即使是精通熟習法律的官吏也不知道如何處理才好，更何況那些愚蠢的百姓呢！律令堆在樓閣裡積滿灰塵，生了蛀蟲，連官吏都不能看完它們，更不用說那些無知的百姓了！這就是裁決的案件越來越多，而百姓犯罪卻有增無減的原因。《詩經》上說：『仍得去坐監牢，拿一把小米出去占卜，看怎樣才能得到好命運。』這是諷刺刑法繁重啊。一個人的親屬很多，但向上下兩頭推，親近程度遞減，算作親屬的總也超不出五服之外。五刑的具體條目本多達三千，雖然各類刑罰的具體條目後來都還陸續有增加，但歸根結底刑罰的種類不超過五種。所以治理百姓的正確方法，在於努力加強教化罷了。」

大夫曰：「文學言王者立法，曠若大路。今馳道❶不小也，而民公❷犯之，以其罰罪之輕也。千仞之高，人不輕凌❸，千鈞❹之重，人不輕舉。商君刑棄灰於道❺，而秦民治。故盜馬者死，盜牛者加❻，所以重本❼而絕輕疾之資❽也。武兵名食❾，所以佐邊而重武備也。盜傷❿與殺同罪，所以累⓫其心而責其意⓬也。猶魯以楚師伐齊⓭，而《春秋》惡之。故輕之為重，淺之為深⓮，有緣⓯而然。法之微者⓰，固非眾人之所知也。」

【章　旨】大夫申述輕罪重罰的理由。

【注　釋】❶馳道　專供帝王出巡時車馬行走的大路。百姓乃至公主都不得使用。❷公　公然。❸凌　攀登。❹鈞　古重量單位。三十斤為一鈞。❺棄灰於道　把灰倒在路上。❻加　同「枷」。謂套上枷鎖。❼重本　重視農業。❽輕疾之資　來得輕易來得快的財物。❾武兵名食　授予將士爵位俸祿。武兵，指將士。名，爵位。食，俸祿。❿盜傷　盜竊時傷人。⓫累震懾。⓬責其意　譴責他們的犯罪意圖。⓭魯以楚師伐齊　魯僖公二十六年，魯借用楚國的軍隊伐齊，奪得了穀這個地方。當時，魯弱齊強，魯這次雖然僥倖取得了勝利，但將來必遭到齊的報復。《春秋》認為魯的舉動不符合防患未然的原則，為自己埋下禍根，故對它持否定態度。大夫在這裡提及《春秋》，是要說輕罪重罰，使百姓害怕，事先就打消犯罪念頭，這種做法與《春秋》防患未然的觀念是一致的。以，使用。⓮輕之為重二句　皆指輕罪重罰。⓯緣　緣由。⓰微者　精妙之處。

【語　譯】大夫說：「你們文學說行王道的君主訂立的法律，寬廣得就像康莊大道。如今馳道夠寬的了，可是百姓卻公然違犯不准在上面行走的禁令，這是因為相應的懲罰太輕。千仞的高山，人們不會輕易地去攀登；千鈞的重物，人們不會輕易地去抓舉。商鞅懲罰把灰倒在路上的行為，因而秦國的百姓被治理得很好。所以對偷馬的人處以死刑，給偷牛的人套上枷鎖，這樣做是為了表示對農業的重視，並且使壞人不能用非法手段獲取來得輕易來得快的財物。授予將士爵位俸祿，這是為了佐助邊防，表示對武備的重視。規定盜竊時傷人與殺人同罪，這是為了震懾百姓之心，譴責他們的犯罪意圖，而使他們不犯罪。這與《春秋》憎惡魯國使用楚國的軍隊伐齊源自相同的觀念。所以給輕罪以重罰，這樣做是有它的道理的。法治用意的精妙之處，本來不是一般的人所能了解的。」

文學曰：「《詩》云：『周道如砥，其直如矢❶。』言其易❷也。『君子所履❸，小人❹所視。』言其明❺也。故德明而易從❻，法約❼而易行。今馳道經營❽陵陸，紆周❾天下，是以❿萬里為民穽⓫也。罻羅⓬張而縣⓭其谷，辟陷⓮設而當⓯其蹊⓰，矰弋⓱飾而加其上⓲，能勿離⓳乎？聚其所欲⓴，開其所利㉑，仁義陵遲㉒，能勿踰乎[23]?故其末途[24],至於攻城入邑,損[25]府庫之金,盜宗廟之器,豈特[26]千仞之高、千鈞之重哉!《管子》曰:『四維[27]不張[28],雖皐陶[29]不能為士[30]。』故德教廢而詐偽行,禮義壞而姦邪興,言無仁義也。仁者,愛之效[31]也;義者,事之宜[32]也。故君子愛仁[33]以及物,治近以及遠。傳曰:『凡生之物,莫貴於人;人主之所貴,莫重於人。』故天之生萬物以奉[34]人也,主愛人以順天也。聞以六畜禽獸養人,未聞以所養害人者也。魯廄[35]焚,孔子罷朝,問人[36]不問馬,賤畜而重人也。今盜馬者罪死,盜牛者加。乘騎車馬行馳道中,吏舉苛[37]而不止,以為盜馬[38],而罪亦死。今傷人持其刀劍而亡[39],亦可謂盜武庫兵而殺之乎?人主立法而民犯之,亦可以為逆面[40]輕主約[41]乎?深之可以死,輕之可以免,非法禁[42]之意也。法者,緣[43]人情而制,非設罪以陷人也。故《春秋》之治獄[44],論心[45]定罪。志[46]善而違於法者免,志惡而合於法者誅。今傷人未有所害[47],志不甚惡而合於法者,謂盜而傷人[48]者耶?將[49]執法者過耶?何於人心不厭[50]也!古者,傷人有創[51]者刑,盜有臧[52]者罰,殺人者死。今取人[53]兵刃以傷人,罪與殺人同,得無[54]非其至意[55]與?」

大夫俛仰[56]未應對。

【章　旨】文學譴責法網細密、仁義衰落的現實，揭露官吏輕罪重罰、曲解法律的惡行，指出在萬物中人最可寶貴，君主應講究仁愛。

【注　釋】❶周道如砥二句　與下「君子所履」二句俱出《詩經‧小雅‧大東》。周道，周朝的治國之道。砥，磨刀石。古常用以形容物之平。❷易　平易。❸君子所履　謂周道是君子所履行的。君子，指執政者。❹小人　指平民。❺明　清楚。❻從　謂學習。❼約　簡約。❽經營　或直或曲地經過。直行為經，曲行為營。❾紆周　環繞。❿以　於；在。⓫為民穽　給百姓設下陷阱。⓬罻羅　捕鳥的網。⓭縣　同「懸」。掛。⓮辟陷　隱蔽的陷阱。辟，通「僻」。幽僻。此謂隱蔽。⓯當　正在。⓰蹊　小路。⓱矰弋　帶繩的短箭。用於射鳥。⓲加其上　在空中施加於鳥。上，指天空。⓳離　通「罹」。遭受。⓴聚其所欲　聚斂你們所想得到的東西。其，這裡表示第二人稱，你們。㉑開其所利　創辦你們認為有利可圖的事業。如鹽鐵官營等。㉒陵遲　逐漸衰落。㉓能勿踰乎　百姓能不越規犯法嗎。㉔末途　指發展到最後。㉕損　掠取而使之減少。㉖特　只。㉗四維　四根大繩。指禮、義、廉、恥。㉘張　張設。㉙皋陶　古賢人。舜時掌管刑獄。㉚士　古時法官。㉛效　體現。㉜宜　適宜的處理方法。㉝仁　通「人」。㉞奉　供養。㉟廄　馬棚。㊱問人　問是否有人受傷。㊲舉苛　開口呵斥。苛，通「呵」。㊳以為盜馬　漢時法律規定，乘車騎馬行馳道中，車馬要予以沒收。酷吏認為，觸犯了這條禁令的人，車馬既應被沒收，則不再歸其所有，如果他在官吏呵斥後還繼續在馳道上行走，那馬就如同是偷來的，因此可以盜馬罪論處。㊴亡　逃跑。㊵逆面　當面抗逆君主。㊶約　約束；法令。㊷法禁　法令。㊸緣　依據。㊹治獄　審判案件。㊺論心　根據犯人的動機。㊻志　指動機。㊼未有所害　指沒有造成太大的損害。㊽盜而傷人　據上段大夫所言，當時盜而傷人「與殺同罪」，處以死刑。㊾將　抑或。㊿厭　心服。(51)創　傷口。(52)臧　通「贓」。贓物。(53)人　指兇手。(54)得無　恐怕。(55)其至意　立法的本意。(56)俛仰　時而低頭時而仰面向上沉思。

【語　譯】文學說：「《詩經》上說：『周朝的治國之道像磨刀石一樣平，像箭桿一樣直。』這說的是它平易。又說：『周朝的治國之道是君子所履行的，是平民所注視的。』這說的是它清楚。所以道德明白就易於學習，法律簡約就易於執行。如今馳道或直或曲地經過山陵平原，環繞整個天下，這等於在全國範圍到處給百姓設下陷阱。細密的網羅張開而懸掛在山谷裡，隱蔽的陷阱挖好而正處在禽獸來往的山路上，帶繩的短箭裝飾得很美觀而發揮威力於天空中，這樣，禽獸還能躲得開嗎？你們聚斂你們所想得到的東西，創辦你們認為有利可圖的各項官營事業，仁義一天天衰落，百姓還能不越規犯法嗎？所以發展到最後，百姓竟至於攻打進占城市，掠取公家府庫裡的金錢，盜竊宗廟裡的器物，這豈只是攀登千仞之高，抓舉千鈞之重呢！《管子》上說：『禮、義、廉、恥這四個治國的綱不張設，即使是皋陶也當不好法官。』所以德教廢弛了，詐偽就會流行，禮義崩壞了，姦邪就會興起，這說的是沒有仁義就會形成很壞的局面。仁是愛的體現，義是對事情的適宜處理。因此君子對人有愛心而擴大到對物有愛心，致力於治理好近處而推及到遠方。有本傳書上說：『凡有生命之物，沒有比人更寶貴的；君主所看重的，第一位的應是人。』所以上天生下萬物是為了供養人，君主應該愛人以順從天意。只聽說拿六畜禽獸來供養人，從未聽說過拿人所飼養的牲畜反過來殘害人的事情。當年魯國的馬棚失火，孔子退朝，只詢問是否有人受傷，而不問馬的傷亡，這是因為他輕視牲畜而看重人。現在對偷馬的人以死罪論處，給偷牛的人套上枷鎖。如果乘車騎馬在馳道上行走，官吏開口呵斥後還不停止，官吏便把這種行為視同於偷馬，這樣論起罪來，其人也要被處以死刑。那麼，如果現在有人傷了人後拿著刀劍逃跑，也可以說他是偷了武庫的兵器來行兇，從而處死他嗎？法律是君主制定的，而百姓觸犯了它，也可以認為百姓是當面抗逆君主、輕視君主的法令嗎？一件案子，往重判可以使人死，往輕判可以使人免刑，這不是立法的本意。法律是依據人的情性制定的，並不是要設置罪名來陷害人。所以《春秋》裡面審判案件，是根據犯人的動機來定罪的。動機好即使犯了法也不追究刑事責任，動機壞即使行為與法律吻合也要加以懲處。如果現在有人傷了人但並沒有造成太大的損害，動機又不太壞而行為與法律吻合，對這樣的案子是把它說成與偷盜時傷人同類而以死罪論處呢？或是如果這樣審判就是執法者錯了呢？為甚麼人們心裡對這樣審判不服呢！古時候傷人有傷口的才追究刑事責任，盜竊有贓物的才加以懲處，殺死了人的才處以極刑。如今奪取兇手的武器而把他殺傷了，罪竟與殺人相同，這恐怕不是立法的本意吧？」

大夫時而低頭時而仰面向上沉思，沒有回答。

御史曰：「執法❶者國之轡銜❷，刑罰者國之維楫❸也。故轡銜不飭❹，雖王良❺不能以致❻遠；維楫不設，雖良工❼不能以絕❽水。韓子❾疾有國者不能明❿其法勢，御⓫其臣下，富國強兵，以制敵禦⓬難，惑於愚儒之文⓭詞，以疑賢士之謀，舉⓮浮淫之蠹⓯，加之功實⓰之上，而欲國之治，猶釋階⓱而欲登高，無銜橛⓲而禦捍⓳馬也。今刑法設備⓴，而民猶犯之，況無法乎？其亂必也！」

【章　旨】御史以馭馬駕船為喻，以韓非的觀點為佐證，說明對治國來說，刑法至關重要。

【注　釋】❶執法　施行的法令。❷轡銜　馬轡繩和馬嚼子。❸維楫　繫船繩和船槳。❹飭　整頓。❺王良　春秋時善於駕車的人。❻致　達到。❼良工　指技術好的船夫。❽絕　渡。❾韓子　即韓非。戰國末期韓國人，先秦法家的集大成者，主張治國應依賴「法」（法制）、「術」（君主駕馭臣民的手段）、「勢」（君主的權勢），著有《韓非子》一書。❿明　修明。⓫御　駕馭。⓬禦　抵禦。⓭文　華麗。⓮舉　舉用。⓯浮淫之蠹　浮而不實、行為邪惡的社會蛀蟲。⓰功實　指有功勞和有實際才能的人。⓱釋階　不用梯子。⓲橛　木製的馬嚼子。⓳捍　通「悍」。暴烈。⓴備　完備。

【語　譯】御史說：「對國家來說，法令就如同馬轡繩和馬嚼子，刑罰就如同繫船繩和船槳。所以馬轡繩和馬嚼子不整頓好，即使是王良也不能趕著馬兒到達遠方；繫船繩和船槳不設置，即使是技術高明的船夫也不能駕船渡江渡河。當年韓非痛恨的是：擁有國家的君主不能修明法制權勢，駕馭自己的臣下，使國家富裕，兵力強大，以制服敵人，抵禦危難，卻被一幫愚蠢儒生的花言巧語所迷惑，懷疑賢士的謀略，舉用那些浮而不實、行為邪惡的社會蛀蟲，把他們放在有功勞和有實際才能的人的上面，想這樣來使國家太平，就像不用梯子卻想登高，沒有馬嚼子卻去駕馭烈馬一樣。現在刑法設置得十分完備，百姓還是觸犯，何況沒有法律呢？沒有法律，天下大亂是必定無疑的！」

文學曰：「轡銜者，御❶之具也，得良工而調❷；法勢者，治之具也，得賢人而化❸。執轡非其人，則馬奔馳；執軸❹非其人，則船覆傷❺。昔吳使宰嚭❻持軸而破其船，秦使趙高執轡而覆其車。今廢仁義之術，而任刑名之徒❼，則復吳、秦之事也。夫為君者法❽三王，為相者法周公，為術❾者法孔子，此百世不易❿之道也。韓非非⓫先王而不遵，舍正令⓬而不從，卒蹈陷穽，身幽囚⓭，客死⓮於秦。夫不通大道而小辯⓯，斯足以害其身而已。」

【章　旨】文學強調賢人的重要。

【注　釋】❶御　駕馭車馬。❷調　配合協調。❸化　教化。❹軸　通「舳」。船舵。❺覆傷　傾覆受損。❻宰嚭　指吳國的太宰（官名）伯嚭。他生性貪婪，妒賢嫉能，吳王夫差重用他，終致亡國。❼刑名之徒　信奉法治的人。❽法　效法。❾為術　研究治國之道。❿易　變。⓫非　否定。⓬正令　指儒家的教令。⓭幽囚　拘禁。⓮客死　死於異國他鄉。⓯小辯　小聰明。

【語　譯】文學說：「馬轡繩和馬嚼子是駕馭車馬的工具，但有了高明的車夫後它們才能配合協調；法制和權勢是治國的工具，但有了賢能之人後它們才能產生教化的作用。握轡繩的不是合適的人，馬就會狂奔亂跑；掌舵的不是合適的人，船就會傾覆受損。從前吳國讓太宰伯嚭掌舵，結果吳國這條船破碎沉沒，秦朝讓趙高握轡繩，結果秦朝這輛車車輪朝天。現在廢棄仁義之道，而重用信奉法治的人，可以預料，吳國和秦朝的悲劇將會重演。當君主的應該效法三王，當宰相的應該效法周公，研究治國之道的應該效法孔子，這是百代不變的道理啊。韓非否定先王之道而不遵循，捨棄儒家的教令而不信從，終於踩上了陷阱，遭到拘禁，死在異鄉秦國。不懂得治國的大道而只是有些小聰明，這只足以害自己罷了。」

申韓第五十六

【題解】「申韓」指申不害和韓非。申不害是戰國時鄭國人，法家學派的重要人物，他曾長期擔任韓昭侯的相，以法治國，史稱在他執政期間，韓國「國治兵強」。此篇接上篇，繼續就法治禮治問題展開辯論。御史盛贊申不害等人以法治國的業績，指出治國如同防洪，要防洪就要堵塞堤壩決口，要治國就要利用刑法及時進行「小補」，「防非矯邪」；嚴正的法律被姦邪之人憎惡，卻是良民福祿之所在，「無法勢，雖賢人不能以為治」，因此必須設置「明法」，須布「嚴刑」。文學則揭露商鞅「反聖人之道」所造成的惡果，鞭撻當時官吏羅織罪名以陷害無辜並廣為株連的做法，頌揚周朝以禮治國的成效，認為禮崩樂壞比黃河決口危害大得多，治國應重教化、「信禮義」。

御史曰：「待周公而為相，則世無列國❶；待孔子而後學，則世無儒、墨。夫衣小缺，⿰巾祭裂❷可以補，而必待全匹而易❸之；政小缺，法令可以防，而必待〈雅〉、〈頌〉❹乃治之；是猶舍鄰之醫，而求俞跗❺而後治病，廢❻汙池❼之水，待江、海而後救火也。迂而不徑❽，闕而無務❾，是以教令不從而治煩亂❿。夫善為政者，弊⓫則補之，決⓬則塞之。故吳子⓭以法治楚、魏⓮，申、商⓯以法彊秦、韓也。」

【章　旨】御史反駁文學在上篇中提出的效法周公、孔子的主張，肯定法令的作用。

【注　釋】❶列國　眾多的國家。❷幓裂　裁衣服時剩下的小塊布帛。❸易　換。❹雅頌　《詩經》中的兩大類詩歌。此代指禮樂。❺俞跗　人名。上古時的名醫。❻廢　棄。❼汙池　池塘。❽迂而不徑　繞遠道而不走直路。❾闕而無務　寧願暫時空缺而不及時努力。❿治煩亂　治理工作陷入雜亂狀態。⓫弊　破。⓬決　堤壩決口。⓭吳子　指吳起。吳起曾任魏國將軍，屢建戰功，後入楚輔佐楚悼王變法，使楚國富強。⓮治楚魏　使楚、魏大治。⓯申商　指申不害和商鞅。

【語　譯】御史說：「一定要等待周公那樣的人來當宰相，那麼世上就不會有眾多的國家；一定要等待孔子那樣的人來鑽研學問，那麼世上就不會有眾多的儒家墨家人士。衣服有小破損，本來可以用邊角碎布補好，卻一定要等用整匹布做成新衣服來換下它；政治方面出現了小毛病，本來可以用法令來救治，卻一定要等搬來了禮樂才著手治理；這就像撇開鄰家的醫生不請，而一定要請來俞跗那樣的名醫之後才讓他看病，捨棄池塘裡的水不用，而一定要引來了江海之水後才開始救火。這樣繞遠道而不走直路，寧願暫時空缺而不及時努力。因此百姓不聽從教令，國家的治理工作陷入雜亂狀態。善於治國的人，破了就加以修補，決口了就加以堵塞。所以吳起用法制使楚、魏實現大治，申不害、商鞅用法制使秦、韓成了強國。」

文學曰：「有國者選眾❶而任賢，學者博覽而就善❷，何必是周公、孔子❸！故曰法之而已。今商鞅反聖人之道，變亂秦俗，其後政耗亂❹而不能治，流失❺而不可復，愚人縱火於沛澤❻，不能復振❼。蜂蠆❽螫❾人，放死不能息其毒❿也。煩⓫而止之，躁⓬而靜之，上下勞擾⓭，而亂益滋。故聖人教化，上與日月俱照，下與天地同流⓮，豈曰小補之哉！」

【章 旨】文學指明商鞅變法對秦造成的危害，頌揚教化的功效。

【注 釋】❶選眾 從眾人中選拔人才。❷就善 擇善而從。❸何必是周公孔子 哪裡定要是周公、孔子那樣的人。這句及下句是說己方只是提倡「效法」周公、孔子，並不像御史所理解的那樣，是主張一定要等待周公、孔子那樣的人來治國治學。❹耗亂 黑暗混亂。耗，通「眊」。不明。❺流失 指原來一些好的政策、風俗散失。❻愚人縱火於沛澤 指陳勝、吳廣在大澤鄉起義反秦事。大澤鄉漢時屬沛郡。故此言「沛澤」。❼振 救。❽蠆 蝎類毒蟲。❾螫 蜂、蝎等刺人。❿放死不能息其毒 指蜂、蝎雖死了，但牠們刺入人體的毒液還要產生壞作用，以喻商鞅雖死，但他埋下的禍根遺害後世，害了秦朝。放，至。⓫煩 指政治雜亂。⓬躁 指百姓躁動造反。⓭勞擾 勞累受困擾。⓮流 運行不息。

【語 譯】文學說：「擁有國家的君主從眾人中選拔人才，任用賢士；鑽研學問的人廣泛地閱覽，擇善而從。哪裡定要是周公、孔子那樣的人！所以只是說效法他們罷了。商鞅違反聖人之道，改變攪亂秦國的風俗，以致後來秦的政治黑暗混亂而無法加以整頓，原來一些好的政策、風俗煙消雲散而無法加以恢復，陳勝、吳廣這些愚昧的人在沛郡大澤鄉燃起反秦的大火，秦朝就再也沒救了。這就如同蜂、蝎刺人，雖然牠們自己死了，但牠們刺入人體的毒液還要產生壞作用。政治混亂了才試圖制止，百姓躁動造反了才設法使他們安靜，這樣一來，君臣上下勞累不堪，大受困擾，而混亂卻越來越厲害。所以聖人推行的教化，上與日月一樣光芒四射，下與天地一樣運行不息，哪裡只是說進行小小的修補呢！」

御史曰：「衣缺不補則日以甚，防❶漏不塞則日以滋。大河❷之始決於瓠子❸也，涓涓❹爾，及其卒❺，氾濫為中國害。菑梁、楚，破❻曹、衛，城郭壞沮❼，稸積❽漂流，百姓木棲❾，千里無廬，令❿孤寡無所依，老弱無所歸。故先帝閔悼⓫其菑，親省⓬河隄，舉禹之功⓭，河流以復⓮，曹、衛以寧。百姓戴⓯其功，詠其德，歌『宣房塞，萬福來』焉。亦猶是也⑯，如何勿小補哉！」

【章旨】御史援引武帝堵塞黃河瓠子決口之事，說明治國也不應排斥小的修補。

【注釋】❶防 堤壩。❷大河 指黃河。❸瓠子 地名。在今河南省濮陽縣。武帝時，黃河在瓠子決口，造成連年災荒。後來武帝委派官吏發動數萬人堵塞缺口，完工後在壩上建宣房宮以資紀念。❹涓涓 細水慢流的樣子。❺卒 最後。❻破 破壞。❼沮 壞。❽稸積 儲積的物資。稸，同「蓄」。❾木棲 棲身在樹木上。❿令 使。⓫閔悼 憐念。⓬省 視察。當瓠子堵口工程開始後，武帝曾親臨工地視察，並作歌，歌中有「宣房塞兮萬福來」之句。⓭舉禹之功 進行大禹治水那樣的工作。⓮復 回復故道。⓯戴 感戴。⓰亦猶是也 意謂治國也像這樣。

【語譯】御史說：「衣服破了不縫補就會一天比一天破得厲害，堤壩出現了漏洞不堵塞，洞口就會越來越大。當年黃河在瓠子地方決口，最初只不過是涓涓細流，可是到了最後，卻泛濫成災，成為中原地區的大禍害。大水使梁地、楚地受災，使曹地、衛地遭到破壞，城牆被衝毀，儲積的物資隨水漂流，百姓只能棲身於樹木之上，到處看不見房屋，使得孤寡沒有依靠，老弱無家可歸。因此武帝憐念百姓受災之苦，親臨河邊築堤工地視察，進行大禹治水那樣的工作，結果黃河的流水回到了故道，曹地、衛地重新獲得了安寧。百姓感戴他的功勞，歌詠他的美德，傳唱『宣房塞，萬福來』的詩句。治國也像這樣啊，怎麼能不進行小的修補呢！」

文學曰：「河決若甕❶口，而破千里，況禮決乎？其所害亦多矣！今斷獄歲以萬計，犯法茲❷多，其為菑豈特曹、衛哉！夫知塞宣房而福來，不知塞亂原❸而天下治也。周國用之❹，刑錯❺不用，黎民若❻，四時各終其序❼，而天下不孤❽。〈頌〉曰：『綏我眉壽，介以繁祉❾。』此夫為福❿，亦不小矣！誠⓫信禮義如宣房，功業已立，垂拱無為⓬，有司何補，法令何塞也？」

【章旨】文學以黃河潰決使千里受害的事實襯托禮崩樂壞的嚴重後果，強調應以禮治國。

【注釋】❶甕 瓦罐。❷茲 通「滋」。❸原 「源」的古字。❹之 指禮。❺錯 通「措」。棄置不用。❻若 溫順。❼各終其序 各依次序終而復始。❽孤 當作「⿰亻瓜」。⿰亻瓜，歪邪不正。❾綏我眉壽二句 出《詩經・周頌・雝》。意謂用長壽來使我安樂，用多福來幫助我。綏，安。眉壽，長壽。介，助。祉，福。❿為福 獲得的福祿。⓫誠 如果確實。⓬垂拱無為 垂衣拱手，不用操勞。

【語譯】文學說：「黃河潰決最初只是瓦罐口那樣大，可是最後卻使千里之地受到破壞，何況禮決了口呢？它所造成的危害也就更多了！現在每年審理的案件要以萬計算，可是犯法的人還是越來越多，它禍害的豈只是曹地、衛地那樣的小範圍呢！你們只知道堵塞宣房決口可使福祿降臨，卻不知道堵塞了致亂的根源天下就會太平無事。周朝用禮治國，因此刑法棄置不用，百姓十分溫順，春夏秋冬也各依次序終而復始，天下沒有邪惡現象。《詩經・周頌》裡說：『用長壽來使我安樂，用多福來幫助我。』可見獲得的福祿也不少啊！如果信奉禮義確像致力堵塞宣房決口那樣，那麼功業就已經建立起來了，在上位的人可以垂衣拱手，無為而治，這樣，還有甚麼要官吏去修補，有甚麼要用法令來堵塞呢？」

御史曰：「犀❶銚❷利鉏，五穀之利而間❸草之害也；明理正法，姦邪之所惡而良民之福也。故曲木惡直繩，姦邪惡正法。是以聖人審❹於是非，察於治亂，故設明法，陳❺嚴刑，防非矯邪，若隱括❻輔檠❼之正⿰亻瓜刺❽也。故水者火之備，法者止姦之禁也。無法勢，雖賢人不能以為治；無甲兵，雖孫、吳❾不能以制敵。

是以孔子倡以仁義而民從風⑩，伯夷⑪遁首陽而民不可化⑫。」

【章旨】御史指出，只有姦邪之人才憎惡嚴正的法律，治國非依賴法律不可。

【注釋】❶犀　銳利。❷銚　鋤之大者。❸閒　雜。❹審　與下「察」都是看得很清楚的意思。❺陳　頒布。❻隱括　同「檃栝」。矯正物體使平直或彎曲竹木等使成形的工具。❼輔檠　矯正弓弩的工具。❽佤刺　歪斜不正。❾孫吳　指孫武（或孫臏）和吳起。孫武是春秋時著名軍事家，《孫子兵法》一書的作者。❿民從風　當依張敦仁之說作「民不從」。⓫伯夷　古代孤竹國君的兒子，反對武王以武力伐紂，周滅商後，逃上首陽山，不食周粟而死。⓬民不可化　當依張敦仁之說作「民不化」。化，受影響而模仿。

【語譯】御史說：「銳利的鋤頭對莊稼有利，卻是雜草的剋星；光明的道理和嚴正的法律被姦邪之人憎惡，卻是善良百姓的福祉。所以彎曲的木料憎惡筆直的墨繩，姦邪之人憎惡嚴正的法律。因此聖人對是非看得十分清楚，對治亂瞭如指掌，所以設立並頒布正確合理且又嚴厲的刑法，用來防範壞人壞事，矯正邪惡，就像用那些矯正工具矯正歪斜不正的東西一樣。所以水是防備火的東西，法律是制止姦惡的工具。沒有法律權勢，即使是賢人也不能治理好國家；沒有鎧甲兵器，即使是孫武和吳起也不能制服敵人。因此孔子提倡仁義但百姓並不聽從，伯夷逃上首陽山而百姓並不模仿。」

文學曰：「法能刑人而不能使人廉，能殺人而不能使人仁。所貴良醫者，貴其審消息❶而退邪氣也，非貴其下鍼石❷而鑽肌膚也；所貴良吏者，貴其絕惡於未萌，使之不為非，非貴其拘之囹圄❸而刑殺之也。今之所謂良吏者，文察❹則以禍其民，強力❺則以厲❻其下❼，不本法之所由生❽，而專❾己之殘心。文誅假法❿，以陷不辜，累⓫無罪，以子及父，以弟及兄。一人有罪，州里⓬驚駭，十家奔亡⓭。若癰疽⓮之相濘⓯，色淫⓰之相連，一節⓱動而百枝搖。《詩》云：『舍彼有罪，既伏其辜。若此無罪，淪胥以鋪⓲。』痛傷無罪而累也。非患銚耨⓳之不利，患其舍草而去⓴苗也；非患無準平㉑，患其舍枉而繩直也。故親近為過㉒不必誅，是鋤不用也；疏遠有功不必賞，是苗不養也。故世不患無法，而患無必行之法也。」

【章　旨】文學闡述了刑法不能治本的道理，對當時官吏羅織罪名、陷害無辜、廣為株連的做法進行了鞭撻，認為治國不怕沒有法律，就怕有了法律卻得不到公正執行。

【注　釋】❶審消息　指仔細觀察瞭解病情。❷鍼石　即石鍼。❸囹圄　監獄。❹文察　精通法律條文。❺強力　強橫兇暴。❻厲　病；害。❼下　指百姓。❽不本法之所由生　不推究立法的本意。❾專　聽憑。❿文誅假法　假借法律，想方設法羅織人的罪名而加以懲處。⓫累　牽累；株連。⓬州里　指家鄉一帶。⓭亡　逃。⓮癰疽　毒瘡。⓯濘　本指泥黏在別的物體上，此謂連接。⓰色淫　好色與淫亂。⓱節　樹木枝與幹的交接處。⓲舍彼有罪四句　出《詩經・小雅・雨無正》。舍，放過不予懲處，此字直貫至「既伏其辜」句。伏，承認。辜，罪。淪胥，謂被牽連。鋪，遍。指普遍被加上罪名。⓳耨　短柄鋤頭。⓴去　去掉。校注本改為「芸」，今不從。㉑準平　水準器。木工用來取平的器具。㉒為過　做壞事。

【語　譯】文學說：「法律能懲處人但不能使人廉潔，能剝奪人的生命但不能使人仁義。對良醫，人們所看重的是他能仔細觀察瞭解病情，驅除病人體中的邪氣，並不是看重他能拿起石鍼刺肌膚；對良吏，人們所看重的是他能在邪惡未萌生之前就加以根除，使百姓根本不做壞事，並不是看重他能把百姓囚禁在監牢而懲罰殺戮他們。如今一些所謂的『良吏』，精通法律條文的就用法律禍害百姓，強橫兇暴的就憑暴力虐待人民，不推究立法的本意，完全按自己的殘暴之心辦事。假借法律，多方羅織罪名，以陷害無辜，株連沒有罪的人，以兒子株連父親，以弟弟株連哥哥。一個人有了罪，家鄉所有的人都驚魂不定，鄰近的十家不得不逃跑。就像毒瘡蔓延而連成一片，好色而導致淫亂，一節動了眾多的樹枝跟著搖晃。《詩經》上說：『放過那些有罪且已承認的人不予懲處，像這些沒有罪的人，卻受牽連普遍被加上罪名。』這是痛心沒有罪的人受到株連啊。不必擔心鋤頭不銳利，要擔心的是拿鋤頭的人放過雜草卻鋤掉了禾苗；不必擔心沒有水準器，要擔心的是拿水準器的人撇開彎的不管卻去對付直的。所以親近的人做了壞事不一定加以懲處，這就如同不使用鋤頭；疏遠的人有了功勞不一定予以獎賞，這就如同不養育禾苗。所以對社會來說，不怕沒有法律，就怕有了法律卻存在不一定依照執行的情況。」

周秦第五十七

【題　解】在古代，周朝被視為禮治的典範，秦則被視為嚴刑峻法的代表。本篇仍是辯論「禮治」、「法治」問題，故以「周秦」作篇名。御史肯定連坐法的合理性，用負重登高、以手握火、以腳蹈刃為喻，說明實行嚴刑峻法可使百姓「懼而為善」，「無敢犯禁」。文學則指責今人沒有羞恥心，猛烈抨擊連坐法，認為嚴刑峻法對治國有害無益，主張施仁恩，重德教。

御史曰：「《春秋》罪人無名號❶，謂之云❷盜，所以賤刑人❸而絕之人倫❹也。故君不臣❺，士不友❻，於閭里無所容。故民恥犯之。今不軌❼之民，犯公法以相寵❽，舉❾棄其親，不能伏節死理❿，遁逃相連⓫，自陷於罪，其被⓬刑戮，不亦宜乎？一室之中，父兄之際，若身體相屬⓭，一節⓮動而知於心。故今自關內侯⓯以下，比地於伍⓰，居家相察，出入相司⓱。父不教子，兄不正弟，舍是⓲誰責乎？」

【章　旨】御史為嚴懲罪犯與株連父兄的做法辯護。

【注　釋】❶無名號　不載錄其姓名位號。❷云　曰。❸刑人　即罪人。❹絕之人倫　把他們排除在人倫之外。人倫，人與人之間諸如君臣、父子、夫婦、長幼、朋友等各種關係。❺君不臣　君主不任用犯過罪的人為臣。❻士不友　士不與犯過罪的人交朋友。❼不軌　不守法令。❽相寵　相互誇耀。❾舉　都。❿伏節死理　本謂為堅持節操和真理而死，此謂講點節操順從道理，在犯了法之後甘心接受國法的制裁。⓫相連　一個接著一個。⓬被　遭受。⓭身體相屬　身體的各部分互相連接。⓮節　骨骼銜接處。⓯關內侯　漢代爵位名。有侯號而沒有封國，居住在京城，故稱關內侯。⓰比地於伍　把相鄰的人家編在一個伍裡。比，緊靠。伍，古代居民編制單位，五家為伍。⓱司　同「伺」。監視。⓲是　指責備父兄。

【語譯】御史說：「《春秋》對罪人不載錄其姓名位號，只稱之為『盜』，這是為了貶低罪人，把他們排除在人倫之外。所以君主不用犯過罪的人為臣，士不與犯過罪的人交朋友，這類人就連在自己的家鄉也沒有容身之地。所以百姓以犯罪為恥。現在不守法令的百姓，觸犯了國法還互相誇耀，都撇下親人不管，不講節操不順從道理，犯了法卻不甘心接受國法的制裁，竟一個接一個地逃跑，自己陷入了犯罪的泥沼。這樣看來，他們遭受懲處和殺戮，不也是應該的嗎？一家之中，子弟和父兄之間，就像身體的各部分互相連接，任何一處關節動了心裡都會知道。因此如今從關內侯以下，居民每相鄰的五家被編為一個伍，五家人在家時互相觀察，出入時互相監視。平時父親不教育兒子，哥哥不糾正弟弟，子弟犯了法，不責備父兄又責備誰呢？」

文學曰：「古者周❶其禮而明❷其教，禮周教明，不從者然後等❸之以刑。刑罰中❹，民不怨。故舜施四罪❺而天下咸服，誅❻不仁也。輕重各服❼其誅，刑必加而無赦，赦惟疑者❽。若此，則世安得不軌之人而罪之？今殺人者生，剽攻❾竊盜者富，故良民內解❿怠，輟⓫耕而隕心⓬。古者君子不近刑人，刑人非人也，身放殛⓭而辱後世⓮，故無賢不肖，莫不恥也。今無行⓯之人，貪利以陷其身，蒙戮辱⓰而捐⓱禮義，恆⓲於苟生。何者？一日下蠶室⓳，創未瘳⓴，宿衛㉑人主，出入宮殿，由㉒得受奉祿，食大官享賜㉓，身以尊榮，妻子獲其饒。故或載㉔卿相之列，就刀鋸㉕而不見閔㉖，況衆庶乎？夫何恥之有！今廢其德教，而責㉗之以禮義，是虐㉘民也。《春秋傳》㉙曰：『子有罪，執其父；臣有罪，執其君。聽㉚失之大者也。』今以子誅父，以弟誅兄，親戚㉛相坐㉜，什伍㉝相連，若引㉞根本之及華㉟葉，傷小指之累四體㊱也。如此，則以有罪反誅㊲無罪，無罪者寡矣。臧文仲㊳治魯，勝其盜而自矜㊴。子貢曰：『民將欺，而況盜乎！』故吏不以多斷㊵為良，醫㊶不以多刺為工㊷。子產刑二人，殺一人，道不拾遺，而民無誣㊸心。故為民父母，以㊹養疾子㊺，長㊻恩厚而已。自首匿㊼相坐之法立，骨肉之恩廢，而刑罪多矣。父母之於子，雖有罪猶匿之，其㊽不欲服罪爾。聞子為父隱㊾，父為子隱，未聞父子之相坐也；聞兄弟緩追以免賊㊿，未聞兄弟之相坐也；聞惡惡止其人(51)，疾始而誅首惡，未聞什伍而相坐也。老子曰：『上無欲而民樸，上無事而民自富。』君君臣臣，父父子子。比地何伍，而執政何責也？」

【章　旨】文學對比古今，稱贊古代以禮義教化為先，刑罰公正，指責今人無羞恥之心，對連坐法進行了猛烈抨擊。

【注　釋】❶周　周全。❷明　昌明。❸等　整齊；約束。❹中　得當。❺施四罪　對四個人施加懲罰。傳說舜曾把壞人共工流放到幽州，把壞人驩兜流放到崇山，在三危山殺死了三苗族的首領，在羽山殺死了治水失敗的鯀。❻誅　懲罰。❼服受；受到。❽疑者　不能被認定確犯了罪的人。❾剽攻　搶劫。❿解　通「懈」。⓫輟　停止。⓬隕心　灰心喪氣。⓭放殛　流放或殺死。⓮後世　指子孫後代。⓯無行　沒有好品行。⓰蒙戮辱　蒙受受刑的恥辱。⓱捐　拋棄。⓲恆　長久。⓳蠶室　古時受宮刑（破壞生殖器）的人所住的牢房。⓴瘳　癒合。㉑宿衛　夜裡在王宮中值班警衛。㉒由　通「猶」。還。㉓食大官享賜　享受皇帝賞賜的飯食。「大」即「太」。秦漢時少府屬官有太官令丞，掌管皇帝膳食。㉔載　處。㉕就刀鋸　接受刑罰。刀鋸是古代的兩種刑具。㉖不見閔　臉上毫無悔恨之色。見，同「現」。閔，憂傷。此指悔恨。㉗責　責求。㉘虐　虐害。㉙春秋傳　指《春秋公羊傳》，下所引見成公十六年。㉚聽　聽獄；審理案件。㉛親戚　親屬。㉜坐　連坐。一人犯罪，與之有關係的人連帶受罰。㉝什伍　古以五家為伍，十家為什，同伍同什的人要互相監督，一家有人犯罪，其他各家得檢舉，否則一起加以懲處。㉞引　拔。㉟華　同「花」。㊱四體　四肢。㊲反誅　當依張之象本作「誅及」。㊳臧文仲　人名。春秋時魯國執政。㊴自矜　自以為賢能。㊵斷　斷獄；審決案件。㊶毉　同「醫」。㊷工　高明。㊸誣　欺詐。㊹以　通「似」。㊺疾子　有病的兒子。㊻長　崇尚。㊼首匿　罪名。主謀藏匿罪犯。㊽其　指兒子。㊾隱　隱瞞罪行。㊿緩追以免賊　春秋時，魯國的慶父殺死魯閔公而出逃，他的弟弟季友不急著追，想讓哥哥免於受懲處。賊，害。(51)惡惡止其人　憎惡壞人只憎惡他本人。

【語譯】文學說：「古時候治國者努力使禮制周全，使教化昌明，禮制周全了，教化昌明了，如果還有人不聽從，這才用刑法來約束他。由於當時刑罰得當，因而百姓並不怨恨。所以舜對共工等四人施加懲罰，天下的人都心悅誠服，因為懲處的是不仁的人。輕罪重罪各受到相應的懲處，該懲罰的一定懲罰而不予赦免，予以赦免的只是那些不能被確認為犯了罪的人。像這樣，那麼世上哪裡還找得到不守法的人而加以懲治呢？如今殺了人的人還能活命，搶劫偷盜的人成了富翁，因此善良的百姓內心懈怠，停止耕作而灰心喪氣。古時候君子不接近罪人，因為罪人不能算是人，罪人自身被流放或被殺死而使子孫後代蒙受恥辱，所以無論是賢人還是不賢的人，沒有誰不認為罪人可恥。現在品行不好的人，貪圖財利因而觸犯了國法，蒙受受刑的恥辱，拋棄禮義，長久地苟且偷生。他們為甚麼願意棄禮義而久偷生呢？因為一旦被投進蠶室受宮刑，傷口還沒有癒合，就可以為君主值夜警衛，出入宮殿，還能夠得到俸祿，享受皇上賞賜的飯食，自身因此而獲得尊貴榮耀，妻子兒女因此而過著富足的生活。所以有的人身居卿相的高位，犯了罪受刑罰時臉上毫無悔恨之色，何況平民百姓呢？今人哪裡還有甚麼羞恥心呢！現在廢棄德政教化，卻要求百姓守禮義，這是虐害百姓啊。《春秋公羊傳》說：『兒子犯了罪，逮捕他的父親；臣下犯了罪，拘捕他的君主。這是審理案件最大的失誤。』現在因兒子犯罪而懲處父親，因弟弟犯罪而懲處哥哥，親屬受株連，鄰居受牽累，就像拔起樹的根幹而使花葉跟著不能活，傷一個小指頭而使四肢連帶受影響。像這樣，因為有人犯罪而懲罰到無罪的人，沒有罪的人就很少了。臧文仲治理魯國，戰勝了盜賊而自以為賢能。子貢就此批評說：『百姓都將變得喜歡欺詐了，何況盜賊呢！』所以官吏不因為案件判得多就算良吏，醫生不因為鍼扎得多就算醫術高明。子產判了兩個人的刑，處死了一個人，於是鄭國沒人會拾取掉在路上的東西，百姓沒有欺詐之心。因此當百姓的父母官，就像父母養育有病的兒子一樣，應該崇尚恩惠仁厚罷了。自從首匿相坐的法律訂立後，骨肉之情便不再被人們講究，而官府懲處的犯人也就更多了。父母對於兒子，即使兒子有罪也還要加以藏匿，這只是因為兒子不想接受懲處罷了。只聽說兒子為父親隱瞞罪行，父親為兒子隱瞞罪行，沒有聽說過父子之間互相受牽連的情況；只聽說弟弟不急著追犯罪出逃的哥哥，來使哥哥免受懲處，沒有聽說過兄弟之間互相連累的事情；只聽說憎惡壞人僅憎惡他本人，痛恨壞事的創始者，懲處首犯，沒有聽說過將居民十家五家地編在一起而實行連坐的做法。老子說：『在上位的人沒有貪欲，百姓就會質樸；在上位的人沒有甚麼事要百姓承擔，百姓自然會富足。』君像君的樣子，臣像臣的樣子，父親像父親的樣子，兒子像兒子的樣子。這樣，哪裡需要把相鄰的人家編為伍，執政者又需要責備誰呢？」

御史曰：「夫負千鈞之重，以登無極❶之高，垂❷峻崖之峭❸谷，下臨不測❹之淵，雖有慶忌❺之捷，賁、育❻之勇，莫不震慴❼悼慄❽者，知墜則身首肝腦塗❾

山石也。故未嘗灼⑩而不敢握火者，見其有灼也；未嘗傷而不敢握刃者，見其有傷也。彼以⑪知為非，罪之必加，而戮及父兄，必懼而為善。故立法制辟⑫，若臨百仞之壑，握火蹈刃，則民畏忌，而無敢犯禁矣。慈母有敗子⑬，小不忍⑭也。嚴⑮家無悍虜⑯，篤責⑰急⑱也。今不立嚴家之所以制下，而修⑲慈母之所以敗子，則惑⑳矣。」

【章　旨】御史多方設喻，以說明治國應嚴刑峻法。

【注　釋】❶極　頂點。❷垂　通「陲」。邊；旁邊。❸峭　陡直。❹不測　無法度量。❺慶忌　春秋時吳王僚之子。敏捷有力。❻賁育　孟賁和夏育。戰國時的兩位勇士。❼震慴　震驚害怕。慴，「懾」的異體字。懼。❽悼慄　發抖。❾塗　塗抹。❿灼　燒灼。⓫以　同「已」。⓬辟　法。⓭敗子　不成器的兒子。⓮小不忍　在小事上不忍心責罰。⓯嚴　嚴整。⓰悍虜　兇橫的奴僕。⓱篤責　同「督責」。⓲急　嚴厲。⓳修　奉行。⓴惑　糊塗。

【語　譯】御史說：「背上馱著千鈞的重物攀登似乎沒有頂點的高山，旁邊是懸崖陡谷，下臨無法度量的深淵，即使有慶忌那樣的敏捷，有孟賁、夏育那樣的勇敢，也沒有不震驚害怕、索索發抖的，這是因為心裡明白如果掉下去就會粉身碎骨、肝腦塗地。所以未曾被火燒灼而不敢用手握火，是因為看見火燒過別的物和人；未曾受刀傷而不敢用手握刀口，是因為看見刀傷過別的人和物。如果百姓知道做了壞事，懲處一定會落到頭上，並且還要連累父兄丟命，那麼他們一定害怕而棄惡為善。所以制定法律，使百姓面對法律就像靠近百仞的深溝，又像是要用手握火、用腳踩刀口一樣，那麼百姓就會畏懼，而不敢觸犯了。慈祥的母親有不成器的兒子，這是一向在小事上不忍心責罰兒子所造成的惡果。嚴整的人家沒有兇橫的奴僕，這得力於督責嚴厲。現在如果不建立嚴整人家管束下人的那套規矩，而奉行慈母使兒子不成器的那套做法，那就算糊塗了。」

文學曰：「紂為炮烙❶之刑，而秦有收帑❷之法。趙高以峻文❸決罪於內❹，百官以峭法斷割❺於外❻，死者相枕席❼，刑者❽相望，百姓側目❾重足❿，不寒而慄。《詩》云：『謂天蓋高，不敢不局。謂地蓋厚，不敢不蹐。哀今之人，胡為虺蜥⓫！』方此之時，豈特冒火蹈刃哉？然父子相背，兄弟相讒⓬，至於骨肉相殘，上下相殺。非刑輕而罰不必，令太嚴而仁恩不施也。故政寬則下親其上，政嚴則民謀其主⓭。晉厲⓮以幽⓯，二世⓰見殺，惡⓱在峻法之不犯，嚴家之無悍虜也？聖人知之，是以務和而不務威。故高皇帝約⓲秦苛⓳法，以慰怨毒⓴之民，而長和睦之心，唯恐刑之重而德之薄也。是以恩施無窮，澤流後世。商鞅、吳起以秦、楚之法為輕而累㉑之，上危其主，下沒其身，或非特慈母乎！」

【章　旨】文學指出，嚴刑峻法並不能制止犯罪，它只能給百姓帶來深重的災難，給國家和君主帶來危險。

【注　釋】❶炮烙　相傳是商代所用的一種酷刑。用銅柱加炭使熱，令有罪者在上面走。❷收帑　一人犯罪，將其妻子兒女沒收，作為官家奴婢。帑，通「孥」。指妻與兒女。❸峻文　嚴厲的法律條文。❹內　指朝廷。❺斷割　判案殺人。❻外　指地方郡縣。❼相枕席　互相枕著墊著。席，藉；墊。❽刑者　受過刑的人。❾側目　側目而視。是害怕的表現。❿重足　將兩腳疊在一起站立，不敢移步。形容非常恐懼的樣子。⓫謂天蓋高六句　出《詩經・小雅・正月》。描寫亂世中人們的悲慘處境。蓋，通「盍」。作「何」解。多麼。局，曲；彎腰。蹐，小步走。人，指掌權者。虺蜥，兩種毒蟲。⓬讒　欺騙。此字從校注本注文。⓭謀其主　策劃對付他們的君主。⓮晉厲　晉厲公。春秋時晉國君主。為政暴虐，終被臣下拘捕囚禁而死。⓯幽　囚禁。⓰二世　指秦二世皇帝胡亥。他被趙高所殺。⓱惡　何。⓲約　簡化。⓳苛　繁細。⓴怨毒　怨恨。㉑累　增多加重。

【語　譯】文學說：「商紂王設炮烙的刑罰，秦有沒收罪人妻兒為官家奴婢的法律。趙高用嚴厲的法律條文在朝廷審決案件，百官用酷虐的刑法在地方郡縣判案殺人，被處死的人互相枕著墊著，受過刑的人路上比比皆是，百姓害怕得側目而視，疊足而立，身上雖不冷卻索索發抖。正像《詩經》上所說的那樣：『都說天是多麼高遠，可是不敢不彎腰站立。都說地是多麼厚實，可是不敢不小步行走。可歎如今的這些掌權者，為甚麼像毒蟲那樣害人呢！』在趙高那個時候，犯法豈只是像冒烈火、踩刀口呢？可是當時卻父子之間互相背叛，兄弟之間互相欺騙，甚至於骨肉之間互相殘害，上下之間互相殺戮。這並不是因為當時刑罰太輕而懲處沒有說到做到，而是因為法令太嚴酷而沒有施行仁德恩惠。所以政治寬厚百姓就會親近他們的君主，政治嚴酷人民就會策劃對付他們的君王。晉厲公因為酷虐而被囚禁，秦二世因為酷虐而被殺死，嚴厲的法律不被觸犯、嚴整的人家沒有兇橫的奴僕又表現在哪裡呢？聖人懂得這些道理，是以努力追求和睦而不追求威風。所以高皇帝簡化了秦朝繁細的法令，以此來撫慰怨恨深的人民，增長百姓的和睦之心，他只擔心刑法重而仁德薄。因此他的恩惠施行得很多，德澤影響到後世。商鞅、吳起認為秦國、楚國的法律太輕，而進行增多加重，結果上使君主陷入危險，下使自己丟掉生命，這或許不只是慈母使兒子不成器吧！」

詔聖第五十八

【題解】「詔」是告的意思，「詔聖」是說文學告人以聖人之道。本篇仍就法治與禮治問題進行辯論。大夫方面指責儒士好說壞話，並論述法律增多加重的必要性，否定禮治，頌揚法治，指出「衣弊」就應該「革才（裁）」，「法弊」就應該「更制」，「時世不同」，法律的「輕重」也應有異，「禮讓不足禁邪，而刑法可以止暴」，實行法治能「長制群下而久守其國」。文學盛贊商周之治，歌頌商湯、周武王、周成王、周康王四位以禮治國的聖君，提出「與其刑不可踰，不若義之不可踰」的主張，揭露秦朝濫用刑罰的可怕情形，諷刺它的短命，指出「嚴刑峻法」必使政權「不可久」。

御史曰：「夏后氏不倍❶言，殷誓❷，周盟❸，德信彌衰❹。無文、武❺之人，欲修❻其法，此殷、周❼之所以失勢，而見❽奪於諸侯也。故衣弊❾而革才❿，法弊而更制⓫。高皇帝時，天下初定，發德音⓬，行一切⓭之令，權⓮也，非撥亂反正⓯之常也。其後，法稍⓰犯，不正於理⓱。故姦萌而《甫刑》⓲作，王道衰而《詩》⓳刺彰，諸侯暴而《春秋》譏。夫少目⓴之網不可以得魚，三章之法不可以為治。故令不得不加，法不得不多。唐、虞畫衣冠㉑非阿㉒，湯、武刻肌膚㉓非故㉔，時世不同，輕重之務異也。」

【章　旨】御史指出，法律陳舊了就要重新制訂，刑罰的輕重要視時代而定。

【注　釋】❶倍　通「背」。背棄。❷誓　宣誓。❸盟　訂立盟約。❹彌衰　越來越衰落。❺文武　指周文王、周武王。❻修施行。❼殷周　指商、周的晚期。❽見　被。❾弊　敗壞。❿革才　改裁新衣。才，通「裁」。⓫更制　重新制訂。⓬德音　指仁厚的詔令。⓭一切　此二字當依張之象本作「三章」。漢高祖占領秦都咸陽後，與父老約法三章：殺人者死，傷人及盜抵罪。⓮權　權宜之計。⓯撥亂反正　治理亂世，使回復正道。⓰稍　漸。⓱不正於理　不能用三章之法來糾正制止。理，法。⓲甫刑　即〈呂刑〉。《尚書》中的一篇，是周穆王時有關刑罰的文告，由於當時的司寇呂侯的請命而頒布，故名。後呂侯的子孫為甫侯，故又稱〈甫刑〉。⓳詩　指《詩經》。其中多諷刺時政之作。⓴少目　指網眼稀疏。㉑畫衣冠　在罪人的衣帽畫上不同顏色的標記以示懲罰。㉒阿　偏袒。㉓刻肌膚　泛指各種肉刑。㉔故　指故意害人。

【語　譯】御史說：「夏代的國王不背棄諾言，到了商代，則要靠宣誓來互相取信，到了周代，則更要靠訂立盟約來互相約束，時代越後道德信用越衰落。沒有周文王、周武王那樣的人，卻想施行他們的那套治國方法，這就是商、周晚期失去權勢，被諸侯奪走了天下的原因。所以衣服壞了就要改裁新衣，法律舊了就要重新制訂。高皇帝時，天下剛剛安定，當時他發布仁厚的詔令，施行三章之法，只是權宜之計，並不是撥亂反正的常道。後來犯法的漸漸增多，不能再用三章之法來糾正制止了。所以姦惡萌生，〈呂刑〉就被制訂出來；王道衰落，諷刺之詩就大量湧現；諸侯橫暴，《春秋》就加以鞭撻。稀疏的魚網不能捕到魚，三章之法不能把國家治理好。所以禁令不得不增加，法律條文不得不增多。唐堯虞舜時只在罪人的衣帽上畫不同顏色的標記，這並不是偏袒罪犯，商湯、周武王時施用各種肉刑，這並不是故意害人，時代不同，刑罰的輕重也應該不同。」

文學曰：「民之仰❶法，猶魚之仰水。水清則靜，濁則擾❷。擾則不安其居，靜則樂其業。樂其業則富，富則仁生，贍❸則爭止。是以成、康❹之世，賞無所施，法無所加。非可刑而不刑，民莫犯禁也；非可賞而不賞，民莫不仁也。若斯，則吏何事而理？今之治民者，若拙御❺之御馬也，行則頓❻之，止則擊之。身創❼於箠❽，吻傷於銜，求其無失，何可得乎？乾谿之役❾土崩，梁氏內潰❿，嚴刑不能禁，峻法不能止。故罷馬不畏鞭箠，罷民不畏刑法。雖曾⓫而累之，其⓬亡益乎！」

【章旨】文學認為，疲民不畏刑法，治國應以仁義為本，使百姓安居樂業，不應施行嚴刑峻法。

【注釋】❶仰　依靠。❷擾　受驚擾。❸贍　豐足。❹成康　周成王與周康王。成康時代是古人心目中的太平盛世。❺拙御　拙劣的車夫。❻頓　拉住使停下來。❼創　傷。❽箠　馬鞭。❾乾谿之役　春秋時，楚靈王在乾谿修築章華臺，歷經三年而沒有築成，民工既疲且怨，楚公子棄疾乘機立公子比為王，號召民工逃離，於是民工紛紛離去，靈王自殺。乾谿，楚國地名。在今安徽省亳縣。役，指築臺的民工。❿梁氏內潰　春秋時的梁國在今陝西省韓城縣南，其國君梁伯好興土木，到處築城，百姓疲憊，內部潰散，終被秦攻滅。梁氏，指梁國國王。⓫曾　同「增」。⓬其　副詞。大概。

【語譯】文學說：「百姓依靠法律，就像魚依靠水一樣。水清澈魚就安靜，水渾濁魚就受驚擾。百姓受驚擾就不能安居，而獲得了安靜則會樂業。樂業就會富裕，富裕了那麼仁義就會產生，豐足了那麼爭奪就會停止。所以成、康之世，獎賞和刑罰都沒有施加的對象。並不是可懲罰卻不懲罰，而是因為百姓根本就沒有誰觸犯禁令；並不是可獎賞卻不獎賞，而是因為百姓個個都很仁義。像這樣，那麼官吏還有甚麼事要做呢？如今治理百姓的人，就像拙劣的車夫駕馭馬一樣，馬走則拉住使牠停步，馬停了卻又拼命鞭打牠。馬兒的身軀被鞭子打傷，嘴脣被嚼子勒破，想要牠不出事，那怎麼辦得到呢？楚國在乾谿築臺的民工紛紛逃離如同土崩瓦解，梁國君主驅使百姓大興土木導致內部潰散，嚴酷的刑罰禁止不住，峭刻的法律制止不了。所以疲憊不堪的馬不怕鞭子，疲憊不堪的百姓不畏刑法。即使拼命增加法律條文，大概也於事無補吧！」

御史曰：「嚴❶牆三刃❷，樓季❸難之；山高干❹雲，牧豎❺登之。故峻則樓季難三刃，陵夷❻則牧豎易山巔。夫鑠❼金在爐，莊蹻❽不顧❾；錢刀❿在路，匹婦掇⓫之。非匹婦貪而莊蹻廉也，輕重之制異⓬，而利害之分明也。故法令可仰而不可踰，可臨⓭而不可入。《詩》云：『不可暴虎，不敢馮河⓮。』為其無益也。魯好禮而有季、孟之難⓯，燕噲⓰好讓而有子之之亂。禮讓不足禁邪，而刑法可以止暴。明君據法，故能長制群下，而久守其國也。」

【章　旨】御史闡述「禮讓不足禁邪，而刑法可以止暴」的道理。

【注　釋】❶嚴　通「巖」。險峻；陡直。❷刃　通「仞」。❸樓季　戰國時人。善於跳躍攀登。❹干　犯。指聳入。❺牧豎　牧童。❻陵夷　山勢斜平。❼鑠　熔化。此指正在熔化。❽莊蹻　人名。古人心目中的大盜。❾顧　看。❿錢刀　泛指錢幣。刀是古代一種刀形的貨幣。⓫掇　拾取。⓬輕重之制異　法律對盜金和拾錢的處罰有輕重之別。制，制度。⓭臨　靠近。⓮不可暴虎二句　出《詩經・小雅・小旻》。暴，空手搏擊。馮，無船而渡。⓯季孟之難　春秋時，魯昭公欲鏟滅專權的季氏，結果反被季氏、孟氏、叔孫氏打敗，逐出魯國。⓰燕噲　戰國時燕國國君。燕王噲讓位於宰相子之。子之本與齊暗中有勾結，又治國無方，結果燕國大亂，齊趁機發兵攻打，大獲全勝，燕王噲死。

【語　譯】御史說：「陡直的牆僅高三仞，樓季就感到難以登上；可是山高聳入雲霄，牧童卻去攀登。所以陡直樓季就以攀登三仞之高為難，斜平牧童就以登上山頂為易。金子正在爐中熔化，就是大盜莊蹻也不會注目；

錢幣掉在路上，就是普通婦女也會拾取。這並不是因為普通婦女貪婪而大盜莊蹻廉潔，而是因為相應的處罰有輕重之別，利害的區分非常明顯。因此法令可以依靠而不可違反，可以接近而不可進入。《詩經》上說：『不可空手打虎，不敢無船渡河。』因為這樣做沒有好處。魯昭公喜好禮義而有季氏、孟氏聯合作亂的災難，燕王噲喜好謙讓而有由子之引發的禍亂。禮讓不足以禁止邪惡，而刑法可以制止兇暴。聖明的君主依據法律治國，所以能夠長期控制臣民，久久地守住自己的國家。」

文學曰：「古者明❶其仁義之誓，使民不踰；不教而殺，是虐民也。與其刑不可踰，不若義之不可踰也。聞禮義行而刑罰中❷，未聞刑罰行而孝悌興也。高牆狹基❸，不可立也；嚴刑峻法，不可久也。二世信趙高之計，渫❹篤❺責而任誅斷❻，刑者半道❼，死者日積❽。殺民多者為忠，厲❾民悉❿者為能。百姓不勝⓫其求，黔首不勝其刑，海內同憂，而俱不聊生⓬。故過任⓭之事，父不得於子⓮；無已⓯之求，君不得於臣。死不再生，窮⓰鼠嚙⓱貍⓲，匹夫奔萬乘⓳，舍人折弓⓴，陳勝、吳廣是也。當此之時，天下俱起，四面而攻秦，聞不一期㉑而社稷為墟，惡在其能長制群下，而久守其國也？」

御史默然不對。

【章　旨】文學以秦朝為例，說明以嚴刑峻法治國會使政權很快丟失。

【注釋】❶明　宣明。❷中　得當。❸基　牆基。❹渫　繁重。❺篤　通「督」。❻任誅斷　一味地使用刑罰。❼刑者半道　路上的行人有一半是受過刑的。❽日積　每日積成堆。❾厲　害。指搜刮。❿悉　盡。搜刮得一乾二淨。⓫不勝　承受不了。⓬不聊生　無法生活。⓭過任　超過承擔能力。⓮父不得於子　意謂父親要兒子完成，兒子完成不了。⓯已　休止。⓰窮　走投無路。⓱嚙　咬。⓲貍　貓。⓳奔萬乘　撞向國君。亦即攻打國君。⓴舍人折弓　鄭國的子陽剛毅好罰，他的舍人弄斷了弓，怕被處死，故先下手殺了子陽。舍人，古代達官貴人的家臣。折，斷。㉑期　一周年。

【語　譯】文學說：「古時候宣明仁義的誓約，使百姓不違反；不對百姓實施教化，等到他們犯了罪就加以殺戮，這是虐害百姓。與其讓刑法不可違反，不如讓禮義不可違反。只聽說禮義得到施行刑罰就會得當，沒有聽說刑罰得到施行孝悌就會興起。上面很高而牆基很窄，這樣的牆立不起來；嚴刑峻法，這樣的政權不可能長久存在。秦二世聽信趙高的計謀，既繁且重地督責百姓，一味地使用刑罰，路上的行人受過刑的占了一半，被處死的人每天堆積成堆。殺戮百姓多的人算是忠誠，把百姓搜刮得一乾二淨的人算是能幹。百姓承受不了他們的索求，人民承受不了他們的刑殺，天下的人有同樣的憂愁，都無法生活下去。所以超過承擔能力的事，父親不能從兒子那裡看到它的完成；沒有休止的索求，君主不能從臣民那裡得到滿足。死了就不能再活過來，所以走投無路的老鼠會反過來咬貓，普通人會攻打國君，家臣會先下手置主人於死地，陳勝、吳廣就是這樣。當陳勝造反的時候，天下的人都起來反秦，從四面八方攻打秦朝，聽說不到一年，秦土神穀神的祭壇就變成了廢墟，秦皇哪能長期控制臣民、久久地守住自己的國家呢？」

御史沉默，不回答。

大夫曰：「瞽師❶不知白黑而善聞言❷，儒者不知治世而善訾議❸。夫善言天者合之人，善言古者考之今。今何為施？法何為加？湯、武全❹肌骨而殷、周治，秦國用之，法弊❺而犯。二尺四寸❻之律，古今一也，或以治，或以亂。《春秋》原罪❼，〈甫刑〉制獄❽。今願聞治亂之本❾，周、秦所以然❿乎？」

【章　旨】大夫指責儒士好說壞話，對周與秦同樣用肉刑而治亂迥異感到不解。

【注　釋】❶瞽師　盲人樂師。❷言　當作「音」，形近而誤。❸訾議　毀謗非議。❹全　當依前面〈刑德〉篇及本篇首段作「刻」。❺弊　破；不管用。❻二尺四寸　古代書寫律令的竹簡長二尺四寸。❼原罪　原心定罪。即根據動機定罪。❽制獄　斷案。❾本　根源。❿所以然　之所以這樣的原因。然，這樣。指周太平而秦大亂。

【語　譯】大夫說：「盲人樂師不懂得白和黑但善於聽音樂，儒士不懂得治國之事卻擅長說壞話。善於談論天的人應該結合人事，善於談論古代的人應該考察今天。詔令為甚麼要推行？法律為甚麼要施加？商湯、周武王施用肉刑而商、周太平，秦國也用肉刑，但卻不管用，百姓大量犯法。寫在二尺四寸竹簡上的律令，古今是一樣的，可是有的朝代憑藉它達到了太平，有的朝代憑藉它卻陷入混亂。《春秋》根據動機定罪，〈呂刑〉談斷案之事。今天我們希望聽聽國家治亂的根源是甚麼，希望聽聽周和秦一個太平一個混亂，其原因何在？」

文學曰：「春夏生長，聖人象❶而為令；秋冬殺藏，聖人則❷而為法。故令者教也，所以導民人；法者刑罰也，所以禁強暴也。二者治亂之具，存亡之效也，在上所任❸。湯、武經禮義❹，明❺好惡，以道❻其民，刑罪未有所加，而民自行義，殷、周所以治也。上無德教，下無法則❼，任刑❽必誅❾，劓❿鼻盈蔂⓫，斷足盈車，舉河以西⓬，不足以受天下之徒⓭，終而以亡者，秦王也。非二尺四寸之律異，所行反古而悖民心也。」

【章　旨】文學指出，商周的太平是以禮義引導百姓的結果，嚴刑峻法是秦朝滅亡的原因。

【注　釋】❶象　模仿。❷則　效法。❸任　使用。❹經禮義　以禮義為綱。經，經線；綱。❺明　辨明。❻道　同「導」。❼法則　指制度規範。❽任刑　一味地使用刑罰。❾必誅　懲罰一定執行。❿劓　割鼻子。⓫蔂　土筐。⓬舉河以西　整個黃河以西之地。舉，全。⓭徒　刑徒；犯人。

【語　譯】文學曰：「春夏是萌芽生長的季節，聖人加以模仿而制定詔令；秋冬是殺伐藏匿的季節，聖人加以效法而訂立法律。所以『令』是教育，是用來引導百姓的；『法』是刑罰，是用來禁止強暴的。二者是既可以使國家太平，也可以使國家混亂的工具，有存國和亡國兩種不同的效果，取決於君主怎樣使用它們。商湯、周武王以禮義為治國綱領，辨明好壞，這樣來引導百姓，刑罰沒有施加，而百姓就自然地按禮義行事，這就是商、周太平的原因。上面沒有德政教化，下面沒有制度規範，一味地使用刑罰，從不法外施恩，割下的鼻子裝滿了土筐，砍斷的腳堆滿了大車，整個黃河以西地區都容納不下天下的犯人，終究因此而滅亡，這樣的人就是秦皇。這並不是因為寫在二尺四寸竹簡上的律令與古代有甚麼不同，而是因為秦皇所施行的一套違反古道而不合民心。」

大論第五十九

【題　解】「大」有總束之義，本篇是第二次辯論的收尾，故名「大論」。篇前半繼續就禮治法治問題進行辯論，後半則論及孔子。大夫強調「異時各有所施」，認為治當世之民應依靠法治，指責孔子頑固、貪婪、愚蠢、無恥，不是「賢士才女」。文學認為，各個朝代百姓的本性並無差異，國家的治亂不取決於百姓本性的善惡，而取決於君主政策的好壞，治國應著眼於德政教化，「治未形，覩未萌」，而不應該在問題發生後濫用刑罰。對孔子，文學肯定了他為促使當世君主醒悟而不辭勞苦的精神，指出他得不到任用是客觀原因造成的。

大夫曰：「呻吟❶槁簡❷，誦❸死人之語，則有司不以❹文學。文學知獄❺之在廷❻後而不知其事❼，聞其事而不知其務❽。夫治民者，若大匠❾之斲❿，斧斤⓫而行之，中⓬繩則止。杜大夫⓭、王中尉⓮之等，繩之以法，斷之⓯以刑，然後寇⓰止姦禁。故射者因⓱槷⓲，治者因法。虞、夏以文⓳，殷、周以武，異時各有所施。今欲以敦朴之時，治抏弊⓴之民，是猶遷延㉑而拯溺㉒，揖讓㉓而救火也。」

【章　旨】大夫諷刺文學只知道背誦死人的言論，指出治國方法因時而異。

【注　釋】❶呻吟　吟讀。❷槁簡　枯乾的竹簡。指陳舊的古書。❸誦　背誦。❹以　通「似」。此謂趕得上。❺獄　監牢。❻廷　古時各級官府處理政事的地方。如朝廷、郡廷、縣廷。❼事　指審案之事。❽務　從事。❾大匠　木匠。❿斲　砍削。⓫斤　斧頭。⓬中　符合。⓭杜大夫　即杜周。漢武帝時人，曾任廷尉、御史大夫，斷案嚴厲。⓮王中尉　即王溫舒。漢武帝時人，歷任中尉、廷尉等官，執法嚴酷。⓯斷之　審斷案件。⓰寇　強盜；壞人。⓱因　依據；依靠。⓲埶　箭靶。⓳以文　憑藉文治。⓴抏弊　貧窮困乏。㉑遷延　向後退避表示謙讓。㉒溺　落水。㉓揖讓　作揖禮讓。

【語　譯】大夫說：「吟讀陳舊的古書，背誦死人的言論，政府官員是趕不上你們文學。可是你們文學只知道監牢設在官府大廳的後面卻不懂審案之事，即使聽說了審案的事情也不懂具體的做法。治理百姓，應該像木匠砍削木料，拿起斧頭砍削，正合上墨繩彈出的線就停下來。御史大夫杜周、中尉王溫舒一類人，用法令約束百姓，憑刑律審判案件，這樣之後壞人壞事就得到了禁止。因此射箭的人依據靶子，治國的人依靠法律。虞、夏憑藉文治，商、周憑藉武力，不同的時代，政策各有不同。如今想用民風敦樸時代的方法來治理當今貧窮困乏的百姓，這就像不占先、講謙虛去救落水的人，作揖禮讓去撲滅烈火。」

文學曰：「文王興而民好善，幽、厲❶興而民好暴，非性之殊，風俗使然也。故商、周之所以昌，桀、紂之所以亡也，湯、武非得伯夷之民以治，桀、紂非得蹠、蹻❷之民以亂也，故治亂不在於民。孔子曰：『聽訟❸吾猶人也，必也使無訟乎！』無訟者難，訟而聽之易。夫不治其本而事其末，古之所謂愚，今之所謂智。以箠楚❹正亂，以刀筆❺正文❻，古之所謂賊，今之所謂賢也。」

【章　旨】文學指出，國家的治亂存亡不取決於百姓，而取決於君主的政治舉措。

【注　釋】❶幽厲　周幽王和周厲王。周朝歷史上的兩位暴君。❷蹠蹻　盜蹠和莊蹻。古人心目中的兩位大盜。❸聽訟　審理訴訟案件。❹箠楚　古代審案時的打人刑具。箠，木棍。楚，荊杖。❺刀筆　古時用筆在竹木簡上書寫，寫錯了就用刀削去重寫。❻正文　改正禮樂制度。

【語　譯】文學說：「周文王興起於世而百姓喜好善良，幽王、厲王登上王位而百姓喜好兇暴，這並不是百姓的本性有不同，而是社會風尚所造成。因此商、周之所以昌盛，桀、紂之所以滅亡，並不是因為湯、武得到了伯夷那樣的百姓而實現了太平，桀、紂得到了盜蹠、莊蹻那樣的百姓而導致了混亂，所以國家的治亂並不取決於百姓。孔子說：『審理訴訟案件我與別人沒有甚麼不同，我所要做的是使案件一定不發生！』使訴訟案件不發生很難，有人來訴訟而加以審理卻很容易。不在根本上花力氣而在細枝末節上費工夫，古代把這叫做愚蠢，今天把這叫做聰明。用棍棒糾正社會的混亂，用刀筆改正禮樂制度，古代把這叫做賊，今天把這叫做賢。」

大夫曰：「俗非唐、虞之時，而世非許由❶之民，而欲廢法以治，是猶不用隱括❷斧斤，欲撓曲直枉❸也。故為治者不待❹自善之民，為輪❺者不待自曲之木。往者應少、伯正❻之屬潰❼梁、楚，昆盧、徐穀之徒亂齊、趙，山東❽、關內❾暴徒，保人阻險❿。當此之時，不任斤斧折⓫之以武，而乃始設禮修文⓬，有似窮毉⓭欲以短鍼而攻疽⓮，孔丘以禮說跖⓯也。」

【章　旨】大夫指出，當今社會條件已與古代大不相同，非以法治國不可。

【注　釋】❶許由　古代不慕名位富貴的高士。相傳堯想把君位讓給他，他逃避不受。❷隱括　同「檃栝」。矯正物體使平直或彎曲竹木等使成形的工具。❸撓曲直枉　把直的東西弄彎，把彎的東西弄直。❹待　依賴。❺輪　車輪。❻應少伯正與下「昆盧」、「徐穀」皆人名，是帶頭造反的人。❼潰　攻破。❽山東　崤山以東地區。❾關內　函谷關以西地區。❿保人阻險　聚眾據險以為依恃。保，依。⓫折　折服。⓬設禮修文　設置禮樂，施行文治。⓭窮毉　沒有本領的醫生。毉，同「醫」。

⑭疽　毒瘡。⑮跖　同「蹠」。指盜蹠。據《莊子・盜跖》，孔子前往拜見盜跖，想說服他停止造反，結果被羞辱了一頓。

【語　譯】大夫說：「如今風俗已不是唐堯、虞舜時代的風俗，世上的百姓也不是許由那樣的百姓，你們卻想廢棄法律來治國，這就像不用矯形器具和斧頭，卻想把直的東西弄彎，把彎的東西弄直一樣。因此治國的人不指望本來就善良的百姓，製造車輪的人不依賴自然彎曲的木料。從前，應少、伯正那些人攻破了梁地、楚地，昆盧、徐穀那些人擾亂了齊地、趙地，崤山以東和函谷關以西的暴徒聚眾據險以為依恃。在這個時候，如果不用斧頭、憑藉武力去制服他們，卻才著手設置禮樂，施行文治，那就像沒有本領的醫生想用短鍼去治毒瘡，又像孔子用禮義去勸說盜跖一樣。」

文學曰：「殘❶材木以成室屋者，非良匠也；殘賊❷民人而欲治者，非良吏也。故公輸子因木之宜❸，聖人不費❹民之性。是以斧斤簡❺用，刑罰不任，政立而化成。扁鵲攻於湊理❻，絕邪氣，故癰疽不得成形。聖人從事於未然❼，故亂原❽無由生。是以砭石❾藏而不施，法令設而不用。斷已然❿，鑿已發⓫者，凡人也；治未形，覩未萌者，君子也。」

【章　旨】文學強調應防患於未然，反對在問題發生後濫用刑罰。

【注　釋】❶殘　指胡亂砍削而造成浪費。❷賊　害。❸因木之宜　依據木料的情況合理地加以使用。❹費　通「拂」。違反。❺簡　少。❻湊理　同「腠理」。人體皮膚、肌肉的紋理。古代中醫認為，人病初起，致病的邪氣活動於肌膚表層，可用湯藥和灸法治療。❼未然　沒有形成。❽原　「源」的古字。❾砭石　石鍼，古代鍼刺療法的用具，病較重時才使用。❿斷已然　審理已經發生的案件。⓫鑿已發　用石鍼刺已經成形的毒瘡。鑿，打孔。此指刺。

【語　譯】文學說：「胡亂砍削木料而建成房屋的，不是好木匠；殘害百姓而想獲得治理效果的，不是好官吏。所以公輸子依據木料的情況合理地加以使用，聖人不違反百姓的情性。因此公輸子很少動斧頭，聖人不用刑罰，而在聖人手裡，德政樹立了，教化獲得了成功。扁鵲行醫能在病初起時，根除肌膚表層的邪氣，因此毒瘡不能夠成形。聖人在壞事還沒有形成之前就著手解決，因此混亂的根源無從產生。因此在扁鵲手裡，石鍼被收藏起來不使用；當聖人之時，法令雖然設置了卻派不上用場。審理已經發生的案件，刺破已經成形的毒瘡，這樣的人是凡人；在壞事未形成之前就加以治理，在禍亂未萌芽之前就預先看到，這樣的人是君子。」

大夫曰：「文學所稱聖知者，孔子也，治魯不遂❶，見逐於齊，不用於衛，遇圍於匡❷，困於陳、蔡❸。夫知時不用猶說，強❹也；知困❺而不能已，貪也；不知見欺而往，愚也；困辱不能死，恥也。若此四者，庸民之所不為也，何況君子乎！商君以景監❻見，應侯❼以王稽進。故士因士❽，女因媒。至其親顯❾，非媒士之力。孔子曰進見而不以能往者❿，非賢士才女也。」

【章　旨】大夫抨擊孔子的為人處事。

【注　釋】❶遂　成功。❷匡　地名。孔子離開衛國前往陳國，路過匡地，當地人誤以為他是曾在匡地做過壞事的陽虎，因此把他圍困了好幾天。❸困於陳蔡　孔子在蔡國，楚國聘他為官，他經陳國前往楚國，被陳、蔡兩國的大夫派人圍困在陳，不得行，斷了糧食。❹強　倔強；頑固。❺困　難以有出路。❻景監　秦孝公寵臣。商鞅到秦國，通過他的介紹才見到秦孝公。❼應侯　即范雎。戰國時魏人，受魏迫害，被來魏訪問的秦國使臣王稽救往秦，推薦給秦昭王，終位至秦相，封應侯。❽士因士　士依靠士的推薦。❾親顯　指女子出嫁後得寵愛，士人被推薦後居顯位。❿孔子曰進見而不以能往者　此句文字不從校注本。曰，當作「因」。因進見，是說孔子也是依靠別人的介紹去拜見各國君主。以能，當作「能以」。往，往下發展獲得重用。

【語譯】大夫說：「你們文學所稱贊的聖明智慧的人是孔子，可是孔子治魯不成功，在齊國被驅逐，在衛國得不到任用，在匡地遭到了圍困，在陳、蔡陷入了窘境。知道時代不能用他還要到處遊說，這是頑固；知道自己難以有出路而不能停止追求，這是貪婪；不知道被欺騙而前往干謁，這是愚蠢；經常受困窘蒙羞辱而苟且偷生，這是無恥。像這四種事情，即使是平庸的百姓也不會做，何況君子呢！商君靠著景監見到了秦孝公，應侯靠著王稽見到了秦昭王。所以士求任用要靠士的推薦，女子出嫁要靠媒人的介紹。至於他們後來得寵愛和做大官，那就不是媒人和推薦者的力量了。孔子也是靠別人的介紹去拜見各國君主的，但他終究總是得不到重用，這是因為他本人不是賢士才女啊。」

文學曰：「孔子生於亂世，思堯、舜之道，東西南北，灼頭濡足❶，庶幾❷世主之悟。悠悠者❸皆是❹，君闇，大夫妬，孰合有媒❺？是以嫫母❻飾姿而矜夸❼，西子❽彷徨而無家❾。非不知窮厄❿而不見用，悼痛⓫天下之禍，猶慈母之伏⓬死子也，知其不可如何⓭，然惡已⓮？故適齊，景公欺之；適衛，靈公圍；陽虎⓯謗之；桓魋⓰害之。夫欺害聖人者，愚惑⓱也；傷毀⓲聖人者，狂狡⓳也。狡惑之人非人也，夫何恥之有！孟子曰：『觀近臣者以所為主，觀遠臣者以其所主⓴。』使聖人偽容㉑苟合，不論行㉒擇友，則何以為孔子也！」

【章　旨】文學肯定了孔子的美好願望，指出他得不到任用是由於時世混亂，壞人當道，對那些欺害孔子的人進行了譴責。

【注　釋】❶灼頭濡足　頭被烈日曬烤，腳被泥水浸溼。❷庶幾　希望。❸悠悠者　大水周流的樣子。喻指天下到處都是一樣。❹是　這樣。指混亂。❺孰合有媒　誰與孔子政治主張相合？哪裡有媒人介紹。❻嫫母　古代的醜婦。❼矜夸　自我誇耀。❽西子　古代越國的美女西施。❾家　古人認為婦女出嫁了才算有家。❿窮厄　無路可走。⓫悼痛　痛心。⓬伏　伏在身上。⓭不可如何　不能夠怎麼樣。⓮惡已　哪裡能不這樣做。已，止。⓯陽虎　即陽貨。春秋後期季孫氏的家臣，後出奔到齊，又經宋奔晉，為趙鞅家臣。⓰桓魋　宋國的司馬。他曾想殺死孔子。⓱愚惑　愚蠢糊塗。⓲傷毀　誣蔑誹謗。⓳狂狡　瘋狂狡詐。⓴觀近臣者以所為主二句　出《孟子・萬章上》。近臣，在朝的臣子。所為主，做甚麼人的主人，亦即接待甚麼樣的人。遠臣，遠方來求官的人。所主，以甚麼人為主人，亦即寄居在哪種人的家裡。㉑偽容　擺出假面孔。㉒論行　根據品行。

【語　譯】文學說：「孔子生活在亂世，心中想的是堯舜之道，他東西南北四處奔走，頭被烈日曬烤，腳被泥水浸溼，希望使當世的君主醒悟。可是當時天下到處都一樣混亂，君主昏庸，大夫嫉妒，誰與他政治主張相合？哪裡有媒人為他介紹？因此那時可說是醜婦梳妝打扮而自我誇耀，美女徘徊彷徨而找不到夫家。孔子並不是不知道自己無路可走、得不到任用，但是他痛心天下的禍亂，這就像慈母伏在死去的兒子身上痛哭，本知道再也不能怎麼樣了，然而又哪裡能夠不這樣做呢？所以孔子到齊國，齊景公欺騙他；到衛國，衛靈公圍困他；陽虎誹謗他；桓魋想害死他。欺騙謀害聖人，這是愚蠢糊塗；誣蔑誹謗聖人，這是瘋狂狡詐。狡詐糊塗之人不是人，孔子有甚麼可恥的呢！孟子說過：『觀察在朝的臣子，就看他接待甚麼樣的人；觀察遠方來求官的人，就看他寄居在哪種人的家裡。』假使孔子擺出假面孔，苟且迎合，不根據品行選擇朋友，那憑甚麼是孔子呢！」

大夫憮然❶內慚，四據❷而不言。

當此之時，順風承意❸之士❹如編❺，口張而不歙❻，舌舉而不下，闇然❼而❽懷重負而見責。

大夫曰：「諾❾。膠車倏逢雨❿，請與諸生解⓫。」

【章旨】描述大夫一方目瞪口呆、無言以對的情形。大夫宣布結束第二次辯論。

【注釋】❶憮然　悵然失意的樣子。❷四據　手和足都憑依於席。古人在地上鋪席子，坐於其上。坐時，足本在席上，現在大夫為了休息，又以兩手撐席，故言「四據」。❸順風承意　隨聲附和，迎合上司。❹士　指御史。❺編　編次在一起的東西。形容多。❻歙　收斂。❼闇然　神色沮喪的樣子。❽而　通「如」。❾諾　答應聲。猶言「好」。❿膠車倏逢雨　膠車忽然遇雨而解體，喻指與儒生分手。膠車，用膠黏合的車子。倏，「倐」的異體字。忽然。⓫解　分手。

【語譯】大夫悵然失意，內心慚愧，雙手撐在席子上休息，不說話。

在這個時候，那些隨聲附和、善於迎合上司的御史很多，然而一個個口張得很大而無法合攏，舌頭抬上去了而不能放下，神色沮喪，如同懷抱著沉重的東西，受到了責備。

大夫說：「好。膠車忽然遇上了雨，請與你們儒生分手吧！」

雜論第六十

【題解】本篇性質如同今天的「編後記」。編者桓寬在篇中談了對鹽鐵會議論爭雙方的看法。他站在儒家的立場上，頌揚崇尚仁德的賢良、文學，貶抑熱衷權勢、武力、財利的御史大夫一方。他稱賢良、文學為「智者」、「仁者」、「勇者」、「辯者」，贊美他們中的一些人文雅淵博，不畏強暴。對桑弘羊，他承認其為「博物通士」，但總的來說，是持否定態度的。對田千秋閉口不言、以求容於世的做法，他表示了不滿。至於對丞相史和御史，他視他們為才短識淺之人，阿諛奉迎之徒，給予了最嚴厲的譴責。

客❶曰：「余覩鹽鐵之義❷，觀乎公卿、文學、賢良之論，意指❸殊路，各有所出❹，或上❺仁義，或務權利，異哉❻吾所聞。周、秦粲然❼，皆有天下而南面焉，然安危長久殊世❽。始汝南❾朱子伯❿為予言，當此之時，豪俊並進⓫，四方輻湊⓬。賢良茂陵⓭唐生⓮、文學魯⓯萬生⓰之倫⓱，六十餘人，咸聚闕庭⓲，舒六藝之風⓳，論太平之原⓴。智者贊㉑其慮，仁者明其施㉒，勇者見其斷㉓，辯者㉔陳其詞。誾誾焉㉕，侃侃焉㉖，雖未能詳備㉗，斯㉘可略㉙觀矣。然蔽於雲霧㉚，終廢而不行，悲夫！公卿知任㉛武可以辟地，而不知廣德可以附遠㉜；知權利可以廣用㉝，而不知稼穡可以富國也。近者親附，遠者說德㉞，則何為而不成，何求而不得？不出於斯路，而務畜[35]利長威，豈不謬哉？中山[36]劉子雍[37]言王道，矯當世，復諸正，務在乎反本，直而不徼[38]，切[39]而不燎[40]，斌斌然[41]斯可謂弘博[42]君子矣。九江[43]祝生[44]奮[45]由路[46]之意，推[47]史魚[48]之節，發憤懣，刺譏公卿，介然[49]直而不撓[50]，可謂不畏強禦[51]矣。桑大夫[52]據當世[53]，合時變[54]，推[55]道術[56]，尚權利，辟略小辯[57]，雖非正法[58]，然巨儒宿學[59]恧然[60]，不能自解，可謂博物通士[61]矣。然攝[62]卿相之位，不引[63]準繩[64]以道化下，放[65]於利末，不師始古[66]。《易》曰：『焚如棄如[67]。』處非其位，行非其道，果[68]隕其性[69]，以及[70]厥宗。車丞相[71]即[72]周、呂[73]之列，當軸[74]處中，括囊[75]不言，容身[76]而去[77]，彼哉！彼哉！若夫群丞相[78]、御史，不能正議[79]以輔宰相，成同類，長同行[80]，阿意[81]苟合，以說[82]其上。斗筲[83]之人，道諛[84]之徒，何足算[85]哉！」

【注釋】❶客　編者桓寬自稱。❷義　同「議」。❸意指　見解；主張。❹所出　來源。❺上　通「尚」。❻異哉　不同於。❼粲然　清楚明白的樣子。❽殊世　兩個朝代很不相同。❾汝南　漢郡名。西漢時治所在今河南上蔡西南。❿朱子伯　參加鹽鐵會議的一位儒生。⓫進　指奔向京城。⓬輻湊　車輪的輻條向車轂集合。喻指各地的賢良、文學向京城匯聚。⓭茂陵　漢代縣名。漢武帝陵墓所在地。⓮唐生　參加鹽鐵會議的賢良之一。⓯魯　指漢代所封的諸侯國魯國。有今山東、江蘇各一部分。⓰萬生　參加鹽鐵會議的文學之一。⓱倫　類。⓲闕庭　朝廷。⓳舒六藝之風　宣揚六經的教化。舒，宣揚。六藝，指儒家經典《詩》、《書》、《禮》、《樂》、《易》、《春秋》。風，指教化。⓴原　「源」的古字。根源。㉑贊　明；說出。㉒施措施。㉓見其斷　表現出他們的果斷。見，同「現」。㉔辯者　口才好的人。㉕誾誾焉　急切爭辯的樣子。㉖侃侃焉　剛直不阿的樣子。㉗詳備　周詳完備。㉘斯　乃。㉙略　大略；大體上。㉚雲霧　喻指公卿及其屬員。㉛任　用。㉜附遠　使遠方的人歸附。㉝廣用　增加財用。㉞說德　對朝廷的仁德悅服。說，通「悅」。㉟畜　通「蓄」。㊱中山　指漢景帝時設置的中山國。其治所在今河北省定縣。㊲劉子雍　參加鹽鐵會議的儒生之一。㊳徼　通「絞」。急切。㊴切　切合實際。㊵⿰火索　通「索」。空洞。㊶斌斌然　同「彬彬然」。文雅貌。㊷弘博　指學識廣博。㊸九江　漢時郡名。在今安徽境內。㊹祝生　參加鹽鐵會議的儒生之一。㊺奮　發揚。㊻由路　指仲由。仲由字子路，故此以「由路」稱之。在孔子學生中，他以剛直勇敢著稱。㊼推　擴展。㊽史魚　春秋時衛國大夫。孔子曾稱贊他的正直。㊾介然　耿直貌。㊿撓　屈曲。51強禦　強暴。52桑大夫　指御史大夫桑弘羊。53據當世　依據當代的情況。54合時變　迎合時勢的變化。55推　推開；排斥。56道術　指儒家的治國原則與方法。57辟略小辯　邪僻的謀略，小小的辯才。辟，通「僻」。58正法　正道。59宿學　飽學之士。60恧然　慚愧貌。61博物通士　見多識廣、無所不知之士。62攝　握持。63引　採用。64準繩　木工用的水準器和墨繩。喻指正確的原則規範。65放　放縱。66始古　即古代。67焚如棄如　《易經．離卦》爻辭。焚如，指位高不稱職的人權大勢盛，像火焚物一樣對皇帝構成威脅，到頭來命必難保。棄如，指為眾人所拋棄。68果　結果。69隕其性　丟掉了性命。昭帝元鳳元年，桑弘羊被殺，罪名是與上官桀等人謀反。70及　連累。71車丞相　指丞相田千秋。田千秋於武帝時就擔任丞相，至昭帝時受到可乘小車入宮的禮遇，故有車丞相之稱。72即　就；處在。73周呂　指周公旦和呂尚（即姜太公）。74當軸　處在軸心位置。75括囊　喻指閉住嘴巴。括，束住。囊，袋子。76容身　使自身受容於世，不引起任何人的反感。77去　指會議結束時離開會場。78丞相　此下當補「史」字。79正議　發表合乎正道的議論。80成同類二句　指為桑弘羊提供幫助支持。同行，行為相同的人。81阿意　曲從上司之意。82說　通「悅」。取悅。83斗筲　兩種小容器。喻指才短識淺。筲用竹製成，容一斗二升。84道諛　阿諛奉迎。85算　算數。

【語　譯】客說：「我察看有關鹽鐵問題的討論，省視公卿、文學、賢良的發言，發現他們的主張很不相同，各有各的來源，他們有的崇尚仁義，有的熱中於追求權勢財利，這熱中於追求權勢財利的觀念與我所聽說的治國正道迥然有別。周朝和秦朝的情況十分清楚明白，兩朝君主都擁有天下而南面為王，然而在政權的安危、統治時間的長短等方面兩朝相差甚遠。最初汝南郡的朱子伯對我說，當鹽鐵會議召開的時候，各地傑出的人才都奔向京城，四面八方的賢士都向長安匯聚。賢良茂陵縣的唐生、文學魯國的萬生，這類賢士共六十多位，都聚集在朝廷，宣揚儒家六經的教化，論述國家太平的根源。他們中聰明的說出自己的謀慮，仁義的闡明自己的措施，勇敢的展現其果斷，口才好的發表滔滔不絕的議論。他們急切爭辯，剛直不阿，所言雖然還未能達到周詳完備的地步，但大部分是值得一看的。可惜像被雲霧遮蔽一樣，他們的主張被公卿及其屬員阻撓，終究被廢棄而不得實行，真可悲啊！公卿只知道使用武力可以開疆拓土，卻不知道推廣道德可以使遠方的人來歸附；只知道追求權勢和工商之利可以增加財政收入，卻不知道農業可以富國。如果近處的人親近歸附，遠方的人悅服於仁德，那麼做甚麼不能成功，追求甚麼不能得到呢？不走這條路，卻致力於蓄積財利，增長威風，難道不荒謬嗎？來自中山國的儒生劉子雍談論王道，矯正當代的過失，想使政治回復正道，努力追求的是返回到根本上，他發言態度直率而語氣和緩，內容切合實際而不空洞，表現出文雅的風度，稱得上是學識廣博的君子。九江郡的祝生發揚子路那樣的剛直精神，擴展史魚那樣的氣節，抒發憤怒不滿，諷刺與會公卿，耿直不屈，稱得上是不畏強暴。桑大夫依據當代的情況，迎合時勢的變化，排斥儒家的治國原則和方法，崇尚權勢和財利，有邪僻的謀略，小小的辯才，他奉行的雖然不是正道，然而與會大儒和飽學之士都因辯不過他而深感慚愧，不能自我解脫，他稱得上是見多識廣、無所不知的人。但是他據有卿相的職位，不採用正確的原則規範、拿儒道來教化百姓，卻放縱地追求工商末利，拋開古代不效法。《易經》上說：『像火焚物一樣對君主構成威脅，被眾人所拋棄。』桑大夫處在不該據有的職位上，施行的不是正道，結果丟掉了自己的性命，並連累了宗族。車丞相身居周公旦、姜太公那樣的職位，處在軸心和中樞的位置，但在會議上卻閉口不言，結果沒有得罪任何人，開完了會議而去，他那個人啊！他那個人啊！至於那些丞相史、御史，不能發表合乎正道的議論來輔佐宰相，卻為同類的桑大夫提供幫助支持，曲從上司之意，苟且迎合，以博取歡心。他們是一伙才短識淺之人，阿諛奉迎之徒，算得了甚麼呢！」

◎新譯商君書

貝遠辰／注譯　陳滿銘／校閱

《商君書》是匯集商鞅及其同派言論而成的一部重要典籍，先秦法家學派的代表作之一。書中含有商鞅個人及商鞅一派法家其他成員的思想觀點，主要記載了商鞅輔佐秦孝公進行革新變法、重農重戰、重刑厚賞、反斥儒家言論等具體措施與主張。秦國最後能併吞六國、一統天下，從書中即可一窺其歷史緣由與根據底蘊。本書借鑑明清兩代有關《商君書》的研究成果，並採納近人和海內外名流專著中的校勘意見，詳為導讀和注譯，書後還附錄〈戰國兩漢文集中有關商鞅的記述〉與〈校勘〉兩篇，幫助現代讀者通讀原典，掌握要義。

◎新譯貞觀政要

許道勳／注譯　陳滿銘／校閱

唐太宗李世民不僅雄才大略，且能任賢納諫，勵精圖治，在位二十三年期間，政績顯赫，開創了歷史上少有的太平盛世，史稱「貞觀之治」，其言行事跡和文治武功皆堪為後世帝王效法之榜樣。唐玄宗時期史臣吳兢鑑於玄宗晚年日漸奢靡，乃「參詳舊史，撮其指要」，編成《貞觀政要》一書獻上，意欲玄宗知所戒惕。書中選錄了唐太宗和四十五位大臣間的言論，通過君臣之間生動而形象、通俗而明白的言談，反映了貞觀時期的人倫之紀和軍國之政，可作為有國有家者政教之典範。其中所彰顯的安本治國之道，至今仍是不易之理，值得讀者用心探究。本書參酌善本和前人研究成果，詳為校勘解析，典故史實注釋詳盡，語譯明暢，是今人研讀的最佳選擇。